仙女池

明·童昶

鹤质云容去渺茫
远山如愧蜀宫妆
绛纱不系当年臂
池上红莲岁岁香

长潭河乡 仙女池（吴明清 摄）

宣恩年鉴

XUANEN YEARBOOK

2016

（总第九卷）

宣恩县人民政府　主办

方志出版社
Publishing House of Local Records

图书在版编目(CIP)数据

宣恩年鉴:2016 / 宣恩县史志办公室
—北京:方志出版社,2017.7
ISBN 978-7-5144-2447-8

Ⅰ.①宣… Ⅱ.①宣… Ⅲ.①宣恩县—2016—年鉴
Ⅳ.①Z526.34

中国版本图书馆 CIP 数据核字〔2017〕第 164090 号

宣恩年鉴(2016)

编　　者:宣恩县史志办公室
责任编辑:冯　松

出 版 人:冀祥德
出 版 者:方 志 出 版 社
　　　　地址　北京市朝阳区潘家园东里 9 号(国家方志馆 4 层)
　　　　邮编　100021
　　　　网址　http://www.fzph.org
发　　行:方志出版社发行中心
　　　　(010)67110500
经　　销:各地新华书店
印　　刷:武汉兴德林工贸有限公司

开　　本:889mm×1194mm　1/16
印　　张:53
字　　数:829 千
版　　次:2017 年 7 月第 1 版　2017 年 7 月第 1 次印刷
印　　数:1～500 册

ISBN 978-7-5144-2447-8　　定价:280.00 元

《宣恩年鉴》编纂委员会

主　任	刁　覃				
副主任	岳　东	向建强			
成　员	胡晓洪	李明然	田粤兵	奚泽辉	杨和平
	钟仁义	卢昌群	刘应县	涂先绪	赵庆莲
	康纪权	杨岱书	李　川	谭华军	陆祥忠
	姚金超	戴　青	袁永灿	黄　义	张艳丽
	谢迭胜	明关祝	秦正才	陈　涛	徐兆海
	吴　兵	江安鸣			

《宣恩年鉴》编辑人员

主　　编	向建强				
执行副主编	杨和平				
编　　辑	江安鸣	吴祖贵	袁　轴	吴　榕	李培芝
校　　订	李四新				

编 辑 说 明

一、《宣恩年鉴》于 2008 年创办，每年出版一卷，本书为《宣恩年鉴》第九卷。

二、《宣恩年鉴(2016)》以马克思列宁主义、毛泽东思想、邓小平理论、"三个代表"重要思想、科学发展观为指导，贯彻落实习近平总书记系列重要讲话精神和治国理政新理念新思想新战略，坚持辨证唯物主义和历史唯物主义的立场观点，围绕县委、县政府的中心工作，突出时代特征和地方特色，全面、客观、系统地记述 2015 年度全县各乡镇、各部门的基本情况和各项事业发展现状，反映全县社会主义现代化建设的基本面貌和发展进程，为构建和谐社会、促进宣恩县域经济发展服务，为社会各界了解和研究宣恩提供基本资料和历史借鉴。

三、《宣恩年鉴(2016)》采用类目编辑法，按类目、分目、条目三级结构组成，条目为收录资料信息的基本单元。2016 年卷年鉴共设 9 个类目。(1)特载；(2)县情概览；(3)经济；(4)政治；(5)文化；(6)社会；(7)乡镇概况；(8)人物；(9)附录。类目下的分目按工作行业分类编排。分目下的条目标题加【 】表示。

四、《宣恩年鉴(2016)》所刊特载内容为重要会议报告。凡涉及全县经济与社会发展的数据均以县统计局《宣恩县 2015 年国民经济和社会发展统计公报》为准。凡县统计局未予统计和提供的，则以各撰稿单位提供的数据为准。

五、《宣恩年鉴(2016)》行政区划、单位名称以 2015 年底称谓为准，个别采用简称，如：晓关侗族乡简称晓关乡，长潭河侗族乡简称长潭河乡；地名以《宣恩县地名志》为准；村(社区)名等以宣恩县人民政府 2011 年 5 月 14 日公布的各乡镇驻地大道、街(路)巷、广场、桥梁、花园和村(居)民委员会等标准名称为准。

六、《宣恩年鉴(2016)》原则上使用法定计量单位。但"特载"和不表示具体数值的个别地方，计量单位遵从原稿和习惯表述法，如百亩示范基地。

七、单位领导班子成员任职时间均以组织任命文件或法定时间为准。

八、人物主要收录 2015 年度见义勇为先进个人、县级以上模范人物、百岁老人、立传人物。

目　录

特　载

县情概览

大事记

经　济

科学技术

农业农村经济

工业经济

服务业

资源环境与生态建设

住房和城乡建设

综合管理监督与服务

政　　治

宣恩县人民代表大会

宣恩县人民政府

政协宣恩县委员会

中国共产党宣恩县纪律检查委员会

群团组织

法　　治

劳动与就业

社会保障与公益事业

乡镇概况

人　物

附　录

统计资料

重点文件选编

补　白

抗战老战士

2015年，中共中央、国务院、中央军委向全国抗战老战士颁发中国人民抗日战争胜利70周年纪念章，宣恩县共有19人获此纪念章。

宣恩县休干所李怀应

宣恩县休干所李思

1735年(清·雍正十三年)改土归流始建宣恩县，地处北纬29°33′～30°12′，东经109°11′～109°55′，国土总面积2737.17平方千米

全县辖5镇4乡，5个社区居委会，279个行政村，2698个村（居）民小组，360378人

地区生产总值55.01亿元，三次产业结构为26.6：28.8：44.6

农林牧渔业总产值25.98亿元

工业总产值43.35亿元

规模以上工业完成工业总产值28.87亿元

全社会固定资产投资45.77亿元

外贸出口总额3219万美元

招商引资到位资金21.32亿元

财政总收入4.20亿元

地方公共财政预算收入2.98亿元

年末金融机构存款余额73.45亿元；贷款余额34.81亿元

城镇常住居民人均可支配收入20606元

农村常住居民人均可支配收入7805元

数字宣恩2015

SHUZIXUANEN

全国先进工作者

陈升霄
县人民法院行政审判庭庭长
全国先进工作者

姜海燕
椿木营乡民族中小学副校长
全国先进工作者、荆楚楷模

★湖北省劳动模范★

郑时兵
伍台昌臣茶叶有限公司总经理
万寨乡伍家台村党支部书记
2014年度湖北省政府专项津贴人员

刘华松
县林业局总工程师
湖北省先进工作者

文庆华
长潭河乡中坝村卫生室医生
湖北省『三八』红旗手

宣恩县劳动模范

高洪胜
县政府办公室工勤人员

侯令谦
湖北土家爱食品开发有限公司总经理

李才志
湖北省鹏博生态农业有限公司总经理

廖世勇
湖北绿可生态茶业有限公司总经理

刘菊萍
县检察院检察委员会专职委员、公诉科科长

邵琴
国网宣恩县供电公司会计员、财务资产部主任

彭五星
县烟叶分公司农艺师、技术服务站站长

宋文
县委宣传部副部长、县新闻中心主任

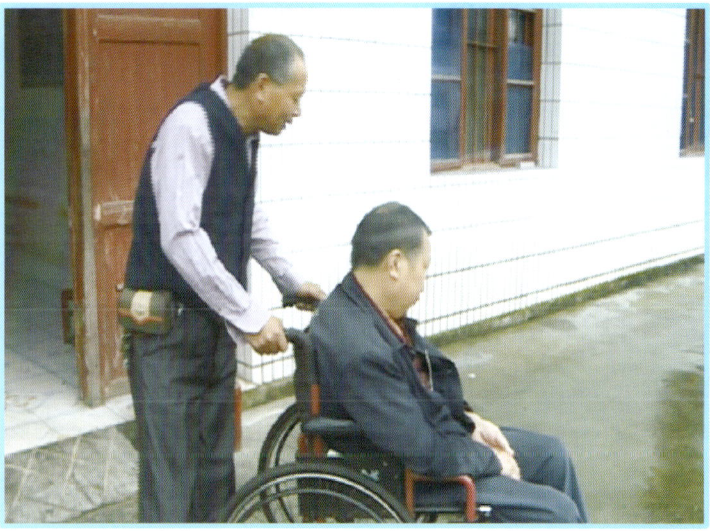

石宝言
高罗乡福利院院长

谭秀华
县工商局注册分局副局长

覃章银

县民族实验中学高级教师、副校长

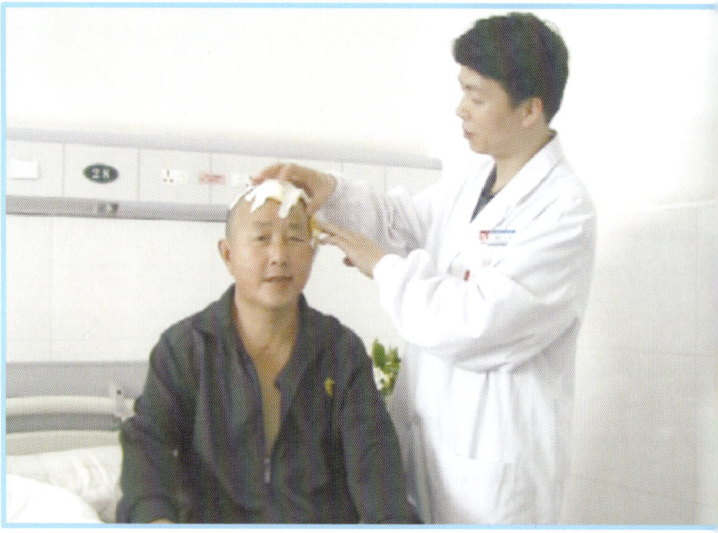

王斌

县人民医院副主任医师

朱学杰

长潭河乡洗马坪村委会主任

王真友

椒园镇庆阳坝村义务消防员

易军

晓关侗族乡初级中学高级教师、校长

宣恩县五一劳动奖章获得者

段海洋
李家河镇城建办副主任

郭世德
沙道沟镇纪委副书记

洪志伟
恩施州亚麦食品有限责任公司总经理

罗家琼
林权登记管理中心主任
县林业局工程师

万东山
宣恩农村商业银行助理会计师

王绍祥
珠山镇财经所副所长

杨慧
县地税局政策法规科科长

肖厚龙
县一中教师

肖俊
县民族医院副主任医师

张青山
沙道沟镇龙潭村委会副主任

张显政
椿木营民族中小学教师

周德争
中国电信股份有限公司
宣恩分公司工程师

杨年红
县农业局农艺师
农业技术推广中心主任

姚新梅
县机关事务局食堂厨师助理

2015年10月27日，“最美孝心少年”刘倩（左一）在中央电视台1号演播厅参加“寻找最美孝心少年”颁奖典礼

熊丰财　中国好人
长潭河乡中心小学学生

王星阳　湖北好人
万寨乡政府退休职工

光彩宣恩人

LINGDAODIAOYAN XUANEN

领导调研宣恩

2015年1月23日上午，国家税务总局总会计师孙瑞标（左三）到县地税局调研

2015年4月22日，国家烟草专卖局副巡视员刘昉(中)检查宣恩烟叶育苗工作

2015年6月4日，省委常委、统战部部长梁惠玲(左二)，州长杨天然(左一)，省水厅副总工程师徐少军(右二)等检查县城黄河沟隧洞工程

2015年12月10日，省人大常委会副主任张岱梨(前左二)到晓关乡大岩坝村调研精准扶贫工作　（张新欣 摄）

2015年3月28日，州委书记王海涛(右)在椒园镇庆阳坝采茶

2015年11月14日，恩施州委副书记、州长刘芳震(左四)在恩施州双创招聘会上到宣恩工业园展区指导工作

2015年3月18日，州委常委、副州长马尚云（前左三）调研沙道沟绕镇公路建设

2015年6月18日，州委常委、组织部部长周静(右)到李家河镇党员家中调研基层党建工作

2015年10月20日，恩施州委常委、副州长冯忠泽（中）到宣恩调研烟叶收购工作

2015年6月25日，副州长赵晓珊（右）参观七姊妹山保护区管理局标本陈列室　（刘昌勇 摄）

2015年10月31日，副州长程水源（左三）考察椿木营晒坪泥碳藓沼泽湿地　（黄汉民 摄）

2015年6月24日，县委副书记、县长习覃（左二）到沙道沟镇布袋溪村联系点调研

义工剪影

2015年2月15日，宣恩县义工协会资助万寨乡长沙河村
邹春花家建房落成，义工协会代表与邹春花在新房前合影

贡水河湿地公园栈道保洁

帮助高罗白塞病患儿

劝导行路文明

六城同创

LIUCHENG TONGCHUANG

2015年9月4日，椒园中学举行“六城”同创暨“大手牵小手·文明一起走”启动仪式

摆整齐、扫干净、保畅通的高罗集镇（郑华芳 摄）

清理贡水河道水草漂浮垃圾

李家河志愿者搀扶老人过马路

环卫工人享用政府供给的免费早餐

县城摩托车有序停放

电动公交车环保出行

县城贡水岸边

低碳出行的县城自行车道

省级庭院园林绿化先进单位(县气象局)

LIANGWEIZHENGZHI

两违整治

2015年6月19日，兴隆大道违法违章建筑拆除现场

特

载

1/14

政府工作报告

——2016年4月27日在县十七届人大六次会议上

县长　习　覃

一、“十二五”及2015年工作回顾

“十二五”时期，是宣恩发展经受考验、砥砺前行的五年。五年来，县政府在州委、州政府和县委的坚强领导下，在县人大、县政协的监督支持下，团结和带领全县人民，坚持以“三州”战略[1]为引领，实施“双轮驱动”[2]，推进生态文明建设，克难攻坚，真抓实干，谱写了宣恩绿色发展、加快发展、安全发展、开放发展新的篇章。

——过去的五年，是抓发展、促增长，综合实力竞进提质的五年。到2015年，全县地区生产总值先后迈过40亿元、50亿元两个台阶，达到55.01亿元，是2010年的1.89倍，年均增长10.9%；公共财政预算收入达到2.98亿元，是2010年的2.95倍，年均增长24.1%；全社会固定资产投资达到45.77亿元，是2010年的3倍，年均增长24.6%；社会消费品零售总额达到33.87亿元，是2010年的3.95倍，年均增长31.6%；城镇常住居民人均可支配收入达到20606元、农村常住居民人均可支配收入达到7805元，分别比2010年增加9814元、4565元。地区生产总值、公共财政预算收入、全社会固定资产投资等指标超额完成“十二五”规划目标，集聚的发展能量、创造的比较优势正在竞相释放，新的增长动力正在加快形成并不断蓄积力量。

——过去的五年，是抓调整、促转型，产业结构优化升级的五年。全县三次产业结构比由2010年的36.8∶23.3∶39.9调整为26.6∶28.9∶44.5，二产业占比提高5.6个百分点，2014年首次超过第一产业。特色农业产业基地发展到68万亩，获得有机认证基地达到2.15万亩，在全州率先建成“省级现代农业示范区”；烟叶收购总量在2015年首次跃居全省县市第一，“4450”生猪养殖模式户[3]发展到3639户。国家地理标志保护产品达到4个；省级著名商标达到8件；“伍家台贡茶”成为中国驰名商标，荣登“湖北最受欢迎十大茶叶品牌”榜。基本形成以农副产品加工、清洁能源开发、绿色加工制造为主导的工业体系，规模以上工业企业总数达到57家，首次摆脱全州垫底的位置，其中产值过亿元企业6家，立翔工艺被命名“省级高新技术企业”；规模以上工业总产值达到28.8亿元，是2010年的5.73倍；2015年，规模以上工业用电量同比增长66.3%，增幅全州第一。全面推进4个4A级景区[4]建设，上好硒博园创建成为国家3A级景区，万寨伍家台、长潭河两溪河等乡村旅游快速发展；新建和改造旅游公路106公里，四星级酒店、地接旅行社实现“零”的突破；成功打造“一会、三赛、三节”品牌[5]，推进产业融合发展，宣恩正在成为旅游观光、休闲体验的新目的地。同时，立足交通、区位优势，大力发展商贸物流业，武陵山区物流客流公路港初具雏形，网购网销成为社会零售新业态。

——过去的五年，是抓统筹、促建管，城乡面貌焕然一新的五年。以“六城”同创[6]为载体，坚持规划引领、基础先行、建管并重，城镇化率由2010年的21.6%提高到33.01%。县城建成区面积由4.28平方公里扩展至6.48平方公里，“两桥两路”[7]、高速公路县城连接线、贡水一桥加宽工程、兴隆小区外环线一期工程建成投入使用，完成龙洞电厂、西门沟等出口路改造工程，启动209国道绕城线、西门沟至莲花坝道路建设，主城区内环线全线贯通，构建形成“一主两组团”[8]的县城空间布局；县城区主干道、背街小巷基本实现道路黑色化、街面一体化、管线入地和雨污分流，建成中心客运站、人民广场、莲花坝带状公园、

城区沿河人行栈道等公共设施；金源小区建设、万和广场新区开发、“三大片区”旧城改建工程[9]取得实效；加强规范化、精细化管理，县城区及重点区域实行全面禁鞭，智能交通系统投入运行，“两违”蔓延势头得到有效遏制，成功创建为“省级卫生县城”，一座以贡水河为主轴，体现山水特色、凸显文化底蕴的县城正以崭新的面貌呈现在世人面前。椒园“四化同步”示范镇建设进展顺利，李家河、高罗实现“乡改镇”，乡镇集镇基本做到“扫干净、摆整齐、保畅通”，“省级卫生乡镇”达到3个。“三坝两寨”[10]建设成效明显，新建和改造特色民居4000户，建成中国传统村落4个，省级“新农村建设示范村”达到6个、省级“宜居村庄”达到7个，高罗板寮成为全国首批“美丽乡村”创建试点村。启动贡水河全州首个国家级湿地公园建设，完成绿化面积18万亩，建成3个“省级绿色示范乡村”，森林覆盖率达到57.7%。在全州率先建成全参数空气自动监测站，空气质量优良率达到92.9%；完成龙洞库区网箱拆除工作，县城污水处理厂实现达标排放，建成人工湿地19座，完成45个村的环境综合治理；椒园成为“国家级生态乡镇”，晓关、万寨、高罗成为“省级生态乡镇”。宣恩连续三年被表彰为“全省三万活动先进单位”。

——*过去的五年，是抓项目、促投资，内生动力不断增强的五年。*固定资产投资累计达到140.72亿元，是“十一五”时期的2.5倍；年平均供地率达到89.9%，位居全州第一。恩来、恩黔高速公路建成通车，宣恩发展迈入“高速公路”时代。谋划和实施了县教育中心、县文体中心、黄河沟中小河流治理、中国恩施海关监管场所等一批事关宣恩长远发展的重大项目，官千水库建设、县民族医院整体搬迁即将启动。完成国省道、县乡等级公路改造升级236公里、通畅工程760公里、农村公路安保工程790公里，石心河大桥、七眼泉大桥投入运行，实施沙道沟、高罗绕镇线建设，公路总里程达到2820公里，农村公路通畅覆盖率达到99.3%，行政村实现“村村通客车”。加大中小河流治理、水库除险加固力度，实施基本农田治理、低丘岗地改造，完成“九乡镇、十水厂”建设，解决15万人的饮水安全问题。推进电网升级改造，新建110千伏输变电工程1个、35千伏输变电工程3个，全社会用电量达到2.01亿千瓦时，是2010年的1.89倍。宽带光纤网络总里程达到1.25万公里，移动通讯实现城乡全覆盖，行政村有线电视网络覆盖率达到45.9%。规划构筑“一区三园”[11]发展布局，园区面貌一年一变化、四年大变样，跨入全州先进园区行列。入园企业总数净增60家，达到85家，其中规模以上工业企业29家；累计实施产业项目76个，固定资产投资连续三年超过10亿元，椒园农副产品加工产业集群、和平承接产业转移基地初步建成，产业集约发展、产城融合发展初具规模，被省国土资源厅誉为“打造了具有山区特色的工业梯田”。

——*过去的五年，是抓改革、促开放，发展活力竞相迸发的五年。*加快行政审批制度改革，调整、取消、合并审批事项336项，保留234项，县“市民之家”建设进入尾声，形成县乡村三级政务服务体系。积极推进商事制度改革，市场主体达到14915户，比2010年净增8294户。深化财政管理体制改革，加强存量资金清理，统筹财力办大事。深入推进公共资源交易体制改革，形成“六统一”的工作模式[12]。全面建立基本药物制度，启动县级公立医院改革，完成卫生计生机构职能职责整合、食品药品监管和新闻出版广电体制改革。不动产统一登记、农村土地承包经营权确权登记颁证等改革扎实开展。创新投融资模式，政府投融资平台达到6个，撬动金融资本服务实体经济发展，全县金融机构各项存款余额由2010年的24.29亿元增加到73.45亿元，年均增长24.8%；贷款余额由8.76亿元增加到34.8亿元，年均增长32%；存贷比由35.7%提高到47.5%。招商引资到位资金21.32亿元，是2010年的5.3倍。实现外贸出口3219.2万美元，是2010年的5.1倍，自营出口企业发展到12家。

——*过去的五年，是抓民生、促和谐，发展成果共建共享的五年。*民生投入资金累计达到77.74亿元，是“十一五”时期的3.2倍。县政府在扎实完成州分解到县民生工程的基础上，每年承诺办理五件民生实事，集中资源解决民生难题。脱贫攻坚精准发力，明确路线图、时间表，累计减少贫困人口6.37万人。坚持教育优先发展，全面实施学生营养改善计划，县实小新教学楼、县职校新校区、县特校搬迁工程、县民族幼儿园投入使用，新建乡镇公办幼儿园15所，改造义务教育办学条件薄弱学校48所，“班班通”覆盖率达到90%。加强医疗卫生服务体系建设，县人民医院业务综合楼、医技楼和急救中心投入运行，改扩建乡镇卫生院9所，新建标准化村卫生室145个；新农合参合率达到99%，累计补偿医疗费用4.87亿元；严格落实人口计生政策，生育水平保持总体稳定。实施文化惠民工程，实现行政村“农家书屋”全覆盖，“两馆一站”免费开放，彭家寨被列为“全国重点文物保护单位”，非物质文化遗产保护不断加强。城镇新增就业2.36万人，登记失业率控制在4%以内；城乡居民养老保险达到14.4万人。新建保障性住房8080套，改造农村危房8216户。社会保障兜底政策全面落实，城乡低保按标施保，为80岁以上老人发放高龄津贴。深入开展文明创建，涌现出“全国最美孝心少年”熊丰财、“全国民族团结进步模范个人”张兴红等一批先进人物，正能量得到广泛传递。严格落实安全生产责任制，安全生产形势总体平稳。全面推行“三位一体”基层治理模式[13]，“六五”普法顺利验收，长潭河司法所被命名为全州唯一的“全国先进司法所”，群众安全感、治安满意度测评位居全省县市前列、全州第一方阵，省级平安县创建实现“八连冠”。

统计、科技、移民、外事侨务、编制、档案、史志、气象、老龄、妇女儿童、青少年、机关事务管理、邮政、保险、石油、双拥和国防动员等工作都取得新的成绩。

——过去的五年，是抓作风、促效能，行政能力稳步提升的五年。扎实开展党的群众路线教育实践活动、“三严三实”[14]专题教育，推动作风建设制度化、常态化。主动接受县人大及其常委会的法律监督、工作监督和县政协的民主监督，累计办理人大代表议案建议362件、政协委员提案292件。完善《县政府工作和议事规则》，行政决策科学化、民主化不断推进。加强政府门户网站和网络问政平台建设，组织开展电视问政、政风行风评议活动，广泛接受社会监督、群众监督。坚持把纪律和规矩挺在前面，全面落实党风廉政建设主体责任，自觉接受省委巡视并切实抓好整改，认真贯彻执行中央“八项规定”、省委“六条意见”和州委“实施细则”，驰而不息纠正“四风”，旗帜鲜明反腐倡廉。行政监察、审计监督力度进一步加大。

2015年，是极为特殊的一年。面对困难和问题，我们不回避、不退缩，保持定力，主动作为，经济社会实现持续健康发展。地区生产总值同比增长9.4%，增幅全州第一；规模以上工业增加值同比增长9.1%，增幅全州第二；公共财政预算收入同比增长15.1%；全社会固定资产投资同比增长22%；社会消费品零售总额同比增长12%，增幅全州并列第一；金融机构各项存款余额、贷款余额分别增长23%、41%，增幅均位居全州第一；城镇常住居民人均可支配收入同比增长9.2%，农村常住居民人均可支配收入同比增长10.7%。

回首“十二五”，我们付出了无数心血和汗水，也收获了很多荣誉和喜悦。宣恩还先后获得国家级出口茶叶质量安全示范区、国家有机农产品认证示范创建区、全国有机农业示范基地县、全国十大生态产茶县、全国重点产茶县、全国法治县（市、区）创建活动先进单位、全国群众体育先进单位、中国楹联文化县、中华诗词之乡、全省国土资源节约集约模范县、全省生猪调出大县、全省双拥模范县、全省金融信用县、全省绿化模范县、全省生育文明建设先进县、全省金融扶贫示范县、荆楚诗词之县、全省城乡居民社会养老保险工作先进单位等18项国家级、省级荣誉。这些成绩的取得，得益于州委、州政府和县委的坚强领导，得益于县人大、县政协的有效监督、全力支持，得益于全县上下的和衷共济、顽强拼搏。在此，我代表县人民政府，向各位人大代表和政协委员，向全县广大干部群众，向所有关心支持宣恩发展的各界人士、各位朋友，表示衷心的感谢！

在回顾成绩的同时，我们也清醒的认识到，全县经济社会发展还存在不少的困难和问题：受宏观经济环境的影响，2015年地区生产总值、规模以上工业增加值、社会消费品零售总额指标增速虽然位居全州前列，但仍没有达到预期目标；经济总量依然很小，环境约束日益趋紧，加快发展与环境保护的压力并存；特色产业链条不长，生态文化旅游业还没有实质性突破；精准扶贫、脱贫攻坚都是难啃的“硬骨头”，时间紧、任务重；城镇化水平不高，公共基础设施建设相对滞后；财政刚性支出逐年增加，收支矛盾加大；部分政府工作人员能力恐慌、庸政怠政的现象不同程度存在。问题就是导向，短板就是潜力。针对这些问题，我们将切实增强忧患意识、责任意识和担当意识，采取有效措施，切实加以解决。

二、“十三五”发展的总体思路、目标任务

“十三五”时期，是宣恩发展的黄金机遇期、投资高峰期、改革攻坚期，更是脱贫摘帽、同步小康的决战决胜期。根据县委《关于制定全县国民经济和社会发展第十三个五年规划的建议》，县政府组织编制了《宣恩县国民经济和社会发展第十三个五年规划纲要（草案）》，一并提请大会审议。

“十三五”时期，全县经济社会发展的指导思想是：**全面落实党的十八届五中全会、省委十届七次全会和州委六届九次全会精神，深入贯彻习近平总书记系列重要讲话精神，紧紧围绕“四个全面”战略布局，以精准脱贫为总目标，全面落实创新、协调、绿色、开放、共享发展理念，坚持提质增效、加快发展，努力建设美丽宣恩，推进城乡群众持续增收致富，确保如期全面建成小康社会。**

“十三五”时期的总体目标是：**打赢脱贫攻坚战；全面建成小康宣恩。**主要预期目标是：地区生产总值年均增长8.5%；规模以上工业增加值年均增长8.5%；公共财政预算收入年均增长10%；全社会固定资产投资年均增长10.5%；社会消费品零售总额年均增长10.8%；城镇化率年均提高2个百分点；城镇常住居民人均可支配收入年均增长9.5%；农村常住居民人均可支配收入年均增长11%；城镇登记失业率年均控制在3.9%以内；人口自然增长率、节能减排、安全生产控制在州定目标以内。

围绕上述目标，“十三五”时期的主要工作重点是：

（一）致力创新发展，构建现代产业新体系。积极推进产业创新、技术创新、机制创新，调结构、转方式，提质量、增效益，促进产业升级、融合发展。

加快发展现代农业。坚持“有机、富硒”的发展方向，突出工业化、市场化理念，推进茶、果、烟、畜四大产业链提档升级，积极探索马铃薯主粮化之路，全力抓好“一区四园二市场”[15]建设，健全现代农产品生产、质量监管、市场交易、科技创新推广和农业社会化服务等五大体系，着力打造集种养、加工、物流、体验、品牌等于一体的农业全产业链。到2020年，打造成为全州领先、全省示范、全国知名的现代农业示范区，建成武陵山区富硒产品开发、有机产品第一县。

促进工业提质增效。做大做强农副产品加工、清洁能源开发、绿色加工制造三大主导产业，深度发展茶叶、水果、畜禽、硒豆等精深加工，重点开发光伏、风能、生物质能等清洁能源，积极发展人造玉石、摩配、节能建材、健康厨具等制造业，推动产业集群发展。促进资源要素向园区集中、向优势企业集中，培育发展大产业、大基地、大集团。到2020年，规模以上工业企业突破100家，规模以上工业总产值突破40亿元。

推进旅游全域发展。做好“全域旅游、四季宣恩”文章，展现“春之茶、夏之水、秋之韵、冬之雪”的风采。立足“一山两水三文化”[16]资源，大力发展生态观光游、土苗文化游、运动休闲游和康体养生游，构建“一心一核四片区”[17]的景区空间布局，争创全省旅游强县。到2020年，力争创建国家AAAAA级景区1个、AAAA级景区4个、AAA级景区多个，建成全州旅游集散地、武陵山区乡村旅游和运动休闲养生之都、国内旅游者重要目的地。

培育壮大商贸服务业。提高电子商务应用与服务水平，带动传统商贸餐饮等产业转型升级。加快金融、保险等现代服务业发展，引导和促进房地产业健康发展。充分发挥交通区位和信息条件改善的新优势，抓好物流企业、园区和专业市场建设，发展现代商贸物流体系、线上线下交易平台。到2020年，建成武陵山区物流客流公路港、物流和电子商务服务中心。

（二）致力协调发展，展现城乡一体新面貌。坚持以“六城同创”为抓手，构建“三位一体”的城镇体系[18]，优化宜居宜业宜游环境。

做精县城。坚持以贡水河为主轴，突出“山水园林、民族风情”两大特色，打造水清、岸绿、景美的风景线，建成独具魅力的“城市客厅”。完成209国道绕城线建设，推进椒园、和平与县城融合发展。补齐老城短板，加快新区发展，完善市政设施，推进莲花新城开发，提高建管水平，建成武陵山区“最美县城”。

做特乡镇。立足资源、交通和地理空间布局，融入绿色、历史、人文等元素，把乡镇建设成为特色鲜明的风情小镇。万寨、高罗、晓关建成农工旅复合型乡镇；长潭河、椿木营建成旅游名镇；沙道沟建成区域中心镇；李家河建成“产城融合、园城一体”的示范区，彰显乡镇的产业特色、环境特色和文化特色。

做美农村。按照“村村寨寨是景区”的理念进行规划、建设和管理，突出原生态、原风貌和“干栏式”的建筑风格[19]，推动特色产业、基础设施、特色民居、村风民风同步发展，建设中心村，培植特色村，保护好传统村落，建设一批产业配套、设施完备、生态宜居、文明和谐的新型农村社区，打造“全国美丽乡村建设示范县”。

做强“底盘”。建成区域性的交通枢纽。积极争取安张衡、昭黔恩铁路过境建设、许家坪机场迁建椒园、恩施旅游轻轨过境宣恩；抓好宣鹤高速、咸来高速宣恩段建设，构建武陵山区大部分县市“三小时交通圈”、州内县市“两小时交通圈”；完成351国道椿木营至长潭河段、宣万线和甘长线改扩建、高罗和沙道沟绕镇线建设，推进晓关、李家河绕镇线建设，构建县内“一个半小时交通圈”；到“十三五”期末，实现农村20户以上的院落通公路。推进水利基础设施建设。实施农田水利、农村饮水安全、重要饮用水源地保护、水土保持、中小河流治理、高效节水灌溉等六大工程，建设官千水库、石马水库和黄柏营水库。推进新一轮农村电网改造升级工程。供电可靠率、综合电压合格率达到98%以上，户均配电容量达到2千伏安以上。加快信息通讯网建设。推动广电网、电信网、互联网“三网融合”，村组宽带光纤通达率100%，基本实现数字广播电视“户户通”，实现县乡村三级4G网络，公共区域、旅游景点、交通沿线wifi“两个全覆盖”；推进“互联网+”专项行动，着力建设智慧宣恩。

（三）致力绿色发展，提升人居环境新品质。倍加珍惜大自然的恩赐，高扬生态之长，做足绿色文章，保护好绿水青山，发展好金山银山。

强化绿色发展意识。牢固树立绿色GDP发展导向，构建保护、利用、治理、监管于一体的制度体系，严格执行领导干部自然资源资产离任审计制度。加强生态文明宣传教育，使各级干部坚定“绿色政绩观”，市场主体践行“绿色生产观”，广大群众树立“绿色消费观”。

提升环境保护水平。深化“山更青、水更绿、天更蓝、土更净、城乡更美”五个专项治理，深入推进“绿满荆楚”行动，抓好贡水河国家级湿地公园、自然保护区和森林公园建设，加大贡水河、酉水河保护力度，抓好大气污染防治，加强农业化学品投入监管，全面推广测土配方施肥，全县森林覆盖率达到60%，集中饮用水水源区水质达标率100%，空气质量优良天数年均达到320天以上，创建“国家级生态县”。

促进资源节约利用。科学开发和合理利用土地、森林、河流等资源，实行最严格的耕地、节约用地和水资源保护制度。构建循环型的产业体系，推动企业循环生产、清洁生产，建立覆盖城乡的再生资源回收利用体系。高效发展生态工业、生态农业、生态林业和生态文化旅游业，推动生态经济化、经济生态化。

（四）致力开放发展，增添加快发展新动力。把扩大开放作为加快发展的活力之源，形成全方位、宽领域、多层次、高水平的对外开放新格局。

做强园区平台。围绕“一区三园”布局，完善基础设施，加快产业集聚，椒园生态产业园建成茶叶循环经济示范基地、富硒精制茶出口基地、新型清洁能源产业基地、富硒生物科技孵化园、武陵山区物流客流公路港；和平制造产业园做好“健康厨具”产业文章；全面推动宣南产业新城建设。到2020年，园区企业总数达到120家，累计完成固定资产投资100亿元，建成全州一流、全省知名的产业新区、生态新区、城镇新区和旅游新区。

加强改革创新。持续推进简政放权、放管结合、优化服务，深化行政审批制度、商事制度改革，推进大众创业、万众创新，打造全州“双创”示范基地。稳步推进以产权制度为重点的农村综合改革，统筹推进户籍制度、财税管理等方面改革，释放和增强社会活力。深化投融资体制改革，规范运行政府投融资平台，探索“PPP”模式[20]、众筹等融资新渠道，吸引社会资本参与项目建设。

强化招商引资。转变招商思路，创新招商方式，突出集群招商、产业链招商、以商招商，引进一批技术含量高、投资额度大、带动能力强的大项目、好项目，在招大引强上实现新突破。统筹“引进来”和“走出去”，充分利用中国恩施海关监管场所，打造大通关、大平台，建成全州对外开放门户、武陵山区对外开放高地。

（五）致力共享发展，拓展幸福生活新内涵。把人民的期待变成我们的实际行动，切实保障和改善民生，让城乡居民在共建共享中有更多的获得感。

坚决打赢脱贫攻坚战。紧扣“六个精准”[21]，集中人力、物力、财力，实施“五个一批”[22]，进一步推进金融扶贫，形成政府、市场、社会协同推进的大扶贫格局。到2018年，实现“县摘帽、乡出列、村脱贫、户销号”的目标。

健全社会保障体系。实施全民参保计划，不断提高综合保障水平。以创业带动就业，使就业更加充分、增收更加稳定。完善社会救助和住房保障体系，加大力度关爱留守老人、留守妇女、留守儿童，切实保障困难群众生活。实现城乡居民劳有所得、老有所养、病有所医、住有所居。

繁荣发展社会事业。办好人民满意的教育，完成县教育中心建设，优化教育资源配置，推进各类教育协调发展。深化医药卫生和公立医院综合改革，完成县民族医院整体搬迁，加强乡镇卫生院、村卫生室建设，健全覆盖城乡的公共卫生服务网络。加快构建公共文化服务体系，建成县文体中心；打造一批文化精品，推动文旅深度融合。弘扬社会主义核心价值观，开展好“出彩宣恩人”等评选活动，凝聚热爱宣恩、发展宣恩、维护宣恩的正能量。

大力推进依法治县。全面开展“七五”普法，坚持公正司法，维护社会公平。建强社会治安防控网络，依法打击各类违法犯罪活动。全力抓好安全生产，完善应急管理体系。推进社会治理法治化、现代化和精细化。

三、2016年主要工作

2016年，是“十三五”的起航之年。全县经济社会发展的主要预期目标是：地区生产总值增长9%；规模以上工业增加值增长8.5%；公共财政预算收入增长10%；全社会固定资产投资增长25%；社会消费品零售总额增长12.5%；城镇化率提高2个百分点；城镇常住居民人均可支配收入增长10%；农村常住居民人均可支配收入增长11.5%；城镇登记失业率控制在4%以内；人口自然增长率、节能减排、安全生产控制在州定目标以内。

在实际工作中，我们要按照省委李鸿忠书记“1.5倍系数”[23]的要求，坚持以精准扶贫统领经济社会发展全局，以供给侧结构性改革为主抓手，以“跳起来摘桃子”的精神，力争实现更好的结果。

（一）聚焦脱贫攻坚，打赢开局之战。强力推进“五个一批”。发展生产脱贫一批，围绕茶、果、烟、畜等产业，坚持一村一品、多乡一业，每个村都有特色支柱产业，每户有劳动能力的贫困户都有特色产业致富门路。易地搬迁脱贫一批，鼓励贫困户向县城、工业园区、乡镇集镇、中心村镇、安置小区以及旅游景区沿线安置，实现“大集中、小分散、梯次搬迁”。生态补偿脱贫一批，严格兑现落实公益林保护、退耕还林奖励补贴政策，健全公益林补偿标准动态调整机制。发展教育脱贫一批，落实教育帮扶政策，完善贫困学生资助制度；实施雨露计划、阳光工程等项目，提高创业就业能力。社会保障兜底一批，提高低保“五保”救助标准，实现救助线、贫困线“两线合一”；用好新农合、社会救助等政策资金，加大大病救助力度，实现应保尽保、应救尽救。

集聚多元扶贫合力。启动47个重点贫困村整村推进扶贫，实现70个重点贫困村全覆盖；围绕产业发展、基础设施、社会事业等重点，整合项目资金300万元、专项投入200万元，每个重点贫困村投入达到500万元以上。继续推进金融扶贫，风险担保“基金池”扩大到1800万元，年发放贫困户贷款达到2亿元。鼓励引导金融支持涉农市场主体发展，按照“企业＋合作社＋贫困户”等模式，健全利益联结机制。积极探索“互联网＋扶贫”、能人带动扶贫等多种扶贫模式。

严格精准脱贫考评。实行最严格的精准扶贫督办机制、问责机制，健全纵向考核到乡镇、村、帮扶工作队，横向考核到行业部门、帮扶责任人的考核制度。对精准扶贫对象、精准帮扶措施、精准脱贫成效实行精细化、动态化数据管理。严格按照脱贫程序，逐户评估脱贫情况、逐级抽样核查、逐项公示公告，实现真减贫、真脱贫。确保全年24420人脱贫销号、28个贫困村脱贫出列，珠山、椒园、万寨实现整体脱贫。

（二）坚持产业兴县，壮大县域实力。发展壮大茶果烟畜产业链。新建茶叶基地1万亩，建成3条茶叶清洁化生产线，新培植州级农业产业化龙头企业2家。新建贡水白柚基地1万亩，全力推进“贡水白柚”中国驰名商标创建工作。稳定烟叶种植面积6.9万亩，收购烟叶14万担。新发展“4450”生猪养殖模式户200户，出栏生猪64万头。坚持建管并重，新增有机认证基地1500亩。培育壮大一批新型农业经营主体，支持农产品加工企业扩产提能，提升精深加工水平。

发展壮大生态文化旅游和大健康产业。全力推进在建景区建设，伍家台贡茶文化旅游区创建成为国家4A级景区，椒园工业旅游示范园打造四星级工业旅游示范点，狮子关旅游区开门迎宾，锣圈岩旅游区年内实现试营业，加快野椒园旅游区建设进度。逐步完善旅游配套设施，椒园游客集散中心建成运营，启动椒园至洗草坝、白玉洞等景点的道路改造，新增一批星级旅游宾馆。推进两溪河、清水塘等11个旅游扶贫重点村建设，大力发展大健康产业，继续举办好“一会、三赛、三节”活动。

发展壮大清洁能源和信息产业链。推进观音坪、鸡笼洞电站建设，双溪电站二期工程实现运营发电，新增装机1万千瓦；推进分布式光伏发电项目建设，抓好生物质能的开发利用。大力发展电子商务，新增电子商务企业、网点100家；加快创美物流、天宇物流等项目建设进度；推进互联网在产业发展、城市管理、民生及政务服务等领域的广泛应用，农村宽带光纤入户率达到40%。

发展壮大市场主体。用好用活产业发展基金、县域经济发展调度资金，加大融资担保、技改贴息扶持力度，支持实体经济发展。实施“市场主体成长”“小微企业培育”和“中小企业成长”等工程，扎实开展“万名干部进万企”活动，构建“亲”“清”新型政商关系，促进小微企业加快发展，支持一批符合产业发展导向、科技含量高、拥有自主品牌的龙头企业做大做强，规模以上工业企业发展到65家以上，建成省级高新技术企业1家。

（三）统筹城乡发展，提升宜居水平。加强城镇建管。深入推进“六城同创”，实施项目69个，提升居民、游客、投资者的满意度和幸福度。按照“补齐老城短板、加快新区发展”的思路，完善老城基础配套设施，基本完成“三大片区”旧城改建工程，工作重心逐步转向新区发展，积极推进莲花新城开发。完成贡水河沿河绿道改造升级，环县城、环双龙湖绿化亮化工程，建成贡水河北岸人行栈道。推进209国道绕城线、西门沟至莲花坝道路建设，完成黄河沟中小河流治理，以及凌云路、水厂路和兴隆大道中端道路改造工程，启动县民族体育馆建设；规划建设新停车场，拆除危旧房改建停车场，缓解城区“停车难”。继续推进“十个一”工程[24]，完善乡镇集镇基础设施，推进乡镇街道提档升级。加强精细化管理、人性化服务，“两违”整治向乡镇延伸，构建管理长效机制。

建设美丽乡村。加强生态家园建设，推进农村垃圾综合治理，清洁能源入户2600户，完成10个村的环境综合治理；推进生态、产业和文化融合发展，创建一批国家级、省级示范乡村。完成宣万线、甘长线改扩建工程，抓好沙道沟、高罗绕镇线建设，建设农村公路300公里，加强农村公路日常管养，建立“村村通客车”长效机制。加快官千水库建设进度，启动椒园石马水库、椿木营黄柏营水库建设。建成沙坪35千伏输变电工程，新建沙道沟35千伏输变电工程。

强化生态建设。实施“绿满荆楚”、石漠化综合治理等生态工程，完成绿化面积10万亩，建成“省级绿色示范乡村”2个。强化水生态治理，加强饮用水源地、空气等环境监测，完成万寨、长潭河和晓关集镇污水处理站，以及沙道沟乐坪水质自动监测站建设。加快贡水河国家级湿地公园、宝塔山森林公园建设，积极创建“省级森林城市”。全年空气质量优良天数达到320天以上。

（四）强化项目带动，增强内生动力。加大项目工作力度。全年实施重点项目145个以上，完成固定资产投资50.6亿元。深入研究上级出台的各项政策，主动对接政策导向和资金投向，强化项目规划论证，注重项目可研深度，力争常规性项目扩面增量、竞争性项目有新的突破。继续实行重点项目领导联系制度，加快项目建设进度，确保拟开工项目早开工、在建项目早建成、建成项目早投产。

推进园区平台建设。启动园区扩区调区工作，以店子坪片区水电设施建设、椒园自来水管线改造、和平制造产业园配套设施建设为重点，完善园区基础配套，组建园区产业投资公司，增强园区发展的吸附力和承载力。推进伍家台文化产业园等项目建设，力促弘亚金属等18个在建项目建成投产，汽车产业园等5个新签约项目开工建设。入园企业总数达到100家，其中规模以上工业企业达到34家，椒园生态产业园、和平制造产业园全面建成，店子坪片区形成规模。

提升招商引资实效。做深做实项目前期工作，开展产业链招商、产业集群招商、以商招商，着力引进一批关联项目、配套项目，提高项目履约率、资金到位率和落地开工率，招商引资实际到位资金24.5亿元以上。同时，大力发展进出口贸易，培育壮大自营出口队伍，支持企业开拓国际市场，实现出口创汇3606万美元，其中自营出口1200万美元。

（五）深化改革创新，创优发展环境。稳步推进各项改革。深入推进行政审批制度改革，健全“五张清单”和“三项制度”[25]，提升“一站式”服务水平。继续推进商事制度改革、“营改增”改革，推动市场主体扩量提质，不断释放创业活力。深化医药卫生体制改革，降低群众就医成本。全面完成公务用车制度改革、机关事业单位养老保险改革。着力抓好户籍制度改革、不动产统一登记制度改革、农村产权制度改革等其他各项改革。探索组建集综合产权交易、担保公司、金融仓储、互助金融、碳汇交易等于一体的农村金融服务中心。

增强要素保障能力。做实做强政府投融资平台，充分发挥平台筹集资金、支持项目建设的引导作用。创新和运用“PPP”模式，吸引民间资本参与特色产业开发、新型城镇化和基础设施建设，实现投融资主体多元化。支持企业建设研发中心，与高校、科研机构搭建智力合作平台。盘活建设用地增量和存量，合理确定用地规模和布局，提高节约集约用地率。

强化财政金融支撑。建立财政资金统筹使用机制，促使财政资金使用效益最大化。巩固壮大现有财源，积极培育新兴财源，夯实财政增收基础。引导和支持金融机构优化信贷结构，拓展金融产品，加强“政银企”合作，力争年末金融机构各项存款余额达到85亿元、贷款余额达到44亿元，存贷比提高4个百分点。

（六）加强民生保障，增进群众福祉。发展社会事业。全力抓好县教育中心、思源实验学校建设，统筹实施“全面改薄”工程[26]，促进城乡教育均衡发展。启动实施县民族医院整体搬迁工程，推进村级卫生室标准化建设，提高医疗卫生服务水平。全面完成县文体中心一期工程建设，启动二期、三期工程建设，新建村级文化广场9个、社区文化活动室10个。深入推进“全国民族团结进步示范县”创建，举办好晓关、长潭河两个侗乡建乡30周年庆祝活动。认真开展第三次农业普查，全面加强统计能力建设。统筹抓好人口计生、科技、移民、外事侨务、机关事务管理等工作。

提升保障水平。完善就业创业政策，加大创业扶持、技能培训和就业援助，城镇新增就业3500人。城乡居民社会养老保险参保率保持100%、新农合参合率保持在99%以上。完善社会救助机制，大力发展社会福利和慈善事业，健全覆盖城乡的社会救助体系。加强保障性住房建设，推进棚户区改造，全面解决县城区低收入困难家庭住房问题，探索建立在县城区居住时间较长的非城区户籍常住困难家庭住房保障政策，新建保障性住房200套，完成棚户区改造500户。

维护社会稳定。巩固“三位一体”基层治理模式，实现法律顾问制度全覆盖。完善立体化社会治安防控体系，严厉打击各类违法犯罪活动。强化安全生产责任，加大隐患排查治理标准化、数字化体系建设和网格化管理力度，提升安全监管水平。加强食品药品安全监管，严格落实“四有两责”要求[27]，扎实推进“食品放心工程”建设。畅通信访渠道，加强网络舆情引导和监管，提高保障公共安全和应对突发事件能力。

（七）加强自身建设，提升行政能力。坚持依法行政。启动实施“七五”普法，完善国家工作人员学法用法制度，推动形成办事依法、遇事找法、解决问题用法、化解矛盾靠法的法治环境。自觉接受党内监督、人大监督、民主监督、司法监督，主动接受社会监督和舆论监督，认真办理人大代表议案建议、政协委员提案。牢记法无授权不可为、法定职责必须为，全面推进政务公开，规范行政权力运行。加强对行政权力的制约和监督，促进执法公平公正。

强化务实担当。认真贯彻执行《湖北省行政问责办法》，纠正“门好进、脸好看、事难办”的庸政怠政现象，勇于向为官不为的“四类先生”[28]亮剑。按照州委“现场高于会场”的要求，深入一线、深入基层，解决问题，推动工作。强化目标管理，加强督办检查，全年工作项目化、清单化。探索建立“容错”“容缺”机制，为改革创新者撑腰鼓劲，为敢于担当者担当；大力弘扬专注敬业、精益求精的“工匠精神”[29]，把工作做实做细，争做改革的促进派和实干家。

全面从严治政。深入开展“两学一做”学习教育[30]，巩固党的群众路线教育实践活动和“三严三实”专题教育成果，增强政治意识、大局意识、核心意识和看齐意识。压实主体责任，坚持把纪律和规矩挺在前面，严格执行《中国共产党廉洁自律准则》和《中国共产党纪律处分条例》，树立道德高线，守牢纪律底线。扎实抓好巡视反馈问题整改，强化行政监察、审计和财政监督，严肃查处违纪违法案件，打造山清水秀的政务环境。

2016年也是本届政府的届满之年，县政府将在扎实完成换届以来已经承诺民生实事的基础上，继续办好五件民生实事：一是建设县民族第二实验小学；二是实施县民族中学搬迁；三是启动351国道椿木营至长潭河段建设；四是建立困难残疾人生活、重度残疾人护理“两项补贴”制度；五是按照“群众自愿、政府支持”的原则，实施县城区D级危旧住房拆除及易地安置工程。

全面小康的美好蓝图已经绘就，脱贫攻坚的冲锋号角已经吹响。展望新蓝图，要求我们顺势而为、积极有为；推进新发展，要求我们奋发图强、奋勇争先。让我们在县委的坚强领导下，在县人大、县政协的监督支持下，凝聚全县上下的智慧和力量，勇当历史重任，不负人民期待，锐意进取，开拓创新，扎实工作，为打赢脱贫攻坚战、与全州同步建成小康社会、谱写“中国梦”的宣恩篇章而努力奋斗！

术语注释

[1]**“三州”战略**：生态立州、产业兴州、开放活州战略。

[2]**“双轮驱动”**：州委六届五次全会提出：实施产业化、城镇化双轮驱动战略。

[3]**“4450”生猪养殖模式户**：每户农户饲养4头能繁母猪，建设40平方米的生物发酵床，配套建设1口沼气池，年出栏生猪50头以上。

[4]**4个AAAA级景区**：锣圈岩旅游区、伍家台贡茶文化旅游区、狮子关旅游区、椒园工业旅游示范园。

[5]**“一会、三赛、三节”品牌**：水上运动会；环贡水河健身徒步和长跑比赛、山地自行车邀请赛、全国汽车场地越野赛；伍家台贡茶文化节，贡水白柚采摘节、椿木营高山露营节。

[6]**“六城”同创**：同步创建全国、全省优秀旅游城市、卫生城市、园林城市、文明城市、森林城市、环保模范城市。

[7]**“两桥两路”**：莲花坝人行景观桥、三河沟大桥；莲花坝至三河沟道路、莲花坝北岸城区防洪道路。

[8]**“一主两组团”**：县城主城区，椒园、和平两组团。

[9]**“三大片区”旧城改建工程**：原县法院老办公楼至一桥片区、原县林业局至老客运站片区、原东方龙公司片区旧城改建工程。

[10]**“三坝两寨”**：椒园水田坝，晓关大岩坝，高罗谭家坝；万寨伍家台，沙道沟彭家寨。

[11]**“一区三园”**：湖北宣恩工业园区；椒园生态产业园，和平制造产业园，宣南产业新城。

[12]**“六统一”的工作模式**：综合监管机构、交易平台、管理制度、评标专家库、招标代理数据库、监理机构数据库六统一。

[13]**“三位一体”基层治理模式**：村医村教进班子，农民办事不出村，律师进村、法律便民。

[14]**“三严三实”**：严以修身、严以用权、严以律己；谋事要实、创业要实、做人要实。

[15]**“一区四园二市场”**：“一区”，即建成集产、学、研和高新示范、旅游观光、休闲体验于一体的伍家台贡茶、贡水白柚示范区；“四园”，即伍家台贡茶主体公园、伍家台贡茶集成技术示范园、伍家台贡茶精深加工产业园、贡水白柚集成技术示范园；“二市场”，即伍家台贡茶批发市场、贡水白柚批发市场。

[16]**“一山两水三文化”**：“一山”，即七姊妹山；“两水”，即贡水河、酉水河；“三文化”，即土家族文化、苗族文化、侗族文化。

[17]**“一心一核四片区”**：“一心”，即在县城主城区建设旅游集散中心；“一核”，即在珠山镇和贡水河国家级湿地公园建设休闲养生核心区域；“四片区”，即依托县城周边乡镇和景区资源，建设北、东、南、西四大旅游片区，打造北部“寿山贡茶”皇城贡品旅游和清江生态民俗旅游片区、东部“七姊妹山—中武当”仙山养生旅游片区、南部“酉水源”山水乡愁旅游片区、西部“土(家)苗侗家”民俗体验旅游片区。

[18]**“三位一体”的城镇体系**：精致县城、特色乡镇、美丽农村。

[19]**“干栏式”的建筑风格**：青瓦白墙、飞檐翘角、栏杆跺脊、木门木窗。

[20]**“PPP”模式**：政府与私人组织之间为了合作建设基础设施项目，或是为了提供某种公共物品和服务，以特许权协议为基础，彼此之间形成一种伙伴式的合作关系，并通过签署合同来明确双方的权利和义务，以确保合作的顺利完成，最终使合作各方达到比预期单独行动更为有利的结果。

[21]**“六个精准”**：扶贫对象精准、项目安排精准、资金使用精准、措施到户精准、因村派人精准、脱贫成效精准。

[22]**“五个一批”**：发展生产脱贫一批，易地搬迁脱贫一批，生态补偿脱贫一批，发展教育脱贫一批，社会保障兜底一批。

[23]**“1.5倍系数”**：省委李鸿忠书记要求湖北要以全国经济增速的1.5倍的系数来加快发展，但是不是简单地说湖北的增速要达到全国的1.5倍，更重要的是体现一种积极进取、争先进位的精神。

[24]**“十个一”工程**：启动一项规划编制；打造一条示范街道；推进一个创业园建设；建设一个集贸市场；修建一处垃圾(污水)集中处理设施；启动一个客运站或停车场建设；完善一批基础功能；健全一支管理队伍；强化一套工作机制；建立一系列管理制度。

[25]**“五张清单”和“三项制度”**：“五张清单”，即权力清单、责任清单、监管清单、负面清单和行政审批中介服务事项清单；“三项制度”，即权力清单制度、责任清单制度和事中事后监管制度。

[26]**“全面改薄”工程**：全面改善义务教育薄弱学校基本办学条件。

[27]**“四有两责”要求**：“四有”，即有责任、有岗位、有人员、有手段；“两责”，即日常监管责任、监督抽验责任。

[28]**为官不为的“四类先生”**：在全省领导班子和领导干部履职尽责管理推进会上，省委书记李鸿忠为“四类先生”画像，一是“两不先生”，政治上不强，也不踩“红线”；二是“南郭先生”，混在“乐队”里不会乐器只会佯装比划，但一较真就有问题；三是“撞钟先生”，懒政、惰政、怠政，不勤政，当一天和尚撞一天钟；四是“好好先生”，不敢担当，不敢得罪人，没有原则，没有立场，什么都好，就是不履行自己的职责。

[29]**“工匠精神”**：2016年，“工匠精神”首次写入李克强总理所作的《政府工作报告》。在4月11日召开的部分省(市)政府主要负责人经济形势座谈会上，李克强总理要求政府也要秉承“工匠精神”，把工作做扎实、做精细。

[30]**“两学一做”学习教育**：学党章党规、学系列讲话，做合格党员。

县政府承诺2013—2015年度民生实事完成情况一览表

表1

年度	序号	项目名称	完成情况	责任单位
2013	1	县城二水厂和官千水库建设	官千水库项目总投资1.5亿元，2013年6月立项，目前正在进行招标代理工作，即将启动建设。县城二水厂总投资1800万元，正在进行设备调试。	县水利水产局 县自来水公司
	2	县文体中心建设	项目总投资2.3亿元。目前，一期主体工程已经完成，正在进行二期工程造价审计和制作招标文件。	县文体新广局
	3	县教育中心建设	项目总投资5.24亿元，目前已累计完成投资1.77亿元，5月份正式启动清江外国语学校校舍建设，今年秋季学期高中部将投入使用。	县教育局
	4	高速公路县城连接线建设	项目总投资1.32亿元，目前工程已经基本完成，正在进行绿化扫尾工作。	县交通运输局 县高路办
	5	背街小巷管网改造及道路黑色化工程	项目总投资2000万元，完成背街小巷道路黑色化及管网改造2.7千米。	县住建局
2014	1	黄河沟中小河流治理工程	项目总投资5993.4万元，2014年9月正式开工建设，目前已累计完成73%的工程量，4月底隧洞将全线贯通。	县水利水产局
	2	恩来恩黔高速公路建设所涉农村被利用公路复建工程	完成公路复建总里程83.04公里。	县交通运输局 县高路办
	3	农村寄宿制中小学“洁净温暖”工程	项目总投资2076.4万元，于2015年12月底前全部完成并投入使用。	县教育局
	4	椒园供水管网及泵站建设	项目总投资2200万元，于2014年12月动工建设，预计2016年5月底通水试运行。	县自来水公司
	5	珠山公墓新区和殡仪馆新区建设	项目总投资2000万元，于2012年开工建设，2015年1月开始投入使用。	县民政局

县政府承诺 2013—2015 年度民生实事完成情况一览表

续表 1

年度	序号	项目名称	完成情况	责任单位
2015	1	对损毁严重的农村公路进行一次集中养护，健全农村公路养护管理长效机制	投入资金 543 万元用于农村公路养护；制定下发《宣恩县农村公路养护管理实施细则》，建立管养检查督促三级联动制度，初步形成农村公路养护管理长效机制。	县交通运输局
	2	县城区新建一所标准化幼儿园	目前，正在开展前期项目可研编制及初步设计编制工作，下一步将重点推进项目征地工作。	县住建局 县教育局
	3	县城区新增货车停车位 300 个，普通停车位 500 个	投入资金 93 万元，建成莲花坝大型停车场，新增货车停车位 300 个；对县城区的危旧房进行拆除改造，新建生态停车场 8 个、在建 5 个，新增普通停车位 608 个。	县住建局 县城管局
	4	贡水河南岸污水收集系统改造工程	兴隆大道道路管网改造一期工程总投资 1100 万元，长约 900 米，已经投入使用；二期工程总投资 1500 万元，长约 900 米，目前已完成投资 400 万元。兴隆大道西端综合管网改造工程总投资 600 万元，长约 1.1 公里，目前已完成规划设计。凌云路管网改造工程总投资 3000 万元，长约 1.91 公里，目前已完成约 55%的工程量。水厂路片区棚户区道路管网改造工程总投资 686 万元，长约 1.22 公里，目前已完成投资约 100 万元。	县住建局
	5	全面实施被征地农民养老保险制度	全县被征地农民参保缴费 5628 人，征缴养老保险费 2.23 亿元。共 2726 名被征地农民领取了养老保险金，累计发放养老保险金 1392.38 万元。	县人社局

县情概览

15/32

地理环境

【地理位置与面积】宣恩县位于恩施土家族苗族自治州南部，地处北纬 29°32′46″～30°13′36″，东经 109°10′50″～109°55′52″。南北长 73.9 千米，东西宽 71.5 千米。东接鹤峰，西南邻咸丰、来凤，东北、西北及北部与恩施市交界，东南与湖南省龙山、桑植等县接壤。G209 纵贯南北，与椒（园）石（门坎）省道、鸦（雀岭）当（阳坪）省道横串东西呈“工”字形。县城距恩施机场 53 千米，距宜（昌）万（州）铁路恩施站 51 千米，距沪蓉西高速公路恩施西入口 40.5 千米，距长江巴东港 234 千米。全县国土总面积 2737.17 平方千米，分别占全省、全州国土总面积的 1.47%、11.39%。

【地质地貌】境内地层属元古代震旦纪变质岩基底，上覆盖自寒武纪至第四纪巨厚沉积岩。地表的岩层既有新生代（第四纪）、中生代（三迭纪）年轻地层，也有古生代（二迭纪、石炭纪、泥盆纪、志留纪、奥陶纪）古老层。宣恩属云贵高原延伸部分，地处武陵山和齐跃山交接部，县境东南部、中部和西北边缘，横亘着几条东北至西南走向的大山岭，形成许多台地、岗地、小型盆地、平坝、横状坡地和山谷、山峡等地貌。武陵山脉横亘延伸，形成西北边界第一大主峰——羊头山，海拔 1605.8 米；支脉自东北，经恩施市石窑延伸至县境长坪、椿木营，形成椿木营高原。余脉沿湘鄂边界的八大公山，经一天门、鸡公岭、万岭山，自西向东凸起，将境内分成南北两部。全县最高点椿木营火烧堡，海拔 2014.5 米，最低点石心河（贡水与清江汇合处），海拔 356 米，相对高差 1658.5 米，全县平均海拔 974 米。境内海拔 1200 米以上的高山区占全县总面积的 25.69%，海拔 800～1200 米的二高山区占 47.12%，800 米以下的低山区占 27.19%。宣恩县气候湿润，雨量充沛，河系发育条件良好。全县有大小河流 121 条。河流总长度 538 千米，河网密度1.2 千米/平方千米。按河流归属全县有 5 个水系。发源于沙道沟镇二坪的头坪河（海家河），向南入湖南龙山县，属澧水水系（洞庭水系之一）；发源于晓关侗族乡草坝场的断头河，向西南入咸丰县，属乌江水系；发源于椿木营乡干竹坪经岩板沟、神州台的鸡笼洞河，向北入恩施市，属马尾沟（清江的另一支流）水系。这 3 个水系在县境内的流域面积，只占全县国土总面积的 8.7%。其余各条河则分属酉水河水系和贡水河（忠建河）水系，其中酉水河源头位于椿木营乡杨柳坨村以南约 1.5 千米处的山坳上，北纬 30°01′02″，东经 109°45′20″，海拔 1892 米。这两个水系流域面积大致相等，河流径流总量较大，全县人均径流量是全国人均径流量的 2.5 倍。河流落差大，水力资源丰富，由于降水量的季节变化大，水力资源的季节变化大。宣恩气候属中亚热带季风湿润型山地气候，多年平均降雨量 1560 毫米，年日照时数 1150 小时。随海拔高程的变化，呈明显的垂直差异。海拔 800 米以下低山带，四季分明，冬暖夏热，雨热同步，光温互补，年均气温 15.6℃，无霜期 304 天，年降水量 1491.3 毫米，年日照时数 1069.9 小时；海拔 800～1200 米的二高山地带，春迟秋早，湿润多雨，光温不足，年均气温 12.7℃，无霜期 269 天，年降水量 1553.1 毫米，年日照时数 1213.3 小时；海拔 1200 米以上的高山地带，气候冷凉，冬长夏短，易涝少旱，年均气温 9.9℃，无霜期 234 天，年降水量 1824.8 毫米，年日照时数 1509.5 小时。

自然资源

【土地资源】全县国土面积 2737.17 平方千米，其中耕地占国土面积的 15.46%，城镇及工矿用地占国土面积的 2.08%，园地占国土面积的 1.96%，交通用地占国土面积的 0.54%，林地占国土面积的 56%，水域占国土面积的 1.03%，牧草地占国土面积的 0.45%，未利用地占国土面积的 22.48%。2015 年全县常用耕地 24800 公顷，比上年增加 71 公顷。

【水能资源】全县水能资源蕴藏丰富，开发利用潜力大。县境内两大水系 4 条主要河流的水能理论蕴藏量为 55 万千瓦，已勘察论证可开发量为 40 万千瓦，占理论蕴藏量的 73%，居全州第二位。全县有大中小型水库 31 座、总库容 6.09亿立方米，塘堰 505 口、蓄水量 876 万立方米。其中小型水库

27座，总库容7600万立方米；中型水库2座：龙洞水库、桐子营水库，龙洞水库6400万立方米，装机2.6万千瓦，桐子营水库6600万立方米，装机2.4万千瓦；大型水库2座：洞坪水库、狮子关水库，其中洞坪水库3.2亿立方米，装机11万千瓦。至2015年，全县装机已近20万千瓦，年平均发电量约4亿千瓦小时，产值1.4亿元。

【矿产资源】县境属沉积岩分布区，地层发育齐全，地质结构复杂，成矿条件较好，矿产品种较多，经勘察探明的矿种有33种，矿产地(矿点)132处。主要矿种有煤矿、铜矿、铁矿、铅锌矿、硫铁矿、炭质页岩、石英矿、白云岩、生物大理石、石灰岩、菊花石、黑滑石、紫砂陶土等十多种矿产。其中，无烟煤探明地质储量402万吨，估算储量6亿吨；炭质页岩预测地质储量6亿吨；铁矿预测地质储量1.7亿吨；铅锌矿预测地质总储量30万吨；铜矿预测地质总储量13.4万吨；硫铁矿预测地质总储量1200万吨；硅矿预测地质总储量1.96亿吨；石灰石预测地质总储量120亿吨；白云岩探明储量409.67万吨，预测地质总储量4.45亿吨；生物大理石探明储量394万立方米，预测地质总储量594万立方米；菊花石探明储量51.67万吨，预测地质总储量500万吨；黑滑石预测地质总储量2000万吨；紫砂陶土预测地质总储量1000万吨；耐火黏土预测地质总储量2000万吨；方解石矿探明储量10.6万吨，预测地质总储量30万吨左右。稀有元素硒矿、钒矿亦有一定储量。

【生物资源】宣恩地处北纬30°附近大陆东岸亚热带森林过渡带。无冰川侵袭、良好的气候环境、复杂多变的地势、地貌，为野生动植物的生长、栖息、繁衍提供了良好的自然条件，境内生物资源丰富。据1998年全县野生动物调查统计，境内有野生动物8目20科，共176种，其中兽类45种，鸟类94种(候鸟12种)，爬行类19种，两栖类18种；昆虫类60余种。境内高等植物达5000余种，维管束植物183科752属2027种，常见乔、灌木有96科215属882种及63个变种，其中，乔木达400余种。境内生长的中国单种属和寡种属植物达25属以上，占全国特种属植物的14.1%。国家一级保护树种有水杉、珙桐、光叶珙桐、银杏、伯乐树(钟萼木)、红豆杉、南方红豆杉、苏铁、银杉等9种；国家二级保护树种有36种。牧草品种有12科300余种。2015年森林覆盖率57.7%。

【旅游资源】县境内崇山峻岭，山水秀丽，且历史悠久，民族文化独具特色。旅游资源可以概括为“一座山、两道水、三个寨子、四种文化、十大亮点、九大名人故地、十大独特物产、十大特色美食、十大传统美食”。

一座山即七姊妹山。它是国家级自然保护区，拥有较好的原始森林。有“植物活化石”珙桐，是中国8种一级重点保护植物中的珍品，是第四纪冰川时期的孑遗植物。珙桐纯林面积较大。遗存的巨型楠木化石，从一个侧面证实了宣恩楠木进献清廷修建承德避暑山庄的历史。还有大型猫科动物踪迹，有形态各异、大小不一的瀑布群，10千米幽深秀美的大峡谷。

两道水：①贡水。从晓关坪地坝至中间河下坝河，沿河两岸山清水秀，风景如画，沿途有双龙湖、红岩窖、梯子河、木场河、下坝河等峡谷，可观赏桐子营水库电站、龙洞中型水库电站、洞坪大型水库电站、中武当、七姊妹山国家级自然保护区等。县城贡水段建有音乐跑泉、民族文化浮雕墙、民族文化风情街。洞坪库区内贡水河段可乘坐画舫游船，观看野生猕猴，领略峡谷风光，体验侗寨风情，观赏生态贡茶园。②西水。西水发源于椿木营乡杨柳坨村，白水河至沙道沟段，山高谷深，滩多流急，奇峰异岭，飞瀑巨穴，乘木船漂流而下，可欣赏白水孔、一天门、鸳鸯峡、月亮岩、将军山等景点。

三个寨子：①土家寨子，沙道沟镇彭家寨土家吊脚楼群、椒园镇庆阳坝土家凉亭街。②苗族寨子，高罗乡小茅坡营苗族村寨被称为民族“活化石”，是湖北省唯一保留完整苗语的苗寨。③侗族寨子，有1734年修建的晓关张官铺侗寨、半边火塘，有古树、古渡口、造纸坊、鞭炮坊、水碾房、油榨坊的野椒园杨家院子、张家院子侗寨。

四种文化：①生态文化。2008年，“七姊妹山”被国务院批准为“湖北七姊妹山国家级自然保护区”，保护区内有原始森林、国家一级保护植物、动物，森林覆盖率56.8%，为神秘的北纬30度和川东一鄂西特有现象。②民族文化。有国家级非物质文化遗产2项：薅草锣鼓和三棒鼓；省级非物质文化遗产10项：薅草锣鼓、耍耍、宣恩土家八宝铜铃舞、十姊妹歌、滚龙连厢、三棒鼓（土家三棒鼓）、高腔山歌（宣恩高腔山歌）、民间绣活（土家族苗族绣花鞋垫）、绿茶制作技艺（宣恩伍家台贡茶制作技艺）、宣恩草把龙；州级非物质文化遗产25项；县级非物质文化遗产46项。③土司文化。元朝，设施南宣慰司沿边溪峒招讨司，明朝设施南宣抚司，从宣慰司、宣抚司、安抚司、招讨司到蛮夷长官司各个级别都有，直至1735年改土归流。④红色文化。贺龙、关向应、任弼时、萧克、王震、廖汉生等领导的红二、六军团在宣恩先后活动8年之久，成为湘鄂西、湘鄂川黔根据地的重要组成部分；红军收编的第一支神兵是晓关联英会；板栗园伏击战被写入《中国工农红军第二方面军战史》。

十大看点：“皇恩宠锡”宣恩贡茶、贡水白柚、喀斯特地貌、高75.6米的龙洞水库大坝、狭长的狮子关电站大坝、北纬30度线上树龄1200多年的野椒园红豆树、树龄1200多年的“九子抱母”古银杏树、万寨常春油麻藤、长潭河乡长毛润楠、椿木营亚高山泥炭藓湿地、椿木营竹节人参基地。

九大名人故地：宣恩是贺龙、任弼时领导的红二、六军团八年转战之地，是抗战时期代理湖北省主席严立三垦荒晒坪并竖“不共戴天”石碑之地，是湖北三杰之一、民政厅长张难先辞职隐居并创办“耻庐”识字班之地，是中共两任总书记胡耀邦、胡锦涛视察之地，是长篇纪实小说《欧阳海之歌》作者金敬迈求学之地，是著名歌唱家蒋大为放歌之地，是全国“为民模范”周国知成长之地，是明末农民起义军李自成余部“夔东十三家”游击之地，是太平天国起义军翼王石达开攻掠之地。

十大独特物产：科学家在七姊妹山发现新的物种命名为“宣恩牛奶菜”，宣恩特产技术人员选育了中国早熟宽皮柑橘“宣恩早蜜柑”、中国优质茶树品种“宜茗27号（鄂茶10号）”、湖北省四大特色水果“贡水白柚”。宣恩县上湖塘蔬菜队培育出1.1米长的“宣农81720”豇豆新品种。宣恩贝母代表湖北水平，被命名为“湖北贝”，与川贝齐名。宣恩皱皮木瓜享誉大江南北，被误称为“资木瓜”。原产地在宣恩县椒园镇的“恩施玉露”，被评为湖北省第一历史名茶。原产地在宣恩县椿木营乡的白三七，被人们称为“竹节人参”。宣恩县食品公司加工的“鄂西火腿5－1”在全国质量评比会上被评为全国“四大名腿”之一。

十大特色饮食：张官合渣、晓关豆腐、覃家坪米粑粑、沙道沟油粑粑、李家河大蔸菜、椿木营水酸菜、椒园苞谷粑、双龙湖清水鱼、龙洞大块鸡、万寨油茶汤。

其他人文景观：凌云塔、鼓台山烈士陵园、板栗园大捷纪念碑、贺龙收编神兵旧址——晓关禹王宫、猫子庄宣恩县苏维埃政府旧址、烧粑岩湘鄂西中央分局会议旧址、文澜桥、钟楼、侗族鼓楼等人文景观。

建置沿革

【宣恩概况】历代宣恩地域隶属管辖，废置多变。直至清朝雍正十三年（1735）设县，命名宣恩。宣恩县的土著民族属土家族，系巴人后裔，自称“毕兹卡”，即“本地人”。宣恩地域，上古为廪君国地。周属夔子国。春秋属巴子国。《华阳国志·巴志》载：“华阳之壤，梁岷之域，是其一囿；囿中之国，则巴蜀矣。其分野，舆鬼、东井。其君，上世未闻。五帝以来，黄帝、高阳之支庶，世为侯伯。及禹治水命州，巴、蜀以属梁州。”巴子国受封于周武王，迄今有3000多年历史。“其地，东至鱼复（今重庆奉节），西达僰[bó]道（今四川宜宾），北接汉中（今陕西汉水流域），南及黔涪（今重庆、湖北、湖南、贵州四省市接壤一带）。”“其属有濮、賨[cóng]、苴[jū]、共、奴、獽[ráng]、夷、蜑[dàn]之蛮。”战国初期，宣恩地域属巴国百濮，后期属楚巫郡。秦朝属黔中郡。汉代，东门关以北属荆州南郡；南部属武陵郡。三国时先属蜀，后属吴。北部属荆州建平郡沙渠县；南部属武陵郡。晋朝沿前隶属。北周建德三年（574）置施州，治沙渠县。隋大业时置清江郡，义宁二年（618）改为施州。唐置黔中道施州清化郡，治清江县，宣恩地域属之。五代时宣恩北部属施州清江县，南部属羁縻感化州。宋朝，宣恩北部属“夔州路施州清江县”；南部属“荆湖北路高州、顺州、保顺州”。元朝，宣恩地域置“沿边溪洞招讨司”“木册安抚司”“石溪峒司”“忠建都元帅府”

等,隶属于“四川行省四川南道宣慰司”。明朝,宣恩地域置“施南宣抚司”等土司,属于“湖广布政使司施州卫”。《明史·地理志》:施南宣抚司(元施南道宣慰司),洪武四年(1371)十二月因之,后废。洪武十六年(1383)十二月复置,属施州卫。洪武二十七年(1394)复废。永乐二年(1404)五月改置长官司,属大田军民千户所。永乐四年(1406)三月升宣抚司,仍属卫(东有旧治,后迁夹壁龙孔,即今治也。西有前江,发源七药山,西南流与后江合,入四川彭水县界)。北距卫一百里,领安抚司五。忠峒安抚司[元湖南镇边宣慰司,明玉珍改沿边溪峒宣抚司,洪武五年(1372)正月改沿边溪峒长官司,后废,永乐四年(1406)三月改置,南有西溪]。高罗安抚司[元高罗宣抚司,明玉珍改安抚司,洪武六年(1373)废。永乐四年(1406)三月复置,领长官司一]。

清朝初期,宣恩地域为施南土司,仍属施州卫;雍正六年(1728),属恩施县。据《清实录》记载,雍正十三年十一月壬寅(1735年12月20日),以十五土司(忠峒、散毛、忠路、忠孝、高罗、木册、大旺、金峒、蜡壁、东流、唐崖、龙潭、沙溪、卯洞、漫水)各境并入恩施县改土归流。去施州卫设施南府。辖五县,存恩施县建府治,分置宣恩、来凤、咸丰、利川四县治。以施南、忠峒、高罗、木册、东乡、忠建六司及石虎地合一县,定名宣恩。湖广总督迈柱大学士会同湖北抚臣马会伯合词具题“施州卫既改县如蒙俞允恭请:皇上钦定县名”。依“奉宣诏恩”赐名“宣恩”。寓意:宣示浩荡皇恩。乾隆元年(1736),汉军正蓝旗监生陈宋出任第一任知县,勘边界定疆域,用施南土司故基作县署。管辖分3乡7里,东乡设施南里、东乡里;西乡设石虎里,南乡设高罗里、忠峒里、木册里、忠建里。宣统三年(1911)九月初七(10月28日),施南反正,宣恩隶属于中华民国湖北军政府施南府。

民国元年(1912),废府存县,宣恩县直隶湖北省。民国4年改属荆南道,民国14年(1925)改属施鹤道,民国16年(1927)废道复隶于省。民国17年(1928)改属鄂西行政区,民国21年(1932)属湖北省第十行政督察区,民国25年(1936)改属湖北省第七行政督察区,直至1949年11月10日宣恩县城解放。

1949年11月11日,成立宣恩县人民政府,隶属恩施专区。

1950年1月,全县划为5个区:城关区,下辖城关乡、椒园乡、万寨乡,区人民政府驻城关;狮长区,下辖镇关乡、长潭河乡,区人民政府驻狮子关;沙道区,下辖沙道乡、乐坪乡、凤山乡,区人民政府驻沙道沟;晓关区,下辖晓关乡、卧西坪乡,区人民政府驻晓关;高罗区,下辖高罗乡、新安乡、板栗园乡,区人民政府驻高罗。1950年4月,经恩施行政专署批准,将恩施县三岔区辖的凉风、白果、芷药以及向家和大河坝各一部分划归宣恩县管辖。

1951年3月,全县将区人民政府改为区公所,为县人民政府派出机构,并将地名区改为数字区。城关区为第一区,辖茅坝塘、干沟塘、狮子关、宝塔、双龙、中坝、椒园、水田坝、庆阳坝、桂花,区公所设城关;万寨乡从城关区分出设立第二区,辖白果坝、板马、凉风、大河坝、向家、中间河、是间坪、大卧龙,区公所设万寨;狮长区为第三区,辖苦草坪、万岭山、施铁坪、龙马山、洗马坪、细沙、兴隆、会口,区公所设长潭河;沙道区为第四区,辖双坪、当阳坪、乐坪、两河、二坪、龙潭、茶园、黄泥塘、沙坪、槽铺、寮叶、官庄、药铺、白水河,区公所设沙道沟;将高罗区辖板栗园乡和沙道区辖凤山乡分出,两乡合并组建第五区,辖上洞坪、司城、板栗园、冉大河、幺店、青龙嘴、二虎寨、金陵寨,区公所设李家河;晓关区为第六区,辖晓关、高桥、坪地、张官、草坝、猫山、倒洞塘、覃家坪、桐子营、八台、卧西坪、大山坪,区公所设晓关;高罗区为第七区,辖龙潭河、马家寨、下坝、光荣、干溪、龙河、九间店、蜡树园、团结、板寮,区公所设高罗。

1953年10月,将恩施县双河(济安)区辖的粟谷塆、挖断山、头棚、长坪和鹤峰县中营区辖的川东划归宣恩椿木营管辖。椿木营从第三区(长潭河区)分出,设立第八区,辖椿木营、后坝、粟谷、长坪,区公所设椿木营;第三区区公所从狮子关迁至长潭河集镇。

1955年4月,撤销第八区,并入第三区。

1956年6月,椿木营从第三区分出,恢复第八区。1956年6月,全县有8个区:第一区,下辖茅坝塘、干沟塘、狮子关、宝塔、双龙、中坝、椒园、水田坝、庆阳坝、桂花等10个乡;第二区,下辖白果坝、板马、凉风、大河坝、向家、中间河、大卧龙、中间坪等8个乡;第三区,下辖苦草坪、万岭山、施铁坪、龙马山、洗马坪、细沙、兴隆、会口等8

个乡;第四区,下辖双坪、当阳坪、乐坪、两河、二坪、龙潭、茶园、黄泥塘、沙坪、槽铺、寮叶、官庄、药铺、白水河等14个乡;第五区,下辖上洞坪、司城、板栗园、冉大河、幺店、青龙嘴、二虎寨、金陵寨等8个乡;第六区,下辖晓关、高桥、坪地、张官、草坝、猫山、倒洞塘、覃家坪、桐子营、八台、卧西坪、大山坪等12个乡;第七区,下辖龙潭河、马家寨、下坝、光荣、干溪、龙河、九间店、蜡树园、团结、板寮等10个乡;第八区,下辖椿木营、后坝、粟谷、长坪等4个乡。

1958年10月,全县实行人民公社建制,设立东光(城关)、巨龙(茅坝塘)、东升(万寨)、东方红(长潭河)、红旗(沙道)、红色(沙坪)、高照(八大公山)、乐园(李家河)、五星(板栗园)、东风(晓关)、钢火(大山坪)、高歌(高罗)、心安(新安)、高原(椿木营)等14个人民公社,实行政社合一体制。

1959年1月,又将部分人民公社合并,同时改以地名为公社名称,建立城关(东光、巨龙合并)、万寨(东升)、长潭河(东方红)、沙道(红旗、红色、高照合并)、李家河(乐园、五星合并)、晓关(东风、钢火合并)、高罗(高歌、心安合并)、椿木营(高原)8个人民公社,下辖73个管理区。

1961年5月,撤销8个人民公社,恢复区建制,将管理区改称人民公社,原各区管辖的范围不变;同年10月,城关镇从城关区分出,设立县辖城关镇,管辖范围县城区。全县辖城关、万寨、长潭河、沙道、李家河、晓关、高罗、椿木营8个区和1个城关镇。城关区,下辖茅坝塘、干沟塘、狮子关、宝塔、双龙、中坝、椒园、水田坝、庆阳坝、桂花10个人民公社;万寨区,下辖白果坝、板马、凉风、大河坝、向家、中间河、大卧龙、中间坪8个人民公社;长潭河区,下辖苦草坪、大湾、东乡、施铁坪、龙马山、洗马坪、细沙、兴隆、会口9个人民公社;沙道区,下辖双坪、当阳坪、乐坪、两河、二坪、龙潭、茶园、黄泥塘、沙坪、槽铺、寮叶、官庄、药铺、白水河14个人民公社;李家河区,下辖上洞坪、司城、板栗园、冉大河、幺店、青龙嘴、二虎寨、金陵寨8个人民公社;晓关区,下辖晓关、高桥、坪地、张官、草坝、猫山、倒洞塘、覃家坪、桐子营、八台、西坪、大山坪12个人民公社;高罗区,下辖龙潭河、马家寨、下坝、光荣、干溪、龙河、蜡树园、团结、板寮、九间店10个人民公社;椿木营区,下辖椿木营、后坝、粟谷、长坪4个人民公社。

1968年1月,成立宣恩县革命委员会。到同年5月,先后成立城关、万寨、长潭河、沙道、李家河、晓关、高罗、椿木营、城关镇9个区(镇)革命委员会。至此,全县辖城关、万寨、长潭河、沙道、李家河、晓关、高罗、椿木营8个区和1个城关镇,75个人民公社。

1975年10月,撤区并社,撤销8个区,将75个公社合并为16个公社,原公社改为片,由公社直接领导生产大队。撤销城关区,建立椒园公社与和平公社,椒园公社辖桂花、庆阳坝、水田坝、椒园、中坝、双龙、宝塔等7个片,公社驻城关。和平公社辖茅坝塘、干沟塘、狮子关3个片,公社驻干沟塘集镇。撤销万寨区,建立万寨公社、板场公社与中间河公社,万寨公社辖白果坝、向家、大河坝3个片,公社驻万寨集镇;板场公社辖板场与凉风2个片,公社驻板场集镇;中间河公社辖中间河、中间坪、大卧龙3个片,公社驻中间河集镇。撤销长潭河区,建立长潭公社与会口公社,长潭公社辖细沙、兴隆、施铁坪、龙马山、东乡5个片,公社驻长潭河集镇;会口公社辖苦草坪、洗马坪、大塆、会口4个片,公社驻马虎坪集镇。撤销沙道区,建立沙道公社、龙潭公社与沙坪公社,沙道公社辖沙道沟、乐坪、当阳坪、黄泥塘、双坪5个片,公社驻沙道沟集镇;龙潭公社辖茶园、龙潭、二坪、两河4个片,公社驻伍家寨集镇;沙坪公社辖沙坪、药铺、白水河、老岔、槽铺、官庄6个片,公社驻骡子塆集镇。撤销李家河区,建立李家河公社与板栗园公社。李家河公社辖二虎寨、幺店、金陵寨、青龙嘴4个片,公社驻李家河集镇;板栗园公社辖上洞坪、司城、板栗园、冉大河4个片,公社驻板栗园集镇。撤销晓关区,建立晓关公社与桐子营公社。晓关公社辖晓关、高桥、坪地、张官、草坝、猫山6个片,公社驻晓关集镇;桐子营公社辖倒洞塘、覃家坪、桐子营、八台、西坪、大山坪6个片,公社驻桐子营集镇。撤销高罗区,建立高罗公社,辖龙潭河、马家寨、下坝、光荣、干溪、龙河、蜡树园、团结、板寮、九间店10个片,公社驻高罗集镇。撤销椿木营区,建立椿木营公社,辖椿木营、后坝、粟谷、长坪4个片,公社驻椿木营集镇。保留城关镇。

1978年12月,各公社下辖片改为管理区,经调整合并,全县建立73个管理区。椒园公社辖桂花、庆阳坝、水田坝、椒园、中坝5个管理公社;和平公社辖茅坝塘、铁厂坡、干沟塘、狮子关4个管理公社；板场公社辖板场管理区；万寨公社辖白果坝、万寨、大河坝3个管理板；中间河公社辖中间河、中间坪、大卧龙3个管理区；长潭公社辖细沙、兴隆、芭叶槽、东乡4个管理区；会口公社辖苦草坪、洗马坪、马虎坪3个管理区；沙道公社辖乐坪、当阳坪、黄泥塘、上洞坪、松坪5个管理区；龙潭公社辖茶园、龙潭、二坪、两河4个管理区；沙坪公社辖沙坪、药铺、白水河、老岔、槽铺、官庄6个管理区；李家河公社辖二虎寨、幺店、金陵寨、青龙嘴4个管理区；板栗园公社辖上洞坪、回龙、司城、板栗园、冉大河5个管理区；晓关公社辖晓关、高桥、坪地、张官、草坝、猫山6个管理区；桐子营公社辖倒洞塘、覃家坪、桐子营、八台、西坪、大山坪6个管理区；高罗公社辖龙潭河、马家寨、下坝、光荣、干溪、龙河、蜡树园、团结、板寮、九间店10个管理区；椿木营公社辖椿木营、后坝、粟谷、长坪4个管理区。

1983年6月，城关镇更名为珠山镇。

1984年5月，撤销公社、管理区、生产大队、生产队建制，设置区(镇)、乡(镇)、村、组建制。全县设椒园、万寨、长潭河、沙道、沙坪、李家河、晓关、高罗、椿木营9个区和珠山、沙道沟2个镇。撤销椒园、和平公社，合并设椒园区，辖桂花、庆阳坝、水田、椒园、中坝、和平、铁厂坡、茅坝塘、狮子关9个乡。撤销万寨、板场公社，合并设万寨区，辖大河坝、板场、凉风、白果、向家5个乡。撤销长潭河、中间河、会口公社，合并设长潭河区，辖长潭、细沙、兴隆、龙马山、中间河、大卧龙、诺西、施铁坪、东乡、苦草坪、会口、洗马坪12个乡镇。撤销沙道、龙潭公社，合并设沙道区，辖上洞、松坪、乐坪、当阳坪、黄泥塘、茶园、二坪、龙潭、两河9个乡。撤销沙坪公社，设沙坪区，辖金盆、药铺、白水河、老岔、槽铺、官庄6个乡。撤销李家河、板栗园公社，合并设李家河区，辖李家河、二虎寨、幺店、上洞坪、板栗园、司城、回龙、冉大河、金陵寨、青龙嘴10个乡镇。撤销晓关、桐子营公社，合并设晓关区，辖晓关、覃家坪、倒洞塘、八台、桐子营、西坪、大山坪、猫山、高桥、张官、草坝、大岩坝、坪地13个乡镇。撤销高罗公社，设高罗区，辖高罗、马家寨、九间店、干溪、蜡树园、龙潭河、光荣、下坝、团结、板寮10个乡镇。撤销椿木营公社，设椿木营区，辖椿木营、后坝、粟谷、长坪4个乡。新设县辖沙道沟镇，辖响龙、街上、桃子岔、水田坝、补溪、咸池、苦溪河7个村。

1984年10月，沙道沟镇对内由县辖镇降为区辖镇，划归沙道区管辖。保留珠山镇，扩大管辖范围，辖珠山镇居民委员会、七里桥、岩堡、上湖塘、猫儿堡、园艺村、莲花坝、宝塔8个村(居委会)。各村建立村民委员会，实行村民自治。

1986年5月，经省政府批准，设晓关侗族镇、张官侗族乡、猫山侗族乡、桐子营侗族乡、八台侗族乡、会口侗族乡。

1987年6月，全县进行小乡并大乡，椒园区撤销水田乡，并入椒园乡，撤销铁厂坡乡，并入和平乡；万寨区撤销凉风乡，并入板场乡(1986年12月撤并)；长潭河区撤销细沙乡、兴隆乡，并入长潭镇，撤销龙马山乡，并入长潭镇(1985年12月，将龙马山乡的龙马山村并入长潭镇，陈家台村并入会口乡)，撤销苦草坪乡，并入会口侗族乡，撤销施铁坪乡，并入诺西乡；沙道区撤销茶园乡，并入龙潭乡，撤销二坪乡，并入两河乡，撤销上洞乡、松坪乡，并入沙道沟镇；李家河区撤销回龙乡，并入上洞坪乡，撤销司城乡，并入板栗园乡，撤销二虎寨乡、幺店乡，并入李家河镇；晓关区撤销大岩坝、坪地、高桥3个乡，并入晓关侗族镇，撤销倒洞塘乡，并入桐子营侗族乡，撤销草坝乡，并入猫山侗族乡；高罗区撤销下坝、光荣、龙潭河3个乡，合并建立麻阳寨乡，撤销九间店、蜡树园、干溪3个乡，并入高罗镇。

1993年12月，经省政府批准，将雪落寨林场从沙道区划出，建立雪落寨乡，明确为县政府直属副区级单位，辖2场1村，即国营雪落寨林场、大竹坪药场和林业村。

1995年5月1日，州委、州政府决定李家河区、沙道区、沙坪区、高罗区及雪落寨乡交来凤县代管。全县辖5区1镇，即椒园、晓关、长潭河、万寨、椿木营区和珠山镇。10月，州委、州政府决定，将椒园区分为椒园区(辖椒园、中坝、庆阳坝、桂花4个乡)、和平区(辖和平、茅坝塘、狮子关3乡)；晓关区分为晓关区(辖晓关、高桥、张官、猫山4个乡)、桐子营区(辖桐子营、覃家坪、八台、西坪、大山坪5个乡)；长潭河区分为长潭河区(辖长潭、东乡2个乡)、会口区(辖会口、洗马、苦草坪3个乡)。椒园区公所驻地由县城迁至椒园集镇。至此，全县辖8区1镇。

1996年11月，经省人民政府

批准，撤销椒园、和平、万寨、晓关、桐子营、长潭河、会口、椿木营8个区，建立椒园镇与和平、贡茶、长潭河、椿木营4个乡和晓关、桐子营、会口3个侗族乡，万寨乡更名为贡茶乡，珠山镇不变。至此，全县共辖2个镇、4个乡、3个侗族乡，即珠山镇、椒园镇、和平乡、贡茶乡、长潭河乡、椿木营乡、晓关侗族乡、桐子营侗族乡和会口侗族乡，原区辖乡改为管理区。

1997年1月，经省人民政府批准，将中间河、大卧龙、诺西3个管理区从长潭河乡划出，设置中间河镇。

1998年2月，州委、州政府决定，沙道沟、李家河、高罗、沙坪4个乡镇(雪落寨乡在来凤县代管期间并入沙道沟镇)取消来凤县代管，交回宣恩县管辖。至此，全县辖珠山、椒园、沙道沟、中间河4个镇。和平、贡茶、长潭河、李家河、沙坪、高罗、椿木营7个乡，晓关、桐子营、会口3个侗族乡。

2001年3月，经省民政厅批准，贡茶乡更名为万寨乡。同月18日，经省人民政府批准，县政府进行乡镇设置改革，将沙坪乡并入沙道沟镇，桐子营侗族乡并入晓关侗族乡，和平乡并入珠山镇，会口侗族乡、中间河镇、长潭河乡合并，设立长潭河侗族乡。至此，全县辖万寨、高罗、李家河、椿木营4个乡，晓关、长潭河2个侗族乡，珠山、椒园、沙道沟3个镇。

2013年11月25日，省人民政府批准撤销李家河乡，设立李家河镇，以原李家河乡的行政区域为李家河镇的行政区域，镇人民政府驻凤山。

2015年3月12日，省人民政府批准撤销高罗乡，设立高罗镇，以原高罗乡的行政区域为高罗镇行政区域，镇人民政府驻龙河村”。至此，全县辖万寨、椿木营2个乡，晓关、长潭河2个侗族乡，珠山、椒园、沙道沟、李家河、高罗5个镇。

人口　区划

【人口】2015年末，全县辖4乡5镇(晓关、长潭河为侗族乡)，5个社区居委会，279个行政村，2698个村(居)民小组。年末全县总人口360378人，常住人口30.26万人，其中乡村人口20.27万人，城镇人口9.99万人。全年出生人口6188人，出生率11.2‰，出生性别比102.6；死亡人口3213人，死亡率5.4‰；人口自然增长率5.8‰。

宣恩县人口及变动情况表

表2

乡　镇	年末总人口(人)		出生人口(人)		人口出生率(‰)		人口自然增长率(‰)	
	2015年	2014年	2015年	2014年	2015年	2014年	2015年	2014年
合　　计	360378	363713	6188	4186	11.15	11.24	5.81	5.91
珠山镇	46035	46160	571	531	11.99	10.52	7.7	6.73
椒园镇	25677	25808	436	280	11.41	10.95	4.83	4.75
沙道沟镇	67017	68122	1200	844	11.26	12.24	6.43	6.62
万寨乡	30433	31162	393	297	10.31	9.65	4.61	4.85
晓关乡	42644	43062	930	523	11.34	11.64	5.18	5.27
李家河镇	52381	52420	1084	669	11.75	12.59	6.64	7.96
长潭河乡	37940	38533		474	9.77	10.35	3.7	4.44
高罗镇	45665	45766		925	11.22	11.09	6.03	5.35
椿木营乡	12586	12680		175	9.58	9.45	4.41	3.96

注：人口总数引自县公安局年报数据；出生人口、人口出生率、人口自然增长率引自计划生育年报数据

2015年年末宣恩人口及其构成情况表

表3

指　　标	年末数(人)	比重(%)
全县总人口	360378	100.0
其中：男　性	188872	52.4
女　性	171506	47.6
其中：0～17岁人口	73984	20.5
18～34岁人口	85472	23.7
35～59岁人口	136866	38.0
60岁以上	64056	17.8

2015年、2014年宣恩县总户数、乡村人口及国土面积情况表

表4

乡　镇	年末总户数（户）		年末乡村人口（人）		国土面积（平方千米）		常用耕地面积（公顷）	
	2015年	2014年	2015年	2014年	2015年	2014年	2015年	2014年
合　计	122549	124190	319429	318812	2737.17	2737.17	24800	24729
珠山镇	17050	17040	22357	22114	163.77	163.77	1617	1616
椒园镇	8537	8683	24463	24393	175.97	175.97	1477	1477
沙道沟镇	22936	23287	63641	63216	649.95	649.95	4324	4324
万寨乡	10073	10168	29113	29075	183.58	183.58	2251	2270
晓关乡	15274	15731	40587	40388	421.38	421.38	4297	4206
李家河镇	14948	15151	48198	48068	216.79	216.79	3226	3226
长潭河乡	14076	14362	36426	36473	432.71	432.71	3639	3639
高罗镇	14970	15127	42553	42306	287.18	287.18	2650	2652
椿木营乡	4685	4641	12091	12324	205.84	205.84	1319	1319

【区划】见表 5

2015 年宣恩县乡镇基本情况一览表

表 5

	国土面积（平方千米）	年末耕地面积（公顷）	粮食产量（吨）	总户数（户）	年末总人口（人）	村(居)民委员会(个)			村民小组（个）	公共财政收入（万元）	农民人均纯收入（元）
						合计	村民委员会	社区居民委员会(个)			
合　计	2737.17	38715.2	137043	122549	360378	284	279	5	2677	17348	7134
珠山镇	163.77	3175.6	11275	17050	46035	24	19	5	172	10534	7851
椒园镇	175.97	2722.5	7779	8537	25677	21	21		188	1426	7828
沙道沟镇	649.95	7033.9	27764	22936	67017	49	49		522	780	6484
万寨乡	183.58	3332.7	11665	10073	30433	24	24		244	541	7791
晓关侗族乡	421.38	5850	20393	15274	42644	40	40		441	1265	7854
李家河镇	216.79	4537	23124	14948	52381	40	40		352	692	6671
长潭河侗族乡	432.71	5832.7	17144	14076	37940	39	39		361	764	6658
高罗镇	287.18	4455.7	14173	14970	45665	32	32		313	544	7188
椿木营乡	205.84	1775.1	3726	4685	12586	15	15		84	802	6960

【民族】全县共有 14 个民族，汉族人口占 33.6%，13 个少数民族占 66.4%。其中，土家族占41.9%，苗族占 10.2%，侗族占 13.9%；还有彝族、回族、白族、满族、壮族、蒙古族、畲族、傣族、朝鲜族、维吾尔族等。晓关乡、长潭河乡为侗族乡。

大 事 记

1 月

6日，县政协八届十六次常务委员会议召开。

7日，州委常委、组织部部长周静到李家河镇歪尖坡村，调研党的群众路线教育实践活动整改落实、软弱涣散村党组织整顿情况。县委常委、县委组织部部长范涌陪同。

8日，县委书记曾德权主持召开乡镇党委书记抓基层党建工作述职评议会议，听取各乡镇党委书记抓基层党建工作的述职。

13至15日，中国人民政治协商会议宣恩县第八届委员会第五次会议在宣恩县城召开。

14日，国家工商行政管理总局商标评审委员会认定“伍家台贡茶”为中国驰名商标（商评字〔2015〕第0000005850号，商标号第7892386号）。

14至16日，宣恩县第十七届人民代表大会五次会议在县城召开。

18日，宣恩县被湖北省爱国卫生委员会正式命名为“省级卫生县城”。

21日，县委常委、县委政法委书记黄同元到张官村开展带案下访、上门回访工作。

23日，省质监局《关于命名2014年度湖北名牌产品的公告》命名“宣恩火腿”为湖北省名牌产品。

30日，县委书记曾德权、县政府副县长李世祥及安监、交通、公安等相关部门负责人到长潭河乡大坨、中坝、两河、兴隆等村检查春节前安全生产工作，走访慰问老党员、困难党员和困难群众。

2 月

2日，县委副书记、县政府县长习覃到恩来恩黔高速公路椒园至县城连接线工程建设现场，督查工程建设进度。

5日，湖北省环委办授予湖北省90个乡镇和524个村为“省级生态乡镇”和“省级生态村”称号（鄂环委办〔2015〕6号），宣恩县晓关乡为省级生态乡镇，珠山镇卸甲坝村、沙道沟镇当阳坪村、高罗乡黄家河村、李家河镇二虎寨村、椒园镇香树林村、晓关乡中村坝村为省级生态村。

△州政协主席甘方谦、州政协秘书长胡其龙及慰问组到宣恩，看望慰问椒园镇中心福利院孤寡老人以及龙潭溪村部分困难群众、老党员。县政协主席张频、副主席黄玉贤陪同。

△县政协主席副州长、州公安局局长汤文江到高罗福利院、派出所，慰问老党员、困难群众和基层民警。县政府副县长、县公安局长张友刚陪同。

△州人大常委会副主任陈学明到宣恩，走访慰问椿木营乡农村社会福利院孤寡老人和深湾村部分困难群众。县人大常委会副主任李明山陪同。

△长潭河乡后河村少年熊丰财获2014年度“荆楚楷模”称号。

△省民政厅副厅长杨昌斌到宣恩县珠山镇、椒园镇，慰问光荣院和福利中心老人以及部分城市和农村低保户、分散供养“五保”户、受灾户、重点优抚对象等民政救助对象。县人大常委会副主任

史红珍及相关乡镇主要负责人陪同。

6日，州委常委、组织部部长周静到长潭河乡福利院、诺西村，看望慰问部分困难党员和困难群众。范涌陪同。

△县委常委、县委办公室主任朱瑾到草坝村看望慰问困难群众。

11日，省统计局局长李克勤由州委常委、副州长马尚云陪同到宣恩县调研经济运行和统计工作。

△省农业厅党组副书记、副厅长徐能海到椒园镇开展第五轮“三万”活动。县委副书记、县政府常务副县长朱鹏程，县政府副县长周志斌陪同。

12日，岳东到中村坝维民茶叶基地查看茶叶长势情况。

13日，宣恩工业园区和平制造产业园110千伏智能变电站投产送电。

26日，朱鹏程主持召开2015年经济工作会议；县委常委、纪委书记吴卫平主持召开中共宣恩县第十四届纪委第五次全体（扩大）会议。

28日，省文化厅命名湖北省非物质文化遗产传承示范基地，宣恩县伍台昌臣茶业有限公司为绿茶制作（伍家台贡茶制作技艺）示范基地。

31日，县人大常委会主任杨安明到晓关乡千家坝村调研整村推进工作。

3　月

2日，朱鹏程检查检查晓关乡烟叶工作。

△县第十七届人民政府第四次全体（扩大）会议暨廉政工作会议在宣恩礼堂召开。

3日，熊丰财被中央文明办授予“孝老爱亲好人”称号。

4日，县委常委、县委宣传部部长岳东到李家河镇回龙村、箭竹坪村、川大河村，调研指导第五轮“三万”活动。

5日，范涌及组织部“三万”工作队、县林业局、县广电局、机关事务管理局相关负责人到高罗乡下坝村，调研精准扶贫及“三万”工作。

9日，黄同元到晓关乡山尖坳村调研整村推进工作。

10日，刁覃、朱鹏程、向建强及水利、国土、旅游等相关部门负责人，到锣圈岩、水田坝、伍家台等在建旅游景区，对景区建设情况进行调研，听取业主对项目建设情况汇报。

△全国普法办表彰湖北省宣恩县等406个县（市、区）为第三批“全国法治县（市、区）创建活动先进单位”。

11日，全县旅游产业委员会2015年第一次全体（扩大）会在县行政办公大楼二楼会议室召开。副县长、县旅游产业委员会副主任、旅游工作领导小组常务副组长向建强就全县旅游工作相关情况进行汇报。

12日，湖南省龙山县政协副主席张建民一行14人到宣恩考察县城区生态建设情况。

13日，张频主持召开县政协第八届委员会常务委员会第十八次会议。

18日，省人大常委会党组副书记、副主任赵斌在州人大常委会副主任陈学明的陪同下，到宣恩县调研民族工作及扶贫开发工作。

△州委常委、副州长马尚云到宣恩县调研交通运输和商务贸易等方面工作情况。朱鹏程、向子明陪同。其间，到沙道沟镇，查看绕镇公路建设现场，并对全县交通运输情况以及“村村通客车”基础设施建设情况进行详细了解；到工业园区生态产业园，走访上好硒博园、湖北天宇物流有限公司、宣恩县方圆绿色再生资源科技有限责任公司等企业，详细询问企业的建设、投产情况。

3月19日，省人大常委、省台盟副主委刘江东到宣恩调研“发展乡村旅游，促进农民增收致富”情况。

25日，杨安明主持召开县十七届人大常委会第二十三次会议。

△广东省韶关市人民政府副市长王伟阳带领市民宗局赵卫东、相关县市副县（市）长、民宗局长到椒园镇水田坝村、庆阳坝村、万寨乡伍家台村考察特色民居建设情况。县委常委、副县长郭晖陪同。

28日，州委书记、州人大常委会主任王海涛到椒园镇庆阳坝村走访民情，了解春茶生产、销售及劳动力情况体验农事，到茶园与茶农一起采摘春茶。

28至30日，第二届“伍家台贡茶”开园节在万寨乡伍家台村茶叶基地举行。

30日，朱鹏程主持召开全县党建工作会议，曾德权出席会议并讲话，岳东、各乡镇党委书记、组织委员、宣传委员、统战委员及县直单位党组书记、主要负责人参加会议。

3 月，宣恩县被省人民政府授予“最佳金融信用县”称号。

4 月

11 日，省卫生计生委党组书记杨有旺带领调研组，由副州长陈晓燕陪同，到宣恩调研卫生计生工作。县委书记曾德权、县人大常委会副主任乾维德、副县长向建强参加。

14 日，湖南省湘西土家族苗族自治州花垣县县委书记罗明，县委副书记、县长隆立新带领党政考察团到宣恩，考察就宣恩工业园区建设与发展、城市建设与管理等工作。曾德权、杨安明、张频、朱瑾、向子明及工业园区管委会主任覃国锋等陪同考察。

△省农业厅党组书记、厅长戴贵洲一行到宣恩县参加“三万”活动、“一对一”对口帮扶资助活动，并调研农业生产和农业产业化龙头企业发展。

△恩施市政协副主席崔显琦一行 10 人到宣恩考察彭家寨古民居建设。

15 日，副州长庞红艳带检查组到宣恩检查指导防汛工作。

△曾德权、朱瑾到长潭河乡洗马坪和九坝村，检查党风廉政建设主体责任落实情况，并就经济社会发展情况进行调研。

17 日，省农业厅党组副书记、副厅长徐能海，办公室副主任邱大振一行到椒园镇石马村、庆阳坝村等地，检查指导霜冻灾害抗灾救灾工作。州委常委、副州长冯忠泽，州农委办主任、州农业局局长黎华辉，副县长周志斌及县农业局局长龚家邦陪同检查。

△湖北省推进新型城镇化工作领导小组办公室命名长潭河乡两溪河、洗马坪村等 200 个村为第四批“宜居村（鄂新城办〔2015〕1 号）。

18 日，州委书记、州人大常委会主任王海涛到宣恩县调研一季度经济运行情况。到湖北蒙恩苗木有限公司、湖北立翔工艺品有限公司、湖北西部农业有限公司、湖北凯泰农业发展有限责任公司、上好硒博园、湖北宣桃茶叶有限公司了解企业的建设情况和市场营销情况。曾德权、朱瑾陪同调研。

20 日，杨安明主持召开宣恩县十七届人大常委会第二十四次会议。

20 至 21 日，中共宣恩县委在县委党校举办第一期“严明政治纪律，严守政治规矩”专题培训班，对 146 名党员干部围绕“讲规矩、守纪律”主题，进行集中培训。

22 日，州政协主席甘方谦到宣恩椒园镇龙潭溪村调研整村推进工作。

22 至 23 日，州政协副主席王继刚到宣恩视察森林资源保护工作。

27 日，州人大常委会常务副主任瞿赫之带调研组到宣恩，调研农村义务教育阶段教师队伍现状，并检查宣恩县《中华人民共和国职业教育法》实施情况。

28 日，党中央、国务院授予宣恩县椿木营乡民族中小学副校长姜海燕（女）全国先进工作者荣誉称号。

29 日，湖北省林业厅副厅长董祚华一行在恩施州林业局局长李敏克的陪同下，到宣恩县检查督办“绿满荆楚”行动开展情况。曾德权、周志斌、曾凡忠陪同。

28 日，州委常委、州委秘书长孔祥恩及州委副秘书长、州信访局局长向辉等一行，到万寨乡、长潭河乡调研阳光信访工作情况。

30 日，宣恩县召开劳动模范表彰大会，表彰王斌、朱学杰、高洪胜、廖世勇、易军、覃章银、石宝言、李才志、侯令谦、宋文、谭秀华、王真友、彭五星、邵琴、刘菊萍等 15 名县劳动模范和杨慧、肖厚龙、张显政、郭世德、洪志伟、姚新梅、杨年红、罗家琼、肖俊、张青山、万东山、段海洋、周德争、王绍祥等 14 名县五一劳动奖章获得者。

5 月

6 日，州委常委、常务副州长刘芳震到宣恩调研经济社会发展情况。曾德权、朱鹏程、覃国锋陪同。

12 至 16 日，州委副书记、州长杨天然带州直相关部门、各县市政府主要负责人，到宣恩检查督办重点项目建设和投资工作。

21 日，宣恩县首个社区矫正公益劳动基地在沙道沟福利院正式建立。

25 日，州委副书记、州长杨天然，州政府秘书长张全榜及州水利局主要负责人到宣恩调研防汛、交通建设及烟叶生产工作。曾德权、朱鹏程、周志斌先后陪同调研。

26 日，副州长秦斌带调研组到宣恩，专题调研工业园区产业发展和“互联网＋”建设发展情况。

△朱鹏程在县行政大楼二楼会议室主持召开宣恩决战贫困动员会。

28 日，杨安明主持召开宣恩县十七届人大常委会第二十五次会议。

6 月

1 日，州人大常委会党组书记、常务副主任瞿赫之在杨安明、史红珍的陪同下，到沙道沟镇针对《酉水河保护条例》起草工作进行调研。

△曾德权带领县水利部门相关负责人，到桐子营、龙洞等水库电站，现场指导、督办防汛工作。

3 日，曾德权在向建强及相关部门负责人的陪同下，对宣恩县 2015 年度高考备考工作进行督查。曾德权一行到宣恩县第一中学，实地察看学校的视频监控室和英语听力播放室，详细了解设备的使用和运转情况。在随后举行的座谈会上，县教育局、公安局、食药监局、城管局、保密局及县一中相关负责人分别就各自高考考前准备工作情况进行汇报。

4 日，省委常委、统战部长梁惠玲带领省国土厅、水利厅负责人，由州委副书记、州长杨天然，州委常委、统战部部长谭文娇陪同，到宣恩县检查防汛抗旱工作。

5 日，县委组织召开落实党风廉政建设主体责任和机关党建工作督查汇报会。曾德权主持会议并讲话，吴卫平、朱瑾、范涌参加会议。

9 日，州委常委、组织部部长周静到长潭河乡诺西村，调研精准扶贫推进工作。范涌陪同。

△州政府副州长庞红艳到宣恩调研金融扶贫和烟叶生产工作。

16 日，曾德权、朱鹏程、杨安明、张频等县领导带领县水利、环保、发改、卫计、财政、交通、扶贫、住建、林业、信访、旅游、农业等 12 个部门负责人深入到万寨乡现场办公，督查相关工作，协调解决发展难题。

18 日，省农业厅副厅长焦泰文一行赴宣恩开展帮扶工作。向晓关倒洞小学捐赠帮扶款 3 万元，捐赠椒园庆阳坝村基层党建工作经费 2 万元，并到庆阳坝小学看望学校师生。

23 至 24 日，州政府办调研员张晏齐带领州政府督查组到宣恩，就《政府工作报告》主要工作任务完成进展情况进行督查。朱鹏程，向子明、周志斌先后陪同督查或参加座谈会。

24 至 25 日，习覃、向建强、覃国锋就到珠山、高罗、沙道沟、李家河、椒园调研上半年度工作完成情况。

23 至 26 日，县政协副主席王此权到湖南省隆回县参加湘鄂黔渝边区县（市、区）政协工作联系会第 32 次会议。

25 日，恩施州国家级茶叶出口基地建设动员会在宣恩召开。州委常委、副州长马尚云出席会议。州政府副秘书长李国庆主持会议。李世祥作宣恩县建设全国出口茶叶质量安全示范区经验介绍，伍家台昌臣茶业有限责任公司总经理郑时兵作经验发言。

29 日，宣恩县在城区人民广场举办“文化力量·民间精彩”第二届群众广场舞大赛暨“打起连厢颂党恩”千人连厢展演活动，庆祝中国共产党成立 94 周年。

29 日 20 时至 30 日 14 时，宣恩县遭遇暴雨袭击，降水集中在西、北部，局部地区大暴雨，部分乡镇受灾严重。致使 4 个乡镇 1.24 万人遭受暴雨灾害，转移人口0.14 万人，房屋受损 87 户 242 间。

7 月

1 日，曾德权、朱瑾到晓关乡走访慰问杨宪章、代定位等老党员。

2 至 3 日，州人大常委会副主任吕金施、刘青带视察组到宣恩视察“山更青、天更蓝”专项工作情况。

6 日，州政协副主席肖谏成等一行 4 人到椿木营乡调研综合扶贫开发工作。

8 日，黄同元到晓关乡山尖坳村开展精准扶贫工作。

10 日，张良皋纪念馆在沙道沟镇两河口村彭家寨建成并开馆。

△曾德权、朱鹏程、杨安明及县发改、国土、住建、规划、环保、公安、司法、交通、经信、安监等部门主要负责人到县工业园区调研园区建设和发展情况。

14 日，曾德权主持召开县委中心组学习会议，传达学习习近平总书记在贵州召开部分省区市扶贫攻坚与“十三五”时期经济社会发展座谈会上的重要讲话精神、王岐山关于加强和改进纪律审查工作的讲话精神、《中共湖北省委关于加强意识形态工作的意见》。

16日，天门市委政法委常务副书记万扩军到宣恩考察律师参与涉法涉诉信访工作。

18日，刁覃到晓关乡调研烟叶和集镇建设工作。

22日，张频主持召开县政协八届十九次常务委员会议。

27日，县政协主席张频、县人大常委会副主任覃正彪、副县长周志斌到县人武部、消防大队、武警中队慰问部队官兵，到光荣院走访军队离退休干部。

28日，杨安明主持召开县十七届人大常委会第二十六次会议。

31日，省人社厅、省委财经办、省委农办表彰宣恩县委农办为"全省农办系统先进集体"（鄂人社奖〔2015〕31号）。

8　月

4日，省人大常委会党组副书记、副主任田承忠带省人大执法调研组，由州人大常委会常务副主任瞿赫之、副主任吕金施陪同，到宣恩县调研《湖北省邮政条例》贯彻实施情况。调研组先后到椒园生态产业园的上好硒博园、湖北蒙恩花木发展有限公司、椒园镇庆阳坝村村邮站，了解宣恩县情及《湖北省邮政条例》贯彻实施情况。

△州政协副主席郑开国到椿木营乡调研综合扶贫开发工作。

6日，曾德权到长潭河乡中间河村，走访慰问困难党员、贫困户，开展精准扶贫工作。

8日，椒园镇黄坪村举办首届"生态采摘季·美丽乡村行"黄金梨采摘节。

11日，来凤县政协副主席向家林到宣恩联络湘鄂黔渝边区县（市、区）政协工作联系会第33次会议事宜。

14日，省统计局党组书记、局长李克勤到宣恩调研伍家台茶叶产业化发展情况。

△曾德权主持县委中心组学习活动，专题研学"三严三实"。朱鹏程、杨安明、张频、吴卫平、朱瑾、范涌、黄同元、岳东、雷天兵、龙志刚、郭晖、牟来举等县领导参加会议。

14至16日，恩施州第三届、宣恩县第七届水上运动会在珠山镇贡水河举行。

17日，副州长秦斌带调研组到宣恩万寨乡伍家台村便民服务大厅，调研"互联网＋"和农民办事不出村工作情况。李世祥陪同。

△朱鹏程在金源国际大酒店六楼综合会议室主持召开安全生产专题会议。刁覃、黄同元、牟来举等相关领导参加会议。

20日，刁覃、周志斌及县烟办、烟叶分公司、交通局、城管局等部门负责人到晓关乡和长潭河乡，调研烟叶生产及集镇建管工作。

21日，副州长、州公安局局长汤文江一行到宣恩，调研"开放活州"和精准扶贫工作。

27日，宣恩成立"湖北宣恩伍家台贡茶研究院""湖北宣恩贡水白柚研究院"。

30日，咸丰县委副书记、代理县长郑东来带考察团到宣恩，考察新农村建设、乡村旅游等工作。朱鹏程、周志斌陪同。

9　月

1日，省委第三巡视组进驻宣恩县，召开巡视工作动员大会。

8日，"文化力量·民间精彩""宣恩商贸城杯"恩施州第二届群众广场舞展演活动在珠山镇兴隆大道人民广场举行。

10日，州人大常委会副主任刘青带视察组到宣恩视察"水更绿、土更净"工作开展情况。

△岳东、向建强到珠山镇宝塔小学、椒园镇初级中学、县民族实验中学走访慰问教师。

16日，州人大常委会副主任陈学明到椿木营乡深湾村调研精准扶贫工作。李明山陪同。

17日，州政协副主席刘晓冰到宣恩开展"两调研一走访"活动（调研贯彻落实2010年州委政协工作会议精神情况，调研政协宣传和反映社情民意信息工作情况，走访县市籍州政协委员）。

23日晚，珠山镇幺妹艺术团表演的滚龙连厢《土家幺妹闹金秋》代表恩施州参加"文化力量·民间精彩"湖北省第二届群众广场舞大赛，获乡镇组一等奖。

29日，杨安明主持召开宣恩县十七届人大常委会第二十七次会议。

30日，宣恩组织县直机关干部、驻军部队官兵、烈属、老战士及学生代表近300人，到县革命烈士陵园开展烈士纪念日活动。县委常委、县人武部政委雷天兵，县委常委牟来举、县政协副主任钟昌泽参加。

10 月

10日，湖北省兴山县政协副主席王克品到宣恩县政协，考察学习贯彻落实省委政协工作会议精神的经验做法。

12日，刁覃到沙道沟调研鹤宣高速公路建设情况及“六城同创”活动开展情况。

14日，张频主持召开县政协第八届委员会常务委员会第二十次会议。

15日，广东省佛山市副市长王玲带领考察团到宣恩就食品生产企业可视化监管工作进行实地考察。副州长陈晓燕、州食药监局主要领导及郭建华陪同考察。

15日，刁覃、史红珍到沙道沟镇二坪村调研精准扶贫工作。沙道沟镇、县林业局、扶贫办、发改局、审计局及县委党校等单位相关负责人参加。

19日，《地理标志产品·宣恩贡米》湖北省地方标准通过省质监局专家审定会的评审。

20日，州委常委、副州长冯忠泽带州烟叶生产办公室、州烟草专卖局相关负责人，到宣恩调研指导烟叶收购工作。周志斌陪同。

20日，中国茶叶流通协会授予宣恩县“2015年度全国重点产茶县”称号（中茶协字〔2015〕107号）。

21日，宣恩县在彭家寨举办首届土家族文化艺术节。

27日，县委召开县委常委（扩大）会议，学习宣传贯彻州委六届八次全体（扩大）会议精神，研究部署会议精神的学习宣传和贯彻落实工作。曾德权、刁覃、朱鹏程、杨安明、张频等在家县领导参加会议。

28日，州委常委、组织部部长张建文到长潭河乡诺西村调研精准扶贫工作，宣讲州委六届八次全会精神。

30日，宣恩在县行政大楼二楼会议室召开副科级以上领导干部会议，传达学习贯彻州委六届八次全体（扩大）会议精神。县领导朱鹏程、杨安明、张频、吴卫平、朱瑾、范涌、黄同元、雷天兵、龙志刚、牟来举等参加会议。

31日，宣恩在高罗镇九间店村贡水白柚示范基地举办第三届贡水白柚采摘节。

11 月

3日，湖北省纪委监察厅网站发布消息：“宣恩县委书记曾德权因涉嫌严重违纪，正接受组织调查。”

3至4日，省人大常委会副主任王建鸣、州人大常委会副主任邓正平到宣恩调研经济社会事业发展情况及精准扶贫工作。

4日，州委常委、组织部部长张建文到宣恩县伍家台贡茶有限责任公司，调研企业生产经营情况。

5日，州人大常委会副主任涂元玲到宣恩县视察“十三五”规划编制情况及“城乡更美”专项工作实施情况，调研贯彻执行《中华人民共和国行政诉讼法》工作情况。

5至7日，伍家台贡茶“皇恩宠锡”首席制茶师张双参加在赤壁羊楼洞茶文化生态产业园举办的“2015年中国技能大赛·湖北省第七届茶产业职业技能大赛”，获手工制茶大赛金奖。

9日晚，县委中心组召开扩大会议，专题学习贯彻中共十八届五中全会和州委六届八次全会精神及其他重要文件。刁覃主持会议，朱鹏程、杨安明、张频等领导参加会议。会议学习《中国共产党第十八届中央委员会第五次全体会议公报》《中国共产党廉洁自律准则》《中国共产党纪律处分条例》《党委（党组）意识形态工作责任制实施办法》，州委、州政府《关于深化“开放活州”战略全面提升对外开放水平的决定》《关于全力推进精准扶贫精准脱贫的决定》等文件。

11至13日，钟昌泽参加湖北省来凤县承办的湘鄂黔渝边区县（市、区）政协工作联系会第33次会议。

13日，湖南省靖州县政协主席尹翠华、常务副主席禹容娥等一行7人到宣恩考察文史及古典建筑保护工作。

25日，贵州省锦屏县政协副主席王明相、陈元瑞等一行8人到宣恩考察非物质文化遗产保护工作。

26日，杨安明主持召开宣恩县十七届人大常委会第二十八次会议。

30日，省农业厅认定宣恩县

为“省级现代农业示范区”(鄂农函〔2015〕262号)。

30日，湖北土家爱食品开发有限公司申报的注册商标“土家爱”，被湖北省著名商标认定委员会认定为湖北省著名商标。

12　月

7日，刁覃到晓关乡山尖坳村调研精准扶贫工作。

9日，省综治委委员、省委统战部副部长、省民宗委主任柳望春到综治联系点宣恩县调研综治工作。

10日，省人大常委会副主任张岱梨带调研组到宣恩，调研民族地区建设与发展情况。

11至13日，刁覃、杨安明、黄同元、王仕高及县政府办、扶贫办负责人先后到晓关乡、沙道沟镇、珠山镇，调研精准扶贫工作开展情况。

12日，省政协常委、台盟湖北省委主委江利平到宣恩调研。

16日，州委副书记、代理州长刘芳震、湖北省长江产业投资集团有限公司董事长邹顺明到宣恩参观考察。

18日，省农业厅党组成员、总农艺师邓干生一行到宣恩调研精准扶贫工作。省农业厅驻村工作队、县农业局、椒园镇党委相关负责人陪同调研。

24日，州委常委、副州长马尚云，副州长高云正一行到椒园镇黄坪村，调研金融扶贫工作。

25日，副州长陈晓燕带州卫计委、编办、人社局、财政局相关负责人到宣恩，调研乡镇卫生院工作。刁覃、向建强参加调研。

31日，刁覃主持召开县委、县人大常委会、县政府、县政协四大家领导班子会议，审议研究全县“十三五”规划纲要编制工作，传达全省经济工作会议和城市工作会议精神，安排部署精准扶贫、双节期间群众文化生活、春运、公共安全及党风廉政建设等重点工作。

宣恩竹编

竹编，是指用山上的竹子劈成扁篾和丝篾并编织成各种生产工具或生活用品及工艺品的一种传统手工技艺。宣恩竹编历史悠久，是传统技艺中种类最多，且工艺精、流传广、用途多，与人们生产生活联系最为紧密的一个大类。

宣恩竹编大致可分为扁篾类竹编、丝篾类竹编、混合类竹编三种。扁篾类织品主要有席、簸、箱、笆篓和装饰品。民间艺人编织篾质讲究、做工精细、柔韧可叠，花纹古朴典雅，融书法美术于一炉、集实用观赏于一体。丝篾编制品主要有花篮、背篓、饭篓和小孩摇篮等。其中，尤以背篓种类多，最具地域特色和民族特色。混合类竹器主要有竹桌、竹凳、竹床、竹椅等，造型各异，古朴大方，充满自然美。在这些传统竹编工艺品中，以宣恩花背篓编制最为精妙，造型美观、形态多样，备受人们青睐。

竹编技艺大都通过口传身授世代相传，由于编制工艺流程复杂，又全凭纯手工进行，初学者如不愿经长时间的系统学习和实践，就很难掌握那些高难度的编制技法。因此，现在年轻人愿意拜师学习这门手艺的已经很少了。

经

济

33/146

改革发展

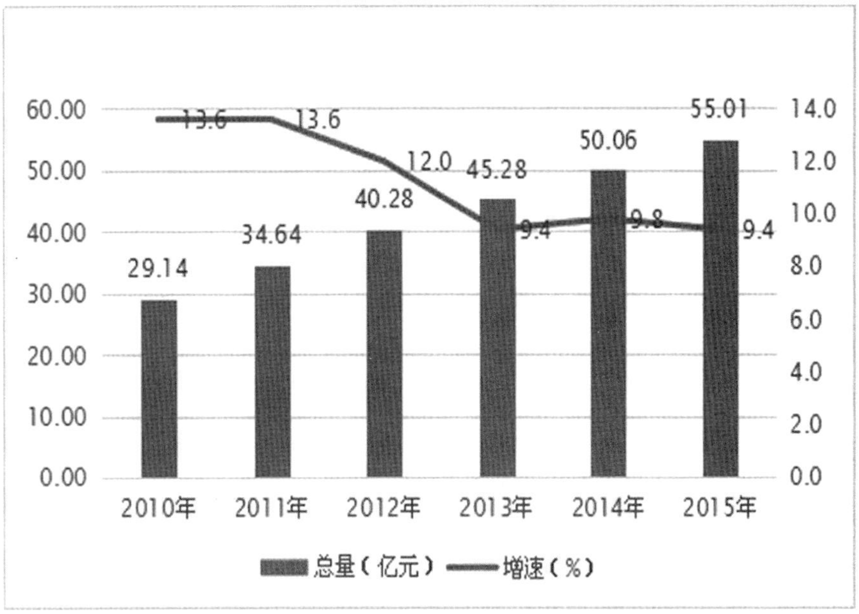

2010—2015 年地区生产总值及增长速度

【2015 年国民经济和社会发展计划执行情况】2015 年，全县按照“兴产业、强基础、惠民生、促和谐”的发展思路，推进产业化、城镇化“双轮驱动”，加强公共服务，着力改善民生，实施生态文明建设，统筹经济社会协调发展。全县实现生产总值 55.01 亿元，同比增长 9.4%。其中：第一产业增加值 14.65亿元，同比增长 5.3%；第二产业增加值 15.85 亿元，同比增长 10.4%；第三产业增加值 24.51 亿元，增长 11.6%。按年均常住人口计算，全县人均生产总值 18200 元。第三产业比重继续提高。三次产业结构比由 2014 年的 28.0∶28.8∶43.2 变为 26.6∶28.8∶44.6，第三产业比重提高 1.4 个百分点。在第三产业中交通运输仓储和邮政业、批发和零售业、住宿和餐饮业、金融业、房地产业、营利性服务业及非营利性服务业增加值分别增长 0.9%、8.7%、5.0%、19.5%、15.3%、14.4%和13.2%。“十二五”时期，全县地区生产总值由 29.14 亿元增加到 55.01 亿元，累计达到 225.26 亿元，是“十一五”时期的 2.1 倍。五年年均增长 10.9%，分别高于全国、全省、全州平均水平 3.1、0.2 和 0.2 个百分点。

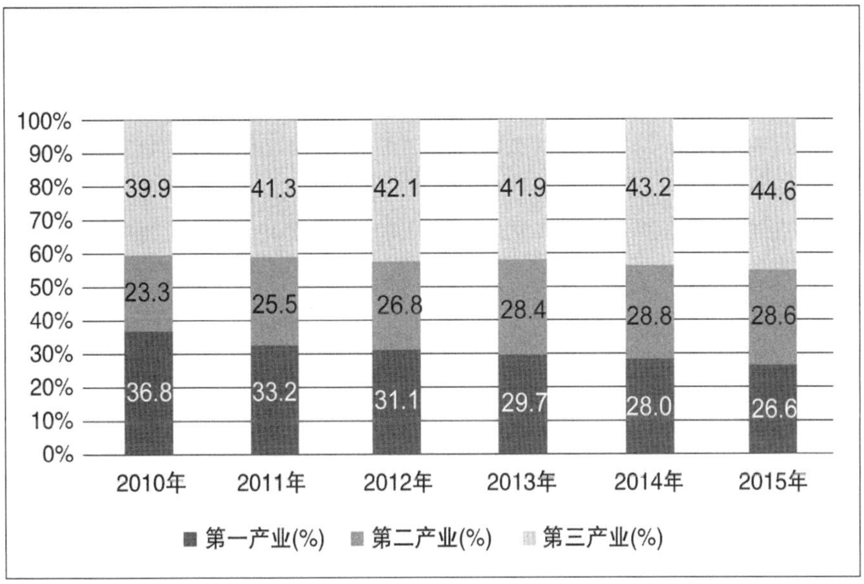

2010—2015 年三次产业构成比

全县完成财政总收入 4.20 亿元，增长 13.7%。地方公共财政预算收入 2.98 亿元，增长 15.1%。其中税收收入 2.48 亿元，增长 12.0%。全年财政支出 26.20 亿元，增长 29.8%。“十二五”时期，全县财政收入总量稳步跨越。地方财政总收入由期初的 1.73 亿元增加到 4.20 亿元，累计 15.77 亿元，年均增长 19.4%。地方公共财政预算收入由 1.01 亿元增加到 2.98 亿元，累计 11.04 亿元，年均增长 24.1%。

全年实施重点项目 121 个，实施狮子关旅游区、丹峰贡水龙城、万和广场开发、宣万公路改扩建、干长公路改扩建、黄河沟中小河流治理等一批重大项目，全社会固定资产投资45.77亿元，同比增长

22.0%。其中，城镇500万元以上项目完成投资24.70亿元，增长20.3%；农村500万元以上项目完成投资8.33亿元，增长5.6%；房地产开发完成投资7.48亿元，增长56.0%；农村私人投资5.26亿元，增长22.4%。全县500万元以上施工项目74个，其中新开工项目23个，完成固定资产投资33.03亿元，增长16.2%。按产业划分，全县一、二、三次产业投资分别为0.75亿元、11.02亿元和21.26亿元，分别增长58.7%、117.0%和14.7%。在建重点项目完成投资7.41亿元，占500万元以上项目投资的22.4%。“十二五”时期全社会固定投资由期初的13.66亿元增加到45.77亿元，累计完成固定资产投资158.68亿元，是“十一五”时期累计投资总量的3倍，年均增长24.6%。

按照“四项制度”（行政问责制、服务承诺制、首问责任制、限时办结制）的要求，认真履行服务承诺、首问负责、限时办结，规范操作，严格按照审批、备案制的办理要求，加强项目的审批办理。截至2015年11月共审批项目79项，项目总投资285649.32万元；核准项目5项，项目总投资128925.66万元；备案项目44项，项目总投资286680.49万元。

全年全县实现社会消费品零售总额33.87亿元，其中，限额以上企业实现消费品零售额3.05亿元。实现外贸出口总额3219万美元，完成招商引资21.32亿元，实际利用外资432万美元。“十二五”时期，全县招商引资到位资金

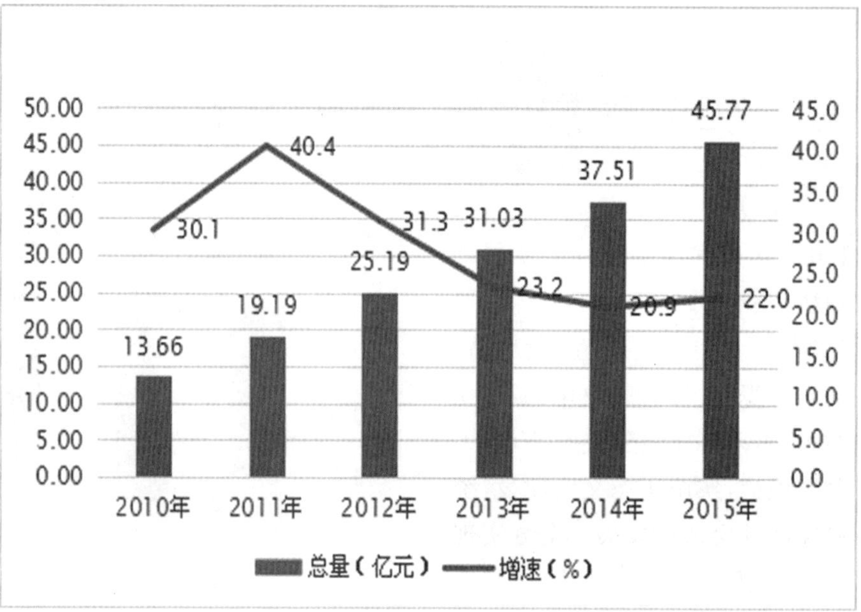

2010—2015年全社会固定资产投资及增速

由4亿元增加到21.32亿元，累计68.27亿元，年均增长39.7%；外贸出口由634万美元增加到3219万美元，累计10155万美元，年均增长38.4%；实际利用外资由52万美元增加到432万美元，累计1135万美元，年均增长52.7%。

特色农业继续按“南果北茶（烟叶）”的布局发展。到2015年末，全县建成14000公顷贡茶基地，建成11200公顷以贡水白柚为主的水果基地，种植蔬菜11733.33公顷，种植烟叶4000公顷，出栏生猪58.7万头，全县建成111个特色产业专业村。“土家爱”申报为湖北省著名商标，宣恩贡米、宣恩贡茶、贡水白柚三个品牌荣获全国名特优新农产品。全县特色产业基地规模达到45333.33公顷，获得有机认证基地1433.33公顷，成功创建全州首个“省级现代农业示范区”。

全县完成工业总产值43.35亿元，同比增长16.2%；实现工业增加值12.10亿元，同比增长8.6%。全县有规模以上工业企业57家，工业总产值28.87亿元，同比增长12.7%；完成销售产值28.44亿元，同比增长13.0%；产品销售率98.5%；实现出口交货值0.55亿元，同比增长23.5%；工业用电量同比增长66.3%；实现利润1.56亿元，同比增长5.8%。全县产值过亿元企业6家。工业园区“一区三园”布局基本成型，入园增加到85家。

服务业增加值24.5亿元，增长11.6%。锣圈岩旅游区、伍家台贡茶文化旅游区、狮子关旅游区、椒园工业旅游示范园等4个AAAA级景区建设有序推进。全年旅游接待人数114.65万人次，实现旅游综合收入4.8亿元。

启动县域城镇体系规划编制和县城总规修编，完成县城供水、县域环卫、县城绿地系统、县城人民防空等4个重要专项规划。实施“六城同创”，全年统筹资金7亿

元，实施环境洁净、交通畅通、绿化亮化、城市宁静、空气净化、河道美化、全民素质提升、集镇环境整治“八大工程”。龙洞电厂至龙洞大坝、西门沟至红岩卡等县城出口路的路面改造全面完成，兴隆大道东段改建工程成为县城区道路改造的示范路段；凌云路、水厂路，兴隆大道中段等道路改造及配套管网建设已全面开工；莲花坝大型停车场建成投入使用，新增货车停车位300个；对县城区危旧房进行拆除改造，新建生态停车场8个、在建5个，城镇功能不断完善，以贡水河为主轴的“城市客厅”成为展示宣恩形象的新窗口。统筹推进乡镇集镇建设，万寨“贡茶苑”工程完工，李家河新街二期建设、椿木营乡新街建设全面推进。椒园、晓关、李家河、高罗、椿木营等5个乡镇抢抓国省道大整修机遇，同步实施集镇道路改造。

单位GDP能耗同比下降4.6%，二氧化碳、二氧化硫、化学需氧量等主要污染物总量减排完成州定目标任务。实施“绿满荆楚”行动，森林覆盖率达到57.7%，林木绿化率达到72.4%。完成土壤酸化治理8266.67公顷，完成清洁能源入户2156户。高罗镇、万寨乡获“省级生态乡镇”称号，高罗镇九间店村获“省级生态村”称号。

全年城镇新增就业5853人，城镇登记失业人员1115人，城镇登记失业率控制在3.8%以内，开展创业就业培训2310人，为个体经营户和企业发放小额贷款2884万元。县教育中心、学前教育工程建设稳步推进，全面开展改善基本办学条件及标准化建设的项目实施工作，办学条件得到改善。新农合参合率达到99%，新农合累计补偿1.2亿元。城乡居民社会养老保险参保人数达到14.4万人，城乡低保实现应保尽保，“五保”供养、救灾救济、大病救助等制度进一步完善。全面完成新建标准化村卫生室30个，申报县民族医院整体搬迁项目，医疗卫生条件进一步改善。县文体中心建设稳步推进，举办水上运动会、全民健身长跑等活动提升宣恩影响力。科技创新不断加强，科技对经济社会发展贡献率稳步提高。全县人口继续保持低生育水平，人口素质不断提升。人事、编制、信访、安全、移民、统计、审计、档案、地方志、民族宗教、妇女儿童、老龄工作、残疾人等各项社会事业取得新发展。

全面推进精准脱贫工作，完成2.75万户建档立卡贫困对象、1.26万户易地扶贫搬迁对象的精准识别；投入专项扶贫资金3200万元，整合行业扶贫资金1.27亿元，实施23个整村推进重点村建设；创新金融扶贫，累计发放扶贫互助担保贷款1.87亿元；开展结对帮扶，实现帮扶全覆盖。全年减少贫困人口3.1万人，脱贫建档立卡贫困村7个。全年财政用于民生支出15.4亿元，占比达82.5%，促使农村基础设施不断改善，全县农村公路通畅率达到99.3%，实现“村村通客车”全覆盖，农村安全饮水率达到89.85%。

经济社会发展还存在的问题和短板主要有：企业经营状况不佳，一些企业开工率较低，综合成本持续上涨，部分企业特别是小微型企业经营困难问题突出；结构调整任务繁重，产业结构不合理，发展不协调，突出表现为旅游业基础薄弱，工业增速不快，新型产业发展有待加强，转变发展方式困难较多；改革攻坚阶段矛盾凸显，改革进入深水区后各方利益矛盾凸显，影响项目进度的征地难、拆迁难等问题多发，保障民生的就业、再就业工作力度和成效与民众需求还有差距等。

（周翠芝）

·项目建设·

【州级重点项目】2015年度实施州级重点项目18个，分别是：宣恩县玩具零配件加工项目、宣恩县年产100万口保健铁砂锅加工项目、宣恩县兴朝金属构件加工项目、宣恩县铝塑复合板加工项目、锣圈岩休闲旅游区、宣恩县狮子关旅游区、丹峰贡水龙城、宣恩县万和广场开发项目、宣恩县沙道沟镇三级客运站综合配套设施开发、宣恩县高罗绕镇线、宣恩县宣万公路改扩建（S232宣石公路）、宣恩县S365干长公路改扩建、宣恩县贡水南岸管网改造工程、宣恩县黄河沟流域治理、嘉邦马铃薯深加工项目、宣恩县中药材仓储加工项目、宣恩县茶叶香菇箬叶农产品加工项目、宣恩县教育中心。项目总投资48.04亿元，2015年计划投资14.25亿元。截至11月底，18个项目全部开工，实际完成投资16.23亿元，完成年度计划的113.9%。

【2011—2014 年中央、省预算内投资项目建设】2011—2014 年中央、省预算内投资未开工项目 1 个:宣恩县湖北大派食品集团公司大型沼气工程项目,总投资 399 万元,其中,中央投资 150 万元。未开工原因是湖北大派食品集团公司要求"退城进园",暂停项目建设,已报备省能源办,做"退城进园"的前期准备工作。

2015 年已开工未完工项目 18 个,截至 2015 年 11 月各项目分别为以下情况。社会发展项目 4 个:宣恩县高罗乡卫生院建设,总投资 130 万元,其中,中央投资 105 万元。项目开工,县主体工程已完工;宣恩县椒园镇卫生院建设,总投资 130 万元,其中,中央投资 105 万元,项目已开工,完成投资 65 万元;宣恩县李家河镇卫生院建设,总投资 125 万元,其中,中央投资 100 万元,项目已开工,主体工程已完工;宣恩职高学生住宿楼建设,总投资 1400 万元,其中,中央投资 1000 万元,项目已开工,完成投资 280 万元,完成工程的 20%。投资口项目 5 个:宣恩县看守所建设,总投资 673 万元,其中,中央投资 572 万元(2014 年下达投资 272 万元),已开展进行相关基础设施建设。宣恩县司法局业务用房建设,总投资 630 万元,中央预算内投资 536 万元,地方配套 94 万元,已到位中央预算内资金 300 万元,项目已开工,处于主体工程施工阶段。宣恩县 2013 年城市棚户区旧城改造项目,棚改 1000 户,总投资 12.78亿元,其中中央投资 750 万元,涉及贡水龙城、睿山华庭、今典国际三个片区,中央投资 750 万元主要用于道路管网等基础设施建设,已完成。宣恩县 2014 年公租房建设项目,任务 897 套,总投资 7595 万元,其中,中央投资 2874 万元。其中安康小区 324 套进展滞后,主要原因是由于地勘变化,导致设计需变更,影响项目施工进度;位于工业园区的 573 套已完成。宣恩县 2014 年城市棚户区改造项目,棚改 2000 户,总投资 2.57 亿元,其中,中央投资 3300 万元,项目涉及凌云路、水厂路、东方龙片区,中央投资 3300 万元主要用于道路管网等基础设施建设,项目滞后的原因是征地拆迁迟缓,"招投标"程序慢,影响开工进度。地区、农经项目 8 个:宣恩县沙道沟易地扶贫搬迁工程,总投资 287 万元,其中,中央投资 246 万元,分散安置户已基本完工,集中安置点 8 户已完成三通一平;宣恩县长潭河细沙易地扶贫搬迁工程,总投资 300 万元,其中,中央投资 240 万元,项目已开工;宣恩县万寨乡大河坝村易地扶贫搬迁工程,总投资 308 万元,其中,中央投资 264 万元,项目已开工;宣恩县 2013 年农村小水电项目,总投资 2321 万元,其中,中央投资 430 万元,"三通一平"完成,大坝开始施工;宣恩县 2014 年中央投资小型沼气工程项目,总投资 144 万元,其中,中央投资 144 万元,项目已开工建设;宣恩县 2012 年省级清洁能源项目,总投资 144 万元,其中,中央投资 144 万元。项目已开工建设;宣恩县 2014 年生猪标准化规模养殖场(小区)建设项目,总投资 180 万元,其中,中央投资 180 万元,5 处开工建设,4 处建设,1 处在建;宣恩县 2014 年岩溶地区石漠化综合治理工程项目,总投资 820 万元,其中,中央投资 700 万元,林业措施完成,水利及草食畜牧措施在建。环资口项目 1 个:宣恩县生活垃圾转运站(2013 年度项目),总投资 1900 万元,其中,中央投资 800 万元;污水处理厂、垃圾中转站土建工程基本完成,县城区 4 处已开展征地、设计等前期工作,椒园工业园、和平工业园各 1 处已进行地勘,项目建设滞后的原因主要是选址、征地难度大,影响项目建设进度。

【2015 年中央、省预算内项目】2015 年,中央和省预算内投资项目 33 个,总投资 1.45 亿元。已开工项目 23 个(其中 2 个项目已完工),未开工项目 10 个。

(周翠芝)

物价管理

【概况】2015 年,县物价局开展清理规范涉企收费、推进重点领域价格改革、加强价格监管执法等工作,全年向省州物价部门报送工作动态、情况反映、工作建议等方面的信息 120 条。其中,省物价局采用 30 条,州物价局采用 90 条。

【价格管理】重点开展四个方面的工作:1. 落实阶梯电价调整政策。3 月份,落实《省物价局关于完善居民生活用电阶梯价格制度的通知》精神，结合县情实际，制定具体操作办法，县物价局并和供电公司联合在县电视台发布《通知》，保证工作的顺利实施。2. 规范乡镇自来水安装服务价格。9月份，为县水利局所属的晶源供水有限公司下达批复文件，规范乡镇的自来水安装服务价格（常用型号为1060元）。3. 利用网站、论坛、电视台等媒体，宣传商品房销售“一价清”、最低粮食收购价、阶梯电价、涉农涉企收费等价格政策。对狮子关旅游景区提出的门票价格建议方案，在成本监审工作的基础上，严格按程序召开狮子关旅游景区门票价格听证会。4. 按规范要求办理审批手续，企业已提供有资质的会计事务所出具前期投入的《财务报告》和具备开园条件的《批复》等关键材料。

【整顿规范收费秩序】重点开展三个方面的工作：1. 取消收费许可证制度，实现新的收费管理。4月中旬，落实“取消收费许可证制度、加强事中事后监管”精神，县物价局、县财政局制定《收费目录清单管理和收费情况报告制度》，并向各收费单位发放，对收费许可从收费项目标准的公示、报告、违规行为处罚等14个方面进行规范。2. 完成2014年度行政事业性收费年审工作。2014年全县行政事业性收费部门72个，收费项目442个。其中，行政性收费部门32个，含181个收费项目；事业性收费部门39个，含261个收费项目。2014年全县行政事业性收费总额为2574万元，比2013年减少230万元，减幅为8%。2014年底国家发改委和财政部取消中央设立的行政事业性收费项目12项（取消4个部门的5项；暂停3个部门的收费项目7项）。对小微企业（含个体工商户）免征中央级设立的行政事业性收费共42项，涉及10个部门。取消和暂停的项目，全县已按要求从2015年1月份开始执行。3. 制定县人民医院停车场、莲花坝停车场、建制镇生活垃圾收费标准，调整有线电视收费标准。县人民医院位于珠山镇建设路44号，属城区主干道，车流量大，停车位紧张，来就医的患者车辆经常没有地方停放，给患者就医带来诸多不便。2月份，县物价局经州物价局和县政府同意，向县人民医院作出停车收费标准批复，之后县人民医院停车管理秩序逐步好转。为缓解县城区机动车辆乱停乱放问题，县城市管理局莲花坝新建占地1.7公顷、300个停车位的大型机动车停车场。11月份，县物价局依据《湖北省机动车停放服务收费管理实施细则》第五条之规定，制定了收费标准。关于建制镇生活垃圾处理收费标准。2月6日，在沙道沟召开生活垃圾处理费收费标准听证会后，在三个有效工作日内，写听证报告、召开审价会、经县政府同意，批复沙道沟镇生活垃圾收费标准。7月底，比照沙道沟镇模式制定椒园、高罗、李家河等建制镇的垃圾处理收费标准，全县所有建制镇都实现收费管理。8月份，县物价局接到群众反映乡镇收看电视费超标的举报后，及时和县广电局沟通，并按州物价局的批复意见为其补办相关收费许可手续，基本收视费标准从15元/月调整为25元/月。

【成本调查监审】农民生活成本调查。5月下旬，按州物价局的统一安排，县物价局在椿木营乡勾腰坝村、长潭河乡细沙村、珠山镇卸甲坝村等3个村随机选定15户农户开展了生活成本情况调查。同时，还对乡卫生院、中心小学、卫生室、县医院就学生学费、分娩、感冒等项目的费用情况进行抽查。通过调查，了解收入、支出、结余情况，了解感冒、分娩等常见项目的费用情况，掌握了老百姓渴望有更多增收的渠道、出行更方便成本更低、改进医疗费报销办法等诉求。

依据相关规定，对狮子关景区一期门票价格进行成本监审，拟定180元/人、100元/人两种门票价格《听证方案》。完成天然气成本调查和监审任务。开展乡镇水务中心安装费、水费的成本监审工作。

【价格认证】开展2014年度价格鉴定案卷登记工作。5月，县价格认证中心整理完成2014年度价格认定档案之后，设计出专门的《2014年度价格认定案卷登记表》。已分项目、按时间先后顺序完成登记归档工作。

开展对刑事案件涉案物品的认定，出具认定结论书56份，标的额62.3万元；对行政调解案件（车损）的认定，出具认定结论3份，标的额7.9万元；对民事纠纷案件的认定，出具认定结论书14份，标的额28.4万元。

【价格监督检查】在春节等节假日开展市场价格巡查，查看商品供应、明码标价等方面情况。从巡查的情况看，品种丰富，粮、油、肉、蔬菜、水果等供应充足，价格平稳。

“12358”价格监管平台共受理价格举报投诉15件。其中，咨询件12件（涉及门面广告、有线电视、药品等方面），举报件3件（涉及检测站、驾校），每件都进行了相应处理。

开展春运客运票价监管工作。2015年1月27日，县物价局向县政府汇报春运工作，讲清存在的问题、实施监管的难度，提出处理建议。随后，与运管等相关部门联合召开春运动员会，强调春运工作纪律。春运期间，多次检查票价执行情况，纠正和处理违法行为，及时回复群众的网络问政和投诉。2015年3月12日，联合县运管所开展上路检查活动查处两辆涉嫌价格违法的车辆。

全年查处4起价格违法案件。3月，县物价局联合县运管所，开展上路检查，查处了长大、宏发两家客运公司的违法行为。同时，查处县同升建设工程质量检测中心自立收费项目收取备案材料检测费10590元的违法行为。查处州物价局交办的县第一中学违规收取补课费133万元的案件。

（周翠芝）

宣恩灯戏

宣恩灯戏源于湖南辰河戏，又叫“腊肉班子戏”。清乾隆、嘉庆年间，湖南辰州府泸溪县先后有李、邓、吴、杨、侯、石、张、向、牛、胡等十三姓人到宣恩定居，他们中大部分是手艺人和生意人。初来时，由牛老裁缝的祖父邀集五六个能说会道、能歌善舞的人组成戏班，专为乡民的红白喜事演出，以维持生计。唱腔以辰河腔为主，故称辰河戏。传到牛老裁缝时，他作了创新和发展，演出水平得到很大提高。戏班所到之处，主东多以酒席相待，尤以名菜腊肉最为抢眼，所以人们戏称为“腊肉班子戏”。凡逢年过节、清明上坟、老人寿诞、红白二喜、乔迁新居等，宣恩人都乐意请“腊肉班子”唱戏。民国20年(1931)，辰河戏继承人胡安清、李维成认为“腊肉班子”名称不雅，有贬低之意，故改名为“灯戏”。于是成立由胡安清、李维成、石元开、杨法宪、陈玉甲、周玉轩、郑大庭、马太元等12人组成的宣恩灯戏班子。

宣恩灯戏在唱腔上继承了辰河戏的“九板十三腔”，常用的多为大板腔、辰河调、巴巴腔三种。正生、小生、老生，多唱大板腔；正旦、老旦、苦旦，多唱辰河调；小丑和花旦，多唱巴巴腔。此外，还有倒板、二流、四平调、感叹调、开门调、垛垛调、扫合调、快板调、赶板调、闺门调等。他们在演出实践中，不断丰富和发展灯戏的声腔，逐步融入本地的对口溜、快板、金钱板、莲花落等曲艺，使灯戏唱腔更加丰富多彩。灯戏的主奏乐器是大筒筒（自行制作的一种近似于二胡的弘乐器），伴以锣、钹、鼓、木鱼、梆子、笛子、唢呐等乐器。灯戏作为一种民间地方戏种，不太讲究“四功五法”，角色行当也以小生、小旦、小丑为主。宣恩灯戏代表剧目有《蠢子回门》《三娘教子》《姚癞子讨亲》《三婿争婚》《打瓦分工》《罗店招亲》《崔氏逼嫁》《借亲记》《老少配》等。1954年宣恩县灯戏剧团成立后，经常到万寨、长潭河、晓关、桐子营、覃家坪以及恩施的芭蕉、甘溪等地演出，深受群众欢迎。二十世纪六十年代以后，灯戏剧团销声匿迹。1979年底，以民间老艺人为主体又成立宣恩县城郊灯戏剧团，在县城周围农村演出。后来由于民间老艺人的先后谢世，宣恩灯戏也就停止活动。

科学技术

科学技术

【概况】2015年，全县有63个项目进入州级以上科技项目库，高新技术增加值占GDP比重0.3%。全部项目经费内部支出0.14亿元，其中政府资金0.01亿元。从事科技活动人员128人，本科毕业及以上人员57人，科技管理和服务人员2人。专利申请21件，其中发明申请专利13件，新产品开发项目数8项。新产品开发经费支出0.07亿元，新产品产值1.09亿元，新产品销售收入1.04亿元。拥有注册商标5件。

【科技服务】对“宣恩县宜红贡茶有限公司”等13家企业，完成“恩施州科技创新企业”统计工作；准确掌握全县企业的基本情况，组织人员集中时间，对46个规模以上企业进行科技普查，建立基本情况、生产动态及科技需求档案。在对相关企业科技需求调查中，寻找企业的科技创新点，动员企业启动科技创新计划。采取“专业机构申报专利成功，企业再付相关费用”的办法，动员佛恩佳有限公司生产的大面积收集太阳能磁瓦、方圆生物质能源有限公司采用的屋面收集雨水循环利用技术、蓝星农业有限公司运用的无氧运输大鲵方法申报了专利。截至2015年全县申报专利已达125项，政府发放专利补助资金12.6万元。对宣恩县蓝星农业有限公司等8家重点企业进行专题调查，建立“宣恩县科技中小企业信息库”；开展高新技术产品、高新技术企业调查和登记工作。根据高新技术产品和高新技术企业认定的标准，到企业进行专项指导，完成相关申报资料的准备工作，对形成的申报材料开展初步审查，通过审查，立翔工艺有限公司成功申报为“省级高新技术企业”。

组织人员到企业调查，了解企业需求，结合全县特色产业密切相关的内容和需求，组织企业申报科技项目。共组织3个省科技支撑计划（优质绿茶高效栽培、鲜叶贮青保鲜及工艺创新研究与示范、黄豆精深加工与营养特性研究），1个省科技民族专项（富源公司），2个州科技计划（蓝星公司、苗仙聚公司），4个省科技创新基金（新型环保玉石合成及系列产品研究、生物质颗粒系列产品开发技术研究、金网运电子商城系统、后补助资金）项目申报。

推进科技成果转化、成果登记、技术合同登记等工作。截至11月底，全县已完成科技成果转化（一种槐花茶加工技术利用）70万元、成果登记1项（鄂茶10号新品种选育及应用）、技术交易合同登记3500万元。

【药业产业发展】落实专人具体抓，制订发展计划，将任务分解到乡镇，同时加强技术培训、信息服务和检查督办等工作。全县年实现销售收入1560多万元。同时按时上报州药办、县农办的相关统计资料。

【定向培育高新技术企业】2015年将将立翔工艺有限公司、土家爱食品有限公司列为高新技术企业进行重点培育和扶持，据高新技术企业认定的标准，对企业收集的相关资料进行全面甄别，对整理的相关数据实现全面分析，对形成的申报材料开展初步审查。2015 年 10 月 28 日，立翔工艺有限公司成功申报为“省级高新技术企业”。

【郑春白调研】7 月 3 日，省科技厅副厅长郑春白带领调研组到宣恩县宜红贡茶有限责任公司、立翔工业开发有限责任公司和土家爱食品有限责任公司，调研工业园区各企业科技创新运行及科技成果转化利用工作。郭建华陪同。

【“科技活动周”活动】5 月 15 日上午，宣恩县在宣恩县职教中心举行《宣恩县 2015 年“科技活动周”的启动仪式》，全县共 43 个单位，260 名专业技术人员参加，参与群众 5000 余人。共计发放各类宣传资料 1500 份、图书 5000 册、光碟 180 份、各种药物折合资金 15000 元，展出展板 30 块。

活动周期间，相关单位系列活动相继展开：宣恩县食药监局到县实验小学为该校学生上了一堂题为《小学生食品安全》的食品安全课，开展全县“食药安全·科技惠民”科技活动。到社区为社区居民送去宣传海报和新《中华人民共和国食品安全法》读本，号召社区积极响应，充分发挥自身优势，关注食品药品安全，构建食品药品安全共治网络。县科协在县职业技术学校开展科技流动展览馆巡展活动，按有声光体验、电磁探秘、运动旋律、数学魅力、健康生活、数字生活等主题展区，共计 50 余件互动展品，并与科学表演、科学实验、科普影视相结合，为培养广大青少年用科学思想去思考问题，用科学知识去分析问题，用科学方法去解决问题提供实验场所。县畜牧兽医局在开展活动中，采取举办培训班、邀请专家讲座、现场培训、科技下乡、印发资料等形式进行；主要对派驻执法人员、乡镇畜牧技术推广员、动物繁殖员、村级动物防疫员养殖大户、饲料兽药经营人员、专业合作社社员和动物经纪人进行培训；培训的主要内容为畜牧兽医法规、相关政策、畜禽标准化规模养殖技术、畜禽繁殖技术、畜禽疫病防治技术、无公害畜产品生产加工技术、饲料兽药等养殖投入品使用技术、畜禽排泄物无害化处理和资源化利用技术等。县农业机械化办公室发放 1000 余份宣传资料、宣传图片及农机购置补贴操作流程图、拖拉机驾驶员读本、农机小知识读本（田间管理机械、修剪机械、种植施肥机械等基本知识及故障排除；农机购置补贴政策解读）、农机安全互助工作宣传单等。

（李忠　向广敏）

农业农村经济

【概况】2015年，全县农林牧渔业总产值259814万元，剔除价格因素同比增长5.27%。其中农业150192万元，同比增长7.13%；林业4973万元，同比增长2.6%；牧业100501万元，同比增长2.77%；渔业2859万元，同比增长4.74%。农林牧渔服务业1289万元，同比增长2.16%。年末常用耕地面积2.48万公顷，农村用电量5343.6万千瓦时。

全年茶叶总产量16000吨，增长18.52%。水果总产量106100吨，增长6.18%。畜禽肉蛋总产量56861吨，同比增长3.67%，其中猪肉产量47215吨，同比下降4.03%；禽蛋产量3741吨，同比增长4.73%；生猪出栏58.65万头，同比减少1.36万头；羊出栏4.71万只，同比增加500只。

全年粮食总产量137043吨，同比增产5042吨，增长3.82%。其中夏粮总产量22000吨，增产2.88%；秋粮总产量115043吨，增产4.00%。全年水稻产量47393吨，增产2.23%；玉米产量42524吨，增产6.03%；马铃薯产量21620吨（折主粮），增产3.19%。油料总产量5631吨，增产1.70%。

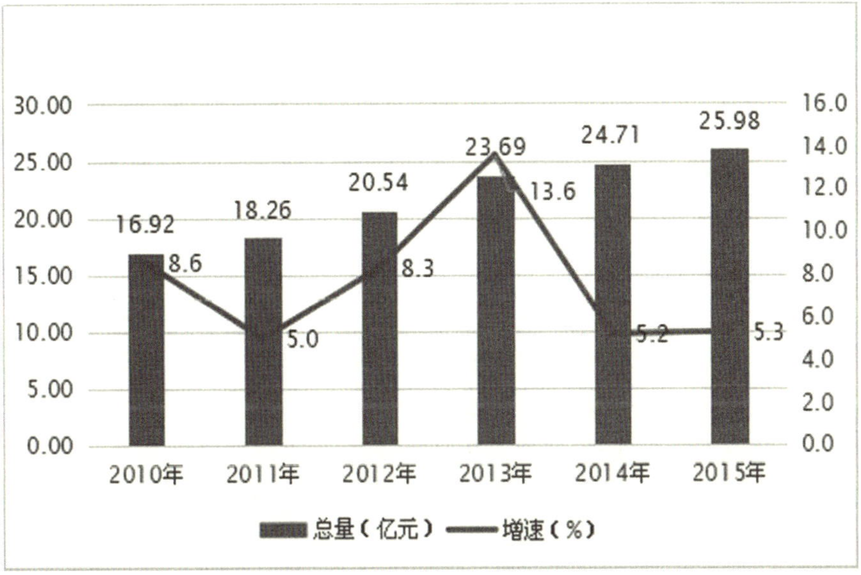

2010—2015年农林牧渔业总产值及增速

全年烟、茶、畜、果、药、菜六个产业产值24.49亿元，占农林牧渔业总产值94.26%，同比增加1.18亿元，增长5.06%。种植烟叶4512公顷，收购烟叶7161吨，产值9800万元，实现税收3792万元。实现茶叶产值8.5亿元，增长5.72%。新培植“4450”生猪养殖模式户401户，年末达到3851户。实现水果产值3.78亿元，增长10.53%。药材实现产值4320万元，蔬菜实现产值7495万元。新增有机茶叶认证基地93.33公顷，年末有机认证茶叶基地1163.33公顷。新增绿色食品认证基地213.33公顷，年末绿色食品认证基地2713.33公顷。新发展以茶叶、贡水白柚为主的特色产业基地1466.67公顷。年末全县茶叶、水果特色产业面积发展到2.52万公顷，其中有机认证基地1440公顷。10月20日，中国茶叶流通协会授予宣恩县“2015年度全国重点产茶县”（中茶协字〔2015〕107号）。从2013年起，宣恩县已连续3年

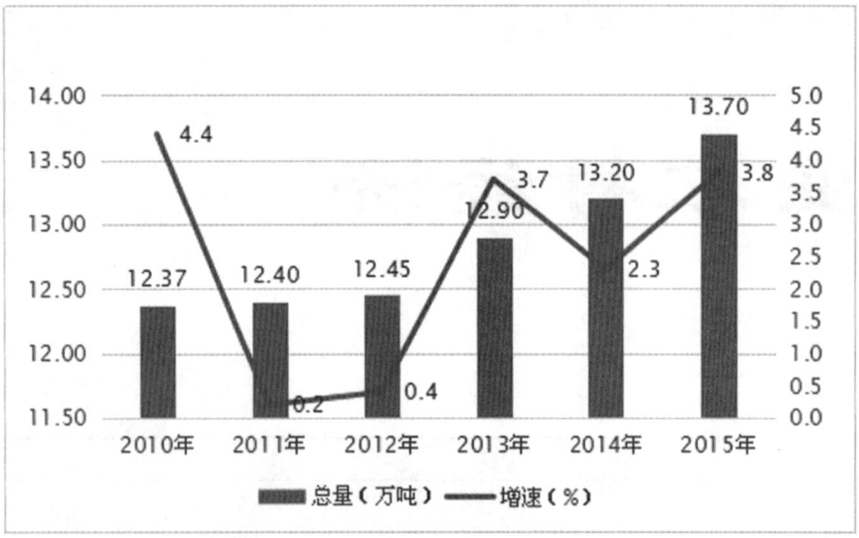

2010—2015年粮食总产量及增长速度

荣获全国重点产茶县”称号。11月30日，省农业厅认定宣恩县为“省级现代农业示范区”(鄂农函〔2015〕262号)。至2015年末，宣恩县拥有“国家级出口茶叶质量安全示范区”“全国有机农业示范基地”“国家有机农产品认证示范区”“全国十大生态产茶县”“全国重点产茶县”五块“国字”号招牌。

全县农副产品加工业产值21.34亿元，占农林牧渔业总产值82.14%，同比增长12.32%。全年新建茶叶清洁化加工生产线5条(恩施州伍家台富硒贡茶有限责任公司、宣恩县巅峰茶叶有限公司、湖北贡易德茶业有限公司、宣恩县清江源农业发展有限公司、湖北绿可生态茶业有限公司各1条)，年末达到20条。新建贡水白柚商品化处理生产线1条(宣恩县正兴白柚专业合作社1条)，年末达到3条。新增亿元茶叶企业1家(湖北宣恩维民实业有限公司)，年末亿元茶叶企业达到4家(湖北宣恩维民实业有限公司、宣恩县伍台昌臣茶业有限公司、恩施州伍家台富硒贡茶有限责任公司、宣恩县椒园采花茶叶专业合作社)。全年新增规模以上农产品加工企业4家(湖北土家爱食品开发有限公司、宣恩县巅峰茶叶有限公司、湖北亦禾生态农业有限公司、宣恩县九九茶业有限公司)，年末达到35家，其中省级重点龙头企业4家(湖北伍家台贡茶有限公司、湖北西部现代农业有限公司、湖北土家爱食品开发有限公司、湖北大派食品集团有限责任公司)、州级重点龙头企业21家。全年新增(注册)农民专业合作社90家，全县累计发展到368家，入社总户数1.8万户，辐射带动农户5.8万户，其中，国家级示范社3家(宣恩县晓关乡维民茶叶专业合作社、宣恩县贡茶专业合作社、宣恩县富源贡水白柚专业合作社)，省级示范社6家(宣恩县晓关乡维民茶叶专业合作社、宣恩县贡茶专业合作社、宣恩县椒园采花茶叶专业合作社、宣恩县七姊妹山茶业专业合作社、宣恩县富源贡水白柚专业合作社、宣恩县椒园镇黄坪村黄金梨专业合作社)，州级示范社18家，县级示范社34家。年末有工商注册家庭农场139家，其中省级示范家庭农场3家(宣恩县硒香聚茶叶种植家庭农场、宣恩县晓关双丰园家庭农场、宣恩新盛泽家庭农场)。“伍家台贡茶”成为中国驰名商标(国家工商行政管理总局商标评审委员会2015年1月14日商评字〔2015〕第0000005850号，商标号第7892386号)。10月21日，“宣恩贡米”通过省质监局专家审定会的评审，被正式批准发布为湖北省地方标准。11月30日，湖北土家爱食品开发有限公司申报的注册商标“土家爱”，被湖北省著名商标认定委员会认定为湖北省著名商标。新增湖北土家爱食品开发有限公司生产的冲调合渣粉、湖北巴楚风印务有限公司生产的包装用塑料复合袋为“2015年度湖北名牌产品”。年末全县共有中国驰名商标1件(伍家台贡茶)、国家地理标志保护产品3件(宣恩火腿、伍家台贡茶、贡水白柚)、国家地理标志证明商标1件(伍家台贡茶)、湖北省著名商标7件(大派、皇恩宠锡、覃家坪、木龙寨、昌臣、皇贡、土家爱)、湖北省名牌产品6件(木龙寨牌大米、皇恩宠锡牌伍家台贡茶、贡水白柚、宣恩火腿、土家爱合渣粉、巴楚风塑料复合袋)。

2015年全县农村常住居民人均可支配收入7805元，同比增加757元，增长10.74%。通过精准扶贫，全年减少农村贫困人口3.1万人。以“三坝两寨”(椒园水田坝、晓关大岩坝、高罗谭家坝、万寨伍家台、沙道沟彭家寨)为重点，年内全县新建和改造特色民居800

户,清洁能源入户 2156 户。年末全县累计新建和改造特色民居 5077 户,建成沼气池 4.87 万口,改厨、改圈、改厕 2.92 万户,安装太阳能热水器 7993 台、生物质半气化炉 3.41 万台。完成村庄绿化 4860 公顷,全县森林覆盖率达到 57.5%;治理土壤酸化 8260 公顷、水土流失 3.5 平方千米,对 3 座小型病险水库除险加固;改造升级县乡公路 64 千米、通畅工程 150 千米、农村公路安保工程 140 千米,农村公路通畅覆盖率达到99.3%,行政村实现"村村通客车";实施基本农田土地整理 1367 公顷、改造低丘岗地 1333 公顷;农村饮水安全普及率达到 89.85%;农村有线电视网络覆盖率达到45.9%;全县空气质量优良率达到 92.9%。3 月 4 日,晓关乡被湖北省环委办授予"省级生态乡镇";珠山镇卸甲坝村、沙道沟镇当阳坪村、高罗镇黄家河村、李家河镇二虎寨村、椒园镇香树林村、晓关乡中村坝村被湖北省环委办授予"省级生态村"。至此,宣恩县有"国家级生态乡镇"1 个(椒园镇,2014 年 6 月 13 日国家环境保护部公告 2014 第 44 号),"湖北省绿色示范乡村"3 个(万寨乡伍家台村、椒园镇黄坪村、高罗镇板寮村),省级"宜居村庄"5 个(高罗镇板寮村、椒园镇水田坝村、万寨乡伍家台村,长潭河乡洗马坪村、两溪河村),省级"新农村建设示范村"6 个(高罗镇板寮村,椒园镇水田坝村、庆阳坝村、老寨溪村,万寨乡伍家台村,长潭河乡两溪河村),中国历史文化名村 2 个(沙道沟镇两河口村、椒园镇庆阳坝村),中国传统村落 4 个(晓关乡野椒园村、长潭河乡两溪河村、沙道沟镇两河口村、椒园镇庆阳坝村)。7 月 15 日,李家河镇滚龙连厢在香港"第一届中华老年体育舞蹈国际艺术节"上获得金奖。7 月 28 日,李家河镇滚龙连厢在北京"中国梦第五届全国文化艺术展演活动"上获得金奖。8 月 30 日,宣恩县第三届环"千户土家"全国山地自行车邀请赛在椒园镇水田坝村成功举行。探索山区土地流转规模经营的有效形式,2015 年依法流转土地 351 公顷,年末依法流转土地 5513 公顷。开展精准扶贫,为 3.08 万户贫困户发放贷款 1.94 亿元。减少农业污染源,推广有机肥使用和绿色防控技术,农业生产化学合成肥料用量较上年减少 1080 吨,化学合成农药用量较上年减少 12 吨。

兑付粮食"两补"资金2132.31 万元、良种补贴资金 454 万元、农机具购置补贴资金 230 万元、水稻保险灾情赔付资金 43.98 万元,兑付能繁母猪保险补贴 40.78 万元,兑付退耕还林补助资金 1088.83 万元、公益林补偿资金 913.22 万元,兑付生态能源碳基金补偿资金 70 万元。2015 年新农合参合人数 295585 人,参合率 99.01%,通过中央财政补助、省级财政补助、县级财政和农民个人缴费筹集新农合基金 1.48 亿元,全年新农合补偿 752372 人次,补偿金额 1.21 亿元。农村居民最低生活保障标准由上年的年人均 1900 元调整为 2300 元,保障人数较上年缩减一半,民政医疗救助 9174 人次,救助金额 690.51 万元。

(陈亭光)

新农村建设

【概况】2015 年美丽乡村建设坚持特色产业、基础设施、特色民居、民风民俗"四位一体",统筹抓好路、水、生态家园建设,建成椒园老寨溪、高罗板寮、珠山卸甲坝等建设规格较高、民族特色彰显、示范效应突出的特色民居村落。城乡一体化试点乡镇和省级新农村试点乡镇——椒园镇 2014 年获"国家级生态乡镇"称号,2015 年香树林村获"省级生态村"称号、庆阳坝村获"中国历史文化名村"称号。2015 年打造美丽乡村示范村 3 个(万寨乡伍家台村、高罗镇板寮村、椒园镇水田坝村)。新农村建设示范带水田坝村至老寨溪村至庆阳坝村,2015 年通过加强生态工程建设,注重生态环境保护,生态环境与人居环境得到进一步改善,呈现出特色民居、生态茶园、历史文化、"小桥流水人家"的田园美景。

【省农业厅帮扶】省农业厅从 1994 年结对帮扶宣恩,至 2015 年已 22 年。22 年来,省农业厅在项目、资金、技术等方面给予了宣恩大力帮扶支持,促进全县经济社会持续健康发展,使驻点村村容村貌焕然一新,群众生产生活水平明显提高。

工作队驻村帮扶。省农业厅先后选派 90 名干部组建 22 届工作队,驻点 8 个村开展帮扶工作。工作队每帮扶一个村,都会开拓一片特色产业基地,人均达到 1 亩以上;都会极大的改善农村面貌,水、电、路、民居、通信等基础设施焕然一新;都会打牢基层组织阵地,把村委会建起来,把村支两委活动组织起来,把农业合作开展起来;都会树立一个好的风气,群众感恩党的政策,主动解放思想,寻找市场,勤劳发展生产,工作队真正成为党的政策宣传队、农业产业化的播种机。本届工作队已深入椒园镇石马村的每家每户,石马村正在和前几个帮扶村一样发生巨大变化。

实施帮扶项目。仅"十二五"期间,省农业厅帮扶农业项目资金就超过2亿元。在特色产业发展方面,实施现代农业高效标准茶园建设、蔬菜建设等产业发展项目18个,总投资7290万元。在农村清洁能源建设方面,实施农村能源发展专项、农村沼气等项目16个,总投资5167万元。在粮油技术推广方面,实施粮油高产创建、病虫害防治等项目29个,总投资2432万元。在农村劳动力培训方面,实施农村劳动力培训、基层农业技术推广体系建设等项目20个,总投资1916万元。在农机购置补贴方面,实施农机具购置补贴、农机专项补助等项目13个,总投资3875万元。

【果茶生态旅游观光园创建】对"三坝两寨"(椒园镇水田坝、晓关乡大岩坝、高罗镇谭家坝、万寨乡伍家台、沙道沟镇彭家寨)区域内的果茶基地作为生态农业观光体验区的支柱产业建设,完善园区基础设施。在万寨乡伍家台村发展集观光、休闲、旅游于一体的新型农业生产经营形态,建设"伍家台生态农业观光体验区",在213.33公顷标准化茶园修建游步道、景观亭、大茶壶,建设文化广场,建设茶文化及茶产品展示厅等,2012年10月12日伍家台休闲农业园被评为"湖北省休闲农业示范点",2014年9月26日伍家台村被命名为"湖北省绿色示范乡村",2014年12月10日荣获"荆楚最美乡村"称号,2015年3月28日成功申报为国家2A级旅游景区。

立足茶叶、水果特色产业资源优势,发展休闲观光农业。其中以万寨乡伍家台茶园观光旅游为核心,休闲项目特色鲜明,从业人员充足,接待能力强,其中重点岗位15人经过专业培训,有兼职讲解人员4人。有餐厅200平方米、客房60间,环境干净整洁,卫生设施达标,能同时接待300名游客。2015年全县共接待休闲农业类游客110万人次,旅游收入5亿元,同比分别增长33%、51%。

(刘秀应)

·种植业·

【粮食生产】2015年,全县粮食播种面积38104公顷,同比增长0.96%,总产137043吨,增长3.82%,平均单产239.8千克,增长2.83%。夏粮播种面积10100公顷,增长2.86%,总产22000吨,增长2.88%,平均单产145.2千克,与上年持平。其中,马铃薯播种面积9774公顷,增长2.73%,总产21620吨(折主粮),增长3.19%,单产147.5千克,增长0.48%;小麦播种面积10公顷,缩减79.17%,总产15吨,减少83.33%,单产100千克,减少20%;蚕豌豆播种面积316公顷,增长22.96%,总产365吨,增长6.41%,单产77千克,减少13.48%。秋粮播种面积28004公顷,增长0.29%,总产115043吨,增长4.00%,平均单产273.9千克,增长3.71%。其中,水稻播种面积8304公顷,增长0.21%,总产47393吨,增长2.23%,单产380.5千克,增长2.01%;玉米播种面积10079公顷,增加0.25%,总产42524吨,增长6.03%,单产281.3千克,增长5.79%;大豆播种面积2530公顷,增长2.30%,总产3379吨,增长4.78%,单产89千克,增长2.42%;杂豆播种面积30公顷,减少71.43%,总产30吨,减少69.39%,单产66.7千克,增长7.23%;红苕播种面积7061公顷,增长0.83%,总产21717吨(折主粮),增长4.27%,单产205千克,增长3.38%。

【油料生产】2015年全县油料播种面积3897公顷,缩减1.42%,总产5631吨,同比增长1.70%,平均单产96.3千克,增长3.10%。其中,油菜播种面积2641公顷,缩减4.45%,总产3760吨,增长2.99%,单产94.9千克,增长7.72%;花生播种面积1136公顷,增长5.19%,总产1736吨,减少0.86%,单产101.9千克,减少5.74%;向日葵播种面积120公顷,增长10.09%,总产135吨,与上年持平,单产75千克,减少9.20%。

【蔬菜生产】2015年,抓好蔬菜的生产规划、品种选择、生产技术培训、现场技术指导等方面的工作。全县蔬菜种植面积11720公顷,同比增长3.57%,总产131745吨,增长3.60%,平均单产749.4千克,与上年持平。其中:叶菜类面积1241公顷,总产9980吨;白菜类面积2836公顷,总产43672吨;甘蓝类面积272公顷,总产4344吨;根茎类面积2371公顷,总产40063吨;瓜菜类面积1189公顷,总产9817吨;豆菜类面积1400公顷,总产7300吨;茄果菜类面积1471公顷,总产8694吨;葱蒜类面积470公顷,总产2737吨;水生菜类面积145公顷,总产1176吨;其他菜类面积325公顷,总产3962吨。

【测土配方施肥】完成采集土壤样品300个,开展3个白柚"2+X"、2个茶叶"3414"、1个辣椒"2+X"试验。在椒园镇建成1个测土配方施肥(茶叶)万亩示范区,在晓关乡黄草坝(玉米)、高罗镇麻阳寨(水稻)和九间店(白柚)建成测土配方施肥千亩示范片,完成万寨乡大河坝村、向家村、芷药坪村、板场村、伍家台村5个村茶叶类的测土配方施肥技术整村推进模式,在李家河镇塘坊村(白柚)、椒园镇黄坪村(黄金梨)、晓关乡桐子营村(茶叶)、万寨乡伍家台村(茶叶)、椿木营乡长槽村(蔬菜)各建成1个百亩测土配方施肥示范方。全县完成测土配方施肥技术推广3.4万公顷,实现节本增效约1600万元。

【粮油作物高产示范创建】建立6个千亩粮油高产创建示范样板。其中,在李家河镇干坝村、沙道沟镇上洞坪村、高罗镇麻阳寨村各建1个千亩水稻高产创建示范样板,在椒园镇椒园村、晓关乡黄草坝村各建1个千亩玉米高产创建示范样板,在珠山镇茅坝塘村建立1个千亩马铃薯高产创建示范样板。经测产验收,水稻、玉米、马铃薯样板分别较上年增产10.57%、5.73%、13.79%,增产效果明显。

【马铃薯新品种扩繁和推广】在椿木营、珠山等乡镇依托宣恩明礼生态农业有限公司、椿木营惠民蔬菜专业合作社、湖北宏图现代农业有限公司建设马铃薯原种扩繁基地200公顷,全县推广鄂马铃薯5号、8号、10号5333公顷,占马铃薯总面积的54.57%。完成珠山镇东门关村脱毒马铃薯良种繁育基地项目建设,并顺利通过州、省级验收,项目累计完成投资额549.13万元,其中财政资金419.99万元、自筹资金129.14万元,项目的建成有效地促进了宣恩马铃薯产业的发展。

【土壤酸化治理】开展农村土地面源污染普查,全县耕地土壤中pH值小于5.5的酸性土壤占总耕地面积的55.7%,达到2.08万公顷(pH值4.5～5.5的酸性土壤1.7万公顷,pH值小于4.5的强酸性土壤0.38万公顷),酸化现象十分严重。2015年投入资金570万元,完成土壤酸化治理3600公顷,其中施用石灰300公顷,配方肥2400公顷,增施有机肥500公顷,沼液沼渣、农家肥400公顷。

【基本口粮田建设】实施"巩固退耕还林成果基本口粮田建设项目"。采购生石灰735吨,改良82公顷酸性土壤,在项目区李家河镇的田幺坪村、回龙村、下洞坪村,高罗镇的下坝村、熊洞村建成82公顷高产稳产基本口粮田。

【病虫预测预报】全年发布《植物病虫情报》20期,累计印发4000份。对全县粮油及经济作物24病21虫进行长期趋势预报和短期矫正预报,对7病5虫进行大面积普查,对5病5虫进行系统观察,发生程度准确率96.8%,发生预报准确率94.5%。向省植保总站和全国农技推广中心填报模式电报以及各类报表320份。据调查统计,夏粮油病虫累计发生面积7.26万亩次,实际损失粮食779.85吨,占夏粮总产3.5%。油菜菌核病轻发生,小麦纹枯病、小麦条锈病偏轻发生,中等发生的有小麦白粉病、马铃薯晚疫病。小麦赤霉病大发生年份,加权发生程度达3.02级。秋粮累计发生面积39.65万亩次,防治后实际损失稻谷产量1395.09吨,占秋粮总产的2.96%。水稻穗颈瘟、二化螟、三(1)代白背飞虱、四(2)代白背飞虱、五(3)代褐飞虱、玉米丝黑穗病、五(3)代稻纵卷叶螟、1代稻秆潜蝇、玉米螟、稻曲病偏轻发生,水稻纹枯病、2代稻秆蝇、四(2)代稻纵卷叶螟中等发生年份,三(1)代稻纵卷叶螟中等偏重发生,玉米纹枯病大发生,加权发生程度2.62级,属中等发生年份。茶叶病虫害累计发生面积22.35万亩次,柑橘病虫害累计发生24.18万亩次,烟叶病虫害累计发生面积8.11万亩次,蔬菜病虫害累计发生面积18.76万亩次。

【惠农政策落实】协助财政部门核实粮油作物种植面积，抓好良种补贴和粮食“两补”等惠农政策的落实，发挥惠农政策的激励效应。2015年兑付良种补贴资金454万元、粮食“两补”资金2132.31万元。协助保险部门做好水稻政策性保险工作，承保面积100%，2015年兑付水稻保险灾情赔付资金43.98万元。

（杨锦红）

【茶叶生产】2015年，全县茶叶面积新增800公顷，达到14000公顷。其中，无性系良种茶园11067公顷，投产采摘园11133公顷。产量1.6万吨，同比增长18.52%；其中名优茶产量0.7万吨，增长7.7%。产值8.5亿元，增长5.72%，其中名优茶产值5.88亿元，增长11.96%。茶叶均价为53.12元/千克，下降2.3%。投产园面积增加，标准化生产水平提高，是产量、产值增加的主要原因，名优茶销售量减少是均价略有下降的主要原因。直接出口茶叶781吨，出口额286万美元；间接出口茶叶1400吨，出口额560万美元。新建长潭河乡万岭山、客家营、诺西、兴隆，珠山镇五里牌，万寨乡梭龙坝、铁厂沟、中台，晓关乡铜锣坪，高罗镇麻阳寨、磨子沟、光荣桥等13个33公顷以上的茶叶样板基地。新建茶种苗繁育基地27公顷。

【水果生产】2015年，全县水果面积新增667公顷，达到11200公顷。其中，贡水白柚8667公顷、蜜柑及椪柑1800公顷、黄金梨及其他小水果733公顷。投产面积7400公顷，其中贡水白柚投产面积5200公顷，蜜柑及椪柑1533公顷，黄金梨及其他小水果667公顷。总产量10.61万吨，同比增长6.18%，其中贡水白柚产量7.86万吨，蜜柑及椪柑2.5万吨，黄金梨0.22万吨，其他小水果300吨。总产值3.78亿元，增长10.53%，其中贡水白柚3.26亿元，蜜柑及椪柑0.4亿元，黄金梨0.1亿元，小水果0.02亿元。新建李家河镇金陵寨67公顷贡水白柚观光示范园，老司城至波洛河至二虎寨87公顷贡水白柚走廊。新建白柚种苗繁育基地14公顷。

【果茶基地技术培训与管理】培训乡镇果茶技术骨干56人。培育茶叶产业新型职业农民160人，培育水果产业新型职业农民120人。培育白柚科技示范户280户，培育茶叶科技示范户320户。开展果茶园标准化管理技术培训，推广并落实果茶园科学施肥、清沟排渍、及时采摘、物理防控、生物农药等集成技术，全年开展技术培训280场次，培训农民2.5万人次，发放技术资料2.1万份。按照无公害、有机管理要求，实行果茶基地标准化管理。以出口茶叶示范基地、有机认证基地和“三坝两寨”（椒园镇水田坝、晓关乡大岩坝、高罗镇谭家坝、万寨乡伍家台、沙道沟镇彭家寨）区域产业基地为重点，网格化管理果茶基地5333公顷（茶园3333公顷，果园2000公顷），网格化管理果茶示范样板基地300公顷（茶园167公顷，果园133公顷）。

【茶叶质量联合管控模式】鼓励支持茶叶龙头企业和专业合作组织，推行“加工企业＋农户”的茶叶质量安全联合管控模式，强化加工企业主体责任，完善责任茶区农业化学投入品、鲜叶收购台账，建立农残管控追溯制度和利益紧密联结机制。企业与茶农签订安全鲜叶生产协议，加工企业负责组织茶农进行技术培训，统一配送绿色防控物资，保证高于市场价格全部收购合格鲜叶；农户按照企业生产要求科学管理茶园，保证向加工企业出售无农残的茶鲜叶，按500—1000元/户缴纳鲜叶质量保证金。2015年，全县建立联合管控茶叶基地2133公顷，涉及茶叶龙头企业和小微加工企业45家，其中，宣恩县伍台昌臣茶业有限公司带领32家小微茶叶加工企业与2600户农户签订联合管控茶叶基地867公顷，宣恩县九九茶业有限公司与285户农户签订联合管控茶叶基地98公顷。

【果茶基地管理物资投入】为切实提高科技培训和集成技术运用效果，采取“技术＋物资”的配套方式，增加基地管理物资投入，免费发放相关物资。通过现代农业项目支持，茶园发放清园消毒石硫合剂68178千克（水剂62858千克、晶体5320千克），茶叶专用肥978吨，粘虫黄板20万张，苦参碱等生物农药50件。贡水白柚核心示范基地发放生物有机肥160吨，菜枯20吨，石硫合剂952千克，扑食螨6万袋，太阳能杀虫灯52盏，补贴发放白柚果袋300万个，黄金梨果袋580万套。

【果茶基地绿色防控与机械化作业示范】兴办绿色防控示范样板果茶基地520公顷，示范推广诱虫黄板、杀虫灯、性诱剂、生物农药等集成技术措施，有效防治果茶园重大病虫害。依托省农业厅驻宣恩小康建设工作队和湖北贡易德茶业有限公司，组建全县首家茶园机械化作业专业服务组织，配备茶叶修剪机12台，采茶机20台，微耕机2台，担架式喷雾器2台，培训机械化作业人员10人，实行茶园机剪、机耕、机防作业面积168公顷。

【现代农业茶叶项目】加强果茶项目申报、争取与实施工作，编制申报2015年度中央现代农业茶叶项目，争取国家财政资金1000万元，计划新建高效标准茶园133公顷、改造中低产茶园333公顷以及建设茶园基础设施等内容，年内完成项目投资426万元，其中种苗245万元，绿色防控物资16万元，田间工程165万元。争取国家“菜篮子”标准茶园建设项目，在湖北绿可生态茶业有限公司实施，完成国家财政资金50万元投资。严格按照2014年度中央现代农业茶叶项目实施方案实施，2015年完成项目投资855万元，其中种苗175万元，田间工程335万元，肥料320万元，绿色防控物资25万元。

【果茶科研课题】应用科技力量和科研成果，解决宣恩果茶产业建设中的技术瓶颈。8月27日，县人民政府与华中农业大学签订产业建设科技战略框架协议，在宣恩县伍台昌臣茶业有限公司挂牌成立“湖北伍家台贡茶研究院”，在宣恩县富源农业发展有限公司挂牌成立“湖北贡水白柚研究院”。编制2015年度宣恩县果茶科研方案，细化完善10个课题实施方案，完成茶叶主栽品种生化茶样制作、茶树主栽品种不同加工工艺试验、伍家台贡茶全程机械化加工流程影像片制作、茶园叶面肥效对比试验、茶尺蠖诱捕器观测试验、贡水白柚壮果肥对比试验、贡水白柚覆膜控水增固试验、水果良种示范园建设8个课题，启动主栽果茶品种物候期观测、生产成本调查等专项业务工作和贡水白柚优质选育2个课题。新启动茶园专用和自制缓释肥效对比试验。

【茶叶冻害】4月11至15日，受极低温霜冻空气影响，高山、二高山气温达零下2摄氏度，造成茶叶冻害严重。春晚霜冻害茶园形成原因：茶园春季晚霜是在春季冷空气到来时，短时间内较大幅度降温，加之夜间晴朗无风或微风，茶园及茶篷面的辐射散热，气温在垂直方向形成逆温层，其温差可达5℃～6℃，最低温层在80～100厘米高度，正好与茶叶采摘面高度一致，导致茶园受冻。晚春霜冻一般都在午夜至清晨时刻出现。椒园镇、万寨乡、晓关乡、长潭河乡、珠山镇等乡镇茶叶都有不同程度受灾、受损，部分茶区的茶叶受害后出现整株冻死、枯死现象，受灾面积879公顷，成灾面积305公顷，直接经济损失达327万元。受灾较严重的乡镇主要有椒园镇和万寨乡。农业部门采取救灾抗灾措施：对受冻较轻的茶园及时指导茶农采摘；对受冻严重的茶园及时指导茶农剪除受冻茶叶；对受冻茶园指导提前追施夏肥，加强肥培管理，尽快恢复树势；指导茶饼病、茶小绿叶蝉、茶尺蠖等主要病虫害的防治，以确保夏茶生产不受影响。

【法国驻武汉总领事馆商务处商务领事凯奕到宣恩考察】1月17日，法国驻武汉总领事馆商务处商务领事凯奕、湖北省外办欧非处处长侯继文一行到宣恩，考察茶业产业情况。恩施州外事侨务局党组书记、局长汪敏，县委副书记、常务副县长朱鹏程陪同。到伍家台贡茶基地、宣恩县昌臣茶叶有限公司查看，朱鹏程详细介绍宣恩茶叶的发展现状、茶叶品质、茶叶销量、老百姓种植茶叶的积极性及收入情况等。到伍家台贡茶展示厅品尝伍台昌臣茶业有限公司生产的绿茶、红茶，凯奕认为：“宣恩茶叶品质上乘，味道浓郁，是茶中上品，此次考察不虚此行。今后将积极为宣恩茶叶销往法国等欧盟国家牵线搭桥。”

【宣恩县参加第二届中国硒博会】1月18日，由中国商业联合会、恩施州人民政府联合主办的第二届中国硒产品博览交易会暨中国恩施·世界硒都硒产品博览交易会在州文化中心举行。宣恩县组织湖北西部现代农业有限公司、宣恩天香熏腊食品有限公司、湖北土家爱食品开发有限公司等32家企业企业参加活动，展示伍家台贡茶等65种富硒和含硒农副产品。

（冉茂权）

·农业机械推广·

【概况】2015年末,全县农机总动力28.65万千瓦,农业机械原值2.13亿元。各类农业机械保有量达15.7万台(件)。其中,拖拉机395台,拖拉机配套农机具66部,联合收割机14台,微型耕整机4731台,排灌动力机械2597台,农用水泵1948台,机动喷雾机3381台,农产品加工机械2.96万台,机动脱粒机4485台,渔业机械283台,畜牧养殖机械180台。全年机耕、机收面积分别达14540公顷、6007公顷,机械植保面积12413公顷,机插面积220公顷,机电灌溉面积6353公顷,农业机械化综合作业水平达40%。农业机械化作业承担全县农村劳动总量的40%以上。全县农机化作业服务组织5个,农机户3834户,其中,农机化作业服务专业户760户。农业机械化经营总收入达到1.2亿元。适合山区特点的排灌、植保、收获、脱粒生产机械基本得到普及,耕整、起垄、开沟、培土等小型耕作机械发展较快,高性能联合收割机开始出现。型号有江苏洋马4LBZJ－140C、江苏洋马4LBZJ－77B、江苏常发锋陵4LB－150等,主要在椒园、高罗、沙道沟等地从事水稻收获作业。

【农机购置补贴】2015年省级财政下拨宣恩县购机补贴专项资金800万元,年内使用农机购置补贴资金230万元,共补贴各类农机具3724台。其中,耕整地机械615台,农产品初加工机械395台,收货后处理机械817台,收获机械188台,田间管理机械787台,种植施肥机械7台。带动农民自筹投入780万元,直接受益农户1572户。

2015年,全县在九个乡镇农业服务中心设立购机补贴受理窗口,安排专人负责购机补贴受理、核实及政策宣传工作,方便农民购机政策咨询、购机补贴手续办理。

【农机推广】2015年10月20日,在椿木营乡举办新机具新技术应用推广现场会,推广玉米机械化收割。利用玉米收获机械进行现场演示,将大田成熟的玉米从采摘、剥皮、收集、秸秆粉碎、装车运输环节一气呵成,起到减轻玉米收获劳动强度,提高劳动生产率,加快玉米生产机械化新机具新技术推广应用。推广玉米秸秆粉碎还田技术,利用大型耕整机械将粉碎后的秸秆通过耕翻直接还田演示,宣传秸秆综合利用,改良土壤有机质。在观摩演示过程中,当地群众对玉米收获机赞不绝口,真正体会到机械化生产的威力。全年成功推广秸秆还田机械12台,成功推广玉米收获机械1台,实现宣恩县玉米机械化收割零的突破。

【农机安全生产监督管理】2015年全县发生一般性农机事故7起,轻伤1人,直接经济损失2.97万元,未发生农机死亡事故。全县新增拖拉机5台,登记注册拖拉机395台,全年共检验拖拉机255台。在册拖拉机驾驶员408名,审验换证27本。与302名农机手签订安全责任书。拖拉机上牌率90%,检验率65%,持证率91%。开展农机安全教育宣传活动4次,发放宣传资料2000余份,发放农机安全宣传手册500本,张贴安全标语6幅。开展执法检查26次,共检查拖拉机193台次,纠正拖拉机各类违法行为47台次,排除安全隐患32起,整改率100%。

开展春运期间农机安全生产工作。根据春运农机安全生产特点,到乡村、田间场院等重点场所,发放宣传资料,宣传农机安全生产知识。针对出行利用拖拉机代步,农产品、农业生产资料等物资运输频繁的特点,强化执法,加强乡村道路拖拉机违法行为查纠力度,严查拖拉机违法载人、超载超速、未参加年检、酒后驾驶等违法行为。春运期间组织安全执法检查6次、检查上道路拖拉机48台次、纠正违章拖拉机6台次。

开展"打非治违"专项行动。根据道路以外农机违法违规的特点,到重点地段、重要场所开展巡查和宣传劝导工作。在巡查中对拖拉机载人、人货混装、超载超速、酒后驾驶等情形,责令其立即纠正。对未按规定办理拖拉机牌证和年检的,责令补办相关手续。对无证驾驶或准驾与实际不符的,责令及时参加考取驾照或增驾培训。对擅自改装改型的,责令限期恢复原状。通过开展安全检查活动,有效地减少或消除了安全隐患,遏制农机重特大事故的发生。

【农机培训】立足农村,面向农民,围绕宣恩特色产业、支柱产业的发展需要,强化新机具操作人员培训,本着"实际、实用、实效"的原则，农民需要什么，就培训什么，努力提高农民的科学素质和操作技能。利用乡镇集中赶集，组织专业技术人员，通过现场机具展示、发放宣传材料等，向广大农民推介农机化新技术、新机具。在关键生产季节开展送科技下乡活动，面对面帮助农民解决生产生活中的困难和问题，激发、带动农民学科学、用科学的积极性，使一些成熟的农机新技术新机具在农业生产中得到广泛应用。结合农机化安全生产，开展拖拉机、联合收割机驾驶人员培训，结合农机监理查处无证驾驶人员、违章人员强化培训，确保农机安全生产。全年举办新技术新机具现场演示活动 12 场次，现场解答群众咨询 4000 人次；帮助农民维修农业机械 1000 多台件，培训各类农机手 2100 人次；发放农机政策、法规和农机新技术新机具简介、机具操作方法、操作规范等宣传资料 1 万份。

【农机报废更新补贴试点】2015 年，宣恩县被省州农业部门确定为拖拉机报废更新补贴试点县。县农机化办采取有效措施，安排专人负责此项工作，确保报废政策规范实施。制定拖拉机报废更新操作程序，对提出申请的报废拖拉机进行严格审核，看是否达到报废标准；审核后，农机手到报废回收企业进行报废处理，凭报废回收企业出具的报废手续到农机部门购买农机具时优先享受购置补贴政策；对符合报废条件的拖拉机填写报废档案、回收牌证。各乡镇农机管理人员到拖拉机户家中，就报废处理的有关优惠政策，讲细讲透，做好拖拉机报废更新的宣传动员工作。全年公告注销报废拖拉机 69 台。

（骆宇宏）

·农业产业化·

【概况】2015 年，全县农业产业化坚持走有机、富硒发展之路，促进产业规模壮大，产业链条延伸。全县新增有机认证基地93.33公顷，完成有机保持认证 1346.67 公顷，被省农业厅命名为“省级现代农业示范区”，是恩施州首个获此殊荣的县市。全县特色产业基地达到 4.53 万公顷，其中，茶叶基地达到 1.4 万公顷；以贡水白柚为主的水果基地达到 1.12 万公顷；稳定烟叶种植面积 4500 公顷，2015 年完成烟叶收购 7161 吨，收购总量首次跃居全省县市第一；新增“4450”生猪养殖户 401 户，总数达到 3851 户，出栏生猪 58.65 万头。建成万寨茶叶、高罗贡水白柚、椒园黄金梨等产业经济带和 105 个特色产业专业村。

【企业培植】初步建成伍家台贡茶产业集群，涉及企业 30 家，辐射茶叶基地 0.67 万公顷。新增茶叶产值过 1 亿元加工企业 1 家（湖北宣恩维民实业有限公司），亿元茶叶加工企业发展到 4 家；新增伍家台贡茶专卖店 5 家，伍家台贡茶专卖店发展到 36 家；新建 5 条茶叶清洁化加工生产线（恩施州伍家台富硒贡茶有限责任公司、宣恩县巅峰茶叶有限公司、湖北贡易德茶业有限公司、宣恩县清江源农业发展有限公司、湖北绿可生态茶业有限公司各 1 条），总数达到 20 条；新建贡水白柚商品化处理生产线 1 条（宣恩县正兴白柚专业合作社 1 条），总数达到 3 条。着力发展外贸农业，宣恩县伍台昌臣茶业有限公司开始直接向欧盟地区出口茶叶，宣恩县宣桃茶叶有限公司成功在摩洛哥首都开设第一家茶叶直销公司，年末农产品出口企业达到 6 家，出口市场由中东、非洲拓展至欧盟、日本等市场；成功引进中国恩施海关监管场所、全省第二个进口畜产品监管口岸建设项目。用互联网改造传统农业，依托“智慧民生”便民服务平台，重点推动在特色产业基地监管、信息采集与跟踪溯源、产权信息查询等方面初步实现农业管理服务数字化、网络化，发展“互联网＋农业”，引进上好硒博园建立农产品电商运营和展销中心，48 种农产品进入“中国特色·淘宝恩施馆”；支持农产品加工企业自行开辟线上营销渠道，农产品销售市场不断拓宽，同时，推进网络进村，发展农村电商。实施农产品产地初加工补助项目，以高罗、李家河、椒园、珠山、晓关等 5 个乡镇的果、蔬主产区为 2015 年农产品产地初加工补助项目建设区域，建设通风库设施 4 座、冷藏库 24 座，新增白柚、蔬菜、黄金梨保鲜贮藏能力 4800 吨以上。2015 年全县安排农产品加工业财政专项调度资金（周转金）2000 万元，落实在 11 家茶叶规模企业，帮助企业顺利生产。

【市场主体培育】新增湖北土家爱食品开发有限公司、宣恩县巅峰茶业有限公司、湖北亦禾生态农业有限公司、宣恩县九九茶业有限公司4家企业为规模企业。新增湖北土家爱食品开发有限公司为省级农业产业化重点龙头企业，宣恩县盛源茶业有限责任公司、宣恩县金玉嘉茗实业有限公司为州级农业产业化重点龙头企业。年末，全县农副产品加工企业441家，产值2000万元以上的规模企业35家，其中省级农业产业化重点龙头企业4家（湖北伍家台贡茶有限公司、湖北西部现代农业有限公司、湖北大派食品集团有限责任公司、湖北土家爱食品开发有限公司）、州级农业产业化重点龙头企业21家；产值500万元至2000万元的企业54家。新认证有机茶叶93.33公顷，新认证绿色食品80公顷。新认证无公害农产品2个，认证企业2家；无公害农产品认证40.2万头。年末全县有机认证面积1440公顷，认证产品17个，认证企业15家；绿色食品认证面积2713公顷，认证产品19个，认证企业7家；地理标志农产品13333公顷，出口茶叶质量安全示范区备案基地2667公顷。新增"伍家台贡茶"为中国驰名商标，新增"土家爱"为湖北省著名商标，新增土家爱合渣粉为湖北名牌产品，新增"宣恩贡米"为湖北省地方标准。

【**果茶品牌建设**】1月14日，"伍家台贡茶"成为中国驰名商标。1月18至20日，组织36家企业参展恩施第二届中国硒产品博览交易会，获得5个"中国特色硒产品"、3个"中国名优硒产品"奖。4月30日至5月3日，组织7家企业参加"硒都杯"恩施硒茶首届茶王大赛，获"四金三银"（恩施州伍家台富硒贡茶有限责任公司绿茶、宣恩县伍台昌臣茶业有限公司绿茶、湖北绿可生态茶业有限公司绿茶、宣恩县伍贡茶业有限公司绿茶获金奖，宣恩县伍台昌臣茶业有限公司红茶、恩施州伍家台富硒贡茶有限责任公司红茶、宣恩县皇贡茶业有限公司绿茶获银奖）。5月15至18日，组织6家茶企参加第八届中国·武汉茶业博览交易会。5月18日，召开创建湖北省农产品质量安全县工作启动会议。5月28至30日，组织3家茶企参加第九届"中国国际有机食品博览会"，获"2金1优"。6月12日，组织茶企参加在湖北省十堰市举行的中俄"万里茶道"走进武当暨首届武当道茶博览会。10月28日至11月1日，组织6家茶企参加第十六届"中国绿色食品博览会"，2个产品获"金奖"。10月28日至11月3日，组织企业参加第十二届中国武汉农业博览会，7个产品获"金奖农产品"，1个产品获"畅销农产品"。11月5至7日，参加在赤壁羊楼洞茶文化生态产业园举办的"2015年中国技能大赛·湖北省第七届茶产业职业技能大赛"，伍家台贡茶皇恩宠锡在大赛中获得多项奖项，伍家台贡茶"皇恩宠锡"首席制茶师张双的手工制茶获金奖。

3月28至30日，在万寨乡伍家台村茶叶基地成功举办"伍家台贡茶"第二届开园节；8月8日，在椒园镇黄坪村黄金梨基地成功举办首届黄金梨采摘节；10月31日，在高罗镇九间店村贡水白柚示范基地成功举办第三届贡水白柚采摘节。

6月25日，恩施州国家级茶叶出口基地建设动员会在宣恩召开；7月24日，宣恩茶产业链建设工作推进会在万寨乡政府驻地召开；11月3日，宣恩组织召开质量兴县工作会议，对宣恩县"十二五"期间质量兴县工作进行总结回顾，对"十三五"质量强县规划工作进行谋划部署。

8月27日，宣恩成立"湖北宣恩伍家台贡茶研究院""湖北宣恩贡水白柚研究院"。完成茶叶主栽品种生化茶样制作、伍家台贡茶全程机械化加工流程影像片拍摄。10月20日，中国茶叶流通协会授予宣恩县"2015年度全国重点产茶县"（中茶协字〔2015〕107号），已连续3年获此称号。11月30日，宣恩县成为"省级现代农业示范区"。宣传推介"伍家台贡茶"中国驰名商标，在恩黔、恩来高速路宣恩县出口处，制作投放3块"伍家台贡茶"中国驰名商标T型广告牌，在椒园至县城高速公路连接线制作投放近400块路灯广告牌；完成了武汉机场贵宾厅伍家台贡茶品牌展示等工作。11月26日，伍家台贡茶2015年品牌宣传片在"京一广"高铁电视媒体上刊运行。

【**2015年鄂茶高峰论坛**】3月29日，由省茶叶学会与宣恩县伍家台贡茶产业协会联合举办的，以"科技创新·品牌建设"为主题的2015年鄂茶高峰论坛在宣恩县举行。中国农科院茶叶研究所副所长、研究员鲁成银等茶叶专家、科研技术人员，省科协协会部副部长陈国祥，省农业厅经作处副处长姜金生，县领导朱鹏程、周志斌、钟昌

泽，全国各地茶商、茶叶协会代表，县直相关部门、产茶乡镇及县内茶叶规模以上企业代表120余人出席。省茶叶协会、省农科院果茶研究所、杭州中农质量认证中心以及中国农科院茶叶研究所的龚自明、孙冰、傅尚文和鲁成银等茶叶专家，分别围绕《湖北茶产业发展现状及对策》《国内外茶叶产销形势》《茶叶质量安全与有机茶发展》及《新常态下产业品牌建设与市场开拓》为主题，分析当前茶产业发展形势，展望前景，探讨茶产业发展壮大的对策，促进茶产业蓬勃发展。

【恩施州国家级茶叶出口基地建设动员会】6月25日，恩施州国家级茶叶出口基地建设动员会在宣恩召开。会议分两段进行，上午，李世祥陪同参会人员到伍家台全国富硒有机茶示范园基地、椒园水田坝茶叶示范基地、湖北宣桃茶叶有限公司、湖北宜红茶叶有限公司及上好硒博园现场参观，介绍宣恩县茶叶产业发展及质量安全相关情况进行了解。下午，州政府副秘书长李国庆主持召开恩施州国家级茶叶出口基地建设动员会暨半年商务经济调度会，州委常委、副州长马尚云出席，各县（市）分管领导，商务、农业、招商部门负责人和重点茶叶加工企业负责人参加会议。宣恩县委书记曾德权代表县委、政府致辞，李世祥作宣恩县建设全国出口茶叶质量安全示范区经验介绍，伍家台昌臣茶业有限责任公司总经理郑时兵作经验交流发言。其他县市相关负责人分别汇报基地创建和1至5月商务经济完成情况，州农业局、恩施出入境检验检疫局、州统计局、州商业局负责人分别就如何服务和支持基地建设作表态发言。

马尚云在讲话中指出，创建国家级茶叶出口基地，是落实省委、省政府民族政策，发挥恩施资源优势，推进茶叶产业转型升级，优化外贸出口产品结构和深入推进精准扶贫、全面建成小康社会的必然选择。他要求，全州上下要积极营造良好的创建氛围，按照“梯次递进”的格局，由各县（市）或重点出口骨干企业先行创建，逐步推动全州国家级茶叶出口基地创建工作；要加大对龙头企业的培育力度，积极落实自营企业应享有的各项权力和有关政策，及时给予指导和帮助，鼓励和支持龙头企业走开放式发展之路，不断提高企业自营出口能力，增强在国际市场上的竞争能力；要将农残控制作为基地创建的核心工作，不断提升质量安全意识，抓好标准化生产和产品质量监管，建立完善的质量检测体系、可追溯体系、责任追究及诚信体系，做到源头可追溯、流向可跟踪、信息可查询，全面提升茶叶质量。积极拓展互联网和电子商务销售渠道，努力构建完善的、遍布全球的茶叶营销网络体系。

【宣恩县召开茶产业链建设工作推进会】7月24日，周志斌、钟昌泽与珠山、椒园、万寨、晓关、长潭河党委书记或乡镇长、分管领导及县农业局、林业局、扶贫办等单位相关负责人一道，在万寨乡政府四楼会议室共商宣恩茶产业链建设工作大计。当天，与会人员在宣恩县伍贡茶业有限公司、湖北绿可生态茶业有限公司、宣恩县皇贡茶业有限公司进行现场参观，并详细了解企业的运营情况。

2015年，全县茶产业链建设围绕《恩施州茶产业链建设推进方案（2013—2017年）》及《宣恩县茶产业链建设实施方案（2013—2017年）》的总体要求，以打造全国有机富硒伍家台贡茶核心基地为目标，坚持“品牌引领，抱团发展”的思路，以“创安全、创有机、创品牌”三创活动为抓手，突出品牌打造，狠抓执法监管，适度壮大规模，提升单产和品质，着力培植企业，推进产业融合发展，延伸产业链条，全县茶叶产业总体形势向好。截至7月15日，全县茶叶总产量达到1.21万吨，同比增加0.12万吨，增幅达11%，产值达7.1亿元，同比增0.6亿元，增幅达9.2%，均价29.34元，同比下降0.29元，下降1%。同时，结合当前茶叶生产情况，从面积、技术、天气、市场、品牌、政策等方面进行综合分析，初步预判宣恩县茶叶全年生产总体形势向好，产量产值仍将稳中有增，单产、均价将会略有下降，全年产量可望达到1.6万吨，实现产值8.5亿元。

在听取茶叶企业针对企业发展中存在的困难、问题、建议的发言及涉茶乡镇、县直部门就茶产业链建设工作的发言后，周志斌要求全县茶叶基地建设要扩规提质，品牌建设要持续加强，正确看待全国上下在茶产业上面临的茶叶产量过剩、茶叶质量安全性“零容忍”、茶叶价格回归理性、茶叶营销实行品牌化、茶叶成本价格提高、今后茶叶产业发展依靠科技创新驱动及茶叶产业与一、二、三产业融合发展的七个新常态，正确认识并理性定位茶叶产业，确保茶叶产业健康可持续发展。钟昌泽就茶产业链建设的相关具体工作进行强调。

【宣恩成立伍家台贡茶、贡水白柚研究院】8月27日，宣恩伍家台贡茶研究院、宣恩贡水白柚研究院与华中农业大学签订校企产业合作协议，在茶叶、贡水白柚产业方面全面开展合作。岳东主持签约仪式，华中农业大学党委副书记、纪委书记李名家和朱鹏程、覃正彪、匡汉晖、钟昌泽等出席。李名家为“湖北宣恩伍家台贡茶研究院”“湖北宣恩贡水白柚研究院”授牌，并分别与两个研究院负责人签订产业合作协议。签约仪式前后，华中农业大学专家教授由周志斌陪同，先后到富源农业发展有限公司、高罗镇白柚基地、椒园镇庆阳坝村茶叶基地、万寨乡伍家台村贡茶基地实地考察。

【硒产业建设】11月5日，设立宣恩县硒资源保护与开发局，为县政府办公室专设副科级行政机构。县农业局硒产业发展办公室完成《2015年宣恩县富硒农业发展蓝皮书》，为全县硒产业发展提供了总体指导意见，并组织“恩施硒茶”基地认定取样工作，2015年检测认证“恩施硒茶”基地967公顷，认定“恩施硒茶”核心基地企业10家（宣恩县金玉嘉茗实业有限公司、宣恩县盛源茶业有限责任公司、湖北绿可生态茶业有限公司、宣恩县七姊妹山茶业有限公司、宣恩县神农茶业有限责任公司、湖北宣恩维民实业有限公司、恩施州伍家台富硒贡茶有限责任公司、宣恩县伍贡茶业有限公司、宣恩县皇贡茶业有限公司、宣恩县宜红贡茶有限公司）。启动万寨乡伍家台村作为“富硒产业示范村”的建设，引导全县富硒产业的发展，推进特色产业提档升级。全县发展富硒产业茶叶1.4万公顷、水果1.12万公顷、蔬菜1.13万公顷、水稻0.83万公顷、玉米1万公顷、油菜0.26万公顷，已检测认证富硒茶叶基地0.097万公顷、富硒大米基地0.2万公顷。培育“伍家台贡茶”“贡水白柚”“宣恩火腿”“恩硒贡米”等一批富硒品牌。组织开展富硒产品宣传推介活动，1月18至20日，组织县内36家企业参展第二届中国硒产品博览交易会暨中国恩施·世界硒都硒产品博览交易会，有5家企业的产品获得“中国特色硒产品”、3家企业的产品获得“中国名优硒产品”奖；4月30日至5月3日，组织县内7家企业、10只茶样参加“硒都杯”恩施硒茶首届茶王大赛，获“四金三银”成绩。

【全州“三品一标”开发与监管业务培训】12月2至3日，全州“三品一标”（无公害农产品、绿色食品、有机农产品及地理标志产品）开发与监管业务暨企业内检员培训会在宣恩举行，州农业局副局长刘军、县人大常委会副主任覃正彪、各县（市）农业局相关、农产品质量安全管理办公室、绿色食品管理办公室相关负责人，全州有效使用“三品一标”标志的企业、正在申请“三品一标”认证的企业相关负责人参加会议。

培训前，各县（市）农业局分管负责人参观伍家台全国富硒有机茶示范园基地和宣恩县伍台昌臣茶业有限公司，了解企业农产品质量安全管理措施与方法。培训中，各县（市）分别就“三品一标”开发与监管暨农产品质量安全监管进行汇报与交流发言；宣恩县农业局主要负责人就“三品一标”开发与监管、农产品质量安全监管工作作典型发言；省绿色食品管理办的有关负责人围绕绿色、有机产品“认证申报材料常见问题及处理”“申请书及调查表填写注意事项”“企业内检员工作职责与申请条件”“企业内检员申请程序和管理规定”等方面内容进行培训。

全州有效使用“三品一标”标志的生产经营主体147家，产品总数246个，取得国家级认证的绿色食品原料基地8个、有机农业基地4个、国家农业标准化示范区1个，省级农业标准化示范区2个；全州农产品标准化生产基地面积达到97500公顷，其中绿色食品基地认证面积65800公顷，有机农产品基地认证面3653.33公顷，地理标志基地认定规模86073.33公顷。

【农产品质量安全】5月18日，宣恩召开创建湖北省农产品质量安全县工作启动会议，组织开展省级农产品质量安全示范县创建工作，覃正彪、周志斌、钟昌泽及各乡镇长、分管食品安全负责人、农业技术服务中心主任、畜牧兽医服务中心主任、水务服务中心主任、食品药品监督管理所所长，县直相关单位主要负责人，省、州农业产业化龙头企业及“三品”认证企业负责人参加会议。

“湖北省农产品质量安全县”创建的日常工作由县农业局承担，制定《宣恩县创建湖北省农产品质量安全县实施方案》《宣恩县创建湖北省农产品质量安全县考核办法》并组织实施。建立健全农产品质量安全责任制，工作机构健全，人员配备到位，工作实现常态化。制定《宣恩县化肥农药管控工作方案》，做好化肥、农药的监督管理。结合“打假保春耕”“农资打假夏季百日行动”等专项整治活动，出动执法人员360人次，检查农资经营网点385个，查处农资经营违法案件3起，没收违法所得1.33万元。启动农资经营备案、销售处方和高毒(限用)农药定点经营监管制度。对300名农资经营者开展农资经营知识培训，同经营者签订“农资经营承诺书”385份，印制农药经营处方单2000本免费发放给农药经营户。规范农业投入品市场，建立农业投入品监管信息平台。农产品农药残留检出率在目标责任状规定范围内，全年没有发生重大农产品质量安全事件。完成茶叶、蔬菜、水果抽样检测4002份，产品检测合格率达98.8%，其中茶叶鲜叶合格率达100%，蔬菜合格率达96%，水果合格率达98.5%，畜禽产品检测合格率达到99%。茶叶成品质量安全监督抽样检测56个批次，合格率为100%。农业“三品一标”及出口农产品抽检合格率为100%。

【科技示范户培育】2015年，全县围绕水稻、玉米、茶叶、水果等产业主导品种和主推技术，建立农村实用人才信息库，从信息库中择优遴选培育科技示范户1140户，其中水稻100户、玉米150户、白柚280户、茶叶320户、生猪养殖200户、农机化90户，使其成为农业科技推广的排头兵、领头雁，辐射带动周边22800户农户共同发家致富。2015年，示范产业增效明显，其中，水稻平均每亩测产情况：示范户510千克，辐射户494千克，普通户420千克。玉米平均每亩测产情况：示范户529千克，辐射户469千克，普通户413千克。茶叶平均亩产值测产情况：示范户4023元、辐射户3515元、普通户2990元。加速了科技成果的转化应用，使全县的主导品种应用率达到95%，主推技术到田率达到93%，农业科技贡献率达到58%。

【农村实用人才培养】在湖北农村实用人才信息管理系统建立农村实用人才信息库10411人：管理服务型49人、果茶生产型6345人、林业生产型140人、农机服务型347人、农业经营型211人、农业种植能手2304人、蔬菜种植能手479人、水产养殖能手3人、畜牧养殖能手340人、其他193人。培养农业主体人才41人：部省级培育现代青年农场主12人、农村实用人才带头人国家级培训9人、农业产业化高管人才培育1人、农业职业经理人培养3人、恩施州茶叶产业链建设培训16人。全县开展《有机茶叶生产标准化栽培管理技术》《白柚生产标准化栽培管理技术》《土壤酸化治理与测土配方施肥技术》等实用技术的不同形式各种农民培训达到3万人次，发放各种技术资料3.1万份。

【标准化试验示范基地建设】开展新品种、新技术的试验示范展示，发挥示范带动作用。建成万寨乡伍家台茶叶、高罗镇麻阳寨水稻、宣恩县昌明农业有限公司规模化肉牛养殖3个标准化试验示范基地。2015年试验示范基地建设效果：伍家台茶叶试验示范基地面积213公顷，实现干茶产量800吨，产值8300万元，产量比上年增长65%，产值增长4%，茶农普遍增产增收；麻阳寨水稻试验示范基地面积24公顷，引进种植水稻品种4个，通过对4个品种14块田30个点的测产验收，亩平均产量为496千克，比周边其他田块亩增75千克，基地实现全程机械化耕作，节约人力物力成本4万余元，前去观摩学习人数1000余人，带动周边农户机械化耕作面积20多公顷；肉牛养殖试验示范基地年内出栏肉牛150头，净利润45万元，解决当地农民就业26人，牛粪经发酵处理变成有机肥，减少当地化肥施用量，增加土壤有机质含量。

【基层农技人员知识更新培训】以农业部“万名农技推广骨干人才培养计划”、省农技人员知识更新计划和县集中培训为平台，开展乡镇农技人员知识更新培训，提升基层农技人员业务工作水平。分别组织参加恩施职业技术学院培训128人，华中农业大学培训30人。其中，培训茶叶专业40人、蔬菜专业8人、农机专业15人、水果专业

24 人、粮油专业 14 人、农村能源 18 人、综合 9 人。32 人获“优秀学员”称号。

【基层农技推广机构条件能力建设】完善乡镇农业技术服务中心办公用房及办公设备。省投资 201 万元，地方配套 31 万元，新建晓关办公楼，改扩建 7 个乡镇办公楼（椿木营危房改造与维修加层、万寨维修、沙道沟危房改造与维修、高罗危房改造与维修加层、李家河维修、长潭河维修、珠山维修），椒园无办公场所，靠租用民房办公。配备 9 个乡镇办公桌椅、电脑等 85 台套，业务工作检验、检测仪器 199 台套。

【伍家台贡茶成为中国驰名商标】伍家台贡茶历史悠久，美名传承。乾隆四十九年（1784），伍家台造茶者伍氏昌臣精心种制的茶叶被进贡给乾隆皇帝享用，因其熟栗香悠、琼液黄绿、清甘滋醇、回甜畅爽，乾隆皇帝饮后御笔题“皇恩宠锡”，赐匾于伍氏昌臣。由此，伍家台贡茶的美名传承开来。1984 年 4 月 7 日，中共中央总书记胡耀邦到宣恩视察，宣恩制茶能手采集约 1.8 千克鲜嫩芽茶，加工成 300 克具有“色香味形四绝”的鲜茶，胡耀邦称赞好喝。1991 年 4 月，歌唱家蒋大为到宣恩县伍家台长茅岭茶园观光，品尝伍家台贡茶后，欣然演唱《请喝一杯宣恩茶》。

2009 年 3 月宣恩成立“宣恩贡茶产业协会”，协会于 2009 年 12 月 7 日申请注册“伍家台贡茶”商标，2010 年 10 月 21 日获准注册第 7892386 号“伍家台贡茶”商标。2008 年、2009 年、2010 年“伍家台贡茶”产销量在全国同行业中排名分别为第八、第六、第六。2014 年 8 月 17 日，伍家台贡茶在“2013—2014 湖北最受欢迎的十大茶叶品牌”评选中获“湖北最受欢迎的十大茶叶品牌”。“伍家台贡茶”商标在“茶叶”商品上经过长期使用和广泛宣传，已享有一定声誉，2015 年 1 月 14 日，国家工商行政管理总局商标评审委员会商评字〔2015〕第 0000005850 号认定第 7892386 号“伍家台贡茶”商标为使用在“茶叶”商品上的中国驰名商标。

【宣恩县成为省级现代农业示范区】11 月 30 日，省农业厅认定宣恩县为“省级现代农业示范区”（鄂农函〔2015〕262 号）。宣恩县依托自然禀赋、产业基础、发展水平等实际，统筹规划比较优势突出、市场前景广阔的主导产业，科学确定发展思路，合理布局发展区域，有针对性地制定发展扶持政策，以培育种植大户、家庭农场、农民合作社等新型经营主体为重点，构建新型农业经营体系，在主导产业方面上规模、上层次、上水平，示范引领湖北特色现代农业建设。省农业厅根据《湖北省现代农业发展规划（2013—2017）》（鄂政办发〔2015〕73 号）的有关部署，按照《省农业厅关于创建省级现代农业示范区的意见》和《湖北省现代农业示范区认定标准》，在州政府推荐的基础上，经综合评分择优选择，并报经省政府同意，认定“宣恩县省级现代农业示范区”。

【宣恩参加第二届中国恩施硒博会】1 月 18 至 20 日，宣恩组织 36 家企业（其中电子商务 4 家）参加第二届中国硒产品博览交易会暨中国恩施・世界硒都硒产品博览交易会，展示“伍家台贡茶”等 87 种（占全国选送的 278 个产品的 31%）富硒和含硒农副产品，现场销售 603 万元、签订采购协议5.48 亿元、签订投资协议 3.6 亿元。宣恩县能鹏人参鸡开发有限公司的“能鹏人参鸡蛋”、宣恩天香熏腊食品有限公司的“天香肉干”和“天香鱼干”、湖北大派食品集团有限公司的“宣恩火腿”获得“中国名优硒产品”奖。湖北绿可生态茶业有限公司的“绿可・伍家台贡茶”、宣恩县伍贡茶业有限公司的“伍贡 1784 牌特级绿茶”、宣恩县伍台昌臣茶业有限公司的“伍家台贡茶（红剑）”和“伍家台贡茶（栗绿香炒青）”、恩施州伍家台富硒贡茶有限责任公司的“伍家台贡茶（绿针）”、湖北西部现代农业有限公司的“硒都粗粮粑”获得“中国特色硒产品”奖。

【宣恩参加第九届中国国际有机食品博览会】5 月 28 至 30 日，宣恩组织企业参展由中国绿色食品发展中心和德国纽伦堡展览公司在上海世博展览馆联合举办的第九届“中国国际有机食品博览会”。宣恩县伍台昌臣茶业有限公司绿茶、湖北宣恩维民实业有限公司绿茶获金奖，湖北绿可生态茶业有限公司绿茶获优秀奖。

【宣恩参加第十六届中国绿色食品博览会】10 月 28 日至 11 月 1 日，

宣恩组织湖北绿可生态茶业有限公司、湖北宣恩维民实业有限公司、宣恩县伍台昌臣茶业有限公司、恩施州伍家台富硒贡茶有限责任公司、宣恩县伍贡茶业有限公司、宣恩宜红贡茶有限公司六家茶企参加由中国绿色食品发展中心举办，在西安曲江国际会展中心举行的第十六届“中国绿色食品博览会”。湖北绿可生态茶业有限公司、宣恩县伍贡茶业有限公司的“伍家台贡茶”产品获金奖。

【宣恩参加第十二届中国武汉农业博览会】10月28日至11月3日，宣恩组织企业参加第十二届中国武汉农业博览会。恩施州伍家台富硒贡茶有限公司“皇恩宠锡牌”绿茶、宣恩县伍台昌臣茶业有限公司“昌臣牌”伍家台贡茶绿针、湖北宣恩维民实业有限公司“维民茶业牌”伍家台贡茶、宣恩县椒园镇黄坪村黄金梨专业合作社“沃地娃牌”黄金梨、宣恩县沙道粮食购销公司“木龙寨牌”富硒香贡米、湖北大派食品集团有限公司“大派牌”宣恩火腿、宣恩天香薰腊食品有限公司“火烧营牌”天香火腿荣获金奖农产品，宣恩县椒园镇黄坪村黄金梨专业合作社“沃地娃牌”黄金梨同时荣获畅销农产品。

（陈亭光）

【新型职业农民培育】2015年，县农广校围绕县域茶叶、白柚两个主导产业建设，依托新型职业农民培育项目，坚持“以素质教育塑造农民、以技能培训武装农民、以知识讲座提升农民”办学方针，采取“农民点菜、机构办炉、教师配席、政府买单”培训模式，推行“参与式、互动式、重实训”培训方法对农民进行技能培训，为全县产业建设和农村经济发展提供人才支撑，为农业增效、农民增收起到积极作用。全年共培育新型职业农民631人。其中培育生产经营型职业农民280人（茶叶产业160人、水果产业120人），专业技能型和社会服务型职业农民351人（村级动物防疫员60人、专业合作社及企业技术员60人、沼气工60人、茶叶园艺工120人、蔬菜园艺工51人）。

（龙守勋）

·烟叶种植·

【概况】2015年，恩施州烟草公司宣恩县烟叶分公司（简称县公司）在恩施州烟草专卖局（公司）和县委、政府的正确领导下，紧紧围绕省局“八个聚精会神、八个上水平”以及“继续以改革创新精神推动基础管理全面进入‘深水区’”的工作要求，持续深刻认清“三个新形势”、深入推进“三个规范”、着力狠抓“三个创新”，认真按照州局和县委、县政府的总体决策部署，扎实推进各项工作落地落实，坚定不移打好烟叶产业恢复性发展翻身仗，取得了一定成效。为宣恩经济发展添上了浓墨重彩的一笔，为烟草行业的持续稳定健康发展奠定了良好的基础。

【烟叶生产】2015年，宣恩县烤烟指导性种植计划4600公顷，指令性收购计划7000吨。全县9个乡镇、27收购组、123个种烟村、546个村民小组的3636户种烟农户，实际种植烤烟4418.47公顷，户均种烟0.858公顷。

围绕“稳定基本烟区、稳定基本烟农”，实行县烟叶分公司、烟草站组、技术员层层办示范样板，带动大面积生产的积极性。考虑自然灾害、不适用烟叶处理等因素，严格按照“以株数定面积、以面积定产量”的原则，狠抓烟叶育苗和落实面积。2015年全县共计育苗4352.53公顷，100%实现大棚漂湿育苗，育苗户数571户，其中商品化育苗1023.53公顷，商品化育苗率达到23.52%。针对育苗前期阴雨低温，县烟叶分公司采取育苗池底部电热丝加热增温、植物生长补光灯补光、烤房增温催芽、双膜双架增温等多项育苗技术示范推广，实现苗足、苗齐、苗壮。利用土地流转、土地租借、盘活烘烤设施等方式增加种植面积，通过清点棚子、盘子、苗子，确保烟苗全部进烟田，并通过打桩钉牌、大田供苗准确掌握每户烟农真实移栽株数，最大限度保证种植面积落实。

针对2014年灾害严重导致烟农自身投入积累不足的问题，加大灾害补贴等惠农政策宣传力度，及时兑现2014年自然灾害补贴资金833.11万元。同时按照州烟草公司统一安排，会同宣恩农村商业银行为1768户烟农贴息贷款1188.78万元，全县产前投入共计2633.58万元，发放各类肥料物资7848.2吨，每公顷投入超过5700元，全县签订文本合同面积4409.13公顷，完成指导性计划面积4600公顷的95.85%，签订电子合同面积3673.33公顷，完成指令性计划面积3673.33公顷的

100%，共签订种植户3636户，文本、电子合同户均面积分别为1.21公顷、1.01公顷。

【经营管理】2015年烟叶收购工作中，县烟叶分公司严格执行国家局“七条要求”“五条纪律”，坚持国家收购标准和样价政策，坚持平稳、平衡收购，坚持分部位收购，严格执行收购现场作业流程，保持良好的烟叶收购工作秩序

严格合同管理，全县收购烟叶同比增加1720看看根本，高于全州平均水平9.34个百分点；上等烟比例同比增加18.86个百分点；中部烟比例同比增加33.49个百分点；烟农现金收入同比增加7018.52万元；收购均价同比增加4.66元/千克；烟叶税同比增加1453.65万元；下低等烟比例同比降低10.09个百分点。

因地制宜制定和改进技术措施，壮苗培育以剪叶、炼苗、消毒和病害防治为重点，严格实行壮苗验收制度，实现壮苗移栽；“三先”以行距、垄体饱满度和垄体高度为重点，覆膜后平坝地垄体高度在25cm左右，坡土、岩壳土垄体高度在20厘米左右；全面推广小壮苗“井窖式”和“三带一深”移栽技术，实行地膜烟，分区域合理确定移栽时间和移栽密度，每667平方米栽烟株数控制在950～1100株量；开展查苗补苗、围蔸、封口、追肥等前期管理工作，重点加强病虫害统防统治，并针对5—6月份气温低、雨水多而造成部分区域出现僵苗、长势不齐的问题，采取生物质炭松兜、施偏心肥和生根粉等补救措施；实行准采证制度，推行成熟采收及三段式烘烤技术，推广上二棚半斩株烘烤，解决上部烟中部化，烟叶烘烤质量得到改善。

按“一约三定”原则合理安排烟农交售烟叶，打击烟贩烟霸，维护正常收购秩序。实行收购预检，提高烟叶纯度，全县共聘请预检员86名，负责烟叶预检工作指导烟农在家中做好去青去杂，实现质量关口前移；按照“收得进、卖得出、不亏损”的原则，最大限度让利于烟农，确保烟农利益；执行烟叶质量标准，实行烟叶质量层级负责制，对各环节不合格的烟叶实行退回制，对调拨出库的烟叶实行站长或副站长质量放行负责制，对调出的每一车烟实行主检，既确保二次验收合格率，又降低烟叶损失。

建立机关人员对口联系挂点机制，烟叶生产、收购各阶段，挂点人员全部到基层服务烟农，加强对联系站组、烟农的跟踪督办，确保各环节任务完成。县烟叶产业发展领导小组、县公司组织督办专班，对全县烟叶生产、收购工作进行不定期检查督办，对工作不落实、执行不到位的责任人进行通报，并责令限期整改到位。

【科研项目】全年共实施科技创新项目16大项，其中自主创新项目8项(国家局2项、省局3项、州局2项)，协作项目1项(省局1项)，工作专项4项(国家局1项、省局3项)，其他项目3项。涉及各类示范、技术研发34小项。各创新项目均已按照方案要求完成年底既定目标，其中低危害烟叶开发项目顺利通过国家局专家组田间鉴评。共发表科技论文3篇，其中第一作者2篇，《不同种类生物有机肥对烤烟青枯病及烟叶生长的影响》发表于《中国农学通报》2015年第16期、《不同生物质炭对烤烟青枯病发病情况及烟叶生长的影响》发表于《湖北农业科学》。

【基础设施】2015年全县烟叶基础设施及基地单元建设方面共投入项目资金1905.35万元。其中，完成烤房建设180座；道路建设1条11.6千米；烟夹300套；烟用机械95(套)，建设育苗大棚162座。

【合作社建设】围绕现代烟草农业“减工降本提质增效”的建设目标，通过加大基础设施建设投入，组建专业化服务合作社，构建烟叶生产收购全过程的专业化服务体系，实现烟叶生产的精细化管理，降低了烟叶生产成本，提升烟叶生产效益。晓关基地单元2015年入社烟农964户，社员种烟面积达到1193.47公顷，占晓关种植面积的97.3%。合作社对照烟叶生产流程，组建覆盖烟叶生产育苗、机耕、植保、烘烤、运输、分级6个环节的专业化服务队伍，组建专业化育苗、机耕、植保服务队各5个，依托烘烤工场成立烘烤服务队2个，分级服务队5个，运输服务队1个，形成完善的专业化服务体系，降低烟农劳动强度，提高设施设备综合使用率，提升烟草产业的现代化程度。

【官千水库通过评审】2月5至6日，中国烟草总公司在北京召开烟草水源工程援建项目评审会，官千水库通过专家评审，同意项目建

设,并审定申请烟草行业援建资金1.26亿元。官千水库拟建于晓关乡八台村官千河下游,距离县城30千米。工程项目主要由水库工程和灌溉输水工程两部分组成,为小(1)型水源工程,水库正常蓄水位631米,最大设计坝高58米,总库容996万立方米,以灌溉为主,兼有防洪、人畜饮水等作用。工程建成后,将惠及晓关、椒园、珠山等3个乡镇30个行政村,覆盖农田灌溉面积23896.67公顷(其中基本烟田面积1880公顷),有效解决3.77万人的饮水困难问题。

(李翔)

·林业经济·

【概况】2015年全县实现林业产业总产值144928万元。其中,第一产业42145万元,第二产业93305万元,第三产业3478万元。对林业总产值贡献最大的是木本油料、果蔬、茶饮料等加工制造业98285万元,占67.82%;其次是水果种植业30600万元,占21.21%;第三是坚果、茶及其他作物种植业5670万元,占3.91%。宣恩有各类涉林加工企业30家,按类型分:木材加工经营企业8家(规模以上企业1家),涉林产品加工经营企业5家,苗木花卉企业2家,茶饮料加工企业15家;按龙头企业行政级别分,省级林业产业化龙头企业3家,州级林业产业化龙头企业7家,县级一般企业20家。有贡水白柚产业、茶叶产业协会2家。2015年底全县涉林专业合作社88家。

【产业发展】2015年全县木材产量1584立方米,竹材产量14500根。全县经济林面积20194公顷。全年经济林产品总产量达到101828吨,2014年全县年末油茶种植面积2434公顷,当年种植面积60公顷,苗木产量55万株,油茶籽产量115吨。花卉种植面积10公顷,花卉从业人员3300人。全县自然保护区旅游等林业旅游与休闲服务接待人数达到53000人次,直接旅游收入达3478万元,直接带动其他产业产值5330万元,为人民群众生活质量提高和创造更多就业机会做出了贡献,促进了地方经济的发展。11月23日,县国有雪落寨林场引进外商种植仿野生天麻喜获丰收,0.8公顷仿野生天麻实现收入100多万元。12月8日,宣恩首家银杏叶加工企业在晓关乡落址。

【重点龙头企业】湖北西部现代农业有限公司,省级林业产业化龙头企业。公司坐落湖北省恩施州宣恩县椒园生态产业园,是宣恩县最早的自营出口林业企业,属湖北省农业产业化龙头企业、国家农业产业化重点扶持企业,是一家集生产、加工、销售于一体的外向型农(林)业企业。产品有粗粮粑、生鲜果系列、树叶类产品系列、功能茶等。产品主销亚、欧各洲十几个国家和地区以及国内各大中城市。公司创立于2004年11月,注册资金3100万元,现有标准化厂房38346.5平方米,拥有武陵山区最大的多功能万吨冷库一座,资产总额达10300万元,2015年实现销售收入7200万元,出口创汇68万美元。公司已通过ISO9001—2000质量管理认证和HACCP食品安全认证、质量信用AA级认证,AAA级银行信用企业。

湖北蒙恩花木发展有限公司,省级林业产业化龙头企业。成立于2012年3月,前身为蒙恩林业(宣恩)发展有限公司,以造林和碳汇交易为主,绿化景观工程承接及苗木、根艺、盆景、花卉生产、销售为辅的林业产业化省级重点龙头企业,湖北省林业厅重点招商引资企业,也是湖北省第一批纳入碳汇交易试点的民营企业。公司位于湖北省宣恩县椒园生态产业园,注册资本6000万元,投资总额将超过4.5亿元。2015年企业有员工53人,其中总工程师1名,工程师2名,专业技术人员9人。公司有三大主体:总投资超过3亿元的13333.33公顷碳汇林基地;占地9.33公顷、总投资1.2亿元的兰草、鲜切花工厂化培育项目;高罗乡下坝村占地面积66.67公顷、总投资额5000万元的绿化苗木基地。2015年资产总额达3.44亿元,资产负债率19%,实现销售收入16217.5万元。

【专业合作社】宣恩县椒园采花茶叶专业合作社州级林业产业化龙头企业,位于恩施州产茶历史悠久的椒园镇庆阳坝。注册资本500万元,入社社员2766户。有机茶园基地200公顷,辐射椒园镇及周边茶区茶园面积3333.33公顷,带动万余户茶农受益。合作社坚持走“龙头企业+专业合作社+基地+农户”的林业产业化经营模式,形成以名优绿茶为主、高档红茶、乌龙茶为辅的一主二辅产品格局。2015年合作社实现产值1.25亿元,利润568万元,为社员增收650万元,二次返利150万元。

宣恩县富源贡水白柚专业合作社州级林业产业化龙头企业,2009年4月正式成立,位于李家河镇,注册资金50万元。主要从事贡水白柚品种提纯复壮、种植、加工、销售等业务,有合作社成员422户,标准化生产基地133.33公顷;合作社2014年投资500万元建成贡水白柚精细化加工生产线一条,具备年加工鲜果8000吨的能力。合作社与州级农业产业化龙头企业宣恩县富源农业发展有限公司实现了有效对接,形成“公司+合作社+基地+农户”的林业产业化经营模式。2015年共加工销售有机贡水白柚7200吨,实现销售收入4320万元,为李家河镇1000多农户直接增加现金收入2550万元。

【特色产业】贡水白柚是由宣恩地方良种柚的变异单株选育而成,因其果实成熟后果皮呈黄白色,俗称“白皮柚”。1998年11月荣获第五次全国柚类评比“金杯奖”及“优质柚类”称号;2000年11月被评为“湖北特色果品”及“湖北省优质果品”;2001年11月荣获全国第七次柚类评比“金杯奖”;宣恩县2001年8月被国家林业局命名“中国白柚之乡”;2005年至今3次荣获“湖北名牌产品”。2007年12月通过省级品种审定,正式命名为“贡水白柚”。2011年获得国家质检总局“(贡水白柚)国家地理标志保护产品”。

贡水白柚果实美观,呈倒卵圆形,果实少核或无核,囊瓣整齐一致,果肉易与囊衣完整分离,果汁脆嫩多汁,酸甜适度,芳香浓郁,享有“天然罐头”之美称。全县现有贡水白柚基地7666.67公顷,产量8.8万吨,产值3.06亿元。已经形成宣南百里贡水白柚产业带,有机贡水白柚基地333.33公顷。高罗、李家河、沙道镇三镇海拔700米以下90%以上的农户从白柚产业发展中直接受益。

(肖孟)

·水产业·

【概况】宣恩县地处武陵山区,沟壑纵横,溪沟密布,受亚热带季风湿润型气候影响,雨量充沛,气候温和,水资源相对丰富,以大中型水库为主的可养殖水面3334.5公顷,水环境优良,山清水秀,是国家二级水生野生保护动物——大鲵的主要原产地和主产区。2015年全县渔业总产值1341万元,比上年下降0.4%。随着水力资源大开发的不断推进,水资源不断综合开发利用,大鲵赖以生存的冷水资源环境逐步丧失,人为投毒、水环境恶化等因素影响,野生自然产量急剧下降,几乎到濒临灭绝的境地,大鲵的种群优势逐渐消失。

2015年11月,在白水河大鲵省级种质资源保护区内人工增殖放流大鲵苗种2000尾,在忠建河流域、西水流域干流及其支流人工增殖放流四大家鱼苗种120万尾。

·畜牧业·

【概况】2015年,全县生猪存栏36.06万头,其中能繁母猪存栏4.05万头;肉牛、奶牛存栏6.9万头,其中能繁母牛存栏3.97万头;山羊存栏4.51万只;家禽存栏125.41万只,其中活鸡109.56万只,活鸭15.85万只。全县出栏生猪58.65万头;出栏牛1.798万头;出栏山羊4.71万只;出栏活家禽116.04万只,其中活鸡99.72万只,活鸭16.32万只。全县猪肉产量47215.27吨,牛肉产量2967.06吨,羊肉产量965.22吨,禽肉产量1973吨,禽蛋产量3740.5吨,生牛奶产量358吨。实现畜牧业综合产值13.39亿元。新建成动物无害化处理场1个,新建成仔猪交易市场2个,完成规模化畜禽养殖场主要污染物减排任务,实现“两个确保”(确保不发生区域性重大动物疫情,确保不发生重大畜产品质量安全事故)的工作目标。

【畜牧业生产发展】2015年度新增养殖小区6个(即宣恩县长潭河乡小卧龙生猪养殖小区、沙道沟镇栏杆坪生猪养殖小区、沙道沟镇金盆村生猪养殖小区、宣恩县李家河建竹坪山羊养殖小区、宣恩县长潭河乡中坝家禽养殖小区、宣恩县长潭河乡中坝家禽养殖小区)。新增300头以上的养殖大户17户,累计规模养殖达到229户。新培植生猪“4450”养殖模式(即1户修建1栋带40 m^2生物发酵床的圈舍,饲养4头能繁母猪,年出栏肥猪不少于50头,实行自繁自养)户401户,累计达3851户。建成标准化养猪“150模式”(指建1栋全封闭式面积为220m^2 的标准猪舍进行标准化饲养,每批出栏肉猪150头。该模式猪舍环境可控,猪只自由采食,全进全出,一年可出栏3批共计450头肉猪)示范户达到244户516栋。建成标准化蛋鸡"153模式"(即1栋蛋鸡舍,饲养蛋鸡5000只以上,实行湿帘风机、喂料机、清粪机3机配套)示范户达到25户42栋。建成标准化养羊"1235模式"(即:以农户家庭为单位种草养羊生产模式,具体含义是一个农户建设一栋标准化羊舍,饲养100只能繁母羊,种植优质牧草,年出栏商品肉羊235只)示范户达到107户184栋。建成标准化养牛"165模式"(指农户建设一栋50m^{2}的标准牛舍,饲养6头能繁母牛,肉牛专业合作社或育肥牛场提供冻精配种,每年向育肥场提供5头小牛的生产模式)示范户达到80户152栋。建成生物发酵床20.36万平方米。

【养殖技术和养殖模式推广】养殖重点推广杜长大三元杂交养殖技术。2015年全县新增家庭牧场16个,新增生猪人工授精站点69个。沙道沟镇富民养殖合作社新建牛冻配点1个,全年冻配母牛250头以上。全县生态养鸡存笼量达500~2000只的生态养鸡户有15户,2000只以上的生态养鸡户有12户。全县养蜂户共有4397户,蜂群10951桶,蜂群达10桶以上的养蜂户154户,蜂群最多的达200桶,最低的1桶,全年新颁发养蜂证1个。利用畜禽标准化规模养殖场建设、养殖场大中型沼气工程、粪污综合利用等各类项目和国家惠农政策,推广养殖场粪污综合利用等实用技术,推行猪一沼一林、猪一沼一果、猪一沼一菜等生态养殖模式,将养殖污水通过沼气发酵后,还田利用,实现健康生态养殖。

【草地监测和草原法律法规宣传】2015年,县畜牧技术推广站成立草地资源监测专班,共抽查大样方1个、100平方米样方一个、小样方9个,入户调查农户6户,于2015年7月31日完成草地监测的室外工作。根据省、州畜牧兽医局开展2015年草原普法宣传月活动的要求,县畜牧技术推广站组织人员在全县范围内开展以"贯彻实施草原司法解释、打击草原违法犯罪行为"为主题的草原普法宣传月活动,通过举办草原法宣传培训班、发放宣传资料、制作宣传展板等形式,宣传《中华人民共和国草原法》《草原司法解释》及地方性配套法规、规章,讲解生态文明在促进农村经济发展方面的重要作用,推介各乡镇贯彻落实草原法律法规、依法打击破坏草原违法行为、保护草原资源和生态环境、维护农民合法权益等方面取得的成绩和经验。

【新型职业农民培训】2015年4月,县畜牧兽医局聘请恩施州职院副教授、农业局高级农艺师和畜牧局中、高级畜牧(兽医)师等不同专业和不同特色的教师、专业人才对一批养殖户进行为期一周的培训。解读相关法律法规,讲解怎样提升职业农民素质、规模养殖动物疫病综合防控技术和主要动物疫病及诊断防控技术,传授农家经营管理知识、规模养殖场如何提高母猪生产效益、规模养殖场面临主要问题及对策等。

【重大动物疫病免疫】2015年6种重大动物疫病(猪瘟、猪口蹄、猪蓝耳病、牛口蹄疫、羊口蹄疫、小反刍兽疫)免疫采取春秋两季集中免疫和"月补针"相结合的方式。全县免疫注射猪口蹄疫疫苗80.28万头、牛口蹄疫疫苗8.5万头、羊口蹄疫疫苗7.8万只、禽流感疫苗272.36万羽、猪蓝耳病疫苗80.28万头、猪瘟疫苗80.28万头、鸡新城疫疫苗251.6万羽、小反刍兽疫疫苗4.95万只,6种重大动物疫病免疫注射密度均达到100%,免疫档案建立和农户签字率达到100%。坚持"月补针"免疫工作制度,全年共开展"月补针"免疫注射生猪65368头、牛2518头、羊5047只、鸡103267羽。

【常见畜禽疫病防控】2015年,免疫注射猪丹毒疫苗和猪肺疫苗20万头份、猪链球菌病疫苗0.5万头份、猪圆环病毒疫苗0.6万头份,全年未发生猪丹毒、猪肺疫、猪链球菌病等常见畜禽疫病疫情。

【动物疫病监测和流行病学调查】2015年动物疫病监测工作共设置动物疫病规模场(大户)监测点36个,其中猪场12个,羊场9个,牛场7个,鸡场6个,鸭场2个。同时各乡镇设置2个散养户监测村。完成州防控中心猪血清180份、牛血清40份、羊血清100份、鸡血清

40份、鸭血清40份的免疫抗体监测，鸡口腔棉拭子和泄殖腔拭子60对、鸭口腔棉拭子和泄殖腔拭子40对的送样任务，完成猪血清260份、鸡血清260份、鸭血清140份、牛血清520份和羊血清5250份监测任务和全县45头奶牛、13只奶山羊的布病、结核病监测工作。春秋集中防疫工作结束后，对各乡镇畜禽进行抽样，在中心兽医实验室集中化验监测，检测口蹄疫、猪瘟、禽流感及鸡新城疫抗体，全年共检测血清样本500份，合格率90%以上。执行疫情管理报告制度和免疫进展周报制度，保证随时掌握防疫情况，及时指导基层防疫工作，全面完成省、州下达的免疫进展周报和疫情监测月报、季报、半年报等各项工作指标。按照《2015年宣恩县动物疫病流行病学调查方案》，完成2015年动物疫病流行病学调查工作任务。

【动物产地检疫】2015年初制定《宣恩县产地检疫工作实施方案》和《村级检疫申报点建设标准》，按照“规模养殖场＋专职检疫员”“散养户＋村协检员”的产地检疫模式，落实乡镇分所检疫员包乡镇，村级协检员包村组的一级抓一级、层层抓落实的产地检疫工作格局。按照“八个有”（有固定办公地点、有牌子、有组织、有人员、有任务指标、有奖罚措施、有联系电话、有举报方式）的标准推进村级检疫申报点建设。全县9个动物卫生监督分所、1个生猪定点屠宰场（点）、81个村级检疫申报点制作检疫申报公示牌和以协检员管理制度、检疫流程为主要内容的制度牌，公示协检员姓名、联系方式、举报电话、工作职责和检疫申报事项，实行依据、权限、程序三公开，做到产地检疫有程序，检疫申报有制度。加强宣传培训力度，通过宣传培训，在运输、出售动物之前，90%的动物养畜户能够进行电话申报检疫，100%的动物经纪人能够主动到申报点申报检疫，检疫率达100%，出证率达100%。全年产地检疫生猪48.213万头、牛1.5万头、羊3.267万头、禽109.453万羽。在实施现场检疫的同时，同步进行瘦肉精快速抽检。全年共抽取尿样1558批次，经快速检测，盐酸克伦特罗、莱克多巴胺、沙丁胺醇结果均为阴性，未发现非法添加使用违禁物现象。

【生猪定点屠宰场(点)检疫】对生猪屠宰场实行24小时跟班检疫，严把入场检查关、宰前检疫关、“瘦肉精”抽样检测关和产品检疫出场关，确保上市肉品质量安全。凡是进入屠宰场（点）的生猪一律要凭《动物检疫合格证明》和免疫耳标，经临床检查合格后方可进场。无检疫证明、无免疫耳标的生猪不得进场，否则将按相关规定进行处理或处罚。生猪进入屠宰环节后，检疫人员按照生猪屠宰检疫规程要求对生猪进行同步检疫和“瘦肉精”抽样检测，检疫合格的加盖验讫印章，同时出具《动物检疫合格证明》（产品B），经检疫不合格的出具《检疫处理通知单》，并进行无害化处理。在实行生猪定点屠宰厂（点）“瘦肉精”自检制度的同时，积极施行“瘦肉精”抽检制度。全年共屠宰检疫生猪22.454万头，回收耳标22.454万个。按屠宰比例随机抽取猪膀胱尿同步做瘦肉精快速检测1909批次（2834头），检测合格率100%。入场生猪持证率达100%，上市产品持证率达100%，合格率达100%。

【病死猪无害化处理监管】2015年通过举办培训班、发放宣传资料、加强对养殖场（户）教育、签订责任书等措施，明确生猪养殖场和生猪定点屠宰场（点）是病死猪无害化处理的责任主体，病死猪必须按规定进行无害化处理，不得买卖、宰杀、食用和随意抛丢。方兽医及乡镇动物协检员负责监督指导养殖场和屠宰场做好病死猪无害化处理工作。全县出动官方兽医及乡镇动物协检员86人次对全县449个生猪养殖场（户）、1个生猪定点屠宰场（点）进行排查，并对周边河道及其溪沟进行巡查，未发现死猪乱抛现象。推进病死猪无害化处理设施建设，通过畜禽养殖污染治理工程和规模养殖场标准化项目建设，全县较大规模养猪场均建造有无害化处理设施。在李家河镇茅坝村7组建1个大型公共无害化处理场。落实病死猪无害化处理补助政策，对养殖环节符合无害化处理条件的315头病死猪按照80元/头的标准进行补贴申报，对屠宰环节进行无害化处理的生猪按照880元/头的标准给予补助。

【兽药、饲料监管】2015年组织执法人员对辖区内兽药经营企业、兽医门诊药房、饲料经营企业以及规模养殖场(小区)兽药产品的经营及使用情况进行为期5个月的监督检查活动,共检查兽药经营企业6家,检查规模养殖场(小区)186家,发现过期兽药128支(盒),对过期兽药进行登记备案,当场没收,以焚烧方式进行销毁,并提出到期必须下架销毁的监督意见,针对3家规模养殖场不按休药期用药行为下发责令改正通知书,并督促整改到位。在兽药清查行动中同步检查饲料经营户155家,发放《饲料和饲料添加剂管理条例》《饲料及畜产品中"瘦肉精"等违禁药品事件应急预案》等资料500份,明确监管责任人9人,维护全县饲料行业的正常秩序和饲料质量安全。

【行政执法】2015年县动物卫生监督所共立案查处违法案件2起,经查处结案2起。达到处罚一个、警示一方的教育效果,有效地遏制食品安全违法行为的发生,全年未发生因动物产品质量问题而引发的畜产品安全责任事故。

【生猪定点屠宰管理】开展培训宣传,学习《肉品卫生检验试行规程》《生猪屠宰操作规程》,完善更新《生猪进场查验制度》《证章、标识管理制度》《无害化处理制度》生猪屠宰和肉品品质检验管理制度》《屠宰场卫生消毒安全工作制度》《肉品质量安全追溯制度》《缺陷产品召回制度》《生猪肉品销售、收购流向管理制度》《疫情报告及信息报送制度》《瘦肉精等违禁物检测制度》等管理制度,落实两个"责任清单"(生猪屠宰监管责任清单、屠宰企业主体责任清单),做好台账。全年开展执法工作141次,出动持法人员291人次,检查肉品等相关经营企业(户)347户次。在日常检查中,责令整改不规范行为事件5起,未发现私屠滥宰等严重违法事件。

【落实惠农政策】启动2015—2016年度能繁母猪、能繁母牛保险工作,全县8495头能繁母猪、146头能繁母牛落实政策性保险。落实2014—2015年度628头死亡能繁母猪理赔工作,共赔款52.88万元。兑现2014年省、州能繁母牛补贴资金41.52万元,其中省级21.82万元,州级19.7万元。完成68户1101头能繁母牛补贴的核查上报工作,落实省级能繁母牛扩繁资金89万元,州级能繁母牛奖励资金55.05万元。启动能繁母牛保险工作,保险能繁母牛146头。

【项目工作】2015年实施项目5个:生猪标准化规模养殖场小区建设项目,中央财政投资175万元;宣恩县石漠化综合治理项目,总投资75万元,其中央财政投资70万元;畜禽健康养殖项目,中央财政投资40万元;肉羊家庭牧场标准化示范创建补助项目,中央财政投资20万元;畜禽养殖标准化"四级联创"补助项目20万元。完成"十三五"畜牧产业规划,项目总投资45.47亿元。

(舒继泰)

·农村经济管理·

【概况】2015年末家庭承包经营的耕地面积24889.93公顷,家庭承包经营的农户数82918户,家庭承包合同份数82918份,合同率达100.00%;颁发土地承包经营权证82918份。全县农民人均纯收入7134元,较上年增加930元,增长14.99%。全年共发放四项农业补贴资金2839.22万元,对全县279个村开展2014年度农村财务常规审计。新注册农民专业合作社90家,累计达到368家,其中专业合作社国家级、省级、州级示范社61家。工商注册家庭农场139家,省级示范家庭农场3家。

【农民负担监督管理】与乡镇人民政府签订了责任状,落实农民负担全年工作目标,6月初开展全县半年农民负担检查。落实全县9个乡镇的一事一议项目审核报批工作。审核通过84个村,一事一议项目投资总额1126.5万元,其中财政奖补资金944.8万元。

【农村经济审计】会同县财政局、民政局联合制定了《宣恩县农村集体"三资"管理实施细则》。5至6月对椒园镇的石马村、珠山镇狮子关村、封口坝村等三个村2014年度村级财务及"三资"管理情况进行了全面审计。12月底按照审计方案,全面完成2014年度的农村财务的审计。

【农村土地经营权确权登记颁证】农村土地承包经营权确权登记颁证工作的主要包括土地承包经营权属调查、底图指界，信息录入、完善土地承包合同、建立健全登记簿、颁发土地承包经营权证书、推进信息应用平台建设及建立健全档案管理制度等。县政府安排2015年度土地确权经费工作经费85万元，省里下达的以奖代补确权专项经费515万元已到位，保障全县农村土地确权的财政资金投入。宣恩农村土地承包经营权确权登记颁证工作共分为组织准备阶段(2015年5至8月)、调查测绘阶段(2015年9月至2016年5月)及颁证建库阶段(2016年6月至12月)。项目实施实行政府采购，全县9个乡镇分为三个标段进行，第一标段包括椿木营、长潭河及万寨3个乡镇，土地总面积是13600公顷；第二标段包括珠山、椒园及晓关3个乡镇，土地总面积13666.67公顷。第三标段包括高罗、沙道沟及李家河3个乡镇，土地总面积达到18533.33公顷。第一标段通过招投标程序，最终由武汉科岛地理信息工程有限公司进行土地承包经营权确权登记颁证测绘工作。2015年7月9日印发《宣恩县农村土地承包经营权确权登记颁证工作实施方案》(宣办发〔2015〕12号)，并成立以习罩为组长、周志斌为副组长的宣恩县农村土地承包经营权确权登记工作领导小组，领导小组办公室设在县经管局。10月14日，宣恩农村土地承包经营权确权登记颁证第一标段动员会召开，周志斌出席并讲话，县财政局、林业局、公安局及椿木营、长潭河、万寨等单位相关负责人参加会议。县经管局长郑强在会上宣读《宣恩县农村土地承包经营权确权登记颁证工作实施方案》。2015年在全县全面开展农村土地承包经营权确权登记颁证工作，2016年底全县基本完成农村土地承包经营权确权登记颁证工作，2017年开展规范完善工作，查漏补缺、建库归档，实现农村土地承包管理信息化、常态化。确权登记颁证工作以现有承包台账、合同、证书为依据确认承包地归属，查清承包地块的面积、四至和空间位置，建立健全土地承包经营权登记簿，解决好承包地块面积不准、四至不清、空间位置不明、登记簿不健全等问题，把承包地块、面积、合同、权属证书全部落实到户，依法保障农民对承包土地的占有、使用和收益等权利，为开展土地经营权流转、调处承包纠纷、完善补贴政策、进行征地补偿和抵押担保提供重要依据，为促进农业农村发展奠定基础。

第一标段3个乡镇78个村13600公顷的确权区域在10月上旬已完成招标工作，中标公司为武汉科岛地理信息工程有限公司。截至2015年12月7日止，中标公司已进入三个乡镇70个村开展工作，已全部完成入户调查、地块调查等外业工作的有64个村，其中：长潭河乡完成35个村，万寨乡完成15个村，椿木营乡完成14个村。其余村将陆续安排专业技术人员进村开展确权工作。一标段按照合同要求在12月31日基本完成确权工作，第二、三标段的项目开始招投工作。12月4日，按招投标工作的有关规定，县确权办已启动确权数据库及应用平台建设招标工作，并在中国宣恩网发布招标公告。

全县开展农村土地确权登记颁证工作期间，受理土地纠纷264起，解决251起，没有发生因土地确权工作越级上访的信访案件。农村土地承包经营权流转。全年依法流转土地5513.47公顷。其中土地转让109.67公顷，转包1757.73公顷，出租2787.13公顷，互换71.6公顷，股份合作627.4公顷，其他形式159.93公顷。接待来人来访38起。全县85%的村建成农村土地承包合同管理“三无村”。完成9乡镇1857人失地农民养老保险的农户承包地的核实工作。

【农民专业合作社】2015年2月10日，宣恩县硒香聚茶叶种植家庭农场被评为首批省级示范家庭农场。3月11至29日开展全县农民专业合作社基础信息统计调查及融资风险调查。4月13至17日，县经管局在金源国际大酒店举办新型职业农民专业合作社培训班，来自全县60家农民专业合作社负责人参加培训。4月16日，组织全县60家新型职业农民专业合作社负责人到利川考察参观利川市振辉无土栽培专业合作社、利川市团堡镇农安药材产销专业合作社。5月7日，召开全县农民专业合作社普查工作会议。5月份全面完成全县287家农民专业合作社的普查工作。其中A类有合作,有主导产品,运行比较规范的合作社55家;B类主导产品和经营活动,但不规范的合作社123家;C类没有开展生产经营活动,歇业状态的合作社75家;D类情况不明,无法联络上的34家。全年新增农民专业合作社90家,全县累计发展到368家。2015年末,全县有各级专业合作社示范社61家,其中,国家级示范社3家(宣恩县晓关乡维民茶叶专业合作社、宣恩县贡茶专业合作社、宣恩县富源贡水白柚专业合作社),省级示范社6家(宣恩县晓关乡维民茶叶专业合作社、宣恩县贡茶专业合作社、宣恩县椒园采花茶叶专业合作社、宣恩县七姊妹山茶业专业合作社、宣恩县富源贡水白柚专业合作社、宣恩县椒园镇黄坪村黄金梨专业合作社),州级示范社18家(宣恩县晓关乡维民茶叶专业合作社、宣恩县贡茶专业合作社、宣恩县椒园采花茶叶专业合作社、宣恩县七姊妹山茶业专业合作社、宣恩县富源贡水白柚专业合作社、宣恩县椒园镇黄坪村黄金梨专业合作社、宣恩县宏伟蔬菜专业合作社、湖北宣恩绿可生态茶业专业合作社、宣恩县椿木营乡惠民蔬菜专业合作社、宣恩县木龙寨富硒贡米专业合作社、宣恩县双赢养殖专业合作社、宣恩县惠农有机茶茶叶专业合作社、宣恩县酉水生态养殖专业合作社、宣恩县万寨皇贡茶叶专业合作社、宣恩县发阳生态养殖专业合作社、宣恩县马鞍山有机茶叶专业合作社、宣恩县巅峰茶业专业合作社、宣恩县神农茶叶专业合作社),县级示范社34家(宣恩县晓关乡维民茶叶专业合作社、宣恩县贡茶专业合作社、宣恩县椒园采花茶叶专业合作社、宣恩县富源贡水白柚专业合作社、宣恩县椒园镇黄坪村黄金梨专业合作社、宣恩县宏伟蔬菜专业合作社、湖北宣恩绿可生态茶业专业合作社、宣恩县椿木营乡惠民蔬菜专业合作社、宣恩县木龙寨富硒贡米专业合作社、宣恩县双赢养殖专业合作社、宣恩县惠农有机茶茶叶专业合作社、宣恩县万寨皇贡茶叶专业合作社、宣恩县发阳生态养殖专业合作社、宣恩县高罗乡埃山贡水白柚专业合作社、宣恩县诚信茶业专业合作社、宣恩县绿康原生态养殖专业合作社、宣恩县巅峰茶业专业合作社、宣恩县晓关孟氏茶业专业合作社、宣恩县康源有机茶茶叶专业合作社、宣恩县高罗乡贡水白柚专业合作社、宣恩县李家河乡精品柑橘白柚专业合作社、宣恩县沙道沟镇苗仙聚白柚专业合作社、宣恩县盛源茶叶专业合作社、宣恩鸿胜黄金梨专业合作社、宣恩县欣馨有机茶业专业合作社、宣恩县胜斌茶叶专业合作社、宣恩县正兴白柚专业合作社、宣恩县新兴生猪养殖专业合作社、宣恩县神农茶叶专业合作社、宣恩县李家河塘坊早柑橘专业合作社、宣恩县晓关创丰油茶专业合作社、宣恩县嘉鸿茶叶专业合作社、宣恩县马鞍山有机茶叶专业合作社、宣恩县富民养殖专业合作社)。省级示范家庭农场3家(宣恩县硒香聚茶叶种植家庭农场、宣恩县晓关双丰园家庭农场、宣恩新盛泽家庭农场)。

【川大河村全国农村固定观察点】 李家河镇川大河村全国农村固定观察点是农业部、中共中央政策研究室的定点调查单位,2015年完成主要农产品价格、农村劳动力、城镇化与粮食安全、半年现金和全年常规调查。

全村共有5个村民小组,267户,总人口1209人,劳动力514人,土地总面积214.4公顷(耕地86.07公顷、林地22.53公顷、园地101.33公顷、其他4.47公顷),人均纯收入6881元,村集体固定资产32.6万元。聘请5名调查员,开展观察点常规调查60户,半年现金调查60户,农村劳动力就业调查60户,种粮大户调查1.33公顷以上的农户、观察村综合调查表1份、农村劳动力返乡就业问卷调查、承包地确权登记农户问卷调查。市场农产品价格调查每月15日前开展一次。截至2015年末,60户中调查人口275人,年末经营耕地面积15.72公顷,家庭劳动力158人(在外就业的有81人),年末拥有生产性固定资产原值694806元,农民人均纯收入9934元。

(孙金凤)

工 业 经 济

工业经济

【概况】2015年全县完成工业总产值43.35亿元，同比增长16.2%；实现工业增加值12.10亿元，同比增长8.6%。年末全县规模以上工业企业达到57家，同比净增10家，增长21.3%。规模以上工业总产值28.87亿元，同比增长12.7%。分轻重工业看，轻工业21.96亿元，增长12.7%；重工业6.91亿元，增长12.5%。分类型看，国有及国有控股企业1.04亿元，增长4.8%；股份制企业25.41亿元，增长13.6%；其他经济类型企业2.42亿元，增长6.8%。分行业看，农产品加工业20.17亿元，增长12.5%，占规模以上工业比重70.6%；矿产及其他行业7.72亿元，增长13.9%；水力发电业0.98亿元，增长6.9%。规上工业增加值同比增长9.1%。全年规模以上工业完成销售产值28.44亿元，同比增长13.0%。产品销售率98.5%。实现出口交货值0.55亿元，同比增长23.5%；全年规上工业企业实现利润1.56亿元，同比增长5.8%。全县产值过亿元企业达到6个，与上年持平。

2015年主要工业产品产量

表6

产品名称	单　位	产　量	同比增长%
精制茶	吨	19291	19.6
混合饲料	吨	6608	－2.2
鲜、冷藏肉	吨	12370	38.6
商品混凝土	吨	213510	22.3
大　米	吨	28134	10.3
砖	万块	630	47.5
瓦	万片	2162	25.1
钢结构	吨	853	50.2
电子元件	万只	2719	＋
石灰石	吨	296043	5.4
胶合板	立方米	51148	8.9

全年全社会建筑业实现增加值3.75亿元，同比增长16.5%。全县共有资质以上建筑业企业5家，完成建筑业总产值5.57亿元，同比增长28.3%。竣工产值4.11亿元，同比增长4.8%；新增开工面积12.3万平方米，同比增长22.3%。

【中小企业及民营经济】2015年末，全县中小企业及民营经济单位总数13758户，比上年减少260户。按企业类型划分：国有企业有3户，私营企业1121户、个体企业12634户；按行业领域划分：工业企业有1208户，建筑企业61户，农林牧渔业237户，批零贸易业6625户，运输仓储业2186户，住宿餐饮业1856户，房地产业30户，服务娱乐业1197户，其他行业358户。年末总资产达到33.57亿元，从业人员28087人，年劳动报酬4.29亿元。全年累计完成总产值(现价)54.69亿元，同比增长14.34%；实现增加值18.68亿元，同比增长9.69%。完成营业收入60.91亿元，同比增长12.78%；实现利润总额5.01亿元，同比增长10.11%；上缴税金1.09亿元，同比增长1.87%。

【中小企业发展】2015年末，全县拥有中小企业总户数1124户，其中：国有企业3个、私营企业1121个、工业371个、农林牧渔业48个、建筑业33个、批零贸易业448个、运输仓储业25个、住宿餐饮业35个、房地产业30个、服务及娱乐业117个。从业人员11070人，比上年增加1165人。全年实现现价总产值44.13亿元，同比增长15.9%；增加值13.82亿元，同比增长11.63%；营业收入45.87亿元，同比增长15.5%；利润总额3.34亿元，同比增长14%；上缴税金0.83亿元，同比持平。

【民营经济发展】2015年末，全县民营经济单位数量达到13755户，其中：私营企业1121户、个体企业12634户。民营经济从业人员总人数达到27990人，比上年末增加2069人；全年累计实现营业收入59.80亿元，同比增长12.9%；完成增加值18.34亿元，同比增长9.9%；实现利税总额6.09亿元，同比增长8.5%；实交税金1.09亿元，同比增长1.4%。

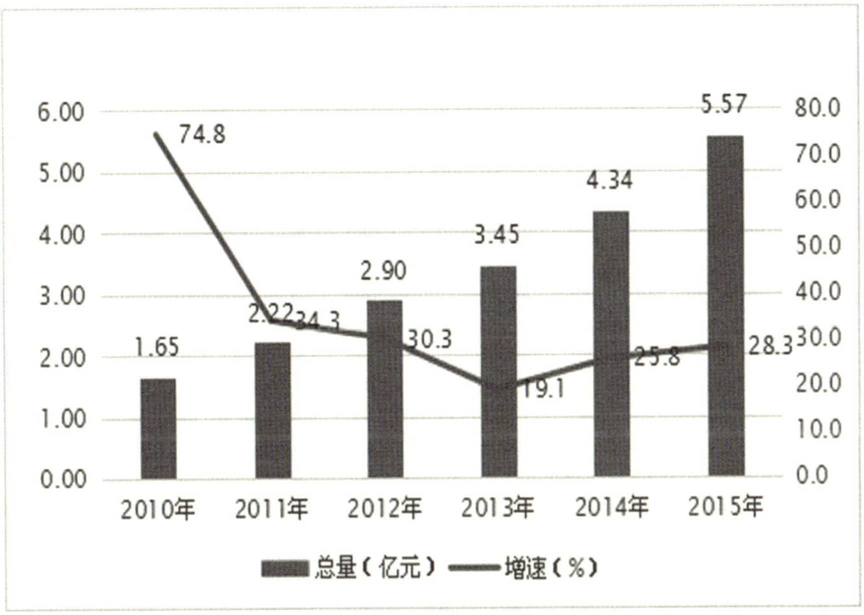

2010—2015年资质以内建筑企业完成总产值及增速

【工业经济发展】2015年末，全县全部工业市场主体单位数量1208户，比上年末增加58户，其中：规模以上工业企业总数达到57户，比上年末净增10户。年末全县全部工业单位累计完成全口径工业总产值43.35亿元，同比增长15.14%；完成全口径工业增加值13.45亿元，同比增长10.7%；完成工业销售产值42.87亿元，同比增长15.37%；实现营业收入42.75亿元，同比增长14.89%；实现全口径工业利润总额3.27亿元，同比增长15.14%；上缴税金0.78亿元，同比增长10.26%。

2015年1至12月，全县规模以上工业累计完成工业产值28.87亿元，同比增长12.7%；规模以上工业增加值增速达到9.1%，高于全州平均增速水平1.1个百分点，在全州县市排名第二位；完成工业销售产值28.44亿元，同比增长13%；实际产销率为98.5%，与上年同期相比上升0.2个百分点；实现工业利润总额1.56亿元，同比增长5.8%；上缴税金0.53亿元，同比下降2.3个百分点。

【信息产业发展】2015年，全县新增信息产业企业3户，信息产业企业总数达到11家，已涵盖信息通信服务、电子商务、信息产品制造三大领域。新增信息制造规模工业企业1户，实现全县信息制造规模工业企业破“零”。2015年末，全县累计完成信息产业总产值2.39亿元，同比增长32%，其中：信息通信服务业完成产值1.61亿元，同比增长4.5%；电子商务服务业完成产值0.49亿元，同比增长63.3%；电子信息制造业完成产值0.29亿元。

【工业项目投资】2015年，全县共计施工工业项目个数34个，其中：新建项目18个、技改项目16个，全年累计完成工业项目固定资产投资12.22亿元，其中工业技改投资完成3.77亿元。谭家村酒业、鹏博生态农业、方圆再生资源利用、嘉垣实业、龙鑫厨具等一大批入园重点工业项目相继建成投产运营。

【企业质量品牌】2015年，全县新增省级高新技术企业1户，首次打破县域领域无高新技术企业的历史。新增“土家爱”1件“湖北省著名商标”，新增“硒都”2件“恩施州知名商标”；新增1户湖北省农业产业化重点龙头企业，新增工业企业实用新型专利14个、外观设计专利1个；湖北巴楚风印务有限公司、湖北童话工艺礼品有限公司等2户工业企业获得质量管理体系认证（GB/T9001－2008/ISO9001－2008）；宣恩县神龙茶业有限公司、宣恩县伍贡茶业有限公司、湖北土家爱食品有限公司等3户工业企业3个工业产品获得“全国工业产品生产许可证”；湖北立翔工艺开发有限公司、湖北巴楚风印务有限公司、宣恩县伍台昌臣茶业有限公司等3家工业企业被评定为“湖北省信息化与工业化融合试点示范企业”。

【行业管理】突出安全生产，狠抓安全防护，深入开展安全管理教育培训，全面加强安全生产信息化建设，认真落实安全隐患排查及整改，全县各行各业保持安全稳定。

强化行业管理，全面开展行业行政审批清理清查，大力推进民爆仓库整体搬迁，积极开展电力设施保护，强化家电售后服务企业管理，依法处理煤炭行业历史遗留问题，主管行业范围保持规范有序运行。

2015年度全县重点工业企业（规模以上工业）生产情况统计表

表7　　单位：人、万元

企业名称	经济类型	从业人员	工业总产值
湖北宣恩洞坪水电有限责任公司	其他有限公司	54	7766.8
宣恩卧龙水电有限公司	私营有限公司	40	2060.8
宣恩县珠山粮食购销公司	国有	22	3954.6
宣恩县沙道粮食购销公司	国有	20	6450.2
宣恩长飞现代农业发展有限公司	私营有限公司	65	3226.5
湖北大派食品有限责任公司	私营有限公司	160	23300
湖北西部现代农业有限公司	私营有限公司	138	12190.4
恩施州亚麦食品有限公司	私营有限公司	385	5769.2
湖北清江松乐有机农产品有限公司	其他有限公司	30	3745
恩施州伍家台富硒贡茶有限责任公司	私营有限公司	80	11499.1
宣恩县宣桃茶叶有限公司	私营有限公司	20	7459

续表 7

企业名称	经济类型	从业人员	工业总产值
宣恩宜红贡茶有限公司	私营有限公司	35	7748.3
宣恩县伍台昌臣茶业有限公司	私营有限公司	48	11213.2
宣恩县皇贡茶业有限公司	私营有限公司	30	4730
宣恩县皇邦茶业有限公司	私营有限公司	10	4850
湖北绿可生态茶业有限公司	私营有限公司	21	6300.2
宣恩县伍贡茶业有限公司	私营有限公司	30	4849.8
宣恩县伍家台贡茶有限公司	私营有限公司	48	3508.2
宣恩县九九茶业有限公司	私营有限公司	40	3550
宣恩县熙贡生态茶叶有限公司	私营有限公司	55	2155.7
恩施州博硒茶叶发展有限公司	私营有限公司	30	2103.3
宣恩县盛源茶业有限公司	私营有限公司	10	2350
湖北宣恩维民实业有限公司	私营有限公司	65	10505
宣恩县峰润茶业有限责任公司	私营有限公司	10	2204.6
宣恩县采花茶叶专业合作社	其他内资	150	13703.8
湖北贡易德茶业有限公司	私营有限公司	19	3257.4
宣恩县神农茶业有限公司	私营有限公司	30	3633.5
宣恩绿路顺茶叶有限公司	私营有限公司	30	3353
宣恩县七姊妹山茶业有限公司	私营有限公司	15	4200
宣恩调阳茶叶有限公司	私营有限公司	30	3173.1
恩施州新特威牧业开发有限公司	私营有限公司	40	3481.6
恩施州葛维康科贸有限公司	私营有限公司	25	2563
宣恩县富源农业发展有限公司	私营有限公司	55	3550
湖北凯泰农业发展有限公司	私营有限公司	50	2673.9
湖北宏图现代农业有限公司	私营有限公司	128	5220
宣恩天香熏腊食品有限公司	私营有限公司	103	3850
湖北土家爱食品开发有限公司	私营有限公司	106	5406.1
湖北省宣恩锦森木业有限公司	私营有限公司	115	5785
宣恩县鑫宜纺织有限公司	私营有限公司	41	2279
湖北巴楚风印务有限公司	私营有限公司	164	5617.5

续表 7

企业名称	经济类型	从业人员	工业总产值
宣恩县德和新能源有限公司	私营有限公司	60	2750
宣恩泛得矿业有限公司	私营有限公司	70	7953.5
宣恩县汉海矿业有限公司	私营有限公司	26	2644.4
宣恩县硅宝矿业有限公司	私营有限公司	60	2882.4
宣恩县宏大矿业有限责任公司	私营有限公司	55	3552.5
宣恩县碧鑫建材有限公司	私营有限公司	37	7718.3
湖北立翔工艺开发有限公司	私营有限公司	100	5438
宣恩县鸿源矿业有限公司	私营有限公司	20	2900.6
宣恩县德诚节能建材有限公司	私营有限公司	42	2076
宣恩县佛恩佳建材有限公司	私营有限公司	100	3242
湖北兴龙工具有限公司	私营有限公司	67	4000
宣恩瑞祥钢结构工程有限公司	私营有限公司	30	3024.9
宣恩县联华玻璃有限公司	私营有限公司	128	2203.7
湖北博诚钢化玻璃制造有限公司	私营有限公司	29	2483.2
湖北童话工艺品有限公司	私营有限公司	80	4530.1
宣恩县新坤电子有限公司	私营有限公司	210	3292
宣恩县方圆绿色再生资源科技有限责任公司	私营有限公司	86	2800

工业园区

【概况】2015 年宣恩工业园区入园企业总数达到 85 家，其中规模以上企业 29 家。园区工业企业实现总产值 17.86 亿元，同比增长 22.8%，其中规模以上工业总产值 15.83 亿元，同比增长 21.77%；完成规模以上工业增加值 5.54 亿元，增幅稳居全州开发区第一。完成固定资产投资 10.54 亿元，连续三年过 10 亿元，同比增长 2.21%；招商引资新签约资金 16.3 亿元，到位资金 10.8 亿元，同比分别增长 24.24%和 134.8%；园区工业企业纳税额首破 1000 万元大关，碧鑫公司年纳税达 600 万元。加快园区企业创新发展，1 月宣恩贡硒实业有限责任公司在上海股权交易中心完成新三板挂牌上市；9 月湖北立翔工艺开发有限公司成功申报为省高新技术企业，在全县实现零的突破。

【园区基础建设】2015 年 5 月启动调区扩区 6 个系列规划编制工作，11 月园区产业发展规划通过省发改委组织的专家评审，园区总体规划、宣南新城规划、土地利用规划基本编制完成。建设独具特色“工业梯田”，下椒园片区基本建设完毕，店子坪片区二期公路建成。搭建产业转型升级平台，启动和平制造产业园绿化、亮化工程，完成配套供排水、供电及通讯管网建设。宣南产业新城居民安置小区、创美物流城、思源学校等项目征地工作完成，安置小区、公墓等基础设施建设启动。新增 360 套企业公租房建设进展顺利。

【园区项目建设】全年实施产业项目总数 48 个，其中续建 25 个，新开工15个，签约待建5个，无绩效退出3个。上好硒博园、方圆再生资源、童话工艺、鹏博农业、谭家村酒业、盛大科技、龙鑫厨具等14个项目建成投产。武陵种业、海关监管场所等新开工项目建设进展顺利；佳鑫农业、鑫海物流、家园科贸、弘亚金属等项目厂房工程建设完成，进行试运营或设备安装；天宇物流、武陵商贸城等重点项目进行主体工程建设。

【园区招商引资】围绕椒园生态食品加工、和平金属加工制造两大产业链招商。新引进引进兴朝恒合、新坤电子、博今电气等承接产业转移的五金机械关联企业，实现钢铝材等废料边角料综合利用，提升园区能源、资源循环利用效率。金丝雀综合食品、维民硒产品等富硒生态产业项目落户椒园。引进一批影响县域经济发展的重点项目，创美综合物流城、汽车产业园等重点项目新签约落户。

【园区对外开放】恩施海关监管场所成功入驻椒园，建成集报关报检、仓储物流等多功能于一体的综合配套贸易通关平台，实现"家门口通关"的贸易便利化。园区出口型加工企业进一步壮大，童话工艺公司产品98%以上实现出口，佳鑫农业公司出口茶叶、若叶、香菇生产线建成投产，宣桃茶叶公司在摩纳哥建立分厂。2015年园区企业完成出口总额1019美元，同比增长177.5%。

【园区管理服务】继续对入园项目审批及服务事项执行"全程代办"，对涉及中介服务项目实行打包遴选制度。完成椒园生态产业园物业服务外包试点工作，园区内实现卫生、安保、劳务等各项物业全覆盖。与相关银行签订战略框架协议，为园区28家企业落实产业发展资金、解决过桥资金总额逾1亿元，多途径缓解企业"融资难"。对入园项目实行分类评价、分类管理，实现有限行政、服务资源向优质企业集中，提高园区企业整体规范化管理水平。严格落实项目建设无绩效退出机制，对今大药业、精品粮油、北虫草等不履约的3个项目依法退出、重新招商，对谭家村陶瓷、长江实业、晶赐利果饮等项目下发按期完工督办书。加大企业建设过程中涉及规划、环保、消防、建设、国土等办事程序破解力度，提交县政府专题会议形成了相应解决方案。

（吴斌）

电力工业

【概况】2015年全县投产电站34座，总装机达23.55万千瓦。其中，民营电站29座，总装机容量22.76万千瓦，占全县已总装机容量的97%。

【电源建设】1.红旗电站位于酉水河流域，水头14米，引用流量7立方米／秒，引水渠长2400米，1983年投产发电，装机容量2×500＝1000千瓦，年均发电量370万千瓦时，由宣恩县鑫源电力安装有限公司建设管理。

2.龙泉电站位于忠建河流域，属两站一厂，高水头430米，装机2×630＝1260千瓦，1998年投产。中水头88.6米，装机1×2500＋1×1600＝4100千瓦，2005年投产发电，总装机容量5360千瓦，由宣恩县东门关水电开发有限公司建设管理。

3.龙洞电站位于县城西2千米处，属清江中游右岸最大支流忠建河干流梯级开发的第二级电站，1995年投产发电，装机容量4×6500＝26000千瓦，由宣恩县卧龙水电投资公司建设管理。

4.狮子关电站位于忠建河支流洪家河，电站形成一坝两库，水头171米，2005年投产发电，装机容量2×5000＝10000千瓦，由宣恩县狮子关水电有限责任公司建设管理。

5.东门关电站位于酉水河流域高罗河源头东门关二仙岩，水头490米，设计年发电量400万度，2004年投产发电，装机容量2×630－1260千瓦，由宣恩县东门关水电开发有限公司建设管理。

6.洞坪水电站位于清江支流忠建河下游，水库总库容3.43亿立方米，2005年投产发电，装机容量2×5500＝110000千瓦，由湖北宣恩洞坪水电开发有限责任公司建设管理。

7.花拱桥电站位于忠建河流域，水头34米，渠道长580米，引用流量1.9立方米／秒，2005年1月投产发电，装机容量2×250＝500千瓦，由宣恩县东门关水电开发有限公司建设管理。

8.陈家台电站位于忠建河流域，水头49米，2004年投产发电，装机容量 1×125＋1×400＝525 千瓦，由宣恩县恒源水电开发有限公司建设管理。

9.漂坎电站位于酉水河流域，漂坎因其天然跌水飞瀑而得名，2004 年投产发电，装机 1 台，水头 10 米，容量 320 千瓦，由宣恩县清水塘水电开发有限公司建设管理。

10.杨柳塘电站位于酉水河流域，川箭河支流岩底河上游，水头 40 米，装机容量 1×250＋2×500＝1250 千瓦，2003 年投产发电，由宣恩县清水塘水电开发有限公司建设管理。

11.飞水岩电站位于酉水河流域，2005 年投产发电，装机容量 1×200＝200 千瓦，由宣恩县飞水岩水电开发有限公司建设管理。

12.响水洞电站位于酉水河流域，2004 年投产发电，装机容量 1×100＋1×250＝325 千瓦，由宣恩县响水洞水电开发有限公司建设管理。

13.鱼泉电站位于酉水河流域支流龙潭河上游，2009 年投产发电，装机容量 2×8000＝16000 千瓦，由宣恩县中能水电开发有限公司建设管理。

14.东乡电站位于忠建河流域，1985 年投产发电，后经增容，装机容量 1×400＋1×800＝1200 千瓦，由宣恩县鑫源电力安装有限公司建设管理。

15.狮子关二级电站位于忠建河流域，洪家河干流第二级电站，2010 年投产发电，装机容量 1×1250＝1250 千瓦，由宣恩县龙狮水电有限责任公司建设管理。

16.凉风洞电站位于忠建河流域，1986 年投产发电，装机容量 2×125＝250 千瓦，由宣恩县鑫源电力安装有限公司建设管理。

17.仙人洞电站位于忠建河流域，引仙人洞阴河伏流，1981 年投产发电，装机容量 1×100＋1×125＝225 千瓦，由宣恩县鑫源电力安装有限公司建设管理。

18.龙头沟四级电站位于忠建河流域，龙头沟（岔槽河）下游，1980 年投产发电，装机容量 2×250＝500 千瓦，由宣恩县富源水电开发有限公司建设管理。

2015 年 12 月 28 日，龙头沟三级电站计量改造

19.洪江一、三级电站位于忠建河流域，1984 年投产发电，一级 2×75＝150 千瓦，三级 2×250＋1×125＝625 千瓦，总装机容量 775 千瓦，这二座电站由宣恩县鑫源电力安装有限公司建设管理。

20.双溪电站位于酉水河流域，是酉水河流域梯级开发第一级。水头 183.5 米，2009 年投产发电，装机容量 3×5000＝15000 千瓦，由湖北省宣恩县佑水公司建设管理。

21.黑龙河电站位于酉水河流域，1992 年投产发电，装机容量 1×125＋1×250＝375 千瓦，由宣恩县黑龙河水电开发有限公司建设管理。

22.满天星电站位于酉水河流域高罗河，满天星电站 1958 年 5 月建成发电，是宣恩县最早水力发电站。1982 年 2 月，随着岩底河电站投产发电，满天星电站从此退役。位于高罗集镇供电所院内，以电站站址满天星而得名，2010 年恢复扩建，与当年 5 月投产发电，装机容量 1×55＋1×100＝155 千瓦，由宣恩县满天星水电开发有限公司建设管理。

23.川大河电站位于酉水河流域，1978 年投产发电，装机容量 1×250＋1×250＝750 千瓦，由宣恩县鑫源电力安装有限公司建设管理。

24.会口电站位于忠建河流域，1978 年投产发电，2007 年增容，装机容量 1×250＋1×500＝

750千瓦，由宣恩县鑫源电力安装有限公司建设管理。

25.金滩电站位于酉水河流域，是酉水宣恩段七级梯级开发中的最后一级，2012年投产发电，装机容量2×4000=8000千瓦，由宣恩县天鸿水电开发有限公司建设管理。

26.桐子营电站位于忠建河流域，三级开发的最上一级，库容8438万立方米，2012年试运行发电，装机容量2×12000=24000千瓦，由宣恩县桐子营水电开发有限公司建设管理。

27.车子口电站位于酉水河流域，2013年投产发电，装机容量1×250+1×400=650千瓦，由宣恩县三星水电开发有限公司建设管理。

28.盘古庙电站位于酉水河流域，2005年投产发电，装机容量1×125+1×400=525千瓦，由飞水岩水电开发有限公司建设管理。

29.南河口电站位于忠建河流域，属支流官千河源头云头山脚下，水头45米，无渠道，全部采用压力管，长660米。2014年投产发电，装机容量1×125+1×250=375千瓦，设计年发电量120万度，由宣恩县满天星水电开发有限公司建设管理。

30.龙头沟二级一站一厂容纳高、中两水头，410米高水头装机2×630=1260千瓦，72米中水头装机2×500=1000千瓦，三级站1×320+1×800=1120千瓦。岩底河电站属酉水川箭河支流，水头80米，装机2×500+1×630=1630千瓦。河源二级电站，水头96米，装机2×500+1×630=1630千瓦。这四座电站由国电恩施水电开发有限公司宣恩管理处经营管理。

【在建电站】观音坪电站为宣恩县白水河干流梯级开发第二级，位于沙道沟镇马桑溪村，水头166米，装机2×13000=26000千瓦，工程总投资2.1亿元，2015年3月开工，由湖北酉源电力投资开发有限公司建设管理，计划2017年建成发电。

双溪电站在建442米高水头电站，位于椿木营乡锣鼓川与沙道沟镇马桑溪村，2×5000=10000千瓦，2013年开工建设，工程总投资1.6188亿元，于2016年完工，由湖北佑水公司建设管理。

中寨二级电站（水塘电站）为川箭河支流岩底河，位于水塘村委会旁，于2013年开工，属恢复扩建工程，装机1×55+1×125=180千瓦，工程投资220万元，因遗留问题，原由宣恩县满天星水电开发有限公司建设，现由宣恩县荣发水电开发有限公司建设管理，拟于2016年底完工发电。

鸡笼电站为鸡笼洞流域第四级电站，位于椿木营乡粟谷村，装机7000千瓦，总投资5386万元，于2015年完成相关前期工作，拟2016年开工，由恩施致盛水电有限公司建设管理。

二坪电站位于沙道沟镇二坪村头坪河境内，装机1×500+1×250=750千瓦，工程投资1049万元，计划2017年建成发电，由宣恩县清源建设开发有限公司建设管理。

（李先文　钟莉华）

【国电恩施水电开发有限公司宣恩县管理处】2012年9月3日，国家电力体制改革实行厂网分家，全州国有发电资产被中央企业中国国电集团公司收购，并在恩施州注册成立中央三级法人企业国电恩施水电开发有限公司，宣恩成立临时机构：国电恩施水电开发有限公司宣恩发电工区。2013年4月，经国电湖北公司批准，按照一县一机构的设置原则，成立国电恩施水电开发有限公司宣恩县管理处，位于宣恩县珠山镇民族5路9号。管理处下辖全资电站4座，装机容量6640千瓦（其中河源二级电站装机1630千瓦，岩底河电站装机1630千瓦，龙头沟二级电站装机2260千瓦，龙头沟三级电站装机1120千瓦）。

2015年国电恩施水电开发有限公司宣恩县管理处共完成发电量3242.3095万千瓦时，同比增加1.5018万千瓦时，增幅为0.046%。关口计量3172.0509万千瓦时，同比增加22.1876万千瓦时，增幅为0.70%。平均设备利用小时4953.31小时，同比增加72.61小时。

【安全生产管理】2015年度安全形势平稳，全年未发生一般及以上设备事故、一般火灾事故、一般人身伤亡事故和交通事故。全年累计一类障碍0次，二类障碍0次，人身轻伤事件0次。截至2015年12月31日，在运电站实现连续安全运行2495天。国电恩施水电开发有限公司宣恩县管理处组织开展以下安全生产专项活动。“新春安全教育”活动，要求全体干部职工春节后上班迅速进入状态，各电站各班组在实际操作中要严把安全关，确保人身、设备和电网安全。“三反四保”（反行为违章、反装置违章、反管理违章，保人身、保设备、保电网、保防汛安全为主要内容）安全生产活动，按照“分级管理、各负其责”的原则，全面、全员、全方位、全过程开展“三反四保”工作。“春季、秋季安全大检查”活动，对各电站运行设备、水工建筑物开展春季、秋季两次全面检查，及时发现隐患，对存在的问题及时整改。防汛抗洪工作，对各电站水工建筑物、运行设备、应急物资进行一次全面检查；开展防汛应急演练，加强防汛值班，确保安全度汛。组织开展“抓三基”工作，规范、完善、修编《安规》《运行规程》《两票应急预案》《检修规程》；“安全生产月活动”以加强安全法制、保障安全生产为主题，对照检查单位存在的问题，制定整改措施，进行整改。在设备管理上，严格按照恩施公司要求，提前拟定设备A、B、C修计划，并按计划组织实施，对存在缺陷的设备按轻重缓急逐步消缺，严格控制临时性抢修，较好地保证设备随时处于完好状态；加大设备改造力度，对各电站计量进行改造；更换河源电站、岩底河1＃、2＃、3＃调速器，提高设备自动化水平，减小员工劳动强度。

（杨瑛）

草把龙

草把龙，因用稻草扎制、青蔓缠身而得名。流传于宣恩县沙道沟、珠山、椒园等乡镇，属于集健身娱乐为一体的民间舞蹈。在宣恩民间，无论是布龙、板凳龙还是草把龙，都深受各民族人民的喜爱和崇敬。每年正月初一至十五的龙拜年、龙闹春、龙贺喜是宣恩人民最看重的传统习俗。《宣恩县志》（清·同治二年版）载：“元宵独迎龙灯，各家以爆竹掷迎者，忍痛不顾，犹以为乐。”清朝，龙舞就已在宣恩盛行，并一直绵延不断传承至今。

宣恩玩草把龙又叫耍青龙，寓含清平世界之意，每年在谷熟之前的五六月间表演，祈求神龙驱瘟、降雨，保佑风调雨顺、五谷丰登。舞龙时锣鼓伴奏，表演生龙活虎、灵活敏捷、衔接紧凑、配合默契，犹如真龙凌空飞舞。

草把龙承载着农耕文化历史信息和原始记忆。龙舞作为一种群众性健身娱乐活动，极具感召力和凝聚力，抒发齐心协力奋发进取的民族精神，表达人们祈求五谷丰登和向往国泰民安的美好愿景。

服务业

【概况】2015年全县实现社会消费品零售总额33.87亿元，同比增长12.0%(2014年、2015年数据根据三经普结果作调整)。其中，限额以上企业实现消费品零售额3.05亿元，增长14.7%。分城乡看，城镇实现零售额25.43亿元，增长11.9%；乡村实现零售额8.43亿元，增长12.0%。分行业看，批发零售贸易业30.07亿元，增长12.0%，住宿和餐饮业3.80亿元，增长11.0%。

全年全县实现外贸出口总额3219万美元，同比增长15.8%。招商引资完成21.32亿元，同比增长24.5%。实际利用外资432万美元，同比下降13.6%。

“十二五”时期，全县招商引资到位资金由4亿元增加到21.32亿元，累计68.27亿元，年均增长39.7%；外贸出口由634万美元增加到3219万美元，累计10155万美元，年均增长38.4%；实际利用外资由52万美元增加到432万美元，累计1135万美元，年均增长52.7%。

交通运输、仓储及邮政业实现增加值2.33亿元，增长0.9%。境内公路里程2820千米，比上年增加798千米。其中高等级公路235.5千米(含90千米高速公路)，增加53.2千米。农村通公路行政村达100%。

全县累计旅游接待人数114.65万人次，增长30.6%；收入4.80亿元，增长27.8%。

年末全县金融机构本外币各项存款余额73.45亿元，比年初增加13.74亿元，增长23.0%。其中：住户存款42.85亿元，比年初增加4.20亿元。金融机构各项贷款余额34.81亿元，比年初增加10.12亿元，增长41.0%，高于存款增幅18个百分点。其中：住户贷款15.91亿元，比年初增加2.26亿元；非金融企业及机关团体贷款18.90亿元，增加7.86亿元。

金　融

【概况】2015年全县银行业金融机构7家，营业网点28个，小额贷款公司2家，银行业机构从业人员354人。2015年3月，成功创建全省最佳金融信用县，被省人民政府评为“最佳金融信用县”。

全县各金融机构贯彻落实稳健货币政策，调整信贷结构、优化信贷投向、转变服务方式、提高金融服务效率，年末全县金融机构各项存款余额734506万元，比年初增加137352万元，增长23.00%，增幅居恩施州第一位。各项贷款余额348065万元，比年初增加101164万元，增长40.97%，增幅位全州第一位，高于存款增幅17.97个百分点，超过全州贷款平均增幅22.14个百分点。贷存比47.39%，较年初提高6.04个百分点。

【金融机构信贷投入】全年共组织召开2次大型银企对接活动，28家企业与银行签约。充分利用货币政策工具，引导金融机构加大涉农贷款投放力度。为引导金融机构加大对三农的信贷投入，支行向上级行积极争取支农再贷款指标，为地方法人金融机构支持“三农”发展提供资金保障，全年向宣恩农商行发放支农再贷款4500万元。狠抓重点项目建设的信贷支持，全

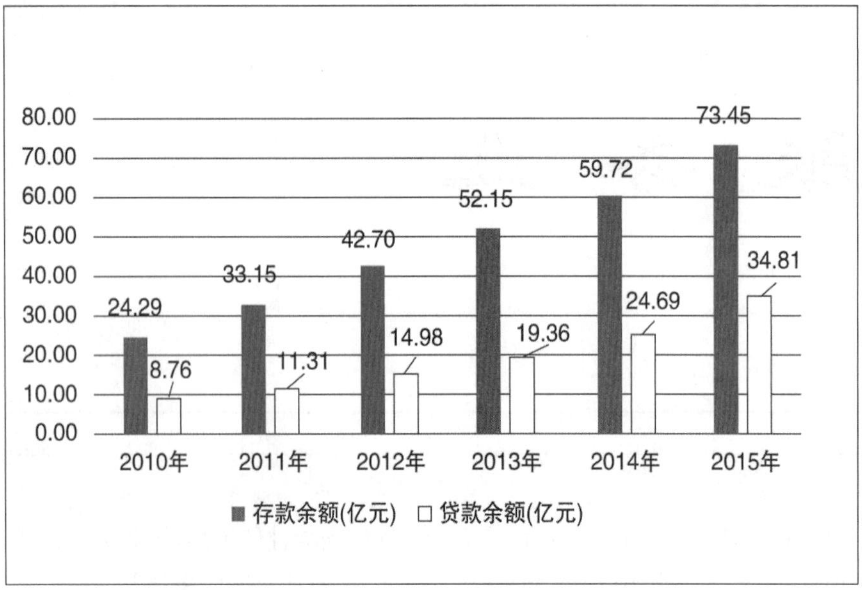

2010—2015 年存款余额及贷款余额

年投放易地扶贫搬迁项目贷款 3 亿元，培植农业新型主体 160 户，累计投放中小企业贷款 6.7 亿元。

【金融服务】县人民银行通过金融工作会议、金融联席会议等形式，宣传货币、信贷政策，并对全县金融运行形势、金融支持工业园区企业发展情况进行专题分析报告；督促各金融机构做好宣传与引导工作，让广大市场主体认识和了解国家宏观政策走向，主动适应和配合稳健货币政策的贯彻实施；按季组织召开金融联席会议，通报全县金融运行情况，研究分析全县金融运行中存在的困难和问题，通报金融机构贯彻落实稳健货币政策情况，并提出有针对性的建议和措施；争取适度宽松政策，为金融机构更好地服务县域经济发展创造良好的外部环境；按照要求将宣恩农商行存款准备金率由 14.5%逐步调整到 11.5%。

不断完善金融服务基础设施，初步建立政策性、商业性和合作性金融共存的金融扶贫服务组织体系，拓展乡镇网点布局。2015 年 5 月 5 日，农业银行宣恩支行在沙道沟镇设立首家乡镇智慧银行，重新回归农村金融市场。11 月 29 日，恩施村镇银行在高罗设立支行正式营业，12 月湖北银行入驻宣恩，金融行业竞争格局初步形成。设立金融服务惠农联系点，试点推动农村手机银行、网上银行、村支书＋移动 POS 机等新的支付结算工具取得明显成效，实现行政村金融服务全覆盖目标，用户达 12000 户。全县各金融机构结合农村新型经营主体发展实际，推动农村信用体系建设，以增加有效信贷投入为基础，引导农村新型经营主体加强信用管理，通过提高自身信用等级来获取金融支持，为金融机构更好地支持县域经济发展奠定了良好基础，该项工作得到了人民银行武汉分行易寿生副行长的肯定性批示："恩施中支在宣恩县推动农村信用体系建设，想了不少办法，取得一定成效，请征信处深入了解及时总结借鉴"。持续推动内部评估零收费措施，降低市场主体融资成本，该项工作获得州委常委、副州长马尚云的肯定性批示："宣恩的金融工作有创新，为实体经济服务有实招，值得重视和推广。"

全面推动社会信用体系建设。持续推动农村信用体系建设，组织开展农村新型经营主体信用体系建设，引导广大农村地区的农村新型经营主体加强信用管理，增强信用意识，净化农村信用环境；深入推进中小企业信用体系建设，组织金融机构通过开展银企座谈，银行行长企业行等活动，引导中小企业诚信经营，效果明显，全县实体经营型中小企业无一笔贷款逾期。

持续推动金融生态环境建设，开展信用乡镇、信用村、信用社区、信用企业创建活动，全县 9 个乡镇、5 个社区达到信用乡镇、信用社区评定条件。宣恩县获 2015 年度"金融信用县"称号，至此，已连续 14 年获得"金融信用县"称号。

【金融管理】启动存款保险工作，按照《存款保险条例》，开展宣恩农商行存款保险申请受理及投保金额测算工作。做好存款准备金平均法考核工作。9 月，按照《关于实施平均法考核存款准备金通知》(银发〔2015〕289 号)要求，加强信贷部门与支付结算部门的工作衔接和沟通，按日对存款准备金日终余额满足每日下限要求情况进行考核。进一步推进人民币反假网格化管理工作。人民银行宣恩县支行联合县综治办印发《关于关于将人民币反假及"反宣币"工作纳入网格化管理的通知》，将人民币反假及“反宣币”工作网格化管理纳入考核内容，并完成全县9个乡镇(含279个行政村)、5个社区的网格建设，网络开通已实现全覆盖。开展经理国库30周年宣传活动，向县直有关部门，商业银行、企业实体、社会公众宣传《中华人民共和国预算法》《中华人民共和国国家金库条例》等法律法规，宣传经理国库成果，增强人民银行经理国库的社会认知度。除参加总行、分行、中支统一部署活动外，结合宣恩实际，采取专题座谈会、流动宣传车、移动短信、特色景点等形式开展系列宣传活动。

【金融扶贫】2015年人民银行宣恩县支行联合县扶贫办、县财政局等部门，在扶贫互助担保贷款试点基础上，创办全县金融扶贫主打信贷产品《金融扶贫益贷互助担保贷款》，并会同县扶贫办、县财政局共同制订《宣恩县金融扶贫益贷互助担保贷款试点实施方案》等7个文件。会同县扶贫办、县财政局和县民政局，在上年度黄坪村金融扶贫试点基础上，全面推动金融扶贫益贷互助担保贷款的扩面增额工作。5月20至22日，人民银行总行在贵阳召开“全国扶贫开发金融服务工作座谈会”，中国人民银行恩施州中心支行吴剑峰副行长(主持工作)参加会议并作交流发言，宣恩县构建“信贷资金+扶贫互助担保组织+新型农业经营主体+贫困农户”的金融扶贫工作模式在会上交流推介。从2015年7月起，人民银行宣恩县支行与扶贫办在全县9个乡镇开展金融扶贫培训工作会议。全县279个行政村，5个社区居委会的乡镇驻村干部、村支书(主任)、县直单位驻村第一书记、各涉农金融机构负责人及信贷人员，以及部分农村新型经营主体共2000余人参加培训。在组织对村级干部培训的同时，支行还组织农商行、村镇银行和邮政储蓄银行3家金融机构共同在9个乡镇开展金融扶贫宣传月活动，向广大农村地区的农户及各类农村新型经营主体宣恩金融扶贫相关政策，现场累计发放金融扶贫宣传手册4万余份。中国人民银行恩施州中心支行吴剑峰副行长作出批示：“宣恩县支行的工作很踏实，很有必要和针对性，我州县域、乡镇的金融宣传培训工作量大面广，要坚持不懈地做下去，持续强化县域市场主体和居民的金融意识和水平，努力营造良好的金融生态环境、发展环境，请各县市支行结合实际抓好此项工作，此件转发各县市支行参考学习。”进一步深化扶贫开发金融服务，构建“县、村、户三级金融扶贫工作体系”。积极推动“金融扶贫示范县、示范村”创建、“金融扶贫细胞工程”实施工作，引导金融机构大力支持农村新型经营主体，增强贫困农户自身造血功能。7月31日，“武陵山连片特困地区扶贫开发金融服务工作座谈会”在贵州省铜仁市召开，中国人民银行恩施州中心支行王公明副行长在会上就金融扶贫开发情况作了《立足三个“坚持”推动三项“创造”全面深化扶贫开发金融服务工作》的交流发言。9月16日，恩施州人民政府研究室《决策与调研》〔2015〕第6期以《创新金融服务，缓解融资难题》为题，对宣恩近年来创新金融服务与创新作了专题介绍。11月16日，《恩施日报》以《扶贫资金变身，撬动金融扶贫大盘》为题，对宣恩创办“金融扶贫益贷互助担保贷款”信贷产品启动金融扶贫作了专题报道。12月8日，在王国生省长调研州精准扶贫工作时，县长刁覃就金融扶贫工作作了典型发言。截至2015年年末，全县金融扶贫已成立互助社56个，社员2800户，发放845笔15091万元贷款。

(覃浩)

【中国农业银行宣恩支行】截至2015年12月31日，各项存款余额120587万元，比年初上升26967万元。贷款余额为60147万元，比年初上升13886万元。全年共实现拨备后利润3249万元，其中贷款利息账面收入3604万元，金融机构往来利息收入5269万元，中间业务实现收入701万元，其他收入764万元。

(姚恩平)

【中国农业发展银行宣恩县支行】2015年，中国农业发展银行宣恩县支行(简称县农发行)累计投放各项贷款44600万元，累计收回各项贷款9781万元，各项贷款余额57210万元，较年初增长34819万元，增幅155.50%。贷款余额在全州农发行系统内排名第二，实现贷款余额翻番，同时不良贷款继续保持为零，贷款到期收回率为100%。各项存款余额32477万元，较年初增长25875万元，实现翻番。财政拨补共收回63万元，利息收回率114.55%。中间业务收入27万元,其中,国际业务结算量12万美元。实现账面利润706万元,同比增长305万元。企业文化建设被省分行确定为全省试点行,省分行授予"五星级职工之家"称号,进一步巩固省级园林式单位成果,机关党风廉政建设、安全保卫、综合治理、计划生育、"四无"创建等量化考核指标全部达到创优标准,年内没有发生经济案件、治安刑事案件、违法违纪、安全责任事故,被恩施州分行表彰为先进单位。

在业务经营方面,县农发行立足农业政策性银行本职,围绕易地扶贫搬迁和水利建设两个重点,开展项目营销,为县域精准扶贫提供金融服务,支持城镇、农村基础设施建设,扶持产业化龙头企业。2015年1月26日,完成宣恩土地储备7000万元农村土地整治中长期贷款剩余6900万元贷款的投放工作。围绕全县精准扶贫以及城镇发展要求,实地调查各乡镇扶贫工作情况,办理易地扶贫搬迁中长期贷款8亿元,成为恩施州农发行系统中首获批复的银行之一,已实现3亿元贷款资金的投放;办理水利建设项目中长期贷款1.4亿元,实现5000万元贷款资金的投放,项目资金用于解决晓关乡、椒园镇和珠山镇3.77万人供水以及2386.67公顷农田灌溉。为宣恩县珠山和沙道两个粮食购销公司办理4笔县级储备粮和省级商业储备粮贷款展期,展期金额1415万元。为湖北大派食品有限责任公司提前办理1900万元短期流动资金贷款,在恩施州伍家台富硒贡茶有限责任公司原有600万元贷款余额的基础上,增加200万元额度,用于支持企业生产发展,出口创汇。

(李季)

【中国建设银行股份有限公司宣恩支行】截至2015年底,中国建设银行股份有限公司宣恩支行全口径一般性存款时点余额108628万元,较年初新增27376万元,完成新增计划334.42%。其中,对公存款时点余额70713万元,较年初增长22224万元,完成新增计划488.44%;个人存款时点余额37915万元,较年初增长5152万元,完成新增计划134.20%。

2015年各项贷款余额34673万元,较年初增长9640万元。其中,公司类贷款余额18730万元,新增投放3810万,计划完成率为32.84%;个人贷款余额15943万元,新增投放5830万元,计划完成率为291.49%。完成不良资产控制目标,各项贷款不良率为零。

中间业务实现净收入577万元,同比上升134万元,完成年度计划71.53%。手机银行活跃客户新增4134户,计划完成率98.24%。企业网银活跃客户119户,完成计划的100.85%。个人网银活跃客户4994户,完成计划的151.06%。善融商户新增活跃客户2户,完成计划的200%。实物黄金销售502克,完成计划的232.11%。微信银行客户新增583户,完成计划的57.33%。ETC新增603户,完成计划的50.25%。

(袁庆华)

【中国工商银行股份有限公司宣恩支行】2015年末,中国工商银行股份有限公司宣恩支行各项存款余额32195.65万元,较年初增长12167.64万元。其中储蓄存款余额12330.32万元,较年初增长3174.31万元;对公存款余额19865.33万元,较年初增长8993.33万元。各项贷款余额为9246.69万元,较年初净增5107.33万元,其中个人贷款余额5026.69万元,较年初增长2687.33;公司贷款余额4220万元,较年初净增2420万元;信用卡分期余额840万元,较年初净增544万元。实现中间业务收入150万元,营销对公理财产品200万元,个人理财产品890万元,发行牡丹灵通卡820张,发展个人网银客户1098户,手机银行客户1142户;开立对公存款账户115户,净增有效账户78户;达标私银客户1户,年末余额1244万元;新增工资代发8户、605人,共代发工资15户、997人,代理保险、基金销售、三方存管等业务均有一定发展。

(杨义之)

【湖北宣恩农村商业银行股份有限公司】2015年12月末,湖北宣恩农村商业银行股份有限公司(简称宣恩农商行)各项存款余额210365万元,同比净增29407万元,增幅16.25%,存款市场份额达到28.64%;各项贷款余额128927万元,同比净增11024万元,增幅9.35%,贷款市场份额达到37.01%,存贷款规模、市场份额均位居全县金融机构首位;不良贷款占比1.61%,当年到期贷款

8月8日，宣恩农村商业银行在黄坪村开展金融服务网格化政策宣传

收回率为99.08%；2015年实现各项收入15370万元，同比净增2039万元，增幅15.3%。其中贷款利息收入12178万元，同比净增1364万元，增幅12.61%；全年共缴纳各项税款1844.1万元，同比增长5.1%。2015年宣恩农商行共有35人次分别受到省、州、县级表彰，被县委县政府授予2015年度企业税收"突出贡献奖"、2015年度县直单位目标管理责任制考核"优胜单位"等荣誉称号。2015年12月29日，宣恩农商行珠山支行被中国银行业协会授予"中国银行业文明规范服务三星级营业网点"美誉。

【服务三农】支持新型农业经营主体，全面对接农村专业大户、家庭农场、农民专业合作社等新型农业经营主体，建立主办行制度，提供贷款、存款、支付结算、理财、电子银行、工资代发等全方位金融服务。截至2015年底，宣恩农商与180户农村专业大户、15家农民专业合作社建立主办行关系，累计发放贷款近5000万元。

支持务工经济发展，建立农民工服务档案1500余份，发行银行卡1300余张，在浙江瑞安、乐清—柳市"等宣恩籍农民工集中地成立"农民工金融服务中心"2个，对外出创业农民工发放贷款1300万元，对返乡创业农民工发放贷款1750万元，组织外地务工人员存款4500余万元。

支持农村生产、经营转型发展，满足农户用于种养殖等生产经营性贷款，截至2015年底累计发放农户小额担保贷款11752万元；发放茶农贷款5200万元，向全县1855户烟叶种植农户，发放烟叶产前投入贷款1180万元。

开展小额贷款保证保险试点工作。2015年11月26日，宣恩农商行与宣恩县人民政府、中国人民财产保险股份有限公司宣恩支公司签订宣恩县小额贷款保证保险合作协议。截至2015年12月末已发放保证保险贷款2笔，金额50万元。

支持农村消费升级发展，支持李家河镇"上城大道"、沙道沟集镇"酉水商都"、万寨"贡茶苑"等项目建设，以按揭方式发放贷款1411万元。

【扶持各类企业】截至2015年底共为地方龙头企业发放贷款1.8亿元，涉及地方基础设施建设、粮油加工、茶叶、交通运输、物流、餐饮、建筑等多个行业。扶持企业主要包括蒙恩花木有限公司、大派食品食品有限责任公司、土家爱食品开发有限公司、绿可生态茶业有限公司、维民实业有限公司、天宇物流公司等一大批重点龙头企业。与宣恩工业园区建立合作关系，2015年35家园区企业从宣恩农商行获得贷款2.1亿元，占授信客户的80%。

宣恩农商行对小微企业实行专设机构、专业人员、专项计划的"三专"机制，专门成立公司业务部，配备专业信贷人员6人。截至2015年底，累计发放小微企业贷款6.59亿元，小微企业贷款余额达5.04亿元，占全县银行机构的60%。

【金融服务】全年宣恩农商行代发职工工资、兑付粮食补贴、退耕还林、农民工工资、扶贫、低保等各项政府惠民补助资金，涉及金额超过8000万元。

面对经济下行压力加大，中小企业经营普遍困难的现象，宣恩农商行按照省联社和县委、县政府的要求，对有前景、讲诚信但暂时出现经营困难的企业，不抽贷、不断贷、不压贷；对正常运转的存量贷款不附加(更换)担保条件，不增加额外贷款负担，不随意提起诉讼，支持企业渡过难关；对其他银行机构因战略需要而退出的企业，及时跟进，做好信贷服务。对企业既给短期流动贷款，又给中长期建设贷款，将一些有合理需求企业的 1 年期贷款改为 2 年以上的中长期贷款，支持企业做大做强。

在人民银行宣恩县支行的指导下，宣恩农商行与县扶贫开发办合作推出“金融扶贫益贷”，在椒园镇黄坪村试点开办扶贫互助小额担保贷款。截至 2015 年底，黄坪村资金互助合作社成功发放扶贫贷款 91 笔，金额 545 万元，无一笔不良贷款。2015 年开始在高罗镇板寮村、李家河镇柏子坳村、沙道沟镇上洞村等村启动扶贫互助担保贷款试点工作后，并在全县范围内推开。截至 2015 年 12 月末，宣恩农商行共在全县累计发放扶贫互助担保贷款 2850 万元，贷款余额 2430 万元。

2015 年 2 月 2 日开始直至春运结束，宣恩农商行在县长途客运站搭建农民工返乡工作驿站，免费为返乡农民工提供金融服务和后勤保障，开展“五个一送温暖”活动，即送一杯水、送一程路、送一份金融宣传资料、送一份祝福、送一张乡情卡，共吸纳外出务工人员存款 4500 万元。实施走出去战略，宣讲家乡的经济、金融形势和政策，吸纳外地资金投入宣恩建设。2015 年 2 月，宣恩农商行长潭河支行组织开展对接外出务工人员温州一瑞安行，吸纳打工存款。2015 年 6 月，高罗支行组织开展对接外出务工人员浙江乐清—柳市行，拓展业务市场范围，同时为外出务工人员送去家乡人亲情的问候与关怀。

【扶贫帮困】2015 年 5 月 29 日，宣恩农商行工作人员到宣恩县万寨乡白果坝村小学，为村里的留守儿童们和贫困小学生们送温暖，陪他们共度快乐六一。6 月 18 日宣恩农商行义工队到宣恩县椒园镇农村福利院，为 25 名孤寡老人打扫卫生、整理衣物、包包粽子、谈谈心，陪他们度过不一样的端午。10 月 21 日(农历九月九日重阳节)宣恩农商行义工队到宣恩县椒园镇农村福利院，慰问生活在福利院里的 20 多位孤寡老人，并为老人们送去唱戏机、棉鞋、棉袜，价值千余元。2015 年 9 月，宣恩农商行“精准扶贫”工作组到长潭河侗族乡杨柳池村进行精准扶贫推进工作，并对 45 户贫困户每户给予 500 元的无偿扶持，用于发展油牡丹。12 月，为每户贫困户送一袋大米和一桶食用油，总价值达 5000 多元，并发放金融宣传资料。

【管理与合规】2015 年 1 月 25 日，宣恩农商行与 12 个支行(部)负责人签订《2015 年度案防管理责任状》《党建及综治维稳责任状》《治理整酒风责任状》等各类责任状 65 份，与招标工作人员签订廉洁承诺书 1 份，与基建工程责任人签订承诺书 5 份；班子成员与各条线签订管控责任状 12 份；各网点负责人与员工签订岗位互控责任状 149 份；员工签定案防承诺书 150 份。通过签订相关的责任状、承诺书，明确了双方的职责和义务。2015 年 2 月 12 日，董事长与各支行行长及部室经理签订党风廉政建设责任状 18 份，各支行(部)信贷从业人员签订廉洁执业承诺书 59 份。职工还定期从治庸、行风建设、优质服务等方面展开自纠自查和自我反省。2015 年 5 月 19 日，开展“三严三实”专题教育培训会，全行所有党员共同参与“三严三实”交流发言，将党建工作与金融业务工作同步推进。

【员工队伍建设】宣恩农商行制定《宣恩农村商业银行员工集中培训学习指导意见》，明确学习目标、学习内容、学习时间、学习方式、创新形式、学习要求六项内容，确保学习制度落到实处。通过组织员工参加省、州、县举办的财务、信贷方面的培训，提高全员业务素质；通过组织岗位练兵、业务技能比赛、优质文明服务、柜员、信贷员等级评定，强化业务技能培养，评选业务技能带头人；积极鼓励干部员工在岗自学，参加会计师、助理会计师、会计从业资格、银行业从业资格考试各类专业技术职称考试。2015 年 7 月宣恩农商行按照省联社总体部署开展“523 人才成长工程”(500 名市县行社优秀年轻干部、2000 名基层支行优秀年轻人才、3000名专业条线优秀人才），共有24人进入到人才储备信息库。

2015年开展向社会公开招录员工作，128人报名，54人参加初次面试和资格审查，54人参加考试，最终录用5人，录用人员于2015年8月上岗工作。2015年末，宣恩农商行共有职工253人，其中在岗职工162人，退休职工89人，35岁以下65人，本科及以上68人，初级及以上职称63人。

（李银平）

【中国邮政储蓄银行股份有限公司宣恩县支行】2015年12月9日，中国邮政储蓄银行股份有限公司宣恩县支行完成引进战略投资者工作，采取发行新股方式，融资规模451亿元，发行比例16.92%。截至2015年12月底，邮储银行实现业务收入2919万元，储蓄存款余额达到20.28亿元，全年净增1.18亿元，其中自营余额8.73亿元，对公存款达到3.2亿元；贷款余额达到3.06亿元，本年净增6000万元。截至12月底，不良额为98.32万元，不良率0.35%，逾期率为1.01%。

2015年在珠山镇封口坝、茅坝塘、东门关等村成立金融扶贫互助社并实现放款，椒园部分村专业扶贫互助社、沙道沟老岔等5个村的金融互助社正在筹备阶段。已投放金融扶贫益贷1082万元，其中个人贷款382万元，企业及专业合作社贷款700万元。2015年9月末与县工商联小微企业促进会联合开办邮储银行小微企业助保贷业务，已放款7000多万元。利用邮政银行存量客户抵押物的剩余价值的70%进行再次授信放款，已为宣恩顺通汽车有限公司、恩施众力装饰有限公司等企业放款300余万元。存量优质客户在额度授信期内，贷款一年到期后客户不用现金归还贷款，不需向第三方拆借资金，由邮政银行自动对到期贷款实行转期贷，进一步解决企业融资难、融资贵的问题，宣恩土家爱食品有限公司、湖北大派集团有限公司均发放转期贷500万元。由州农发担保公司对县域内优质涉农企业在邮政银行贷款实行担保，利率实行基准利率，向宣恩鹏搏农业有限公司放贷款200万元、宣恩桐子营小溪茶叶专业合作社授信100万元。由州硒康牧业公司进行担保，向晓关养殖大户乐某授信100万元。受县财政局的委托，由邮政银行将县域发展调度资金用贷款的形式发放到县域各企业，累计向44家企业发放委托贷款1.5亿元。企业凭税收缴费凭证向邮政银行申请贷款，不需抵押和担保，需抵押和担保，向湖北巴楚风印务有限公司放款175万元，宣恩宣桃茶叶有限公司放款300万元。

【金融服务“最后一公里”】邮政银行在全县有10个金融网点，充分利用互联网技术，拓展金融服务网络，弥补农村地区金融服务覆盖不足，开通包括26台AT米、网上银行、手机银行、微信银行等在内的多样化的电子金融服务渠道。在行政村布放支付结算设备POS机共418台，其中商易通130余部，外出务工人员每年通过邮储银行结算渠道资金回流超过5000万元，每年邮储银行网点代收付交易笔数达5000余笔，发放各类惠农补贴500万元，客户逾2000户。开通社保代收、非税代收系统，为广大居民缴费提供便利。全年代发工资金额达3.4亿元，代发单位超过12户，客户数量超过1.5万户。开展农村普惠金融服务站建设，建立与基层党组织合作新机制，在党员群众服务中心建立普惠金融服务站5个，发放贷款320万元。

（李和国）

【恩施村镇银行宣恩支行】2015年恩施州常农商村镇银行股份有限公司宣恩支行（简称恩施村镇银行宣恩支行）各项存款余额2.1亿元，较年初增长6000万元，增幅40%。全年累计放贷2.06亿元，年末各项贷款余额1.73亿元，较年初增长6431万元，增幅59%。年末存贷比84%；不良贷款率为0.01%。全年共安装POS机120台，完成各项收入1650万元。2015年9月18日，恩施村镇银行高罗支行在高罗镇龙河村8组成立，是恩施村镇银行宣恩支行在乡镇设立的第一家二级支行，2015年9月29日恩施村镇银行高罗支行正式开业。2015年恩施村镇银行宣恩支行新招录员工8名，其中客户经理3名，柜面服务人员5人。

（钟慧）

2015 年 9 月 29 日，恩施村镇银行高罗支行开业

【湖北银行宣恩支行】2015 年 11 月 15 日，中国银监会湖北监管局“批准筹建湖北银行宣恩支行。筹建地址：湖北省恩施州宣恩县珠山镇兴隆大道 145 号。筹建期限 6 个月”（鄂银监复〔2015〕410 号）。

2015 年 12 月 29 日，湖北银行宣恩支行正式挂牌开业，湖北银行宣恩支行发展暨政银企座谈会在行政办公大楼二楼会议室召开。州委常委、副州长马尚云，副州长高云正出席座谈会并讲话；人行恩施州中心支行副行长吴剑峰讲话；湖北银行恩施分行行长张毅介绍分行发展情况；习覃致辞，朱鹏程、杨安明、岳东出席座谈会。习覃祝贺湖北银行宣恩支行挂牌开业，代表县人民政府与湖北银行恩施分行签订政银战略合作协议；马尚云、张毅分别讲话。湖北银行宣恩支行与宣恩贡水融资担保有限公司、湖北巴楚风印务有限公司签订银企合作协议；湖北天宇物流有限公司、宣恩贡硒实业有限责任公司进行交流发言。州银监分局、州金融办相关负责人，县直相关单位、各金融机构、县内部分企业主要负责人参加座谈。

截至 2015 年末，各项存款余额 26794 万元，完成全年增量计划的 129%。其中对公存款余额 26096 万元，完成全年增量计划的 145%；储蓄存款余额 698 万元，完成全年增量计划的 25%。各项存款日均余额达到 17042 万元，完成全年计划的 93%。其中对公存款日均余额 16466 万元，完成全年计划的 101%；储蓄存款日均余额 576 万元，完成全年计划的 29%。

（胡鹏）

保　　险

【中国人民财产保险股份有限公司宣恩支公司】2015 年中国人民财产保险股份有限公司宣恩支公司实现保费收入 1794 万元，其中车险保费收入 1184 万元，非车险保费收入 610 万元；全年支付赔款 842 万元。在服务“三农”方面，承保能繁母猪 8496 头，能繁母牛 146 头，水稻 4666.67 公顷；承保全县“两属两户”（军属、烈属、低保户、五保户）房屋保险 16092 户，“治安家财”投保农户 9560 户。涉农赔款 175.45 万元。

（尹磊）

【中国人寿保险股份有限公司宣恩县支公司】2015 年中国人寿保险股份有限公司宣恩县支公司（简称中国人寿宣恩县支公司）坚持以发展为第一要务，在行业保费收入增长较快的背景下，加大业务发展力度，加快个险、团险、银保渠道多轮驱动业务发展，完成保费收入 5688 万元，同比增长 15.8%。其中，新单保费 2864 万元，完成率 129%，同比增长 46%；长险首年保费 1799 万元，其中十年以上期交 376 万元，长险首年标准保费 307 万元，短险保费 269.9 万元。个险保费总收入 2938 万元，同比增长 4.94%，其中期交保费 533 万元，同比增长 2.61%，短险保费 41.3 万元，同比下降 13%。加大对大客户、大项目的拓展力度，为全县 4 万余名学生提供平安保险保障，团险保险总收入 228.5 万元，同比下降 10%。银保渠道 1732 万元，同比增长 4%。办理各类赔付支出共 2236 万元，其中死亡给付 145 万元，满期给付 1187 万元，赔款支出 840 万元，医疗给付 15 万元，年金给付 49 万元。

在客户服务方面，中国人寿宣

恩支公司积极认真做好保单基础服务，全面落实客户服务标准，开展客户关系管理，并按要求在系统开展客户信息资料回访，个险渠道新单电话回访成功率提升至100%；为方便客户办理交费、领款业务，在全县各银行都能办理代收代付服务项目，并开展星级柜面创建活动。在理赔方面，中国人寿宣恩支公司建立健全系统理赔重大疑难事件的快速应急处理机制，强化理赔服务意识，理顺理赔工作流程，明确理赔查勘人员职责，提升理赔服务人员的服务水平和质量。加强理赔服务时效管理，对于索赔资料齐全、事故责任明确且无需调查的案件，在收到理赔申请之日起3个工作日内做出理赔核实；对于索赔资料齐全但需要理赔调查的案件，在收到理赔申请之日起30个工作日内结案。全年结案率达100%，无遗留案件。

（胡敏）

【中华联合财产保险股份有限公司宣恩支公司】2015年中华联合财产保险股份有限公司宣恩支公司（简称中华保险宣恩支公司）经营范围为财产损失保险，责任保险，信用保险和保证保险，短期健康保险和意外伤害保险，上述业务的再保险业务，国家法律、法规允许的保险资金运用业务，经中国保监会批准的其他业务。全年实现保费收入925万元，比省公司700万元任务超225万元，比州中支公司800万元任务超125万元，较上年增长45%。其中，机车保险保费815万元，非车险110万元。理赔支出368万元。

在承保业务管理上，中华联合宣恩支公司全体员工贯彻党和国家的方针政策，在展业、承保的实际工作中，严格执行国家保监委核批的险种、条款、费率、规章，不搞变相承保，不降低费率承保，不高额返还手续费。维护保险市场的声誉，执行《中华人民共和国保险法》和保监委下发的各项管理办法和规章，各类承保业务正常开展。

在理赔服务工作，中华联合宣恩支公司始终践行“服务至上、信守承诺、回报社会”的服务宗旨，勇于承担社会责任，从查勘、定损、理算到赔款支付，高标准、严要求，真正做到不乱赔、不错赔、不惜赔，积极维护国家、保险人、被保险人的利益。通过提供全方位的保险保障服务社会经济发展大局，得到社会各界的广泛认可。非车险如2015年4月1日上午9时许，湖北长阳路通总公司在中华联合宣恩支公司投保建筑工程施工人员团体人身意外伤害保险。被保险人崔福锡在232省道宣恩县城至万寨路段改扩建工程宣万—02标段工地上修砌路基挡土墙时，土坡上发生滑坡一块大石头滑下来砸中死者头部及手脚部位，导致其当场死亡。中华联合宣恩支公司接到投保人的报案后，速派出查勘员赶往现场查勘。经查勘人员的现场调查核实及询问目击证人，认定被保险人崔福锡系在施工时因山体滑坡被石头砸中导致意外死亡。团体人身意外伤害保险项下赔付：意外身故保额60万×100%×1份＝60万元整。车险如2014年12月10日，覃章丕驾驶标的车鄂Q51767在途经宣恩县李家河路段时，因观察不周导致标的车右侧车厢挂到行人谭桃云及包桂云，第一现场导致谭桃云死亡，包桂云受轻伤的交通事故，报交警处理，现场查勘确认事故属实，后积极参与协调，最终赔付三者家属16.65万元。

（张美玲）

交通运输

【交通概况】至2015年末，全县公路总里程2820千米，公路网密度达102.9千米/百平方千米，其中高速公路90千米，二级公路183.368千米，三级公路142.742千米，四级公路1696.653千米，等外级公路707.237千米。内河航道总里程120余千米，乡镇达标渡口26个。有客运站7座，其中二级客运站1座，五级客运站6座，农村客运候车亭231座。

全县有道路客运企业6家，营运客车355辆/5850客座，有客运班线149条；有城市客运企业2家，在营车辆81辆/699客座，全年完成客运量615万人次，客运周转量20296.77万人千米，同比分别增长2.33%、0.07%。有汽车租赁企业3家，在营租赁车辆11辆。有营运货车1389辆/3220吨位，年货运量233万吨，货运周转量26596万吨千米，同比分别增长5.43%、0.42%。有机动车维修企业94家，从业人员540人，全年产值5000余万元。有A级汽车综合性能检测站1家，从业人员15人，年检测车辆4200台次。汽车驾驶员培训学校2所，教练车73台，教练员90名，实操场地6处76000平方米，全年培训学员3200余人，平均合格率在70%以上。有道路运输从业人员资格培训点、继续教育培训点及考点各1处，年培训从业人员180人，继续教育培训733人。有物流运输企业3家、快递公司8家、物流代办点11处。有通航水域6个、渡口渡船14艘。

【基础设施建设】2015年完成交通固定资产投资5.7亿元，同比增长21.5%。建成高速公路宣恩县城至椒园连接线，完成209国道分水岭至当阳坪至李家河关口段配套完善工程建设，基本完成S232宣恩至万寨段、S365王家坳至长潭河段公路改造，高罗、沙道绕镇公路有序推进。完成特色旅游公路沙道沟桃子岔至两河口段、锣圈岩至洗草坝段路基工程建设。结合“村村通客车”工程，加大农村公路建设力度，完成农村道路危桥改造14座、农村公路安保工程140千米，建成农村客运候车亭50个，完成农村公路重点养护250千米，对危险路段建错车台3091个，完成钢护栏、防撞墙等安保工程650千米，设置安全警示、标志牌1721块，安装凹凸镜580块，完成连通循环路建设150千米，完成路基加宽536.03千米。

【公路管养】以“迎国检”工作为契机，加大养护管理规范化建设，及时搞好公路水毁治理，依法惩处堆料占道和运输抛洒等行为，全面加强公路超限治理，从严查处超限超载行为，依法收取公路赔补偿费22.5万元。推进“绿满荆楚”活动，完成公路绿化117千米。开展公路安全隐患排查治理，增设公路安全警示、提示标志牌2050块，全县路域环境得到改善。

【行业监管】认真做好恩来、恩黔高速公路建设临时用地复垦和“三改”、炮震炮损赔补偿等扫尾工作，兑付临时用地补偿费150万元，投入资金127万元完成“三改”66处，调处各类矛盾纠纷20余起，有效遏制重大信访案件发生，确保高速公路建成通车平稳过渡。开展打非治违行动，出动执法人员3300人次，出动车辆600辆次，办理一般程序案件113件，查处非法营运车辆108辆，暂扣车辆35辆，处罚款11.5万元。

【科技与信息化】强化行业科学技术的推广应用，完善工程质量监控平台，加强施工现场网络化监管，运用科技手段搞好工程质量监管。全系统4个单位建立电子政务协同办公系统，3个单位建立OA信息平台，2个单位建成使用视频会议系统，投入1.5万元完善办公院落视频监控系统。全县客运企业和物流企业完成卫星定位动态监管系统建设，客运车辆和物流企业GPS定位监控设备使用率达100%，运输行业安全监管手段进一步加强。全面启动公路安全畅通与应急处置系统和科技治超信息管理系统，推进道路运输审批及涉路许可网络化运作和湖北省道路客运联网售票系统建设。

【安全应急管理】全面落实安全生产责任，建立横向到边、纵向到底的安全生产监管格局，强化安全生产主体责任和行业源头监管，层层落实安全生产责任，全县交通运输行业未发生一起重大安全生产责任事故。加强对危险路段、建设工地、重点运输企业及渡口码头的安全检查，组织开展安全知识宣讲进企业、进学校、进社区活动，全力搞好安全隐患排查治理，全年共排查治理隐患单位76家，排查一般隐患167项，已整改167项，整改率达到100%。开展安全生产大检查29次，查处非法违法、违规违章行为109起。发放安全生产宣传资料500份，免费发放水上救生衣50件、救生圈20个。

【和平大道建设征迁协调工作】2015年按照县政府《和平大道工程建设征迁协调工作方案》《和平大道工程建设征地拆迁安置补偿方案》，完成实物指标调查，需征收集体土地12公顷，拆除民房7幢，占用沿线群众水泥院坝135处，实物指标已公示并进入兑现阶段。

【村村通客车】1月19日，全县第五轮“三万”活动中的“村村通客车”工作启动。由县交通局牵头，抽调精干人员组成两个工作专班，会同各乡镇及安监、交警等相关部门，对全县284个村（含5个社区）客运及道路通行条件等情况进行全面细致的调查摸底：全县9个乡镇农村公路共计养护里程1700千米，共有农村客运线路85条，农村客运车辆193辆，覆盖182个行政村，占行政村总数的64%。根据调查摸底情况，科学编制《宣恩县农村客运发展规划图》，以图文并茂形式直观的反映出宣恩村村通客车情况。3月6日，2015年全县交通运输工作暨“村村通客车”工作会议在县行政办公大楼二楼会议室召开，会议安排部署2015年全县交通运输暨“村村通客车”工作。5月26日，省政府督察专员赵毓清带督查组到宣恩李家河镇督查“村村通客车”工作。周志斌及县交通局、李家河镇主要负责人陪同。督查组听取李家河镇“村村通客车”工作的汇报，到李家河镇车站了解基础设施、制度建设、服务流程、运力保障、成本效益等情况，督查组要求镇政府要切实落实主体责任，进一步加快建设进度，加大防护措施，确保农村居民安全便捷出行。6月12日，省“三万”督查组到宣恩验收“村村通客车”工作。11月23日，沙道沟镇二坪村开通客运班车，至此，全县实现“村村通客车”目标。

2015年全县投入“村村通客车”资金3534万元，一是上级下达补助资金1684万元(其中用于基础设施建设的1076万元，农村客运发展补助资金233万元，省级财政一般性转移支付资金375万元)；二是实行农村道路通畅工程安保资金同步配套，用于实施100千米的农村道路钢护栏安保工程；三是县财政采取“以奖代补”方式，安排850万元财政资金，重点用于全县规划的“村村通客车”线路的客运通行路段防撞墙、错车台、路基路面达标、候车亭建设等项目工程；四是通过驻村县直部门帮扶，尤其是与扶贫工作有机结合，捆绑资金1000万元，用于完善各村的公路基础设施及安保工程，使其达到通客车条件。

做好公路养护和安保建设“两大工程”，实现农村客运“畅、安、舒、美”工作目标。2015年共完成维护农村通村公路1048千米，完成农村公路重点养护250千米，修建错车台3091个，完成钢护栏、防撞墙等安保工程650千米，设置警示牌、标志牌1721块，安装广角镜580块，完成路基加宽536.03千米，设置候车站亭186个，完成危桥改造14座/411延米。新开通客运班线96条，新增运力153辆，新增通客车行政村102个，已通客车行政村达284个，通客车率100%。

(胡敏)

·路　政·

【概况】全县列养的公路有：县境内G209国道，S325(鸦来线)、S232(椒石线、宣万线)、S233(恩鹤线)、X027养护里程共265千米，其中，国省道干线公路180.24千米，特大、大桥8座，长隧道1座。

【公路养护】2015年共清理水沟1800千米，修复路肩墙820米、修复挡土墙628立方米、修复钢护栏3680米、修复防撞墙34米、修补沥青路面坑槽258平方米、沥青路面灌缝31千米、整治翻浆路基1516平方米，疏通涵洞82道，补植绿化树18036株、清除路基塌方11000余立方米、泥结碎石填补路面坑槽13500余平方米、浇筑砼路肩膀墙及水沟墙320立方米、清洗粉刷桥栏杆、防撞墙及警示墩等4634平方米，路树刷白158.2千米。

2015年7月，投入资金15万元对县城莲花坝大桥伸缩缝进行维护，对所有桥涵淤塞进行及时疏通清理。对地质灾害路段，采取安全保障措施，设立警示标志，实施专人监控。11月完成泡木垭至椒园7.7千米中修、高速连接线至莲花坝1.1千米大修。12月完成椿木营、椒园、当阳坪3个管理站的维修。

【路政管理】开展日常管理和专项整治，改善路域环境与路容路貌，有效遏制超限超载，案件的查处率结案率达95%。

全年共发生交通事故共17起，造成路产损失37806.00元，结案17起，收回路产损失赔偿费37806.00元，结案率为100%、索赔率为100%。检测超限车辆2165辆，超限1006辆，除不可解体及鲜活农产品外，对890辆超限车辆实施就地卸载，卸载吨位达8287.6余吨。开展专项治理2次，非公路标志牌688块，非公路宣传横幅160余条；规范加水站9个；规范路边经营103起，清理摆摊设点103个；规范公路连接，实施路宅分离27起300余米；治理砂石场运输沿线抛洒39起。受理路政许可申请1起，许可1起。举办路政执法培训2次，参训人员33人次，进行路政军训2次，举办路政业务比武1次，参加州局路政技能比武4人次。加强路政法规宣传，送法上门宣传67户，逢场赶集发放宣传资料1100余份，

【公路建设】完成S365长潭河至王家坳改扩建工程路基并8千米水稳以及双幅砼路肩墙浇筑，完成S232县城至万寨改扩建工程01、02标段路基，完成02标段路面完成9千米水稳和6千米水泥路面，03标段路基完成9千米。编制国省干线“十三五”路网结构改造项目前期工作。路网结构改造项目、地灾治理项目、安保安防项目完成编制上报，其中G209地灾治理项目涉及已获批复。

（朱俊）

·高速公路建设·

【概况】2014年恩来恩黔高速公路虽已建成通车，但涉及沿线群众生产生活等重大民生问题还在处理中，2015年县高路办与相关乡镇处理临时用地7宗13.33公顷，兑现临时用地复垦费150万元。落实新增“三改”方案，全县新增“三改”66处，投资127万元，对原各项目部施工的“三改”工程进行验收，签字接受竣工的“三改”工程173处。炮震炮损工作虽在2014年已基本处理完毕，但仍有部分重点户还在等待观望，通过对部分重点炮损户反复做过细思想工作，最终全县10余户重点炮损户与施工单位签订补偿协议并兑现补偿款。2015年是恩来恩黔高速公路建成通车第一年，矛盾较为突出，县高路办对有可能产生的集体信访问题预先考虑，提前介入，有效化解，致使许多矛盾在萌芽状态得到解决，全年共参与调处各类矛盾纠纷20余起，有效遏制重大信访案件发生。

【宣鹤高速公路建设】宣恩至鹤峰高速公路是《湖北省“十二五”高速公路规划》“七纵五横三环”中“五横”的一段，是湖北宜都至来凤高速的重要组成部分，建成后将连接鹤峰、宣恩、来凤等县，亦称鹤来高速，宣鹤高速公路起于鹤峰县艾蒿坪，经太平镇、毛坝至分水岭，跨车洞河，经雪落寨、沙道沟镇，在宣恩县当阳坪与恩来高速公路相连，路线总长55.628千米（其中宣恩段31千米），主线设计速度每小时80千米，采用双向四车道高速公路标准建设，路基宽度24.5米。桥梁总长14004.75米/46座（其中大桥13305.5米/37座，中桥622.25米/7座、分离式立交桥77米/1座），宣恩段27座；隧道总长18813米/18座（其中特长隧道8914米/2座，长隧道4518.5米/4座，中隧道4115.3米/6座，短隧道1265.2米/6座），宣恩段13座。工程中桥隧占线路长度61.2%，设鹤峰西、沙道沟、当阳坪枢纽3处互通式立交和2处服务区。另建沙道沟连接线2.62千米。项目估算投资73.3亿元，建设工期48个月，预计2019年底建成通车。

宣鹤高速公路宣恩段拟征收土地约140公顷，拟征迁房屋102栋。宣恩县成立习罩为组长的宣鹤高速公路建设领导小组（宣政办函〔2015〕44号）。组建工作专班，明确工作任务、职责、分工，制定《宣鹤高速公路宣恩段工程建设征迁协调安置实施方案》《专班人员方案》《后勤保障方案》。10月9日，县委、县政府召开高速公路建设专题会议，安排部署宣鹤高速公路建设相关事宜。10月12日，习罩、向子明、王仕高及县直相关单位负责人对宣鹤高速公路途经的镇村进行实地调研。12月18日，宣鹤高速公路控制性工程开工仪式在鹤峰县艾蒿坪举行，习罩、向子明、王仕高及县交通局、县高速公路办公室、沙道沟镇政府等相关单位人员参加开工仪式。

（苟杰）

·水路运输·

【概况】2015年全县共有6个通航水域（清江库区宣恩段、洞坪库区、双龙湖库区、桐子营库区、狮子关库区、仙佛寺水域）通航里程118千米，乡镇渡口14处，乡镇船舶35艘，渡船11艘，各类自用船舶290只，各类持证船员63人。有一支民间水上搜救队，救援船只4艘，救援人员10名，2015年没有出现水上安全搜救情况。

全年共出动检查人员200人次；出动海巡艇20艘次；检查船舶300艘次（含渡船）；查处安全隐患18处，整改18处，整改率达100%。发放宣传资料200份，免费发放救生衣50件，救生圈20个。在“春运”“五一”“十一”等节假日及“安全生产月”期间开展专项行动和应急预案，对每项工作做到有部署、有检查、有总结。建立健全船舶县、乡、村、船主四级目标管理责任制，三四月份集中签订了全县7个涉水乡镇责任状和12个村及11个渡口14艘船舶的责任状，签订率达到100%。

【打非治违】集中开展“六打六治”打非治违专项行动，主要针对

2015 年 5 月 23 日，湖北省港航海事局安全监督处党支部与宣恩县地方海事处在宣恩县举行“服务层站所，创建红旗党支部”结对共建协议签字仪式

全县水域实际情况进行打击治理，主要内容有：治理非法从事水上旅游客运、非法违法渡运行为。对龙洞库区、仙佛寺等重点水域从事水上游客运输的船舶进行全面检查，与来凤县、湖南省龙山县海事工作人员共同治理自己辖区船只的载客安全行为，严查客船载客救生衣穿戴情况，严防船舶超载，冒险航行等非法违法行为。对存在的问题，及时督促整改，做好记录，对严重影响安全的，立即停业、停航整顿；对全县 14 个渡口进行安全检查，按照《渡口渡船安全监管工作制度》进行监管，做到每月检查，做好记录，督促各渡口船主按时进行船检年检，做到无证不上岗，带病不上岗，严禁酒驾、夜航，危险天气禁航、限航；特别是重点打击“三无”船舶从事运输的行为，开展“三无”船舶非法从事客运行为大排查，对各乡镇统计造册的自用船舶进行建档存档，对非法进行载客的船舶当场进行纠正，情节严重的下达海事文书，根据相关法律法规进行处罚，对无法满足安全要求的船舶，按照规定予以取缔、拆除。

【信息化管理】全县 11 处渡口 11 艘渡船安装北斗定位设备，实时监控管理各渡口渡船上的动态，安全管理实现信息化、科技化。

【省交通运输厅肯定宣恩水路交通安全工作】5 月 11 日，湖北省交通运输厅党组书记、厅长尤习贵在湖北港航海事第 59 期政务信息《宣恩水路交通迎来“众人划桨竞安全”的可喜局面》上批示：“宣恩的经验很好。形成了政府主导，财政支持，行业负责的管理机制。安全成效非常明显，望各地学习、借鉴、推广。”5 月 23 日，州交通运输局副局长杨国卫在宣恩县召开会议，传达学习尤厅长对宣恩海事工作批示精神，省港航海事局副局长徐大福，安全监督处金春阳，州交通运输局、州港航海事局、宣恩县人民政府、宣恩县交通运输、宣恩县地方海事处相关负责人和有关科室负责人参加。副县长向子明介绍海事处水上交通安全工作情况。宣恩县境内河网密布，纵横交错，流域面积 10 平方千米以上的河流 34 条，10 千米以上的河流 21 条，全县通航里程 100 余千米，乡镇渡口 26 处。调研组对全县农村水上安全工作给予肯定，认为经过探索与实践，积累了一系列水上交通安全管理的成功经验和有效做法。要求宣恩要以省厅领导批示和此次座谈为契机，不断完善安全监管体系、创新安全监管思路，切实把水上安全管理的各项措施落实到位。座谈会后，县海事处与省地方海事局安全处签订《“服务基层站所、创建红旗党支部”结对共建协议书》。8 月 18 日，全州水上交通安全工作会议在宣恩县召开，传达学习省交通运输厅尤习贵厅长对宣恩水上交通安全工作的批示精神。州交通运输局、州港航海事局、全州八个县市交通局、县地方海事处相关负责人参加会议。

（张平文）

【物流】2015 年末，全县登记在册的物流企业共 3 家，正常营业 1 家（宣恩县旭日物流有限公司），在建 2 家（湖北宣恩鑫海物流发展有限责任公司、湖北省天宇物流有限公司），营业收入约 550 万元；个体经营户及代办点 8 家（武汉佳利物流宣恩代办点、0718 快运宣恩代办点、友缘物流宣恩代办点、大道物流宣恩代办点、金典物流宣恩代办点、兄弟物流宣恩代办点、正通物流宣恩代办点、中铁物流宣恩代办点),快递企业9家(申通快递、海航天天快递、中通快递、圆通快递、韵达快递、优速快递、汇通快递、全峰快递、顺丰快递)。物流业从业人员约120人。2015年由鑫海物流公司投资建设的椒园物流园项目,至年底完成主体办公楼以及信息交易大厅项目建设,完成建筑面积约为44700平方米,完成总投资约为8500万元。由湖北天宇物流公司投资建设的宣恩生态物流园(中国海关恩施监管场所)项目,一期1#楼、2#楼、海关查验仓库、监管仓库以及海关关口、检验检疫卡口主体建设已完工,完成建筑面积约为84923平方米,已完成总投资量约为11000万元。2015年度宣恩县交通物流发展局被评为全省运管物流系统十佳标准化示范局。

(王秀菊)

·邮　政·

【经营管理】根据中国邮政集团公司的关于企业改革"子改分"的要求,2015年7月28日原宣恩县邮政局更名为:中国邮政集团公司湖北省宣恩县分公司(以下简称宣恩县邮政分公司)。

2015年宣恩县邮政分公司实现业务收入2694.79万元,完成全年计划的100.78%,同比增长12.6%,进度居全州第二位。其中邮务类收入552.67万元,占比达到20.5%;代理速递物流收入38.55万元,占比达到1.43%;代理金融业务收入2103.54万元,占比达到78.05%。全年实现收差744.52万元。全县有效收入占总收入比重达到67.45%,排名全州第三位,人均劳产率突破22.03万元。邮务、速递物流和代理金融三大板块的结构比重为20:1:79。

2015年新增邮储余额6894万元,规模突破10亿元,新增市场占有率19.24%,新增电子银行10570户,绿卡发放21006张;全年新增保费1.18亿元,收入规模和同比增幅分别排全州第3位和第1位,形成收入378.65万元;实现函件收入105.77万元;集邮业务收入67.5万元;新增邮储短信用户20714户、车辆短信119户,同比增长45%,实现业务收入162.97万元,同比增长35.53%;报刊业务呈下滑态势,仅完成一次性收订2016年报刊流转额399.5万元;分销业务实现收入68.77万元,收入规模排全州第3位。2015年第三方测评综合满意度,宣恩总体评价得分95分,位于全州第三位。

【转型发展】宣恩县邮政分公司应对市场经营变化,转变经营理念,调整发展模式,强化队伍建设,提升运营水平,实现产能提升,全面推进网点转型。配备1名专职、1名兼职督导员;建立领导、部室及管理人员包挂督导机制以及"转型网点绩效"考评机制,5个转型网点(建设路、沙道沟、高罗、晓关和李家河支局)完成导入、固化及验收流程;组织2次转型培训、团队验收,深化转型理念认识,管理端"五大抓手"(组织领导推动、队伍建设驱动、督导管控促动、激励保障拉动、信息反馈联动)、经营端"十大抓手"(存款挽留防流失、他行近挖转、客户价值提升、客户共赢、务工市场开发、特色种养殖专场、项目营销、专业条线资源整合、平台经营、异业联盟)在基层一线逐步落地。

实施金融"三向"(行业发展动力从传统动能向新动能转化、发展方式从量的增长向质的提升转变、发展路径从被动适应向主动引领转型)战略,建成4个新型助农取款点(高罗麻阳寨、沙道沙坪、李家河板力元和晓关桐子营)。对接"互联网+"理念,建设"常惠生活"平台。全面启动农村电商布局,麻阳寨"N站合一"平台建设得到恩施邮政分公司和县政府的肯定。

实施对标管理,按照"对标+""转型+"理念,在建设路支局开展全州"三互"(互学、互评、互比)活动;制定对标管理整体方案,初步落实同业竞争20条意见,加强对同业竞争对手的了解与应对。不断规范流程管理,"三重一大"议事规则、招投标流程、经营决策流程、日常运行管理流程不断规范,"管理提升年"主要目标基本实现。

【综合管理】继续推进基础能力建设、网络建设和信息化建设,完成了网格化区域经营及信息系统、APP营销走访系统、VIP客户自动识别系统三大系统的培训应用。新增CRS8台,信息化建设及台席设备正逐步更新。

财务管理进一步精细化,实现ERP系统整体上线,提升了以财务为核心的管理体系信息化水平;完成"子改分"工作(按照国务院

《邮政体制改革方案》部署，开展“子改分”更名相关工作)，与全州同步推进；非生产性成本进一步得到压缩，招待费、会议费同比下降19%，差旅费下降7%，办公费下降14%，车辆运行费基本持平；加强财务管理，加快业务费报账时限，规范业务费报账管控，避免经营风险。

狠抓风险管控，组织开展“一加强、两遏制”(加强内部管控、加强案件防控、遏制违规经营和违法犯罪)专项检查复查活动；开展2个网点(万寨、李家河)的“整体接管”工作；对全县8个金融网点进行风险等级评价及县市机构内控评价工作，对网点负责人、金融从业人员进行“六查六纠”(岗位轮换、印章管理、非法集资、民间借贷、代收代付业务及助农取款等六个风险领域)的排查活动。

多措并举解决缺员问题，通过州公司招聘往届大学生3名、劳务承揽人员2名、招聘寒假实习生、旺季临时招聘人员等多种方式，缓解基层一线旺季缺员问题；平稳完成投递员薪酬结构调整工作(基本工资+计件+服务)；规范机构设置，按州分公司要求配备了检查、稽查人员务2名。

【爱心邮路】为更好地树立邮政服务形象，为构建和谐宣恩贡献一份力量。2015年继续开展“爱心邮路”工程，即利用邮政投递员走村串户的优势，在每条邮路上，继续选择两户孤寡老人或留守困难儿童作为帮扶对象，每月帮助做一点家务活，逢年过节和生日上门看望一次，有帮扶对象42名，累计帮扶资金达3.8万余元。

(汤祚健)

通　信

【概况】2015年末全县移动电话用户达22.45万户，同比减少1.13万户；固定电话用户2.36万户，同比增加1500万户；互联网宽带接入用户2.01万户，增加400户；电话通村率100%。

【中国电信股份有限公司宣恩分公司】截至2015年，中国电信股份有限公司宣恩分公司(以下简称中国电信宣恩分公司)固定电话容量达到3万门，宽带网络容量达到2.8万端口，新建村村通、CD米A、3G、4G基站160座，移动信号覆盖率达到80%以上，国际互联网出口达到40G，县到乡(镇)达到2G，传输全部实现光纤化、环网化、数字化、高带宽大容量化，用户网络接入全部升级为FTTH(光纤到户模式)，光缆传输总长度达到12000千米，全县所有村村村通电话，240个行政村通光纤。固定电话用户数达到2.17万户，宽带用户达到1.45万户，电信移动电话达到2.8万户。

【重要项目建设】2015年7月，投资58.9万元，开通县、乡、村三级政府部门的云视频会议系统及电子政务网延伸建设(共68村)。全年共开通125个村卫生室的农村合作医疗专网。推动互联网+在教育领域的应用，在全县60所中小学免费推广家校互通软件(“阳光APP”)。投资240万元，完成宣恩县“平安监控项目”的建设改造任务，共有352个高清监控点、4个监控卡口。投资50万元，完成珠山镇天井堡、长潭河乡猫村子村等对口扶贫村的通信网络建设项目。投资60万元，完成城区光纤城域网的大对数光缆的扩容工程。投资65万元，建设宣恩—万寨，宣恩—长潭河的汇聚层光缆增容项目。投资150万元，完成全县乡镇市政改造通信杆线下地及长椿公路、宣万公路改造等杆线迁改项目。投资85万元，完成全县乡镇以上LTE4G无线网络建设，使全县乡集镇以上实现4G网络全覆盖。投资195万元，完成全县城区及8个乡镇传统模拟程控交换机关电退网及ADSL宽带铜缆网络改造项目，全县通信网络全部数字光纤化，语音通信软交换化。

2015年12月17日，启动中国电信宣恩分公司实施的“宽带乡村”和“幸福新农村”惠民工程，首期投资750万元，完成42个行政村通及通宽建设。

(郭千生)

【中国移动宣恩分公司】2015年中国移动通信集团湖北有限公司宣恩分公司(简称宣恩移动分公司)共实现业务收入6000余万元，移动用户11万余户，宽带用户1600余户。

【网络建设】至2015年末，宣恩移动分公司已建设有2G基站227个，3G(TD－SCD米A)基站48个，4G(TD－LTE)基站249个，全县移动网络总体覆盖率超过99%，铺设传输光缆2600千米，通信网覆盖全县所有镇（乡）及98%以上的行政村。乡政府、卫生院、学校、村委会、烟草等集团专线达到496条，实现接入能力12米以上行政村数量为256个，占比92%。建成宽带小区30个，发展农村家庭宽带用户1020户，普及率2%。7月特大暴雨造成宣恩移动公司骨干汇聚层杆路中断3段，接入层光缆中断15段，共计受损电杆253根，距离约16.82千米，投入资金52.5万元开展抗灾救灾通信设施恢复重建工作。

【信息化建设】2015年农村信息化项目进入交维阶段，412条专线建设，逐步开展验收交维工作；依托该项目，宣恩移动分公司已在200余个村委会建设完成专线网络，促进宣恩农村区域的党组织建设、综合治理等工作的开展，推进智慧民生（农民办事不出村）项目的实施。

在信息化应用方面，宣恩移动公司以“互联网+”为契机，加速推动公司内项目先行机制。以“互联网+政务/机关”为代表，落实好上级公司规划部署的“一县市一精品”信息化应用。2015年4月15日，总经理助理孙松林与宣恩县副县长李世祥分别代表中国移动通信集团湖北有限公司恩施分公司和宣恩县人民政府，签订《宣恩县智慧民生服务平台项目战略合作协议》，由宣恩移动公司实施“智慧民生（农民办事不出村）”便民服务平台。项目通过在村级便民服务室设置自助查询一体机及视频通话终端，为农民远程受理行政审批事项，已覆盖全县各乡镇多数重点村。

（余勤）

【中国联合网络通信有限公司宣恩县分公司】2015年中国联合网络通信有限公司宣恩县分公司（简称宣恩联通公司）累计用户43000户，累计同比下降23%。宣恩联通公司用户保有率为68.75%，同比增长6.16%，全州排名第一。收入保有率为84.42%，同比增长0.65%，全州排名第三。经营重点业务指标存量用户终端完成率为123%、合约捆绑完成率129.21%、4G迁转完成率140.58%，完成全年目标任务。

2015年共新建4G基站25座，其中TD站一座，FD站24座，新建3G站（设备共址U900及U2100）40座，32座U900站已全部开通，U2100站型处于设备安装中，通过新建3G站的入网，全县3G及GS米网络覆盖率不断提升。至2015年底，宣恩联通公司有通信基站146座，其中4G基站25座，光缆里程数583千米，县城及乡镇实现通信网络全覆盖。新建有线宽带端口576线；新建无线宽带基站4个，扩容无线天线5个，共计新增AP16个，新增通信能力480个，全县发展无线宽带用户250户，端口利用率为27%。2015年7月中国联通恩施州公司推出智慧沃家业务，至2015年底宣恩联通公司共发展智慧沃家用户220户。固网建设完成覃家院子周边FTTH新建项目工程，共建设分纤盒50个，FTTH端口600个，覆盖人口约3000人；完成宣恩市民之家的管道建设；共开通6条专线，其中3条互联网专线，3条数据专线。

（尹娜）

商　　业

【概况】2015年全县实现社会消费品零售总额33.87亿元，同比增长12.0%（2014、2015年数据根据三经普结果作调整），超额完成县定17.41亿元的目标任务。其中，限额以上企业实现消费品零售额3.05亿元，增长14.7%。分城乡看，城镇实现零售额25.43亿元，增长11.9%；乡村实现零售额8.43亿元，增长12.0%。分行业看，批发零售贸易业30.07亿元，增长12.0%，住宿和餐饮业3.80亿元，增长11.0%。恩施州要求2015年新增限上商贸企业4家，实际增加5家（宣恩金源国际酒店有限公司、恩施金网运商务有限公司、宣恩县千百汇商贸有限公司、宣恩县林家商贸有限公司、恩施伍家台旅游发展有限公司），全县限上商贸企业已达到23家（其中新增5家，注销3家）。

【出口创汇】2015年全县实现外贸出口总额3219万美元，增长15.8%。州政府下达宣恩县外贸出口目标任务3058万美元，1至12月完成3219.32万美元（其中：湖北西部现代农业有限公司20.38万美元、宣恩县宣桃茶叶有限公司268.69万美元、伍台昌臣茶业有

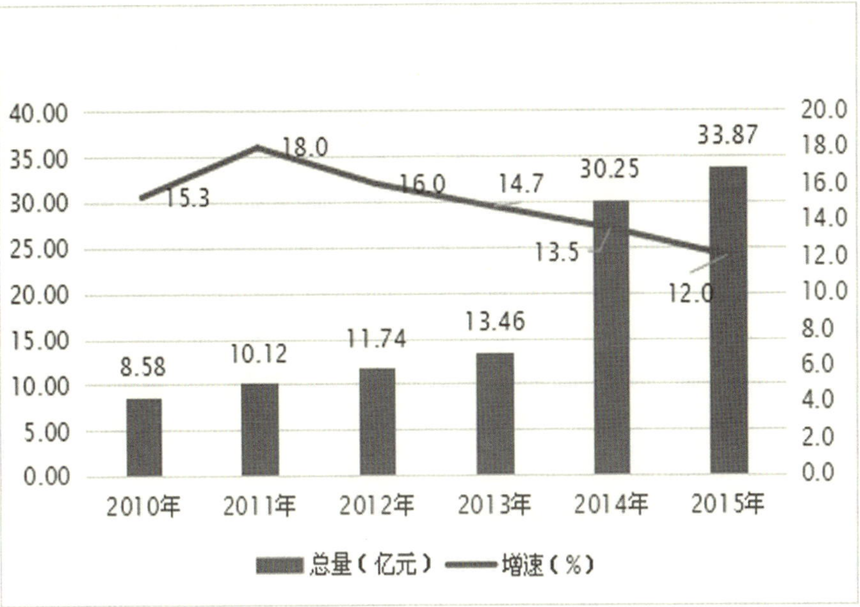

2010—2015年社会消费品零售总额及增速

限公司10.44万美元、鸿福贸有限公司2906.68万美元)，同比增长15.8%。全县新增自营出口企业3家(湖北省佳鑫农业科技发展有限公司，宣恩方圆绿色再生资源科技有限责任公司，湖北凯泰农业发展有限公司)，自营出口企业共有12家。

【**电子商务**】2015年探索电商发展途径，引导电商发展，恩施州有啊电子商务有限公司、宣恩全汇电子商务有限公司、网讯电子商务公司、宣恩全新电子商务、淘实惠电子商务等5家电子商务服务企业在落户宣恩。2015年新增电子商务企业(网点)186家，到2015年底全县建成农村电子商务网店(服务点)364家，分布在9个乡(镇)的200个村，网店年网上交易总额达9560余万元，其中，农产品交易额达8150余万元。

【**商务行业消防安全**】2015年加强成品油、大型商场、超市、宾馆等重点单位的消防管理，全年无安全事故，确保了商贸行业的安全生产。成立以局长杨仕祥为组长，分管领导刘元喜、宋波为副组长，责任股室负责人为成员的安全、消防工作领导小组。制定安全管理应急预案，并分别与城区的7家重点商贸企业和全县18个加油站、点签订了2015年消防安全工作目标管理责任书。做到每个月至少检查一次，重大节假日必须检查和上报，年底进行全面检查，实行通报制度。

（胡柏安）

·电力供应·

【**概况**】2015年国网宣恩县供电公司有8个乡镇供电所，35千伏变电站10座。2015年新增3075户，新增容量35646千伏安。全县有110237户用电客户，全年实现网内售电量1.77亿千瓦时，其中居民生活用电9208.79万千瓦时，非居民照明1675.23万千瓦时，工业用电3695.67万千瓦时，商业用电2697.14万千瓦时，农业用电390.44万千瓦时。售电收入1.32亿元，创税收772.55万元，同比上升7%。

【**生产经营**】营销工作围绕“强基固本抓规范、晋级争位提质效”的总目标，推进营销“五化”(实施“电气化”、推进“智能化”、推行“规范化”、做活“网格化”、培育亮点“多元化”)，着手规范管理、精准服务，实现营销晋级提质。根据供电所核心业务，以电费回收、线损、投诉、集抄建设、窗口管理等关键指标为考核依据，建立供电所对标体系，层层落实指标提升责任，确保实现营销对标目标；以电能替代为突破口，优化报装服务，提升客户满意度；以采集建设为切入点，加强项目管理，稳步推进智能营销；以客户需求为导向，优化报装流程、提高办电效率；以客户满意为目标，畅通报装渠道；量化报装时限，全过程监督考核，对所有业扩报装(指装表接电)流程严格按时限要求办理，确保回访满意率100%；开展“五查五规范”(查抄表质量，规范抄表日程、抄表质量管理；查电费回收，规范高压用户风险防控、进账单、停电催费、供用电合同和客户档案管理；查临时用电和内部用电，规范临时用电及内部用电档案和抄表收费管理；查电价执行，规范电价审批程序和违约用电管理；查业扩报装，规范报装流程、报装资料和现场勘查管理)，确保营销服务规范。建立满足客户需求的服务体系，全面推进电能表智能终端采集“全覆盖”项目建设，为实现智能用电、自动化集抄、电子缴费用等夯实技术基础;充分利用微信、手机App等网络技术为客户提供电量查询、电费缴纳、停电信息播报等服务,5598互动网站各项新业务,实现网上便民服务;开展个性化精准服务,细分客户群体,对中小企业客户和乡村客户分片区建立微信群,建立“工业园连心桥”服务机制,推行客户经理负责制,对居民客户推行“网格化”管理,使客户享受个性化服务。

【企业管理】2015年完成“大检修”业务上集和110千伏业务上集人员分流工作,完成“三集五大”体系建设成效评估、人岗优化配置和绩效工资套改工作。开展全员素质提升培训,深化生产管理系统、营销信息系统、ERP绩效管理等系统学习运用,累计培训员工2000余人次、培训率达96%以上,ERP管控系统应用走在全州前列。

拟定两个责任清单,层层签订党风廉政建设责任状,开展党风廉政谈话19次、党风廉政辅导讲座5场次,两个责任落实到位。开展“三严三实”专题教育学习,查摆问题23个。开展“红领工程”创建工作,“四亮四进”党员服务网格、“1+1+N”、“为民三送”等贴心工程,获得社会各界好评。21条(篇)新闻稿件首次跃居中央新闻联播、国家电网报头版、湖北日报头版、湖北电力报头版。实现州级以上主流媒体上稿68条(篇),完成州公司全年宣传考核任务214%。扶贫帮困送温暖活动共发放慰问金4万元、慰问品18万余元,组织开展各类文体活动9次。公司被授予“国网公司文明单位”“省公司最佳文明单位”“国网恩施供电公司最佳文明单位”等称号,客户服务中心获得“全国巾帼文明示范岗”称号,椒园供电所党支部荣获省公司“电网先锋党支部”称号,公司“爱如电”雷锋传承队被命名为“全州学雷锋示范点”。

【安全生产】2015年组织开展安全业务培训和事故应急演练,不断加大安全隐患排查和现场稽查力度,强化生产作业现场管控,防范各类安全生产风险。针对配网建设主体由供电所转型为外包施工队的新形势,结合各参建方界面职责不清等现状,理清“业主、施工、监理”三方职责,理顺流程,落实关键节点控制,进一步健全安全责任体系、安全监督体系和安全保证体系。完善各类应急预案,健全安全生产责任体系,强化各级各岗位人员安全履职,落实三级目标控制措施。坚持班组阳光晨会、调度日运行分析会、周安全生产例会、月度分析会、季度安委会和年度工作会制度,分析总结部署安全生产工作。严格关联工器具管理,有效关联操作票作业、工作票作业、事故抢修作业、派工单作业的控制作用,形成全过程闭环管控。开展安全管理提升活动、“安全班组行”、安全生产月、输配电线路隐患专项排查活动和春、秋季安全大检查活动。加大迎峰度夏、迎峰度冬专项检查和防洪抗汛工作力度。完成各项重要活动、重大节日、重点项目建设的保电任务,保证人民生产生活可靠用电。加强员工队伍安全素质教育,开展安全培训10场次,参培人员273人,生产人员参培率100%。月度网上《安规》调考人员273人,参考率100%,公司按月组织《安规》考试,生产人员参考率100%;加大输电线路属地化管理力度,出动清障人力5000余人次,共清理35千伏线路通道282千米,10千伏主线路通道1715千米,35千伏、10千伏通道清障率达100%,400伏以下通道清障率98.98%。

【电网建设】编制完成宣恩2015—2020配网规划滚动修编、农网全覆盖实施方案规划编制。完成2016年配网项目可研及评审等前期工作;完成110千伏和平输变电工程、35千伏黄河输变电工程、35千伏万寨变电站改造工程,电网建设目标圆满实现,高压基建项目建设目标基本完成。工程项目可研及评审工作,沙道、熊洞35千伏输变电工程已完成初步设计,分别计划于2016年下半年开工建设。沙坪35千伏输变电工程已完成“四通一平”开挖,计划2016年底投运。配网建设与改造项目已完成2015年农网改造升级新增第一批、第二批、第四批及低电压治理项目,2016年农网改造升级工程已全面储备,即将启动第一批工程。2015年冰灾恢复工程于2015年12月底全部完成。

【宣恩首座110千伏智能变电站建成投运】2月13日凌晨,宣恩珠山和平110千伏变电站主变压器一次性送电成功,恩施州第一个省示范样板工程、宣恩首座110千伏智能变电站建成投运。变电站位于宜恩工业园区和平制造产业园，占地0.62公顷，总投资4966万元，2013年12月开工建设，无人值班智能化变电站设计，打破传统手动式操作方式，实行智能化操作及管理模式，节省操作管理人员，降低管理成本和资源。变电站本期容量5万千伏安，终期规模为10万千伏安，110千伏出线终期4回、本期3回，35千伏出线终期6回、本期4回，10千伏出线终期12回、本期5回。

【职工技能大赛】9月17日，国网宣恩县供电公司在椒园供电所开展职工技能大赛，县供电公司、各乡镇供电所的50余名职工，组成10个代表队参加比赛。比赛设智能抄核收及远程费控、低压架空线路触电事故现场应急处置、低压配电系统故障查询、停电更换04KV线路直线横担4个项目。运维检修部分别获得作业现场创伤急救应急处置、配电变压器二次绕组相间直流电阻测量、0.4千伏低压架空线路架设安装竞赛项目第一名，营销部分别获得“智能电管家”技能、竞计量装置错误接线分析、三相四线有功电能表安装竞赛项目第一名。夏星、张飞、杨世红等16名队分别获6个项目单项第一名；蔡章松、刘玉成、胡汀等16名队员分别获6个项目单项第二名；钱拥军、孙锡重、陈功胜等16名队员获得单项第三名。营销部、运维修部、椒园供电所分别获得团体第一、二、三名，晓关供电所、李家河供电所分别获组织奖。

（林红）

·供销合作社·

【概况】2015年新建农村村级综合服务社15家，改造升级40家，领办农民专业合作社1个，争取新网工程项目1个。县供销合作社联合社协助社区完成机关辖区内综合治理工作，解决处理信访问题4件，为原在供销社工作的临时工60人查阅档案，办理社会养老保险。清理5名退休职工档案，增加工龄。直属公司和参股公司实现税收50万元，9月宜红公司出口欧盟红茶70吨，创汇265万元。

【综合服务社建设】2015年4月20日，成立以华青山为组长的村级综合服务社新建和改造工作领导小组，由合作指导股负责。投入资金28万元，按照“经营性、公益性、便民、电子商务”的目标要求，10月完成新创建15家村级综合服务社，改造40家的工作任务，全县村级综合服务社达到175家，改造提质达到175家。

【项目建设】2015年1月15日，向省供销合作社申报乡村村级综合服务社创建及改造“新网工程”建设项目，争取项目扶持资金28万元。根据《湖北省供销社关于2015年省级“新网工程”专项资金竞争性分配实施方案》（鄂合文〔2015〕15号）文件要求，申报《宣恩县新宇烟花爆竹有限公司配送中心建设项目》，通过专家评审，争取项目资金35万元。帮助宣恩宜红公司争取到投入840万元的宜红茶产业融合改扩建项目。

【基层社建设】2015年2月10日，拟定基层社恢复重建工作目标，经过三至五年，实现全县乡镇基层社全覆盖。按照中央、省州精准扶贫的总要求，树立“互联网＋”思维，9月注册成立宣恩县全汇电子商务有限公司。11月，成功注册领办宣恩县长潭河七姊妹山土鸡养殖专业合作社。12月投资19万元，组建沙道基层供销社。

【社有企业经营】2015年，新宇公司销售烟花爆竹商品1400万元。宣恩宜红公司收购茶叶3750吨，销售收入7600万元，9月出口欧盟红茶70吨，创汇265万元。

【再生资源回收体系建设】县政府承诺的5件民生实事工程要求和《县人民政府办公室关于分解2015年全县农村环境卫生整治工作任务的通知》（宣政办发〔2014〕44号）文件精神，以及《湖北省供销社关于加快全省再生资源回收利用体系建设的意见》《恩施州供销社2015年重点业务工作计划》等文件精神，再生资源网络体系建设和村级综合服务社建设作为2015年我社工作重点。成立由县供销合作社联社主任华青山为组长，合作指导股具体办理，尹绪程、覃正兵为成员工作专班；2015年3月10－13日，县供销社主任华青山任组长，相关部门工作人员参与组成工作小组，专题对全县再生资源回收现状和存在的问题及今后发展方向进行调研，形成专题调研报告向县政府进行汇报；支持合作企业绿色方园再生资源回收利用公司建起再生资源加工生产线。

改造提档升级50个综合服务社为再生资源回收网络终端。2015年11月11日和13日，对71户业主分2次举办裕农卡使用和再生资源分类回收业务知识培训。

（严其山）

·粮食流通·

【概况】2015年全县各类纳入流通统计的粮食经营主体购进粮食12583吨；其中，国有粮食企业购进粮食9126吨。全社会收购油菜子391吨，其中国有粮食企业收购油菜籽191吨。实现粮油加工工业总产值18500万元；落实优质粮食订单面积3066.67公顷；完成2500吨的省商业储备粮食、4000吨的县级储备粮轮入任务；原粮出入库检验率、军粮质量合格率、涉粮举报案件查处率均达100%。安全粮油比例达95%以上；投资691万元的危仓老库改造基建工程基本完工；全年粮食系统安全生产无事故；新建的4个放心粮油工程连锁店已正式运营。

2015年2月11日，广西壮族自治区粮食局局长吴宇雄由省粮食局局长张爱国陪同到宣恩考察珠山粮食购销公司富硒粮油产品开发情况。7月19日，省粮食局副巡视员邱建均、州粮食局副局长覃道元、县人大副覃正彪到覃家坪贡米基地调研。12月18日，省粮食局仓储处处长卜崇军、州粮食局局长陈德义到沙道王家坪粮库验收危仓老库维修工程。12月，县粮食局组织粮食企业到武汉参加第十七届湖北荆楚粮油精品展示交易会，获组织奖，宣恩县珠山粮食购销公司覃家坪硒恩贡米获得产品金奖。

【粮食购销市场监管】加强粮食法制宣传教育，增强全县粮食系统职工学法、守法、用法的自觉性。根据省粮食局、省财政厅、中国农业发展银行湖北省分行《关于开展2015年全省粮食库存检查工作的通知》(鄂粮发〔2015〕8号)工作的部署，制定粮食库存检查方案，开展粮食库存检查。4月上旬，县粮食库存检查小组到被检查企业储粮库点现场，按照检查办法的要求和规定开展检查工作。经过实物测量和账目核对，库存实务与保管台账、会计账、统计数据一致，账实相符。4月下旬，省粮食库存检查复查组对全县粮食库存检查工作复查。复查组认为宣恩县对粮食库存检查工作高度重视，措施得力，自查及时，普查到位，粮食库存做到了账账相符、账实相符、性质清楚、质量良好，储存安全。

依法办理粮食收购许可，严把粮食收购准入关。根据《湖北省粮食局关于做好粮食收购许可证年度审核的通知》要求，1至2月，对全县15户符合管理办法要求的粮食经营户下达准予通过粮食收购许可证年度审核通知书，并根据其实际仓储条件，核定最高与最低粮食库存量标准。

以市场粮油库存、质量及收购行为监管为重点，开展粮油市场专项检查，加大对粮食市场的监督检查力度。与工商局、物价局、质量技术监督局等部门加强对各大超市、农村集贸市场等重点环节粮源质量的监管，确保粮食购销市场有序经营。开展爱粮节粮宣传教育活动，现场接受咨询并发放《放心粮油便民服务手册》《粮食流通管理条例》等宣传资料各1000份。

3月11日，省粮食局局长张爱国(左四)考察珠山粮食购销公司

加强军粮供应，推进“放心粮油”工程。坚持服务与质量并举，全力做好军粮供应工作。按照国家军粮质量政策要求，军粮供应一直坚持“质量第一，服务第一，信誉第一”的服务宗旨，实行军粮“一批一检一报告”制度和“三专”管理，按照“三个确保”（确保不断档、不脱销、不欠供）要求，供应部队用粮，使部队吃上安全放心粮。利用春节、“八一”等重要节假日，开展对部队和消防官兵及优扶军人慰问走访并送去了慰问品，切实将双拥工作落到实处。

【国有粮食企业发展】根据市场原则，强化企业法人管理。国有粮食企业均属国有独资法人企业，企业实行民主管理，企务公开，独立自主经营，粮食局对企业内务工作给予引导和指导，帮助企业解决一些实际困难和问题。制定《2015 年宣恩县粮食企业目标管理办法》，将企业经营的目标任务分为七项（经验目标、安全生产、维稳综治、文民创建、党风廉政、企管信息到组织建设），实行百分制考核。以平常检查与年终检查相结合，年终将目标任务完成情况进行考核，并落实奖惩。继续深化国有企业改革，开展珠山粮食购销公司的股份制改革，做好收纳库土地变性工作。加强资产管理，做好国有粮食企业土地、房屋产权的清理、登记，做到产权归属清晰。落实“粮安工程”，重点维修危仓老库和功能升级共 10 库点，仓容达 1432 吨，争取省级补助资金 418 万元。落实省级粮食局惠民政策，体现爱粮节粮，方便农户储粮，组织专人开展科学储粮工作，共推广科学储粮粮仓 2000 套。

（陈吉然）

·烟草专卖·

【概况】2015 年实现卷烟销售 8652 箱，同比上升 5.09%；实现销售收入 2.18 亿元，增幅10.02%；电子结算率 85%；实现综合纳税1706.83万元，同比增加448.19万元，增幅为 35.61%，人均财税奉献值为 38 万元。市场管理上，完成万元案件 20 起，查获非法三烟 3391 条，办理烟叶案件 12 起，劝返即将流出烟叶 24 吨。

（刘洪）

·石油销售·

【概况】2015 年中国石化销售有限公司湖北恩施宣恩石油分公司（简称宣恩石油公司）有在营加油站 11 座，实现成品油销售总量 25111 吨，完成年度任务 21000 吨的 119.58%，同比增长 1891 吨，上升 8.14%；汽油 11999 吨，同比增长 3043 吨，上升 33.98%；柴油 13112 吨，同比减少 1152 吨，下降 8.08%。

【客户维护】在总体经济下行，高速通车，车流、物流改向，重点工程开工不足，工程用油减少，总体需求下降等诸多不利因素影响下销量实现了逆势增长。石油公司加大对私家车客户群体的开发，到烟草、税务、电力及政府机关开展“会议室”营销，宣传中石化油品质量，IC 卡方便、快捷等优势。2015 年下半年，城管部门新增 8 台洒水车、吸尘车，全部在县石油公司定点加油。椒园加油站竞争能力得到提升，加油量从开业初不到 100 吨，到 2015 年 12 月达到 400 多吨，相邻的中油加椒园站从单月最高 620 吨下降到每月 200 吨左右。开展“多卖一吨油”全员销售竞赛活动，11 个加油站除莲花、当阳坪、晓关三站因高速通车、高速公路建设及其他重点工程完工销量有所下降，其余加油站销量都有不同程度的上升。

【损耗管理】2015 年一季度宣恩石油公司损耗率全州增幅最高，公司加强对运输、保管、销售环节的监管，找出损耗上升的原因，质检部门以 100 升标准罐检定结果调整加油机发油误差对公司不利，新开业的椒园加油站属于高山站，销量相对较大，温差损耗高于同期，运输车辆监管还需进一步加强。公司积极做好内外部沟通协调，一方面同质检部门协商，要求对其 20 升标准罐重新检定，并以新检定的结果作为调整加油机发油误差的依据。另一方面争取上级公司相关部门的支持，及时对椒园加油站进行油气回收改造。州石油公司对运输车辆盗油行为采取高压态势予以打击。

【油站管理】2014 年 3 月，宣恩石油公司两座加油站在省公司督查中出现大扣分项，被列为全省加油站管理短板县市公司。宣恩石油公司组织站长开展大讨论，剖析原因，同站长签订加油站管理目标责任承诺书，规定凡在省州公司督查中出现否决项、大扣分项，或单项得分不足85分，站长主动辞职，员工解除劳动合同。2015年省州县三级督查，未出现否决项和重大扣分项。中国石化湖北省公司2015年4月、9月督查全省县市公司，宣恩排名第三。

【管理制度】宣恩石油公司的经营与管理严格按照中国石油化工股份有限公司制定的《内部控制手册》抓落实，特别强调资金管理是不可触摸的“高压线”，与上级公司和所属加油站签订资金管理责任状12份。加强对油品数质量的管理，维护消费者权益，明确油品质量管理责任人，对有油品进、销、存各个环节进行监管，绝不允许油品损耗超过规定的范围。安全管理方面，实行自上而下的安全承包责任制，一级抓一级，层层监管，公司与上级公司签订《安全环保责任状》1份；公司与各加油站负责人签订《安全生产责任书》11份；各站负责人与员工签订《安全生产承诺书》28份，开展“6月安全月”“安全自查整改”等一系列安全活动，在加油站日常管理活动中，特别强调杜绝“三违”现象发生，定期开展不同类别的预案演练，按照《安全生产十大禁令》《资金管理十大铁律》《加油八步法》《加油站现场管理九大禁令》和《卸油十步法》操作到位，2015年实现全年安全工作零事故目标。

（谭丽）

【食盐销售与管理】按照经济流向，宣恩县南三镇（高罗、沙道沟、李家河）食盐供应由来凤县盐业公司保障。2015年供市场销售的小袋食盐品种有4个：纸塑（加碘）盐、低钠盐、绿色盐和绿色海藻盐，宣恩市场年销售食盐840吨，其中小袋盐780吨，食品加工盐60吨。开展盐业法规的宣传和盐业市场的检查，打击各类违法行为，杜绝私盐及假冒伪劣食盐流入市场，配合卫生部门积极开展碘缺乏病的防治工作，碘盐覆盖率达到98%以上。

（孟涛）

【贸易促进委员会】2015年县贸易促进委员会主要处理原国有商贸企业、国有工业企业、集体企业改制的遗留问题，接待上述改制企业的上访人员，排查矛盾纠纷等，共接待上访人员4人，排查矛盾纠纷1起；开展党风廉政建设和综治维稳、计划生育工作及外向型企业的服务工作。

（杨鄂）

招商引资

【概况】全年到位资金21.32亿元，完成州定目标任务的103.2%，同比增长24.5%，其中省外资金到资15.37亿元，同比增长46.5%；全年直接利用外资完成432万美元，完成州下达目标任务的101.7%，同比下降13.6%。；新签约项目合同21个，签约金额35亿元，其中注册落户项目17个，注册落户率80.9%；全年编制储备招商项目36个，其中27个项目进入州级重点招商项目库；新开工项目13个，开工落地率76.5%，实际有到位资金的项目13个（其中回乡创业项目2个），项目到资率76.5%。

“十二五”时期，全县招商引资到位资金由4亿元增加到21.32亿元，累计68.27亿元，年均增长39.7%；外贸出口由634万美元增加到3219万美元，累计10155万美元，年均增长38.4%；实际利用外资由52万美元增加到432万美元，累计1135万美元，年均增长52.7%。

【“四大行动”】2015年全县招商引资工作实施“四大行动”。

千亿项目谋划行动。年初召开全县重点招商项目储备工作会议，对9个乡镇和相关县直项目单位进行了工作安排，共收集到招商储备项目45个，经筛选符合产业发展要求的30个项目纳入了2015年县级重点招商项目库，其中宣恩县健康厨具产业园建设项目等26个项目已完成申报并纳入州级重点招商项目库。3月底完成宣恩投资指南（2015）的编印工作。

百个招商项目签约及落地行动。全年新签约招商项目21个，其中落地项目17个，项目落地率达到80.95%，超额完成县定目标任务60%的指标。

（1）伍家台贡茶文化产业园建设项目，总投资12000万元，由重庆客商倪明洋与宣恩维民茶叶公司投资，选址于椒园高速公路出口连接209国道处，占地2.67公顷，2015年2月开工建设。

（2）现代农业加工项目，总投资16000万元，由香港客商唐宏图与县宏图农业公司投资，已注册外资企业湖北绿燊公司生产基地选

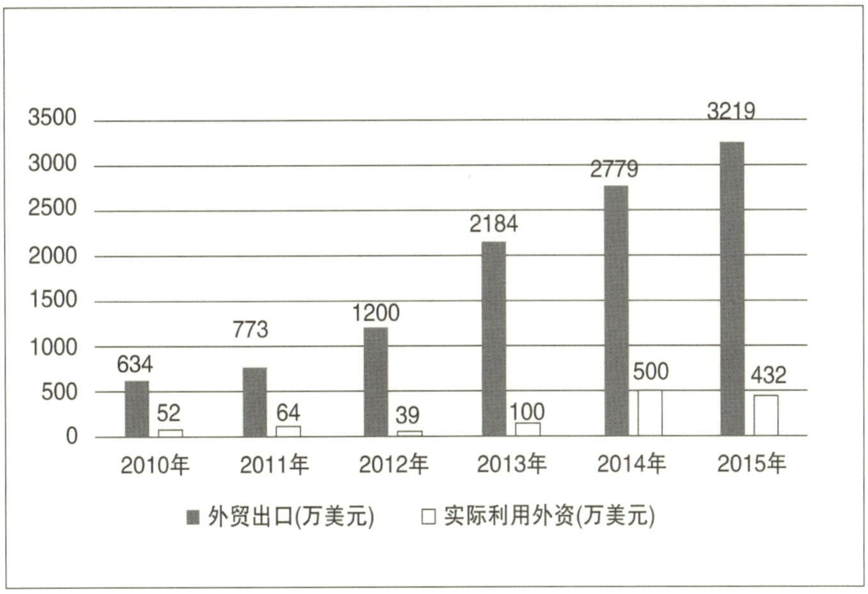

2010—2015年外贸出口总额及实际利用外资

址晓关黄河村，精深加工区选址椒园生态园。2015年2月开工建设。

(3)县民族体育馆建设项目，总投资5000万元，由武汉客商纪青虹投资，在宣恩县注册宣恩新创文体投资管理公司，2015年2月开工建设。

(4)伍家台贡茶书院开发项目，总投资3000万元，规划用地面积2.67公顷，选址于伍家台村，由丹桂投资(香港)集团公司投资建设，拟注册外资企业，2015年3月开工建设。

(5)椿木营富硒矿泉水建设项目，由武汉客商吴天云投资，总投资5亿元，规划用地约6.67公顷，2015年4月正式签订协议。

(6)马铃薯全粉加工项目，由湖北嘉帮科技开发公司投资，总投资9500万元，落户椒园生态产业园。

(7)宣南创美物流城开发项目，总投资4.5亿元，湖南客商李世辉、来凤客商刘福生等投资建设，拟占地13.33公顷，年内开始征用土地。

(8)电子产品加工项目，由香港客商周梦琼与宣恩新坤电子公司合资建设，租用莲花坝标准厂房三楼，已注册外资企业，湖北鸿新坤电子有限公司，注册资金1000万美元。2015年2月开工建设。

(9)高罗电杆生产项目，总投资2000万元，落户高罗镇，由湖南客商李德强投资，已注册宣恩兴发公司，2015年3月投产。

(10)晓关野椒园生态旅游开发项目，由福建武夷山五州旅游投资公司投资，总投资10000万元，分二期投资建设。一是野椒园民俗旅游度假区建设，二是自驾游营地建设。2015年11月开工建设。

(11)和平物流产业园建设项目，由湖北兴龙工具有限公司投资，总投资5000万元，2015年6月开工建设。

(12)有阿电子商务项目，由工业园区招商引进，投资人许红斌，总投资3000万元，2015年5月开工建设。

(13)伍家台野外拓展项目，由宣恩万道福旅游投资有限公司投资，总投资500万元，2015年7月投入运营。

(14)恩施海关监管仓储建设项目，由湖北天宇物流有限公司投资，总投资12000万元，2015年4

2015年11月5日，上海客商考察上好硒博园

月开工建设。

（15）晓关商品混凝土生产项目，由武汉华源钧尧电力工程有限公司投资，总投资3000万元，已注册宣恩县钧尧建材有限公司，2015年5月开工建设。

（16）电饭煲成套设备组装项目，由广东客商侯浩全与湖北省龙鑫厨具有限公司合作投资，总投资5000万元，2015年8月正式签订协议。

（17）塑料袋及相关制品加工项目，宣恩县海云塑化有限公司投资，总投资600万元，2015年7月已开工建设并投产。

（18）输配电成套设备生产项目，由温州博今电气有限公司投资，总投资8000万元，已注册湖北博今电器有限公司，2015年12月开工建设。

（19）长锋饲料预混料生产项目，由恩施州长锋饲料有限公司投资，总投资1500万元，2015年12月开工建设。

（20）沙道三眼洞旅游开发项目，由广东客商曾总投资，总投资3000万元，2015年4月与沙道镇签订意向性协议。

（21）富硒农产品电商合作项目，由上海食圣电子工业商务有限公司投资，2015年3月签订战略合作框架协议，总投资10亿元。

百个重点项目推进行动，重点跟踪项目11个。

（1）健康厨具生产产业链项目。针对已落户和平制造园的铸铁锅及其内胆加工项目，扩宽拉伸产业链条，重点洽谈电饭煲外壳及装配项目。

（2）多彩欢乐都游乐园投资项目。由重庆鑫利游乐公司投资2500万元建设，选址宝塔山下。

（3）粮食机械生产加工项目，由湖北金穗长丰粮食机械设备有限公司投资，总投资3000万元，建设生产制造粮食机械设备生产线，拟选址和平制造产业园，年内处于合同洽谈阶段。

（4）山油茶种植基地及加工项目。由上海客商投资8000万元，流转土地133.33公顷，集种植、加工于一体。

（5）富硒鲜奶制品生产及五星级民族风情酒店建设项目。由温州锦泰集团公司投资，拟总投资7.5亿元，在和平建设鲜奶制品生产加工项目，并建五星级民族风情酒店，选址中。

（6）香榧树种植基地项目。由浙江青山源农业公司投资，拟总投资3000万元，项目选址和平咸池沟村和铁厂坡村一带，将流转林地66.67公顷，发展香榧树种植基地。

（7）服装加工项目。由重庆客商陈总和恩施客商廖总投资2000万元，拟租用莲花坝标准厂房一楼进行生产。

（8）激流回旋体育训练基地项目。由腾龙旅游投资集团公司投资建设，选址李家河金陵寨，年内报国家审批。

（9）宣盛医药二期搬迁建设项目。由湖北长健医药有限公司投资，总投资5000万元，原厂址位于珠山镇上湖塘社区，拟搬迁至和平制造园，规划用地面积1.33公顷，拟建设成鄂西医药、器具械的批发物流基地，处于选址报批和用地规划设计。

（10）电子芯片加工项目。由温州中光科技有限公司投资，拟总投资5亿元，生产制造氧化锆陶瓷插芯等光通信系列高科技核心产品，处于考察阶段。

（11）污水、垃圾处理保洁项目。由桑德环境湖北合加环境设备有限公司投资，投资公司已于2014年5月中旬到宣恩县实地考察，2015年投资公司与招商、住建等部门进一步对接。

（郑怀宇）

旅　　游

【概况】2015年全面启动狮子关、伍家台、锣圈岩、椒园工业旅游示范园等四个4A级景区建设和两溪河卢家院子、勾腰坝五子岩、彭家寨等乡村旅游点建设，完成投资1.91亿元。举办第三届全国山地自行车邀请赛、第二届露营节暨首届全国汽车越野赛、贡水白柚、黄金梨采摘节、全州水上运动会等赛事活动。2015年8月12日，省旅游局副巡视员童北京由州旅游委主任杨跃红陪同到宣恩县，对伍家台生态旅游区创建国家AAAA级旅游景区进行初评和创建指导，曾德权、向建强县、旅游局、万寨乡党委主要负责人陪同检查。12月28日，成立首家地接旅行社——鑫趣旅行社。12月30日，金源国际酒店成功建成宣恩首家四星级旅游饭店。12月伍家台景区被评为首家2A级旅游景区。全年共接待游客104.65万人次，实现综合收入4.8亿元，同比分别增长19.

25%和28%。

【景区建设】伍家台景区按照拓展区域、增加项目、完善配套和提升品质的要求完成AAAA级旅游景区申报,完成廖家坨30000平方米生态停车场土石方开挖和场地平整,昌臣公司、乾坤壶、昌臣湖和龙洞湾4个旅游厕所全面开建,完成2.6千米彩色游步道路面建设,景区标识标牌、狮子山栈道等项目建设启动招标程序。8月12日接受省旅游局首次创建验收,被评定为国家AA级旅游景区。

狮子关景区累计完成投资6000万元,完成花拱桥游客接待中心、大型生态停车场、水上浮桥、景区内电瓶车道等硬件建设和天坑瀑布、绝壁悬棺等景点打造。

锣圈岩景区累计完成投资1.2亿元,完成了石林开挖、天坑隧道建设、天坑底部垃圾清理、高山足球场(热气球起降场)、游步道、石林漫步道、玉佛洞(白玉洞)内部景观打造等项目建设。

宣恩(椒园)游客集散中心依托鑫海物流公司投资2.5亿元建设的宣恩(椒园)游客集散中心,当年累计完成8244万元,建成游客接待中心、信息中心、汽车影院、大型生态停车场、旅游商品集散市场等项目并于2015年12月开始试运营。

【乡村旅游】按照"村村寨寨是景点"的思路,大力发展以乡村休闲、度假养老、运动体验等为主的乡村旅游,全力推进旅游扶贫,重点推进伍家台、野椒园、两溪河、清水塘、封口坝、锣圈岩、干家坝、勾腰坝、两河口、利福田、水田坝等11个旅游扶贫重点村建设。除伍家台正在打造4A级景区外,两溪河村卢家院子完成民族文化广场、公厕、道路硬化、绿化、亮化等项目建设,改造完成18户农家乐和农家旅馆,5月1日接待武汉、天津等地的首批游客,得到游客的广泛好评。

【旅游产业委员会2015年第一次全体(扩大)会】3月11日,全县旅游产业委员会2015年第一次全体(扩大)会在县行政办公大楼二楼会议室召开,向建强汇报全县旅游工作相关情况。全县旅游企业10家,其中旅游开发企业3家(已正式签约并开工建设),星级宾馆2家,旅行社门市部5家,全县共发展星级农家乐404家,其中五星级1家,四星级3家。2014年,宣恩共接待游客87.8万人次,实现旅游综合收入3.78亿元。2015年旅游工作的基本目标是:全力推进狮子关、施南府、伍家台等重点项目建设,加大贡水河、中武当、武陵山花海、酉水河走廊、彭家寨等四大旅游资源招商引资力度,有效推进游客集散中心、商务酒店、重点旅游公路、驻地旅行社等四大配套要素市场建设,加强A级景区、旅游名村、星级酒店、高星级农家乐等四大旅游品牌创建,组织开展"宣恩旅游形象"定位、"宣恩最美景观""生活土家·十大特色菜肴、十大特色旅游商品""游客满意酒店、游客满意农家乐"等四大评选活动,全年游客接待量达到100万人次,实现旅游综合收入4.5亿元,分别比上年增长15%、20%。会上习覃作重要讲话,会后,中国国家画院·主题纬度规划院院长、中央党校科学社会主义研究学会研究员、中国小城镇发展中心副主任冯瑛作旅游知识专题讲座。县领导张频、岳东、覃正彪、陈浩、覃国锋、宋春禄陪同调研或出席会议。

【旅游规划】6月3日《宣恩伍家台贡茶文化旅游区修建性详细规划》《椒园工业旅游服务设施规划》通过专家组评审。编制完成伍家台、锣圈岩、水田坝、野椒园、封口坝、狮子关、两溪河、勾腰坝、清水塘、两河口、板栗园等11个乡村旅游扶贫规划《搬迁式旅游扶贫规划》。

【节庆活动】7月11至13日成功举办第二届露营节暨首届汽车越野赛,全年接待游客20万人次,实现收入1100万元;8月30日成功举办第二届千户土家全国山地自行车邀请赛,汽车越野赛、山地自行车邀请赛已经成为全国较为知名的体育赛事活动;10月21日,彭家寨成功举办首届土家族文化艺术节;10月31日,在高罗乡板寮村举办第三届白柚采摘节,8月8日在椒园黄坪举办首届黄金梨采摘节。8月13至16日,来自三省五地的1200余名运动员参加划龙舟、游泳、水上排球等比赛项目。通过举办系列赛事活动,进一步提升宣恩旅游形象和品牌影响力。

【金源国际酒店成功创建为四星级旅游饭店】金源国际酒店是一家集餐饮、住宿、商务、休闲娱乐为一体的综合性酒店,总投资1.2亿元,建筑面积32477.97平方米，楼高26层，拥有237间(套)各类客房和餐厅，酒店内有功能齐全的商务、娱乐和会议室等设施，2015年末有员工132人。2015年12月30日，被评为四星级旅游饭店。

【伍家台生态旅游景区】伍家台因伍家台贡茶而名。1784年，乾隆皇帝品尝地方官员进贡的伍家台茶叶后御赐“皇恩宠锡”木匾，伍家台“贡茶”因此扬名。1984年，中共中央总书记胡耀邦视察宣恩品尝伍家台贡茶后亦赞叹不已。1991年4月，蒋大为到伍家台村游览观光后，创作《请喝一杯宣恩茶》，并唱响大江南北。“伍家台贡茶”被列为国家地理标志产品保护目录，“伍家台贡茶园”、昌臣故里被列为省级重点文物保护单位，“伍家台贡茶制作技艺”被列为省级非物质文化遗产保护名录。

伍家台生态旅游区地处北纬30°的武陵山余脉腹地，国道209与省道232交汇处，距宣恩县城18千米，距恩来恩黔高速公路入口12千米，距恩施火车站、恩施机场40千米，位于万寨乡伍家台村，核心景区面积8.5平方千米。平均海拔800米，四季分明，年平均气温15.8℃，年降水量1490毫升，每公斤土壤含硒8590毫克，特别适合茶叶生长。是宣恩创建全国有机茶叶示范县的核心区域，与相邻的红岩卡、香树林等7个村形成万亩生态茶园产业带，其中伍家台村有机茶园面积达到253.33公顷，伍家台贡茶产品远销欧洲、美洲和非洲等十多个国家和地区，获国家免检认证。景区于2008年开始建设，2014年被评为国家AA级旅游景区。主要利用伍家台茶园景观资源和人文历史资源，累计投资1.3亿元，建成集茶园观光体验、茶叶加工流水线、贡茶文化展示等于一体的以“茶”为主的科技产业园；建有茶园观光木质栈道、昌臣文化广场、休闲凉亭、乾坤壶、游客中心、旅游厕所、生态停车场等景点和旅游配套服务项目；核心区域特色民居250户，茶家乐18户。

（汤智心）

移　　民

【概况】宣恩县水能资源丰富，理论蕴藏量达60万千瓦，水库移民工作始于修建龙洞电站，大规模移民工作缘起修建洞坪电站。宣恩县共有大中型水库6座，分别是水布垭库区、洞坪水库、狮子关水库、桐子营水库、龙洞水库和观音坪水库，小型水库共有25座。宣恩县因水电工程建设影响人口4.2万人，已完成搬迁安置大中型水库移民1248户4402人。全年共接待移民来访560人次，受理移民来信6件，办结6件。省委巡视组交办信访件8件，其中掌握情况4件，需办理4件，办结4件。全年无到州、省非正常上访发生，库区和谐稳定。

【库区移民】2015年把移民搬迁到新地方后的林权证、房产证、土地使用证、土地承包证、户口迁移证等相关证件办理问题作为解决移民遗留问题的重点，争取县政府支持，积极协调相关职能部门积极配合，为移民办证开辟绿色通道。妥善解决桐子营、狮子关、洞坪、观音坪等库区移民的办证问题，解除了移民群众后顾之忧。配合县水能办、国土局和相关乡镇认真做好洞坪库区中间河村二、五组滑坡体、狮子关库区界直岭6组滑坡体、桐子营库区桥塘村2组滑坡体的监测、搬迁前期准备工作。

【后期扶持】按时足额发放水库移民后期扶持直补资金，全年发放水库移民后期扶持直补资金181.76万元。实施后期扶持项目，解决库区和移民安置区行路难、饮水难等问题。争取后期扶持工作专项补助经费14万元，大中型水库移民后期扶持结余资金109万元，大中型水库库区基金100万元，三峡水库库区基金30万元。完成水布垭库区移民帮扶解困项目报批，投资501.18万元。

【移民资金管理】严格执行《宣恩县水电工程移民资金管理暂行办法》。资金使用控制在县政府下达的计划指标内，坚持专库专户、专款专用、专人管理、转账核算的移民资金归口管理办法。按规定时限和要求编制上报移民资金年度使用计划和有关财务报表，及时向州移民局报告工作进展和资金使用情况，争取资金足额到位。同时认真开展移民资金清理工作，重点对近年来移民资金拨款情况进行清理，做好资金归口规范工作。重点对拨付到乡镇移民办行管经费的检查，做到了规范使用。

【“十三五”规划编制】贯彻落实省移民局移民“十三五”规划编制工作会议精神，组织专班对全县库区和移民安置区进行调查研究。召开移民乡镇领导会议共同会商，围绕移民群众与全县人民一道迈入小康社会目标，重点规划移民脱贫解困、移民持续增收、移民美丽家园建设三大块进行规划，并与湖北省水利水电规划勘测设计院签订合同，编制移民“十三五”规划。共规划项目 40 个，投资规模 8615 万元。

（任雪琴）

长潭河花锣鼓

长潭河花锣鼓演奏的乐器主要有鼓、锣、钹、马锣和唢呐。在演奏中，锣为主奏乐器，起着提纲挈领的作用；马锣把握和协调整个演奏节拍，称为“点子”；鼓和钹为配器，唢呐发音高亢嘹亮，是花锣鼓中独具特色的伴奏乐器。“花锣鼓”中的“花”有两层含意：一是“精”，表明花锣鼓为打击乐艺术中的极品；二是指锣鼓演奏的曲牌众多，花样变幻无穷。花锣鼓的引子(曲牌)约在 50 个以上，演奏起来近似于表演一场轻音乐会，能让人在这种特殊的情感艺术中得到美的享受。夹钹锣鼓，是因在锣鼓演奏中用两副大小不同的钹前后交替夹击而得名，其巧妙之处在于借用双声部的音乐原理，使其节拍更加紧凑，旋律更加优美，演奏起来势如惊涛拍岸，欢快热烈。闹年锣，“闹”就是“弄”，或者“闹热”起来。为了闹热，侗乡人就在主奏乐器锣上做文章，特制 5 公斤以上的大筛饼锣，配以大鼓和大钹，打击起来声音雄浑，节奏沉稳，高亢铿锵，势如江河奔腾、春雷翻滚，让人在这种激越闹热的音乐氛围中消除倦意，振奋精神。无论是花锣鼓、夹钹锣鼓还是闹年锣，尽管流派或风格不同，但演奏的曲牌却是交叉融合的，且在民俗文化中的功能也几乎一致，故此，无论是哪种锣鼓，在长潭河侗族乡乃至宣恩县都习惯被统称为“花锣鼓”。花锣鼓演奏的内容十分丰富，有表现人们心中敬仰的“神灵”或“偶像”的，如“将军令”“状元红”；有反映某种生活现象的，如“大摆队”“双飘带”“红绣鞋”；有描绘自然界中飞禽走兽的，如“燕儿落”“牛擦痒”“上山虎”“下山猫”“金狮子”“八哥洗澡”等。这些曲牌的内容源于生活，又高于生活和反映生活，情景交融、形神兼备、引人入胜，是人们通过长期的生产生活实践创造出来的艺术杰作，凝结了人民群众的聪明才智，反映出劳动人民丰富的想象力和创造力。

资源环境与生态建设

【概况】全县继续大力推进节能降耗工作，单位GDP能耗继续保持下降态势。万元生产总值能耗0.47吨标准煤/万元，比上年下降4.6%。城区空气质量优良以上天数350天。

全县森林面积20.613万公顷，自然保护区面积3.655万公顷，当年造林面积8530公顷，其中退耕还林面积1670公顷。森林覆盖率57.7%。

国土资源开发管理与利用

【概况】2015年共组织4个批次37.27公顷建设用地报批，已获得省人民政府批准2个批次20.87公顷。县国土资源局全年上报政务信息85篇，被各级媒体和刊物采用38篇，其中，被省(部)级媒体和刊物采用3条，被州级媒体和刊物采用25篇，被县级媒体和刊物采用14篇。全年共接待信访128人(件)次，接到各类信访案件30件，其中，上级转办的信访案件13件；本级办理2件；网上信访15件，信访投诉案件与上年相比呈下降趋势。无集体上访，无赴省进京越级上访。上级交办的信访回复率达100%。政策咨询解答155余人。6月25日，开展第25个全国"土地日"活动，共发放各类宣传资料2000余份，接受群众现场咨询100余人次，悬挂标语10幅，制作展板6块，发送宣传短信5000余条。12月26日，宣恩县国土资源局被人力资源社会保障部、国土资源部授予"全国国土资源管理系统先进集体"称号。

【征地利用】开展建设用地报批工作，面对建设用地供求不平衡的严峻形势，全县土地供应以保障工业园区重点招商引资工程和民生项目建设为中心，促进工业园区健康有序发展为重点，积极做好新增建设用地的审核报批工作，尽可能缩短报批时间，对中心城区及工业园区的批次项目，主动协调沟通，提高报批实效。2015年共组织4个批次37.27公顷建设用地报批，已获得省人民政府批准2个批次20.87公顷。全年共供应各类建设用地134宗，面积42.2公顷，收缴土地出让金9138.9541万元。

根据国土资源部39号令有关规定，严格执行土地供应"招拍挂"制度，对于工业、商业、旅游、娱乐和商品住宅等经营性用地，一律通过招标、拍卖或挂牌等方式向社会公开出让。供地过程中依照《划拨用地目录》《禁止供地目录》《限制供地目录》等有关规定，对所供土地严格把好关，逐宗审核报批，确保建设用地供应工作规范有序。采取挂牌出让的方式为工业园区14个企业供应土地23.67公顷。2015年全县土地利用工作总体呈现"两高一少"。即前五年平均供地率最高，达89.89%；土地利用巡查执行比例最高，达98.98%；土地利用和开发利用违规违约预警信息最少，土地供应工作获得恩施州国土资源局通报表彰。

【规划修编】完成晓关纯净水、高罗乡石材加工厂、李家河思源学校等13个建设项目10.27公顷的规划调整修改工作，开展209国道宣恩绕城公路、沙道沟35千伏输变电、湖北宜来高速公路宣恩段等5个工程项目202.47公顷的土地预审。

【耕地保护】建立健全耕地和基本农田保护动态巡查网络，实施县级耕地“占一补一”项目等，全县耕地面积总量动态平衡，耕地保有量37168.6公顷、基本农田保有量30660公顷。

【地政地籍管理】做好日常土地登记发证工作，全年共完成初始土地登记353宗，变更土地登记446宗，他项权利土地登记共计206证；注销登记51证。

【矿产资源管理】建立完善矿山安全巡查责任机制，优化矿产资源市场配置，推进矿业权招拍挂制度，矿山企业年检率达100%。全年按量据实计征矿产资源补偿费35万元，做到按量从价计征，应收尽收。围绕资源开发、产业结构对晓关、椿木营两个乡进行硒资源调查工作。项目于2015年5月21至22日，在武汉通过设计评审。野外工作实施情况：2015年1至5月，完成设计编写，并完成设计初审，安装大气降尘装置8处。3至6月进行遥感地质解译和1∶50000土壤表层样品采集。5月完成设计修改与终审、采集茶叶样品。7月完成灌溉水样、茶叶样、二季度大气降尘和降水样的采集。8至9月，完成1∶10000土壤测量，采集1∶10000富硒区表层土壤加密样品677件。采集水稻根茎叶4组，水稻籽实样25件，烟叶样20件，黄金梨样4件，黄豆样20件，玉米样63件，白菜样14件，辣椒样16件。10月至11月，采集魔芋样品22件，萝卜样品22件；完成水平剖面40千米，采集土壤样品406件；土壤形态采样31件；土壤理化性质样30件；土壤矿物成分样30件；肥料样30件；垂直剖面45条，采集垂直剖面样183件；完成岩石剖面测量18千米，采集岩样99件。12月1日，项目通过省地质局验收，评为优秀级。

【地质灾害监测防治】编制《2015年宣恩县地质灾害防治方案》，健全完善地质灾害防治监管网络、灾情速报制度。对全县32处地质灾害监测点落实监测防治措施，各监测点制作地质灾害防治警示牌，省、州、县三级重点监测点没有出现人员伤亡。全年共开展应急调查38次，提交应急调查报告18份，紧急避让600余人。成功预报椒园镇香树林4组和长潭河侗族乡会口村2组山体滑坡，有效避免540人遇险。实施地质灾害工程，宣恩宾馆不稳定斜坡应急治理工程总投资123万元，于2015年1月4日开工，2015年9月30日竣工。县工商局宿舍不稳定斜坡应急治理工程总投资180万元，2015年4月10日开工，2015年9月30日竣工。双龙湖滑坡地质灾害治理工程总投资800万元，2014年9月1日开工，2015年7月15日竣工。黄河巷不稳定斜坡应急治理工程总投资142万元，2015年9月3日开工，2016年4月23日竣工。

【国土资源执法监察】全年开展动态巡查398次，发现国土资源违法案件33件，处理结案30件，结案率达93.33%，涉及土地面积5904.44平方米，其中耕地2115.61平方米，收取罚款56630元；发现违法开采行为9起，下发《责令停止国土资源违法行为通知书》9份，自行纠正违法行为7起，立案查处2起，收缴罚款40342元。重视卫片执法检查工作，从组织领导、方案制订、措施落实上强力推进整改工作，主动与上级主管部门联系，吃透精神，用活政策，科学上报，实现了“零约谈、零问责”目标。

【不动产登记】全年办理房产登记5227宗、林权登记458宗、土地登记发证2164宗。

（周恩）

水　　利

【概况】宣恩县地处武陵山区，属云贵高原的延伸部分。受亚热带湿润性季风气候的影响，雨量充沛，水资源相对丰富；受喀斯特地貌影响，地下暗河、溶洞较多，储水蓄水不易。

忠建河是清江中游右岸最大支流，发源于咸丰县出水洞，经晓关平地坝入境，由西南向东北流经晓关乡、椒园镇、珠山镇、万寨乡、长潭河乡等5个乡镇，经贡万寨两河口入清江，水系发达，共有大小支流12条，沿途汇入的有洪家河、花塌河、龙潭河、岔槽河等11条一级支流及长潭河一条二级支流，干流全长73.7千米，其水能蕴藏量丰富，流量之大属四河之首，平均流量54.72立方米/秒，多年平均径流深1077.4毫米，径流量17.76

亿立方米，河流洪枯比大，最枯年份是1961年6月27日，流量1.29立方米/秒，最大洪峰流量是1969年9月3日，高达2320立方米/秒。河流境内总落差444米，坡降6‰，水能蕴藏量（含支流）37.88万千瓦，占全县可开发量的67%。

鸡笼洞河发源于椿木营神州台，经恩施马尾沟河流入清江，在宣恩县仅流经椿木营乡境内，河长13千米，河流坡降大，平均为46.2‰，河流季节性强，丰枯比大，易暴涨暴落，流量小，多年平均年径流量1.32亿立方米，水能蕴藏量不到2.19万千瓦，可开发1.98万千瓦。

酉水河发源于县境椿木营乡的杨柳坨，经沅江汇入洞庭湖，境内干流全长87.3千米，自北向南，流经南部一乡二镇（沙道沟镇、高罗乡、李家河镇），共计大小支流17条，沿途汇入的有曹铺河、龙潭河、高罗河、川箭河4条一级支流及冉大河等9条二级支流，可开发17.1万千瓦。

头坪河发源于沙道红旗河，从二坪响水河出境进入湖南澧水入洞庭湖，河流短，流量小，坡降大，境内河长11千米，平均流量仅1.2立方米/秒，坡降为63.6‰，水能蕴藏量4700千瓦，可开发3900千瓦。

全县共有大小河流121条，总长度538.65千米，流域面积大于10平方千米的有34条，河长10千米以上的21条。全县两大水系，北部为忠建河水系，经清江汇入长江；南部为酉水水系，经沅江流入洞庭湖。忠建河发源于咸丰县高乐山镇，由晓关坪地坝注入县境，流域面积1388平方千米，县内长82千米，主要支流有花塌河、洪家河、龙潭河、龙头沟、马尾沟、官千河、长潭河。酉水河发源于椿木营杨柳坨，于李家河金陵寨注入来凤县，流域面积1328平方千米，河长90千米，主要支流有林家河、龙潭河、高罗河、岩底河、冉大河等。水能理论蕴藏量60万千瓦，可开发50万千瓦，已开发23.55万千瓦，仅占可开发的47%。到2015年全县投产电站34座，总装机达23.55万千瓦。其中，民营电站29座，总装机容量22.76万千瓦，占全县装机总容量的97%。

全县水资源总量约26.2亿立方米，人均水资源占有量为7600立方米，高于全国、全省、全州平均水平。从数量上看，水资源十分丰富，但时空分布不均，大量的水资源以洪水的形式流入下游，利用率不高。全县多年平均降雨量为1450毫米，从地域分布上看，椿木营降雨量最大，李家河、椒园、珠山、万寨较少；从时间上看，4至9月占70%以上。

全县主要以水电工程的形式利用水资源，2015年末有小型水库27座，总库容7600万立方米。中型水库2座（龙洞水库、桐子营水库），龙洞水库库容6400万立方米，装机2.6万千瓦；桐子营水库6600万立方米，装机2.4万千瓦。大型水库两座（洞坪水库、狮子关水库），洞坪水库库容3.2亿立方米，装机11万千瓦。全县水能资源理论蕴藏量50万千瓦，可开发利用的近40万千瓦，居全州第二位，至2015年装机已近20万千瓦，年平均发电量约4亿千瓦小时，产值1.4亿元。

【防汛抗旱】2015年3月31日上午，覃正彪在县行政服务中心二楼会议室主持召开全县防汛抗旱工作会，周志斌、王仕高出席，对2015年汛前检查任务进行分解，县人民政府与防汛抗旱责任单位签订责任状。调整充实防汛抗旱指挥部组成人员，曾德权任政委，习覃任指挥长，周志斌任常务副指挥长，黄同元、雷天兵、覃正彪、向子明、李世祥、张友刚、钟昌泽、王仕高、朱清华任副指挥长，相关单位负责人为成员。4月8至10日，省水利厅党组成员、总工程师王万林到恩施州检查指导防汛抗旱准备工作，重点检查宣恩县黄河沟隧洞工程。6月29日20时至30日14时，宣恩县遭遇暴雨袭击，降水集中在西、北部，局部地区大暴雨，暴雨势急、雨水集中，造成宣恩县城区严重内涝，交通不畅，多个街道洪水泛滥，干道成河，一片汪洋。致使4个乡镇1.24万人遭受暴雨灾害，转移人口0.14万人，房屋受损87户242间，全县防汛形势十危急。县防办召开紧急会议部署抢险救灾工作。7月10日，恩施州水文局局长王平章带水情科和州水利局相关科室负责人对宣恩县防汛抗灾工作进行检查。现场查看桐子营水电站、龙洞水电站和在建的宣恩县城黄河沟防洪治理工程，检查县防汛办值班值守情况和防汛物资储备情况，调阅有关资料，听取恩县防汛抗灾工作情况汇报。补充全县防汛仓库防汛抢险物资，县级预算专项资金10万元，采购防汛专用麻袋、编织袋2000

条，救生衣100套，强光手电50支，铅丝1吨，雨衣100套，铁锹50把，镰刀50把。完成《2015年的汛前检查报告》，落实汛前检查责任，签订汛期安全责任状56份；4月15日到10月15日坚持24小时值班和领导带班制度，做好雨情、水情、汛情等信息的收集与上传下达工作；完成10万元防汛物资采购工作以及“十三五”抗旱应急水源项目编制工作；完成2014年度山洪灾害调查评价工作以及水田坝、林业、西坪等水毁工程的主体工程；对乡镇《防汛抗旱应急预案》《山洪灾害防御预案》等各类预案进行修订、完善。坚持24小时防汛值班制度，确保值班信息畅通，及时做好暴雨预报预警工作。确保全县水库安全度汛，确保县城及人口集中地区安全，确保重要交通干线安全，确保人民生命安全，确保干旱时节农田灌溉有保障。

【梁惠玲调研】6月4日，省委常委、统战部部长梁惠玲及省国土厅、水利厅负责人，由州委副书记、州长杨天然，州委常委、统战部部长谭文娇陪同，到宣恩县检查防汛抗旱工作。梁惠玲到城区西门沟、椒园镇庆阳坝村，检查黄河沟防洪治理工程建设和山洪灾害防治非工程措施实施情况，并了解全县防汛抗旱工作开展情况。曾德权、岳东、周志斌及县水利水产局、县国土局主要负责人陪同检查。

（倪衡山　陈宁）

【农村饮水安全工程】2015年第一批农村饮水安全工程实际到位中央资金1674万元，省级配套资金406万元，用于解决农村居民3.56万人，学校师生1万人的饮水不安全问题。建设101处农村饮水安全工程，主要是沙道沟雪落寨水厂和各乡镇小型集中分散供水工程，完成沙道沟雪落寨水厂主体工程及小型集中分散供水工程水池137口，管道铺设共计约80万米。完成小型集中分散供水工程水池90口。其中，晓关乡6口，分别位于覃家坪、中村坝、张官、杉木岭、铜锣坪、小溪等村；珠山镇11口，分别位于宝塔、双龙湖社区、芭蕉坨、七里桥、狮子关、封口坝等村（社区）；高罗镇11口，分别位于甘溪、埃山、黄家河、光荣桥、板寮、车道湖、马家寨、磨子沟、马料坡等村；沙道沟镇19口，分别位于红石、药铺、班大湖、两河、咸池、上洞坪、木龙寨、苦溪、官庄等村；李家河镇6口，分别位于郭家坡、歪尖坡、楠木园、箭竹坪等村；椿木营乡11口，分别位于杉坨、挖断山、黄家坪、勾腰坝、木营、深湾等村；长潭河乡15口，分别位于诺西、大坨、田坪、兴隆、两河、大卧龙、猫子庄、洗马坪、甘露、后河、马虎坪、易家坪、九坝等村；椒园镇10口，分别位于红岩卡、白泥坝、香树林、庆阳坝、黄坪、龙潭溪、三河沟等村；万寨乡1口，位于芷药坪村。完成小型集中分散供水工程管道铺设约46万米。到2015年全县共解决4.56万人饮水不安全问题。2015年第二批农村饮水安全工程在11月底完成招投标相关工作，工程涉及全县9个乡镇28个行政村共33处，于2015年12月底全面开工。实施农村饮水安全项目，解决11.8万人农村饮水安全问题。

对龙洞水库开展综合执法，保护县城饮用水源地安全，水质达到Ⅲ类以上，其中Ⅱ类水质达80%以上。2015年计划投资109万元建设农村饮水安全工程水质检测中心，其中，中央资金到位82万元，工程由州水利局统一招标，2015年12月中旬完成检测车辆及仪器的采购，同月底完成所有仪器的安装及调试工作。

（陈红　陈宁）

【小型农田水利建设】完成向家村农村河道清淤整治工程1100米；西坪村、铜锣坪村农村河道整治700米，清淤扩挖390米；高罗乡埃山大沟维修，李家河干坝、矛坝渠道及集镇水厂主管网维修，万寨水厂维修，长潭河水厂水源地维修项目验收；2013年度中央统筹土地出让收益中计提的农田水利建设资金项目及农村小型水利设施维修养护和建设项目中管护项目管护内容。

【中小河流治理工程】黄河沟中小河流防洪治理工程项目。黄河沟为宣恩县忠建河左岸小支流，全流域面积4.75平方千米，中下游贯穿宣恩县城区，出口位于宣恩大桥下游约300米处。源头分为三支：东支西门沟，承雨面积1.25平方千米，中支瞿家沟，承雨面积1.81平方千米，河道长度2.5千米，右支靶场沟，承雨面积1.29平方千米，河道长度2.2千米，三条支沟汇合后称为黄河沟。解决县城三条山洪沟防洪问题，经专家反复论证后决定采用撇洪方案，即另外修建泄洪通道，避开城区，将洪水从县城下游直接导入贡水河。根据地形地质条件，在靶场沟与瞿家沟、瞿家沟与西门沟、西门沟与忠建河之间修建三条泄洪洞（撇洪洞，分别为1、2、3号隧洞），同时在三条支沟处分别新建截流工程，将洪水拦截，使其进入新建的三条泄洪洞，由泄洪洞将山洪安全地宣泄到忠建河。三条泄洪洞总长1588米，1号隧洞从靶场沟穿过山体至瞿家沟，洞长308米，二号隧洞从瞿家沟穿过山体至西门沟，洞长472米；三号隧洞从西门沟穿过山体到忠建河，洞长808米，3号隧洞出口采用底流消能。黄河沟防治山洪标准为20年一遇设计，50年一遇校核。根据《城市防洪工程设计规范》(CJJ50—92)的规定，确定主要建筑物（隧洞、连接段、出口泄槽等）级别为4级，临时建筑物为5级建筑物。2014年1月27日湖北省水利厅就黄河沟综合治理项目批复了初步设计报告——鄂水利复〔2014〕22号、23号文批准同意分两期建设。项目总投资5993.44万元。其中一期投资2993.69万元，二期投资2999.75万元。项目设计工期12个月。2014年9月15日正式动工，已启动5个施工作业面，其中，一号隧洞已掘进约258米左右，二号隧洞已经全面贯通共开挖进尺472米，三号隧洞进口已完成隧洞开挖进尺396米，三条隧洞累计开挖进尺1126米。由于征地拆迁矛盾、阻工、施工方案改变（先由爆破施工改为机械破碎锤开挖；后又由机械破碎锤开挖改为爆破施工），地质情况复杂等原因，至2015年12月30日，工程量仅完成工程总投资的60%。

兴建长潭东乡中小河流治理工程。东乡河治理工程整治的范围为东乡河前河段兴隆村四组至龙泉山电站拦河坝，治理河长8.757千米，工程概算总投资2144.28万元。2014年6月底全面开工建设，2015年2月完成主体工程，11月份完成工程审计、绩效评价工作。12月完成州里组织的工程竣工验收工作。

龙潭河教育城段防洪堤工程。项目工程位于宣恩县城区西北方的忠建河流域下游城关段（龙潭河），流域面积55.3平方千米，属于宣恩县忠建河中游左岸一级支流，发源于宣恩县万寨乡玉荷坪，于宣恩县城区下游汇入忠建河。工程建设的主要任务和规模：通过该工程治理，提高此河段防洪减灾能力，满足区域内教育中心的总体技术要求，治理范围为龙潭河三河沟至宣恩县特殊学校河段，河道长度为1.61千米；新建浆砌石挡墙0.705千米，河道改道1.0千米，河道疏挖0.61千米，多形式生态护坡共1.27千米，新建混凝土箱涵0.105千米，新建壅水坝一座滚水坝六级等。项目总投资2387.33万元，工期12个月。截至2015年12月20日，完成265米的生态护坡土方开挖及边坡处理、600米箱涵段施工、静阅湖边墙及支流跌水施工，共完成总投资650万元。

城区主河道、支沟清淤治理工程。宣恩县贡水河干流河道清淤整治工程和黄河沟支流清淤工程于2015年11月经武汉志宏设计院启动现场踏勘、实地测量等工作，2015年12月初编制出《宣恩县"六城同创"水利工程实施方案》，方案已审查通过，同月底展开工程招投标程序。

（陈宁　游蕾　胡浩然）

【水库除险加固工程】一般小（二）型水库除险加固工程。全县共6座一般小（二）型水库，分别为榨房沟、茶园沟、舒家湾、补家河、长槽湾和茶树湾。榨房沟、茶园沟水库于2015年7月10日完成招标工作，8月20日开工。12月底，茶园沟水库已完成工程量30%，榨房沟水库已完成工程量25%。舒家湾、补家河2座水库已经进入招投标程序，长槽湾、茶树湾水库降等设计报告已经完成。

2015年新出险2座病险水库，分别是李家河镇的黑龙河水库和晓关乡的后塘水库，两座水库省里下达资金510万元。2015年11月25日，黑龙河水库除险加固工程初步设计报告经州水利水产局审查通过，批复总投资447.92万元；后塘水库初步设计报告在11月20日完成，12月30日经县水利水产局审查，批复总投资212.52万元。

（陈宁　肖柳）

【水土保持】2014年度实施巩固退耕还林工程，位于珠山镇大坝沟村，工程总投资46.82万元，于2015年4月初开始施工，工程包括1.67公顷坡改梯、埋设管道1千米、修建排洪沟渠120米，机耕道路150米、蓄水池200立方米，已基本完成。

2014年度计划实施的石漠化

综合治理工程，位于长潭河乡龙马山村，工程计划总投资246万元，工程包括11.66公顷坡改梯、2.44千米管道灌溉工程田间作业道3千米、沉砂池14口、蓄水池5口。于2015年4月初开始施工，于2015年12月底坡改梯已基本形成，整个施工进度完成超过85%以上。

（杨贵方　陈宁）

【依法行政】针对全县水库多、河流多的现状，制订河道管理和水库管理的相关制度及规范性文件。县水政监察大队、渔政站把涉水涉渔法律法规的宣传作为重点，以制作永久固定标语、发放宣传单、进行法律讲座等方式大力进行法律宣传，提高全社会对水政渔政工作的理解支持和认同。加强宣传，切实提高全民水法意识。全年累计印发州县人民政府关于河道管理、渔业资源保护公告2000份，印发水法律法规宣传手册500份，在李家河、长潭河等乡镇安装永久性固定式宣传牌28块；结合“世界水日”“中国水周”及“12·4”普法日，设立咨询台、展板、播放水法宣传片、组织宣传车等，开展形式多样的宣传活动。

严厉打击涉水事渔事违法行为。加大渔政执法力度，按照水生态文明建设纲要和州政府“水更绿”专项活动的要求，清理水库抬网58张，在桐子营水库和洞坪水库中网箱进入执法程序。2015年渔政部门独立办案或与公安机关联合办案，查处电捕鱼、毒鱼案件15起。全年共计查处水事、渔事违法案件19起，下达限期整改违法行为通知书11件，当事人在规定的时间内均自行履行了法定义务，没收电捕鱼器7部，拆除灯光网等非法网具16张。三是累计受理水行政审批申请5件，通过实地踏勘后，均已按照程序办理相关许可手续。

（奚泽斌　杨云书　陈宁）

【项目编制及申报】官千水库为小（一）型水库工程。枢纽布置包括水库工程及灌溉输水工程两大部分，水库工程包括大坝、溢流表孔和导流放空洞；灌溉输水工程包括灌溉输水隧洞、输水管道和附属设施，输水隧洞长5554米，输水管道长18.689千米。项目估算投资约1.5亿元。于2015年12月底官千水库项目申报工作已全部完成，只待资金拨付落实后予以组织实施。沅江流域酉水干流河道治理工程。沅江流域酉水河重点河段治理工程宣恩县境内主要包括沙道沟镇范围内的官庄段、沙道沟段和李家河镇范围内的仙佛寺段、支流李家河段共4段合计河段长度5.025千米，项目总投资8159.1万元。至2015年底已经完成可研报告审查、环评报告审查，争取在年底完成沅江流域酉水干流河道治理工程的初步设计、水保等各项报告的审批工作，尽早启动实施该项目。

椒园石马水库。2012年开始椒园石马水库前期规划，于2015年底已完成水库的可研报告。争取在2016年6月前完成可研报告的审查工作后进入初步设计阶段。

（陈宁　钟莉华）

林　业

【概况】2015年全县林业用地面积206133.33公顷，其中，林地142000公顷，灌木林地35600公顷，未成林造林地10795.9公顷，其他林地17737.43公顷；活立木蓄积量738.6万立方米，森林覆盖率57.7%，林木绿化率73.19%。县境内维管束植物183科752属2027种，常见乔灌木96科215属882种63个变种。县境内两栖、脊椎动物166种，两栖爬行动物33种，鸟类68种，哺乳动物65种，属国家重点保护的二、三级动物共23种。

2015年全县林业系统实际到位资金10161万元，全部为国家投资（含国债资金），国家投资主要投入到天然林保护、退耕还林、长江流域防护林建设、石漠化综合治理等林业重点工程建设和生态公益林补偿等。7月17日，省林业厅党组成员、总工程师洪石一行，在州林业局党组书记、局长李敏克的陪同下到宣恩，对全县涉农资金专项整治行动开展情况进行检查督办。全县未发生森林火灾，实现无重特大森林火灾、无人员伤亡事故和无责任事故“三无”目标。

【生态建设与保护】2015年全县完成荒山荒地造林面积6860公顷。其中，人工造林3152.9公顷，四旁（零星）植树556.1万株，年末实有封山育林面积10766.7公顷，无林地和疏林地新封山育林2333.3公顷，退耕还林866.7公顷，林木种子采集量28吨，当年苗木产量3000万株，育苗面积225公顷。

【天然林保护工程二期】2015年国家天然林资源保护工程二期继续在宣恩县实施，总投资1836万元。全县建立健全森林管护网络体系，聘请133名护林员对全县119240公顷森林进行有效管护。补偿林农2015年度重点生态公益林生态效益补偿金4.67万户、9446.67公顷913.22万元。补偿村、组集体重点生态公益林生态效益补偿金146个单位6060公顷59.94万元，补兑2011年度重点公益林100公顷0.72万元，补兑2012年度重点公益林80公顷0.78万元，补兑2013年度重点公益林126.67公顷1.71万元。同时，完成封山育林666.6公顷，人工造林133公顷。

【石漠化综合治理工程】2015年省发展改革委、省林业厅、省农业厅、省水利厅下达宣恩县2015年岩溶地区石漠化综合治理工程建设任务：中央预算内投资规模600万元，其中林草植被建设投资360万元；治理岩溶面积30平方千米，实施林草植被建设任务820公顷，其中封山育林644公顷，人工造林176公顷。通过组织实施，全面完成年度工程建设任务，工程涉及高罗镇磨子沟、龙河、麻阳寨、下坝等村；李家河镇干坝、利福田、八洲坝、车子口、老司城、青龙嘴、茅坝、麻阳等村；沙道沟镇麻柳、赵家坝、松坪、水田等村。其中，人工造林树种以杉木、柳杉、马褂木、柏木、红豆杉、栾树为主，封山育林地类中疏林地561公顷，灌木林地83公顷。9月23日，全县2012年度、2013年度岩溶地区石漠化综合治理工程项目的植被建设通过省级验收。

【退耕还林工程】宣恩县退耕还林工程于2002年启动，至2015年累计营造林25246.7333公顷，完成投资3.0575亿元。2015年完成人工造林2743.33公顷，完成投资1768万元，其中茶叶479.47公顷，以白柚为主的水果林150公顷，以核桃、油茶为主的生物质能源林587.37公顷，以黄柏、厚朴为主的中药材林694.7公顷，以柳杉、杉木、漆树等为主的工业原料林715.7公顷，以栾树、楠木为主的其他林木116.093公顷。

【长江防护林工程】2015年完成人工造林133.3公顷，封山育林266.7公顷。中央投资88万元。工程涉及珠山镇、万寨乡、高罗镇、晓关乡4个乡镇8个村。人工造林以柳杉、漆树、杉木等乡土树种为主。封山育林地类全部为疏林地封育。

【森林采伐】2015年州政府下达全县年森林采伐限额为3.26万立方米。实际完成采伐1.48万立方米，其中农民生产生活自用采伐林木1.237万立方米。

加强对重点生态区森林资源的管理，在生态公益林区禁止林木商品性采伐，对林农生产生活自用采伐林木，严格控制采伐数量。对洞坪库区、桐子营库区等重点生态保护区，县林业局每半年向县水能办汇报森林资源管理情况，林业管理站每星期在辖区进行一次检查，县林业局定期开展巡查督办，禁止乱砍滥伐、毁林开荒行为的发生。根据宣恩县人民政府2013年12月发布的《关于加强古树名木、阴沉木和景观石资源保护管理的通告》和州人民政府2014年1月发布的《关于加强森林资源保护管理

3月9日，县林业局干部职工60余人，到高罗镇下坝村义务植树

的通告》,加大对非法采挖古树名木、阴沉木、绿化大树的打击。全县禁止采挖、运输古树名木、绿化大树、阴沉木。

【林业执法及案件查处】2015年全县查处各类林业行政案件29起,其中查处盗伐林木案件1起,滥伐林木案件16起,违法运输木材5起,违法加工、收购、经营木材案4起,其他案件2起。累计没收木材117.4立方米,罚款3.76万元。办理涉林刑事案件9起,其中滥伐林木案5起,盗伐林木案2起,非法出售、采伐、收购国家重点保护植物案2起,破案7起,抓获犯罪嫌疑人10人,判实刑5人。查处治安案件1起,治安拘留1人。

【木材经营加工管理】根据全州林业工作会议精神和州局关于木材加工经营企业清理整顿的要求,通过清理,采取整合、关闭等方式,严控木材经营加工单位数量,加强对木材经营加工企业的管理巡查,严厉打击非法运输木材行为,维护正常的木材流通秩序,2015年底全县木材经营加工单位已减少为24家。

【林地管理】严格实行占用林地审批制度,贯彻落实林地保护利用规划,确保林地保有量。为切实保护林地资源,规范林地占用征收管理,服务全县社会经济发展,县林业局与有关部门积极沟通协调,主动上门服务需使用林地业主。2015年全县已报批永久使用林地2个项目,面积18.0447公顷,上缴森林植被恢复费120.09万元;办理临时使用林地5宗地,面积0.4154公顷,上缴森林植被恢复费15360元。开展非法使用林地清理排查工作,2015年全县使用林地审核报批率为100%,没有乱占林地、未批先占等重大破坏林地案件发生。

【林业有害生物防治】2015年5月5日,县林业局组成林业有害生物普查专班,在椒园镇店子坪村、黄坪村等地开展试点调查工作。全县林业有害生物寄主面积187333.33公顷,其中松林面积57333.33公顷。全年实施监测面积349066.67公顷,监测覆盖率62.87%。全县无成灾森林病虫害发生。全县共育苗41.67公顷,开展产地检疫苗圃40.67公顷,苗木1856万株,种苗产地检疫率达到97.6%。调运检疫林业植物及其产品情况为:全年共签发植物检疫证书184份,其中调运检疫木材及其制品2316立方米,楠竹600根,林副产品及其他346吨,调运检疫率达100%。

开展春、秋两次松材线虫病普查工作,各乡(镇)林站及雪落寨林场成立工作专班,按照松材线虫病疫情普查技术标准,对辖区范围内的松树进行全面普查工作,尤其以交通沿线、库区、及厂矿周围、电力及通信塔、木材集散地及与恩施市接壤的区域为重点进行调查,看有无不明原因,类似松材线虫病症状的死亡松树现象,并详细记录发生地点,所在林班、小班病树数量,危害程度等异常情况。通过全面普查,全县未发现松材线虫病及疑似松材线虫病枯死的松树。

【湿地建设与保护】2015年9月17日,县林业局对贡水河国家湿地公园忠建河河道两岸进行调查勘界、取点定位,并规划出界桩、界碑及宣传墙的位置。完成湿地公园勘界桩64个,制作警示牌5块,并对贡水河湿地公园河道进行清理整治和沿河道绿化建设、修建人行栈道等。11月10日,设立贡水河国家湿地公园管理局(宣编发〔2015〕26号),为县人民政府办公室管理的正科级事业单位,内设综合股、资源股、项目股、计财股、法制股、宣教股6个内设机构;核定全额拨款事业编制11名,其中领导职数4名:局长1名、副局长2名、总工程师1名;内设机构领导职数6名。

【野生动植物保护】开展系列宣传活动,进一步提高公众的野生动植物保护意识。3月30日,县林业局启动“爱鸟周”活动。宣恩县晓关乡的千年古红豆树自然老化严重,急需对种质资源实施保留。6月10日,县林业局在湖北民族学院生物科学与技术院与湖北民族学院签署《“千年鄂西红豆树”组织培养保护合作协议》。湖北民族学院生物科学与技术学院和生物资源保护与利用湖北省重点实验室组建一支技术攻关研究团队,尝试在晓关乡现场收集唯一种胚材料进行组织扩繁,产生愈伤组织,并通过诱导愈伤组织再分化形成无菌株。10月,初代培养获得成功,已培养出10株红豆树无菌苗,组培繁育研究项目取得重大突破。

【“绿满荆楚”行动】宣恩县“绿满荆楚”2015—2017年造林总任务

21813.33 公顷，2015 年全县应完成"绿满荆楚"行动任务 6548.07 公顷，实际完成绿化造林 6939 公顷(宜林荒山荒地造林 1176 公顷，通道绿化 129 公顷，村庄绿化 5634 公顷)，完成年度任务的 106%。1 月 22 日，省林业厅副巡视员侯开举率督办组到宣恩县督办"绿满荆楚"行动工作开展情况，李明山、曾凡忠及县直相关单位负责人陪同。3 月 23 日，湖北省林业厅计资处副处长邹黎署一行，到宣恩县检查督办绿满荆楚行动工作进度。4 月 14 日，恩施州电视台新闻部"绿满荆楚"专题报道记者张煌等一行到宣恩县实地采访报道"绿满荆楚"活动开展情况。4 月 29 日，湖北省林业厅副厅长董祚华一行在恩施州林业局局长李敏克的陪同下，对宣恩县"绿满荆楚"行动开展情况进行检查督办。7 月 21 日，省"绿满荆楚"行动造林绿化核查组到宣恩开展核查验收工作，认定宣恩县"绿满荆楚"6860 公顷，完成任务的 104%。

【"千年鄂西红豆树"培养保护协议】2015 年 4 月，宣恩着手研究部署林业科技工作，力图以"科技兴林"来提升生态经济效益、保护和发展特色森林资源。5 月初，县林业局组织专班到湖北民族学院就县域林业科技发展和亟须解决的鄂西红豆树保护等问题进行咨询，并联系湖北省知名林业科技专家郑小江教授及其研究团队到宣恩实地考察研究。考察结束后，县林业局联合湖北民族学院初步制订鄂西红豆树组织培养繁育保护的实施方案，并委托湖北民族学院进行研究。6 月 10 日，县林业局与湖北民族学院在生物科学与技术学院正式签署《"千年鄂西红豆树"组织培养保护合作协议》。协议全方位、多角度涵盖宣恩县林业科技亟须解决的问题和林业科技长期发展的纵深项目。根据协议，宣恩增加林业科技投入，发展有特色的刺梨等本地资源，湖北民族学院负责提供由引种驯化到产品加工等一系列技术支撑；双方共同合作优选核桃品种；湖北民族学院协助宣恩做好珍稀树种鄂西红豆树等的保护；双方在林下产业经济作物、森林景观等研究和开发上进行合作。

【洪石检查工作】7 月 17 日，省林业厅党组成员、总工程师洪石到宣恩县万寨伍家台贡茶基地、七姊妹山国家级自然保护区，督查 2015 年上半年林业工作及 2013—2014 年林业涉农资金使用管理情况。熊坤赤、周志斌、宋春禄、曾凡忠陪同检查。

2015 年全县完成绿满荆楚造林 6940 公顷，完成 6546.67 公顷任务的 106%；发展以核桃、油茶等为主的木本油料林，以贡水白柚、茶叶等为主的经济林 886.67 公顷，有以柑橘、白柚、茶叶等为主的涉林产业合作组织 76 家。2013 至 2014 年，县林业局共涉及涉农林业项目 29 个，中央、省、县共安排资金 10794.73 万元，截至 2014 年 12 月 31 日，共支出涉农林业项目资金用于农业生产发展和农业生态修复、治理 9154.65 万元，结余 1640.08 万元；七姊妹山国家级自然保护区管理局 2013 年付按计划总到位资金 1226 万元，2014 年度按计划总到位资金 1339 万元。截至 2014 年 12 月底，2013 年度总资金结余 224.3 万元，2014 年度总资金结余 734.1 万元。

【省级石漠化工程项目验收】9 月 21 至 23 日，由州发改委、州林业局、州水利局等相关单位及专家组成的省级石漠化工程项目验收组，到宣恩县检查 2012 年度、2013 年度岩溶地区石漠化综合治理工程项目的植被建设，并同意通过省级验收。宣恩县岩溶地区石漠化综合治理工程 2012 年、2013 年林业植被建设项目中央总投资 728 万元，涉及晓关、椒园、高罗、李家河、沙道沟等 5 个乡镇。共完成封山育林 1700 公顷，人工造林 200 公顷，完成计划的 100%。

（肖孟）

七姊妹山国家级自然保护区

【概况】湖北七姊妹山自然保护区始建于 1990 年，2002 年批准建立省级自然保护区，2008 年晋升为"湖北七姊妹山国家级自然保护区"(以下简称"七姊妹山")(国办发〔2008〕5 号)。

七姊妹山位于宣恩县境内，北与恩施市河溪村交界，东北属宣恩县椿木营乡管辖，东与鹤峰县太平镇接壤，南与湖南八大公山国家级自然保护区核心区毗连，西与宣恩县长潭乡和沙道沟镇相连，地处北纬 29°39′30″～30°05′15″，东经 109°38′30″～109°47′00″。七姊妹山属森林生态系统类型自然保护区，主要保护以珙桐等珍稀动植物为主的森林生态系统和以亚高山泥炭藓沼泽湿地为主的湿地生态系统。总面积 34550 公顷，其中核心区 11560 公顷，缓冲区 11700 公顷，实验区 11290 公顷，森林覆盖率 68.97%（森林“二清”调查数据）。

经专家考证，保护区分布有 5 个植被型组，9 个植被型，30 个植物群系。现有维管束植物 183 科、752 属、2027 种，分别占湖北省维管束植物科、属、种数的 78.88%、51.86%和 33.44%，占全国维管束植物科、属、种数的 53.82%、23.69%和 7.29%。国家重点保护植物 28 种，其中国家Ⅰ级保护植物有珙桐、光叶珙桐、红豆杉、南方红豆杉、钟萼木、银杏、莼菜 7 种；国家Ⅱ级保护植物有连香树、水青树、鹅掌楸、红豆树、黄杉、花榈木、香果树等 21 种。国家珍稀濒危植物有白辛树、紫茎等 29 种。列入中国 15 个野生动植物拯救工程之一的野生兰科植物有 67 种。特有种有宣恩牛奶菜和宣恩盆距兰 2 种。已发现的植物中有 32 个为中国特有属。中国特有的单科、单属、单种植物钟萼木、杜仲、大血藤在保护区分布集中，更新良好。保护区内有陆生脊椎动物 355 种，其中兽类 67 种、鸟类 225 种、两栖类 26 种、爬行类 37 种；昆虫 22 目 177 科 1300 余种。国家重点保护动物 56 种，其中国家Ⅰ级保护动物有金钱豹、云豹、林麝、金雕等 5 种；国家Ⅱ级保护动物有黑熊、猕猴、鬣羚等 51 种；列入中国 15 个野生动植物拯救工程之一的野生雉类 6 种。保护区海拔 1650～1950 米范围内呈斑块状分布着亚高山泥炭藓沼泽湿地 810 公顷，这片湿地对维持洞庭湖水系沅江支流酉水源头的水源稳定，起着关键性的作用。

【资源保护】坚持以生物多样性保护为核心，以森林巡护为重点，开展法律法规宣传，实行局、站、点三级森林管护，形成层次分明、责任明确的森林管护网络化体系。聘请森林管护人员 50 人（其中专职 18 人，兼职 32 人），明确管护范围，落实目标责任，实行责任挂钩；2015 年度森林公安分局办理盗伐林木刑事案件 2 起，其中移送起诉 1 起，侦办阶段 1 起。法院判决盗伐林木案件 2 起，判决犯罪人员 7 人，分别判处有期徒刑 1～4 年；判决滥伐林木案件 1 起，判决犯罪人员 1 起，判处有期徒刑 1 年。办结林业行政案件 3 起，处罚违法人员 3 人，收缴罚款 5200 元。公安分局协同管理站办理行政案件 7 起，处罚违法人员 6 人，收缴罚款及罚没物资金额 9100 元。加大森林防火宣传力度，在交通要道竖立防火宣传牌，向群众发放防火宣传资料，11 月新采购 10 万元灭火物质，并将灭火物资分配至各管理站、各管护点，实现 2015 年森林火灾零发生。

【项目工作】聘请省林勘院完成基础设施二期项目初步设计，2015 年 8 月 14 日上午，省林业厅在武汉雄楚国际大酒店召开七姊妹山保护区基础设施建设二期项目初步设计评审会，中科院物理所、中科院武汉植物园、湖北大学资环学院等科研院所、大学的专家、教授，对设计成果进行审查，会议原则通过初步设计方案。12 月 15 日，省林业厅批复《湖北七姊妹山国家级自然保护区基础设施二期工程建设项目初步设计方案》（鄂林计函〔2015〕339 号），项目主要建设内容是保护与恢复工程和科研宣教工程，项目总投资 1635.24 万元，项目建设期为 2 年。

完成天保工程二期建设任务，管理制度体系继续完善，完成人工造林 66.67 公顷，封山育林 333.33 公顷；完成公益林兑现面积 29333.33 公顷，兑现农户数 3100 余户，兑现资金 561 万元。

【科研监测】在野外放置红外相机 80 台，正常开展日常监测工作，拍摄到林麝、黑熊、豹猫等保护动物。对历年监测成果整理成短片，进行配音解说。7 月 8 日，七姊妹山管理局与恩施主流传媒有限公司签订合同，拍摄保护区形象推介、成果展示专题片《呵护七姊妹山》，12 月完成摄制，时长近 10 分钟。与湖北大学合作开展的人工栽培繁育泥炭藓方法与技术研究课题正有序进行，与湖北民族学院等单位合作的常绿落叶阔叶林大样地长期监测工作按计划开展。7 月 8～11 日，南开大学 3 名博士组成的考察小组到七姊妹山保护区开展《武陵山区摇蚊科昆虫多样性和生物地理学研究》考察，重点考察摇蚊科和寄蝇科在保护区内分布情况，采用网捕和灯诱的办法采集昆虫标本，填补七姊妹山保护区昆虫资源调查的空白。9月15至16日，中华环保联合会理事、武陵山生态环境保护联合会（驻恩施州）顾问杨建初、会长李春胜一行，到七姊妹山国家级自然保护区内的长潭河乡两溪河村卢家院子和椿木营乡长槽村黄柏营、杨柳坨村晒坪湿地等地，考察生物多样性保护以及社区居民环保意识等情况。9月下旬至10月中旬，由州人民政府副州长程水源带队，组成三个考察组，先后到四川卧龙国家级自然保护区、吉林长白山国家级自然保护区、浙江天目山国家级自然保护区、福建武夷山国家级自然保护区等四个保护区，考察资源保护、科研宣教、社区管理、生态旅游等方面的经验。其中9月23至25日，由副州长程水源带队，七姊妹山管理局局长熊坤赤、副局长宋春禄、州政府科长董传政、七姊妹山管理局办公室主任刘昌勇、科研宣教科副科长彭宗林等一行7人，赴四川卧龙国家级自然保护区考察保护区建设经验，到邓生保护站、大熊猫科研中心考察资源管理、科研工作开展情况，到宣教馆参观保护区发展历史、工作开展情况展示、生物多样性展示等，听取卧龙保护区管理局经验介绍，考察取得圆满成功。10月11～16日，由州政府办公室副主任谢奎带队，七姊妹山管理局副局长曾凡忠及管理局资源保护科长刘容新、社区事务科科长谢海珍等参与，先后到浙江天目山和福建武夷山两个国家级自然保护区考察学习。10月13至14日，由州林业局总工程师梅毅和七姊妹山保护区副局长宋春禄带队，七姊妹山自然保护区森林公安分局局长龙中海、七姊妹自然保护区科研宣教科副科长彭宗林参与，对吉林长白山国家级自然保护区进行为期两天的考察学习。10月23～25日，南京林业大学教授李德伟、湖北省林科院森林保护所研究员、所长陈京元及省林科所博士王文勋等专家到七姊妹山保护区长潭河后河村黑湾、金盆塘等地，考察林业微生物半知菌类真菌资源，共采集到供各种菌类生存的枯枝落叶、林中枯木等样本30余份，带到省林科院进行室内组织培养，并进行后期研究工作。10月30日，湖北民族学院驻湖北七姊妹山国家级自然保护区管理局研究生工作站正式揭牌，湖北民族学院副院长汪兴平、七姊妹山保护区管理局局长熊坤赤共同参加揭牌仪式。

【保护区功能区调整】因鹤来公路改扩建和鹤来高速建设需要，七姊妹山国家级自然保护区向国家环保部、国家林业局申报功能区调整方案，2014年12月19日，七姊妹山国家级自然保护区功能区规划调整在北京经全国国家级自然保护区评审委员会评审通过。2015年6月29日，国家环保部办公厅以环办函〔2015〕1061号文同意湖北七姊妹山国家级自然保护区功能区调整。7月17日，国家林业局以林护发〔2015〕98号文同意湖北七姊妹山国家级自然保护区功能区调整。调整后的湖北七姊妹山国家级自然保护区管理局保护范围不变，范围在北纬29°39′30″～30°05′15″，东经109°38′30″～109°47′00″之间，总面积34550公顷，其中核心区面积11560公顷，缓冲区面积11700公顷，实验区面积11290公顷。并要求按照调整后新的功能区划组织编制新的总体规划，报送国家林业局批准后实施管理。七姊妹山保护区功能区调整，为351国道改线和鹤来高速公路穿越七姊妹山保护区不再具有法律障碍。

【七姊妹山自然保护区总体规划专家咨询会】10月31日，副州长程水源主持召开湖北七姊妹山国家级自然保护区总体规划专家咨询会，研究讨论保护区总体规划及保护和发展情况。环保部南京环科所高级研究员蒋明康等专家，州林业局党组书记、局长李敏克，州林业局副局长、七姊妹山管理局局长熊坤赤，县委书记曾德权参加会议。

会上，保护区总体规划编制单位就规划编制的思路及有关情况进行介绍，邀请的专家和领导根据到七姊妹山国家级自然保护区进行实地调研的基础上，结合各自的研究方向与工作经验，从规划战略定位、发展特色、资源保护、宣传教育、生态旅游开发、科研监测等方面，提出建议和意见。与会专家建议，七姊妹山自然保护区建设要遵循“保护优先、科学修复、合理利用、持续发展”的基本原则，保护与发展并重，实行创新、协调、生态、开放、共享五位一体发展，充分发挥保护区的生态功能，做出亮点与特色；以现有天然资源为基础，加强研发，形成有价值的产品，实现经济发展与自然保护共赢；要做好保护区内的科研监测，完善资源数

10月31日，七姊妹山自然保护区总体规划专家咨询会现场　（黄汉民摄）

据库，建立集监测、防火、监控等于一体的数字化监测系统，建设数字化保护区。

就七姊妹山保护区总体规划及下一步工作开展，程水源要求，要打好“保护牌”，逐步建立保护区科研监测体系，大力实施天然林保护工程、退耕还林工程、生态移民工程，有效保护生物多样性，改善和优化珍稀野生动物栖息环境。要念好“山水经”，加强环境治理与自然资源保护，加强山体恢复、植被保护和水土保持，抓好环境监管与保护利用。要唱好“特色戏”，立足本地实际，深入挖掘保护区特有的动植物资源，突出生态特色，积极打造蕴含区域特色的软实力品牌。要做好“产业事”，在利用保护区的过程中，抓好产业发展，发展林下经济，开展生态休闲旅游，变产品为商品、变来客为游客。要实现好“规划梦”，以长远的目光，按照高起点、高标准编制保护区总体规划，构筑发展远景，全面提升保护区“颜值”，建成美丽、和谐、富裕、文明、生态的保护区。

（王叶鹏）

环境保护

【概况】2015年空气质量优130天，良209天，轻度污染21天，中度污染5天，优良天数占92.9%。完成COD、SO_2、氨氮、氮氧化物减排目标，全年辖区内没有发生一起重特大环境污染责任事故。

【创建生态县】2015年3月启动国家级生态县创建工作，11月完成《宣恩国家级生态乡建设规划》的编制工作，并报省环境保护厅审核。全县申报1个国家级生态乡镇即晓关侗族乡，2个省级生态乡镇和24个省级生态村，2个州级生态乡镇和47个州级生态村。截至2015年底，全县共成功创建国家级生态乡镇1个、生态村6个，省级生态乡镇3个、生态村35个，州级生态乡镇5个、生态村48个。

【污染物减排】全县实施8个减排项目，已经完成8个，在不算2015年增量的情况下，共削减化学需氧量43.87吨，占全年任务的208%；削减氨氮6.41吨，占全年任务的242%。氮氧化物和二氧化硫与上年持平。

【宣恩新添1个省级生态乡镇和6个生态村】2月5日，湖北省环委办授予湖北省90个乡镇和524个村为“省级生态乡镇”和“省级生态村”称号（鄂环委办〔2015〕6号），宣恩县晓关侗族乡为省级生态乡镇，珠山镇卸甲坝村、沙道沟镇当阳坪村、高罗乡黄家河村、李家河镇二虎寨村、椒园镇香树林村、晓关侗族乡中村坝村为省级生态村。至此，全县创建国家级生态乡镇1个（椒园镇），国家级生态村1个（沙道沟镇两河村），省级生态乡镇2个（椒园镇、晓关侗族乡），省级生态村12个。

【辐射环境管理】对辖区内的输变电工程进行清查，掌握县内输变电的基本情况及其动态。辖区内共有已竣工验收的110千伏以上变电站3个，分别为沙道镇当阳坪220千伏变电站，晓关侗族乡大岩坝村500千伏变电所，以及110千伏莲花坝变电站。另外，110千伏和平变电站已经审批。

开展全县辐射安全排查，摸清各核技术利用单位基本情况，督促各单位完善辐射安全管理制度与防护措施，进一步加强射线装置管理，确保辐射环境安全。未发现辖区内有放射源存在。县域内Ⅲ类射线装置数量共计28台(套)，分散分布在县城和各乡镇的17家医疗卫生机构(医疗诊断用)，以及宣恩县人民法院(安保用)，各应用单位均已办理辐射安全许可证，射线装置操作人员取得了辐射安全与防护培训合格证，培训覆盖率达90%以上。全县通信基站322余个，包括电信、联通和移动三个通信企业。

【建设项目管理】不断完善环境准入制度，从源头上引导环境与经济社会协调发展。对新批项目，健全空间准入、总量准入、项目准入“三位一体”的环境准入制度。并实行不符合国家产业政策的一律不批，没有环评文件的一律不批，不符合饮用水源保护规定的一律不批，无公众参与的一律不批。2015年危险废物安全处理率达100%，建设项目环境影响评价“三同时”制度执行率为100%。环评审批项目52个，其中报告表26份、登记表26份，项目环保设施验收6个。

【农村环境保护】根据州《清江流域水污染防治规划》要求，解决清江流域沿线长潭河、万寨集镇污水直排问题，县人民政府安排专项资金1500万元，分别在长潭河、万寨集镇修建日处理量为800吨、500吨的人工湿地各1座，已开展前期设计、招投标、征地等工作。

投资560万元，为高罗镇、椿木营乡、晓关乡及工业园区各配备垃圾清运车各1辆；为万寨的白果村、金龙坪村、高罗的甘溪村和沙道沟的木龙寨村共修建垃圾池34座，发放钩臂式垃圾箱10个；为伍家台景区、狮子关景区及工业园区配备果皮垃圾桶160个。在沙道沟班大湖村修建农村饮用水池2口；安装太阳能路灯49盏，其中高罗埃山村16盏，晓关大岩坝村8盏、桥塘村7盏、山尖坳村扶贫点4盏，椒园庆阳坝村14盏。8月桐子营人工湿地建设完工并通过验收，9月1号正式通水运行。10月椒园镇庆阳坝村和高罗镇板寮村人工湿地通过验收。

【环境执法监督检查】开展“2015年环境保护大检查”，县环境监察大队共出动约300人次，检查企业70家次，下达责令改正违法行为决定书38份，查处环境违法案件5家，累计开出19万元罚款，已经入库14万元。强化监督，加大企业现场检查频次，对严重污染企业现场检查，建立健全辖区排污单位现场监督检查制度，重点检查排污单位及其污染防治设施运行状况，采取巡回检查、定期不定期抽查、组织夜间突击检查等方式，加大对企业的监督检查频次，并明确监督责任，对全县6家重点企业实行“一企一人”责任分工制度，落实职责到人，全面控制企业排污行为。建立健全环境信访制度，及时处理、回复群众举报各类环境污染问题，抓好督查督办，切实做到群众投诉的每一个问题都有回音，查处的每一个案件都有结果，2015年共受理信访件79件，其中州环境保护局交办9件，省环境保护厅交办1件，自行受理69件。处理率及回复率均达100%以上。

【环境监测】县环境质量全面实现达标。2015年围绕集中式饮用水源地水质安全，完成龙洞水库及高罗埃山小沟2个饮用水源地水质监测各12次；完成农村环境连片整治项目高罗板寮村饮用水监测

9月17日，州环保局局长陈华(左三)检查污水处理厂污水处理情况

12次,大气监测12次;针对“国家重点生态功能区县域生态环境质量考核”,完成木场河及乐坪桥2个水质断面的水质监测各12次;完成洞坪出境断面水质监测12次;完成庆阳坝、板寮、埃山3个村的农村环境质量监测各4次;完成全县各乡镇集中式饮用水源地水质监测1次。农村环境质量监测工作选取高罗镇板寮、埃山、椒园镇庆阳3个有代表性的村庄进行监测,对3个地表水监测点、3个大气监测点、进行了现场勘察、布点、采样和分析。并布设15个土壤背景值采样点。

(查婷)

【节能减排】2015年办公单位场所建筑面积56.06万平方米,用能人数27553人,公车总数343辆,其中45辆柴油车,能源资源消耗主要是办公及日常用电、日常用水、公车耗油、用煤等。全县公共机构用电消耗总量1165.96万千瓦时,用水消耗107.13万立方米,汽油消耗77.41万升,柴油0.53万升,原煤1143.30吨,天然气33.67万立方米。

推广使用新产品新技术,2015年部分单位更换节能专用插座共计500余个。对全县12家涉及燃煤锅炉的企业进行走访调查,按照专项治理要求督促企业落实整改措施。

(赖宏伟　周翠芝)

气　　象

【概况】宣恩县2015年的气候特点概括为:气温与历年相比正常略偏高,降水量偏少,气候较为正常。年初有冷空气活动,但势力较弱,使得气温正常偏低,二高山及其以上地区冰雪天气,对交通运输及农作物的生长有一定影响;春季平均气温较历史同期偏高,有利于烟叶及秧苗移栽等农事活动,但局部出现突发性低温天气,对农业生产造成一定损失;夏季气温较常年偏低,降水偏少且分布不均,出现强对流天气引发的洪涝及晴热高温天气引发的干旱等自然灾害,并对水库蓄水及电站发电不利;秋季气温较常年偏高,降水偏多,雨量丰富对水库蓄水有利。

【主要气象要素】气温:年平均气温为16.3℃,较历年值(15.7℃)偏高0.6℃;年极端最高气温为37.1℃,出现在7月13日;年极端最低气温气温为0℃,出现在2月1日。

降水:2015年总降雨量为1274.5毫米,与历年同期(1417.7毫米)相比,偏少10.1%;全年降水达0.1毫米以上的日数为165天;全年共出现2次暴雨过程:最大一次出现在6月30日,日降水量为89.1毫米。

日照:2015年日照时数为929.5小时,与历年平均时数(1137.3小时)相比偏少207.8小时。

【主要天气事件及其影响】2015年度,全县的气象灾害以强对流天气为主,局部出现低温天气。暴雨衍生灾害主要为滑坡及洪涝,致境内工农业生产造成不同程度损失。

暴雨灾害。6月16日20时至17日20时,宣恩县境内普降大到暴雨,局部大暴雨,其中李家河镇板栗园、沙道镇出现大暴雨。共造成李家河利福田、高桥、八洲坝、冉大河、汤湾、老司沟、板栗园、茅坝村;沙道沟镇当阳坪、乐坪、龙潭;高罗镇马家寨、马料坡、蜡树园等村受灾严重,受灾人口5910人,安置转移人口7人,需紧急救助人口12人。椒园镇荆竹坪村4组曾福田严重损房2间;长潭河马虎坪村3组杨天灯一般损坏房屋5间;高罗马家寨村朱文清房屋倒塌4间,6组叶自文房屋倒塌5间。394公顷农作物受灾,120公顷成灾,17公顷绝收,水毁公路4千米,塌方15处,严重堵塞公路一处,约50立方米,冲毁大小涵洞20余处,因灾直接造成直接经济损失340万元,其中农业经济损失240万元。

6月30日10时20分,宣恩县境内突降大暴雨,时间持续1小时,宣恩站小时降雨量达50毫米。暴雨共造成珠山、椿木营、长潭河、万寨等乡镇受灾,受灾人口28300人,安置转移人口4358人,需紧急救助人口1255人,倒塌农房5户24间,严重损毁12户房屋37间,一般损毁房屋10户26间。基础设施严重受损,县城区多条路段被洪水淹没及泥沙覆盖,造成交通拥堵,直接经济损失120万元。冲毁沥青路32万平方米,水泥路面300平方米,路基塌方4.55万立方米,公路边坡塌方2.16万立方米，堵塞冲毁桥梁涵洞12道。4条(次)通信线路中断，通信杆倒损15根。损坏灌溉设施33处；和平片区全部停电，停运配电台区12台，倒断杆48根，断线25处，损坏变压器2台；黄河沟供水全部中断，老农场24户全部断水。直接经济损失约3000万元。暴雨致使4个乡镇农作物不同程度受灾，受灾严重的区域有：珠山镇5个社区、岩堡、宝塔、猫儿堡、七里桥、甘溪、风口坝、卸甲坝等7个村，长潭河乡中坝、甘露、兴隆、细沙、洗马坪、会口等6个村，万寨乡马鞍山、伍家台、石心河、白虎山等4个村，椿木营乡长槽、白岩溪、后坝等3个村，农作物受灾面积达533公顷，成灾面积300公顷，绝收面积200公顷，农业直接经济损失达300万元。七里桥茶厂3500千克茶叶全部浸泡在水中。县城区多条路段被洪水淹没泥沙覆盖，造成交通拥堵，直接经济损失120万元。县交通局、地税局办公楼被洪水包围，直接经济损失30万元。县电信局、工商局院内积水若堰塘，直接经济损失50万元。部分商铺被洪水浸泡，损失惨重，直接经济损失约800万元。农作物受灾面积533公顷，成灾300公顷，绝收200公顷，直接经济损失300万元。

7月19日下午，珠山镇茅坝塘地区出现局地强对流天气，从而出现冰雹灾害，造成烟叶受灾面积26.67公顷，其中10公顷绝收。

低温。2015年4月7～15日出现一次较长时段低温天气，受其影响，县内大部分高山、二高山地区最低气温在0℃以下，导致椒园镇、万寨乡、晓关乡、长潭河乡、珠山镇等乡镇茶叶都有不同程度受灾、受损，部分茶区的茶叶受害后出现整株冻死、枯死现象。

【人工影响天气】2015年健全全县气象灾害防御体系，建立防灾减灾机构，并明确分管领导，政府出台气象灾害防御规划。落实人工影响天气作业安全责任制、作业指挥室有工作站分布图、冰雹路径图、保护面积图、规范高炮和火箭作业安全射界图，制定人影作业人员管理办法，作业用高炮、火箭经过年审检修合格，并建立相应档案，全年无安全事故发生。4月27日，组织开展2015年人工影响天气作业人员培训，全县7个作业炮点的14名作业人员参加。全年7个作业炮点共作业52次，其中火箭作业27次，消耗炮弹1315发、火箭弹51枚。作业有效面积达210平方千米，产生直接和间经济效益2500万元以上。

【防雷管理】履行防雷减灾管理职能，按季度及时报送行政审批事项办理情况及按年度报送行政审批工作落实情况，及时完成气象行政审批制度改革专项方案工作任务并报送信息；规范气象行政审批，防雷装置设计审核12件，防雷装置竣工验收5件；严格执行《省财政厅、省物价局、省地方税务局关于取消和暂停征收部门涉企行政事业性收费和政府性基金项目的通知》(鄂财综发〔2015〕39号)、《湖北省涉企收费清单》管理规定等相关文件的要求，无违规收费行为。

（陈海鹰）

【水文概况】宣恩水文站隶属恩施自治州水文水资源勘测局，2015年有4人，管辖各类水文监测站点49个(国家基本站13个)。其中水文站4个，水位站7个；雨量站38个。控制流域面积740平方千米，属国家基本水文站。主要承担宣恩县域内地表水水量、水质、水资源调查评价、山洪灾害、蒸发，土壤墒情等水文要素的监测，同时担负着向国家防总，省州县防汛抗旱指挥部、三峡工程、清江梯级开发工程等部门的提供水雨情信息的报汛任务。

2015年宣恩水文站整理水位资料12站年、流量资料3站年、雨量资料38站年、蒸发资料1站年。资料的整理严格要求达到在站有四道手续，坚持“四随”即随测算、随整理、随发报、随分析。严把资料质量关，精度可靠。

（符伟）

住房和城乡建设

【概况】2015年，全县落实中央暨省、州、县城市工作会议精神，以城乡统筹推进新型城镇化建设，以"六城同创"推进城市基础设施建设，开展保障房建设，强化市政工程建设监管，共实施14个城市市政工程建设项目，完成总投资2亿多元，新型城镇化率达33.2%。

【房产管理】2015年完成县城及各乡镇新、改、扩建房屋产权登记2506件，登记房屋建筑面积2506万平方米，其中所有权登记1144件，其他项权登记513件，注销登记286件，预告登记563件。办理房地产交易222件，交易面积2.44万平方米。整理产籍档案资料上架240卷，提供查档服务1765次，出具房产证明865件。加强商品房销售的合同备案监管，对各房产企业进行约谈，规范商品房交付使用管理。2015年全县住宅销售均价3085元/平方米，其中城区3200元/平方米，乡镇2143元/平方米，城区住宅销售均价比2014年下降200元/平方米，全县房产市场没有出现大起大落。2015年共办理销售审批但未出售商品房面积40.18万平方米，专项检查6次，发整改文书15份，发现突出问题8个，出台整改措施6个。

【建筑市场管理】全年办理质量监督手续23项，新办理竣工备案工程项目5个。监督执法检查工程124项，共计93万平方米，下发责令限期整改通知书8份。受理在建工程的安全监督37个(2015年新报建工程15个)，总建筑面积达73万平方米。对全县在建建筑工程开展安全巡查73个次，下达整改隐患通知书19份，查处各类安全隐患83条，责令11个工程停工整改。组织建筑起重机械安装告知、产权登记和使用备案工作，全面开展安装告知，受理10家产权单位各类设备备案32台，办理完毕32台，有效规范起重机械租赁市场。质监注册监督的工程41项，建筑面积88.30万平方米，总投资12亿多元，下发"质量整改通知书"3份，局部暂停施工通知书4份。严格执行住宅竣工验收前的分户验收制度，对不进行分户验收或分户验收住宅问题未得到处置的不予进行竣工验收，分户验收率达到100%。

【规划管理】统筹城乡规划编制，突出县城规划、县城控制、专项规划三大重点着力，启动县域城镇体系规划编制和县城总规修编。加大专项规划编制力度。完成《县城供水专项规划》《县域环卫专项规划》《县城绿地系统专项规划》《县城人民防空专项规划》等4个重要专项规划。简化规划审批程序，实行快办快结。2015年共受理办件346件，已办结337件，不符合建房条件的9件，限期办结率100%，其中办理建设项目选址意见书19件，用地面积18.42万平方米，建设用地规划许可证197件，用地面积2.4万平方米，建设工程规划许可证73件，建筑面积23.44万平方米，乡村建设规划许可证48件，用地面积1.8万平方米，规划核实项目8个，核实面积1.8万平方米，形成零错办零投诉的良好局面。规划委员会召开2次会议，讨论方案15个。方便乡镇农民建房，建房的规划审批下放到乡镇村镇管理办公室。

【村镇建设】各乡镇实施固定资产投资超过1000万元项目1个，沙道沟"酉水商都"工程已基本完工，李家河乡新街2期建设、万寨乡"贡茶苑"、晓关行政综合楼及广场工程有序推进，椿木营乡新街已动工建设。椒园、晓关、李家河、高罗、椿木营等5个乡镇抢抓国省道大整修机遇，同步实施集镇道路改造，提升集镇形象。统筹推进农村环境综合整治。开展以"城乡更美"为主的五个专项行动，推动农村环境综合整治向纵深推进。财政投入资金近200万元，建垃圾屋85个、垃圾池496个，购买垃圾桶339个。购买垃圾收集车辆58辆。推进城乡危房改造工作，按照"户报、村评、乡(镇)审、县批"和张榜公示的程序，实行阳光操作，完成农村危房改造1400户。

【"宜居村庄"】4月17日，湖北省推进新型城镇化工作领导小组办公室《关于命名第四批"宜居村庄"的通报》(鄂新城办(2015)1号)命名长潭河侗族乡两溪河、洗马坪村等200个村为第四批"宜居村庄"。至此，全县已有高罗镇埃山村、板寮村，珠山镇卸甲坝村，长潭河乡两溪河、洗马坪村等5个全省"宜居村庄"。

两溪河村位于长潭河乡政府驻地西南部，离县城、乡集镇分别相距45千米、10千米。全村国土面积达24.2平方千米，辖区内有8个村民小组，共218户，684人，耕地面积50.8公顷。村里的卢家院子、两河口组宜居小区依山临河而建，院内有张、赵、卢3大姓氏共22户人家，10余栋吊脚楼依山临河而建，院中两棵200多年树龄的古楠树苍劲挺拔，一座古朴的风雨桥横跨河道，既是村民出入的主要通道，又为消暑纳凉、休闲娱乐的好去处。寨内古树掩映、寨前碧水环绕、寨后青山拥抱，小桥、流水、老树、古寨组成一幅恬静和谐的山水画卷。

洗马坪村位于长潭河乡西南部，离县城、乡集镇相距30千米。全村土地面积达24.5平方千米，辖区内有15个村民小组，共495户，1829人。2013年被省纪委命名为第二批"廉政文化进农村示范点"。洗马坪村四面环山，一条小河绕集镇而过，村里有集镇、学校等较为完善的基础设施，集镇街道长800余米，安装集镇路灯60余盏，明水渠800余米、河堤1200余米、拦河坝4处、桥梁8座，建垃圾箱10个。村民房屋沿河而建，河的西岸为集镇，东岸为民族风情小区。村里有集镇管理委员会，定期对各家各户进行卫生评比，定期对垃圾进行清理。洗马坪村有着浓厚的人文历史和自然风光。解放前有朱英培、叶光吉等文化名人，解放后有受到周恩来总理亲自接见的全国劳动模范朱奎金等，并得到周恩来总理题写的"向英雄的洗马人民学习"的牌匾。村里有文体活动中心、老年互助照料中心、廉政文化义务宣传队，并经常开展活动，丰富村民的文化娱乐生活，传承民间传统文化。

(汪胜华)

城市供水

【概况】宣恩县城市用水由宣恩县自来水总公司负责生产供应，2015年县自来水总公司固定资产原值2889.1万元，折旧后净值1556.73万元，资产负债率37.9%。城区共有注册用水户14539户，其中椒园677户，和平工业园区50户。全年实现销售水量290万立方米，其中椒园26.6万立方米，和平10.2万立方米；营业收入941.4万元，其中水费收入717.1万元；出厂水和管网水检测合格率100%，水压合格率100%。

【管网建设和改造】实行管网巡查维护制度，在职业技术学校等7处设置压力检测点，及时掌握压力状况，分析管网漏损情况，管网最不利点均能达到国家规定标准，不低于0.14mpa。制定管网清洗计划，并按计划实施。

2015年主要对漏水比较严重、经常维修、用户反映比较多的民族路(外贸公司—皮防院—珠山供销社—钟楼)、凌云路(至马家坪路口，芋头沟)、物资局居民小区、黄河沟两边、新车站对面的管网进行了彻底改造，改造安装DN630mm以上主管5千米，投资近80万元，受益用户1500多户，直接受益人口5000人以上。其他零星维修610多处。2015年管网综合漏损率由上年的40%以上降低到25%以下(未计算环卫保洁、消防等公益无收益用水量)。

做好管网的巡查和加压供水设备的维护工作，实行24小时不间断地抢修。配合老城区的改造、新区开发、椒园、和平工业园的供水管网延伸工作，2015年安装DN100mm以上的主管约12千米。

【二水厂建设】宣恩县城区二水厂自2008年底开始编制《项目建议书》，工程招标金额1854万元，主要建设内容包括：2.5万立方米/日水厂一座，含沉淀池、滤池、清水池、加药间、管理房及净水工艺管道设备和电气工程；二水厂与城区原配水管管网连接管道1.2千米（DN600mm钢管），2013年12月动工，2015年完成净水工程土建主体，进行工艺管道和设备安装；配水管网管材防腐工作与水厂路改造同步施工完成安装。

【椒园供水加压泵站及管网建设】工程招标金额为1763万元。主要建设内容：建成后日供水规模4200立方米。三级供水加压泵站；第一级位于西门沟道路隧道口，加压前池700立方米；第二级加压站位于红岩卡村许家湾，加压前池400立方米；第三级加压站位于椒园财政所后，建1000立方米高位蓄水池，三级站加压至山顶原有500立方米清水池。三级泵站之间配套建设配电、监控、消毒、检测等系统。建成后，集镇高程830米以上区域继续用原山顶500立方米清水池重力供水，高程830米以下区域由三级站1000立方米清水池重力供水。铺设输配水管线12244米，其中三级泵站间输水管线5968米，设计为DN315－2.5Mpa钢丝骨架pe管；集镇及工业园配水管网6276米，为DN110～315mm钢丝骨架pe管。工程于2015年1月开工，2015年末二、三级泵站主体工程完成，一泵站仍在施工，管道安装工程完成10千米，椒园配水工程中椒园集镇至锣圈岩供水管网工程各项前期准备工作完成。

【安全供水】贯彻执行《湖北省城镇供水条例》，加强原水安全及水源保护。宣恩县城区自来水原水为龙洞水库，属清江水系。根据省政府批复的饮用水水源保护区划范围的规定，制定防护制度，在龙洞大坝取水口竖立《加强饮用水源保护的通告》宣传牌，在一级、二级保护区界址设立禁止游泳等警示标志；聘请专人每天打捞取水口及保护区内湖面漂浮物；对原水水质进行经常检测化验，充分了解原水状况。编制《宣恩县自来水总公司供水应急预案》，成立应急抢修专班，设立应急材料专用仓库，确保设备设施及管网在出现故障时能及时抢修，保障安全供水。建立质量控制点，并制定措施保证质量，县自来水公司具备10项日常检测指标的检测能力，形成三级检测制度，即：一级为运行班组，主要检测浊度和二氧化氯余量，二级为公司化验室，检测10项指标，三级为委托有资质单位（恩施州水质检测网、县卫生防疫站）随机抽样做全分析，全年各项指标均完全达到国家饮用水卫生标准。

对重点的化学药品和危险品进行重点监管，坚持涉水用品索证制度及验收制度，对涉水用品购进领出严格进行登记，做好记录；制水材料药剂供货商证照齐全，每批次材料药剂都必须经过检测验收。加强计量工作，量化指标，考核产销差；加强设备管理、操作规程齐全，设备设施维护保养及时，设备完好率100%；高度重视安全生产，形成自来水总公司安委会－部门安全领导小组－班组安全员的三级安全管理体系，定期不定期进行安全生产大检查，防患于未然；注重平时的安全巡查工作，组织专班每月进行一次检查，查记录是否完整、查人员到位情况、查设备是否正常、查有无违纪的情况、查有无安全隐患、查有无破坏城市供水设备、查水源是否安全、查水质是否公示上报等。加强制水公司机器设备和各个泵站加压设备的维护和检修工作，定人、定时、定制度，确保供水畅通。投入3万元，在制水公司安装13个摄像头，收费厅和安装公司安装5个摄像头，门卫保安24小时巡逻值班，确保制水公司安全运行。

县住建局委托武汉理工大学设计研究院有限公司（城乡规划乙级资质）编制《宣恩县城区给水专项规划（2013—2030）》，2015年2月11日县城市规划委员会审查通过（宣规纪要〔2015〕1号）。县自来水总公司根据专项规划，制定切实可行的年度实施计划，2015年实施二水厂、椒园供水加压泵站及管网等项目。

结合行风评议和履职尽责活

动，加强干部职工全心全意为人民服务、优质服务文明服务的教育，提高服务意识，急用户之所急，想用户之所想，供水稽查维修服务队24小时开展便民服务。探索便民收费模式，8月中旬由湖北宣恩农村商业银行代收代扣水费系统正式上线运行。至2015年12月底，有600余户用水户采用银行代扣代缴水费模式。

（王海燕）

城市管理

【概况】2015年全县有生活垃圾中转站2座，全年清运、中转生活垃圾25260吨，无害化处理生活垃圾26840吨（含椒园1850吨），处理率达98%。新增洒水车、洗扫车8台和垃圾压缩站一座，机械化作业面积近40.72万平方米，机械清扫率达到84.8%。

县城市管理局全年共发表对外宣传稿件285篇，办理人大议案2件，政协提案11件。受理群众投诉142件，办理网络问政55件、信访转办件15件，办结率100%，满意率95%。6月12日，县政协组织部分政协委员对县城生活垃圾处理工作进行专题视察。视察组一行先后前往贡水三桥垃圾中转站、原电影院集贤小区、红岩卡生活垃圾处理场以及和平废品收购站，详细了解各地生活垃圾处理情况，听取相关介绍，政协委员针对城区生活垃圾处理工作提出建设性意见和建议。

参与各种大型会议和接待工作的环卫、交通秩序保障等工作15次。为伍家台贡茶开园节、千户土家山地自行车赛、高罗白柚采摘节等大型活动的举办提供保障。特别是在6月30日城区暴雨洪涝灾害抢险行动中，县城管局启动应急抢险救灾预案，组织有序，措施有力，处置得当，全局近300名职工连续奋战14小时，至7月1日凌晨完全恢复街道的整洁畅通。10月26日，在珠山镇人民广场召开湖北省第18个环卫工人节纪念表彰大会及开展“我当一次城市美容师”活动，黄同元、牟来举、向建强、向子明、周志斌、张友刚出席。活动分别对“先进班组”“先进个人”进行表彰，环卫工人代表陈世英作典型发言，开展“六城同创”签名活动及环境卫生大扫除。

【环境洁净工程和省级园林县城创建工作】8月，县城管局作为“六城”同创工作牵头责任单位之一，按照州、县“六城同创”指挥部的总体部署和安排，开展环境洁净工程和省级园林县城创建工作。成立由局长谭大定任指挥长，副局长赵涛担任常务副指挥长，副局长唐勇任副指挥长，各股室和二级单位负责人为成员的“六城同创”工作指挥部，明确环卫局、园林局分别为环境洁净工程和省级园林县城创建责任单位，并抽调专人到县“六城同创”指挥部负责日常工作的协调。

10月26日，组织“六城同创·全民参与”万人签名活动，宣读活动倡议书。在报刊、电视台和网站发表有关“六城同创”宣传稿件91篇，组织全局专题学习6次，印发学习资料92册。设置大型宣传广告牌2个，广告宣传栏160余平方米，在县城管理局机关院内设置LED室外彩屏2块，灯箱式广告栏6块。

推进环卫班组制改革，落实路段包保责任，将城区分成23个环卫班组，分班组进行绩效考核，并在当月的绩效工资中兑现奖惩。加大保洁力度，环卫洒水车、洗扫车每天三次同步洗扫作业，环卫工人实行“定人、定岗、定时”的全天候、全覆盖清扫保洁作业。按照“每月一清理”组织专人对城区背街小巷、城乡结合部、地下管网、黄河沟暗渠等地存量垃圾实行拉网式清理整治，清理卫生死角，共投入资金20余万元，组织人力1500余人次，清运城区卫生死角垃圾500余车次。

7月完成“创园”所需的《绿地系统规划》编制评审、卫星遥感测试、技术报告DVD专题片及画册制作等工作。按照道路补绿、空地增绿的原则，建设贡水路景观护栏330米；完成兴隆大道东段1460平方米花坛美化；移植王长公路大树130株到城区污水处理厂旁和工业大道；在莲花坝人行悬索斜拉桥至三河沟大桥增植紫薇120株，补植缺、死株行道树147株、色块2000余平方米；对变电站至污水处理厂段行道树进行复层绿化，在樟树之间配植红继木球250个；完成新车站外80株银杏栽植；在建设路安装绿篱护栏1000余米，提升绿化景观效果。

落实“门前五包”责任制，县城管局与城区临街商铺门店、企事业单位签订“门前五包”责任书1200余份。开展全民清扫日活动，每月的最后一个星期五确定为全县“六城同创·我当城市美容师”全民清扫日，县直各单位、各部门按照责任区域划分，落实对城区背街小巷、偏僻路段的清扫保洁责任，由城宣局协助县“六城同创”办加强对保洁效果督查。

【市容环境综合治理】整治“两违”建设。县“两违”办严密防控“两违”行为，坚持横向到边、纵向到底的定人定岗定责日常巡查制度，即查即处，将“两违”建设消除在萌芽状态，对抢建强建的“两违”行为严格依法依规予以强制拆除。全年共出动2192车次，8928人次，巡查行程7.8万千米，全年共发现“两违”建设110起(大部分是滥搭乱建行为)，新增75起，已制止110起(包括原“两违”户)，下达停工通知书110份，责令整改通知书75份，拆除31处，总建筑面积1436平方米。

清理占道经营。全面禁止占用广场、人行道进行商业促销行为的审批。加强日常停车管理，纠正人行道上摩托车停放不规范行为，拖离长期占道的“僵尸车”35台次；2月9日，在民族风情街设置年货市场临时摊位100个，农历腊月十五到大年三十开市15天；3月，针对《恩施晚报》报道的河滨广场流动摊贩占道经营、商户出店经营及车辆乱放严重问题，组织专班全面清理，拆除河滨广场乱搭滥建100余平方米，安装拦车球80个，并在广场门口设置岗亭，定人定岗巡查值守；5月，城管、工商、食药监、电视台等部门开展综合执法，对在城区建设路人行道上占道经营近月余、经反复教育劝导无效的依法采取强制措施；11月，城管、运管、交警、食药监等部门对莲花坝沿线的乱堆乱放进行集中整治，改善市容环境。

治理广告杂乱，清理拆除违规设置各类广告138块，乱贴乱挂立面广告125处；督促业主更换陈旧破损门店招牌58块。

修复市政设施，更换修复路灯“瞎子灯”80余盏，修复广场灯50余盏，更换下水道井盖96套，恢复石狮子126个，修补路面青石板及地砖400平方米，拆除工农街拦车柱及全城破损标志牌更换修复城区健身设施8处。治理渣土扬尘污染。结合全州“城乡更美”五个专项行动的开展，加强对建筑工地渣土清运、处置的管理，严格按照“五不上路”“六不开工”的要求，确定一名城管队员跟踪一个工地，实行渣土运输一车一个准运证、一个标示号牌并亮证挂牌接受监督，同时收取建筑垃圾运输、处置保证金，若有违犯将从中扣罚。城管、运管、交警、安监等部门开展渣土运输车辆抛洒滴漏综合执法整治行动，共查处违法行为16起。

【项目建设】城区垃圾中转站建设。位于莲花坝污水处理厂(珠山镇莲花坝村三河沟桥北端)旁，投资160万元，建设占地面积1360平方米的生活垃圾中转站，完成站房主体工程，启动兴隆街中转站的招标。

城区停车场建设。投资130万元，新建占地1.7公顷的莲花坝大型货车停车场，建成大型货车停车位300余个。投资90余万元实施图书馆、政协宿舍、贸促会、老国税局、商务局、老职高、珠山林站、二桥、高架桥等处危简旧房拆除，建设生态停车位280余个，新增停车位508个。

背街小巷改造。投资21万元改造猪市街，建设生态停车场、公厕及排污设施；完成总投资60万元、占地1435平方米的中药材公司的停车场、排污设施的设计和招标；完成总投资18万元的老图书馆后院的停车场、公厕、排污、绿化的综合改造施工设计。

县城市管理局机关建设。投资近60万元，对莲花路91号县城市管理局机关办公场所进行整修，完成单位户外场地黑色化、美化、绿化，建设机关食堂、学习阵地、宣传阵地及运动场所。

保障投入。投入400余万元，添置2台洗扫车、1台高压冲洗车、1台勾臂式垃圾车、1台挂臂式垃圾车、1台压缩式垃圾车，添置210个果皮箱、60个挂臂式垃圾箱、30个勾臂式垃圾箱、2台压缩式垃圾箱，提高环卫机械作业率。购置1台地下管道综合养护车、1台高空作业车、1台路灯故障检测仪。

【行政审批服务】按照“审批与监管分离、收费与执法分离、处罚与审核分离”要求，实行“审批事项公开、窗口集中受理、现场联合勘察、费用核定核缴、周内限时办结、两级审核把关、全面巡查监管”制度。简化行政审批程序，严格执行一次性告知制和一周办结制，提高窗口服务人员业务能力和服务水平，实现行政审批服务的及时、公平、高效、便民。梳理及编制权力清单和责任清单186项，理清责任事项与职责边界，明确责任主体。全年共办理行政审批事项354件。其中，广告设置审批191件，临时占道审批55件，道路挖掘审批11件，房屋建设审批59件，建筑垃圾处置审批 38 件。征收费用422502.96元。

（肖仲权）

住房公积金管理

【住房公积金运营】截至2015年12月31日，全县所有行政事业单位全部按总工资的12%缴公积金，归集完成8742万元，完成目标任务5200万元的168%；个贷发放贷款543户，1.1457亿元，完成目标任务5200万元的220.3%%，个贷率达到68.14；到期逾期贷款为零元，逾期贷款率控制在1‰以下；各项业务管理规范，住房公积金信息管理系统运行安全，档案管理到位。

（单长军）

伍家台贡茶制作技艺

伍家台贡茶，源于清朝乾隆年间，距今已有300多年的悠久历史。清乾隆年间，宣恩伍家台有一姓伍名昌臣者，他制作的茶叶，集色、香、味、形之大成，献宫廷御案，其似熟栗幽香、琼液黄绿、清甘滋醇、回甜畅爽，乾隆品之，称“好茶”，亲题“皇恩宠锡”御匾，赏赐予伍昌臣。从此，伍家台贡茶名声远扬。数百年来，伍家台贡茶制作技艺代代相传，持续至今，宣恩因此也有了“贡茶之乡”的美誉。

伍家台贡茶制作技艺，其主要加工流程为：采摘——摊青——杀青——揉念——炒制——整形——筛选——包装——储藏。贡茶传统制作工艺中，讲究适时采摘、炒制定型。

贡茶制作是一套完整的加工制作工艺流程，每道工序都有其独道的技术要求和操作诀窍，是一般的茶叶加工技艺所无法比拟和现代机械化茶叶加工设备所无法代替的。

综合管理监督与服务

财　政

【概况】2015 年全县完成财政总收入 4.20 亿元，同比增长13.7%。地方公共财政预算收入 2.98 亿元，同比增长 15.1%。其中税收收入 2.48 亿元，增长 12.0%。全年财政支出 26.20 亿元，增长29.8%。

“十二五”时期，地方财政总收入由期初的 1.73 亿元增加到期末的 4.20 亿元，累计 15.77 亿元，年均增长 19.4%。地方公共财政预算收入由 1.01 亿元增加到 2.98 亿元，累计 11.04 亿元，年均增长 24.1%。

2015 年财政总收入 41961 万元，其中一般公共预算收入 29755 万元，增长 15.1%。从财政收入完成情况看，主要体现出两个特点：一是结构优化，税收收入实现 24771 万元，占公共预算收入的 83.2%。增值税、改征增值税、营业税、企业所得税、个人所得税五个主体税种提供公共预算收入 14776 万元，增长 21%，占公共预算收入结构比 49.7%，较上年提高 0.1 个百分点。二是骨干税源凸显。2015 年重点行业企业纳税 23768 万元，较 2014 年净增 5948 万元，增长 33.4%，电力行业、建筑安装行业纳税增速超过 40%。纳税过千万元的企业达 5 家，这 5 家企业纳税 1.45 亿元。盘活存量资金 1.3 亿元，整合资金近 7 亿元。新组建宣恩城市建设投资有限公司、宣恩经纬投资有限公司、宣恩宣发现代农业投资有限公司、宣恩贡水之滨旅游资源开发有限公司、宣恩通畅建设投资有限公司、宣恩天蓝生态环境建设投资有限公司等 6 个投资公司，争取农发行信贷融资 32.6 亿元。建立政府投资基金 1 亿元，其中，建立重点产业投资基金 5000 万元，注资旅游企业；建立政府重点基础设施建设投资基金 5000 万元，购买基础设施建设服务。实施贡水担保公司增资扩股，创新助保贷、银企集合贷等信贷产品，建立企业发展过桥资金，增加县域经济调度资金规

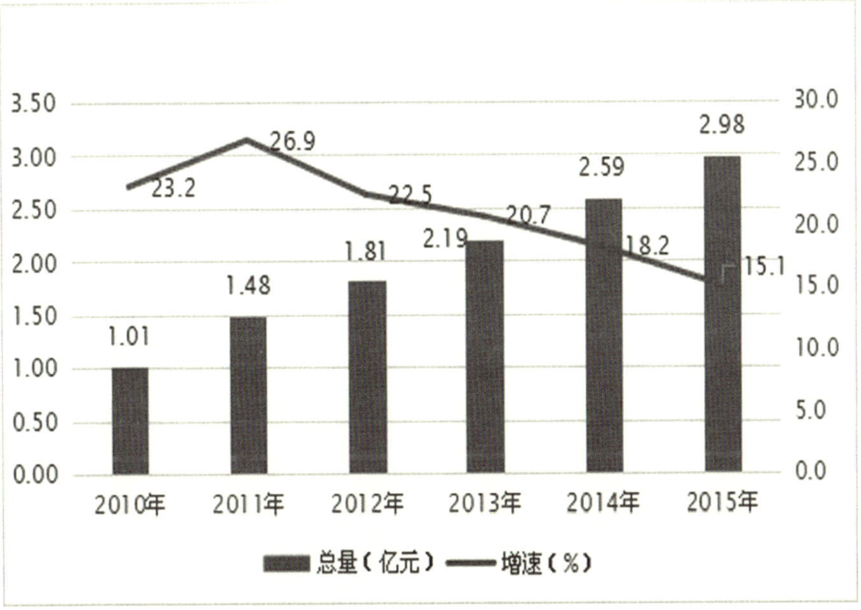

图 9　2010—2015 年地方公共财政预算收入及增速

模等，支持实体经济发展。

2015年县级一般公共预算支出26.2亿元，增长29.7%，民生支出占财政支出保持在80%以上。改革性补贴、奖励性补贴实现全口径兑付，全年兑付2.4亿元。企业养老保险待遇连续提标，城乡低保、农村“五保”、城乡居民养老保险待遇等各类群体收入保障标准全面提高，各类民生政策圆满落实。

推进预算管理体制改革，政府所有收支纳入预算管理，实现全口径预算编制。78个预算单位推进资金支付方式改革，完善各类资金审批制度，改革财政授权支付和公务卡方式结算，资金支付效率提高。实施政府理财方式改革，盘活存量资金，统筹增量资金，用好间歇资金，财政资源统筹力度不断加大。

加强财政管理，财政监管平台日趋完善。升级财政指标、国库集中支付两大系统为主体的财政资金管理平台，网络监控体系更加完善。规范财务开支行为，制定工会经费、职工福利费、公务接待费、财务管理、“三公”经费监管等制度，开支范围标准全面统一。加强财政监管力度，印发财政资金管理提醒告知书，建立纪委、监察局、财政局、审计局等单位工作的联动机制，组织专班定期不定期开展巡查，八项规定等制度得到全面贯彻落实。

根据《宣恩县财政局关于规范乡镇财政会计岗位和会计核算有关事项的通知》(宣财发〔2015〕58号)文件精神，从2015年1月开始，乡镇财政取消预算会计，财政所分预算单位进行会计核算。2015年5月19日，《省财政厅关于2014年市、州、县(市、区)、直管市、林区预算绩效管理工作考核情况的通报》(鄂财绩发〔2015〕11号)，宣恩县获优秀单位。2015年10月，贡水融资担保有限公司增资扩股。县政府投入6900万元到贡水融资担保公司进行增资扩股，其中，省财政安排的实体资金3900万元，委托县财政局持有，从产业基金中调剂安排3000万元，继续由县国资局持有。

【2015年预算执行情况】(一)公共财政预算执行情况。

1.地方财政总收入。县十七届人大五次会议通过2015年全县地方财政总收入预算40760万元，完成41961万元，比上年增长13.7%，完成预算的102.9%，其中，国税部门完成12757万元，地税部门完成24220万元，财政部门完成4984万元。

2.公共财政预算收入。县十七届人大五次会议通过全县公共财政预算收入29735万元，完成29755万元，比上年增长15.1%，完成预算的100.1%，其中，国税部门完成4208万元，地税部门完成20563万元，财政部门完成4984万元。

3.公共财政预算支出。县十七届人大常委会第二十七次会议审议通过，总支出由年初预算的94019万元调整为224000万元，其中，地方公共预算支出214245万元，上解支出6864万元，安排预算稳定调节基金2891万元。2015年地方公共预算支出完成262017万元，因上级专项较调整预算增加47772万元，完成调整预算的122.3%，同比增长29.8%。主要科目执行情况为：一般公共服务支出22183万元，完成调整预算的108.3%，同比增长7.1%；公共安全支出6380万元，完成调整预算的117%，同比下降28.6%；教育支出39262万元，完成调整预算的103%，同比增长7.5%；科学技术支出2118万元，完成调整预算的102%，同比增长6.4%；文化体育与传媒支出4352万元，完成调整预算的144%，同比增长66.4%。社会保障和就业支出33287万元，完成调整预算的132%，同比增长48.3%；医疗卫生与计划生育支出23936万元，完成调整预算的105.3%，同比增长15.4%；节能环保支出12683万元，完成调整预算的235.2%，同比增长103.7%，城乡社区事务支出9458万元，完成调整预算的135.6%，同比增长176.5%；农林水事务支出40389万元，完成调整预算的104.1%，同比增长5.6%；交通运输支出38472万元，完成调整预算的137.4%，同比增长96.6%；资源勘探信息支出4712万元，完成调整预算的176.9%，同比增长214.3%；商业服务业支出2836万元，完成调整预算的248.4%，同比增长43.4%；金融支出445万元，完成调整预算的204%，同比增长959.5%；国土海洋气象支出2124万元，完成调整预算的128.2%，因专项减少，同比下降21.8%；住房保障支出16659万元，完成调整预算的288.3%，同比增长30.8%；粮油物资储备支出875万元，完成调整预算的145.4%，因专项减少，同比下降19.7%；债务付息支出535万元，与调整预算持平，同比增长77.7%；其他支出1311万元。

4.公共财政预算执行结果。2015年公共财政预算资金来源314646万元，其中，公共财政预算收入29755万元，上级补助收入200250万元，地方政府转贷收入53310万元，上年结余20515万元，调入资金10816万元。公共财政总支出314646万元，其中，地方公共财政预算支出262017万元，政府债券还本支出34875万元，上解支出7228万元，安排预算稳定调节基金10526万元。收支相抵，基本平衡。

（二）政府性基金预算执行情况。

1.政府性基金收入。政府性基金收入21617万元。当年收入6456万元，其中，政府住房基金收入24万元，新型墙体材料基金收入52万元，国有土地使用权出让收入5380万元，国有土地收益基金收入685万元，农业土地开发资金收入109万元，城市基础设施配套费收入15万元，水土保持补偿费收入160万元，其他政府性基金收入31万元；上级补助收入10298万元；政府债务转贷收入2500万元；上年结余2363万元。

2.政府性基金支出。政府性基金支出20883万元，其中，本级支出18248万元，债务还本支出2500万元，上解上级支出3万元，调出资金132万元。

3.政府性基金预算执行结果。政府性基金收入21617万元，政府性基金支出20883万元，结余734万元，根据财政部规定政府住房基金、水土保持补偿费，需要转列一般公共预算，两项基金调整转列一般预算184万元，增加2016年公共预算上年结余，调入一般公共预算后，政府性基金实际结余550万元。

（三）社会保险基金预算执行情况。

1.社会保险基金收入。社会保险基金收入73754万元，其中，企业养老保险基金收入44070万元，城乡居民社会养老保险基金收入5772万元，城镇职工基本医疗保险基金收入5361万元，新型农村合作医疗保险基金收入14808万元，城镇居民基本医疗保险基金收入1121万元，工伤保险基金收入655万元，失业保险基金收入415万元，生育保险基金收入111万元，机关事业单位养老保险基金收入1441万元。

2.社会保险基金支出。社会保险基金支出44981万元，其中，企业养老保险基金支出20061万元，城乡居民社会养老保险基金支出4266万元，城镇职工基本医疗保险基金支出4421万元，新型农村合作医疗保险基金支出12707万元，城镇居民基本医疗保险基金支出1124万元，工伤保险基金支出290万元，失业保险基金支出63万元，生育保险基金支出39万元，机关事业单位养老保险基金支出2010万元。

3.社会保险基金预算执行结果。社会保险基金收入73754万元，社会保险基金支出44981万元。收支相抵，当年结余28773万元。累计滚存结余69457万元。

（四）国有资本经营预算执行情况。国有资本经营预算2015年试编，县十七届人大五次会议通过预算数30万元，实际决算收支10万元，预算执行平衡。

（五）政府债券转贷使用情况。2015年地方政府债券转贷55810万元，由置换债券和新增债券构成。置换债券36110万元。其中，公开置换28300万元，定向置换7810万元。经重新清理甄别债务，公开置换住建局、水利水产局、教育局、珠山镇政府存量债务28300万元；定向置换农发行、湖北银行、国家开发银行到期债务7810万元。新增债券19700万元，先后下达二批次，第一批17540万元，第二批2160万元。县十七届人大常委会第二十七次会议调整预算批准第一批资金项目17540万元，其中，普通公路建设项目3000万元，人饮工程供水管网建设项目2000万元，市民之家项目870万元，宣鹤高速公路建设项目11670万元。第二批资金在预算调整后到位2160万元，拟全额用于城镇环境保护及贡水河环河绿道建设项目，同时将暂未使用的人饮工程供水管网建设项目2000万元全额调整用于该项目缺口。调整后，2015年新增债券19700万元项目安排结果为普通公路建设项目3000万元，市民之家项目870万元，宣鹤高速公路建设项目11670万元，城镇环境保护及贡水河环河绿道建设项目4160万元。

【国有资产管理】全县国有资产管

理的范围主要包括行政事业单位国有资产的管理和对国有企业的监管。国有企业共3家:县自来水总公司、珠山粮食购销公司、沙道粮食购销公司。对国有企业的监管暂未到位,管理重点为行政事业单位国有资产(主要为门面)。2015年因城市改造县直单位门面由230余个减少为179个,收取房屋及门面租金340万元。按程序处置国有资产,共处置行政事业单位的30台公务用车,取得处置收入260万元。国有资产收益实行缴存非税管理,全县行政事业单位所有门面收入及国有资产处置收入共600万元全部收缴非税收入管理,无坐收坐支、体外循环现象。国有资产收益严格实行审批使用,坚持单位申请、县政府审批调度使用,严格实行"收支两条线"管理。例行催收企业改制后的各项国有资产欠款及借款,能收则收,不能收则做好债务保全工作。参与国有企业改制改革工作,并妥善处理企业改制后的一些遗留问题,确保社会稳定。

【非税收入管理】建立政府提供资金、社会承包服务、约定合同实现特定公共服务目标的新机制。根据国务院、省政府关于政府向社会力量购买服务的实施意见,制订《政府向社会力量购买服务的实施意见》(宣政办发〔2015〕2号)和《政府向社会力量购买服务项目绩效考核管理暂行办法》(宣政办发〔2015〕3号)。在部门预算相关项目中选择一批基本公共服务作为政府购买服务试点,并研究制定指导性目录和具体实施办法。2015年实施县财政局三农保险项目、县公安局公益性服务岗位项目、县交警大队公益性服务岗位项目、县民政局农村房屋保险项目4个试点项目。

【政务公开管理】根据财政部《关于深入推进基层财政专项支出预算公开意见的通知》(财预〔2011〕27号)文件精神,以及省财政厅《关于对2014年财政与编制政务公开工作进行年终考核的通知》(鄂财编办发〔2014〕8号)的要求,按照"全面、准确、及时"的原则,开展基层财政专项支出预算公开和财政与编制政务公开工作,2015年上半年宣恩县财政局被省财政厅表彰为2015年政务公开工作优秀单位。

【资金整合管理】2015年通过统筹规划,共整合各类资金152612万元,其中统筹财政专项资金72092万元,统筹社会资金80520万元。整合资金主要分为五大类:统筹财政专项资金40743万元,用于精准扶贫促整体脱贫;统筹城镇建设类资金22138万元,重点支持工业园区基础设施建设、贡水一桥至钟鼓楼及林业局至老车站与东方龙片区棚户区改造,教育中心、市民之家、文体中心等重点项目和市镇基础设施及配套工程建设等项目;统筹社会发展类资金5094万元,用于生态环境保护绿满荆楚美丽宣恩建设、国有林场改造及发展、医疗卫生基本建设及发展、文物及文化遗产保护、乡镇集镇建设与发展,以及基层政权建设及便民服务设施建设;统筹社会保障类资金4117万元,用于社会福利服务设施及居家养老服务、保障性住房建设等项目;统筹社会资金80520万元,主要用于农产品加工销售、绿色旅游等特色产业建设及龙头企业培植。

【农业综合开发管理】把农发资金作为农业发展的引导资金,确定重点实施区域和重点建设项目。选定特色产业、整合多头资金、开发连片基地。在项目实施时,以农业综合开发项目为支点,切实做到与新农村建设和片区开发相结合、与扶贫开发和整村推进相结合、与发展现代农业和标准化生产相结合、与尊重农民意愿和发挥自主创新相结合,大力发展特色、优质、高效农业,加快脱贫致富步伐。整合政府其他部门项目资金、民间资金、企业资金,按照"渠道不乱、性质不变、集中使用、各记其功"的原则,合力投入到农业综合开发项目建设,2013至2015连续三年建设晓关乡西坪片区,围绕茶叶产业,加强农业基础设施建设,将晓关西坪村、铜锣坪村、高罗乡蜡树园村发展为茶叶基地。2015年农业综合开发竣工项目验收及绩效评价得分88.44分,全省排名靠前,2个土地治理项目(椒园镇水田坝中低产田改造项目、高罗乡板寮高标准农田建设示范工程项目)和5个产业化项目(500吨蜂蜜柚子茶深加工项目、1000吨茶叶精加工改扩建项目、400吨伍家台贡茶昌臣绿针加工改扩建项目、800吨黄金梨无氟冷藏保鲜项目、300吨富硒红茶加工改扩建项目)在验收考评中均获得优秀(鄂财发发〔2015〕

14号)。

【会计事务管理】截至2015年,全县共有1450人持有会计从业资格证,其中,具有初级职称的471人,具有中级职称的53人,具有高级职称的3人。宣传贯彻《中华人民共和国会计法》,县财政局组织2期行政事业单位会计人员培训,参训人数达300余人。

县会计局建立会计工作日常监管制度,强化会计注册登记、会计诚信等情况的日常监管;建立单位内部监管制度,各单位实施内部控制制度,对单位会计人员执行会计法规政策和会计基础工作规范情况进行检查,确保会计基础工作的提高和会计信息真实、准确;督促单位依法建账,依规核算,在严格执行国家统一的会计制度的基础上,建立健全内部会计管理制度。按照《会计法》的基本要求,督促各单位依法建立和健全会计机构,合理设置会计岗位,会计人员持证上岗。开展《中华人民共和国会计法》执行情况检查,查处违法会计行为。把会计从业资格、会计基础工作作为检查的主要内容,发现问题及时指出,责令限期整改,对严重违法会计行为,坚决予以处罚。

根据《湖北省财政厅关于印发〈会计人员持证上岗检查工作方案〉的通知》(鄂财会发〔2015〕7号)文件精神和州财政局安排部署,全县所有行政事业单位和部分企业开展自查,县会计局对部分单位进行重点抽查。通过开展会计基础工作情况检查,加强会计基础工作规范化建设,指导和督促各行政事业单位按照《中华人民共和国会计法》和《会计基础工作规范》开展日常会计工作,夯实会计工作基础,健全内部控制制度,确保会计信息质量的真实、完整和国家财产的安全,要求所有的会计人员必须持证上岗。县纪委、县审计局与县财政局组成联合检查组,与会计基础工作情况检查同步进行,对全县(含乡镇)共30个行政企事业重点单位进行了严格检查,并将检查结果及整改要求进行了通报处理,涉及违法违纪的问题按程序移交相关部门处理。

【财政监督管理】按照《州人民政府关于贯彻落实鄂政发〔2015〕29号文件的实施意见》文件精神,把握财政改革现有审批流程、加强财政监督管理的机会,从提高服务水平、完善制度体系、提升检查效能等方面入手,充分整合政府采购办、非税收入征收管理局、国有资产管理及各业务股室的监督管理职能,全面推进和不断深化财政监督长效管理机制建设。继续开展会计信息质量检查。按照省财政厅统一安排部署,围绕"遏制会计造假,规范会计秩序,服务宏观管理,维护公众利益"的目标开展会计信息质量检查,加强日常监控、重点检查,严格处理处罚,促进会计行为规范,不断提升会计信息质量。

强化财政内控管理,健全权力约束机制,对财政资金分配使用、国有资产监管、政府投资、政府采购、公共资源转让、公共工程建设等权力集中的部门和岗位实行分事行权、分岗设权、分级授权,定期轮岗,强化内部流程控制,防止权力滥用。按照权责一致、有效制衡和分事行权、分岗设权、分级授权的原则,重新梳理、科学划分组织结构和职能,合理匹配内部机构的权力与责任,健全相互牵制的职能和岗位机制。重点围绕防控法律、政策制定、预算编制、预算执行、公共关系、机关运转、信息系统管理、岗位利益冲突等8类风险,通过流程再造,建立起对各类风险进行事前防范、事中控制、事后监督和纠正的机制,将县财政局二级单位和内设机构、个人执行内控制度情况纳入考核指标体系,切实将权力关进制度的笼子里。

落实财政源头治腐职责,履行财经纪律检查主体责任。加强制度建设,加大检查力度,整顿和规范财经秩序,加强日常监督,强化专项检查。持续推进政务公开,进一步拓展编制与政务公开范围,提高编制与政务公开质量,让财政资金在阳光下运行,主动接受社会监督,投入财力加强网站建设,提升网站运行质量。落实中央八项规定,开展财经纪律检查和"小金库"专项治理、票据专项治理工作。

(覃金艳)

税　务

·国　税·

【概况】2015年全县有3980户纳税人,入库工商各税收入14726万元,占全年计划13765万元的106.98%,同比增长12.63%,增收

1651万元。县委副书记、常务副县长朱鹏程批示："国税队伍今年在税收入库及管理工作上打了一仗硬仗、胜仗，请政务督查室行文通报全县，以彰先进。"完成地方公共财政预算收入4202万元，占年计划4200万元的100.05%，同比增长8.63%，增收334万元，办理出口退税123万元，免抵调58万元。代征工会经费156.4万元，占年度计划的107.59%，同比增长11.71%，增收16万元。

【法制建设】开展税法宣传普及教育，搞好日常税法宣传和辅导，3月27日，开办2014年度企业所得税汇算清缴培训暨2015年纳税人学校第一期培训班。结合"12·4"法制宣传日，开展税收宣传月活动，以门户网站、办税服务厅、纳税人学校为平台，通过邀请法律顾问讲座、实地提供税法咨询等方式，增强纳税人依法纳税意识，提高纳税人的税法遵从度。坚持领导班子学法用法制度，带头学法、遵法和守法，进一步规范班子集体决策行为，在坚持法治理念上发挥表率作用。贯彻执行组织收入原则，依法落实各项税收优惠政策，实现应收尽收，无税禁收，坚决不收过头税。发挥税收执法信息系统的监控作用，加强执法过程监控，强化监督问责。实施执法系统疑点数据库疑点信息核算工作，进一步规范税务人员的税收执法行为。坚持政务公开，执行阳光执法，聘请特邀监察员，设置举报箱、投诉电话，主动把税收执法置于纳税人和社会各界的监督之下。加强执法考核，按月对执法情况进行分析通报。加强国税干部法制培训，组织执法人员学习《税务行政处罚自由裁量权实施办法》，规范执法行为。熟悉掌握税法规定的实体内容和执法程序，增强执法人员的法制意识。认真落实重大税务案件审理制度，做到执法案卷材料齐全，证据完备和法律适用准确。

【税收征管】加强税源监控力度，对零申报、负申报税负偏低的企业实施重点监控，按月召开一次分析例会。个体税收管理方面，快速推进个体户精细管理，坚持"严管大户、稳定中户、管住小户、公平税负"的原则，做到宣传到位、程序合法、手续齐全、操作规范。抓基础信息管理，定期开展户籍巡查，做好户籍清理，及时更新户籍变动的信息资料录入，达到减少漏征漏管户、挖潜增收的目的。12月底，正常营业状态的纳税人3851户，起征点以上的"双定户"122户，其中正常缴税户98户。抓数据质量管理，规范纳税人报送财务报表资料，办税服务厅对未按期报送财务报表的纳税人，督促补报补录；加强监控，征期内每天运行考核脚本，提取当天的数据，发现差错及时进行补差补缺。稳步推进"营改增"，完成建筑安装、房地产开发、金融保险和其他服务业的调研摸底。四大行业"营改增"纳税人共有105户，其中一般纳税人10户、小规模纳税人82户、临时纳税人13户。全年入库营业税改征增值税收入520.79万元。完善行业税收管理，对10户木材加工行业纳税人的经营情况进行规范管理，通过加强巡查、评估、参与企业盘存、提醒等多种措施管理，结合农产品增值税进项税额核定扣除管理，截至11月底，木材行业实现销售收入754.35万元，同比增长130.93万元，上缴增值税73.25万元，同比增收50.83万元。落实《国地税合作规范》，对照任务分解表，就联合税务登记、共享定调税信息、三方信息的采集应用、税收宣传等具体合作事项进行接洽，就信息传递、合作方式和联席制度的建立等进行了实质性的沟通，联合行文，共同制定合作规范实施方案，为国地税合作工作的全面开展奠定坚实基础。加大税务稽查力度，建立"主要领导亲自抓，分管领导具体抓，各部门协调配合，稽查局牵头负责，上下齐抓共管"的工作机制，全年实施税收专项检查3户，查补税款454074.59元。

【纳税服务】开展"互联网＋专家"纳税辅导，继续管理好税企QQ群，税企QQ群人数已达400余人，县国税局业务骨干实时在线辅导。举办3期纳税人学校，培训人次达到400余人次。依托"互联网＋专家"的模式，确保《纳税服务规范2.0版》顺利实施，车购税优惠政策落实到位。

全面落实《三个规范》，做好税务登记、申报征收、发票管理、认证报税、文书受理等日常性工作，推行增值税发票升级版，严格执行各项税收政策，定期开展流动办税，重申"免填单""首问责任制""一次性告知"等工作制度，避免出现纳税人重复报送资料，多头跑、来回找的现象。

武陵山游客集散中心

WULINGSHAN YOUKE JISAN ZHONGXIN

夜幕降临时的武陵山(椒园)游客集散中心
(杨昌胜 摄)

椿木营乡

2015年4月29日，椿木营乡干部职工参与“六城同创”活动，清扫集镇街道

2015年7月10日晚，椿木营第三届露营节暨越野一族
“人保财险杯”全国汽车场地公开赛湖北场地分站赛晚会

2015年12月16日，椿木营雪后初晴，农民正在耕地

2015年12月24日，全乡召开易地扶贫搬迁动员会

珠山镇党政班子合影（左起：秦尤奉、杨晓英、黄伟、周朝顺、秦正才、戴青、向重臣、江正月、刘学宇、杨昌龙、李锡知、陈辉）

珠山镇

ZHUSHANZHEN

珠山镇大坝沟村志龙辣椒专业合作社收获的朝天椒

珠山镇东门关村烟叶育苗基地幼苗

珠山镇镇长戴青（中）到大坝沟村二组贫困户李明斌家走访

椒园镇

2015年2月6日，县老年书法协会、椒园镇诗词楹联学会在椒园镇庆阳古街为村民义写春联送祝福

（曹佳 摄）

2015年7月1日，椒园镇机关党支部联合镇中心小学、卫生院、食品药品监督所到荆竹坪村为留守儿童免费体检、赠送日常必备药品

2015年11月25日，椒园镇上好硒博园农贸市场正式投入使用

2015年11月26日，椒园镇机关干部执行“门前五包”责任制，清扫垃圾

2015年12月2日，普法宣传活动在椒园镇农贸市场开展

2015年3月8日,锣圈岩烟叶育苗播种

2015年12月28日，举办“共创六城、全民参与”知识竞答暨鑫海杯广场舞大赛

沙道沟镇

2015年4月16日，沙道沟镇大白溪村发现野生岩茶

2015年6月1日，州人大常务副主任瞿赫之（左二）到沙道沟作酉水河流域资源保护调研

2015年6月29日，沙道沟镇龙潭村举办民俗风情文艺会演

2015年5月25日，沙道沟三级客运站开工仪式在响龙大道举行

2015年9月27口，龙潭村第二届非物遗展演

2015年11月13日，白柚田间管理技术培训现场　（郑华芳 摄）

高罗镇

2015年10月31日，高罗镇第三届贡水白柚采摘节　（郑华芳 摄）

2015年7月16日，高罗镇召开生态文化旅游资源保护与开发座谈会　（郑华芳 摄）

2015年7月7日，省农村环境治理考评组到高罗检查指导工作　（郑华芳 摄）

长潭河乡

2015年8月6日，北京美芽旅游团在两溪河村体验侗乡文化，图为《陪十姊妹》表演　　（左航瑞 摄）

2015年4月27日，州公安局帮扶龙马山村修建村小学　　（左航瑞 摄）

2015年6月17日，乡党委书记涂先绪（右二）访中间河村扶贫户
（左航瑞 摄）

2015年11月12日，中间河精准扶贫现场会
（左航瑞 摄）

洗马坪村特色民居
（左航瑞 摄）

万寨乡

2015年2月9日，乡党委书记肖赋生（右）慰问贫困老人

2015年9月15日，省民族歌舞团送戏下乡到万寨民族中学

2015年1月15日，省红十字会博爱送万家活动，玉荷坪村现场

2015年9月30日，万寨乡政府表彰好妯娌

2015年12月8日，万寨集镇道路黑色化施工现场

2015年12月13日，帮扶干部到网台村帮扶贫困户

2015年4月16日，全乡民兵训练（地点：万寨乡政府）

2015年12月4日，万寨集镇“12·4”法制宣传

2015年5月14日，李家河镇举行宣南产业新城征地拆迁安置补偿听证会

李家河镇

LI JIA HEZHEN

2015年5月26日，李家河镇车站村村通工程

2015年12月8日，党委书记唐刚在柏子坳村召开精准扶贫群众会

2015年12月27日，李家河民众参与“六城同创”签名

2015年12月22日，镇长明关祝在金陵寨村召开白柚基地建设群众会

2015年12月28日，李家河镇集镇老街棚户区改造现场

2015年8月8日，习覃（右）到晓关乡大山坪村查看烟叶烤制质量　　（张新欣 摄）

晓　关　乡

XIAOGUAN XIANG

2015年10月21日，乡政府办公楼建成并投入使用　　（张新欣 摄）

野椒园村张嗣贵“独臂羊倌”自力更生养羊
（2015年4月21日 张新欣 摄）

2015年1月9日，桥塘村硬化道路施工现场
（张新欣 摄）

2015年1月22日，野椒园启动旅游工作
（张新欣 摄）

2015年4月17日，晓关乡集镇铺设青石板
（张新欣 摄）

2015年1月21日，县委常委、县委政法委书记黄同元，乡党委书记姚金超，入户开展带案下访、上门回访工作 （张新欣 摄）

2015年6月8日，乡党委副书记、常务副乡长唐猛参与律师进乡村、法律咨询工作
（张新欣 摄）

精准扶贫

JINGZHUNFUPIN

发展生产脱贫：发展黄豆

发展生产脱贫：种植茶叶

发展生产脱贫：种植马铃薯

发展生产脱贫：种植高产油菜

发展生产脱贫：种植蔬菜

发展生产脱贫：发展辣椒

发展生产脱贫：栽种油牡丹

椒园镇凉风片区基本农田整理项目

椒园镇水田坝片区基本农田整理项目

高罗镇黄家河贫困户易地搬迁安置点一期工程

李家河镇下洞坪村安装光伏发电设施

基本农田整治项目伍家台片区排洪斗沟

村村通客车

CUNCUNTONGKECHE

2015年，宣恩县国省公路以『畅、洁、绿、美、安、舒』的交通环境迎『国检』，受到省公路局表彰

2015年12月19日，沙道沟镇二坪村村民向湖北省电视台记者述说见到客运班车进村的喜悦之情

2015年12月19日，沙道沟二坪村级公路安保工程施工现场

新修建的牛角湾候车亭

2015年4月14日，省交通运输厅农村公路管理处处长姚述堂（左二）察看长潭河龙马山公路安全生命防护工程

至2015年11月底，全县新开通客运班线96条，新增车辆153辆，新增通客车行政村102个，全县通客车行政村达100%

第二届伍家台贡茶开园节暨

2015年3月28日至30日，第二届伍家台贡茶开园节暨伍家台旅游区体验游启动仪式在万寨乡伍家台村举行，宣传推介伍家台旅游资源、举行机制名优茶鉴评、手工制茶比赛、鄂茶论坛、商务签约等系列活动。

启动仪式

贡茶鉴评

茶叶清洁化加工生产线

伍家台贡茶生态游启动仪式

鄂茶高峰论坛

伍家台贡茶

伍家台贡茶文化广场雕塑

宣恩火腿

XUANENHUOTUI

湖北大派食品集团有限公司名牌产品

编号：42-2014-075

湖北名牌产品证书

兹授予　湖北大派食品集团有限公司　生产的

大派牌宣恩火腿、腌腊肉制品　为2014年度

湖北名牌产品

证书有效期：二〇一四年十二月至二〇一七年十二月

湖北省实施质量兴省战略工作领导小组办公室

湖　北　省　质　量　协　会

二〇一四年十二月

火腿初加工

火腿再加工

推进“三证合一、一照一码”登记改革。国税、工商、质检、地税等部门加强联系，制定工作计划，明确工作任务，加强业务的辅导培训；同时广泛开展政策宣传，印发办税指南和纳税辅导手册，并置放于办税服务大厅，方便纳税人办理涉税事项；对信息录入和工商登记信息的确认指定了专人负责，及时进行登记录入。全年办理三证合一税务登记107户。

2015年11月11日，县国税局委托邮政银行宣恩分公司代开代征（简称“双代”）工作正式运行。县国税局与邮政银行宣恩分公司签订《委托代征协议书》《委托代开发票协议书》，对邮政银行宣恩分公司各代开网点进行系统初始化维护，向邮政银行宣恩分公司发放委托代征证书。

落实减免税优惠，对全县104户减免税企业实施增值税进项税核定扣除政策，盘存金额1165.91万元，进项税转出151.78万元，抵缴留抵税额83.93万元，补交税额67.85万元；全年享受小微企业所得税优惠110户，减免税款37万元；备案类企业所得税优惠企业8户，减免税313.56万元。办理符合减半征收政策的车辆272台，共计减免车购税达91.24万元。

做好生产企业免抵退税审批权下放工作，加快退（免）审核审批进度，确保以最快的速度为企业退税。全县共有3户生产企业共申报出口销售额129.58万美元，同比减少39.29万美元；出口退（免）税130.96万元，同比减少22.49万元。

2015年11月11日，签订委托邮政银行代开代征协议　（李孟军摄）

【国家税务总局总经济师孙瑞标到宣恩调研】1月22日，国家税务总局总经济师孙瑞标在省国地税局有关领导的陪同下，到宣恩县国税局调研慰问基层国税干部。到国税局办税服务厅、珠山分局及职工宿舍楼，看望一线干部和退休干部，详细询问干部日常工作情况，对大家的辛勤工作表示感谢并致以新春祝福。在宣恩县国税局办税服务厅，孙瑞标查看办税服务环境，与办税的纳税人交谈，倾听他们对税务部门的意见和建议。向大厅工作人员了解县级纳税服务规范落实、“全州通办”等工作情况，要求工作人员切实落实好县级纳税服务规范，建好税务机关主导的服务平台，为纳税人提供更加优质便捷的服务环境。在与湖北省州县国税局、地税局领导和班子成员进行座谈时，孙瑞标勉励广大税务工作者，要认真分析认识当前形势，主动适应税收工作新常态，扎实做好组织收入工作，推进县级纳税服务规范，通过严格落实国家各项税收政策，进一步减轻纳税人税收负担，要不断调动干部职工的工作积极性，充分发挥税收职能作用，为地方经济社会发展做出更大的贡献。

【“322”工作模式】县国税局采取“322”工作模式，从明责、履责、追责三个步骤落实党风廉政建设“两个责任”。“322”即“三张清单、两类规范、两个办法”，“三张清单”是主体责任个性清单、“两权”及日常行为负面清单、监察反馈意见传递单；“两类规范”是《提醒、约谈、函询制度》《线索处置、案件检查和审理规程》；“两个办法”是《责任追究办法》《党组及纪检组督促互动办法》。2015年11月10日，全州国税系统党风廉政建设压实“两个责任”现场会在宣恩召开，县国税局对“322”工作模式作经验交流。实施“322”工作模式，县国税局发《作风纪律问责专报》7期，问责31人次，经济惩戒3250元，实现“一起干事，相互监督，共同干净，共同进步”的责任落实目标。

（姚童）

·地　税·

【地税收入】2015年累计组织各项收入68674万元，同比增长81.51%，增收30839万元。其中税收收入完成24222万元，同比增长13.09%，增收2803万元，完成年度计划23670万元的102.33%；社会保险费收入完成43598万元，同比增长180.37%，增收28048万元；其他收入完成854万元。

【税收征管】加强征管考核，落实巡查巡管、减免税、定调税等管理制度并纳入绩效考核。加强票证管理，对票证情况按季检查按季通报并要求限期整改。加强2014年企业所得税汇算清缴工作，2014年度应缴纳企业所得税1195.26万元，已缴纳1552.79万元，应退税款357.53万元，有效地维护政策的严肃性，确保纳税人的合法权益。加强税源普查和企业税收负担调查工作。确定在10月20日前完成工作任务，共查补漏征漏管单位纳税人4户，入库税款17.64万元，查补个体漏征漏管户210户，查补税额1万元；追缴欠税516.5万元。加强个人所得税管理，个人所得税扣缴管理实现全员全额管理的全覆盖，全县348户企业和行政事业单位均纳入申报系统，共计申报入库税款1255.51万元。2014年度年所得12万元以上个人所得纳税工作稳步推进，全年共入库个人所得2394万元。

【征管现代化】推广和应用网络发票和税控收款机，通过集中培训、上门辅导等方式推广网络发票和税控机。2015年新增用票人62户，其中，网络发票用票人44户，税控机用户18户。推动个人社保费委托银行代征系统的上线工作，与邮政储蓄银行、中国工商银行、农村商业银行三家银行合作，8月28日，在全县成功上线个人社保费委托银行代征系统。11月25日，县地税局举办全县电子税务局暨财产行为税申报表上线培训，推进电子税务局财产行为税申报表上线工作，确保12月全面上线。加强稽查现代化建设，运行机制上实行稽查现代化、推行稽查手段现代化、加强稽查队伍现代化建设、实现稽查装备现代化，2015年共查办案件11件，查补总额700余万元。力推国地税合作，按照抓住重点、抓好亮点、突破难点的思路，成功实现“进一家门办两家事”的效果。

【纳税服务】落实《县级税务机关纳税服务规范2.1版》，组织业务骨干编印《宣恩县地税系统县级纳税服务规范简明操作手册》。3月20日，县地税局举办《全国县级纳税服务规范(2.0版)》培训会，110个单位参加培训，借助门户网站、QQ群、电子显示屏、税费服务局微信管理平台等媒介宣传税收政策，编印规范系列的宣传手册10类共计5000份发送到广大的纳税人。通过“12366”、税企QQ群、信箱邮箱电话等形式，及时收集纳税人的实时评价，并对发现的问题，及时反馈整改，不断丰富服务方式提升纳税服务品质。纳税服务局全年共接受各类预约服务20次、延时服务52人次，导税服务纳税咨询150多人次。

【依法治税】制定《印花税票代售许可审批事项监管办法》等7项行政审批事项监管办法，修订《宣恩县地方税务局重大税务案件审理办法》和《宣恩县地方税务局征管评查联席工作制度》，开展规范性文件清理，协调配合“两权”清理等工作，促进全县税收制度规范化建设，全年实现行政复议与行政诉讼零发生的目标。

【“正风肃纪重塑形象”教育活动】8月31日，县地税局召开全县地税系统“正风肃纪、重塑形象”教育活动动员会和集中培训会，以“正风肃纪、重塑形象”为主题，通过开展教育活动，解决系统内存在的作风不正、履职不力、行为不廉等突出问题，唤醒和强化各级党组织和党员干部的责任意识、党员意识、纪律意识，把全面从严治党的责任落实到每个党员干部的思想和行动上，固本强基，提振士气，打造一支政治坚定、业务熟练、执法公正、服务高效、管理有序、作风优良、清正廉洁、保障有力的税务铁军。

活动分学习、反思、整改三个阶段制定全县地税系统“正风肃纪、重塑形象”教育活动任务分解表。分解表从时间上细化到阶段、到具体事项，从分工上落实到单位、落实到个人，多角度、全方位地对该项工作进行细致安排。组织专门的督导组进行督导。督导组按照时间节点和完成情况实行“打钩销号”实时下发督查通报。对教育活动开展不力的单位，对其单位负责人进行约谈，对走过场敷衍的单位负责人进行问责并责令“补课”。并将督导结果纳入绩效考核。按照“人人都是地税形象”的要求，不仅将所有党员干部纳入受教育对象，还将所有在职在岗干部包括临时聘用人员以及离退休人员也纳入其中。还专门召开退休干部座谈会，传达省州地税局活动要求。

依托省州地税局以及县地税局内外网站、报纸、QQ、微信、大厅LED显示屏、宣传橱窗等媒介宣传活动实效，共计刊发相关信息十余篇。坚持把活动开展与组织收入工作相结合，以作风建设的大提升进一步树立应对经济下行、收入任务依旧高企的坚强决心和强大信心；与开展千名税干进企业税收服务到万家活动、履职尽责督促检查工作相结合，到企业，到纳税人及社会各界，倾听意见，强化征管，优化服务；与精准扶贫、“六城同创”、文明单位创建等工作相结合，进一步强化党的建设和部门形象提升。

除按要求组织学习必学篇目外，还重点就党风廉政建设方面的问题另外选取相关篇目组织学习。在学习方式采取集中学习与自学相结合，在集中学习按照集中轮训普遍学、党组中心组重点学、党员干部特别学的要求，先后组织召开全体干部集中培训会、党组中心组学习、党支部集中学习，其中党支部学习上，不仅满足于学，还要求每一位党员干部根据所学内容撰写心得体会文章，且以各支部为单位进行交流发言。

发放意见表、廉政约谈、交心谈心、年轻干部座谈会、新招录公务员座谈会、民主生活会、上门访问、电话询问、设置监督意见箱、宣恩网发布征求意见公告等措施查找问题，在县地税局系统内部发放《自查自纠问题登记表》67份，对外发放“意见征求表”382份，座谈走访200户纳税人，共收集意见和建议5大类共10条。

对全系统发现问题，按边查边改、立查立改的要求进行整改。通过巡查巡管、减免税管理以及行政管理制度进行梳理，对公假、事假、病假、公休假某些方面存在的问题及时进行修订，制定《进一步规范病假、事假和年休假管理制度》，采取干部考勤每周一公示、一通报等措施，保证制度落实。对不作为、慢作为等怠政问题，一方面，制定工作任务限时办结一览表，要求各单位对照全年工作任务以及州地税局、县委县政府、县地税局党组、地税局长办公会安排重点工作任务，按季度、按月、按周明确责任单位或责任人以及工作任务完成时限，鞭策责任单位和责任人提高工作质效，杜绝工作拖拉现象。另一方面，及时下发工作督办通知单。纪检组或绩效办按照工作任务限时办结时间点和工作任务完成情况，适时下发督办通知单。对部门内部行政效率不高的问题，定期召开业务工作协调会，加强部门之间的分工和合作，解决征收与征管前、后台业务划分与衔接方面存在的问题，提加快内部流转速度，提升工作效率。对个人所得税代扣代缴的问题，分门别类举办4期行政事业单位个人所得税代扣代缴培训会，范围覆盖全县所有行政事业单位。对代征社保费服务不到位的问题，主动与县人力资源和社会保障地税局及农业银行等三家银行实现系统之间互联互通，打破信息传递壁垒实现共享，成功上线运行社保费个人缴费税费协作征

4月29日，县地税局开展“千名税干进企业·税收服务到万家”活动

收票款系统。对作风纪律问题，继续加大明察暗访和责任追究的力度，对违纪违规造成不良影响的16名干部职工进行问责处理，其中，全系统通报批评15人、诫勉谈话5人、行政警告1人、责令作出书面检查1人、免职1人、调离1人，经济惩戒共计1700元，责令相关责任人退回相关费用共计3792元。

12月18日，县地税局召开“正风肃纪·重塑形象”教育活动总结大会。通过活动开展，提高县地税系统干部职工干事创业的积极性、优化服务的责任心，增强爱岗敬业的责任感。截至11月底，县地税局累计组织各项收入62229万元，同比增长101.82%，增收31395万元。其中税收收入完成18961万元，同比增长9.31%，增收1615万元；社会保险费收入完成42523万元，同比增长233.72%，增收29781万元。共查补漏征漏管单位纳税人4户，入库税款17.64万元，查补个体漏征漏管户210户，查补税额1万元；追缴欠税516.5万元。为纳税人减免各项地方税收近420余万元。其中，核准类减免税收16.92万元，备案类减免税408.06万元。案卷评查扎实推进，全年共对40卷行政执法案卷进行逐一评查，被州地税局全部评为合格案卷，其中2份获优秀案卷，受到州地税局通报表彰。个人社保费委托银行代征系统、电子税务地税局财产行为税申报表上线、稽查现代化建设、国地税合作、《县级税务机关纳税服务规范(2.1版)》以及“三证合一”工作全部完成目标任务。作风建设得到加强，在省州县各级纪委和纪律监察部门组织的明察暗访之中没有出现问题。共编发简报信息300余篇，其中被中国税务网、《湖北日报》、省地税局内外网、湖北文明网、《恩施晚报》、州地税局内外网等各级新闻媒体采用70余篇。

【上级领导调研】1月15日，省地税局党组成员、副局长肖厚雄，州地税局党组书记、局长陈平到宣恩调研稽查现代化工作，提出注重人员保障、注重能力培养、注重方式方法三点要求。

1月23日，国家税务总局孙瑞标总会计师到县地税局检查地税工作。

9月9日，省地税局党组成员、副局长杨绪春到宣恩就“正风肃纪、重塑形象”专题教育活动开展情况、基层单位标准化建设情况、经济税源和收入任务完成情况、“践行‘三严三实’·寻找最美地税人”活动落实情况等开展调研和督导。

10月29日，省地税局党组书记、局长杨天然到宣恩调研地税工作，慰问基层税务分局干部职工。

（许颉）

审　计

【概况】2015年县审计局完成审计项目16个。其中，署定项目1个，省定项目4个，州定项目2个，县定项目9个。全年共查出问题资金72670万元，其中：违规使用资金3739万元，管理不规范金额68931万元。审计期间整改资金1191万元。审计处理处罚3457万元，其中：上缴财政697万元，归还原渠道资金2760万元。为国家增收节支3457万元。提出审计建议35条，被采纳35条。

【审计监督】对县本级2014年度预算执行和其他财政收支、税收征收管理和县水能资源开发工作领导小组办公室3个部门的财政决算进行了审计，实施县科技局、县人民检察院和县民政局等3个县直部门预算执行和其他财政财务收支的审计。审计查出主要问题金额72002万元，即预算编报不真实不完整19475万元，会计核算不实1291万元，违规改变项目计划和资金用途125万元，未落实收支两条线和专户管理规定3373万元，扩大开支范围或提高开支标准列支6769万元，违规出借财政资金2750万元，虚报冒领12万元，违规收取费用442万元，套取项目资金65万元，其他37700万元。

完成乡科级领导干部经济责任审计3项，县直部门领导经济责任审计2项，村级干部经济责任审计1项，审计查出应付主管责任的违规金额59万元、应付领导责任的违规金额59万元；应付领导责任的管理不规范金额355万元，应付主管责任的管理不规范金额324万元，应付直接责任的管理不规范金额31万元，提出审计建议15条，并在一定范围内通报了审计结果。

完成国家建设项目竣工决算审计项目75个，送审金额

35027.28万元，审减金额3575.53万元，审定金额31451.75万元，审减率10.2%。完成工程招标预算审计项目39个，送审金额45878.72万元，审增金额1767.32万元，审减金额5273.04万元，审定招标控制价42373万元。

完成财政专项资金审计项目5项，延伸审计单位11个，审计查出问题资金223万元，其中违规金额223万元。

【审计质量建设】为加强国有投资建设项目的审计监督，规范投资项目管理和社会中介机构参与国有投资建设项目审计的执业行为，防范审计风险，保证审计质量，通过政府采购方式面向全社会集中公开、公平、择优采购一批社会中介审计机构入库。2015年4月9日，共有25家投标中介机构到县综合招标投标中心参与竞标，评标委员会推荐确定武汉龙城建设工程项目管理有限公司、武汉恒信工程造价咨询有限公司、北京中天恒达工程咨询有限公司、恩施州衡信建设工程造价咨询有限公司、湖北浩华工程投资项目有限公司、湖北金信工程造价咨询有限公司、湖北华审工程造价咨询有限公司、湖北华科工程咨询有限公司8家专业机构中标。建立健全“审计审理”制度，强化审前调查、审中分析、审后复核和成果提升，不断优化审计质量。坚持把整改落实作为审计工作的出发点和落脚点来抓，督促被审计单位落实审计建议和决定，推动审计整改落实。注重审计成果提升，针对审计发现的问题，提出机制体制方面建议，被审计单位积极采纳意见，出台相关内控制度，提升审计成果。

（吴宇生）

统　　计

【概况】2015年，全县统计工作以提高统计数据质量、提升统计形象、增强统计公信力、打造湖北统计升级版为核心，着力加强队伍建设，充分发挥统计服务职能，完成统计“四大工程”建设、统计法制建设、统计规范化建设、1%人口抽样调查、一体化住户调查、工业品价格调查等统计调查工作。全县有统计报表单位428家完成劳动工资报表，其中，“四上企业”名录库103家，城镇非私营单位300家，私营抽样单位15家。

【四大工程建设】“基本单位名录库、企业一套表制度、数据采集处理系统和联网直报系统”统称为统计四大工程。全县纳入网上直报的规模以上工业企业57家，限额以上商贸企业27家，重点服务业4家，房地产企业9家、有资质的建筑业企业5家。县统计局严格执行一套表制度，按照规定的标准、指标、范围、表式、计算方法和统计编码开展调查，企业直报率达到100%；按照“先进库、再有数，要进库、走程序”的要求，抓好名录库建设，做好“四上”企业的审批工作，确保所有调查单位均为基本单位名录库的在库企业。2015年6月2日，州统计局数据质量抽查组由总统计师向恩玲、副调研员向选珍对全县“四上”企业2014年年报直报数据进行统计数据质量核查，认为宣恩县统计数据真实可信。部门之间紧密配合，做好基本单位季报工作，收集整理部门行政登记资料，及时更新“四下”企业和非企业名录的变动信息。8月中下旬，完成对新坤电子有限公司等6家企业申报材料的填报指导及审核。9月底，6家规模以上工业企业申报成功，全县规模以上工业企业达到57家。

【统计环境】2015年解决50万元民调中心专项建设资金，为乡镇配备各类20余万元的办公用品，为普查中心和民调中心核增6名编制，批准2016年招考4名工作人员，2015年选调1名工作人员。全县企事业单位设置原始记录、统计台账，确保数出有据；在年中和年末对全县“四上”企业统计数据质量核查和统计工作进行检查，确保数据真实。1月8日，国家统计局恩施州调查队党组书记、队长宋克传，副队长张洪恩到宣恩对全县一体化住户调查和工业品价格调查工作进行调研。2月11日，省统计局局长李克勤，州委常委、州人民政府副州长马尚云，州统计局局长黄敏一行调研全县经济运行及投资统计改革落实情况，曾德权、朱鹏程参加座谈会，朱鹏程向调研组汇报全县经济运行和统计工作情况。5月29日，省统计局副局长蔡受清到宣恩工业园区和平创业园开展工业企业调研。6月9日，国家统计局湖北调查总队副总队长胡国亮由恩施州调查队队长宋克传、副队长张洪恩等陪同到宣恩检查指导工业生产者价格调查。8月14日，省统计局局长李克勤、州统计局局长黄敏到伍家台就茶叶产业化生产情况进行调研。

【统计服务】加强统计预警监测，做好分析研究，做好决策服务。认真抓政务信息和统计分析上稿工作，全局在省州统计信息网发表各类分析、信息93篇。启动三经普资料开发，完成2014年《统计资料手册》《统计年鉴》等资料的编印，做到季有分析、月有报表。通过网络、现场、电话等方式，认真做好公众服务，社会各界更加快捷便利地分享统计数据和信息。开展数据咨询服务，接待群众到访查询数据50余次，群众满意率和按期办结率达到100%。

【统计法制建设】采取多措并举宣传统计法律法规和统计知识，向领导干部、本单位统计人员、部门和乡镇统计员及广大统计调查对象开展统计法制宣传教育活动，发放统计法制宣传手册500本。8至9月开展一次统计巡查和统计执法检查，共检查单位50余家。9月19至20日，举行全县2015年统计人员从业资格培训及考试，统计执法人员全部持证上岗，并严格按照法定权限、程序和要求执行公务。

【统计规范化建设】加强乡镇统计规范化建设，出台文件要求各乡镇按照“八有八化”标准，规范乡镇统计工作，充实乡镇工作力量，做到了每乡镇配备1名专职统计员。加强村级统计规范化建设，明确统计员，完成各类统计调查任务，并要求按照“五有五化”标准强化规范化建设。加强企事业单位统计工作，争取辖区内的各类企事业单位主管部门支持，明确设立统计机构或在有关部门中设置统计岗位，配备与统计调查任务相适应的统计人员，并确定统计工作负责人。加大机关干部培养力度，派遣局机关干部参加各类学习培训20余次，有效提升机关干部业务水平，开阔机关干部视野，有效推进机关规范化建设上新台阶。1月30日，州调查监测分局副局长李臣章一行到宣恩县开展村级统计规范化建设工作调研。3月中旬，分组到全县所有乡镇及“四上”企业检查统计基础规范化建设情况，重点检查企业及亿元以上项目统计数据质量。2月上旬，组成专班对全县47家规模以上工业企业统计基础规范化工作进行验收。

【1%人口抽样调查】2015年1%人口调查抽样调查主要是了解2010年以来人口在数量、素质、结构、分布以及居住等方面的变化情况，为制定国民经济和社会发展规划提供科学准确的统计信息支持。8月21日，抽选1%人口调查抽样18个调查小区。10月中旬，各乡镇1%人口抽样调查入户摸底工作培训会陆续召开，县统计局到各乡镇进行业务指导。11月18日，集中突击1%人口抽样调查的行业代码和职业代码编码工作，对9个乡镇18个调查小区进行编码。各调查员使用PDA设备对18个调查小区1815户6901人进行调查，完成2015年1%人口抽样调查工作任务。

【一体化住户调查】2015年完成城镇、农村以及全体居民常住居民人均可支配收入调查，及时向社会反映全县人民生活水平状况。一体化住户调查，全县抽中10个调查小区，共102户调查户，其中农村住户调查点8个，共82户，城镇住户调查点2个，共20户，每个调查点聘请1名辅助调查员。2015年宣恩县农村常住居民人均可支配收入7805元，同比增长10.73%，绝对额位列全州第七，增幅位列全州第五；城镇常住居民人均可支配收入20606元，同比增长9.20%，绝对额在全州位列第八，增幅位列全州第七。

【一体化住户调查】2015年全县完成城镇、农村以及全体居民常住居民人均可支配收入调查。一体化住户调查，全县抽中10个调查小区，共102户调查户，其中农村住户调查点8个，共82户，城镇住户调查点2个，共20户，每个调查点聘请1名辅助调查员。

（何加旭）

工商行政管理

【概况】2015年全县共有市场主体14915户，新登记市场主体4014户。查办各类经济违法案件93件，受理消费者申投诉案件278件，为消费者挽回经济损失38.3万元。注册商标491件，办理企业动产抵押登记34件，融资14510

万元。办理股权出质 55 件，质押股权 47530.5 万元，贷款总额 17578 万元。

【登记注册】推进“三证合一”“先照后证”等商事登记制度改革落地、落实登记注册便利化工程、工商登记窗口进驻乡镇便民服务大厅，实行注册登记首席代表制，一个窗口受理、办结。推进大众创业、万众创新，实施市场主体增量工程和减负工程，释放投资创业活力，实现全县市场主体增量，全县有在册市场主体 14915 户，注册资本 863576.37 万元，同比增长 35.8%。其中企业 1545 户，注册资本 718748.15 万元；农民专业合作社 379 户，注册资本 55948 万元，个体工商户 12991 户，注册资本 88880.22 万元。新增各类市场主体登记 3036 户，其中，企业 371 户，专业合作社 102 户，个体工商户 2536 户，新增注册资本 227507.03万元。

在“服务”上下功夫，开展以资产换资金行动，帮助企业破解融资瓶颈。全县工商系统按照“做大园区、做长产业链、做强企业、做优环境”的要求，把企业动产抵押登记、股权出质、股权质押与市场主体做大增量、做活存量、提升质量、增强能量相结合，解决企业融资难、资金短缺的瓶颈，共办理企业动产抵押登记 34 件，融资 14150 万元；办理股权出质 55 件，质押股权 47530.5 万元，贷款总额 17578 万元。

【市场主体信用信息监管工作】加强市场主体入市后的事中事后监管，宽进严管，规范市场行为与发展市场主体相结合，引导其依法经营，健康发展。2015 年市场主体信用信息公示应年报公示信息 1215 户，截至 6 月 30 日，企业年报 1175 户，年报率 96.7%。按照要求监理企业“分级登记、属地监管”的工作体系，扩大工商所事权，落实属地监管各项制度，建立工商部门外资专管员制度，建立属地监管制度，市场主体持照率达 98% 以上。

加强市场主体经营行为监管，组织专班对县内的投资咨询中介机构、小额贷款公司、非法集资活动高发地区，户籍人员在本地注册登记的高风险行业企业、外地高风险行业企业在本地所设分支机构进行排查。共开展 4 次专项检查，出动执法人员 18 人次，出动执法车辆 4 次，对全县 37 家中介机构进行检查(其中公司 9 家，非公司企业法人 1 家，分公司 16 家，个人独资企业 8 家，小额贷款公司 3 家)。检查没有发现违法接受委托授权实施认证、检验、鉴定，借国家机关名义指定或变向指定服务，提供虚假信息、搞恶性竞争、强制交易、乱收费、设立“小金库”及严重侵害企业和群众利益等问题。对小额贷款公司和中介机构进行检查清理，按时向州工商行政管理局报送小贷公司信息报备表和监管工作报告。严厉打击非法集资，确保合法有序的融资环境。

【公平交易及经济检查】开展“蓝剑”行动，查办“五类案件”，对商业贿赂、公用企业等五大行业为重点整治领域，着力查处涉及民生热点难点的大要案。开展打击侵犯知识产权和制售假冒伪劣产品专项行动，严厉查处假冒知名品牌名称、商品包装、“傍名牌”等商标侵权不正当竞争行为。开展打击传销“天网”行动，深化“无传销”创建，始终保持打击传销的高压态势。结合全县经济社会发展的实际情况，围绕建筑领域、产品质量领域、消费领域等，以房地产开发等领域为重点，特别是小产权房等“两违”案件查办，加大对建设领域的违法行为的查处力度。

加大对房地产市场的监管力度，对非法开发、非法经营房地产行为(简称“两违”)进行专项清理，对内成立六个专案组，制订工作方案，多方走访取证，每周一总结一汇报；对外请求法院、公安局、国土局、住建局、供水供电等部门通力配合，形成齐抓共管通力配合的良好态势，以确保整治违法开发的效果。全年立案 10 件，结案 1 件，听证 4 件，其他案件也已进入案件终结阶段。

以公用企业限制竞争、商业贿赂等违法行为为重点，加大对公用企业的监管力度，向强势企业亮剑执法，重点查处公用企业利用优势地位强制交易和滥收费用违法违规行为。通过调查：宣恩县民族医院从 2012 年 1 月至 2015 年 3 月收取药品医疗器械及耗材质量保证金 550 万元，植入材料保证金 49.17 万元，并将该批款项计入长期应付款中，未实行专款专用，到 2015 年 4 至 6 月才全额退还，已达到长期占用的目的，该行为违反了《反不正当竞争法》，对当事人责令改正违法行为，并作没收违法所得

49.17万元的行政处罚。

【商品质量检测】落实监测计划，制订《2015年流通领域商品质量监测工作方案》，以批发商、代理商、大型经销企业、超市、商场、专卖店、仓库等为重点场所，以家用电器、农资产品、烟花爆竹等商品为重点，抽样品种58个批次，合格29批次，不合格29批次，抽检不合格产品全部立案查处。对监测中发现的假冒伪劣和不合格商品违法行为，有针对性地实施靶向整治，达到“监测一类商品，查处一批违法行为，教育一批企业，规范一个行业”的目的。

【消费维权】“12315”业务平台受理、转办、回复消费者投诉及时准确，并按时报送相关材料，在线率、一次性接通率和录入完整率均达到100%，落实投诉回访制度，回访61户。按月报送数据分析报告且成立维权应急分队。2015年全面推进“12315”“四个平台”建设，推进消协“一会两站”建设，对联通、移动、电信三家设立维权站，扩大“12315”“五进”覆盖面，把维权与民生热点结合起来，提高消费者自我保护的意识和能力。完成州下达的“12315”“五进”消费维权服务站任务，突出通信、汽车销售两个重点行业，组织开展3次重点公共服务领域消费维权工作，组织并指导系统开展“3·15”纪念活动，开展2次消费调查活动，发布4期消费警示，“一会两站”建站率达到87%，县级示范站18家。消费维权工作与平安建设、“六城同创”、精准扶贫工作相结合，向纵深推进，处理消费者申投诉调处率100%，成功率97%。

【网络交易监管】规范网络市场秩序，促进网络市场健康发展，营造良好的创业创新环境。突出宣传教育引导，开展“2015红盾网剑”专项行动。加强网络主体数据库管理，2015年共录入已登记主体44户，其中国营企业2户，私营企业41户，个体1户。按行业分别分为产品制造业32户，商业10户，畜牧业1户。强化网络交易监管，严查侵权行为。对全县网络经营主体是否利用网络虚假宣传等进行监管，重点开展了医疗、房地产和装饰装修行业的专项整治。实行网络交易“以网管网”，强化引导，规范经营行为，重点指导网络经营主体是否“亮照亮标”工作，已指导5家网络经营主体完成粘贴营业执照电子链接标识，网络经营主体共“亮照亮标”12户。利用网络广泛宣传《消费者权益保护法》《中华人民共和国广告法》《网络交易管理办法》等法律法规和专项整治行动的目的和意义，规范网络交易服务及内部管理，督促、引导经营者自查自律，提高广大消费者合同意识和维权能力，营造良好的舆论氛围。共发布宣传信息20条次，提供咨询宣传服务20余人次，发放宣传资料200余份。累计网上巡查网络经营主体68次，行政指导33次，实地检查网站、网店经营者22次。

【市场监管和合同监管】开展红盾护农行动，为保“三农”、创建有机农业示范县、农产品安全质量示范县，建设美丽新农村奠定基础。开展合同帮农，共发布涉农合同示范文本3种，5000份；办理涉农动产抵押登记12件，帮助融资2700万元；指导签订农超对接合同10份，进驻超市（市场）10家，销售产品金额达300万元。开展打假保春耕、保夏种、保秋收、保冬播，实行化肥定向监测，在千人以上的行政村建立农资经营示范店。全县476户农资经营户每年都与属地工商所签订农资产品经营承诺书，建立进销货台账，实行索证索票，建立农资产品经营可追溯制度，确保农资产品质量安全。全年对全县农资经营主体共巡查512户次，农资产品抽样38批次，不合格5批次，办理农资案件15件，为农民挽回损失11.3万元。

对旅游、银行、电信等行业合同格式条款治理整治。对7家使用自制格式合同文本进行备案审查，重点审查是否存在利用合同格式条款免除自身责任、加重消费者责任、排除消费者权利等行为。共检查合同文本23份，约谈企业4家，行政指导3家，合同点评3户，查办合同案件1件。对辖区已公示各类“守合同重信用”企业开展定向或不定向抽查工作，重点检查公示企业是否存在合同失信行为及其他重大失信行为，国家工商总局和省政府公示的企业抽查数100%，省工商局公示的企业抽查数20%。推进企业诚信体系建设，全县市场主体申报省、州“守合同重信用”企业9家。

【商标广告】实施商标战略，推进品牌兴县。完善政策引导机制，筑牢服务根基;完善指导管理机制,拓展服务渠道,开展品牌宣传,在注册商标企业推进"四书五进";完善跟踪培育机制,凸显服务特色,创品牌示范乡镇(万寨乡),实施品牌培育孵化工程;完善维权保护机制,加大商标专用保护力度,彰显商标战略实施示范效应。11月20日,湖北土家爱食品开发有限公司申报的注册商标"土家爱",被湖北省著名商标认定委员会认定为湖北省著名商标。至此,全县有"伍家台贡茶"中国驰名商标1件,地理标志证明商标1件(伍家台贡茶),湖北省著名商标8件(大派、土家爱、皇贡、昌臣、皇恩宠锡、覃家坪、木龙寨、维民),恩施州知名商标15件。全县"三名"商标(驰名、著名、知名)以特色农产品为主,"大派"火腿、"贡水"白柚、"黄坪"黄金梨成为富硒、绿色、有机农产品代表,市场占有率和市场认知度高。名标品牌在全州位居前列,全县拥有注册商标491件,同比增长29.2%。

加强广告监督管理,认真做好户外广告登记工作,全年办理户外广告登记103件。贯彻实施新《中华人民共和国广告法》,做好广告监测工作,开展虚假违法广告专项整治行动,依法查处违反法律规定设计、制作、代理、发布虚假违法广告等行为,严惩违法广告主、广告经营者切实维护法律权威。重点查处五类行为:一是查处违法印刷、出售商标标识及包装、装潢的行为;二是查处侵犯驰名商标、著名商标、地理标志、涉外注册商标专用权的行为;三是查处制售假冒伪劣农资、建材等违法行为;四是查处仿冒知名商品特有名称、包装、装潢等"仿名牌"的不正当行为;五是依法打击利用互联网侵犯注册商标专用权和销售假冒伪劣商品等行为。把直接关系人民群众切身利益的医疗、药品、保健食品、美容、化妆品等广告,作为突出整治的重点,开展虚假违法广告的整治行动,共出动执法人员46人次,执法车辆15台次。立案2件,取得了较好的成效,使全县的虚假违法广告得到有效遏制,净化广告市场环境。

【"土家爱"获2014年度湖北省著名商标】11月20日,湖北省著名商标认定委员会公布2014年度湖北省著名商标名单,由湖北土家爱食品开发有限公司申报的注册商标"土家爱",被认定为湖北省著名商标。至此,全县有注册商标491件,其中,中国驰名商标1件、湖北省著名商标8件、恩施州知名商标15件、地理标志证明商标1件。

2014年度湖北省著名商标名单(节选)

表8

序　号	商　标	尼斯分类	核定使用商品或服务	注册证号	申请人
390	土家爱	30	豆粉、豆制品的加工销售	6183801	湖北土家爱食品开发有限公司

湖北土家爱食品开发有限公司成立于2010年,注册资本2000万元,是以种植、研发、生产、营销于一体的豆制品深加工企业。主要生产具有土家特色的"合渣"系列、膨化豆制品系列、休闲豆制品系列、豆浆粉系列、豆奶粉系列及豆油系列等产品。"土家爱"系列豆制品绿色富硒、健康养生、无任何食品添加剂,畅销于湖北省内外,遍及武汉、重庆、贵州、湖南、北京、上海等地,深受广大消费者的喜爱。

【"三证合一"登记制度】"三证合一"登记制度是通过"一窗受理、互联互通、信息共享"模式,将原来企业由工商行政管理部门核发营业执照、质量技术监督部门核发组织机构代码证、税务部门核发税务登记证的登记制度,改为企业一次申请,由工商行政管理部门核发一个加载法人和其他组织统一社会信用代码(简称"统一代码")营业执照的登记制度,实现"一照一码"登记模式。"三证合一"登记制度改革,适用于全县公司、非公司企业法人、个人独资企业、合伙企业等企业类市场主体(含企业分支机构)和农民专业合作社。9月10

日，副县长李世祥在县行政服务大厅为湖北广旺建设工程有限公司颁发第一份加载组织机构代码证号、税务登记证号的“三证合一”的营业执照，宣恩县市场主体准入“三证合一”登记工作正式启动。当天，县工商局共颁发“三证合一”营业执照7份，其中新登记注册4份，变更登记的1份，换照2份。

（屈颈松）

质量技术监督管理

【质量兴县】2015年9月中旬，国家认监委对全县有机产品认证示范创建工作进行现场检查和指导，帮助相关企业查找问题和对策，为全县有机事业的发展指明方向。全年组织4家企业申报湖北名牌（含复评2家）、1家企业参评清江质量奖。开展有机产品认证示范创建区工作，全县共13家企业成功获得30张处在有效期内的有机产品认证证书，新增质量管理体系认证6家（即宣恩兴发水泥制品有限公司、湖北巴楚风印务有限公司、恩施州伍家台富硒贡茶有限责任公司、湖北童话工艺礼品有限公司、湖北大派食品集团有限公司、宣恩宜红贡茶有限公司），截至2015年12月，全县有10家企业有效期内运行有效认证证书15张。

【质量监督】2015年全县有机动车检测企业1家——顺通汽车服务有限公司，对机动车检测线的监督检查实行月报表制度监督管理模式，并组织顺通汽车服务有限公司的机动车检测线相关人员参加国家标准《机动车安全技术检验项目和方法》的培训，促使机动车检验机构自身的检验标准不断更新。加强工业产品生产许可证获证企业的后续监管工作，规范企业生产行为，对2家（宣恩县众益农机有限公司、湖北巴楚风印务有限公司）工业产品生产许可证获证企业进行日常的监督管理。

【特种设备安全】落实好日常巡查监管，全面抓好特种设备隐患排查、整治等各项工作，减少和预防事故发生，2015年共出动执法人员400余人（次），检查各类特种设备727台（件），发现一般安全隐患48条，整改并消除一般安全隐患48条，发现重大安全隐患4条，均已整改落实。发出特种设备安全监察指令书36份，内容涉及设备超期未检、无登记使用证、人员无作业上岗证、安全技术档案不全、安全附件未检、日常安全巡查无记录或记录不全等。开展“电梯大会战”“压力管道监管”“涉危企业安全检查”“危化品专项整治”等上级交办的专项检查工作。加强重大危险源单位安全检查，深化气瓶充装安全治理工作，完成全县3家气瓶充装单位每月一次的日常安全巡查。出动执法人员237人（次），对57家特种设备使用单位进行检查。

【标准化工作】政府高度重视农业标准化工作，宣恩县高罗乡（镇）省级农业标准化示范乡（贡水白柚种植）建设项目于2015年10月底以高分通过省质监局组织的验收，宣恩第八批国家茶叶综合农业标准化示范项目建设工作进展顺利。地理标志产品保护工作取得新进展，“宣恩大鲵”地理标志产品保护申报材料通过省质监局的初审，拟报送质检总局。10月19日，《地理标志产品·宣恩贡米》湖北省地方标准通过省质监局专家审定会的评审。开展组织机构代码电子证书网上年检及全国组织机构代码信息管理系统的升级工作，截至2015年12月4日，共办理代码业务1054家，减免证书工本费17家。

【民生计量】加强民生计量，进一步规范市场计量秩序，2015年共检定压力表254块，合格率95%，加油枪208支，合格率100%，对全县35家食品取证企业强检计量器具116台件，规范企业诚信计量行为，促进企业健康发展。同时，以监督与服务为重点，做好医用计量器具和烟草检定工作。

【执法打假活动】开展“农资打假”、建材市场产品质量等专项监督行动。根据打假保春耕专项行动的总体要求，到全县4乡5镇对农资产品开展全面的检查，共出动执法人员47人次；开展建材市场产品质量专项监督检查和建筑用钢筋专项监督检查，随机检查钢筋销售点23个，检查钢筋品种8种，未发现质量问题。

认真受理举报投诉案件，对检查核实有违法行为的，立案查处。对有争议的投诉，在详细准确的调查了解基础上，力争将群众损失降到最低。2015年共接到举报案件

2起。恩施州亚麦食品有限公司投诉所购食品用器具消毒柜产品质量不合格案，经县质量技术监督局查办，为其挽回经济损失2.8万元。巴楚风包装有限公司投诉水表计量设备存在误差，县质量技术监督局利用投诉处理程序，依法将涉嫌计量误差的水表送检测机构检测，确认计量准确。

【国家质检总局到宣恩调研】9月8日，国家质检总局“十二五”国家科技支撑计划项目调研组到宣恩，调研国家级出口茶叶示范区创建工作。福建省检验检疫局副局长朱晓南、湖北省检验检疫局副局长徐明焕、州检验检疫局主要负责人由李世祥陪同，到万寨乡伍家台贡茶基地，参观产业基地、生产车间及产品展示，并向企业负责人了解有机茶发展情况、发展难题及有机茶发展的意见建议。在座谈会上，李世祥就全县国家级出口茶叶示范区创建工作向项目调研组进行简要汇报。宣恩县先后被授予“全国有机农业示范基地”“国家有机农产品认证示范创建区”“国家级出口茶叶质量安全示范区”“全国十大生态产茶县”“全国重点产茶县”等称号。调研组与相关部门及部分茶叶企业负责人就有机茶源头追溯、有机茶出口质量安全监控以及有机茶创建与国内有机认证所遇到问题等进行交流。

【省质监局检查获认证农产品生产企业】9月15日，省质监局科认处处长吴红涛带领专家组到宣恩，检查获认证农产品生产企业，李世祥陪同。

检查组先后到伍家台全国富硒有机茶示范园基地、宣恩县伍台昌臣茶业有限公司、宣恩县皇贡茶业有限公司，重点对农产品认证企业有机生产管理体系、内部检查制度、可追溯体系、产品召回制度和认证证书、认证标志、销售证的使用、管理以及认证机构现场认证等方面情况进行全面检查，共检查宣恩县伍台昌臣茶业有限公司、宣恩县皇贡茶业有限公司、宣恩县金玉嘉茗实业有限公司、湖北宣恩维民实业有限公司、湖北绿可生态茶业有限公司5家企业。根据检查结果，现场向企业进行反馈，对存在的问题提出整改意见。

（江堃）

食品药品监督管理

【概况】2015年3月27日，县人民政府办公室对县食药安委会组成成员进行调整(宣政办函〔2015〕18号)。10月15日，按照省、州要求，食品药品安全委员会增补县民政局、县交通运输局、县旅游局、县邮政管理局为宣恩县食品药品安全委员会成员单位(宣食药安办〔2015〕15号)。2015年全县食品药品监督管理工作以“规范管理”为主题，以创建食品安全放心工程为抓手，制定《宣恩县重大食品安全事故应急预案》《宣恩县食品药品安全委员会成员单位工作职责》《2015年宣恩县治理“餐桌污染”建设“食品放心工程”工作方案》，宣传普及《中华人民共和国食品安全法》(2015年版)开展蜂产品专项整治。做好重大活动食品安全保障工作，在“路烛节”“伍家台开园节”“两会”“两考”“水上运动会”“高罗白柚采摘节”等重大活动过程中，按照“事前介入提出要求，事中实地全程监督，事后及时总结汇报”的要求进行重大活动的食品安保工作，严格坚持每一个环节的监管到位，保证所有重大活动的食品安全零事故。全年共处理57起投诉举报事件，立案56起，结案49起，共计收缴罚没款234202.65元，未发生食品药品安全责任事故，全县食品药品安全公众满意度达到85.88%，位列全州第三。10月29日，药化股负责人赵金玉参加全省药品不良反应报告质量推进暨药品聚集性事件预警信号处理研讨会并进行经验交流。获得州级评定药品不良反应监测成绩突出单位、医疗器械不良事件监测成绩突出单位。

【日常监管】4月20日，开展市场主体普查，落实“一户一档”制度，启动全县食品药品监管对象“一户一档”工作，建立完善纸质档案共3000余个，完成摸底调查户3483户(食品生产经营主体2893户、药品339户、化妆品251户)，按照监管计划，对全县监管对象进行全面监督检查，共出动执法人员3087人次，检查经营户11877户次，同时要求相关生产经营者签订责任状，强化生产经营主体“谁生产谁负责、谁经营谁负责”的责任意识，明确生产经营主体安全第一责任人的责任。

【专项整治】开展各项专项整治行

动，食品安全监管集中开展酒类、五毛食品、“两考”、校园及周边、饮用桶装水、婴幼儿配方乳粉、肉制品、饮料、儿童食品、保健食品、水产品、食用植物油、大米、食品添加剂、食品标签标识等15类专项整治，药械安全监管集中开展疫苗使用、中药饮片、体外诊断试剂、特殊药品、夏季冷藏冷冻药品经营、无菌和植入性医疗器械、经营装饰性彩色平光隐形眼镜和避孕套等8项专项整治。围绕人民群众关心的重点内容检查食品经营企业366户(冷冻肉经营户64户，现场制售卤制品经营户21户，校园及其周边副食品店246家，桶装饮用水检查企业3家，养老机构食堂11家)，药品经营企业78家，使用单位242家，发放宣传资料500余份，下发责令整改通知书17份，查封扣押不合格冷冻肉四十余千克，下架“五毛食品”800余袋。

【跟踪抽检】对照州食品药品监督管理局下达的抽验计划，结合日常监管和专项整治工作，以问题为导向，分季度按计划抽样，做到抽样时间均衡覆盖，完成省、州下达的抽样检测任务，完成药械化妆品抽检53批次，其中化妆品2批次，药品不合格1批次，各级食品类抽检216批次，其中不合格批次26批，药品快筛204批次。11月25日，州食品药品监督管理局对宣恩零售药店销售的中药饮片、含特殊药品复方制剂开展飞行检查，就发现问题要求进行整改并提交报告，经现场核查，发现问题的企业已整改到位。

【ADR监测体系】2015年6月9日，县食品药品监督管理局与卫计局联合行文，加强药品不良反应监测，将目标任务分解到每一家医疗机构和药品经营企业，纳入涉药单位诚信体系管理，各医疗机构和药品经营企业明确有专职或兼职工作人员，将监测网点延伸至村卫生室；全县建立6个网络直报点：县食品药品监督管理局、县人民医院、县民族医院、沙道沟镇中心卫生院、晓关侗族乡中心卫生院、椒园镇卫生院，承担全县药品/医疗器械不良反应/事件监测网上直报工作，共收集上报药品不良反应报告151例，其中新的、严重病例报告数量达20.86%，医疗器械不良事件8例。

【药品零售业分级分类管理】实行药品零售“许可分级、监管分类”的差异化监管方式，建立药品零售分级升降和退出管理机制，完善保障公众用药安全的长效机制；5月8日，全县68家零售药店负责人参加全县药品零售企业分级分类管理工作启动培训会，正式启动全县药品零售行业许可分级、监管分类工作。对药店进行现场指导，确保其GSP迎检工作顺利实施。全年已通过GSP认证的65家，未申请认证停止经营的11家，完成全县所有药品零售企业的分级分类工作。

【药品电子监管】2015年4月8日制订药品电子监管工作实施方案。4月16日完成全县68家零售药店药品电子监管入网信息的登记和上报，全县零售药店药品“电子定位”正式启动。组织2批次共68人次到州食药监参加药品电子监管培训，全县62家零售药店信息已导入国家药品电子监管网，入网率达100%。

【农村聚餐监管】落实农村集体聚餐备案管理和相关的现场监督指导工作，明确乡镇政府对农村集体聚餐食品安全工作负总责、聚餐举办者和承办厨师是食品安全第一责任人。对农村集体聚餐流动厨师进行登记管理，全县各乡镇已为各村建立了村级食品安全档案284份，并在各村公共场所张贴举办农村集体聚餐食品安全告知书。

【食品药品应急管理】制订全县应急演习方案，县食药安办、各乡(镇)人民政府和县食品安全职能部门严格执行节假日和重大活动期间24小时值班制度。12月18日开展全县食品安全事故突发事件应急演练，模拟对发生在学校的一起集体食物中毒事故进行处置，进一步完善全县食品安全应急体系，提高食品安全事故应急处置能力和应急队伍实战水平。同时通过投诉举报平台“12331”获得信息，及时处理多起疑似食物中毒报告，未发生人员伤亡。

【示范创建】按照省、州食品药品监督管理局示范创建相关要求，开展各项食品安全示范创建活动。7月14日，县食品药品监督管理局在上湖塘社区组织召开2015年珠山镇餐饮服务食品安全示范创建会，全县省、州餐饮服务示范创建工作正式启动。全年共建设学校食堂“明厨亮灶”32家，农村食品安全示范店50家，同时对全县餐饮服务单位进行量化分级管理，积极创建省、州级示范街、示范单位，全年共创建1条州级餐饮服务示范街（珠山镇沿河北路食品经营示范街）、1个省级餐饮服务示范单位（宣恩县金源国际酒店公司）、4个州级餐饮服务示范单位（宣恩县新欣商贸有限责任公司新欣大酒店、宣恩摆手源国际大酒店、宣恩县高罗白果树大酒店、椒园镇雄风酒楼）。

按照省、州食品药品监督管理局示范创建相关实施方案要求，将晓关乡、沙道沟镇食药监所列为为示范所创建对象，县政府已将晓关、沙道原计生服务中心办公用房划拨给两乡镇食药监所，晓关已按示范创建要求进行办公场所整修。除此以外，根据省局“四有两责”的要求，配齐9个乡镇所所长，通过公开招考、遴选、选调的方式为稽查大队、乡所补充15名缺额人员，为各乡镇食药所、稽查人队配置执法记录仪22台、快检设备9套以及其他相关办公设备，为全县食药监系统在职在编人员配齐执法服装。

【行政审批】建立健全相关责任制度，全面推行权力清单和责任清单制度，制定县食药监局《行政审批工作制度》《行政审批运行规则》《行政审批事中事后监管办法》，全面清理行政许可事项，将食品流通经营和餐饮服务两项许可事项下放至乡镇，进一步修订完善保留的行政许可事项、执行依据、许可条件、运行流程及收费情况等，认真实行“一周办结制度”，全年共受理食品生产小作坊加工许可申请34件，现场检查合格准许发放小作坊加工许可证27家，限期整改的7家；共完成餐饮服务许可281件，食品流通许可447件；受理零售药店二证换发申请56家，已现场核查合格发证33家；第二类医疗器械经营企业备案11家，并通过网站向社会公示，坚持阳光行政，保证行政权力的公开性、透明化。

【食品药品安全宣传教育】2015年，县食品药品监督管理局在各级新闻平台上发表信息、调研文章152篇。结合“安全用药月”“食品安全宣传月”等专题活动，乡镇的食品药品科普宣传站和信息员、协管员到各乡镇开展形式多样的宣传活动，通过发放宣传资料、流动宣传车、现场咨询等形式，对农村集体聚餐、预防食用野生菌中毒等内容进行宣传。对中小学，多次开展“校园五毛食品”的专门宣传，在校内显眼位置张贴食品宣传画与宣传标语，提高学生对此类食品的认识。3月31日在县城建设路华鑫广场举行以“合力打假、守护健康”为主题的“12331”食品药品投诉举报宣传日活动，销毁查获的问题食品和药品。5月21日，宣恩开展“食药安全·科技惠民”活动周活动；6月16日，在县城华鑫广场举办食品安全宣传活动。10月1日新《中华人民共和国食品安全法》颁布以后，开展新法的宣传和普及工作，向全县食品行业从业者讲解新法对从业人员的要求、着重对新法的处罚条款进行详细的阐述。全年共开展培训10场次，培训从业人员3000人次，发放宣传资料近8000册，接受群众咨询1000人次。

围绕食药监管职责和任务，开展执法人员和从业人员培训。以每周五集中学习日和每月食药大

2015年3月31日在华鑫广场开展“12331”投诉举报宣传日 （牟方兵摄）

讲堂为载体，组织全县食品药品监督管理局人员参加业务培训，提升干部职工业务能力，同时，组织全县相关从业人员参加教育培训，2015年先后开展网格化管理培训、药品电子监管培训、从业人员食品安全知识讲座，共培训2000人次，提升从业人员的守法经营意识，普及食药监管职能和食品药品安全知识，强化食品药品安全主体责任。

【稽查办案】加大对重大领域的稽查力度，充分利用“12331”电话投诉举报平台，全天24小时接听群众的投诉和举报，及时从平台接收到线索而相应进行处理及跟进工作，针对实际情况，对群众所举报的尤其是涉及重大情况专门成立特别工作小组，深入一线进行暗察暗访摸情况、查现象，为案件查办工作获取宝贵的信息和线索。全年立案56起（食品43起，保健食品3起，药品5起，医疗器械4起，化妆品1起），结案49起（食品37起，保健食品3起，药品5起，医疗器械4起）。共计收缴罚没款234202.65元（食品187613.35元，保健食品7936元，药品23165元，医疗器械13254元，简单程序2234元）。“12331”投诉举报平台共受理投诉57起，处理率100%，满意率100%。

【领导调研】4月15至17日，州食药监局副局长刘可红一行到宣恩督查调研第一季度食品药品监管工作。7月8至10日，州食药监管局党组书记吴耀先一行到宣恩县督查调研食药监管半年工作。8月5日，州政协调研组由州食药监局副局长涂兴宏陪同到宣恩调研食品监管工作，副县长向建强参加调研。9月15至17日，县政协副主席王此权及部分县政协常委、委员调研全县食品安全工作。10月15日，广东省佛山市副市长王玲带考察团到宣恩考察食品生产企业可视化监管工作，副州长陈晓燕、州食药监局局长张紫阳、副县长郭建华陪同。

（张君）

安全生产监督管理

【概况】2015年全县发生生产安全事故6起，死亡7人，与上年同期相比，事故起数减少1起，死亡人数持平。全县未发生较大以上生产安全事故，危险化学品、烟花爆竹、特种设备、油气管道、商业贸易、水上交通、人员密集场所、消防火灾等行业和领域保持“零事故”记录。宣传贯彻《中华人民共和国职业病防治法》，开展重点行业职业病危害治理专项行动和职业卫生管理规范化企业创建活动推动全县职业卫生监管工作，保障广大劳动者生命健康安全。安全生产隐患排查治理标准化数字化（简称“两化”）体系建设政府及综合监管绩效评定排位全州第一；参加全省网络知识竞赛全州第三；湖北宣恩洞坪水电有限责任公司创建全州第一家安全生产标准化国家一级企业；宣恩创新的配电网工程“标准化、规范化、流程化”安全管理和水上交通安全管理30年无事故“两个模式”在全省推广。

【项目建设】2015年8月，工业园区巴楚风包装用品有限公司向省安监局争取“科技兴安”以奖代补项目，到位资金40万元。提升乡镇安全生产监管执法能力，投入资金27万元，为9个乡镇安监办各配置电脑1台、摄像机1台，多功能一体打印机1台。提高执法能力建设，投入15万元，配备一批安全生产监管检测和执法防护装备，其中移动执法装置4台套，“两化”建设触摸显示屏1台，多功能复印机1台，办公电脑4台，气体检测设备12台。

【安全检查】春节前夕，组织开展煤矿、非煤矿山、危险化学品、烟花爆竹、道路交通、水上交通、建筑施工、重点建设工程、人员密集场所等重点行业领域的安全生产大检查，共检查企业185家，发现安全隐患456处，督促企业全部完成整改。开展春节后复产复工安全监管，制定煤矿、非煤矿山企业停产检修、节后复产验收实施方案，组织相关单位组成联合验收组验收。对煤矿、非煤矿山、危化品、烟花爆竹及重点建设工程等进行全覆盖检查，查出安全隐患485处，现场督促整改469处，责令限期整改隐患16处，对查出的各类隐患分门别类建档建卡，逐一督办制订整改方案，严格落实隐患整改“五到位”。“五一”前组成3个安全生产大检查组，对全县安全生产重点行业和领域开展综合大检查，采取不发通知、不打招呼、不听汇报、不要陪同接待，直奔基层、直插现场的

“四不两直”方式检查，检查生产经营单位129家，发现安全隐患351处，责令立即整改安全隐患322处，责令限期整改安全隐患29处。贯彻落实习近平总书记、李克强总理等中央领导人的重要批示指示和8月15日全国、全省、全州安全生产电视电话会议及8月17日县政府（县安委会）安全生产专题会议精神，组织5个督查组对全县各乡镇高危行业领域企业、重点企业开展安全大检查。

【“两化”体系建设】全县385家企业和27个监管部门纳入“两化”体系管理，共排查一般隐患6648处，整改率达到100%，政府及综合监管绩效评定居全州第一。县安监局组织乡镇分管领导和安办主任及道路交通、教育、工业园区、住建、旅游、石油等行业企业安全负责人、“两化”操作人员业务培训500余人次，并“手把手、面对面”指导企业“两化”操作人员。1月13日，县安监局在县委党校举办隐患排查治理“两化”培训，乡镇分管领导、安办主任，县直部门分管安全生产领导、“两化”建设信息员及重点企业“两化”系统操作员230人参加培训，省安监局“两化”建设专家讲课。县安监局局长李明然强调从四个方面抓好隐患排查治理“两化”体系建设工作，县安监局相关人员进行“两化”体系操作培训。同时安排专人值守，随时通过电话、网络、手机等解决企业在“两化”体系运行过程中遇到的问题，确保企业按时间节点有序推进。利用综合执法检查的机会，分批次对各乡镇及工业园区企业“两化”体系建设运行情况进行检查，对排位后3名的乡镇点名通报，帮助企业完善信息、制度，编制隐患清单，查找并督促整改各类隐患。县安委会将“两化”体系建设工作纳入乡镇、县安委会成员单位年终责任目标考核重要内容，规定没有按要求建立“两化”体系和已建立但运行不畅的单位，年底不得评选先进，促进“两化”体系建设工作稳步推进。

【网格化管理】县安监局、县综治办，整合447名网格员资源，合力抓好安全生产“两化”体系建设和“网格化”管理。落实城区和农村网格员年工资1600元，年底与经济工作同考核、同奖惩。同时，采取县财政自筹、争取项目等措施建设网格化综合管理指挥平台已覆盖78%的村（社区），安全生产模块也植入该平台。

【基础工作】全县284个村（社区）安全员每人每年2400元的以奖代补资金，纳入财政年度预算，乡镇按月或季度考核发放，发挥村级安全员安全生产信息员、政策宣传员、矛盾纠纷和事故调处协调员、“五个必查”和“四方一责”督办员的作用；预算66万元聘用30名交通安全协管员，筑牢安全生产第一道防线。县安监局执法监察大队遴选2名35岁以下、本科以上文化工作人员，充实安监执法力量。县委党校把安全生产法律法规及安全生产基本知识作为县直部门和乡镇干部、村主职干部常年培训的必修课，3期培训1000余人。

【安全生产标准化建设】推进企业安全生产标准化建设，除非煤矿山外，全县已有珠山粮油购销公司、宣桃茶叶公司、锦森木业公司、大派食品公司、巴楚风包装用品有限公司、碧鑫建材公司、沙道粮油购销公司、磐基建材公司、同兴建材公司、新宇烟花爆竹公司、宣南烟花爆竹公司安全生产标准化建设达到国家三级标准。湖北宣恩洞坪水电有限责任公司已创建全州第一家安全生产标准化国家一级标准，入选全省首批安全生产30家示范企业。县供电公司、县烟草公司、中石化宣恩石油公司正在创建安全生产国家二级标准。

【专项整治】在开展安全生产专项整治的基础上，针对重点行业、重点领域的突出问题，进一步加大安全生产整治力度，集中开展三项专项整治行动。4月县安委会印发《关于开展煤矿安全隐患集中整治“百日攻坚”专项行动实施方案》《宣恩县危险化学品专项整治工作实施方案》开展煤矿安全专项整治和危险化学品专项整治，关闭煤矿企业1家，聘请4名安全生产专家对危险化学品的生产、储存、经营、运输、使用单位的执法检查和隐患排查，对化工企业存在的突出问题提出整改意见，通过整改，提升危险化学品安全管理水平。6月，县安委会办公室印发《关于露天采石场整顿关闭有关工作的紧急通知》，进行非煤矿山专项整治，整合了一批规模小、基础差、不达标的矿山企业。

【安全生产月活动】安全生产月活

动中，全县举办“十个活动”“五个专题行”：习近平总书记安全生产重要论述和依法治安集中宣讲活动、“6·16”安全生产宣传咨询日活动、营运大客车司机“安全宣誓”活动、安全文化精品创作和征集活动、佩戴岗位安全卡活动、安全生产法律法规知识网络竞赛、发送安全生产公益短信、播报安全生产公益宣传广告、一次大型培训会议，安全隐患排查治理“两化”建设推进活动；“六打六治”专题行、安全责任专题行、安全素质专题行、安全隐患曝光行、应急救援专题行。6月18日，全县2015年“安全生产月”系列活动推进会召开，黄同元、李世祥、王此权参加会议。6月19日，县安监局联合相关单位组织乘电梯人员被困应急救援演练，检验电梯使用单位和维保单位的应急处置能力，向市民宣传被困电梯后的应急救援知识。6月23日，县安监局联合消防大队、职业技术学校举行火灾应急疏散演练，县职业技术学校2000余名在校学生参加活动，通过活动的开展，让学生掌握应急疏散的基本知识，提高安全素质。各单位和生产经营企业人员参加全省安全生产知识网络竞赛，取得全州第三名的成绩。

【重大安全隐患治理】2015年，全县有州安委会挂牌督办的1处、县安委会挂牌督办的15处重大隐患已全部完成整改。投资3750万元对全县临水临崖、高边坡等250千米的危险路段，设置钢护栏、防撞墙；投入700万元对县城二桥头、万寨乡孙家院子等城乡多处滑坡地带进行治理。县石油公司投入400万元，对加油站管网、油罐、电脑监控系统进行全面改造。同时，聘请专家对全县旅游、建设工程、燃气、涉氨制冷液氨使用等重点生产经营单位开展隐患排查治理，依法关闭非法企业3家。

【非煤矿山整顿关闭】贯彻执行《湖北省人民政府关于进一步加强非煤矿山安全生产工作的意见》（鄂政发〔2015〕53号），原矿山整合、新矿山选址等前期工作有序推进，第一批12家（椒园镇龙井打砂场、晓关乡众星打砂场、晓关乡覃丙南打砂场、小关乡硅宝矿业公司、高罗镇水塘打砂场、高罗镇久利打砂场、高罗镇赵清先石灰厂、李家河镇乐为建材厂、李家河镇二虎寨打砂场、李家河镇侯明祝打砂场、李家河镇杨爱成打砂场、长潭河乡儒富打砂场）10万吨以下露天采石场关闭整合重组工作基本完成。

【烟花爆竹监管】2015年4月国家安监总局发出《关于开展烟花爆竹经营安全专项治理的通知》后，对全县160多户与居住场所设置在同一建筑物内存在“下店上宅”“前店后宅”的烟花爆竹零售点，执法检查时大力宣传相关规定，严控总量，优化布局，严禁在集镇中心新建经营店，将原有经营店逐步搬迁到集镇外，建立规范的烟花爆竹零售点。县城和高罗、椿木营等乡镇42家烟花爆竹经营户已迁至集镇规划区外。

【闸源虹检查工作】1月26日，省安监局党组成员、总工程师闸源虹及相关处室负责人，州安监局党组书记、局长龙世奎检查宣恩县安全生产工作，到椒园上好硒博园、长兴汽车客运公司、磐基建材公司、新宇烟花爆竹公司等企业检查和查阅相关资料，对安全监管体系建设情况及企业落实安全生产措施情况进行了全面检查，对宣恩的安全生产工作给予肯定。

（滕树华）

公共资源交易监督管理

【概况】2015年县综合招标投标（政府采购）中心在县交易平台交易411（+54）个项目，计划金额62327万元，节约资金5921万元，节约率9.5%，其中，工程类198（+39）个，计划资金43060万元，节约资金4392万元，节约率10.2%；货物类106（+14）个，计划资金14764万元，节约资金1447万元，节约率9.8%；服务类107（+1）个，计划资金4503万元，节约资金82万元，节约率1.8%。所有必须公开招标的工程全部进入公共资源交易中心进行公开招标，公开招标率达100%，杜绝规避招标和场外交易的现象，工程类项目无一起质疑、投诉案件。

【招投标管理】5月制定《宣恩县小型建设工程招标投标管理办法（试行）》，对全县20至100万元以内的小型建设工程实行公开遴选，经过专家评审，合格承建商为：房屋市政48家、交通工程8家、水利水电工程14家、国土整治工程23家，并组建《宣恩县小型建设工程数据库》，拟定宣恩县小型建设工程招标投标程序，严格按照相关的制度与程序执行，采取抓阄的办法，确定中标人。“试行”的通知实施后，无一起质疑、投诉案件发生，减轻供应商的企业成本，突出“快捷、简单、明了”，对中标的供应商实行跟踪管理，并建立一套完整的资料，存档备查。

按照《宣恩县招投标代理机构遴选实施办法（试行）》规定，更新由53个招标代理机构、30个工程监理机构组成的2015年度代理、监理数据库，健全220人组成的评标专家库。使用时直接从代理库中随机选定，禁止项目业主单位直接指定代理及监理机构，避免招标人指使代理机构为特定投标人量身打造招标文件，操纵招标活动等。2012年10月18日起实施的《宣恩县建设工程招标投标管理办法》，在实际操作中部分条款需进行修订或增加相关内容，认为需修订的条款有12处，需增加的条款有7处，已经报县人民政府审定。

严把项目进场关，对于工程造价200万元以上的，按照《宣恩县建设工程招标文件会审办法》，业主单位必须组织监督部门、行业主管部门和相关专家对招标文件进行会审，会审通过后才能发布招标公告。按《宣恩县招标投标保证金管理办法》，所有投标人在工程开标前必须缴纳与工程建设金额相等的等额保证金，汇入财政指定账户，开标后招标单位直接转为履约保证金（未中标的开标后7天内无息返还），在一定程度上防止围标、串标等现象的发生，同时筛选出有实力投标人参与工程投标和建设。按《宣恩县建设工程招标投标资格后审办法》，在招标过程中，随机抽取评标专家，评标专家只对投标人资质、投标报价、施工组织设计、业绩、工程量清单报价的合理性进行合格性审查，确定合格投标人。然后在合格投标人中随机抽号产生最终中标人。只要投标人资质及其他条件评审通过，都有平等的权利和机会参与抽号，避免评标专家左右中标人选。采取合理定价，防止投标人恶意低价中标后高价结算或者无法保证工程质量等现象发生。制定《宣恩县招标投标项目投诉管理办法》，凡投标人或者其他人对中标人的产生程序及结果产生质疑，均可向相关监管部门投诉，投诉被受理后，须书面回复办理结果。

严格工程设计变更及工程量增加程序，按《宣恩县建设工程设计变更及工程量增加管理办法》，对确要变更和增加工程量的，由项目施工单位申请，项目业主组织勘察、设计、施工、监理、审计单位进行现场勘查和评估，编制增量清单及预算，填报工程量变更申报表，报县行政主管部门审核；对工程项目建设过程中随意变更设计和工程量的，将采用现场巡查和执法检查等方式，发现问题，及时整改并按相关规定追究当事人的责任。按《宣恩县建设工程招标投标不良行为记录与披露办法》，对工程建设的服务中介及中标企业进行诚信管理，实行“黑名单”制，进入“黑名单”内的企业三年内不得参与工程项目招投标。

加大问责追责力度，整个招投标过程，招标投标主管部门和县纪委监察局进行全程监管。施工企业实行押证管理，工程量变更增加按程序审批，代理机构、投标人、设计、监理单位等进行诚信管理，对工程项目业主、项目监管单位的违规违纪行为，实行责任追究，促进代理、设计、监理、投标人行业自律、业主单位及行业主管部门技术质量监管人员正确履职。

【公共资源交易监督管理机构和平台建设】2015年6月23日，县编委印发《关于健全和完善公共资源交易监督管理机构和平台建设的通知》（宣编发〔2015〕15号）。总体目标是按照“政府主导、管办分离、集中交易、规范运行、部门监管、行政监察”的要求，整合现有公共资源交易和管理服务机构，建设高标准的统一交易平台，在公共资源交易领域实现“统一综合监管机构、统一交易平台、统一管理制度、统一评标专家库、统一行业自律组织”，同时构建综合监管、行业监督、行政监察、社会监督“四位一体”的监管体系，全面完善公共资源交易管理体制机制，营造更加公开、公平、公正和诚信的市场交易环境。

建立综合监督管理机构：将宣恩县综合招标投标管理办公室更名为宣恩县公共资源交易管理委员会办公室，加挂宣恩县公共资源交易监督管理局牌子，为县政府办公室管理的正科级全额拨款事业单位。县公共资源交易管理委员会办公室和有关行政监督部门在县公共资源交易工作管理委员会的统一指导、协调下，相互配合，共同做好公共资源交易监督管理工作。原核定编制、领导职数等不变。县公共资源交易管理委员会办公室的主要职责：宣传贯彻落实《招标投标法》《湖北省招标投标管理办法》等法律法规；制定县公共资源交易的相关制度和工作程序；会同有关行政监督部门拟定县公共资源进场交易目录及标准，报政府批准后组织实施；负责全县公共资源交易活动的指导、协调；建立和管理公共资源综合评标专家库，建立公共资源交易信用管理体系；指导和协调公共资源交易中心的交易活动；会同有关行政监督部门组织开展执法检查；协调处理投诉和举报；承办上级交办的其他事项等。

建立统一的交易平台：设立宣恩县公共资源交易中心，为县公共资源交易管理委员会办公室管理的副科级全额拨款事业单位，核定全额拨款事业编制8名，其中主任1名、副主任1名。县公共资源交易中心的主要职责：负责进场交易项目登记；负责资格预审公告、招标公告、变更公告、中标公示的要素审查和信息发布，负责招标项目报名登记；负责为招标人专户托管投标保证金、履约保证金；负责对资格预审和开标评标提供设施配套的场所服务；负责开标评标现场秩序管理；对进入评标现场的人员进行登记发证；对评标专家评分的登记、汇总、计算结果进行复核；负责评标专家抽取和专家库日常维护；对进场交易项目文件档案收集整理和统一管理，并按规定提供查询；负责向综合监督管理机构、有关行政监督部门报告交易活动中发现的违法违纪行为并协助调查；负责建立、运营、维护电子招投标交易平台；承办上级交办的其他事项等。

（肖江）

【政府采购管理】2015年全面贯彻落实《采购法》《采购法实施条例》《招标投标法》《招标投标法实施条例》，制定《2015年宣恩县政府采购目录及标准》，能实行政府采购的货物、服务及工程项目业务全部纳入采购范围，不断扩大政府采购规模。制定《宣恩县小型建设工程招投标办法（试行）》，建立承建商库，随机产生施工队伍，简化程序、缩短时间、降低成本，提高办事效率。根据《州人民政府关于贯彻落实鄂政发〔2015〕29号文件的实施意见》（州政发〔2015〕18号）文件及县政府常务会议精神，改革完善政府采购制度，取消县财政局在政府采购预算执行中的审核环节，由预算单位依法确定采购组织形式、采购方式并组织实施，向社会全面公开政府采购信息，财政部门依法加大政府采购监管力度。制定政府采购业务操作流程及要点，便于各单位顺利开展政府采购工作，促进采购活动程序化、专业化及规范化。各部门、各单位可依法确定政府采购组织形式、采购方式和交易场所并组织实施，按照财政资金支付管理规定及采购合同约定支付政府采购资金。县政府采购办公室不再给各单位下达项目《政府采购计划下达函》及开具《政府采购付款通知单》，减少审批环节，简化程序，节约时间，提高工作效率。

（覃金艳）

政

治

147/242

中国共产党宣恩县委员会

【概况】2015年，中共宣恩县委认真学习贯彻党的十八届四中、五中全会，习近平总书记系列重要讲话，省委十届六次全会以及州委六届八次、九次全会精神，在州委、州政府的坚强领导下，紧紧围绕年初确定的各项目标任务，团结带领全县广大干部群众，严明政治纪律政治规矩，按照“兴产业、强基础、惠民生、促和谐”的要求，全力推进脱贫攻坚、“四化同步”“双轮驱动”和生态文明建设，全县经济社会保持稳中向好、快速发展的良好态势，各项核心指标如期完成。全年完成地区生产总值55.01亿元，同比增长9.4%；实现财政总收入4.2亿元，同比增长13.7%，其中公共财政预算收入2.98亿元，同比增长15.1%；完成全社会固定资产投资45.77亿元，同比增长22%；实现社会消费品零售总额33.87亿元，同比增长12%；城镇常住居民人均可支配收入达20606元，同比增长10.6%；农村常住居民人均可支配收入达7805元，同比增长10.7%。

切实加强县委常委会自身建设，严格执行民主集中制，进一步完善全委会、常委会议事规则和决策程序，提高依法、民主、科学决策水平。支持县人大、县政府、县政协依法开展工作，自觉接受民主监督。坚持以法治思维建设平安宣恩，落实行政诉讼案件中行政负责人出庭应诉制度，普遍建立法律顾问制度，落实“村医村教进班子”“律师进村”“农民办事不出村”三位一体基层治理模式。全省在宣恩设立试点，将涉法、涉讼信访问题化解纳入网格化管理。实行领导接访包案阅信制度，建立县、乡、村、组四级矛盾纠纷排查网络，坚持对各种社会矛盾和群众信访实行定期和不定期排查，保证各类矛盾和问题得到及时掌握和了解。深入开展普法教育，干部群众法治意识普遍提高。宣恩被全国普法办表彰为全国第三批法治建设先进县(市)，是全州唯一获此表彰的县(市)；椒园镇水田坝村被司法部、民政部表彰为第六批民主法治示范村；长潭河司法所被司法部表彰为“全国先进司法所”。司法制度改革深入推进，司法救助力度不断加大，让人民群众切实感受到公平正义就在身边。“一感两度”(公众安全感、执法满意度、群众满意度)测评均在96%以上，连续8年被评为“省级平安县”。

牢固树立统筹城乡发展的理念，以“六城”同创(卫生县城、园林县城、森林县城、环保模范县城、文明县城、旅游强县)为统领，坚持城乡一体化发展，全县城镇化率达到32.4%。以贡水河为主轴，全面推进一河两岸建设。加强市政工程建设，完成兴隆大道整修工程，高速公路县城连接线全面投入使用，群众文化体育活动中心等工程正在抓紧建设。开工建设公租房700套，改造棚户区和城镇危旧房1800余户，改善人居环境。加强城市管理，县城进一步绿化、亮化、美化。大力开展“乡镇集镇建设管理年”活动，扎实推进“十个一”工程，完成李家河等5个乡镇集镇道路、地下管网等基础设施改造，做到“扫干净、摆整齐、保畅通”，乡镇集镇管理更加规范有序。探索实行“大集中、广覆盖”的供水模式，“九乡镇、十水厂”建设稳步实施。加强生态环境建设，推进农村环境综合整治等工程，大力实施农田水利设施项目，新建农村饮水安全工程水质检测中心，农村群众生产生活条件不断改善。全县农村公路通畅率达到99.1%，客车通达率100%，饮水安全普及率达到89.8%，用电可靠性达到99.97%。重点推进“三坝两寨”建设，板寮成为全国首批“美丽乡村”创建试点村。

【深化改革开放】坚持以改革开放促转型发展，不断深化改革，扩大开放力度，着力破除制约持续发展的思想障碍和体制弊端，为经济社会发展注入动力。全面清理行政审批事项，严格落实行政审批“三集中、三到位”“一站式”服务，全县行政审批事项压缩率达到25.8%，政府职能进一步转变。稳妥有序推进农村产权、财政金融等改革。不断完善交通网、互联网、物流网，形成开放合力，努力构建全县全方位开放新格局。发展开放型经济，积极对接外企、承接东部沿海产业转移，做好招商引资工作，2015年全县实际利用外资432万美元。

【落实全面从严治党主体责任】2015年2月13日，县委成立由县委主要领导任组长的落实党风廉政建设主体责任领导小组，组建主体责任办公室，负责组织和指导全县主体责任的落实。通过主要领导先学、常委会议集中学、中心组学习会议专题学、召开全县大会传达学等形式，及时学习贯彻中央、中纪委和省委、省纪委以及州委、州纪关于委党风廉政建设决策部署和相关会议精神。全年县委先后召开5次县委常委会议、2次专题会议研究部署落实主体责任工作，6次在全县性重要会议上强调主体责任；制订《关于落实党风廉政建设两个责任“50条”》《中共宣恩县委关于落实党风廉政建设主体责任的指导意见》《中共宣恩县委常委会落实党风廉政建设主体责任工作方案》等指导性文件，以文件形式印发《中共宣恩县委常委落实党风廉政建设主体责任清单》，细化责任21条，并在中国宣恩网进行公示。全县各级党委(党组)建立“两个清单”并公示，全县上下形成层层传导责任、分解责任、落实责任的体系。县委主体责任办公室开展主体责任专项督查4次，现场填写反馈意见表126份，发专项督查通报2期，通报落实主体责任不力问题21起。2015年全县因落实主体责任不力，约谈领导干部100人次，问责乡镇和县直部门主要负责人7人次。

贯彻落实新修订的《干部任用条例》，制定《宣恩县县管干部任免工作流程(试行)》和《宣恩县县管干部考察工作实施办法》，规范和细化动议、民主推荐、考察、讨论决定和任职等各个环节，选优配强领导班子。全年共调整干部167人次，其中提拔46人次、重用11人次、交流22人次，兼任职务3人次、免职12人次、机构改革调整10人次、机构名称调整19人次、单位内部轮岗29人次、平职改非14人次、挂职1人次。开展新一轮科级后备干部工作，筛选储备正科级后备干部50名，副科级后备干部100名。配合省委巡视工作，对选人用人存在的突出问题进行专项整治，开展“带病提拔”干部选拔任用过程倒查工作和“为官不为”专项治理，全年共问责党员干部124人(其中诫勉谈话3人)。完善干部监督联席会议制度，建立覆盖面广、渠道畅通、反馈及时、信息共享的干部监督信息网络和信息库，开展干部任前廉政谈话15批次145人次，收集领导干部个人重大事项报告表106份、干部任前廉政承诺42份，办理出国境审批13人次，对拟提拔重用人员征求相关部门意见56人次。开通“12380”干部监督举报电话，全年共受理信访举报135件，已办结59件，正在调查38件。开展理想信念、宗旨观念、党性党纪、核心价值、勤政廉政“五位一体”的思想政治教育活动。发挥干部教育培训基地作用，把教育培训与实践锻炼相结合，探索案例式、互动式教学，坚持县领导讲课、兼职教师授课，全年共完成州级以上调训22批次74人次，举办主体班次8期1250人次。

贯彻落实中央八项规定、省委六条意见和州委实施细则的要求，持续落实县委《关于加强干部作风建设解决突出问题的决定》。进一步加强公务用车管理、规范“三公”经费管理、加强项目服务、加强城镇管理、加强机关作风建设，并组织相关单位和人员进行培训。持续反对和纠正“四风”，突出抓好县委确定的群众路线教育实践活动7个方面41项整改任务落实，防治问题反弹，不断巩固和扩大党的群众路线教育实践活动成果。开展“三严三实”专题教育，深入扶贫点和联系单位开展专题调研共53次，走访座谈480余人，征求意见156条；县委主要领导在专题座谈会上讲党课，县委常委及其他县领导分别到联系单位和分管部门讲党课；围绕“三严三实”内容多次组织县委中心组学习专题研讨并交流发言；聚焦不作为、乱作为等损害群众利益问题，建立整改落实“三个清单”，有效推动各项工作开展。开展行政审批事项清理，规范政务服务，共清理规范行政审批事项234项，行政审批效率进一步提升。进一步推进乡镇便民服务大厅标准化建设和村级便民服务室建设，切实实现“农民办事不出村”。积极创新媒体问政方式，把查处的损害群众利益的典型案例搬上问政平台，让广大群众监督相关单位整改问题，确保相关问题整改到位。精心组织实施大病医疗救助、乡村道路养护、“三留守”人员关爱、乡村环境卫生整治、农村“以奖代补”公益事业建设、义务教育学校“洁净温暖”工程等六大民生工程，一批群众反映强烈的问题得到有效解决。

县委专题研究惩治和预防腐败体系建设工作，制订《宣恩县贯彻落实〈建立健全惩治和预防腐败体系2013—2017年工作规划〉的实施方案》。对照各职能部门在惩治和预防腐败体系中的职能，对各职能部门的职责任务进行细化分解，印发《落实县委惩防体系建设2013—2017年实施方案县直单位任务分解办法》。进一步建立完善县委常委议事决策规则、落实“两个责任”约谈办法、廉政风险防控和招投标管理制度等系列制度，不断扎紧权力运行的制度笼子。落实民主集中制，充分发扬党内民主，推行“三重一大”决策全程记实、重要情况报告、主要领导末位表态制度，确保党政班子决策科学透明。严格执行领导干部述职述廉、诫勉谈话、个人重大事项报告、经济责任审计、干部提拔重用征求纪委意见等监督制度。县委主要领导带头加强对县委常委，县人大、县政协党组书记和乡镇、县直部门党组织负责人的监督，先后与5名县级领导、9个乡镇党委书记进行了交心谈心，与10名职权相对集中的县直部门主要负责人进行了廉政谈话；县委常委班子成员分别对分管乡镇和部门负责人进行了廉政约谈；全县各级各部门共进行廉政约谈3000人次。开展党风廉政宣传教育活动，组织80名新录用公务员深入学习党章，上好岗前廉政“第一课”；组织150名乡镇驻村干部、村主职干部集中到州警示教育基地接受警示教育；深入开展“家庭助廉”活动，提倡“少出去应酬、多回家吃饭”，营造百家议廉、千人述廉、万众向廉的清廉文化氛围。坚持有案必查、有腐必惩，整合纪检监察、财政审计、公检法等办案力量，形成查办案件的强大合力。2015年全县受理各类信访举报件259件，初核问题线索263件，立案153件，结案124件，党纪政纪处分124人，查处科级干部40人、农村基层“小五长”56人，收缴违纪资金120余万元。

支持纪委落实“三转”，聚焦中心任务，落实监督责任，将县纪委参加的议事协调机构从175个精简到11个。不断充实纪检力量，纪委内设机构调整合并为10个，80%的人员集中在执纪监督一线。实行纪检干部统一考核制度，全县纪检干部党员年度评议、公务员年度考核和领导干部工作评价，由县纪委监察局统一管理，会同组织人事部门单独组织考核，切实保证纪委监督权的独立性和权威性。县委高度重视并大力支持纪委查处违纪违法案件，一方面，支持纪委“老虎”“苍蝇”一起打，加强对查办案件工作的支持和保障，另一方面，支持纪委抓早抓小、抓长抓细。对一些苗头性和倾向性问题，做到“露头就打”，不让其“养成坐大”。

开展“严明政治纪律严守政治规矩”教育，县委分三次组织9个乡镇党政负责人、81个县直一级单位负责人，284名村支部书记，346名各部门班子成员在县委党校进行集中教育培训，县委主要领导和4名县委常委亲自讲党课。培训后各级各部门党委（党组）班子成员作出了严明政治纪律严守政治规矩书面承诺并及时上交培训总结。县直部门、乡镇、村（社区）、学校、医院等企事业单位全部开展“严明政治纪律严守政治规矩”教育，先后举行培训120余次，4990名党员干部接受纪律教育，印发各类学习资料5000余册，全县在编干部基本人手一册。组织开展“守纪律、讲规矩、树形象”演讲比赛，130在职党员干部、13名离退休老同志代表本单位、本行业集中展示学习体会和学习成果。

【“三万”活动】2015年全省开展第五轮“三万”活动，宣恩县委、县政府召开县委常委会专题部署“三万”工作，组建102个“三万”工作组，会同省、州工作组，共1000多名机关干部进村入户，紧扣“夯实三农基础、改善农村民生、实现客运到村、建设美丽乡村”活动主题，以“入万户惠万民、帮万民解万难”为目标，突出“村村通客车”和农村环境卫生整治重点，将“三万”活动与精准扶贫、文明示范、“绿满荆楚”行动、美丽乡村建设等紧密结合，开展“送政策、送科技、送卫生、送服务、送温暖、送戏下乡”等活动，共服务群众28.5万人次，走访慰问老党员、老干部、返乡农民工、生活困难群众2.5万人次，发放慰问金64.3万元，大米576袋、食用油544桶；送戏下乡20余次，民间艺术队开展“三万”文艺演出50余次，开展大型义诊5次。全县投入“村村通客车”专项资金3534万元，着力抓好公路养护和安保建设“两大工程”，重点用于全县规划的“村村通客车”线路的客运通行路段防撞墙、错车台、路基路面达标、候车亭建设等项目工程，努力实现农村客运“畅、安、舒、美”工作目标。新开通客运班线96条，新增运力153辆，新增通客车行政村102个，已通客车行政村（居委会）达284个，通客车率100%。农村环境整治方面。大力实施污水处理项目，修建垃圾焚烧炉，简易垃圾填埋场垃圾收集池，购买垃圾箱和垃圾清运车,修建人工湿地,开展集中清理整治,白色垃圾基本消灭,村民环保意识得到明显提高,农村环境卫生得到有效改善。全县农村环境卫生"全覆盖、三提高"(农村环卫保洁全覆盖,农村垃圾分类收集率、回收利用率、无害化处理率大幅度提高)的目标基本实现。由县林业局牵头,紧密结合生态文明建设和美丽乡村建设,投入专项资金500万元,助力"绿满荆楚"行动快速落实。2015年全县已完成绿化造林6606.6公顷,其中宜林荒山荒地造林1027.07公顷,通道绿化124.27公顷,村庄绿化5455.27公顷,年度任务完成率达到100.3%。全县森林覆盖率达57.3%、林木绿化率达72.4%,活立木总蓄积量达690万立方米。由县委政法委牵头,加强网格化建设与管理,增加投入200余万元,配备电脑、打印复印扫描一体机、触摸屏、LED显示屏等硬件配备。加强对网格员培训工作,认开展综合服务,加快集党务、政务、法务、商务、农务、医务等"多务合一"的便民服务平台建设,加强公共服务体系建设,全面推进农民办事不出村。从2015年1月1日到5月31日止,通过信息平台,排查矛盾纠纷共922起,已经结案833起,待结案14起,已调处849起。由县水利局牵头的"挖万塘"活动,以水田坝水毁河堤建设工程、晓关铜锣坪排涝工程和长潭河侗族乡洗马坪集镇安全饮水三大工程为重点,结合沟渠清理,塘堰(蓄水池)整修兴办实事活动。共计整治小型农田水利设施231处(其中堰塘33口;新建维修沟渠44处,67千米;小水池127口;其他水利设施27处),新增蓄水能力6万立方米,新增灌溉农田面积1200公顷。新建河堤700米,清淤扩挖390米,恢复农民生活用桥一座;新建青龙湾塘堰一口,蓄水2.36万立方米;整治、维修河堤50207米;新增安全饮水3242人,"挖万塘"成果得到有效巩固。由县农业局牵头的沼气池维修与管理,以沼气池建设、维修为抓手,以保护农业生态环境、提高农村居住生产环境为落脚点,扎实开展"沼气池大维修、大回访"活动。经过村级后续服务人员的服务,为沼气农户解决故障和疑难问题2100余个;免费维修病池1000余口;维修沼气灶具3510台;新建农村户用沼气池271口已完成玻璃钢沼气池的招投标采购;发放生物质炉593户。解决部分沼气用户的后顾之忧,巩固沼气建设成果。

【上级党委领导调研】4月18日,州委书记、州人大常委会主任王海涛到宣恩县调研一季度经济运行情况。到湖北蒙恩苗木有限公司、湖北立翔工艺品有限公司、湖北西部农业有限公司、湖北凯泰农业发展有限责任公司、上好硒博园、湖北宣桃茶叶有限公司了解企业的建设情况和市场营销情况。曾德权、朱瑾陪同调研。

6月4日,省委常委、统战部长梁惠玲带领省国土厅、水利厅负责人,由州委副书记、州长杨天然,州委常委、统战部长谭文娇陪同,到宣恩县城区西门沟和椒园镇庆阳坝村,检查黄河沟防洪治理工程建设和山洪灾害防治非工程措施实施情况,并了解全县防汛抗旱工作开展情况。曾德权、岳东、周志斌及县水利水产局、县国土局主要负责人陪同检查。

6月9日,州委常委、组织部长周静带州老干局、州中心医院、建行恩施分行等相关部门负责人到长潭河侗族乡诺西村,调研精准扶贫推进工作,到茶叶加工企业厂房、党员群众服务中心和民族风情小区等地,察看项目建设进展情况,了解项目实施存在的问题和困难。范涌陪同。

6月27日,州委常委、组织部长周静一行到高罗镇高罗镇九间店村1组看望慰问困难党员钟克剑,县委常委、组织部长范涌陪同。

11月4日,州委常委、组织部长张建文到宣恩县伍家台贡茶有限责任公司,调研企业生产经营情况。张建文先后查看伍家台生态农业观光园、包装车间、贡茶展示厅、全省农村党员干部培训示范基地建设情况,并与企业负责人交谈,询问企业品牌建设、生产经营情况以及存在的困难和问题。县委常委、组织部长范涌及万寨乡主要负责人陪同调研。

【县委办公室工作概况】2015年,县委办公室组织开展调研共10余次,涉及特色农业、精准扶贫、六城同创、生态文化旅游业等多个领域,形成高质量调研报告5篇。以《宣恩调研》为平台,广泛收集县领导、县直部门、办公室文秘人员优秀调研文章,印发《宣恩调研》12期。

发挥县委办公室综合协调职能,加强同省、州的联系,及时了解上级工作动态和要求，加强与政府办、政协办、人大办的协调、沟通、联系，做好重要活动和相关工作的协调。严格报备领导行程，及时报送县委、政府主要领导的离县情况、州外副厅级以上领导到宣恩调研视察等情况、宣恩重大活动及节庆开展情况等。与县人大办、政府办、政协办、各常委部门配合密切，完成10余次国家各部委、省、州领导到宣恩视察和县“两会”期间的服务工作。协调相关部门和乡镇全力服务巡视工作，制定《省委第三巡视组巡视宣恩信访维稳暨接待群众方案》，巡视期间全县社会稳定。

坚持实用性和时效性相结合的原则，运用“大数据”网络平台，聚焦中央新要求、当前工作新进展、基层民意新呼唤，刊发《每日要情》，全年共编发上报各类党委信息6000余条，其中被州委办采用900余条，州领导批示2条。

（陈威）

组织工作

【概况】2015年全县共有基层党组织654个。包括基层党委15个，其中乡镇党委9个，县直6个；党总支23个，其中县直机关工委管理的19个，珠山镇4个（社区）；党支部592个，其中乡镇428个，下辖机关工委管理的141个，非公党工委管理的23个。

全县共有中共党员12909人。男性10414人，女性2495人；其中乡镇9848名（珠山1374名、晓关1051名、椒园199名、万寨815名、长潭河1197名、椿木营556名、高罗1069名、李家河1285名、沙道沟1702名），建制村党员7401名。总人数按年龄划分，35岁及以下的2390人，36～45岁2654人，46～54岁2449人，55～59岁1331人，60岁及以上4085人；按学历划分，研究生35人，大学本科1606人，大学专科2068人，中专及高中3526人，初中及以下5674人；按职业身份划分，在岗职工党员3568人，农民党员7571人，离退休（退职）职工党员1578人，其他192名。全县有建国前入党老党员9名，其中抗日战争时期（1937.7－1945.9）入党人员1名（李怀应），解放战争时期（1945.9.3－1949.9.30）入党人员8名（汪鸣、熊德雨、刘守辉、余本斌、李思、邓锡银、范淑珍为离退休老党员，杨学云为农村党员）。

全县行政事业单位编制6420名。其中，县直党政群机关行政编制565名，工勤编制62名；县公检法司政法专项编制414名；乡镇机关行政编制445名；事业编制4934名。全县行政机关事业单位实有人员5487人，其中，行政机关1383人，事业单位实有人员4104人。

按照《2013—2017年湖北省党的基层组织建设工作规划》要求，基层党建经费全额纳入财政预算。2015年投入2400万元，新修58个、整修22个党员群众服务中心。落实资金2822万元，保障村（社区）工作经费和村（社区）干部工资，村级工作经费达到每年2万元，社区工作经费达到每年15万元，村副职干部工资达到全省农民人均纯收入的2倍（9925.7元），村主职干部工资达到全县副乡镇长工资水平（38760元）。投资10万元，在椒园工业园区，依托“土家爱”公司建立工业园区党员职工活动中心。整合资金90多万元，以珠山镇上湖塘社区为中心，集中打造“学习百步亭党建工作法示范社区”。专项列支3000万元，为村级组织配备办公设备，完成279个村“农民办事不出村”信息平台建设。

开展“三严三实”专题教育，30名县级领导干部分别到联系单位和分管部门讲党课，县级党员领导干部开展专题调研53次，走访座谈480人次，征求意见156条。县委中心组围绕“严以修身、严以律己、严以用权”专题进行深入研讨，县级党员领导干部全部参加专题交流并人人发言。召开“三严三实”专题民主生活会和组织生活会，查找“不严不实”问题，解决基层干部不作为乱作为等损害群众利益问题，建立县级领导班子和领导干部问题整改落实“三个清单”，针对突出问题，全县集中制定出台8项制度，促进精准扶贫等中心工作的开展。

在全县党员开展“过政治生日·记入党初心”活动，建立提醒党员“政治生日”制度，在全体党员中通过政治生日提醒、开展谈心谈话、结对帮扶等形式加强党员教育，激发党组织和党员内生动力。研发上线宣恩乡村网，包括美丽乡村、阳光在线、便民服务等三大版块，内容涵盖村务、财务及强农惠农政策，设置《乡村特产》《乡村旅游》等子栏目，宣传推介本地特产，实现村民监督常态化，村情村务阳光化。普遍推行“党员发展上网晒”制度,利用“宣恩乡村网”和“宣恩党建网”,对党员发展情况进行公示,广泛征求社会各界意见,加强对党员发展工作的监督。在非公企业党组织中实施“主心骨”工程,推行“轮职书记”制度,全面开展企业党组织书记“双述双评”活动,培育树立土家爱公司等一批非公企业党建典型。

【干部选拔任用】2015年贯彻落实新修订的《干部任用条例》,按照“好干部”标准,坚持围绕发展配班子,提高选人用人公信度。制定《宣恩县县管干部任免工作流程(试行)》《宣恩县县管干部考察工作实施办法》,进一步规范和细化动议、民主推荐、考察、讨论决定和任职等各个环节。结合全县领导班子和干部队伍建设实际,严审资格条件、严格工作程序、严查相关信息,基本完成科级领导班子调整配备工作。建立科级后备干部库,筛选储备50名正科级后备干部,100名副科级后备干部,为2016年县乡集中换届和科级领导班子建设提供充足的干部储备。全年共调整干部168人次,其中提拔46人次,重用11人次,交流22人次,兼任职务3人次,免职12人次,机构改革调整10人次,机构民称调整19人次,单位内部轮岗29人次,平职改非15人次,挂职1人次。

【干部监督管理】坚持和完善领导干部个人重大事项报告、任前征求执纪执法部门意见、干部监督工作联席会议、定期谈心谈话、干部选任工作全程记实、任前廉政谈话和当面承诺等制度,加强干部选任工作的全程监督,开展“带病提拔”干部选拔任用过程倒查工作。执行述职述廉、函询、诫勉、提醒谈话、任期经济责任审计等制度,开展干部任前廉政谈话15批次145人次,全年共问责党员干部124人,其中诫勉谈话3人,开展“为官不为”专项治理,对3名作风散漫、“为官不为”的领导干部进行约谈。畅通群众信访举报渠道,建立电话、信访、网络和短信“四位一体”举报体系,共受理信访举报135件,已办结59件,调查38件。完成超职数配备干部消化进度,共消化20个(其中正科级领导职务4个,副科级领导职务12个,科级非领导职务4个),完成整改计划的29%。开展违规办理和持有因私出国(境)证件专项治理工作,共收到64个单位196名副科级以上领导干部上交证件224本,切实做到制约在前,监督在前,防范在前。

【干部教育培训】2015年分3期对全县762名科级领导干部开展了“严明政治纪律、严守政治规矩”专题教育活动,对75名重点领域或关键岗位中层干部进行廉政教育专题培训,分2期对全县284名村(社区)党组织书记进行集中轮训。完成州级以上调训22批次74人次。全县492名科级以上领导干部参加省干部在线学习平台学习,全县学员参学率和达标率均位于全州前列。

【干部信息档案工作】完成1118卷干部人事档案专项审核工作,并进行数据整理,查漏补缺。落实干部选拔任用工作全程记实制度,对近三年干部任免档案进行清理和完善,确保对干部选拔任用工作中各个环节和重要情况进行如实记录,真实反映干部任免工作中各个环节的责任主体和运行情况。

【人才工作】全县人才工作紧紧围绕全县经济社会发展大局,坚持党管人才原则,坚持问题导向,以人才管理体制机制改革为动力,抓协调指导、工程推进、政策创新、项目管理和优质服务,构建“育得出、引得进、留得住、用得好”的人才发展环境。坚持实施“候鸟工程”引才项目,探索构建“用人不养人,留人不拴人”的人才柔性流动机制,2015年通过“候鸟工程”引进城建规划、医疗卫生、产品营销、生态旅游、农业技术等领域里急需紧缺的中高级“候鸟型”人才120余名。实施“宣恩县现代有机特色农业培养示范基地建设”项目,实施村级组织“头雁工程”,对279个行政村党支部书记进行轮训,全面提高全县村党支部书记队伍的综合素质。

【村级党组织骨干队伍建设】以软弱涣散村整顿和精准扶贫为契机,选派62名党员干部任村党组织第一书记。开展“千人双培”工作,推荐16名符合条件的村党组织书记参加全州学历培训,协调农业、扶贫开发等部门,围绕烟、茶、畜、果、药、菜”等六大特色产业开展技能培训,共举办各类技能培训60余场800余人次。在村级组织实施“三个一批”人才储备工程,选拔培养1120名村级后备干部,建立完整的村级后备干部数据库。通过县委书记讲党课、县委常委专题辅导、部门负责人讲业务等方式，分两期对全县284个村（社区）党组织书记进行集中轮训。实施“光墙”“补墙”行动，减轻基层负担，让基层干部有更多的时间和精力服务群众。圆满完成5个社区“两委”换届选举工作，并且全部实现了社区党组织书记和社区居委会主任“一肩挑”。

【调研信息】围绕村干部队伍建设，组织开展“村主职干部素质提升工程”专题调研，主要关注两个方面——什么样的人能当村支书？现阶段村支书群体状况怎样？以及由这两个方面引发的对基层党建若干重大问题的思考及政策建议，课题得到省社科院宋亚平院长和华中师范大学多位专家指导，通过在全县65个村走访调查，形成村主职干部现状调查、村主职干部加薪后的四化问题探讨等多篇阶段性成果，最终以《村支书角色行为演变的描述及阐释》结题成文，全篇达20余万字。

（向群英）

·老干部工作·

【概况】2015年起，老干部工作继续纳入全县党建工作考核内容。年初，全县有离休和副县级以上退休干部114人。离休干部38人，年龄最大的95周岁，最小的80岁，平均年龄86岁。其中，男性35人，女性3人；党员29人；县级以上离休干部21人（正县级2人），一般离休干部17人；抗战时期（1945.9.2前）参加革命工作3人，解放战争时期参加工作35人。副县级以上退休干部76人，年龄最大的87岁，最小的56岁，平均年龄75岁。其中：男性73人，女性3人；中共党员70人；正处级8人（包括3名明确正处级），副处级68人（包括50名明确副处级）。年内新增县级以上退休干部3人，去世5人；离休干部去世5人。

2月12日，全县召开老干部座谈会，曾德权、刁覃、朱鹏程、朱瑾、范涌等县领导参加会议，刁覃向离退休干部通报2014年度全县经济社会发展情况和国计民生重大项目进展情况；参会领导与老干部面对面进行交心谈心，并对他们提出的问题进行解答。6月24日，县委老干部局、县直机关工委联合在宣恩礼堂举办“守纪律、讲规矩、树形象”演讲比赛，各乡镇、县直各单位共选派18名离退休干部参加比赛。8月28日，县委老干部局、县关心下一代工作委员会成立由离休干部、原县委顾问魏洁若，原珠山镇一小校长康心一，县财政局退休干部李四新，原长潭河区公所退休干部杨光德，珠山镇民族中学退休教师吴云梦，县畜牧局退休干部刘吉清6人组成的宣恩“五老”讲故事宣讲团，先后在机关单位、社区、学校开展讲故事活动。10月30日，“五老”讲故事宣讲团到沙道沟镇民族中学开展讲故事活动，沙道沟镇政府部分工作人员、沙道沟镇民族中学师生共300余人参加。11月24日，“五老”讲故事宣讲团在县老年大学开展讲故事专题活动。

【老年大学】2015年县级财政预算老年大学专项经费20万元，学校开办诗词、书画、国学、门球、气排球等8个班次，吸纳学员200余人。经常组织队伍参加各种比赛和联谊活动。7月9日，县老年大学选送大型群舞《远去的岁月》、书画作品《英勇抗战·引吭高歌》《华夏之魂》等作品参加全州“纪念抗战胜利七十周年”文艺、书画比赛中分获一、二等奖。8月8日，宣恩县委老干部局牵手武汉感恩歌友会，举办“铭记历史·圆梦中华”——宣恩县庆祝抗战胜利暨世界反法西斯战争胜利70周年大型文艺演出，县老年大学舞蹈班学员和武汉歌友会同台演出。8月20日起，纪念抗战胜利70周年老年书画展在县城钟楼大厅进行为期20天的展出。

老干部学习活动场所建设情况。3月16日，县长刁覃主持召开县十七届人民政府第二十七次常务会议，会议决定：原宣恩宾馆承包经营合同解除后，将宣恩宾馆整体划拨给县委老干部局，用于老年大学学习活动场所和一部分社区养老的场所建设。8月7日，相关资产移交手续办结。

【纪念中国人民抗日战争暨世界反法西斯战争胜利70周年文艺演出】8月8日，宣恩县在宣恩礼堂举办“铭记历史、圆梦中华”为主题的纪念中国人民抗日战争暨世界反法西斯战争胜利70周年文艺演出，演出由县委宣传部、县人武部、县老干局主办，武汉感恩歌友会、县老年大学、县文化体育新闻出版广电局承办，共演出男女声二重唱

《松花江上》、县老年大学大型舞蹈《远去的岁月》、武汉感恩歌友会女声小合唱《喀秋莎》，男声四重唱《游击队歌》《弹起我心爱的土琵琶》，笛子独奏《扬鞭催马送粮忙》、快板表演唱《话说宣恩》、女声独唱《峡江情歌》、舞蹈《水调歌头》、原创歌曲《感恩好人》等节目。

【关心下一代工作】县关工委主任由县人大常委会副主任史红珍兼任，下设办公室于县委老干部局，2015年财政预算经费4万元。开展“中华魂”读书活动、老干部讲故事活动、留守儿童帮扶活动等，营造全社会关心、关爱未成年人，引导未成年人健康成长，帮助留守儿童解决实际困难等。

县关工委和县教育局创办的工作期刊《关心下一代》，2015年共出刊8期，累计出刊46期。

（田海云）

宣传工作

【概况】全年组织县委中心组集中学习9次。县电视台全年播出《宣恩新闻》294期，稿件1884条。《贡水视界》播发42期，《话里贡乡》播发25期。宣恩新闻网共编宣恩新闻2550条，贡水时评180条，编发时事要闻、州内新闻、部门新闻共4315条。“全年宣恩发布”新浪微博发表微博800篇，腾讯微博发表626篇。中国宣恩网官方微信共推文623篇，总阅读量达到182万人次。在新华社、《人民日报》《经济日报》发稿180多条（组），《湖北日报》发稿50条（幅），《恩施日报》发稿690余条（幅）。在中央电视台发稿2条，湖北卫视《新闻联播》用稿23条，恩施电视台用稿1159条条。

【理论武装】制订《县委理论学习中心组2015年度理论学习计划》，明确县委中心组当年的理论学习任务，并严格按照计划实施。修订《2015年宣传思想文化工作考核评分细则》，将乡镇和县直单位理论武装工作纳入全县综合目标考核，并形成长效机制。全年组织县委中心组集中学习9次，重点学习习近平总书记系列讲话、中央关于《党委（党组）意识形态责任制实施办法》等内容，开展“践行三严三实，争做干净忠诚的领导干部”、“互联网与互联网＋”等专题讲座。

利用县级主流媒体，加大理论宣讲力度，全年录制《宣恩大讲堂》理论讲座12期，播出12期。征订发放《学习活页文选》《支点》等有助于理论思考、解决疑点难点问题的学习资料800多册（本），供县委中心组成员和基层中心组自学。县委理论宣讲团成员为乡镇和县直部门进行理论宣讲共计25次，聆听宣讲的党员、干部群众达3100人次。

根据州委宣传部确定的2015年全州宣传思想文化工作“18个县市重点调研课题”，选定宣传干部队伍建设等6个课题开展调研，并全部完成。配合县第十六个党风廉政宣传教育月活动，在各乡镇和县直单位开展“守纪律、讲规矩、做表率”调研论文评选活动，共收到调研论文147篇。

【新闻宣传】5月成立县委中心报道组，并于7月20至21日对29名县委中心报道组成员进行相关业务培训。县委中心报道组每季度召开一次选题策划会，围绕县委、县政府的中心工作研究策划重大新闻报道选题，制定《季度新闻宣传报道要点》，指导全县新闻宣传工作。县电视台推出“走城镇看变化”“六城同创共建美丽宣恩”“决战贫困”等多个系列报道。县新闻中心在继续办好“记者百村行”“新闻纵深”两个品牌栏目的基础上，新开辟“推进生态文明建设美丽宣恩”“精准扶贫看宣恩”等多个栏目。县电视台全年播出《宣恩新闻》294期，稿件1884条。《贡水视界》播发42期，《话里贡乡》播发25期。宣恩新闻网共编宣恩新闻2550条，贡水时评180条，编发时事要闻、州内新闻、部门新闻共4315条。《贡水文澜》内刊出刊6期，容量35万字左右。

网站报纸方面，在新华社、《人民日报》《经济日报》等中央级媒体发稿180多条（组），图片数量达1500张，在《湖北日报》发稿50条（幅），在《恩施日报》发稿690余条（幅）。新华社发稿量超过全州其余7县市之和。县新闻中心记者宋文的摄影作品《恩来宣黔高速枢纽》作为2015年第五期《求是》杂志封底刊登，伍家台旅游图片新闻10月26日在《人民日报》第一版作为主图刊登。广播电视方面，全年在中央电视台发稿2条，湖北卫视《新闻联播》用稿23条。在恩施电视台用稿1159条，列各县市第一。

在中央电视台寻找全国最美

孝心少年活动中，高罗镇清水塘村12岁少年刘倩被评为全国最美孝心少年。长潭河侗族乡中坝村村医文庆华，20年来跋涉在偏远的深山，守护生命，传递幸福，用尽所学为3000余百姓解除病痛，其事迹在腾讯、新浪、CCTV等知名媒体报道后，引发社会广泛关注，并获“湖北省三八红旗手”称号。

采取发放传单、张贴标语、公交车贴、悬挂横幅、宣传栏、大型户外广告牌、LED屏幕等形式，开展对“两会”精神、社会治安综合治理、人口与计划生育、食品卫生、安全生产、环境保护、国防教育、双拥工作等方面的宣传。特别是对城区禁鞭、“六城”同创、精准扶贫工作的宣传，在全县营造积极健康的社会舆论氛围，提高对社会舆论引导的能力和水平。

积极应对和处置网络舆情，全县舆情安全平稳有序，编发《宣恩舆情》21期。椒园中学教师踢坏学生脾脏被批捕、宣恩原副检察长被情妇举报婚外情、县一中学生服农药自杀、万寨教师被打警方充当雇凶杀人嫌犯保护伞、椿木营烟叶收购期间保安打人等舆情得到及时有效地处理。网络问政平台运行良好，2015年度共收到问政信件707件，涉及乡镇、县直单位和部门59个，办结信件694件，办结率98.16%，其中满意信件639件，满意率92.07%。

利用微博、微信等新媒体“成本低、见效快、互动强”的优势，围绕“信息传播、宣传推广、舆论引导、形象展示”等方面对宣恩进行全面宣传与介绍。“全年宣恩发布”新浪微博发表微博800篇，腾讯微博发表626篇。中国宣恩网官方微信共推文623篇，总阅读量达到182万人次，阅读量过万的推文30篇，其中推文《陪十姊妹，绝对的原生态，也许你从来没听过……》单篇阅读量达到16万，中国宣恩网微信公众号成为全州首个推文阅读超10万的政务微信公众号。

（罗贤友）

统战工作

【概况】开展《中国共产党统一战线工作条例(试行)》学习培训。县委中心组两次召开学习(扩大)会议，组织县四大家领导、法、检两院负责人、乡镇党委书记及县直单位党组织主要负责人200余人次，学习和宣讲《中国共产党统一战线工作条例(试行)》。学习党的十八届五中全会精神和州委六届八次、九次全会精神，开展“守纪律、讲规矩”和“三严三实”学习教育。围绕非公有制经济中的政治思想动态和诚实守信等问题开展非公有制经济领域意识形态及诚信守法问题调研，对全县非党干部履职尽责及配备使用情况进行调研，配合西南石油大学对全县小茅坡营苗族文化及生活习俗开展调研。2015年被省、州统战网采用信息60条，撰写调研文章4篇，被州委统战网刊载2篇。

【民主政治建设】县委组织部、县委统战部联合调研全县党外人士现状，健全完善党外代表人士“六支队伍”数据库，全县新建后备党外干部名册154人，建立党外人士档案309人。组织党外代表人士参观恩来恩黔高速公路等重大项目建设，召集党外代表人士就全县城镇建设等重点工作和重大事项建言献策。建立党外干部联席会议制度、党外知识分子联席会议制度、党委常委与党外代表人士联谊交友制度。2015年新提拔使用胡静、胡章禹2名党外干部进入科级领导班子。

【非公有制经济】加强对非公有制经济人士的理想信念教育，发起“遵纪守法、诚实守信”倡议，非公有制经济人士签订“守法诚信”承诺书100份。转变服务方式，变被动服务为主动工作，协调解决困扰企业发展的融资难问题，先后三次召开恳谈会，与工商银行、邮政银行就非公有制经济领域中小企业资金链的问题进行磋商，开展政银集合贷业务放款5000余万元，开展促保贷业务放款2000万元。加强政府与商人、商人与商人、商人与社会之间的联系，实现资源优化配置，2015年6月在浙江成立乐清宣恩商会。推进“同心”基地建设，2015年新建亚麦食品有限公司、伍台昌臣茶叶、立翔工艺有限公司三个“同心”基地。继续开展“千企帮千村，脱贫奔小康”活动，湖北西部现代农业有限公司、宣恩县伍台昌臣茶叶有限公司、宣恩县珠山镇粮食购销公司、湖北大派食品有限责任公司、宣恩县七姊妹山茶叶有限公司、宣恩县宣桃茶叶有限公司、湖北宣恩县维民实业有限公司、恩施州伍家台富硒贡茶公司、湖北鹏博生态农业有限公司、宣恩县沙道粮食购销公司10家民营企业重点结对帮扶13个行政村,共投入帮扶资金59万元,其中,捐资助学13.6万元,产业发展、基础设施建设及扶弱济残45.4万元。除上述10家结对帮扶企业外,还有28家园区企业积极参与精准扶贫工作,共投入帮扶资金30万元。继续开展"百家企业评机关"活动,收集意见建议30多条。

【民族宗教工作】围绕特色村寨建设,投入资金890万元进行开发与保护;围绕"全国民族团结进步模范县建设"目标,打造7个创建示范点;围绕加快企业发展,落实民族贸易优惠政策企业86家。争取中央财政扶贫资金(少数民族发展资金)800万元,争取省民族专项资金250万元。依法管理宗教事务,继续开展《民族区域自治法》《宗教事务条例》法律法规宣传,组织执法人员资格培训1期45人;完善五级宗教工作网络。

【对台工作】2015年5月,开展海外统战资源调查,据不完全统计,截至2015年5月,宣恩籍海外华人华侨、驻外工作者及留学人员有23人。6月开展宣恩籍参加抗战老兵未赴台健在人员的基本情况调查,健在的有10人,分别是晓关侗族乡的陈开桂、文昌斗、刘升前、陈显珍,沙道沟镇的奴立根、田代贵、姚贵明、罗义生,椒园镇的肖村山、苏学才。7月29至30日参与2015年第三届"阳光支教·携爱同行"海峡两岸及香港、澳门地区大学生支教暨第六届"孔子行脚"湖北支教宣恩活动,台胞吴正华从2015年9月1日起到宣恩沙道民族中学支教一个学期。更新完善"大陆新娘"基础信息数据库,2015年宣恩籍"大陆新娘"发展至17人。

（汤月如）

政法工作

【概况】全县政法工作按照"保稳定、促发展、强管理、创平安"的工作思路,把握服务发展、维护稳定主线,突出农村网格化建设重点,全面开展平安建设、法治建设和政法队伍建设,各项工作有序开展,没有出现恶性刑事治安案件、重大安全事故、群体性事件、赴省进京非访以及网络炒作事件,全县政治稳定、社会安宁、人民群众安居乐业。春运、春节、全国"两会""六四""七五"、中博会、抗战胜利70周年庆典、省委巡视组巡视期间及十八届五中全会期间社会稳定。

2015年全县开展矛盾纠纷大排查128次,调解纠纷1159件,调解成功1104件。全省公共安全感电话测评,宣恩县公众安全感指数94.12%,社会治安满意度为95.365%,政法机关执法满意度为91.946%。

【维护社会稳定】开展邪教组织专项整治行动,依法打击骨干分子,揭露邪教组织反动本质、歪理邪说和现实危害,教育转化受蒙蔽的群众,管控重点人员16人。宣传"反宣币(印有反动言论的纸币)"、假币的危害,提高民众的防范意识和防范能力。

推行社会稳定风险评估,从源头上预防和减少矛盾。对宣恩珠山镇兴隆中端道路加宽、宣恩两河口历史文化名村保护项目、恩施州第三届·宣恩县第七届水上运动会等实施社会稳定风险评估。

正确引导网上舆论,防止网络炒作事件,快速处理民办教师准备进省上访事宜。2015年发生84起死亡87人的非正常死亡案件(其中交通事故死亡27人),未引发聚众上访和网络炒作。采取领导约谈、领导包案等措施,着眼事要解决,对10件重大信访案件实现领导包案,做好重点人员劝返接回及稳控监管工作,全县信访秩序总体良好。完善涉稳信息收集、情报会商、分析研判等机制,实现预知预警、预防预控,最大限度地将矛盾纠纷化解在萌芽状态、问题解决在基层。

【社会管理】农村网格化建设。探索农村社会治理"一站三联""和事佬"协会等机制,全面提高社会治理能力和水平。全县划分为2619个网格,明确2619名网格信息员和447名网格信息管理员。建立9个乡镇网格管理中心和279个村网格管理站。制定《宣恩县农村网格化服务管理体系建设暂行办法》《关于建立宣恩县社区网格化管理联系会议及督办制度的通知》,建立规范化管理制度,对农村网格化的管理机制、运行机制和工作保障进行规范管理。279个村及时更新和录入信息,人口信息累计更新

111960条，楼栋信息更新7906条，房屋信息更新13678条。基本实现社情在网上掌握、矛盾在网中化解、民意在网中表达以及“农民办事不出村”“村民办事网上行”。

重点人群服务管理。对10名重点上访对象落实专班、明确责任，采取“人盯人”的策略，有的放矢地制定化解措施和稳控办法。开展春季预防和减少严重精神障碍患者肇事肇祸专项行动。实行“五方一责”（乡镇人民政府、村民委员会、派出所、卫生院、监护人同责）管理制度，促使职责明确、任务细化、责任上肩、管理有序，担负起精神障碍患者的救治、救助、管控和服务职责。对已确诊在管的391名精神障碍患者全部配发药品，由村医指导、督促定期服药。11月24至27日，组织州精神病医院专家到各乡镇开展疑似精神病人现场复核诊断工作，现场复核334人，确诊六类重点管控精神病人154人，一般管控精神病人27人。全县重点管控精神病人总数达545人。

重点部位管理。开展武装巡逻，实行警车常转、警灯常闪、警察常见，有效减少可防性案件的发生。加大校园安全防范力度，严防涉校涉学案事件发生。交警部门共受理交通事故1064起，立交通刑事案件12起，起诉6人；查处简易程序交通违法案件1.93万起，行政拘留40人；排查危险隐患路段195处，重大安全隐患车辆258辆，重点驾驶人264人；发放各类交通安全宣传资料近5万份；为校园上交通安全课71次；未发生较大以上交通事故。全年检查发现火灾隐患1291起，整改1182处，临时查封16处，责令“三停”13处，整改销案2处重大火灾隐患，抢险救援报警28起，无人员伤亡，未发生较大以上火灾事故。

【服务经济发展】实行“一企一警”制度。发挥“护航”作用，创优发展环境，建立重点企业领导挂包及政法干警联系企业制度。在企业醒目处悬挂监督牌，公开联系干警的姓名、职务及联系方式。政法系统领导班子成员带头落实服务企业各项规定，每月深入企业开展一次走访座谈，了解企业需求，为企业出谋划策、排忧解难。定期开展企业周边治安环境排查整治活动，加大对企业“乱收费、乱检查、乱罚款、乱摊派”问题整改问责整治力度，通过“走出去、请进来”活动，掌握企业需求，保障企业正常生产生活秩序。

加强以“三留守”关爱服务工作。2015年全县有“三留守”人员分别为留守儿童5640人、留守妇女2691人、留守老人10253人。加强对“三留守”关爱服务工作的组织领导，制定《关于加强“三留守”人员关爱服务工作的实施方案》，成立关爱服务“三留守”人员工作领导小组，县委副书记任组长，县委常委组织部长、县委常委政法委书记任副组长。以网格信息平台为依托，以“一站三联”模式为载体，采集“三留守”等人员详细信息，分门别类建立“三留守”等特殊群体的电子信息档案。组织引导扶贫联系单位、党员干部、教师、志愿者、热心的社会人士广泛参与关爱“三留守”人员服务活动。将生活困难的留守家庭全部纳入低保范围，给予生活救助。以扶贫搬迁为重点，积极改善贫困家庭的住房条件和生活环境，户平投入10000元以上。对留守儿童，设立“爱心妈妈”，增设“亲情电话”和电脑视频，建立QQ群进行帮扶。对留守妇女，开展免费身体检查、实用技术培训、法律咨询、扶持救助。对留守老人，落实好“三无”老人和五保老人的供养保障，对因病、因灾等留守老人开展特殊救助和扶助，逐步落实80周岁以上老年人津贴发放机制。

【平安建设】2015年，县综治委命名表彰个平安乡镇，个平安单位，个平安村（社区），所平安校园，所平安医院。

开展“打黑除恶”“缉枪治爆收刀”“禁毒扫毒”“禁赌扫黄”及打击“两抢一盗”、电信诈骗等严打整治专项行动，提高对犯罪分子震慑力。加强对校园、医院及道路交通、非煤矿山、民爆物品、烟花爆竹、危险化学品等安全隐患排查及整治力度，确保不出现重大安全事故。开展城区夜间护学活动，见警车、见警灯、见警察，乡镇辖区派出所在上学放学时间集中开展护学行动，保障学生上学安全。加强烟花爆竹、民爆物品、枪支弹药的管理，明确“防爆炸、防枪击、防制贩、防盗抢、防流失”的五防重点，有效防范涉爆涉枪案件发生，悬挂宣传标语、发放宣传资料2万份。对全县非煤矿山、爆破作业单位仓库进行32次安全检查，提出责令整改安全隐患56次，下发限期整改通知书1份。收缴电雷管7发，TNT炸药24千克，导火索120米，收缴火枪10支、猎枪4枝、气枪8支，管制刀具4把，弩2支。立涉枪刑事案件11起，刑事拘留4人，移送起诉4人；查处涉枪治安案件7起，行政拘留4人，罚款3人。8月，县刑侦大队破获一起信用诈骗案，劝导嫌疑人家属退赃8.2万元；9月，破获入室盗窃案，协调嫌疑人家属退赃2万余元；12月，破获沙道盗窃蜂蜜案，协调嫌疑人退赃2万余元。

完善县、乡镇、片区、村、治安中心户五级综治维稳网络，健全集镇巡逻队、应急分队、乡村道路交通安全员、治安中心户长、专职保安、门防店长、楼栋长等群防群治队伍，全面加强治安防控。2015年春节前后和“六四”期间，组织警力，在城区、乡镇集镇开展昼夜武装巡逻。加强“天网”建设，改造升级视频监控系统，投入250万元，完成升级改造352个A类探头、5个治安卡口，在全州率先实现平安监控高清数字化。严管重点人群，对重点信访人员定人定专班，一天一点名，及时掌握动向，开展主动防控。及时化解涉法涉诉信访积案，无一人进京常访。成功完成“六四”“七五”、中博会、抗战胜利70周年庆典、省委巡视组巡视期间及十八届五中全会期间社会稳定。加强禁毒禁赌扫黄打假，破获3起涉赌刑事案件刑拘13人，办理首起利用互联网传播淫秽信息案，协助办理2起制假售假案。

2015年2月，对奚泽为、刘习军等4名见义勇为先进个人进行表彰和慰问。向上级申报见义勇为单位先进。2014年9月20日，见义勇为先进个人刘习军被民政部评定为“烈士”。2015年刘习军儿子刘纯鑫（初中三年级）被湖北省见义勇为基金会纳入首批“爱心助学”资助对象，给予每年5000元资助，直至大学毕业，资助资金将分学习阶段不同适当增长。9月，“9·27”见义勇为先进集体（叶瑞等5人）受到省、州见义勇为基金会的表彰，并推荐到中华见义勇为基金会《见义勇为英模录》中。

【队伍建设】全县政法系统五单位核定编制419名，现有在编在岗342名。其中政法委12名，县人民法院68名，县人民检察院48名，县公安局174名，县司法局40名。

坚持政治建警，作风塑警、能力强警、从严治警原则。坚持抓党建带队建，抓班子带队伍，着力加强制度建设，加强规范管理，政法队伍整体素质和形象明显提升。

开展“守纪律、讲规矩、树形象”的主题教育活动。3月31日成立政法委书记任组长的领导小组，制订实施方案，认真开展专题学习、主题讨论、纪律作风整顿、公正文明执法检查和大走访等活动。政法委成立督查专班，对政法四家的活动开展情况进行督查，保证活动有序开展。增强沟通意识，与各政法委员增进交流，统一思想，形成工作合力。增进对基层政法干警的了解，着力解决政法干警队伍中存在的“冷、硬、横、推”“门难进、脸难看、事难办”和“不作为、慢作为、乱作为”等问题。提升执法规范化，确保群众合法权益受到保护。增强安全意识，确保全县发展与稳定。

开展“警企结对”活动，落实政法干警联系企业制度，主动服务企业发展，帮助企业防范法律风险。严格规范涉企执法活动，对所有市场主体一律实行平等司法保护。依法妥善处理发生在经济领域的案件，对故意阻挠、蓄意破坏者依法严惩，力争为企业创造“全州最优法制环境”。

坚持政治建警、作风塑警、能力强警、从严治警，加强规范管理。落实审判公开、检务公开、警务公开，广泛实行人民监督员、人民陪审员制度，推行“阳光司法”。落实法官、检察官、人民警察办案质量终身负责制，建立健全错案防止、纠正、责任追究机制，开展“百案评查”等执法监督，促进司法公正。

【万扩军考察宣恩】7月16日，天门市委政法委常务副书记万扩军及部门政法单位领导、乡镇综治办主任和律师到宣恩，就律师参与涉法涉诉信访工作进行考察。考察组先后到县法院，高罗镇九间店村、板寮村等地，对普遍建立法律顾问制度、律师参与涉法涉诉信访问题化解、“和事佬”协会、农民办事不出村等工作进行了解。

（符敏）

机构编制工作

【概况】2015 年全县设行政机构 55 个，其中，县直党政群机关 40 个，政府派出行政机构 2 个，政法机关 4 个，乡镇机关 9 个。全县设事业机构 272 个，其中，县委县政府直属事业单位 9 个，部门所属事业单位 260 个，其他事业单位3 个。

全县核定行政编制 1424 名，工勤编制 62 名，全县行政单位核编共计 1486 名，实有人员 1383 人。其中，县直党政群机关核定行政编制 565 名(含乡镇食药监所 45 名)，实有行政人员 530 人(含乡镇食药监所 40 人)，核定工勤编制 62 名，实有工勤人员 37 人；政法机关核定政法专项编制 414 名，实有人员 380 人；乡镇机关核定行政编制 445 名，实有人员 436 人(含改革转入其他岗位人员 40 人)。

全县核定事业编制 4934 名，实有人员 4104 人。其中：全额拨款事业编制 4006 名，实有 3432 人(含乡镇八大服务中心 363 人)；差额拨款事业编制 703 名，实有 544 人，自收自支事业编制 225 名，实有 128 人。

【政府机构改革】6 月 5 日印发《宣恩县政府职能转变和机构改革方案》(宣发〔2015〕2 号)，6 月 17 日印发《实施〈宣恩县政府职能转变和机构改革方案〉任务分工》的通知(宣办发〔2015〕10 号)。7 月中旬，县委、县政府召开政府职能转变和机构改革工作会议，对政府机构改革工作进行专题动员部署。改革设政府工作部门 24 个：政府办公室、发展和改革局、经济和信息化局、教育局、公安局、民政局、司法局、财政局、人力资源和社会保障局、国土资源局、环境保护局、住房和城乡建设局、交通运输局、水利水产局、农业局、林业局、商务局、文化体育新闻出版广电局、卫生和计划生育局、审计局、统计局、安全生产监督管理局、扶贫开发办公室、食品药品监督管理局(另有不计入政府机构个数机构 2 个民族宗教事务局、监察局)，不再设部门管理机构；设置县政府直属事业单位 6 个：旅游局、粮食局、畜牧兽医局、移民局、城市管理局、公共检验检测中心。完成教育和科技、文体和广电部门职能整合；完成不动产登记机构组建和职能整合工作，公共资源交易平台建设基本完成。

【行政审批制度改革】2015 年 5 月 22 日，重新调整领导小组(宣政办函〔2015〕24 号)，将领导小组成员由各单位副职调整为正职，要求一把手负总责，亲自抓。把建立“五个清单”(权力清单、责任清单、监管清单、负面清单、行政审批前置中介服务项目清单)和“三项制度”(权力清单制度、责任清单制度、事中事后监管制度)作为审改的中心工作。县审改领导小组印发《宣恩县行政审批制度改革 2015 年工作任务分解表》，每一项工作都明确具体的牵头单位和相关协办单位，每一个部门都明确分管领导和具体经办人员，每一项任务都明确具体的办结时限。明确县级行政审批保留目录，并完善《宣恩县县级行政审批项目目录管理办法》，各部门按照目录进行审批，县审改办加大监督力度，杜绝目录外审批、变相审批行为，防止对应取消、承接审批事项不及时的现象。规范审批流程，对保留审批事项进行流程再造，减少行政审批程序、环节、时限、收费、申请材料等，严格落实“一周办结制”，建立受理单制和服务承诺制，编制办事指南和业务手册，推动行政审批标准化管理，加大行政审批信息公开力度。参与全州权力清单编制工作，全面清理行政审批中介服务事项，印发《宣恩县县级行政审批中介服务事项清单》(宣政办发〔2015〕54 号)。落实事中事后监管制度，采用“两上两下”的方式，完成事中事后监管清单和监管办法的编制工作。推进政务服务体系建设，“市民之家”主体工程已完工。乡镇便民大厅建设按照“11＋X”的模式设置服务窗口，已经完成珠山、椒园、高罗、沙道沟、李家河、万寨 7 个乡镇的便民大厅标准化建设，并投入使用。由乡镇直接受理涉农审批和服务事项 86 项，村级受理或咨询服务事项 63 项，已与《宣恩县县级行政审批事项目录》一并向社会公示。

【事业单位改革】6 月 26 日和 7 月 17 日分别印发《中共宣恩县委、宣恩县人民政府关于分类推进事业单位改革的实施意见》(宣发〔2015〕3 号)和《县委办公室、县政府办公室印发〈关于事业单位分类的实施意见〉的通知》(宣办发〔2015〕14 号)。分类工作按照编办开展模拟分类、事业单位及其主管部门提出调整规范和分类的建议、沟通协调、主管部门报送请示、编办初审、编委审定批复等程序进行。至12月中旬，全县事业单位分类已完成，编委已审定并行文批复。

【调整相关领域机构和人员编制】合理安排新进人员编制指标，州下达全县2015年度机关事业单位新进人员使用编制指标203名，其中，县直机关行政编制指标5名、政法专项编制使用指标25名（含定向委培和自主招录指标）、乡镇机关行政编制使用指标9名、乡镇食药监所行政编制使用指标13名，事业编制使用指标151名（含参管事业单位4名、农村义务教育学校教师65名）。设立县硒资源保护与开发局，为县政府办公室专设行政机构；设立宣恩县农村公路管理局，为县交通运输局管理的全额拨款事业单位。在县委办公室设立县委落实党风廉政建设主体责任办公室和全面深化改革领导小组办公室，在县政协设立政协委员工作委员会，在县纪委监察局设立信息中心，在县委政法委设立法治宣恩建设领导小组办公室，在工业园区及有关乡镇社会发展办公室加挂统计分局的牌子，在乡镇经济发展展办公室加挂扶贫开发办公室牌子。对县公安局、县旅游局等单位的内设机构进行调整。

【机构编制管理日常基础工作】按实名制要求推进机构编制政务公开，对录入到全省机构编制实名制管理系统中的全县行政、事业机构和全县行政、事业在编人员以及离退休人员的详细信息，进行仔细核对。按照全省机构编制政务公开的相关要求，公开《宣恩县机构编制总体情况》和关于机构编制管理的有关法规政策文件，公开机构编制政务信息及动态信息，公开行政机关、事业单位机构和人员情况。对出现人员编制异动的情况及时做好后台数据调整、公开。受理各单位各部门关于机构编制的请示97件，根据《宣恩县机构编制委员会工作规则》，按照机构编制事项办理程序，针对不同情况，全部进妥善办理。

【事业单位登记管理】做好事业单位法人年度报告及公示工作，按《事业单位登记管理条例》规定的截止年检日期3月31日，登记系统中应参加年度报告公示的事业单位272个（其中应注销未注销的10个），按期参加年检的236个，年检率89.4%，年检合格率100%。236个单位的年度报告书及时在《宣恩县机构编制网》上进行公示。做好日常设立登记、变更登记、注销登记工作和事业单位登记档案管理工作。全年办理设立登记1件（宣恩县扶贫发展中心），变更登记66件，注销登记2件（宣恩县老区贫困地区经济开发服务中心、宣恩县人口和计划生育服务中心）。各事业单位的年检、变更、注销登记等材料，按照“一户一档”的建档要求，及时清理归入每个事业单位各自的档案盒。

（雷斌）

信访工作

【概况】2015年全县信访形势总体稳定，信访秩序良好，无赴省进京非正常访和异常访，信访录入达60%，共录入信访事项1317件，信访及时受理率为99%，信访按期办结率97%，信访群众参评率为86%，信访群众满意率为98%，党政领导接访包案阅信全部按要求落实。化解大量社会矛盾，解决较多群众实际问题和困难，一批积案息访罢诉，一些突出矛盾良性转化。全县各级各部门受理群众来信来访3566件批5043人次，其中县信访局受理来信来访1118件批1752人次；群众到县集体访73批537人次；发生赴京访19批21人次（县统计数据）；发生赴省访6批9人次；发生赴州访16批16人次。9月，省委巡视组到宣恩巡视期间，群众到省委巡视组驻地信访736件批1089人次，其中来信59件，来电109件，来访568批921人次，集体访23批115人次；网络问政反映问题690件批。

全县各级各部门把信访工作当作一项重要而紧迫的政治任务对待，坚持深入了解社情民意，坚持倾听各方声音，定期分析信访形势，定期研究信访情况；县委、县政府主要领导多次就信访工作提出明确要求，其他县领导也高度重视，认真对待；各级坚持强化领导责任，建立完善主要领导负总责、分管领导负直接责任、其他领导“一岗双责”的领导责任体系，强化化解主体责任、增强部门协调责任。在化解各类矛盾中，坚持以问题为导向，形成“谁制造问题、谁承担责任”的风向标，坚持以督查、通报、约谈等措施增强信访工作执行力，较好地履行信访工作责任。

2015 年全县信访总量仍然高位运行，特别是省委巡视组巡视期间群众信访增量突出，少数上访老户执意赴省进京上访，到县缠访闹访时有发生，集体上访量增人多，敏感时期择期上访呈上升，潜在矛盾大量存在。老问题难以实现息访罢诉，新矛盾时有发生，部分矛盾因受经济制约或政策方面的影响，化解处理稳控难度加大。少数本应通过法律等途径解决的问题，信访人执意上访，给正常的信访秩序带来一定的影响。少数不同利益群体甚至串联、集资、聚会、抱团上访，形成跨地区、跨部门，有组织的信访，以此给政府施压，全县信访多元复杂趋势明显，重点工程、土地征用、建乡建设、农业农村、民间纠纷、涉法涉诉等来信来访所占比例较大，部分领域和部分地方信访多发频发。

各级在坚持按程序处理各类矛盾的同时，大力解决重复上访中具有合理成分的矛盾，较好的促进了重信重访息访罢诉。在信访形势较为严峻的情况下，有关部门主动作为，投入更多人力物力参与化解工作，保证各类矛盾没有激化升级。同时注重分析问题根源，坚持对症下药，对思想占主导地位的矛盾做好政策宣传和思想疏导，对经济占主导地位的矛盾注重利益协调，并坚持原则性和灵活性相结合，对一时化解不了的矛盾坚持正确引导，对进入程序复查复核的矛盾实行领访陪访，对“三跨三分离”（跨地区、跨部门、跨行业，人事分离、人户分离、人事户分离）的矛盾引入律师维权，对确有特殊困难的进行人文关怀，对缠访闹访的落实稳控教育措施，对明显具有违法行为的坚持依法打击。

【信访秩序】2015 年群众到县集体上访多，缠访闹访滞留等现象时有发生，信访秩序维护压力大，县委县政府高度重视，充实 1 名县公安局领导班子成员到县信访局任副局长，分管信访秩序维护工作；建立快速反应机制，及时应对各类重点集体上访、突发性上访，防止群体性事件发生。2015 年 6 至 8 月，部分民办教师、集体兽医、龙洞库区低保取消户等群体，多次到县政府大楼及县信访局上访，单批上访最多人数达 100 人以上，县供销社退休人员孙某、珠山镇界直岭村居民唐某，县城居民李某等人先后多次到县政府大楼及县信访局缠访闹访，并滞留深夜、高声喧哗、静坐绝食等，公安、信访等部门有效处置。宣传依法逐级走访的好处，引导群众理性合法反映诉求，各级各部门坚持按信访程序和有关法律规定处理社会矛盾。对缠访闹访和违法信访坚决依法处置，公安、信访等部门共对上访中具有违法行为的 4 起案件进行依法处置，依法拘留 3 人，警告 4 人，对唐某等 10 余人实行教育训诫。

【信访排查】建立县、乡、村、组四级信访矛盾纠纷排查网络，坚持对各种社会矛盾和群众信访实行定期和不定期排查，建立工作台账，实行动态管理，执行日报告和零报告制，每天研判分析信访情况，每周会商协调重点突出矛盾，实现发现得早、控制得了、处理得好的目标，保证各类矛盾和问题得到及时掌握和了解，并要求得到及时化解处理。全县各级各部门共排查信访矛盾纠纷 857 件，85%的矛盾在基

2015 年 10 月 13 日，信访人向县信访局送锦旗

层和萌芽状态得到化解，较好的把握主动权。

【信访改革】推行阳光信访是国家、省、州信访部门结合工作实际提出来的一项重点改革，旨在通过阳光信访综合服务系统，为群众营造公正、透明的信访环境，将办理信访事项的过程置于群众的监督之下。2015年宣恩县按照省州要求及时启动运用湖北省阳光信访信息平台，对群众来信来访来电诉求实行网上受理，网下办理，信访群众在“人民信访大厅”提出诉求，有权处理的机关或信访部门对信访事项受理、转交、督办、回复等实行全过程网上流转，信访人可能通过查巡码进入信访查巡端口了解每一个办理流程和处理结果，并作出是否满意的评价，较好的提高信访服务质效。全年阳光信访系统完成网上受理1317件，办理1317件，信访录入为60%，信访及时受理率为99%，信访按期办结率97%，信访群众参评率为86%，信访群众满意率为99%，坚持依法分类处理群众诉求，制定印发依法分类处理群众诉求工作方案和法律依据，对应当通过诉求、仲裁、调解等程序解决的问题，坚持疏导分流，正确引导，大力推行依法逐级走访。

【接待阅信】落实领导接访包案阅信制度，县委县政府把领导接访包案阅信作为民心工程对待。接访方面，在认真开展值班接待，侧重重点约访、专题下访。洞坪移民赴京劝返回县后，县政府主要领导主动约访。春节刚过11名县委常委和5名副县长开展集中下访，接谈群众48批92人次，研判重点矛盾9个。李家河镇、晓关侗族乡等单位还先后在街头开展开门接访。阅信访面，县级领导坚持亲阅、亲批、亲督，群众来信实现“件件有着落，事事有回音”。包案方面，县领导坚持按照“一个案子、一名领导、一个专班、一套方案、一抓到底”的要求，认真执行包掌握情况、包思想教育、包稳控化解、包息访罢诉，全面推进问题解决。县级领导共值班接待群众62批118人次、下访约访群众108件批243人次；落实新包案件64件；阅批群众来信175件批；一批化解难度大、涉及面广的重大信访问题得到妥善解决。

【劝返稳控】2015年中央、省、州、县重大活动多、重要会议多，特别是省巡视组巡视期间、抗日战争暨世界反法西斯战争胜利70周年纪念活动期间信访工作压力十分大。部分上访老户执意赴省进京上访，一些重点人员坚持到县委政府及信访部门缠访闹访，劝返稳控难度大，各级组建专班，先后劝返接回赴省进京上访20余人，乡镇到县接回上访人员60余批100余人次。特别是省巡视期间，县委县政府规定不许发生到巡视组驻地集体上访，不许发生信访恶性案件，不许发生赴省进京非正常上访，不许发生网络炒作事件，不许发生缠访闹访，凡因工作不负责任给信访维稳工作造成影响的将严格追责。

（胡启刚）

机关党的工作

【概况】2015年县直机关工委分类指导167个县直机关党组织及所属单位党的建设工作和党员的教育监督管理达60余次。全年共发展党员40名，考核转正59名，确定入党积极分子84名，举办入党积极分子培训班1期，召开党务干部培训会1次。七一活动期间举办“守纪律、讲规矩、树形象”主题演讲比赛活动，中共宣恩县委政法委支部委员会被中共恩施州委表彰为“先进基层党组织”，宋文、黄长德、覃章银3名共产党员被中共恩施州委表彰为“优秀共产党员”。

【县直机关入党积极分子培训】5月19至22日，县直机关工委与县委党校联合举办2015年度县直机关入党积极分子培训班，县直机关84名入党积极分子参加培训。

【县直单位党务干部培训】4月14日，县直机关工委在县委党校举办党务干部业务培训会。县直各基层党组织（含党委、党总支所属二级党支部）近150名党务工作人员参加，县直机关工委给参会人员发放了党务工作手册和《2015年机关党建重点工作任务清单》等资料，县委组织部、县直机关工委相关负责人就党员发展程序、支部工作实务进行讲解，提升党务干部政治素养、理论水平和实际操作能力。

【审批组织设置】做好党支部换届

改选工作和党组织设置撤销工作。县直机关工委及时协助指导一批基层党组织的换届改选工作，督促基层党组织到期换届或根据人员变动调整支委成员。全年共指导、审批38个党总支、党支部班子的换届和选举工作，新设置党总支1个(中共宣恩县政府办公室总支部委员会)、党支部5个(中共宣恩县政府办公室老年支部委员会、中共湖北省楚天视讯网络有限公司恩施分公司宣恩支公司支部委员会、中共宣恩县工商行政管理局老年支部委员会、中共宣恩县公安局机关支部委员会、中共宣恩县教育局老年支部委员会)，撤销党支部3个(中共宣恩县公安局指挥中心支部委员会、中共宣恩县公安局治安大队支部委员会、中共宣恩县公安局刑侦大队支部委员会)。按照党员发展"十六字"方针，严把党员"入门关"，按照材料预审率、手续完备率100%的要求，全年共审批各基层党总支部或党支部吸收预备党员40人，办理预备党员的转正59人。

【建党94周年庆祝活动】2015年6月24至26日，县委组织部、县委宣传部、县委县直机关工委、县委老干部局联合组织开展"守纪律、讲规矩、树形象"主题演讲比赛。比赛分老年组和在职组，在职组采取自下而上、层层遴选的方式，选拔优秀选手参加初赛、预赛、决赛，老年组直接进行决赛。比赛评出在职组一等奖2名、二等奖4名、三等奖10名，老年组一等奖1名、二等奖2名、三等奖3名。县委政法委、县机关事务管理局、县财政局、县农业局、县文体局、县工商局等6个单位获演讲比赛组织奖。

【检查考评】建立健全县直机关党建工作责任体系，制定2015年党建工作计划，与所辖的78个一级单位签订党的基层组织建设目标管理责任状，6个基层党委、21个党总支根据系统、单位的实际，制定党建工作的实施意见，并与所属党支部签订基层组织建设目标管理责任状，形成完整的责任体系。完善机关党建考核机制，领导班子建设和机关党建考核分值在综合目标考核中占8分，机关工委将考核分值按平时工作、半年检查、年终考评综合量分，有力的促进党建工作开展。

【党员义工服务队】2015年县直机关工委有义工服务小分队61支、850余人，各义工小分队以"为民、务实"为主线，以"惠民、利民、便民"为目标，创新服务载体，开展真情关爱、扶弱济困、环境保护、便民利民、微爱传递、关注儿童等服务316期，践行党的群众路线，为群众排忧解难，争当公共事业的热心人、社区群众的贴心人、文明新风的倡导人、维护稳定的带头人。

（刘艳红）

党校工作

【党政干部主体班培训】2015年县委党校、县行政学校共办班9期，共培训干部1604人次。其中，3月10至13日、3月17至20日举办的村(社区)党组织书记培训班(2期)，285人参训；4月19至21日、21至23日、5月5日举办的严明政治纪律严守政治规矩专题培训班(3期)，750人参训；5月11至13日举办的初任公务员廉政教育培训班，80人参训；5月25至28日举办的中层干部廉政教育培训班，75人参训；11月19日举办的党员干部学习十八届五中全会、州委六届八次全会精神培训班，207人参训；11月20日举办的党员干部学习《廉洁自律准则》《纪律处分条例》专题培训班，207人参训。

【部门联合办学】2015年，县委党校、县行政学校与县直机关、企事业单位联合举办17期培训班，培训学员1434人。

【理论辅导】2015年县委党校、县行政学校选派教师到乡镇、机关事业单位、农村社区、企业等宣讲13场次，受众人数达1255人次。内容涉及党的十八大、十八届三中、四中、五中全会精神，习近平总书记系列重要讲话精神，社会主义核心价值观，州委六届八次全会精神，县域经济、扩大开放等。

【科研工作】县委党校、县行政学校承接恩施州委党校系统调研课题立项4个，结题4个。课题分别是《宣恩县有机农业的现状、困惑及对策》《宣恩县生态文化旅游业发展的现状及前景》《宣恩县生态工业园区建设的现状及前景》《新常态下干部思想状况研究》。教职工获奖论文全年共计13篇，其中参加《湖北省党校系统中共党史党建专业年会暨学术研讨会》论文评选，获二等奖3篇（胡红《全面从严治党首要是全面，关键在于治，要害在于严》、姜绍来《领导干部应注重家风建设率先践行“全面从严治党”》、杨欣《全面从严治党新常态》，三等奖4篇（燕正兵《抓牢全面从严治党的“牛鼻子”》、王志芳《从严治党是实现“两个一百年”奋斗目标必然要求》、杨春鹏《“三月会议”在“全面从严治党”研究中的历史地位》、向健《全面从严治党，保障经济建设顺利进行》）；参加《2015长江经济论坛·绿色发展论坛（恩施）》论文评选，获三等奖2篇（胡红、侯明华、王志芳《宣恩县生态文化旅游业发展的现状及前景》、杨春鹏《恩施州发展的“忧患在生态”——以恩施州化肥农药使用量的调研为基础》）；参加《恩施州开放发展暨党校系统第26届理论研讨会》论文评选，获二等奖1篇（姜绍来《优化县级政府服务环境，提升县城经济开放发展水平》），三等奖3篇（杨欣《开放发展人才队伍建设与思考》、燕正兵《加强行政效能建设，优化开放发展软环境》、陈正菊《恩施州对外开放的思考》）。

【师资培训】组织开展人才专项招聘、选调工作，专项招聘教师1人，选调教师1名。加大教师学习培训力度，按计划分7期先后派出16人次外出学习，其中4名教师到北京培训学习，有2人次到省委讲师团培训学习，2名教师到省委党校培训学习，3名教师到黄石市委党校培训学习，1名教师到绍兴培训学习，4名教师到恩施州委党校培训学习。

【基础设施建设】2015年共投入经费近20万元进行基础建设，更新教学设施设备，改善教师办公条件。维修老学员楼后面垮塌的围墙、教工宿舍楼及人行通道，排除安全隐患进行，整修六楼教室、职工食堂，添置电脑、打印机等，对阶梯教室楼顶进行防雨隔热保护、校园进行绿化、美化。

（燕正兵）

史志工作

【概况】2015年，全县专职史志工作人员4人，兼职史志撰稿人员133人，召开《中国共产党宣恩县历史（第二卷）》初审评审会，完成《中国共产党湖北省组织史资料（第五卷）》终审定稿。贯彻《地方志工作条例》和《湖北省地方志工作规定》，做好县志资料经常性征集工作，组织相关人员编纂《宣恩年鉴（2015）》《宣恩供水志》，开展《宣恩县地名志》修订的前期准备工作；对外撰稿2.3万字，其中《湖北年鉴》稿0.4万字，《恩施州年鉴》稿1.9万字，《湖北名村》0.8万字。《湖北方志》总第227、228期（2015年3、4期）相继刊载李四新撰写的《宣恩建县时间考证》等文稿，共计3.6万字。

【党史编研】2015年开展《中国共产党宣恩县历史（1949－1978）》（简称党史二卷）编纂工作。4月16日，召开党史二卷初审评审会，经整理，初审会所征集的意见和建议达到两万多字，根据初审评审会的意见和建议，又对书稿进行修改、补充，史料进一步核实，年底在进行第三稿的审读。

《中国共产党湖北省宣恩县组织史资料》（第五卷）时间上限为2006年7月，下限至2011年12月，基本上与第十三届中共宣恩县委的任期同步，根据省、州规范要求称第五卷。2012年已完成初稿，2013年完成二审稿复核，2014年完成送审复核，经州史志办审定，且交印刷厂排版。

【地方志工作】贯彻《地方志工作条例》《湖北省地方志工作规定》，做好县志资料经常性征集工作，编纂出版《宣恩年鉴》。4月，《宣恩年鉴（2014）》印刷出版。5月发行，主送范围为全县行政机关、企事业单位，同时开展对外交流，主要对象为州内各县市和其他有业务交流往来的外省市，全年共发行《宣恩年鉴（2014）》500册。

编纂《宣恩年鉴（2015）》。3月，县史志办拟定《〈宣恩年鉴（2015）〉编纂方案》报县政府，县政府办公室批转《〈宣恩年鉴（2015）〉编纂方案》。4月全面启动资料收集工作。《宣恩年鉴（2015）》共收集128个单位资料160余万字，经过编纂，三审定稿的《宣恩年鉴（2015）》约75.5万字。

按照《湖北年鉴》和《恩施州年鉴》的撰稿要求和写作规范，提供宣恩县情概况和相关图片资料。撰写文字资料2.3万字，其中《湖北年鉴》稿0.4万字，《恩施州年鉴》稿1.9万字。

做好《宣恩县地名志》修订的前期准备工作，完成村、山川地名资料的收集整理，指导《宣恩供水志》《宣恩县文化志》编纂工作。

【湖北名村】按省地方志办公室《湖北名村》编纂方案，完成沙道沟镇两河口村、长潭河乡两溪河村、李家河镇利福田村、高罗镇清水塘村、椒园镇庆阳坝村、万寨乡伍家台村7个村撰稿申报工作，并全部入选《湖北名村》。

档案工作

【概况】宣恩县档案局（馆）坐落在宣恩县珠山镇群益巷8号，建筑面积1697平方米，4层楼房。是宣恩县档案安全保管基地、爱国主义及未成年人教育基地、档案利用服务中心、现行文件服务中心。2009年晋升为国家二级馆。2014年10月23日通过国家二级馆复查验收。截至2015年12月，馆藏档案113个全宗85908卷。其中文书档案62393卷、科技档案1451卷、专门档案17234卷、会计档案2030卷。另有声像档案（照片）2425张、电子（光盘）139张、实物（奖牌、印章）1979件。图书、资料5902册。全县各机关、企事业单位室藏档案280641卷，438849件。音像档案1183盘，照片档案36653张。实物档案6765件，室藏资料29092册。

【档案教育法规】3月6日，举办全县2015年度档案目标（规范）管理达标升级单位业务培训，82个单位的分管领导和档案员121人参加培训。6月9至11日，举办第三个“国际档案日”纪念活动暨全县档案员资格培训，140人参加。发放《中华人民共和国档案法》《中华人民共和国档案法实施办法》《湖北省档案管理条例》等宣传单500份，接受群众咨询200余人次。并在全县范围内开展“档案——与你相伴”征文活动。开展法制宣传月活动，制作宣传法制展板两块，参与宣恩县法治文化长廊筹建。9月21日州档案局、县档案局联合对主要涉农部门的县民政局、县农业局进行档案执法检查。截至2015年12月底，全县档案管理登记工作已累计完成190个，2015年完成登记21个，登记率达100%。

【行政审批】截至2015年12月，宣恩县档案局行政执法主体清理结果：行政许可2项、行政处罚6项、行政检查1项、行政确认1项、行政备案2项、行政服务1项。其结果县审改办已向湖北省审改办申报。

【档案业务指导】2015年档案业务指导继续加大对民营企业、重点建设项目、新经济组织档案的监管力度，采取提前介入、跟踪监管、随时指导的方式，共指导16家32次。对全县各乡镇和县直重点单位开展档案督导检查工作，做好归档文件整理工作，共指导82个单位的档案。全县立档单位完成2015年度文件收集整理工作。加大对全县重大活动、重大事件档案的登记、收集工作，对全县的重大活动、重大事件的档案进行跟踪指导，并将此类档案在第一时间接收进馆，共接收进馆38盒。做好单位目标（规范）管理的认证工作，截至2015年底，宣恩县各机关、企、事业单位144家达到目标（规范）管理。其中，达到机关目标管理“省特级”36家，达到“省一级”38家，达到“省二级”39家，达到企业AA级14家，达到企业A级17家。2015年机关档案目标（规范）管理达标有82家，其中“省特级”12家，“省一级”18家，“省二级”26家，企业AA级11家，企业A级14家。

【档案接收、利用、编研、征集】全年共接收13个单位各门类档案5002卷，其中文书档案4429卷，专业档案413卷，科技档案148卷，声像档案（照片）12册。完善各项规章制度和各种统计台账、并同步接收纸质目录、电子目录及全文数据库。

全年共受理网上查询238人次，接待社会各界档案利用者1896人次，查阅档案、资料3259卷，出具证明1638份，内容涉及建房、婚姻、企业改制、民族成份、工龄、年龄、户籍、信访等方面。为人群众解决工作、生活中的困难，特别是保险、工资待遇、家庭婚姻等方面均发挥重要作用，尤其是在处理信访矛盾纠纷中起到至关重要的作用。

利用馆藏开展编研工作，参加《中国共产党宣恩县党史（1949.11—1978.12）》编纂工作，出版《宣恩抗战》（与县政协文史委合编)、《宣恩档案年鉴》(2014年)。完成省档案局关于征集各地文庙以及“中国梦”地方方言档案资料的上报工作。

征集宣恩县个人出版的图书资料23册,通过调查,掌握县情、宣传档案征集政策,征集有保存价值的档案、图书等。如征集《石氏族谱》《诗画宣恩》《中华覃氏志》《首届湖北记忆摄影展作品集》等重要图书资料。

【档案安全】做好防虫防蛀等安全工作,除按时给库房柜架放置更换药物以外,还严格完善防盗、防火措施,认真做好库房温湿度调控工作,保证馆藏档案、资料安全。制定完善档案馆库房抢险救灾应急处置预案,使档案的安全工作更加制度化、规范化。

【档案宣传】2015年县档案局加大宣传力度,拓宽宣传渠道,注重宣传效果,建立和完善信息宣传制度。累计在各种网站、杂志上共发表信息50条,其中,中国档案信息网17条,湖北档案信息网(杂志)2条,州档案信息网9条,宣恩新闻网2条,宣恩新闻1条,宣恩档案信息网19条。

【档案信息化建设】2015年录入新移交进馆档案案卷级目录573条,文件级目录33687条。1月27日,省档案局通报2014年度全省国家综合档案馆馆藏档案数字化进展情况,宣恩县档案局馆藏档案数字化完成数量在全省县市区排名第二,完成296万幅。对馆藏珍贵、重要和利用频率高的档案、资料和照片进行全文管理,全年档案全文扫描并上传150万幅,累计完成全文扫描446万幅。加强档案信息网互通互联,信息资源共享,上传、更新信息(图片)20余篇(张),网站总访问量达243523次,点击率188284次。

(康敏)

宣恩县人民代表大会

【概况】2014年，宣恩县人民代表大会共召开代表大会1次，县人大常委会召开会议7次，主任会议11次，听取和审议专项工作报告27项，作出事关经济社会发展等方面的决议、决定11个，共决定和任命国家机关工作人员15人次，免职11人次；任命14名人民陪审员，依法按程序初审州级人民监督员6名。

【宣恩县十七届人大五次会议】2015年1月14至16日，宣恩县第十七届人民代表大会第五次会议在宣恩县城召开，参会代表183人。大会听取和审查县人民政府工作报告、县人大常委会工作报告、县人民法院工作报告、县人民检察院工作报告；审查和批准计划报告，批准2015年计划草案；审查和批准财政计划报告，批准2015年财政预算；审查县十七届人大四次会议代表议案、建议、批评和意见办理情况的报告。会议通过关于县人民政府工作报告的决议、关于县人大常委会工作报告的决议、关于县人民法院工作报告的决议、关于县人民检察院工作报告的决议关于宣恩县2014年国民经济和社会发展计划执行情况与2014年计划的决议、关于宣恩县2014年财政预算执行情况和2015年财政预算的决议。

【县人大常委会各次会议】2015年，县人大常委会共召开七次会议。

3月25日，杨安明主持召开县十七届人大常委会第二十三次会议，李明山、姚元文、唐斌、覃正彪、史红珍及常委会其他组成人员出席，朱鹏程、县法院、县人民检察院相关负责人、县直有关部门及各乡镇人大负责人列席。会议审议通过《宣恩县人大常委会2015年工作要点（草案）》，审查和批准2015年部门预算，通报人大代表对县政府各部门和垂直管理部门满意度测评结果；审议通过县人民政府县长提请的人事任免案，任命匡汉晖为县人民政府副县长；审议通过县十七届人大常委会主任会议提请的人事议案，决定接受谭元照同志辞去县十七届人大常委会委员职务，任命周玉和为县人大常委会规范性文件备案审查室副主任；审议通过县人民法院院长郑向东提请的人事议案，决定免去王克冀、陈永忠、李渝、周春芳、张茂成、曾祥友县人民法院审判员职务。

4月20日，杨安明主持召开县十七届人大常委会召开第二十四次会议，李明山、姚元文、唐斌、覃正彪、史红珍出席，周志斌、郑向东、李美福应邀列席出。会议审议《关于撤销高罗乡设立高罗镇有关事项的议案》，决定撤销高罗乡，设立高罗镇，以原高罗乡的行政区域为高罗镇的行政区域，镇人民政府驻龙河；高罗乡人民代表大会更名为高罗镇人民代表大会，高罗乡第五届人民代表大会更名为高罗镇第一届人民代表大会；高罗乡人民代表大会代表更名为高罗镇人民代表大会代表。不再重新选举，任期至换届。现任高罗乡人大主席、副主席、乡人民政府乡长、副乡长更名为高罗镇人大主席、副主席、镇人民政府镇长、副镇长，不再重新选举。审议县人民检察院关于许可对县人大代表吴德贵执行刑事强制措施的议案，决定许可县人民检察院对吴德贵采取刑事强制措施；审议关于宣恩县人大常委会代表选举工作委员会更名为宣恩县人大常委会代表选举人事任免工作委员会的议案，作出同意更名的决定；审议通过关于提请覃国瑜、王明刚职务任免的议案，免去覃国瑜的县人大常委会代表选举工作委员会主任职务，任命覃国瑜为县人大常委会代表选举人事任免工作委员会主任，王明刚为县人大常委会教育科学文化卫生工作委员会主任。

5月28日，杨安明主持召开县十七届人大常委会召开第二十五次会议，李明山、姚元文、唐斌、覃正彪、史红珍、乾维德及常委会其他组成人员出席，朱鹏程、向建强、县法院、县人民检察院相关负责人、县直有关部门及各乡镇人大负责人列席。会议听取并审议县人民政府关于《中华人民共和国职业教育法》贯彻实施情况报告、关于《恩施土家族苗族自治州农作物种子管理条例》贯彻实施情况报告；关于2014年度审计工作报告指出问题整改情况的报告并对相关部门开展专题询问；审议县人民政府提请的人事任免议案，会议决定任命郭晖为宣恩县人民政府副县长。

7月28日，杨安明主持召开县十七届人大常委会召开第二十六次会议，李明山、姚元文、唐斌、覃正彪、史红珍、乾维德及常委会其他组成人员出席，朱鹏程、张友刚、郑向东、县人民检察院相关负责人及县直有关部门、各乡镇人大负责人列席。会议听取并审议县人民政府关于半年国民经济和社会发展计划及财政预算执行情况的报告、关于宣恩工业园区工作情况报告、关于落实《县人大常委会关于调整城区禁止燃放烟花爆竹范围的决定》情况的报告；审议县人民政府提请的人事任免议案，决定任命牟来举为宣恩县人民政府副县长，谢庆慧为宣恩县文化体育新闻出版广电局局长，免去谢庆慧的县文化体育局局长职务，杨秀全的县科学技术局局长职务。

9月29日，杨安明主持召开县十七届人大常委会召开第二十七次会议，姚元文、唐斌、覃正彪、史红珍、乾维德及常委会其他组成人员出席，朱鹏程、郑向东、李美福、县直有关部门、各乡镇人大负责人列席。会议审查和批准2014年财政决算，听取并审议2014年度财政预算执行和其他财务收支情况的审计工作报告；审议县人民政府关于调整2015年度财政预算的议案；听取并审议县人民政府关于县十七届人大五次会议代表议案、建议、批评和意见办理情况的报告、关于2015年重点项目进展情况的报告，就项目进展情况对有关部门进行专题询问。

11月26日，杨安明主持召开县十七届人大常委会召开第二十八次会议，李明山、姚元文、唐斌、覃正彪、史红珍、乾维德及常委会其他组成人员出席，向子明、郑向东、县人民检察院相关负责人、各乡镇人大负责人及县直有关单位负责人列席。会议对县民政局、县环保局、县国土资源局开展工作评议，三个部门均被评为满意单位；听取并审议县人民政府和县人民法院关于《中华人民共和国行政诉讼法》贯彻实施情况的报告；补选张建文为州七届人大代表；接受高应坤辞去县十七届人大常委会委员职务；审议县人民政府县长提请的人事议案，决定免去张文孟县住房和城乡建设局局长职务。

12月21日，杨安明主持召开县十七届人大常委会召开第二十九次会议，审议曾德权辞去恩施州第七届人民代表大会代表和宣恩县第十七届人民代表大会代表职务的申请，会议决定，接受曾德权辞去恩施州第七届人民代表大会代表和宣恩县第十七届人民代表大会代表职务。

【监督工作】计划和预算执行审查监督。县人大常委会探索“政府全口径预算决算监督”新方法，先后听取和审议有关财政方面的专项工作报告6项，促进财政工作的规范运行。重视和支持审计监督，听取县政府2015年审计工作报告、关于2014年度审计指出问题整改情况的报告，并首次就审计查出问题的整改情况开展专题询问，督促县政府及有关部门落实审计意见，保证审计监督的严肃性。听取和审议县政府关于2015年上半年国民经济和社会发展计划、财政预算执行情况的报告，2015年财政预算调整方案的报告，就严肃计划执行、调整经济结构、项目建设等，提出意见和要求。

助推“双轮驱动”发展战略实施，7月，县人大常委会议听取宣恩工业园区工作情况的报告，就加快产城融合，发展特色产业，壮大骨干企业，打造产业集群等提出建设性意见。

重大民生事项监督。4月下旬至5月上旬，县人大常委会组织执法检查组对《恩施土家族苗族自治州农作物种子管理条例》进行执法检查，建议县政府要进一步完善主要农作物种子生产许可制度、改善农作物种子经营服务、开展新品种试验示范并加强种子出入境检验检疫工作。5月，听取和审议县政府关于《中华人民共和国职业教育法》贯彻实施情况的报告，针对存在的主要问题，建议政府从加大宣传力度、优化办学条件、加强教师队伍建设、增强配套教学能力等方面整改落实。7月，听取县政府关于落实常委会《关于调整城区禁止燃放烟花爆竹范围的决定》情况的报告。9月上旬，县人大常委会组织视察组，对全县农村卫生环境整治工作进行集中视察，建议县政府要结合"六城"同创，将城市交通和农村环境卫生治理作为当前政府重点推进的惠民实事来抓，建章立制，依法行政，使全县的城市交通和农村环境卫生工作，逐步走上法治化、常态化管理的轨道。

司法和法律监督。县人大常委会采取上下联动、代表参与、实地视察等方式，与州人大一起对《中华人民共和国行政诉讼法》贯彻执行情况开展执法检查，专题听取县政府、县人民法院工作报告，结合宣恩县实际情况，着重就如何加强行政应诉、从源头上预防和化解行政争议、规范行政审理等问题进行深度调研，提交检查报告。实行州县联动，对《中华人民共和国老年人权益保障法》《企业事业单位内部治安保卫条例》的贯彻执行情况进行检查。12月，县人大常委会视察组就县人民检察院2012年以来犯罪预防工作及贯彻执行州重点领域预防职务犯罪工作条例进行视察，提出加强宣传教育、营造良好氛围，贯彻落实条例、严格程序制度，坚持预防和查办并举、注重从源头上预防犯罪的建议。继续加强规范性文件备案审查工作，本级人大常委会制定的规范性文件及时向州人大常委会备案，接受审查。

部门履职监督。对县民政局、县环保局、县工商局开展工作评议。常委会组成人员和部分人大代表组成评议调查组，深入乡镇和县直部门，分别召开动员会、座谈会、测评会等，与县乡人大代表、单位职工、服务对象进行测评座谈，全面了解、掌握被评部门换届以来的工作情况。经常委会第二十八次会议集中评议，三个单位均被评为满意单位，各被评单位正按照常委会提出的评议意见抓紧整改。

【审议决定重大事项】2015年县人大常委会着重选择事关全局和群众切身利益的重大问题，开展调查研究，作出决议决定，先后作出关于撤销高罗乡设立高罗镇有关事项的决定、关于批准宣恩县2014年度财政决算的决议、关于2015年宣恩县财政预算调整方案的决议等。

严格人事任免程序，实行被任命人员向宪法宣誓制度，增强公职人员的宪法观念。全年共任免国家机关工作人员18人次，接受常委会组成人员辞职2人，接受州县人大代表辞职1人，补选州人大代表1名。同时，注重任后监督工作，结合听取和审议专项工作报告、开展执法检查及工作评议等探索对任命人员履职情况的监督，促进依法履职。

【代表工作】继续坚持基层人大代表列席人大常委会会议，参加视察、调研、执法检查、评议等活动制度，组织州、县人大代表对人民群众普遍关注的热点、焦点问题，重点项目等进行视察和调研。不断拓展代表履职渠道，坚持常委会组成人员联系代表、代表联系选民制度，参加"双联活动"，拓宽和畅通地方国家权力机关与人大代表、人大代表与人民群众联系的渠道，及时了解人大代表和人民群众的愿望和要求，人大代表的桥梁和纽带作用得到进一步发挥。继续坚持向代表发送常委会公报，使代表了解常委会重要工作安排和重要活动情况，保障代表的知情权。在人代会期间，组织开展预算法知识培训。以"代表风采"栏目为载体，广泛开展"访代表·听民声"活动，切实增强代表履职活力。

县人大常委会将办理代表议案、建议、批评和意见作为代表工作的重点，形成交办会上下任务，督办会上查进度，专题会上解难题的工作格局。对建议办理工作程序、答复内容、格式、时限、寄送，办理过程的沟通、督办均提出明确要求，对未按要求报送建议答复的3个单位进行通报，切实增强办理工作的实效。县十七届人大五次会议重点建议案4件，一般建议53件，合计57件。4件重点建议案，已经解决或基本解决3件，争取纳入"十三五"规划解决的1件。53件一般建议案，已经解决或基本解决11件，正在解决或列入规划逐步解决的38件，因条件或政策所限，一时难以解决的4件。林权纠纷有关问题、椒子营及覃家坪集镇安全饮水工程等一批涉及民生和社会反映强烈的突出问题得到有效解决。

继续坚持常委会主任会议成员到乡镇现场指导、乡镇人大专职副主席列席常委会会议制度。强化培训，6月，组织部分县乡镇人大工作者到全国人大培训基地进行集中培训。推进代表活动小组规范化建设，科学划分代表活动小组，全县共有代表小组（活动之家）38个，组织代表参加精准扶贫、视察乡镇集镇环境卫生、群众纠纷排查等活动，加强对乡镇人大工作的指导力度，县、乡镇人大工作合力进一步增强。

【《酉水河保护条例》立法调研座谈会】酉水河发源于宣恩县椿木营杨柳坨村，自东北向西南流经沙道沟镇、李家河乡至来凤县。自来凤县百福司镇流入重庆市酉阳酉酬镇，至秀山县石堤入湖南境，再由沅陵注入沅水，汇入洞庭湖。酉水河全长427公里，跨3省2州8县。3月27日，县人大常委会与湖北民族学院法律专家组，联合召开《酉水河保护条例》立法调研座谈会，征求立法意见。座谈会邀请部分州县人大代表、州县政协委员、律师及酉水河流域辖区村（居）民代表、企业事业单位代表、县直有关单位负责人，听取社会各界代表的意见和建议。提出在立法中要明确保护目标和责任主体、划定保护范围、细化治理和管护措施。建议将控制污染源、保护森林植被、加强沿岸文化遗产和旅游资源保护利用，强化宣传引导和资金投入，注重基础设施建设等内容纳入条例款项。

【2015年工作评议】10月15日，县人大常委会2015年工作评议动员会召开，对2015年度工作评议进行动员和部署。唐斌、覃正彪、乾维德及评议调查组成员、被评议单位负责人参加会议。根据《宣恩县人大常委会2015年度工作评议实施方案》要求，对县民政局、县环保局、县工商局等三个单位的工作进行评议。主要评议内容为贯彻执行宪法、法规情况；贯彻执行县人大常委会决议、决定，研究审议意见情况；履职尽责，为全县改革、发展、稳定服务情况；办理人大代表提出的议案和建议、批评、意见情况；依法行政、公正执法情况；县人大常委会需要评议的其他工作情况。

10月26日，县人大常委会评议全县民政工作动员大会在县民政局召开。史红珍及评议调查组成员，县民政局班子成员、局机关干部、局属二级单位及乡民政办负责人参会。史红珍作动员讲话。县民政局局长甘清朗报告工作，评议调查组就全县民政工作分满意、基本满意、不满意三个等次进行投票测评。

11月26日，杨安明主持召开宣恩县十七届人大常委会第二十八次会议，对县民政局、县环保局、县工商局开展工作评议，县民政局综合测评满意率为99.42%，县环保局综合测评满意率为97%，县工商局综合测评满意率为96.49%，三个单位均为满意单位。

【上级人大常委会领导到宣恩调研】3月18日，省人大常委会党组副书记、副主任赵斌带调研组，由州人大常委会副主任陈学明陪同，到万寨乡伍家台村、椒园生态产业园，调研民族、扶贫开发及园区建设情况。曾德权、习覃、杨安明、周志斌参加。

4月27日，州人大常委会常务副主任瞿赫之带调研组到宣恩，调研农村义务教育阶段教师队伍现状，并检查宣恩县《职教法》实施情况。到长潭河侗族乡中学、长潭河侗族乡中心小学、长潭河侗族乡龙马山村小学，查看学校基础设施建设和校园环境，了解学校师资队伍建设现状及流动变化情况。杨安明、史红珍、向建强陪同。

6月1日，州人大常委会党组书记、常务副主任瞿赫之一行由杨安明、副史红珍陪同，到沙道沟镇就在起草的《酉水河保护条例》进行立法调研。瞿赫之先后到酉水河上游观音坪电站项目建设工地、沙坪集镇及红旗电站坝址等地，了解酉水河流域沙道沟白水河段水生态环境安全保护情况，并听取宣南三镇部分州县人大代表就酉水河生态保护方面提出的意见和建议。

7月2至3日，州人大常委会副主任吕金施、刘青带视察组到宣恩视察“山更青、天更蓝”专项工作情况。视察组到晓关侗族乡西坪村荒山造林基地、茅坡田楠木基地、珠山镇同兴砂厂等地，了解宣恩县“山更青、天更蓝”工作推进情况。视察组要求：要重视重点工程施工完成之后的环境恢复问题，进一步推动机制创新和制度创新；要加大建筑工地及渣土车辆运输的监管力度；要采取有效措施，控制生活油烟污染现象；要围绕环境准入标准及城乡统筹发展等方面，从根本上实现"山更青、天更蓝"。覃正彪、史红珍、周志斌陪同。

8月4日，省人大常委会党组副书记、副主任田承忠带省人大执法调研组，由州人大常委会常务副主任瞿赫之、副主任吕金施陪同，到宣恩县调研《湖北省邮政条例》贯彻实施情况。调研组先后到椒园生态产业园的上好硒博园、湖北蒙恩花木发展有限公司、椒园镇庆阳坝村村邮站，了解宣恩县情及《湖北省邮政条例》贯彻实施情况。

9月10日，州人大常委会副主任刘青带视察组到宣恩视察"水更绿""土更净"工作开展情况，李明山、周志斌陪同。视察组先后到万寨乡伍家台茶叶基地、县城龙洞水库、椒园镇水田坝村，查看土壤酸化治理、测土配方施肥和饮用水水源保护等实施情况，了解存在的困难和问题。

9月16日，州人大常委会副主任陈学明及州水利局、司法局、交通局、外事侨务局、人寿保险公司等部门负责人，到椿木营乡深湾村调研精准扶贫工作，李明山陪同。

11月3至4日，省人大常委会副主任王建鸣由州人大常委会副主任邓正平陪同，到宣恩县调研经济社会事业发展情况及精准扶贫工作，习覃、朱鹏程、杨安明、唐斌、周志斌陪同。

11月5日，州人大常委会副主任涂元玲，就"十三五"规划编制情况及"城乡更美"专项工作实施情况进行视察，同时调研宣恩县贯彻执行《中华人民共和国行政诉讼法》工作情况。杨安明、黄同元、姚元文、唐斌、向子明先后陪同。调研组一行先后到晓关侗族乡、椒园镇、高罗镇等地，在桐子营人工湿地、县城垃圾填埋厂、污水处理场等地察看"城乡更美"专项工作，了解扶贫、交通、旅游、环保等工作开展情况，并听取相关工作汇报。县法院、检察院、司法局等相关单位负责人参加会议。

12月10日，省人大常委会副主任张岱梨带调研组到宣恩，调研民族地区建设与发展情况。州委书记、州人大常委会主任王海涛，州委常委、统战部长谭文骄，州人大常委会副主任陈学明，县领导习覃、杨安明、岳东、李明山及县工业园区管委会主任覃国锋先后陪同调研。张岱梨先后到万寨乡、椒园镇、晓关侗族乡等地，参观考察伍家台全国富硒有机茶示范园基地、野椒园侗寨，察看伍台昌臣茶业、谭家村酒业、立翔工艺、蒙恩林业、土家爱食品、上好硒博园、维民实业等企业，走访慰问部分贫困群众。张岱梨强调，宣恩要认真落实中央和省委关于精准扶贫的部署要求，强化责任担当，用心、用情抓好扶贫工作，把精准扶贫的措施落实到户到人。

（周盛亮）

宣恩县人民政府

【全县社会经济发展情况】2015年，全县地区生产总值达到55.01亿元，是2010年的2倍；全社会固定资产投资达到45.77亿元，是2010年的3倍；公共财政预算收入达到2.98亿元，是2010年的3倍；社会消费品零售总额达到33.87亿元，是2010年的4倍；金融机构各项存款余额达到73.5亿元，是2010年的3倍，各项贷款余额达到34.8亿元，是2010年的4倍；城镇常住居民人均可支配收入由2010年的10792元增长到20606元；农村常住居民人均可支配收入由2010年的3240元增长到7805元。地区生产总值、金融存款余额、金融贷款余额三个指标增幅位列全州第一；规模以上工业增加值增幅位列全州第二；财政总收入、旅游接待人数及综合收入三个指标增幅位列全州第三。

全县三次产业结构比为26.6：28.8：44.6。特色产业基地达到4万公顷，获得有机认证基地1433.33公顷，成功创建为全州首个"省级现代农业示范区"；富硒品牌创建成效显著，在"伍家台贡茶"成功创建为中国驰名商标的基础上，"土家爱"申报成为湖北省著名商标，宣恩贡米、宣恩贡茶、贡水白柚三个品牌被命名为"全国名特优新农产品"。以清洁能源开发、农产品精深加工、绿色加工制造为主导的新型工业加快发展，规模以上工业企业达到57家；规模以上工业用电量同比增长66.3%，增幅位居全州第一。锣圈岩旅游区、伍家台生态休闲旅游区、狮子关旅游区、椒园工业旅游示范园等4个4A级景区建设有序推进，全年旅游接待人数达到114.7万人次，同比增长30.6%；实现旅游综合收入4.8亿元，同比增长27.8%。电子商务蓬勃兴起，实现信息产业产值2.2亿元，同比增长21.5%。

完成固定资产投资40.5亿元，同比增长22%。全面推进简政放权，调整、取消、合并行政审批项目257项，下放乡、村58项；严格行政审批，激发市场活力，全县各类市场主体达到14915户，净增3036户。积极创新投融资平台，新组建经纬投资、交通发展投资、产业投资、旅游投资、生态投资等5个投融资公司，实现融资9.4亿元，在推进城镇化建设、精准扶贫、旅游产业发展等方面发挥了重要作用。招商引资实现量的增加和质的提升，到位资金21.3亿元，同比增长24.5%；实现外贸出口3219.3万美元，同比增长15.8%；项目落地率高，前5年供地率达到89.89%，位居全州第一。全力抓好园区平台建设，新增入园企业16家，总数达到85家，建成人造玉石、富硒豆制品两个产品技术研发中心，立翔工艺公司被命名为"省级高新技术企业"。全面推进"十三五"规划编制，首次聘请宣恩在外知名人士对规划编制进行把脉，共谋划项目1295个，总投资约4678亿元，为"十三五"发展打下基础。

统筹资金近7亿元，实施环境洁净、交通畅通、绿化亮化、城市宁静、空气净化、河道美化、全民素质提升、集镇环境整治"八大工程"，推进"六城"同创，改善人居环境。龙洞电厂至龙洞大坝、西门沟至红岩卡等县城出口路的路面改造全面完成，兴隆大道东端改建工程成为县城区道路改造的示范路段；凌云路、水厂路，兴隆大道中端等道路改造及配套管网建设已全面开工;莲花坝大型货车停车场建成投入使用,新增货车停车位300个;新建小车停车位180余个,城镇功能不断完善,以贡水河为主轴的“城市客厅”成为展示宣恩形象的新窗口。全力推进乡镇集镇建设与管理“十个一”工程,做到“扫干净、摆整齐、保畅通”,高罗镇、万寨乡荣获“省级生态乡镇”称号。着力加强农村环境综合治理,完成土壤酸化治理8266.67公顷,清洁能源入户2156户,美丽乡村彰显新的魅力,高罗镇九间店村被评为“省级生态村”。

全面开展精准扶贫,完成2.75万户建档立卡贫困对象、1.26万户易地扶贫搬迁对象的精准识别;投入专项扶贫资金3200万元,整合行业扶贫资金1.27亿元,实施23个整村推进重点村建设;创新金融扶贫,累计发放扶贫互助担保贷款1.87亿元;开展结对帮扶,实现帮扶全覆盖,全年减少贫困人口3.1万人,脱贫建档立卡贫困村7个。以“山更青、水更绿、天更蓝、土更净”为目标,实施“绿满荆楚”行动,突出生态保护和修复,抓好各项生态工程,全县森林覆盖率达70%、人均公共绿地达12平方米。突出低碳循环发展,万元GDP能耗不断下降,成功创建国家级生态乡镇1个、生态村6个,省级生态乡镇1个、生态村12个。教育均衡发展步伐加快,办学条件不断改善,“洁净温暖工程”全面实施,县教育中心建设进展顺利。医疗卫生服务体系不断健全,县人民医院医技楼及县急救中心投入使用。全县农村公路通畅率达到99.3%,行政村全面实现“村村通客车”;农村安全饮水率达到89.85%;新农合参合率达到99.01%;新增城镇就业4650人;城乡居民社会养老保险参保人数达到14.4万人,完成社保费核定征收43761万元,完成全年征缴任务的276%。城乡低保实现应保尽保。加强文化基础建设,县群众文化体育活动中心动工建设,新建10个乡村文化广场。举办全民健身长跑、山地自行车赛等活动,加快推进文化精品工程建设。推行村医村教进班子、农民办事不出村、“律师进村、法律便民”的“三位一体”基层治理新模式,在9个乡镇和168个中心村建立综合服务平台,网格化管理实现全覆盖。普遍建立法律顾问制度,覆盖全县396家单位和284个行政村(社区)。坚持“平安宣恩”建设,开展领导干部大接访活动,有效化解各种矛盾。全县共排查矛盾纠纷1728起,成功调解1644起,调解成功率为95.14%。长潭河司法所被命名为全州唯一的“全国先进司法所”;群众安全感、治安状况满意度测评均在96%以上,连续8年被评为“省级平安县”。

【政府法制】进一步完善重大行政决策集体决定制度。对于涉及全县国民经济、社会发展计划、重大项目建设、重大投资等重大决策,必须经县政府常务会议研究决定,特别重大的决策必须按程序提交县委常委会或县人大常委会决定,实政府重大行政决策的民主化。2015年共召开政府常务会议9次,研究讨论涉及教育发展、生态环保、医疗保险、城市建设等重大问题。进一步完善重大行政决策听取意见制度。在做出重大决策前,通过多种形式,广泛听取人大代表、政协委员及各民主党派、群众团体等各方面的意见和建议。为畅通社会各方面表达意见的渠道,在公开征求意见的方式上,通过召开座谈会、听证会、问卷调查等方式广泛征求和听取各方面意见,做到决策上的集思广益。进一步强化重大行政决策的合法性审查制度。对于政府重大决策事项,在做出决策前必须先由政府法制机构就决策涉及的法律问题进行研究论证,在此基础上提出重大决策事项合法性审查意见,保证政府决策的合法适当。进一步加强领导干部和执法工作人员学法用法工作,强化领导干部、执法人员法律意识,提高运用法治思维和法治方式深化改革、推动发展、化解矛盾、维护稳定能力。2015年1629名机关、事业单位人员参加学法用法并参加考试,考试通过率达99%。进一步推行法律顾问制度,法律顾问除参与合同起草和审查、行政诉讼案件的处理外,在重大行政决策、政府重大投资项目的协商、谈判以及突发应急事件、重大安全事故的处理等方面都积极参与,逐步形成“事前防范、事中控制、事后补救”的政府法制风险防控体系。自2014年建立法律顾问制度以来,顾问律师为各单位累计提供法律咨询2021次,起草、审查合同489件,化解信访积案120案,参与涉法决策123件,讲授法治课56次,顾问单位的工作满意率达99.97%。

2015年以宣恩县人民政府为被告的行政应诉案件28件,其中一审案件20件,已审结的16件中原告主动撤诉的5件,法院判决依法履行法定职责的3件,判决驳回原告诉讼请求的5件,判决撤销具体行政行为的1件,裁定驳回原告起诉的1件,裁定驳回管理权异议的1件。办理行政复议案件11件,审结8件,中止3件,已审结的案件中维持的4件,因申请人自愿撤回复议申请而终止审理的2件,撤销的2件。办理信访复查案件4件,其中3件维持,1件不属于复查范围已向信访人指明途径。

【政府常务会议】第二十六次常务会议　2月12日,县长习覃主持召开县十七届人民政府第二十六次常务会议。听取审议县总工会关于《宣恩县县级劳模评选活动方案》,并原则同意《方案》。要求县总工会按照"群众公认"的原则,做好劳模评选公示前的各项基础性工作;按照"实绩突出"的原则,评选出对社会有很大贡献的劳动者。要坚持质量,宁缺毋滥;按照"程序合法"的原则,县总工会等相关单位按程序做好劳模评选工作。

听取工商银行行宣恩支行关于"政银集合贷"业务的情况汇报。要求操作程序上,要规则明确、责任清晰,相关职能部门中间起的作用是搭建平台,传递信息,提供支持和协助;具体政策上,服务范围要扩大,要面向旅游业、商贸企业,面向有利于地方经济发展的产业和企业;面向企业服务时,要求不能太高。会议原则同意县财政落实"政银集合贷"业务风险补偿保证金1000万元。

听取县扶贫办关于金融扶贫益贷互助担保贷款试点项目工作的情况汇报,原则同意《宣恩县金融扶贫益贷互助担保贷款试点方案》。要求:风险补偿要专门制定针对贫困户的风险补偿政策,但要严格控制数量;借款人对象将回乡创业、涉农企业纳入扶持范畴;贴息按照上级相关政策执行。决定同意将县金融扶贫互助社职责设在县扶贫发展中心,原则同意在财政扶贫资金中落实担保金和风险准备金1500万元。

听取县民政局关于开展宣恩县第二次全国地名普查工作的情况汇报,要求进一步加强统筹,整合相关部门资源,全力做好第二次全国地名普查工作,工作起点、标准不能太低。会议同意成立由副县长周志斌任组长的宣恩县第二次全国地名普查工作领导小组,领导小组下设办公室于县民政局,县民政局局长甘清朗任办公室主任;同意将宣恩县第二次全国地名普查工作所需经费按年度纳入县级财政预算。

会议听取县民政局关于开展2015年农村低保按标施保工作的情况汇报,原则同意《关于深入开展"人情保""群体保""错保"专项整治的通知》和《关于农村低保按标施保工作实施方案》,要求进一步修改完善后印发。要求在"控面提标"的前提下,适当拉开补助标准;县民政局要主动加强与州民政局沟通衔接,同时加强与周边县市的业务联系;在做好相关基础工作后,启动2015年农村低保按标施保工作。

听取县民政局关于《宣恩县城区殡葬管理暂行办法》(以下简称《暂行办法》)的起草说明,要求县民政局等单位广泛征求社会对《暂行办法》的意见,进一步修改完善后再提交县政府常务会议审定。

听取县综合招投标管理办公室关于《宣恩县小型建设工程招标投标管理办法》(以下简称《办法》)的起草说明,原则同意《办法》,要求进一步修改完善后印发。要求:固定总价原则上小型建设工程实行固定总价的方式承包,如确有特殊原因需采用固定单价的方式承包的,必须报县人民政府分管领导同意后方可实施;建立工程承建商数据库要按照开放式的原则建立数据库,要建立公开举报制度和黑名单制度,要探索本土民族类建筑的承建方式,解决民族类建筑在招投标政策上无明确规定的"瓶颈";造价由业主负责确定招标控制价,对招标控制价确定的合理性建立监督制度,由县审计局、县招投标管理办公室等相关单位抽样审核,同时,有举报的工程必须审查。

听取县粮食局关于《深化国有粮食购销企业改革实施方案》(以下简称《方案》)的起草说明,要求相关部门加强对《方案》的调查研究,进一步修改完善后再提交县政府常务会议审定。

第二十七次常务会议　3月16日,习覃主持召开县十七届人民政府第二十七次常务会议。听取县旅游局关于《宣恩县旅游产业发展优惠和奖励政策》的起草说明,要求进一步修改完善后再提交县委常委会议审定。会议要求,要依据相关政策,立足实际,以投资商、酒店和旅行社为重点,制定关于旅游产业发展优惠和奖励政策。

听取县人社局关于研究规范发放机关事业单位奖励性补贴项目和改革性补贴项目工作的情况汇报，要求进一步修改完善后再提交县委常委会议审定。要求坚持“广覆盖、保基本、可持续”的原则，保障机关事业单位相关福利待遇；改革性补贴项目参照州定标准予以保障，奖励性补贴项目在年底根据县级财力确定补贴标准；文明创建、综合治理、党风廉政等“一票否决”的事项一个年度内不得重复追责；县监察局、县人社局、县财政局等相关部门对受处分人员的工资发放要制定相关的管理制度。

听取县人社局关于进一步完善落实建设领域农民工工资支付保证金制度工作的情况汇报，原则同意《关于进一步完善落实建设领域农民工工资支付保证金制度的通知》（以下简称《通知》），要求进一步修改完善后印发。要求，由副县长向子明、宣恩工业园区管委会主任覃国锋牵头县人社局、县招投标管理办公室等相关单位，进一步征求社会对《通知》的意见，修改完善报县委副书记、常务副县长朱鹏程审定。

听取县接待办关于《宣恩宾馆承包经营合同》提前解除工作的情况汇报。同意王先云的《宣恩宾馆关于提前终止经营合同的申请》，提前解除原签订的《宣恩宾馆承包经营合同》，根据合同约定按程序对王先云投入部分进行评估，按评估价值给予补偿（共计 18.5 万元），退还未到期的租金 6 万元，由王先云自行处理其在经营期间新添置的其他可移动资产，并给予两个月处理时限，承包经营合同解除后，宣恩宾馆作为新的老年大学和一部分社区养老的场所。

听取县林业局关于“绿满荆楚”行动的情况汇报。要求“长、短”结合，突出重点、亮点建设，短期目标：2015 年以国、省道，县、乡道为重点，建设好县城高速公路连接线、当阳坪至彭家寨和来凤仙佛寺等公路沿线的绿化工作；长期目标：在建重点景区的绿化工作。做符合宣恩实际需要的“绿满荆楚”行动，多做彩色绿化、暖色绿化；发挥综合效益，突出春秋、兼顾夏冬，从椒园景区开始做起，全面统筹项目资金。原则同意县林业局调剂部分项目资金解决“绿满荆楚”行动、森林公安业务用房和宝塔山生态公园建设资金缺口；由县财政落实一部分资金用于植苗劳务费支出；由“绿满荆楚”行动其他成员单位筹措 1000 万元资金用于“绿满荆楚”行动。

听取县林业局关于实施新一轮退耕还林工作的情况汇报。要求在巩固上一轮退耕还林工作的基础上，放大效益，坚持“产业优先”的原则，积极引导市场主体，引进合作社、企业参与新一轮退耕还林工作，并加强退耕还林后期管理。同意每公顷 4500 元的种苗费由县政府统筹，并由相关部门统一采购。

第二十八次常务会议　4 月 24 日，朱鹏程受习覃委托主持召开县十七届人民政府第二十八次常务会议。听取宣恩工业园区管委会关于《湖北宣恩工业园区 2015 年度企业入园条件及相关优惠政策》的起草说明，要求进一步修改完善后印发。将《湖北宣恩工业园区 2015 年度企业入园条件及相关优惠政策》改成《湖北宣恩工业园区 2015 年度企业入园条件》，并原则通过行文下发；要考虑县情实际，企业入园门槛不能设置过高，在不突破国家政策底限的情况下，适当降低宣南产业新城和乡镇创业小区工业性质用地门槛；入园企业固定资产投资强度按 1500 元/平方米底线控制，企业投产后要及时办理一般纳税人税务登记；企业取得项目用地后，转让土地必须征得县政府许可；入园企业取得土地使用权后，未按入园协议约定的时间正式投产的，征收土地闲置费。

听取宣恩工业园区管委会关于启动宣恩工业园区扩区调区规划编制工作的情况汇报。要求宣恩工业园区管委会等相关部门对需要编制的规划要考虑成本，进行打包处理；与设计公司进行洽谈，规划要与发展环境相结合，与宣恩“十三五”规划进行对接，要符合宣恩发展实际。同意宣恩工业园区扩区调区规划编制的内容、招标方式和启动时间；解决规划编制资金 150 万元（以最后中标价为准）。

听取县总工会关于县级劳模评选工作的情况汇报。要求劳模要分行业评选，按照“群众公认、实绩突出、程序合法”的原则，考虑劳模的结构和代表性，考虑工作绩效，面向基层，面向长期坚持工作在第一线的工人、农民和科技工作者。原则同意县劳模评选委员会推选的 15 名县级劳动模范。

听取县农业局关于开展创建湖北省农产品质量安全县工作的情况汇报，原则同意《宣恩县创建湖北省农产品质量安全县实施方案》，要求进一步修改完善后印发。要求农业工作要超前思维，要考虑以后农产品的销售和提档升级；创建湖北省农产品质量安全县工作要做出特色，突出“有机”。原则同意将创建湖北省农产品质量安全县工作经费纳入县级财政预算，每年按照县公共财政预算收入的1%用于创建工作，同时加大财政资金项目统筹力度；将农产品质量安全监管工作纳入全县农业农村工作考核；县农业局和乡镇农业服务中心承担农产品质量安全监管的职责。

听取县国土资源局关于宣南产业新城征地拆迁工作的情况汇报，原则同意《宣南产业新城征地拆迁实施方案》（以下简称《方案》），要求进一步修改完善后印发。要求制定《方案》要有政策依据，要体现政策的连续性、可操作性，本着“投机者不得好处、老实者不吃亏”的原则，做好征地拆迁的相关工作

听取原东方龙公司片区旧城改造专班关于兴隆大道中段道路改造工作的情况汇报，原则同意《宣恩县兴隆大道中段国有土地、集体土地上房屋征收安置补偿方案》和《原东方龙食品饮料公司腾空安置补偿方案》，要求进一步修改完善后印发。要求专班人员要敢担当，讲规范，按规矩办事，可临时机动处理一些事情，解决实际问题，但原则问题必须报县政府研究。兴隆大道中段道路是城市交通的一个卡口，要保证2015年年底完成道路改造任务，以20米宽为实施标准，保证24米的控制性红线。因该路段地质结构复杂，稳定性差，要以安全为基础，减少开挖量，可以错层修建，并完善相关功能。科学设计道路改造方案，统筹考虑地质安全和拆迁成本。农业银行宣恩支行要申请县法院强制执行收回原东方龙食品饮料公司的固定资产，县政府支持县法院依法履行法定职责。同意兴隆大道改造沿线住户拆迁后，具备后靠条件的拆迁户按照片区规划要求后靠翻修改建，按照统一规划进行建设，与民族风情街的建筑风格相呼应；将蔡堡山、莲花坝安置小区作为兴隆大道改造拆迁户安置点，每户按120平方米宅基地进行安置；原东方龙食品饮料公司住房户安置，符合入住保障房的，优先纳入保障对象。

第二十九次常务会议　5月29日，朱鹏程受习覃委托主持召开县十七届人民政府第二十九次常务会议。听取县委办公室关于县委老宿舍1幢房屋国有资产处置工作的情况汇报和县卫计局关于原办公场所6栋房屋（珠山镇群益巷75—81号）国有资产处置工作的情况汇报。认为根据房屋鉴定机构的鉴定结论和建议，拆除县委办老宿舍楼和县卫计局共7栋房屋，并重新规划建立地质滑坡搬迁安置小区，对保证人民群众生命财产安全具有重要意义。决定县国资局收回县委办、县卫计局等2个单位共7栋房屋的使用权；根据县城市规划委员会通过的规划方案，将原县卫计局小区规划为地质滑坡搬迁安置小区；县国资局等相关部门按程序对被拆除房屋进行产权注销，对土地按相关规定进行产权转移。

听取县编办关于政府职能转变和机构改革及事业单位分类改革工作的情况汇报，原则同意《宣恩县人民政府职能转变和机构改革方案》《关于实施〈宣恩县人民政府职能转变和机构改革方案〉任务分工的通知》《关于分类推进事业单位改革的实施意见》和《关于事业单位分类的实施意见》，要求进一步修改完善后提交县委常委会议审定。要求适时召开政府职能转变和机构改革工作座谈会，征求相关单位的意见，对改革方案要进一步细化，事业单位改革要根据上级的要求逐步推进；适当增加县教育局的编制；在调查当前不动产登记现状的基础上，结合实际，进一步明确县不动产登记机构的工作职责；县广播电视台划入县委宣传部管理后，要进一步明确其编制和职责；县公共检验检测中心组建方案要进一步细化，对中心设置、工作衔接等问题要进行研究。

听取县审改办关于行政审批制度改革工作的情况汇报。要求县审改办要向县委常委会议汇报行政审批制度改革工作；行政审批制度改革要做好建立标准化的审批流程、做好审批事项的承接和取消、全面清理行政审批前置事项、组织开展新一轮权力清理、积极推进并联审批、加强政务服务体系建设、继续落实“三集中三到位”等7个方面的工作；县审改办和县政管办等相关单位要做好基础性工作，完善“六个清单”（权力清单、责任清单、监管清单、负面清单、行政审批前置中介服务项目清单和收费清单）。同意将行政审批制度改革

工作纳入年度综合考核；相关单位要加快“市民之家”工程建设进度，确保2015年年底正式投入运行；晓关侗族乡、万寨乡、长潭河侗族乡和椿木营乡等4个乡的便民服务大厅2015年8月以前必须规范运行，并确保乡镇便民服务达到全州一流水平。

听取县粮食局关于县粮食企业改革工作的情况汇报。会议指出，珠山粮食购销公司和沙道粮食购销公司已经进行两次改革，工人身份已经改变，工人社保已有保障，企业经营情况比较稳定。要求按照省政府“一县一企、一企多点”的要求进一步做好粮食企业改革工作，将珠山粮食购销公司和沙道粮食购销公司合并，成立一家粮食购销企业，实行自主经营、分点核算、自负盈亏；粮食企业的民营化、股份制改革待条件成熟后适时推进；县粮食局、县国资局等相关部门要加强国有粮食企业资产管理，确保国有资产保值增值，维护社会稳定。

听取县财政局关于盘活财政存量资金工作的情况汇报。决定将2012年及以前年度存量资金全部收回，未分配的专项转移支付全部调入预算稳定调节基金，公共预算及部门预算结余结转资金中，已实施未结算项目由部门按照预算管理程序重新向县政府申报，收回统筹部分原则上在系统内安排，整合集中部分用于重点项目建设；2013年度存量资金部分收回，主要是本级预算结余部分，部门可提出意见对项目统筹整合使用；2014年度存量资金已纳入2015年部门预算，按预算批复继续使用；对于乡镇的存量资金，2012年及以前年度的县政府收回，其中除预留的工勤人员养老保险外，统筹用于乡镇集镇建设或化债项目并重新申报。2013年度及2014年度的继续使用。

听取县国土资源局关于《宣恩县地质灾害防治规划（2013—2020）》（以下简称《规划》）的起草说明，原则同意《规划》。要求：《规划》中的内容是动态变化的，要及时完善补充《规划》，建立动态的调整体系；相关部门要根据《规划》制作《地质灾害防治手册（简装本）》，在全县范围内广泛宣传，提高群众地质灾害防范意识和参与意识；针对地质灾害高危区，相关部门要按照《规划》开展地质灾害防控工作，并制定详细的防治方案；针对县城区地质灾害防治，相关部门要积极争取上级的项目资金支持，并制定详细的防治方案。

听取县环保局关于2015年环保项目追加预算工作的情况汇报。要求相关部门要有全局意识，项目资金由县政府统筹安排；水污染治理建设项目要建成一个，发挥效益一个；水质自动监测站建设项目选址要进行充分论证，既要能反映贡水河水质情况，又要便于管理；相关部门要积极申报项目，将乡镇污水和垃圾处理、管网建设等纳入“十三五”规划。同意编制《生态县创建规划》、建设忠建河出境断面水质自动监测站，同意实施长潭河乡集镇水污染治理项目，要考虑降低项目建设成本和后期运行成本；同意追加2015年环保项目预算1000万元。

决定由向子明牵头组织相关单位对县城区商品住宅项目的相关政策进行清理：一是国家在商品住宅建设方面的政策支持，包括公租房等；二是政府在项目基础设施配套方面的政策支持。同时，与房地产开发企业共同研究商品房销售问题。相关单位要拟定推动全县商品房销售的相关政策，报县政府批准后实施。由副县长李世祥牵头组织相关单位对县城区房地产开发项目中的商业门面进行统一规划，在与国家相关政策保持一致的前提下，研究制定相关鼓励政策，并对外招商，推动全县商贸流通业健康发展。

第三十次常务会议　7月17日，习覃委托朱鹏程主持召开县十七届人民政府第三十次常务会议，审议《宣恩县精准扶贫目标责任考核办法》《进一步加强县城市规划区建设工程规划管理工作的通知》，研究城建重点项目建设、农村智能广播网建设、落实80岁以上老人高龄津贴工作等事项，听取机关事业单位在职人员基本工资增资预先兑付和增加离退休人员离退休费工作的情况汇报。会议听取县扶贫办关于《宣恩县精准扶贫目标责任考核办法》（以下简称《考核办法》）的起草说明，原则同意《考核办法》。要求将扶贫开发工作纳入年度综合目标责任制考核，同时，要做好与农业农村工作考评的对接；针对扶贫项目资金逐年增多的趋势，相关部门要制定扶贫项目资金管理办法；针对扶贫项目前期推进慢、程序繁琐的问题，相关部门在《宣恩县小型建设工程招标投标管理办法（试行）》（宣政办发〔2015〕15号）文件规定的基础上，要简化扶贫项目招投标程序，加快项目实施进度，制定小型建设工程招标投标管理的补充规定；在与省、州政策对接的基础上，相关部门要制定金融扶贫管理办法，调动银行贷款的自觉性，并降低风险，让银行放心贷款；要动员所有企业参与精准扶贫工作，对做出贡献的企业，要给予一定的奖励。会议同意扶贫开发工作在年度综合目标责任制考核中按百分制考核，权重为60%；县财政局、县扶贫办将重点贫困村工作经费统筹使用，县财政再配套一部分资金，作为扶贫项目的前期费用，并制定扶贫项目工作经费使用方案，将经费分配到乡镇。

听取县住建局关于城建重点项目建设工作的情况汇报。同意将民族路东段道路及管网改造工程、星光大道西段道路及管网改造工程列为2015年度实施项目，由县住建局当业主，县城投公司负责资金的支付；东方龙片区（贡水大桥至文澜桥）道路管网改造工程在县招投标管理中心公开招标；同意采购148套存量商品房作为公租房，在县城区公开采购100套，万寨乡定点采购48套；县住建局提出的购房资金支付方式，从保障房专户资金中先预付，以后除每年从土地出让收入中计提外，逐步从土地出让收入中预算配套资金。会议决定根据拆迁安置方案和与搬迁户签订的相关协议，同意按照单一来源采购方式进行房源采购、按照同楼盘同楼层销售的网签均价下浮5%确定政府采购价上限，县国土资源局负责办理采购及资金支付相关手续。同意县财政借款600万元，用于二水厂厂区建设。

听取县住建局关于《进一步加强县城市规划区建设工程规划管理工作的通知（草案）》（以下简称《通知》）的起草说明，要求相关部门对《通知》进一步修改完善后报县政府审定。要求今后旧城区改造要严格控制建筑体量、容积率，不再批准建设高层建筑，要注重沿贡水河的景观打造，严格控制沿河建筑物的高度；要加强建设工程规划批后管理，进一步明确各相关单位的管理责任，配强配齐监督管理人员。

听取县广播电影电视局关于推进农村智能广播网（以下简称“村村响”）建设工作的情况汇报。要求“村村响”建设任务分两年完成，2015年完成第一期100个行政村的建设；“村村响”建设要与实施的“农民办事不出村”示范点建设结合起来，第一期在74个“农民办事不出村”示范点进行建设，剩余26个要选择在人口集中、便于管理的行政村进行。

会议决定成立以县分管领导任组长，相关部门负责人为成员的“村村响”工程建设领导小组；县财政根据工作进展情况配套解决“村村响”工程建设资金和运行维护费。

听取县民政局关于落实80岁以上老人高龄津贴工作的情况汇报。指出按照落实高龄老人津贴主体责任，全县已于2013年将90岁以上老人纳入高龄津贴补贴范围，并将所需资金纳入县财政预算，其中，90至99岁老人每人每月50元，100岁以上老人每人每月400元。同意将80至89岁的老人纳入高龄津贴补贴范围，按照每人每月20元的标准纳入县财政预算，自2015年7月1日起执行。

听取县人社局关于机关事业单位在职人员基本工资增资预先兑付和增加离退休人员离退休费工作的情况汇报。决定全县机关事业单位在职人员基本工资增资预先兑付和增加离退休人员离退休费，按照相关政策和标准执行；“三支一扶”、大学生村官的工资比照新进的事业单位人员进行调资。

第三十一次常务会议　7月30日，受习罩委托朱鹏程主持召开县人民政府召开县十七届人民政府第三十一次常务会议。听取东门关“7·20”抢劫杀人案侦破情况汇报，决定召开表彰奖励大会，给予“7·20”抢劫杀人案专班记集体三等功一次，奖励人民币10万元；给予民警向曦、廖伟、凌万强分别记个人三等功一次，并各奖励人民币2000元。

听取县财政局关于《宣恩县存量资金预算安排方案》（以下简称《安排方案》）的起草说明，原则同意《安排方案》。

第三十二次常务会议　9月17至18日，县长习罩主持召开县十七届人民政府第三十二次常务会议，听取县法制办关于《宜都至来凤高速公路鹤峰（容美）至宣恩（当阳坪）段投资协议书》（以下简称《协议书》）征求意见的情况汇报，要求立足宣恩实际，结合恩来恩黔高速公路建设经验，向州委、州政府提出合理化的建议；相关部门在《协议书》条款细节的修改中，要进一步梳理与高速公路沿线群众切身利益相关的问题（如：“三改”、施工便道补偿、失地农民养老保险等），切实维护群众的合法权益；在服从大局的情况下，资本金、征地拆迁补偿等方面要积极争取州委、州政府的政策支持，同时，建议将鹤宣高速公路的安全生产不纳入属地县市考核指标；建议提前建设宣鹤高速公路沙道沟连接线和落地互通，并及早投入使用。

会议听取县民宗局关于民族团结进步模范集体和模范个人评选表彰工作的情况汇报，原则同意《关于开展宣恩县民族团结进步模范集体和模范个人评选表彰活动实施方案》，要求进一步修改完善后提请县委常委会审定。要求进一步做好全县民族团结进步模范集体和模范个人的评选表彰工作，弘扬正能量，加强宣传，营造氛围，通过表彰活动使全县的民族工作再上新台阶；对全县民族团结进步模范集体和模范个人的表彰名额要进一步优化分配。

听取县水利水产局关于椒园水厂建设工作的情况汇报。会议指出，晓关侗族乡和万寨乡集镇用水来自祝家沟水库和天鹅池水库，水库库容小，来水不足，两地供水极不稳定；椒园镇集镇用水来自龙洞水库，用水成本过高。随着当地人口的增加和经济社会发展，三个乡镇的供水矛盾将日益突出，在椒园镇启动水厂建设，对解决三个乡镇的缺水问题，改变用水难现状具有重要意义。要求相关部门、设计单位要站在根本性解决北边乡镇饮水问题的角度，对椒园水厂设计方案进一步优化论证，在充分论证的基础上，按照“科学谋划、分步实施”的原则，及早启动椒园水厂建设，力争2015年内有实质性的工作进展。

听取县财政局关于利用农发行融资及贡水担保公司增资扩股工作的情况汇报，原则同意提出的关于政府融资平台建设及融资工作的相关建议。决定：在做实宣恩城市建设投资有限公司的基础上，逐步做实宣恩经纬投资有限公司、宣恩产业发展投资有限公司、宣恩旅游投资有限公司、宣恩生态环境建设投资有限公司、宣恩交通发展投资有限公司等融资平台，切实解决全县综合扶贫开发融资难题。相关部门要研究政策，参照州里模式制定投资公司干部任用和人才引进方案，提请县委常委会审定。做实一个水务投资公司，统筹资源和运营，解决城乡饮水问题，由副县长周志斌牵头，副县长向子明参与，组织相关部门在2015年内制定出相关建设方案；做实一个产业投资公司，大力推进全县实体经济发展，由宣恩工业园区管委会主任覃国锋牵头，组织相关部门在2015年内制定出相关建设方案；做实一个旅游投资公司，全力推进全县旅游产业发展，由副县长向建强牵头，组织相关部门在2015年内制定出相关建设方案；做实一个生态投资公司，强力推进全县城乡生态环境建设，由副县长向子明牵头，组织相关部门在2015年内制定出相关建设方案，相关公司建设方案出台后提请县委常委会研究审定。关于贡水担保公司增资扩股工作，会议同意投入6900万元对贡水担保公司进行增资扩股。省财政安排的实体资金3900万元，委托县财政局持有；从重大产业基金调剂安排3000万元，继续由县国资局持股。要有具体措施加强对担保公司的监管，确保资金用于县内，且以支持实体经济为主。

听取宣恩工业园区管委会关于《宣恩工业园区标准厂房及配套公租房管理暂行办法》（以下简称《办法》）的起草说明，原则同意《办法》，要求进一步修改完善后印发。要求宣恩工业园区等相关部门要积极探索公租房政策与人才公寓的对接问题；针对园区内企业将公租房改变用途及利用产业用地变相进行房产市场性出售或出租的情况进行一次全面系统的清理，要求相关企业必须整改到位，对不整改的企业依法追究法律责任。

听取县国资局关于原汉办房屋拆迁安置工作的情况汇报。要求原汉办房屋拆迁安置工作专班要与汉阳区改建征收指挥部加强联系，就原汉办房屋征收拆迁补偿事宜再一次谈判磋商，进一步争取征收拆迁补偿的利益空间；工作专班要对选择的置换房产进行全方位考察，在谈判过程中要明确界定置换房产的多种用途。同意对原汉办房屋征收拆迁补偿选择异地房屋安置补偿的方式，拆迁还建的方案报县委常委会审定。

听取县卫计局关于计划生育及公立医院改革工作的情况汇报。同意提高村计生专干工资待遇，由每年2400元提高到每年4800元，新增部分实行绩效考核发放，征缴的社会抚养费实行收支两条线，主要用于弥补计生经费的不足；将计划生育利益导向进一步提标扩面，追加2015年财政预算30.77万元，用于调整和新增特别扶助、城镇无业居民领取独生子女证家庭一次性奖励等7个奖扶项目支出，以后逐年按照10万元/年的标准增加财政预算；提高“两非”案件线索有奖举报奖励额度，由每例2万元提高到每例3万元；县卫计局等相关部门要针对计生信访人群探索建立稳控机制，并保障适当的工作经费，但要形成规范适度的管理机制。关于公立医院改革工作，决定成立由副县长向建强为组长的县级医院综合改革领导小组，相关部门为成员，并抽调人员组建工作专班迅速开展相关工作；公立医院改革单位为县人民医院。

听取县规划局关于县城区农民建房集中安置点建设工作的情况汇报。要求将县城区农民建房集中安置点建设作为2016年的一个亿元项目和珠山镇异地扶贫搬迁项目来谋划和启动；安置点建设要体现差异性，按照“消化矛盾，控制自建房”的原则，提高安置小区准入门槛；县规划局、珠山镇人民政府等相关部门对县城区农民建房集中安置点选择要进行实地踏勘，科学合理规划安置小区，研究制定安置小区选址和建设方案，加快蔡堡山安置小区建设，并提交县规划委员会审定；珠山镇人民政府、县国土资源局、县住建局等相关单位要对县城区所有农民安置户进行仔细甄别并锁定，同时研究制定县城规划区内和规划区外农民自建房管理办法。

听取县农业局关于2015年秋冬季农业综合开发工作的情况汇报，原则同意《宣恩县2015年秋冬季农业综合开发方案(草案)》。要求南三乡镇的白柚产业发展要注重质量和效益，要坚持建管并重，在规模和标准上向茶叶产业看齐；在2015年的秋冬季农业综合开发中，相关部门要在南三乡镇选择条件成熟的行政村，打造一个一、二、三产业融合发展的白柚规模化经营试点；按照“政府主导、农民自愿”的原则，推动土地流转，积极推进全县特色农业规模化经营试点建设；县财政局、县监察局要考察了解周边县市情况，结合宣恩实际，制定具有可操作性的办法解决符合基层实际的工作经费开支管理问题。同意2015年茶叶裸根苗最高限价为0.15元/株；整合相关项目资金解决2015年果茶基地管理资金问题；9月召开全县秋冬季农业综合开发工作会议。

听取县教育局关于与重庆彬华房地产开发有限公司解除“两个合同”工作的情况汇报。县教育中心项目建设是政府实施的五大民生工程之一，采取拍卖县一中开发权的方式先行融资进行县教育中心项目建设，切合宣恩发展实际，同时确保了公开、透明竞争，杜绝了项目启动时权力寻租的可能。县教育中心项目建设进度正常，但重庆彬华房地产开发有限公司已不具备代建实力，解除合同时机合适，及早研究后续工作很有必要。决定按照程序依法解除宣恩县国土资源收购储备交易中心与重庆彬华房地产开发有限公司签订的《土地融资开发合同》和《宣恩县教育中心高中部建设工程项目投资代建合同》，并全面接管该公司代建的高中部建设工程项目；组建由县人大常委会副主任史红珍，副县长向建强、向子明，副县长、县公安局局长张友刚牵头，县法制办等相关部门和县政府法律顾问全程参与、全程跟踪的工作专班，依法开展对重庆彬华房地产开发有限公司的违约清算工作，确保社会稳定；按照计划加快实施县教育中心高中部建设，确保2016年春季学期具备搬迁条件，县教育中心公共部分的建设要迅速进入招投标环节。

听取县“六城”同创指挥部办公室关于“六城”同创工作的情况汇报。要求全县“六城”同创工作各部门要加强协调配合，统筹发力；要加大宣传力度，营造浓厚氛围，积极引导公众参与；要抓住关键环节，严格落实目标任务，切实推动“六城”同创工作迈上新台阶、创出新成绩。决定由副县长向子明全权统筹县“六城”同创指挥部办公室的工作；县财政安排“六城”同创经费1000万元。

第三十三次常务会议　10月15日，习覃主持召开县十七届人民政府第三十三次常务会议。听取县财政局关于大额资金使用与2016年部门预算口径工作的情况汇报，原则同意《农发行易地扶贫搬迁项目信贷资金分配方案》《扶贫搬迁3亿元融资注册资本金投入方案》《重大产业资金用于旅游产业发展分配方案》《2015年置换债券方案》《2016年部门预算口径》，要求进一步细化完善后提请县委常委会议审定。《农发行易地扶贫搬迁项目信贷资金分配方案》要重点围绕基础设施建设、产业发展和新型城镇化建设，要合理使用，确保效益；通过推动落实具体项目让资金发挥效益，县民族医院项目、县城安置小区项目已经做了前期工作，要迅速进入操作层面，贡水河沿岸的深度打造工程，县规划局、县旅游局要做好规划设计方案，芋头沟至兴隆大道连接线工程、新客运站连接线工程、椒园镇28千米旅游环线工程要迅速启动项目前期工作。其中，椒园镇28千米旅游环线工程要注重自行车道建设和洗草坝、庆阳坝扶贫搬迁与旅游景区的融合打造。各乡镇要结合实际，迅速制定切实可行的易地扶贫搬迁实施方案。凌云路至人民路连接线工程、莲花三路道路工程由副县长向子明牵头相关部门完成。椒园镇28千米旅游环线工程、贡水河沿岸的深度打造工程由副县长向建强、向子明牵头相关部门完成。

重大产业资金用于旅游发展分配方案，要确保注入的产业资金在最短时间内用于基础设施建设；聘请专业的会计师事务所对政府与企业之间的资金、资本、持股进行核算，形成合理、合法、合规的界限明晰的股权分配方案；确保政府投入做成优势资产，以利县政府将来对持有股份进行科学合理处置。

县财政局要对《2016年部门预算口径》进一步细化完善，相关部门要做好政策宣传解释工作。

听取县住建局关于追加购买商品房转作公租房、棚改安置房房源工作的情况汇报。要求房屋采购要以“效果最好，价格最低”为原则，采购过程要公开透明，实行市场竞争，采购合同中要明确界定每平方米200元装修费的装修标准，交付房屋要满足基本的居住条件。同意追加采购138套存量商品房转作公租房、棚改安置房。其中，在县城区公开采购100套，沙道沟镇单一来源采购38套；购买的商品房为具备预售条件的商品房，购买的价格原则控制在同地段、同品质、同类型商品房均价下浮5%的基础上采购。由副县长向子明统筹存量商品房转作公租房、棚改安置房房源采购工作。

听取县考核办关于《宣恩县2015年度目标管理责任制考核办法》（以下简称《考核办法》）的起草说明，原则同意《考核办法》，要求进一步修改完善后提请县委常委会议审定。要求考核办法要围绕全县经济社会发展大局，在考核过程中更加突出工作重点，突出被考核单位自身工作特色，通过考核这个“指挥棒”更加调动发挥被考核单位的工作主动性、积极性；县直部门和各乡镇年终考核优胜和达标单位的奖励，按照州里补发1个半月、1个月工资的奖励标准执行，不达标的单位不进行奖励。

第三十四次常务会议　11月25日，县长习覃主持召开县十七届人民政府第三十四次常务会议，研究公立医院改革与县民族医院整体搬迁等工作。听取县卫计局关于公立医院改革工作的情况汇报，原则同意《宣恩县公立医院综合改革实施方案》。要求按照国家、省、州相关要求，以规范化、标准化为方向，相关单位要积极学习先进地区的经验，按照“稳步推进、分步实施、搞好衔接”的原则，做好公立医院综合改革工作；县卫计局和县人民医院要按照相关方案，将公立医院改革工作做实、做细、做好。编制问题由县编办等相关单位就全县公立医院改革进行考察，在资源配置、解决方法等方面拟订方案提交县编委会审定，薪酬待遇问题由县财政局纳入2016年县级财政预算。

会议听取县卫计局关于县民族医院整体搬迁工作的情况汇报，要求县发改局和县卫计局要加强同上级主管部门的沟通衔接，积极做好项目对接工作，力争2016年将项目争取到位；县卫计局、县民族医院要抽调人员组建搬迁工作专班，相关部门要加强沟通，密切配合，加快推进县民族医院整体搬迁工程建设。同意由原设计单位对县民族医院地下部分进行补充施工设计，费用按原招标单价结算；地下必建部分纳入医疗用房统一进行招标建设。同意按照省、州要求，县财政局将计生工作基金纳入县级财政预算。

听取县旅游局关于狮子关旅游区试营业工作的情况汇报，要求景区业主要进一步加强景区工作的深度研究，加快景区建设进度，确保试营业实现开门红，为宣恩旅游业的市场化开个好头；县旅游局要牵头组织相关职能部门，依照有关法律法规，做好景区开业前的各项核查工作，并积极配合景区业主做好协调服务工作，确保景区顺利开园试营业；县物价局和景区业主要遵从市场经济规律，站在游客的角度，对景区门票进行合理定价；县编办要拟定县旅游执法大队组建方案，提交县编委会审定。

听取县机关事务管理局关于《发放党政机关和事业单位职工物业管理补贴方案》的起草说明，同意党政机关和事业单位职工物业管理补贴参照《恩施州机关事务管理局关于发放州直机关职工物业管理补贴的通知》(恩施州管发〔2015〕26号)规定的标准执行。

听取县统计局关于统计工作的情况汇报,要求各乡镇和县直各部门要认真组织学习、贯彻落实《州人民政府关于进一步加强统计调查工作的意见》(恩施州政发〔2015〕22号)和州委、州政府领导关于统计工作的重要批示精神,以此指导完成2015年的工作任务,谋划2016年的工作;要牢固树立"管行业就要管统计,抓发展就要重数据"的理念,研究统计方法和制度,狠抓统计数据生产源头,强化统计基层基础,改善统计工作环境,充分发挥统计工作服务领导决策、推动县域经济社会发展的重要作用。同意出台《关于培植市场主体加快县域经济发展的意见》,建立"四上企业"激励机制和行业部门统计责任机制,为培植企业、壮大实体、发展经济提供优质服务;成立县加快发展服务业工作领导小组,县发改局为重点服务业发展牵头单位。县教育局为县教育系统限上商贸企业发展的责任单位,并将其纳入2016年度综合目标考核;设立县民意调查中心,隶属于县统计局管理,核定4名全额拨款事业编制,同时县普查中心增核3名编制,报县编委会研究决定。同意县民意调查中心办公地点设在市民之家,办公用房由县机关事务管理局和县政务服务中心负责落实;县统计局从统计或相近专业的大学毕业生中直选2名事业编制人员,由县人社局、县编办与县统计局负责落实。同意2016年县统计局按程序公开招考2名公务员;县第三次全国农业普查经费、县民意调查中心经费,由县财政局按照实际需要、厉行节约的原则纳入县级财政预算。同意"四上企业"基础规范化建设资金由县财政预算10万元,县统计局负责考核兑现,县财政局负责监督使用;乡镇经济发展办加挂统计站牌子,相关乡镇要确定人员,保障经费,保证运转。县统计局要加强乡镇统计人员培训,检查落实相关工作。

听取县移民局关于长潭河侗族乡中间河村二台坪集镇移民个人建房办证工作的情况汇报。对符合办证条件的移民户,国有土地使用权出让金按照每平方米30元的标准不增加,由县国土资源局、县房管局、县规划局等部门从解决历史遗留问题的角度,补办移民户的土地使用证和房产证;相关乡镇和部门在办证过程中,要严格程序,做到手续齐全、资料完备,要对移民户进行书面告知,并做好相关资料的存档工作,争取在6个月内完成移民户的办证工作。

听取县住建局关于购买县一中新校区教师公寓(教师安居工程)工作的情况汇报。同意县一中、县二中在职在编教师家庭和其他符合条件的退休教师家庭购买新校区修建的教师公寓,单套面积不超过120平方米;由县一中负责制定教师公寓分配方案和相关管理办法。购买新校区教师公寓的在职教师必须与县一中签订书面协议,承诺在县一中的服务期限不得少于6年;6年内其购买的公寓不得转让、转租,中途离岗(不含退休和组织调动)的由县一中按原销售价收回其购买的住房;购房满6年后需转让的,县一中具有按评估价优先回购的权利;教师公寓供地采取划拨方式,购房人按购房合同交齐购房款后办理房产证和国有划拨用地土地使用证;县一中为项目实施主体,在政策宣传、财务资金管理、工程建设质量、住房分配程序等方面负主体责任。

听取县财政局关于投融资平台建设与原汉办国有资产处置及政府采购工作的情况汇报。会议决定投融资平台建设要按照县十七届人民政府第三十三次常务会议精神,各分管县领导和有关职能部门负责抓好贯彻落实,相关方案要召开专题会议研究,确保投融资平台进入实质性运作;公司人员待遇标准要依据相关规定和市场机制,参照州及其他县市做法,并结合宣恩实际确定,原则同意公司董事长及总经理年薪为15万元,副总经理年薪为12万元,其他人员年薪为5万~8万元,年薪均含"五险一金"及个人所得税;原则同意6000万元旅游产业基金先期按照《关于旅游产业基金的使用方案》进行运作,最终的使用方案由县政府常务会议研究决定;同意《关于调度资金的使用方案》,要重点针对有困难、值得帮扶的工业企业,确保企业渡过难关。由工业园区管委会主任覃国锋牵头做好相关对接工作。

关于原汉办国有资产处置,会议同意原汉办国有资产易地置换中南SOHO城,置换楼层为14、15楼,购置车位5个,购买车位后剩余资金继续在中南SOHO城购买房产;本次置换房屋产权注入宣恩经纬投资有限公司,并明确其为签订购房合同的产权人;购房款和车位款由汉阳区拆迁办一次性支付给开发商、办证税费开设三方监管账户的资金支付方式;拆迁补偿易地置换三方协议合同文本,经律师、县政府法制办审查,报县政府审定后,由县国资局代表县政府签订。

政府采购工作按照省、州相关文件规定执行,进一步提高行政效率,取消财政部门在政府采购预算执行的审核环节后,县财政局要加强和相关职能部门的衔接,研究制定新的政府采购工作机制。

听取县审改办关于《县人民政府关于取消和调整行政审批事项的决定(代拟稿)》《宣恩县县级行政审批中介服务事项清单(送审稿)》《县人民政府办公室关于印发宣恩县县级行政审批事中事后监管清单目录的通知(代拟稿)》的起草说明,原则同意《县人民政府关于取消和调整行政审批事项的决定(代拟稿)》《宣恩县县级行政审批中介服务事项清单(送审稿)》《县人民政府办公室关于印发宣恩县县级行政审批事中事后监管清单目录的通知(代拟稿)》,要求县审改办征求分管县领导意见,进一步修改完善后印发。

会议安排部署三项具体工作:由分管县领导牵头,对分管领域的目标任务进行清理排查,把握时间节点,确保完成年度目标任务;由分管县领导牵头组织相关单位,就各自分管的工作,赴相关县市和地区进行一次考察。考察时间由县政府办公室统筹安排;为加强信息沟通,方便开展日常工作,县政府办公室为县政府领导开通微信,组建微信交流群。

【2015 年经济工作会】2 月 26 日,宣恩县召开 2015 年经济工作会议,总结 2014 年经济工作,部署 2015 年经济工作,朱鹏程主持会议,习覃作主题报告,曾德权出席并讲话,杨安明、张频、吴卫平、黄同元、岳东、龙志刚等县“四大家”领导出席。会议对 2014 年度各项工作的先进单位和个人进行了表彰。县法院院长郑向东、县检察院检察长李美福、工业园区管委会主任覃国锋;各乡镇党委书记,乡(镇)长、常务副乡长,分管政法综治信访维稳工作、工业经济及招商引资工作负责人;县直单位班子成员;部分规模以上工业企业主要负责人参加会议。

会议提出全县 2015 年主要预期目标:地区生产总值增长9.5%;规模以上工业增加值增长11.5%;公共财政预算收入增长 15%;全社会固定资产投资增长 20%;社会消费品零售总额增长 14%;城镇常住居民人均可支配收入增长 10%;农村常住居民人均可支配收入增长 12%;城镇登记失业率控制在 4.2%以内;城镇化率提高 2 个百分点;人口自然增长率、节能减排、安全生产控制在州定目标以内。

【人大代表议案建议和政协委员提案转信交办会议】3 月 31 日,宣恩县召开 2015 年人大代表议案建议和政协委员提案、转信交办会议。朱鹏程、史红珍、陈浩参加会议。史红珍、陈浩先后回顾总结 2014 年议案建议、提案的办理情况,并对 2015 年的办理工作提出意见和要求。2014 年全县共承办人大代表建议 49 件、政协委员提案 53 件,达到“见面率 100%、办复率 100%、满意和基本满意率达到 98%以上”的目标。就做好 2015 年的建议提案办理工作,朱鹏程指出,人大代表建议和政协委员提案代表着人民群众的呼声和要求,是民情民意的集中体现,各责任部门要把建议和提案办理工作作为了解群众意愿、密切联系群众、解决实际问题的重要途径;要围绕建议提案的办理,切实改进工作,接受监督,优化服务,树立形象。各承办单位要将办理工作与日常工作结合起来,落实责任领导和承办人,保证每一件建议提案都有办理计划和责任要求。县政府督查室要切实加大建议提案办理工作的督查督办力度,督促各承办单位按期完成办理任务,按要求给代表委员答复到位,以高度负责的态度,强化措施,抓好落实,高质量、高标准完成今年的建议提案办理任务。

【领导调研】3 月 18 日,州委常委、副州长马尚云到沙道沟镇,查看绕镇公路建设现场,了解全县交通运输情况以及“村村通客车”基础设施建设情况;到工业园区生态产业园,走访上好硒博园、湖北天宇物流有限公司、宣恩县方圆绿色再生资源科技有限责任公司等企业,询问企业的建设、投产情况。朱鹏程、向子明陪同。

4 月 11 日,省卫生计生委党组书记杨有旺,在副州长陈晓燕陪同到万寨乡伍家台村卫生室、珠山镇卫生院、县民族医院迁址选址、县人民医院等地调研，了解国家基本药物制度在宣恩落实情况，询问基层卫生、乡村一体化管理、公共卫生项目落实、基层医务人员待遇、卫生计生机构合并及计划生育服务、项目建设等相关工作开展情况，听取基层医务人员对医药卫生体制改革工作的意见和建议。曾德权、乾维德、向建强参加。

4月15日，副州长庞红艳带检查组到宣恩检查指导防汛工作。到龙洞水电站、黄河沟防洪治理工程施工现场、洞坪水电站等防汛重点区域，各项防汛工作开展情况进行全面检查。她强调，要进一步强化思想认识，牢固树立防汛大局意识，切实增强做好防汛工作的责任感和紧迫感；要认真落实各项防汛责任和措施，完善防汛应急处置预案，并严格执行24小时防汛值班制度；要加强水库科学调度，密切监视雨情、汛情变化，把握主动权；要高度重视在建工程度汛工作，及时疏通度汛临时排洪设施，确保在建工程安全度汛。朱鹏程、周志斌陪同检查。

5月12至16日，州委副书记、州长杨天然带州直相关部门、各县市政府主要负责人，到宣恩检查督办各县市重点项目建设和投资工作。到鑫海物流园、上好硒博园、施南府旅游区建设现场，实地了解相关情况，检查督办建设进度。16日，在县行政办公大楼二楼会议室召开座谈会。在听取各县市、州直有关部门的工作情况汇报，州委常委、常务副州长刘芳震，州经济开发区管委会主任杜寿昌，州政府秘书长张全榜，各县市经济开发区（工业园区）管委会主任参加会议。曾德权、朱鹏程、向子明、周志斌、李世祥等陪同检查。

5月25日，州委副书记、州长杨天然在州政府秘书长张全榜及州水利局主要负责人的陪同下，到宣恩调研。到黄河沟防洪治理工程、宣（恩）万（寨）公路施工现场及连接宣恩县万寨乡与恩施市三岔乡的石心河大桥施工现场，了解工程概况及进展情况；到长潭河侗族乡中间河村和诺西村，调研社会发展及烟叶生产情况。曾德权、朱鹏程、周志斌陪同。

5月26日，副州长秦斌带调研组到宣恩，专题调研工业园区产业发展和“互联网+”建设发展情况。秦斌一行先后到县工业园区椒园生态产业园的宣恩县鑫海物流发展有限责任公司、宣恩县方圆绿色再生资源科技有限责任公司、湖北谭家村酒业有限公司、湖北凯泰农业发展有限公司、湖北土家爱食品开发有限公司、上好硒博园等企业，了解企业基本情况、发展现状、互联网营销以及当前存在的问题、面临的困境等方面情况。

6月9日，国务院扶贫办行政人事司副司长张广平带考察组到宣恩调研扶贫开发工作，并对派驻挂职的副县长尹建华进行综合考核。张广平先后到万寨乡板场小学、伍家台村，椒园镇水田坝村、黄坪村及椒园工业园区等地考察扶贫开发及特色产业发展工作。覃国锋陪同。

8月17日，副州长秦斌带调研组到宣恩万寨乡伍家台村便民服务大厅，专题调研“互联网+”和农民办事不出村工作情况，李世祥陪同。

8月21日，副州长、州公安局局长汤文江一行到宣恩，调研“开放活州”和精准扶贫工作。到晓关侗族乡，了解维民茶叶公司产业发展和结对帮扶情况，到山尖坳村查看村委会建设进展、组级公路建设方案。到椒园镇慰问贫困户，查看黄金梨产业。到椒园生态产业园的宣桃茶业、巴楚风、凯泰农业、宜红贡茶公司，了解公司运营、提供就业和结对帮扶等情况，并到恩施海关监管仓储建设现场实地查看。曾德权参加座谈会，朱鹏程汇报工作，周志斌、张友刚、覃国峰陪同调研。工业园区管委会、县扶贫办、县招商局、高罗镇、椒园镇、万寨乡金龙坪村主要负责人先后发言。县委组织部、县委党校、县发改局等单位相关负责人，椒园镇、高罗镇主要负责人，万寨乡金龙坪村、晓关侗族乡猫山村党支部书记参加座谈会。

10月20日，州委常委、副州长冯忠泽带州烟叶生产办公室、州烟草专卖局相关负责人，到宣恩调研指导烟叶收购工作，周志斌及县烟办、县烟叶分公司负责人陪同。冯忠泽到宣恩县晓关基地单元中心收购组，与交售烟叶的烟农交谈，询问他们交售烟叶及收入情况，了解专业化分级散叶收购流程，现场察看烟叶收购质量。

12月16日，州委副书记、代理州长刘芳震陪同省长江产业投资集团有限公司董事长邹顺明，到莲花坝新城项目地块、县教育中心施工现场、伍家台全国富硒有机茶示范园基地、宣恩县伍台昌臣茶业有限公司、海关监管仓库施工现场、县工业园区椒园生态产业园、锣圈岩休闲旅游区，椒园镇水田坝村、庆阳坝村等地参观考察。县领导习覃、朱鹏程、黄同元、唐斌、向子明、张友刚、黄玉贤及县工业园区管委会主任覃国锋先后陪同考察或参加座谈会。在项目对接座谈会上，刘芳震介绍恩施州区位交通、旅游资源、产业发展、精准扶贫等方面情况；朱鹏程介绍宣恩生态环境、特色资源、民族文化、区位交通及经济社会发展等方面情况，并向邹顺明一行推荐莲花新城开发、易地扶贫搬迁、宣南产业新城、创业孵化基地、天然富硒矿泉水、七姊妹山旅游开发等项目。邹顺明认为，宣恩县生态环境优良、交通区位优越、产业基础坚实、文化底蕴深厚、旅游资源丰富、发展前景广阔，对在宣恩投资充满信心。邹顺明表示，考察结束后，集团将对项目合作内容的可行性进行深入研究，并组织专业团队进行细致的调查、分析、定位。县政府办、国土、环保、财政、发改等部门有关负责人参加座谈会。

（张树）

【政务督查】2015年政务督查工作围绕全县中心工作、重点项目建设和群众普遍关注的热难点问题，开展政府绩效管理、加快实施民生工程、创新建议提案办理、推进效能建设。

对恩施州分解到宣恩县“十大民生工程”、县政府承诺的五件大事、《政府工作报告》分解的各项任务以及重点项目建设、行政审批改革、乡镇集镇建设等重点工作进行多次督查，全年编发《政务督查通报》24期，与县委督查室联合下发《督查通报》11期。

加大对议案、建议和提案办理进度、办理质量的督促检查力度。督促发改、水利、民宗等相关部门办理省政协提案1件和州政协提案5件。对县人大议案、重点建议和县政协重点提案的办理情况进行专项督查，全年办理县人大和县政协交由县政府办理的议案4件、建议53件、提案75件。

做好信访阅批件的处理答复工作。群众通过给省长和州长直接写信、在人民网地方领导留言版块留言、在网络问政平台上留言等方式来信来访，经过领导阅批后转交县政府办理的，全部由督查室处理。2015年共计处理答复省委巡视组转交信访件5件，州长信访阅批件9件，群众在人民网地方领导留言版给州长的留言1件，群众网络问政平台上的留言4件。

（陈德俊）

【外事侨务】2015年全县有归侨侨眷44人，宣恩籍海外华人华侨、驻外工作及海外留学生共有21人，分别分布在美国、德国、日本、韩国等国家。居住在美国的有6人、法国1人、澳大利亚1人、日本2人、德国1人、韩国1人、新加坡5人、南非1人、佛得角1人、阿尔及利亚1人。

2015年1月17日，法国驻武汉总领事馆商务处商务领事凯奕、湖北省外办欧非处处长侯继文到宣恩，就茶叶相关情况进行考察。恩施州外事侨务局党组书记、局长汪敏，县委副书记、常务副县长朱鹏程陪同考察。

（江琼）

人事工作

【概况】组织2015年度机关事业单位招录招考工作，新录用公务员55人，新签约“三支一扶”人员23人，完成事业单位人员招聘145人。做好全县副科级以下公务员和事业单位人员的流动调配工作，发调动文件11份，人员调配（调档）111人，其中，县内调动79人，跨县调动32人。

完成2014年度取得中级职称68人的文件通知工作；上报岗位设置方案及双肩挑的请示共3批次，上报5人破格、15人双肩挑、卫计局等26个部门和单位的岗位设置方案，对交通、教育等21个部门520人的岗位进行认定；组织35名专业技术人员参加高级职称的水平能力测试工作；组织283人参加职称计算机考试；完成全县应考核机关工勤及事业单位工作人员3858人的年度考核工作，完成299个机关工勤及事业单位年报工作，对81名事业单位工作人员的辞职解聘进行了备案；对40人的处分进行备案。对机关单位违规借调人员进行清理规范，共有9个借调单位上报，涉及借调人员46人，备案单位12个，涉及备案人员55人。

全年新增高技能人才110人，完成全县机关事业单位工人技术等级培训和考试工作，其中高级工6人、中级21人、初级217人。

【公务员管理服务】组织全县2015

年度公务员录用计划的申报工作、资格初审、复审、考核和录用工作，2015年全县考试录用公务员计划38个职位55人，共招录并到岗55人(其中乡镇21人，县直34人)。办理39名机关单位试用期人员转正和晋升科员的任职手续，129名事业单位试用期转正手续。

2015年5至7月在全县范围内开展公务员登记确认专项清理行动，全县政府序列28个机关单位共有行政编制658名，已登记公务员543人(其中已登记但登记表丢失的有11人，兼职参公单位领导的有2人，兼职事业单位领导的有3人)；符合条件在编在岗尚未办理登记手续29人(其中新录用未转正24人，调任已备案未满一年4人，参公人员转公务员未登记1人)；符合条件因缺编未登记1人；不符合登记条件4人(调任条件不够未登记3人；调事业单位但行政工资关系未转1人:刘耀)。

2015年5月12至13日，县人社局与县委组织部、县委党校联合，对全县2014年初任公务员、选调生、从村干部中定向招录的乡镇公务员共80人进行廉政教育培训。11月2至20日，组织参加恩施州第一期公务员更新知识培训班，从县林业局、县食药监局、县交通运输局、县贸易促进会、县档案局、县教育局、县财政局、县文体新广局、县公安局、县司法局分别选派一名人员参训。

2015年全县政府序列共有机关单位38个(包含9个乡镇)，参照公务员法管理的事业单位20个。全县政府序列共有公务员939人(县直590人、乡镇349人)，比上年少11人。政府序列共有参照公务员法管理的事业单位工作人员135人，比上年少6人。

【事业单位招考】2015年全县事业单位共计划招聘147人，已完成招聘145人(其中，专项招聘22人，公开考试招聘59人，农村义务教育学校教师招聘64人)。

全县公开专项招聘事业单位工作人员22人。

计划公开招聘事业单位工作人员43个岗位共62人。7月1至10日，通过网上报名资格审查通过1495人，因长潭河林站报名人数比例不足取消该岗位，故实际招聘42个岗位61人。9月25日，参加资格复审169人，通过168人，不通过1人，放弃11人。9月29日，按照州人社局发布的补充公告，应补录12人，实际补录8人。宣恩县电视台、椿木营乡卫生院、李家河镇卫生院、县妇计中心4个单位无人补录，实际进入面试176人。10月19日至11月11日开展面试工作，1人放弃参加面试，1人迟到，9人缺考，实际参加面试167人。长潭河林站、宣恩县电视台，椿木营乡卫生院，李家河镇卫生院，县妇计中心五个岗位因不足比例取消或核减岗位计划。10至11月，经过面试、体检、考核等相关程序，最终确定公开考试招聘事业单位工作人员59人。

经省教育厅统一组织笔试报名，县教育局初审、面试资格复审，全县统一面试、体检、考核，共招聘教师64人。

【“三支一扶”招募派遣】全县共申报“三支一扶”(大学生毕业后到农村基层从事支农、支教、支医和扶贫工作)岗位24个，网上报名通过审核92人，通过笔试，有55人进入双选会，共招募“三支一扶”人员23人。

【工资福利审批】根据《关于做好机关事业单位工作人员基本工资增资额预先兑付和离退休人员增加离退休费工作的通知》(鄂人社发〔2015〕22号)文件精神，按照国家测算的基本工资月人均实际增资额预先兑付在职工作人员增资，按照国家的标准和省有关政策增加离退休人员离退休费。在职5491人次，2014年10月1日至2015年7月增资1112.66万元，月人均增资202.63元。离退休干部(含企业)3232人，其中机关1041人(离休37人，退职1人)，事业单位2091人(离休3人，退职4人)2014年10月1日至2015年7月增资1137.9万元，月人均增资352.07元。

【干部人事档案管理】维护好人才交流中心信息管理系统，人才交流中心信息管理系统共有4431条数据，其中大中专毕业生2294条、机关事业单位新进人员1049条、辞职辞退自动离职人员121条、人事代理人员488条、专业技术人员279条、离退休人员7条、机关事业单位工人16条、乡镇企业录用制干部11条、事企业单位聘用制干部166条。规范流动人员人事档案管理，共接收档案142卷，转出档案66卷，开出调档函98份，查阅档案1600余次，接收人事代理人员、大中专毕业生学历、合同、职称、党员、考核鉴定等方面的档案资料3000余份分类归档。完成事业单位新进人员2014年年度考核、薪级工资呈报表、聘用合同、学历档案等材料按四角号码分类共计5000余份。

按州委组织部和州人社局的统一安排部署，按照干部管理权限和“谁管理，谁把关，谁审核，谁负责”的原则，组织开展县直政府序列单位干部人事档案专项审核工作。2015年6月15日至8月1日，开展初审，先进行个人申报，然后由2名同志交叉初审，组织各单位政工与管档人员交叉审核干部人事档案共3895卷；2015年8至12月，进行复审，由县人社局组织领导专班进行最终审核，专人进行核对、登记，最终复审各单位公务员和事业单位中层干部的人事档案共530卷，其中公务员290卷，事业单位人员240卷。

【职称申报及考试】开展职称申报及评审工作，2015年度全县评审通过初级职称117人，中级职称107人，副高级职称24人。全年组织21名教师、26名医护人员、2名经济师参加高级职称的水平能力测试工作，235人次参加职称计算机306个模块考试，完成42人的护士执业资格考试资格审查、268人的卫生中初级职称资格考试的资格审查、2015年度28人的中级会计资格考试资格审查。完成2015年度专业技术人员执业资格证和专业技术资格证网上报名考试资格审核168人，职称申报187人(其中初级104人、中级83人)，高校毕业生工龄认定32人。

【事业单位人事管理】开展2014年度事业单位工作人员考核工作，全县应考核机关工勤及事业单位工作人员3869人，实际参加考核3823人，未参加考核46人。参加考核事业单位人员中优秀597人，占应参加考核人员的15.4%；合格3081人，占应参加考核人员的79.6%；基本合格1人；不合格人员8人；未定等次人员136人。

完成事业单位及参管事业单位年报工作，2014年度纳入事业单位年报的单位共有299个机关工勤及事业单位。全县2014年度事业单位年末人数为5480人，在册正式工作人员3697人。其中管理人员641人，专技人员3176人(其中管理岗位的有262人)，工勤技能人员142人，其他从业人员1783人。

对何彦霖等93名事业单位工作人员的解除聘用合同进行备案。完成杨春娥等59人的学历备案及档案移交工作。对受党纪政纪处分的45名事业单位工作人员处理情况进行备案。宣恩网上涉及事业股的6条网络问政进行答复。

推进事业单位岗位设置管理工作，已向州人社局报送岗位设置方案、双肩挑、破格的请示共6次，上报的岗位设置方案包括教育局等11个部门，双肩挑与破格材料共30人；对教育等28个部门910人的岗位进行认定，并对其聘用合同进行备案。开展乡镇财政所岗位设置工作，对该类单位的岗位设置实施方案进行批复，财政部门正在拟订方案组织实施。

2014年9月开始全县开展“吃空饷”人员专项清理清查活动，财政系统3个单位“吃空饷”的资金398551元县财政局全部追缴到位，34名个人“吃空饷”人员全部处理到位，199130.7元资金全部追缴到位。制订并印发《关于进一步规范全县机关事业单位工作人员病假、事假和年休假相关制度的通知》(宣办发〔2015〕5号)，建立全县机关事业单位工作人员病假、事假和年休假长效机制。

(蒋华云)

民族宗教事务

【概况】2015年突出“共同团结奋斗，共同繁荣发展”主题，开展民族团结进步创建工作。利用“12·4”法制宣传日，巡回到各乡、镇宣传《民族区域自治法》《宗教事务条例》等法律法规。完善县、乡(镇)、村(社区)、组、户五级宗教网络，及时掌握宗教动态，及时处理发现的问题。实施民族专项资金项目，开展武陵山试验区建设和“616”工程，加快基础设施建设，改善生产生活条件。实施少数民族特色村寨保护与发展项目，打造民族特色村寨，奠定民俗文化和生态旅游事业发展基础。为民族企业的发展创造有利条件，落实民族贸易企业贷款优惠利率返还政策，52家民贸企业享受民贸贴息1553万元。加强宗教事务的管理，维护社会的和谐和稳定。

【“三坝两寨”建设】2014年2月，

高罗乡板寮村谭家坝、小茅坡营村，椒园镇庆阳坝村、水田坝村，沙道沟镇两河村彭家寨，晓关乡大岩坝村、野椒园村，长潭河乡两河村等被国家民委纳入“十二五”时期全国少数民族特色村寨保护与发展村寨。全县围绕“三坝两寨”新农村示范区建设，结合生态文化旅游产业发展，申报少数民族特色村寨保护与发展项目，截至2015年，已在彭家寨投入200余万元，对彭家寨吊脚楼群进行整体保护性修缮，并配套建成停车场、公共厕所等基础设施；在伍家台已投入90万元，用于特色民居改造，新建一座景观亭；在谭家坝先后投入400余万元，进行民居改造，新修2座风雨桥，一座观光亭，500米民俗风情青石栏杆及板寮老街浮雕墙；在水田坝村投入近200万元，新修2座民族风雨桥，一座景观亭，新修连户路5千米，新建一个民族文化广场，新建一座迎宾亭；2015年大岩坝村向省民宗委申报相关项目，建成侗族风雨桥2座。

【全国民族团结进步模范县建设】根据《县委办公室、县人民政府办公室关于开展民族团结进步模范县创建活动的通知》要求，对照《全国民族团结进步创建活动示范县(市、区、旗)测评指标体系》标准，逐项落实。县委办公室印发《贯彻落实中央和省委民族工作会议精神实施方案》，明确目标任务和部门责任。县委政府主要领导带17个部门在晓关侗族乡和长潭河侗族乡召开专题会议，出台系列支持民族乡发展的政策。利用电视、网络、大型广告牌等平台向广大干部群众广泛宣传党的民族政策及法律法规。利用重要纪念日、民族传统节日，组织开展富有特色的群众性活动，先后举办民族团结进步创建有奖知识竞答活动、元宵灯会、元宵灯谜竞猜、摄影竞赛、庆阳古街百家宴、民族团结进步宣传月活动、民族团结进步创建全民健身走、美丽乡村健身走、水上运动会、趣味运动会等活动。组织拍摄、录制、编辑出版《宣恩民歌集萃》MV光碟。制作宣恩县民族团结进步创建工作专题片。全县103个单位4112人参加创建全国民族团结进步示范州理论知识考试。高度重视城市民族工作，建立两个少数民族流动人口服务站。建立两个民族团结教育基地和爱国主义教育基地。做好(1+1)对口支援对接工作，实施支援项目，促进两个侗族乡社会进步、经济发展。

12月9日，省综治委委员、省委统战部副部长、省民宗委主任柳望春到综治联系点宣恩县调研综治工作，习覃、黄同元陪同。到省级“民族进步示范村”长潭河侗族乡两溪河村，检查综合治理和平安建设工作；到珠山镇政府了解“宣恩县网格化管理应急调度指挥中心综合平台”运行情况。柳望春要求，宣恩要继续加强基层基础设施建设、群防群治等工作，进一步巩固综治成果，全面提升工作水平。

【落实民贸政策】印发千余册《民贸贴息宣传手册》，到企业宣传民贸企业贴息政策；协调银企对接，搭建银企信用合作平台，帮助企业解决融资难题。按照省民宗委工作要求，对全县所有民贸企业进行重新审核、重新申报。至年末，省民宗委审批全县民贸企业86家，其中52家享受民贸贴息1553万元。彭家寨民族工艺品公司获20万元民族工艺保护与发展专项资金，湖北巴楚风印务公司获15万元补贴资金。

【社会化服务】开展民族助学，支持成绩优秀、家庭贫困的少数民族高中生10人，金额3万元；支持成绩优秀、家庭贫困的少数民族大学生5人，金额2.5万元；办理少数民族学生高考加分证明，审核通过984人，更正少数民族成份382人；开展少数民族大病救助110人次，金额20万元；兑现4位“州民间艺术大师”津贴，每人每年1200元，共4800元。

【考察调研】3月25日，广东省韶关市人民政府副市长王伟阳带考察团到椒园镇水田坝村、庆阳坝村、万寨乡伍家台村考察特色民居建设情况。县委常委、副县长郭晖陪同。

4月1日，省民宗委党组书记、主任柳望春带省民委办公室、经济处、政法处、人事处等处室负责人考察伍家台、水田坝、庆坝特色村寨。州民宗委主任廖于实、县委书记曾德权陪同。

5月25日，国家民委研究室副巡视员黄东辉带工作组到宣恩，调研国家相关政策在宣恩执行落实情况，并就如何使民族地区与全国一道同步全面建设小康社会等问题收集建议与意见。随行人员有省民宗委副巡视员段绪光，州民宗委党组书记廖于实及省州民宗部门相关处室负责人，副县长郭晖、向建强及相关单位负责人陪同。工作组先后到宣恩工业园椒园生态产业园内的方圆再生资源有限公司、立翔工艺开发有限公司、凯泰农业有限公司、土家爱食品开发有限公司、上好硒博园等企业及水田坝、庆阳坝等地，了解相关企业发展情况。座谈会上，向建强、郭晖分别介绍相关情况，县民宗局、卫计局、发改局、财政局、扶贫办、国土局、林业局等相关部门负责人结合各自工作实际，就少数民族地区基础设施投入、教育、人才培养、人员编制配备及生态效益补偿标准等国家层面需要帮助解决的政策问题及需要制定的优惠政策进行汇报。

7月25日，国家民委派驻湖北武陵山片区联络员座谈会在宣恩召开。中南民族大学党委书记陈达云、中南民大校长李金林、赵晓珊，省民宗委副主任蔡德坤等到会。省10个民族县市副县（市）长、民宗局局长参加会议。

9月22日，广西壮族自治区柳州市民委党组书记、宗教局长吴慧兰一行6人在州民宗委纪检组长郑莉莉的陪同下，到高罗板寮、万寨伍家台参观特色民居。

9月23日，中央、国家机关联合督查组来宣恩督查中央民族工作会落实情况。中央统战部二局副局长张天昱、中央政法委反分裂指导协调室处长诸建全、国家民委监督检查司督察处处长陈爱民一行6人，在省民宗委党组书记、主任柳望春、州委常委统战部长谭文娇等领导陪同下，参观高罗板寮、火烧营特色村寨。

12月10日，省人大常委会副主任张岱梨一行到宣恩调研民族工作，参观万寨乡伍家台村、椒园镇工业园区、晓关乡野椒园村。州委书记王海涛、县长习覃陪同。

（滕树松）

【武陵山试验区建设】2015年宣恩县共确定武陵山试验区建设重点项目106个，其中续建项目41个，新开工项目65个，计划投资29.7亿元。

武陵山试验区建设成员单位支援宣恩县项目95个，到位支援资金93022万元，其中基础设施项目42个，资金54214万元；产业发展项目12个，资金25212万元；社会事业项目24个，资金7793万元；其他项目17个，资金5803万元。省直17个厅（委、办）落实鄂发〔2011〕25号文件20条扶持政策，扶持宣恩82个项目9.34亿元，到位7.68亿元。同时对农村公益性基础设施建设项目全部取消地方配套资金。

（滕树松）

“616”工程

【概况】“616”工程是指省直6个部门支持1个县市每年至少办6件实事；“1+1”是指省直1个部门对口支持1个民族乡的经济社会发展。2011年以来，“616”对口支援省直各帮扶单位累计支持各类项目81个，支援资金达到25292.7万元，拉动各类投入55606万元。荆州市对口支援，到位支援资金894.76万元，拉动各类投入5000余万元。2015年，省国土厅、省文化厅、省人社厅、省粮食局、省总工会、省民宗委等6个单位落实工程项目21项，总投资11546万元。

【省国土资源厅帮扶情况】省国土资源厅发挥牵头单位的作用，在政策、项目、资金等方面给予大力支持，帮扶实施低丘岗改造、国土整治等项目18个，累计投入资金2.8亿余元，到位帮扶资金16188万元，覆盖全县9个乡镇、70余个行政村；帮助县国土资源管理部门解决相关业务工作经费1397万元。2015年共实施“616”工程项目10个，帮扶资金2.191亿元。其中，新开工项目3个，投资5514.33万元；续建项目完成5个，投资11397.3万元；组织申报项目2个，预计投资5000元万。帮助解决工作经费539万元。

3个新开工项目分别是：宣恩县长潭河侗族乡等乡（镇）2014年高标准基本农田土地整治项目，建设规模666.67公顷，投资规模2412.15万元；宣恩县万寨等乡（镇）2014年高标准基本农田土地整治项目，建设规模700公顷，投资规模2533.18万元；金土地工程项目（硒资源详查），通过对宣恩县晓关侗族乡、椿木营乡的大气沉降样品、植物样及根系土、1∶50000土壤样品和有效态样品、1∶10000土壤样品、生态环境地质调查、灌溉水等样品采集分析，对宣恩县硒资源进行详查，为宣恩县硒产业开发提供科学依据，实施规模627平方千米，总投资569万元。

5个续建项目分别是：宣恩县

长潭河侗族乡等乡(镇)2013 年高标准基本农田土地整治项目,建设规模 666.67 公顷,投资规模 2311.52万元;宣恩县沙道沟镇等乡(镇)2013 年高标准基本农田土地整治项目,建设规模 666.67 公顷,总投资为 2369.94 万元;长潭河、晓关两个侗族乡"616"工程土地整理项目,建设规模 666.67 公顷,投资规模 2328.55 万元,于 2015 年 7 月通过省国土资源厅验收;长潭河侗族乡等 6 个乡(镇)土地整理项目,建设规模 666.67 公顷,投资规模 2387.29 万元,于 2015 年 7 月通过省国土资源厅验收;宣恩县沙道沟镇等 4 个乡镇 2012 年度低丘岗地改造项目,建设规模 666.67 公顷,投资规模 2000 万元,于 2015 年 7 月通过省国土资源厅验收。

组织申报项目 2 个,预计投资 5000 万元,分别是:宣恩县晓关侗族乡等乡(镇)2015 年高标准基本农田土地整治项目;宣恩县沙道沟镇等乡(镇)2015 年高标准基本农田土地整治项目,建设规模 1333.33公顷,预计总投资 5000 万元,划设计已经通过专家评审;解决工作经费共计 539 万元,其中,农村集体土地确权登记发证工作补助经费 326 万元,地质灾害防治项目和监测预警工作补助经费 134 万元,矿产资源补助资金 31 万元,"616"工程及少数民族乡镇"1+1"工程项目工作经费 20 万元,国土"金土工程"信息化建设项目经费 28 万元。

【省粮食局帮扶情况】省粮食局帮扶实施项目 18 个,先后投入项目资金 1533 万元。2015 年帮扶项目 5 个,共 638 万元。

危仓老库维修项目,涉及椒园中心粮库、晓关粮库、王家坪粮库、高罗粮库 4 个库点,总工程量(投资总额)691 万元。其中,中央、省级财政补助资金 418 万元,地方政府配套资金 119 万元,企业自筹资金 154 万元。2015 年 9 月进入实质施工阶段,11 月完成工程施工项目,12 月初配置相关设施,完成工程总结、工程决算、竣工验收并交付使用。

粮食市场体系建设项目,2015 年建成 4 家"放心粮油连锁店",省局补助建设资金 20 万元。至 2015 年 9 月底,全县已建成 15 家"放心粮油连锁店",1 家"放心粮油配送中心"。

粮油精深加工技改贴息项目,恩施州亚麦食品有限公司获省粮食局、省财政厅粮油精深加工技改贴息资金 50 万元。

国有粮食企业改革资金补助项目,省粮食局补助资金 140 万元,用于改革的费用成本支出。

新型粮食生产经营主体储粮设施项目,省粮食局补助土家爱食品开发有限公司项目资金 10 万元,用于生产经营主体储粮设施建设。

【省农业厅帮扶情况】2015 年共援助项目 4 个大类,重点是宣恩县沼气池建设、果茶产业建设、粮油生产、科技培训、测土配方、农机补贴等项目。累计项目 20 个,到位资金 4014 万元。

沼气池建设方面援助项目 3 个,到位资金 429 万元。建小型沼气工程 11 处,建 3 个集中供应沼气点,太阳能热水器 800 台,生物质气化炉 983 台。

果茶产业建设方面援建项目 10 个,到位资金 2412 万元。现代农业项目,到位资金 2000 万元,其中,2014 年投资 1000 万元,2015 年 1000 万元(2014 年项目 2015 年实施,2015 年当年部分实施)。主要新建标准茶园 200 公顷,改造低产茶园 1333.33 公顷。茶叶标准化创建项目,到位资金 50 万元。

粮油生产方面共援建项目 5 个,到位资金 261 万元。高产创建项目 110 万元,创建 6 个万亩粮油高产示范片,基地 2133.33 公顷,累计增产 260 万千克;优质马铃薯原种扩繁基地项目 100 万元,建马铃薯原种扩繁基地 33.33 公顷,补贴马铃薯基地 100 公顷,年生产优质马铃薯原种 3000 万粒,可建成 666.67 公顷马铃薯示范基地。

科技培训方面共援助项目 2 个,到位资金 258 万元。新型职业农民培训项目 120 万元,培训新型职业农民 594 人;基础推广体系建设项目 138 万元,主要开展技术指导、科技示范户培训、物化补贴、建示范基地等。

测土配方施肥方面共援助项目 2 个,援助资金 81 万元。测土配方项目 30 万元,采集化验野外土样 8000 个,建成 8 个 13.33 公顷的测土配方施肥示范样板;基本口粮田建设 51 万元。

农业机械购置补贴。共援助资金 875 万元,补贴农机具 5000 台(套)。其中:农机购置补贴 800 万元,玉米全程机械化 60 万元,机械化新技术新模式示范建设 15

万元。

【省人社厅帮扶情况】省人社厅安排专项资金150万元，支持开展农村劳动力培训转移就业工作，培训农村劳动力0.75万人次。投入资金近400万元建设就业信息发布平台，更加方便城乡劳动者获取就业信息。投入资金400余万元，支持发展农家乐400余户，带动就业3000余人次。为74个中心村配备LED显示屏116台(其中彩屏39台、LED单色屏77台)，触摸屏55台，生存认证系统170台。拟在椒园工业园区修建宣恩创业孵化基地，土地由政府划拨，总投资1.2亿元。

【省文化厅帮扶情况】省文化厅帮扶实施项目13个，投入资金2757.7万元，用于改善城乡文化基础设施。到位项目资金3883万元，其中2015年1438.5万元(含彭家寨国保消防工程1126万元)。

县群众文体活动中心项目从2011年就开始规划实施，一期工程(图书馆、文化馆、博物馆、职工活动中心、新华书店)已于2014年12月正式开工建设，2015年内完成主体工程。

文化设施维修改造工程235万元(其中设施设备购置45万元)，维修后的9个乡镇综合文化站全部达到“三室一厅”，面积不低于300平方米，有业余文艺演出团体，专业设施设备的标准。从中央文化体育与传媒专项资金中安排160万元，对现有的文工团、文化馆排练厅，图书馆进行维修改造，通过维修及添置设备，现有文化设施功能更强、设施更全。

文化设备配置项目，继流动电影放映车和流动舞台车配置后，省文化厅配置流动图书车，解决社区文化设施设备购置经费、乡村电子阅览室设备购置经费等。

重点文物保护工程。彭家寨古建筑群2013年被国务院公布为第七批国家重点文物保护单位；高罗观音堂2012年被列入省级重点文物保护工程，先后投入资金195万元，聘请专业文物保护团体，对保护单位进行维修保护；2014年，国家文物局安排包括彭家寨古建筑群在内的全国10处古城古村落文物消防规划编制试点，投入国家重点文物保护专项补助资金，组织指导编制规划，已到位项目资金1126万元；省文物局、省发改委解决新建博物馆资金140万元。

非物质文化遗产保护工程。省文化厅支持专项资金200余万元，对列入国家级非物质文化遗产保护名录的三棒鼓、薅草锣鼓和省级非物质文化遗产保护名录滚龙连厢进行保护和传承。

【省总工会帮扶情况】省总工会按照《关于“十二五”期间宣恩县职工活动中心的发展规划》，投入资金300万元，支持宣恩县建一个容职工娱乐、健身、学习、培训于一体的多功能职工活动中心，并形成独立的场所，建筑面积2600平方米，2013年初到位资金150万元，余下150万元于2015年12月份一次性划拨到位，宣恩县职工活动中心项目主体工程2015年底竣工。投入资金85万元支持全县工会规范化阵地建设，已完成9个乡镇、5个社区及4个民营企业工会规范化建设。2015年对全县职工书屋建设、基层工会服务中心建设等进行重点帮扶，2015年3月初已申报项目7个，补助资金85万元。

【省民宗委帮扶情况】省民宗委“十二五”时期，先后投入资金4214万元，支持宣恩少数民族特色村寨建设、民族文化传承和民族体育发展。2015年共到位中央和省民族专项资金1085万元。湖北省民宗委分别以鄂民宗办〔2015〕21号、〔2015〕33号、〔2015〕39号，下达宣恩县2015年度省级民族专项资金250万元、中央财政扶贫资金(少数民族发展资金)800万元、侗乡散居少数民族发展资金35万元。

【湖北省中西医结合医院、荆州市中心医院帮扶情况】两家医院院领导及相关职能科室领导共34人次到县人民医院实地调研，按照实际情况对口帮扶计划，落实措施，使对口帮扶工作真实有效。中西医结合医院院长王汉明、荆州市中心医院院长毛精华亲赴县人民医院调研、指导“616”对口支援工作。专家到宣恩后，县人民医院领导高度重视，任命专家担任相关科室的业务主任，参与科室业务管理，成立以两家医院专家为组长的专业组，每个组都配备1～2名宣恩县人民医院的年轻医务人员，直接得到专家的指导；设立专家门诊，专家轮流坐诊，使宣恩的疑难病患者一进院便可得到专家的诊治，提高首诊质量；规范教学查房，各位专家坚持每天早晨查房制度，对典型病例进行床边教学；举办学术讲座和技术培训，使医护人员在家门口就能享受到高精尖的技术培训。

【水果湖高级中学帮扶情况】2015年12月4日，湖北省水果湖高级中学校长杨建为以及优秀教师张莉波、谭声祥、赵宇一行4人到宣恩一中开展“616”对口支援活动，对宣恩一中高三复习备考提出建设性意见。

（滕树松）

扶贫开发

【概况】2015年全面开展精准扶贫，启动23个重点贫困村和5个老区建设重点村扶贫开发工作，减贫9735户31019人，完成年度精准扶贫任务。编制《武陵山片区宣恩县区域发展与扶贫攻坚实施规划（2016—2020）》共规划基础设施、农村生产生活条件改善、基本公共服务、特色产业发展、生态建设和环境保护五大类项目共557个，总投资1118亿元。

【农村精准扶贫】全年完成2.74万户建档立卡贫困对象、1.26万户易地扶贫搬迁对象的精准识别。全年脱贫农村人口3.1万人。全年脱贫建档立卡贫困村7个。制定精准扶贫到户扶持政策45条。实施“五个一批”精准扶贫模式。发展生产脱贫一批，惠及19394户、64633人。特色产业成为贫困群众致富主渠道。易地搬迁脱贫一批，惠及12645户、41715人。2015年完成扶贫搬迁、危房改造、易地扶贫搬迁1647户；利用农发行8亿元易地扶贫搬迁贷款，新建移民安置小区9个，安置贫困户4087户、12561人。生态补偿脱贫一批，惠及11560户、38328人。为贫困户补贴1000余万元生态公益林补偿金及管护费。发展教育脱贫一批，惠及10623户、30144人。重点扶持贫困学子读书，开展各类培训，确保贫困家庭至少有1人掌握技术带动家庭脱贫。社会保障兜底一批，惠及19621户、49863人。对五保对象及其他特殊困难群体实现该保则保、应保尽保。筹集700万元作为大病救助基金，2015年落实大病救助补偿、大病医疗保险1600人、880万元。

【农村金融扶贫】创新财政引导金融支持涉农企业，按照“企业＋合作社＋贫困户”模式，支持企业与贫困村、贫困户建立利益联结机制。创建村级扶贫互助社，新建村级扶贫互助社56家，对全县2.7万户贫困户发放贷款1.27亿元。创新金融扶贫益贷互助担保贷款，引入金融机构参与扶贫开发，入社企业、专业合作社93家，为3820户贫困户发放贷款6740万元，为涉农企业和专业合作社发放贷款1.2亿元。创新财政引导金融支持涉农企业，县财政筹资3000万元，为建行、工行、邮政储蓄银行分别注入1000万元担保基金，支持开办“助保贷”“中小企业集合贷”和“助农贷”三大担保平台，所有平台的担保贷款均按照1∶10比例放大贷款，撬动近4亿元的贷款规模。

【结对帮扶农村贫困户】全县3200余名党员干部结对帮扶贫困户，25家企业和专业合作社采取“企业＋扶贫户”“互助社＋合作社＋贫困户”等模式参与精准扶贫，实现贫困户帮扶全覆盖。选派70名优秀

5月14日，湖北省金融扶贫研修班到伍家台试验点考察　（黎晓卫摄）

党员干部分别到重点贫困村任第一书记，帮助重点贫困村脱贫攻坚。同时，投入专项扶贫资金3200万元，整合行业扶贫资金1.27亿元，实施23个整村推进重点村建设，全面推进重点贫困村脱贫。

【精准扶贫】2015年，贯彻落实中央省州扶贫开发工作会议精神，完成“十三五”扶贫开发规划编制工作，制定《宣恩县精准扶贫实施意见》《宣恩县精准扶贫目标责任考核办法》和《宣恩县2015年精准扶贫实施方案》，对2015年减贫脱贫工作和到2018年实现整体脱贫提出目标任务和具体措施。重点实施23个重点贫困村和5个老区建设重点村扶贫开发工作，全年开展精准扶贫工作督查4次，7个村整体脱贫出列，共9594户，3.1万人。

5月7日，召开决战贫困动员会，会上对2018年实现整体脱贫进行“战前”动员和安排部署，县委县政府与各乡镇签订精准扶贫精准脱贫责任状。加大精准扶贫工作的检查督办力度，金融扶贫新增贫困户贷款2566.3万元，企业、专业合作社贷款突破1.2亿元。全县精准扶贫按照“实事求是、因地制宜、分类指导、精准扶贫”原则，注重六个精准(扶贫对象精准、项目安排精准、资金使用精准、措施到户精准、因村派人精准、脱贫成效精准)，坚持分类施策，因人因地施策，因贫困原因施策，因贫困类型施策，通过扶持生产和就业发展一批，易地搬迁安置一批，生态保护脱贫一批，教育扶贫脱贫一批，低保政策兜底一批，广泛动员全社会力量参与扶贫。全县共派驻县直单位104个，党员干部3200人，选派第一书记81人。省扶贫工作队、省直“616”工作队联系协调，对全县9个乡镇2.75万贫困户实行结对帮扶，不脱贫就不脱钩。严格按照“严格程序、群众评议，公平公正、三榜公示”的工作方法和“进出相宜，增减挂钩”的原则进行精准识别，重点围绕“烟、茶、果、畜、药、菜”六大主导产业，统筹安排脱贫产业项目。推行“企业＋合作社＋贫困户”模式，促进农村土地规模流转，带动贫困户脱贫致富。将扶贫搬迁与新型城镇化建设相结合，实施乡村旅游扶贫。以伍家台、水田坝千户土家、彭家寨等品牌为依托推进美丽乡村建设，发展乡村休闲旅游，带动贫困农户增收。按照“渠道不乱、捆绑使用、各记其功”的原则，加大基础设施家建设投入，投入财政专项扶贫资金5000多万元到建档立卡贫困村，规划项目167个，完工率达90%。积极开展“村企共建、定点扶贫”活动，全县24家企业参与联系村扶贫，投入资金127万元，帮扶贫困户1317户。上级单位定点帮扶，投入帮扶资金6700万元，资助贫困学生22名。严格实施农村最低生活保障制度，做到按标施保，应保尽保，落实保障金额1.91亿元。完成贫困人口创业就业培训任务，培训创业人员300人。采取县级财政投入、部门资金和社会资助相结合的方式，建立大病医疗救助基金，由县级财政筹集1000万元作为救助基金，解决重特大疾病患者因病致贫、因病返贫等问题。启动宣恩县金融扶贫益贷户主担保贷款，建立金融扶贫资金池1600万元，组建县级金融扶贫互助社，进行金融扶贫，申请入社企业、农民专业合作社达到90家，其中新建村级扶贫互助社56家。累计发放到户贷款1.87亿元，其中覆盖贫困户3820户贷款6740万元。同时积极探索“互联网＋扶贫”模式、“资金贷款，产品还贷”引企模式、“1＋X＋Y企业链”模式、“整村推进＋片区开发”模式等，多方式、多渠道，灵活多样帮贫助贫。各行业部门也在积极探索。如县公安局单独制作的精准扶贫网络信息平台，能够浏览帮扶村的基本情况。通过积极营造良好的脱贫攻坚氛围，强化工作措施，精准扶贫取得阶段性成效。全年减贫31022人，7个重点贫困村脱贫出列。

【整村推进】2015年全县启动了23个重点贫困村和5个老区建设重点村扶贫开发工作，县政府与各乡镇签订扶贫开发责任状，建立健全责任网络和责任体系，组织专班就重点村工作进展情况实地进行3次督办指导，11月中旬进行年终项目工作开展情况督办检查。建立了重点贫困村整村推进项目库，在投资情况、项目规划、项目实施、项目验收等方面进行规范和完善。编制新一轮整村推进扶贫开发规划。大力开展调研活动，撰写《宣恩县建档立卡数据分析》等调研文章。截至2015年12月，共培植农民专业合作社11个、吸纳社员1100人(其中：贫困户490人)，新建村组公路58千米、维修村组公路123.8千米，硬化49.7千米，新建桥梁3座、维修2座，新建人畜安全饮水池76口；新建沼气池102口，新建垃圾池、垃圾桶60个；连户路硬化3.75千米；维修鱼塘1.2公顷；校舍维修4栋，新建2栋，新修村级活动场所24处，新建村级卫生室16处。

【扶贫搬迁】2015年省分配全县扶贫搬迁任务300户1200人，实际完工345户，完工率为115%。

【雨露计划】根据雨露计划工作计划调整，2015年，按照每人每年1000元的标准补发2013年度符合补助条件学员共计59人5.9万元；发放2014年度符合补助条件学员159人15.9万元。

【产业扶贫】对各重点村的项目规划和项目资金分配进行严格审核，确保各重点村新增"一村一品"高效经济林(园)20公顷，培植种养大户，项目资金的50%以上用在产业发展上，30%的资金用于提高贫困户自我发展能力。培植种植大户146户、养殖大户93户，发展特色种植214公顷，养殖生猪25983头、牛631头、羊2710只、禽类81822羽；新发展核桃产业333.33公顷。

【金融扶贫】2015年共筹集资金1495万元，出台金融扶贫规范性文件7个，开展金融扶贫宣传月活动，发放金融扶贫宣传资料3万余份，县扶贫开发办与农村商业银行、邮政储蓄银行、村镇银行签订合作协议；组建宣恩县金融扶贫互助社，新成立村级互助社45个，全县累计达56个，入社企业、专业合作社93家，为3820户贷款6740万元，企业、专业合作社贷款规模突破1.26亿元。

【国务院扶贫办到宣恩调研】6月9日，国务院扶贫办行政人事司副司长张广平带考察组到宣恩调研扶贫开发工作，并对派驻挂职的副县长尹建华进行综合考核。张广平先后到万寨乡板场小学、伍家台村，椒园镇水田坝村、黄坪村及椒园工业园区等地考察扶贫开发及特色产业发展工作。覃国锋陪同。

【丹麦绫致基金儿童减贫与综合发展试点项目】2013年11月，丹麦绫致基金组织与国务院扶贫办国际发展中心签订儿童减贫与综合发展试点项目建设协议，由绫致基金投资4000万元，用三年时间在湖北省的武陵山、大别山等4个片区8个县80个村实施该项目。其中，武陵山片区的试点是宣恩县和五峰县，宣恩共11个村。

2015年4月15至18日，丹麦绫致基金儿童减贫与综合发展试点项目监事衡曼娜带领多名教授和心理咨询师，由省扶贫办发展中心副主任吴新越陪同，到宣恩县珠山镇天井堡村开展"中国贫困片区儿童减贫与综合发展试点项目"能力建设培训，考察宣恩贫困儿童减贫项目执行情况，到晓关侗族乡大山村、高罗镇七把刀村、珠山镇天井堡村走访贫困儿童家庭，与幼儿园负责人座谈，了解贫困儿童生活、学习情况、项目实施情况等，尹建华陪同，各乡镇相关负责人、县扶贫办主任，部分村支部书记、妇联主任、幼儿园老师、村民代表60余人参加培训。

【扶贫工作责任制执行情况考核】4月22日，省委财经办新农办主任贺曙光带考核组一行，在州委常委、副州长冯忠泽的陪同下到宣恩县，考核2014年度地方党政主要负责同志扶贫工作责任制执行情况。曾德权、朱鹏程、周志斌、尹建华参加陪同考核或汇报会。考核组到椒园镇黄坪村金融扶贫试点，椒园生态产业园湖北蒙恩花木发展有限公司、湖北土家爱食品开发有限公司、上好硒博园，椒园镇石家沟村、庆阳坝村、水田坝村以及万寨乡伍家台村等地，实地查看2014年度县金融扶贫、整村推进、移民搬迁、革命老区连片开发以及产业综合扶贫等情况。

(黎晓卫)

【政务服务】2015年，全县县、乡、村三级政务服务体系包括：1个县中心(位于县国土资源局一楼)，7个县直分中心(公安、人社、国税、地税、民政服务分中心、民政服务分中心、农业服务分中心、房产交易分中心)，9个乡镇便民服务大厅，284个村(社区)便民服务室。宣恩县政务服务中心进驻部门6个(县住建局、县国土资源局、县工商行政管理局、县城市管理局、县林业局、县质量技术监督局、县运管所)，设综合窗口3个，宣恩县政务服务中心大厅进驻部门7个(县住建局、县国土资源局、县工商行政管理局、县城市管理局、县林业局、县质量技术监督局、)，设综合窗口3个，共代理22个单位行政审批事项。全年共受理各类办件396746件，办结394549件，办结率99.4%，平均日办件1087件，服务对象综合满意率达到99.3%。

加强政务服务大厅管理，落实“三集中、三到位”，行政审批职能、审批事项和审批人员向一个内设机构集中；行政审批股整建制向政务服务中心进驻；所有行政审批事项向进驻大厅到位，严格落实AB角，做到向窗口授权到位，电子监察到位。清理调整后各类行政审批事项共234项，下放到乡镇85项，县政管办督促各职能单位，进行事项流程再造，精简环节，压缩流程、缩短时间，严格执行一周办结制（有现场踏勘和需专家论证事项除外）。认真规划、梳理市民之家的入驻部门和入驻事项，强化对行政审批事项的监督管理，未列入清单的审批事项一律不得实施，杜绝审批行为的随意性。标准化乡镇便民大厅基本实现全覆盖。乡镇便民服务大厅按照“11＋X”的模式设置服务窗口，推进“农民办事不出村”工作，选择74个中心村作为农民办事不出村工作的公共服务站点。创新建设智慧民生，选定22个村试点运行智慧民生终端平台，由移动客服受理村相关服务，指导农民网上操作，打通农民办事不出村“最后一公里”。畅通县、乡、村电子政务网络（网上审批系统），各乡镇、各职能部门所有行政审批事项实现网上咨询、申报、受理和办复，实行红黄牌预警制度，实现全程网上电子监督。

建立效能巡查制度，制定中心工作人员行为规范，完善窗口管理制度，每月由政管办分管领导及1名工作人员组成的巡查组对大厅不定期巡查，重点了解窗口人员的工作作风、服务态度、办事效率等情况，及时解答群众咨询，听取意见建议。将日常巡查，电子监察、视频监控、社会监督相结合，建立办事满意度评价机制，全方位接受监督，对在办件服务中被群众投诉属实的，视情节轻重，给予谈话提醒、通报、退回原单位等处理。9月22日，州政务服务”四风“督察组就政务服务“四风”问题整改情况进行社会测评，参会的有7名政协委员，7名人大代表，14名党代表，25名服务对象，共计53人。满意度达98%。

（胡蕾）

机关事务管理

【公务接待】2015年，县委、县政府制定《关于进一步规范全县党政机关公务接待管理工作的通知》（宣办发〔2015〕22号），进一步规范全县的接待工作。全县接待工作严格按照接待管理规定，不超标准接待，严格控制就餐标准和陪餐人数，不用高档酒水，杜绝一切礼品。在财务管理方面，实行统一管理、集体审核的办法，杜绝公务接待和会务费多支、乱支、滥支等现象；对各项费用报销和重大经费支出，同样坚持票据要素齐全、层层把关审批的原则。严格按照接待预算执行，做到接待规格不超标、经费不超支、私客不准公请，专款专用，做到精打细算，坚持从简、从细、从严搞好接待工作，节俭了开支。全年县接待办共计接待来宾163批次，4400余人次，其中省部级20余人次，外宾10余人次。完成全县“两会”、党建工作会议以及省委巡视组对巡视工作等大型接待活动。

（许建英）

“六城”同创

【概况】2015年8月，县委办公室、县政府办公室印发《宣恩县“六城同创、精细化建设管理、人性化服务活动”实施方案》，正式启动“六城”同创工作，深化细化城镇建设管理水平，建设洁净、生态、文明、美丽宣恩。成立由曾德权任指挥长，习覃任常务副指挥长，朱鹏程、岳东、唐斌、向建强、向子明、周志斌、张友刚、黄玉贤任副指挥长、乡镇和相关部门主要负责人为成员的“六城同创、精细化建设管理、人性化服务”活动指挥部。形成主要领导亲自抓、分管领导协同抓、部门负责人具体抓的组织领导格局。指挥部设立办公室于县行政办公大楼310室，办公室下设综合组、督查组和宣传组，抽调15名干部到指挥部办公室集中办公，与原单位工作脱钩；各乡镇、各牵头单位设立相应“六城”创建和八大工程指挥部，其他所有单位设立创建办公室，明确一名领导主抓，落实相应工作人员，做到专人专责。县委、县政府主要领导主持召开动员会、推进会、县委常委会、县政府常务会、专题会、督办会、月工作例会研究部署“六城”同创工作25次，视察督办38次，督办约谈6人。

整合资金23.9亿元用于“六城”同创活动,其中县政府统筹财政资金10亿元用于城市基础设施投资,核定“六城”同创工作经费1400万元,进行省级卫生县城、园林县城、森林县城、环保模范县城、旅游强县、文明县城创建,实施环境洁净、交通畅通、绿化亮化、城市宁静、空气净化、河道美化、全民素质提升、集镇环境整治八大工程。组织乡镇和牵头单位通过勘察现场、召开项目审查会、征求专家和社会意见,于8月底制定完成“六城”创建、八大工程实施方案和2015—2016年度项目清单。同时,制作完成“六城”同创活动作战图和八大工程任务推进图,对全县2015—2020年“六城”创建进行总体目标定位,同时标注进出口道路、河道治理、停车场建设、绿化工程、背街小巷保洁、农贸市场建设等工作重点,明确目标、挂图作战。县指挥部按月将“六城”同创工作任务以清单的形式下发到责任单位,明确到项目、到单位、到人员、到环节,并将月任务清单及完成情况在媒体进行公告;每月末指挥部办公室督察组对月任务清单完成情况开展专题督查;每月初指挥部召开月工作例会,专题总结月任务清单完成情况和研究下月任务清单。截至12月底,共列出清单294项,完成274项,完成率93%,体现出较高的工作效率。

“六城”同创活动指挥部经常性开展“六城”同创专题视察督办,对工作不力的部门进行约谈;督察组会同媒体记者每周开展督查,综合组定期不定期进行巡查,实行一周一督查、不定期巡查、半月一通报、每月要兑现,第一时间掌握情况、督办工作;县纪委组织暗访组每月开展专题暗访,突出问题导向,集中力量找问题、找差距、找薄弱环节,对发现的问题进行通报并督促整改,并视情节轻重追究责任;在新闻媒体设立曝光台,及时通过媒体曝光问题;着力整改州督查和暗访通报的问题。全年发督查通报7期、暗访通报2期,给22个单位下发整改通知,提交州指挥部整改报告3次。利用新闻媒体对全县创建工作进行全方位多角度宣传报道,在县电视台、宣恩网开辟“六城”同创专栏,制播公益宣传片,设立“曝光台”对不文明行为进行曝光,共计推出20期曝光台内容。实现州级主流媒体周周有报道、县级媒体天天有新闻。全年恩施台已经播发“六城”同创新闻28条,恩施日报71条。在建筑围挡、公交站台、沿路电子显示屏、沿街沿路灯箱、灯杆、果皮箱等宣传载体上刊播“六城”同创宣传内容;在机关、学校、社区发放《文明礼仪伴我行》知识手册2万册,印发环保宣传册2万册、制作宣传牌1000块、印发宣传单1万份,进行环保知识培训5000人次。建立短信平台和微信公众号,每天在短信平台和微信公众号同步推送创建信息1条以上;编发工作简报,每周编发工作简报不少于一期;严格落实周报告制度,每周至少向州指挥部提交一期创建报告;每周向全县各单位收集一次创建信息。至2015年12月已编发简报25期,编发短信52条,州指挥部第4期、26期简报介绍宣恩县创建活动情况。

落实县领导包片、单位包区域、住户包门前卫生责任机制,将每月的最后一个星期五确定为全民卫生日,规定县直各单位对机关大院、办公场所和责任区域进行大清扫,守好“自留地”,耕好“责任田”,并带动广大市民积极参与;开展志愿服务活动,建立县领导带队、单位干部职工和社会志愿者广泛参与的“六城”同创志愿服务队伍,同时分设环保、文明交通、旅游、环卫等专项志愿服务分队,尤其在文明交通劝导方面,实现每天在城区重要路口、重要时段文明交通劝导志愿服务全覆盖,通过志愿者上岗执勤来宣传普及交通法规、劝阻不文明交通行为、照顾老幼病残孕和有困难的市民安全过马路,规范城区交通秩序。

评选推荐先进典型,充分发挥模范带头作用。开展“老有所为”先进人物评选活动,候选人物先进事迹在电视台专题播出,在社会上形成强大的正能量。开展文明单位、文明科室、文明社区、文明楼栋、十星级文明户、最清洁户等一系列争先创优评选活动。组织社区文艺宣传队,编排一些涵盖文明新风、环保教育、社会主义核心价值观等内容的文艺节目,将“六城”同创与广场舞、生活小品等民俗文化相结合,通过公开展演、竞技比拼、自学或教学的方式进行推广,丰富居民文化生活,加深“六城”同创认识。12月,县文体新广局精心编排10余个紧扣“六城”同创和精准扶贫主题的特色歌舞、戏曲,在全县70个精准扶贫村巡回演出,使贫困山村群众在家门口享受丰富多彩的文化生活,真正感受到文明创建的成果。展演期间,免费配送广场舞音箱、体育健身器材、科普图书到70个村落，不断改善乡村文体设施条件。

全县教育系统启动"六城同创我们在行动"暨"小手拉大手文明一起走"系列活动。活动期间，全县各中小学、幼儿园根据实际情况，按月确定活动主题、制定活动计划，通过开设宣传栏、制作黑板报、设立校园文明监督岗、开展"文明学生、文明寝室、文明教室、文明办公室、创建活动优秀志愿者"评选等实践性强、参与度广、可持续性久、教育性深刻的活动，传播社会主义核心价值观，引导学生养成文明生活习惯，达到教育一个学生，带动一个家庭，影响整个社会的目的。

【基础设施建设】县城进出口道路建设。龙洞电厂至232省道路面整修工程、县畜牧局至西门沟加油站道路黑色化工程、椒园泡木垭至莲花坝加油站路面大中修工程、城区背街小巷黑色化及城区主干道修复工程全面竣工；西门沟加油站至红岩卡道路改扩建工程的路基路面及路肩水沟完工；高速路连接线至万寨25千米路基工程完工，正进行隧道和桥梁施工；兴隆大道路网改造工程完成800米；凌云路路网改造工程已进入管网埋设阶段；和平大道、水厂路道路黑色化及综合管网建设进入招标程序。

停车场建设。通过规划建设新停车场、拆除危旧房改建停车场、市场主体经营停车场、单位院落新增停车位等方式缓解停车难问题。总投资93万元、占地1.7公顷的莲花坝大货车停车场于11月底正式投入运行，可容纳大货车300辆，有效化解大货车挤占城区公共空间问题；涉及12个单位的32处公有简易房于9月开始拆除，拆除面积近3000平方米，新增车位180余个；落实机关院落对外开放停车位1756个。

农贸市场建设。五把车农贸市场占地面积6000平方米，总投资300余万元，拥有摊位380个。投资2000万元、占地6000平方米的营通市场和投资1000万元、占地3000平方米的罗家沟武陵商贸园市场正抓紧建设，两个市场竣工后将提供足够的农贸空间。

河道美化建设。黄河沟防洪治理工程累计完成62%的工程量，完成投资3600万元；龙潭河教育城段防洪堤工程完成投资650万元；城区主河道、支沟清淤治理工程方案编制完成，进入工程招投标程序。

旅游景区建设。启动伍家台、狮子关、罗圈岩、椒园工业旅游示范园等四个4A级景区建设；完成伍家台旅游公厕、停车场、景区进出口大门、标识标牌系统的设计、招标并全面开工建设，建成一条1千米空中彩色步道，7.6千米彩色漫游步道进入路面彩色化施工阶段；狮子关景区停车场、旅游厕所、接待中心、400米水上浮桥、9千米环形电瓶车道全面完工，智慧旅游系统全部安装完成，景区开园前的各项准备工作基本完成；锣圈岩景区天坑隧道贯通，天坑底部垃圾清理完毕；足球场(热气球起降场)建设完成基础场地平整；基本完成玉佛洞洞内游步道及场内景观建设；完成椒园工业旅游区规划；金源国际酒店创建四星级旅游饭店通过省级评审；全县第一家地接旅行社——鑫趣旅行社揭牌成立。

森林城市建设。启动宝塔山森林公园第一期工程建设和贡水河北岸生态人行栈道建设。投资300万元的宝塔山森林公园步道建设开挖土方600米；贡水湿地公园界桩安装完成66个；椒三线绿化完成乔木树种栽植，209国道、椒石省道、环双龙湖公路沿线完成1千米挖穴整地及苗木调运准备工作。

城区绿化建设。加强环河、环城、环湖绿化建设，按照道路补绿、空地增绿的原则，建设贡水路景观护栏330米；完成兴隆大道东段1460平方米的花坛美化；对城区兴隆大道、三河沟大桥路段、变电站至污水处理厂路段复层绿化；完成县公安局外路段绿化；完成带状公园补植补修；完成新车站外80株银杏栽植；在建设路安装1000余米绿篱护栏，提升绿化景观效果。

城镇环境整治。投入2000万元实施城区垃圾中转站建设项目，城区污水处理厂旁垃圾中转站竣工运营，启动和平、椒园垃圾中转站施工图设计；投入500余万元添置洗扫车、地下管道综合养护车、垃圾压缩车等环卫设备。各乡镇配齐垃圾收集清运处理设施，垃圾实现日产日清，主街道全天候保洁；建设固定的农贸市场，划行规市，取缔马路市场；建设集镇公共停车场，规范集镇交通标识标线，利用集镇主次干道两侧的有效空间，划定临时停车位，引导车辆有序停放；严厉打击主街道乱堆乱占、乱停乱放、沿街揽客、随意掉头等行为；以“五个一”集镇建设和“五个一”管理工程为抓手，全面提升集镇建设管理水平。

【综合整治】交通整治。大力开展集中大清查大巡控行动，通过智能系统抓拍、进出口路段设卡检查、城区全覆盖巡查等手段，严格查处乱停乱放、酒驾等交通违法行为，有效规范城区交通秩序。县交警大队每天在县城主要路口安排至少有8名警力执勤。开展4次摩托车专项整治行动中，共查处摩托车交通违法行为300起、无证驾驶8起、收缴非法安装雨伞560把；机动车乱停乱放集中整治行动中，共查处交通违法行为450起，暂扣拖移“僵尸车”21辆，口头教育驾驶员160人次，媒体曝光违规停放29辆；报废车、黄标车、未年检车“三大车”整治行动中，对“酒驾、毒驾、飙车”进行专项治理，并对渣土车公司进行教育培训。

环境卫生整治。整治兴隆大道二处废品回收站，全面清理存量废品，修建围挡，将其改造为临时停车场；开展户外广告整治，清理拆除违规广告138块；督促业主更换陈旧破损门店招牌58块；修复城区市政设施，更换修复“瞎子灯”80余盏，修复广场灯50余盏，更换下水道井盖96套，补回丢失石狮子126个，修补路面青石板及地砖400平方米；对背街小巷、城乡结合部、城区贡水河畔、地下管网、明沟暗渠等卫生死角进行拉网式人工徒手清理和专项整治；强化日常监管，环卫工人实行“定人、定岗、定时”，坚持全天候、全覆盖清扫保洁作业；推进环卫班组制改革，落实路段包保责任，明确奖惩，充分调动环卫工人的积极性，确保城区主次干道、街巷道路保洁全覆盖。

空气污染防治。控制道路扬尘，坚持主次干道和城区出入口每天两次以上常规清扫，加强市政基础设施施工管理，提高沥青路面铺装比例，加强渣土运输车辆监督管理，确保工地车辆冲洗率达100%，渣土密闭化运输率达95%；加强城区燃煤管理和饮食业油烟污染防治，严格环境准入和新（改、扩）建饮食业项目环评审批制度，学校食堂全部安装油烟净化设施并正常运行；强化机动车环境监管，减少机动车污染物排放，共发放环保标志5327个，淘汰2005年底前注册的黄标车和老旧车78台；加强监测预警和重污染天气应对工作，完善空气质量监测预警体系，及时发布监测预警信息，2015年全年空气质量优130天，良209天，轻度污染18天，中度污染5天，优良天数占93%。

噪声防治。有效控制交通噪声，采取加快路面黑色化改造、加强交通综合管理、强化机动车禁鸣、提高道路两侧绿化率等措施缓解交通噪声污染；严控建筑施工噪声，加大对施工工地噪声监管力度，合理安排施工方式和施工时间，严格夜间施工审批，控制夜间建筑施工噪声污染；大力整治社会生活噪声，严格执行城区禁鞭，从严整治城区商业促销活动和娱乐场所产生的噪音污染，加强流动广告宣传车管理，规范广场舞等群众娱乐性活动。

（余　淼）

政协宣恩县委员会

中国人民政治协商会议宣恩县委员会

【概况】2015年，政协宣恩县第八届委员会在中共宣恩县委的领导下，把握团结和民主两大主题，突出发展与和谐两大任务，围绕产业化、城镇化“双轮驱动”战略，开展食品安全监管、非物质文化遗产保护传承调研和农村道路养护管理、县城生活垃圾处理视察，为“十三五”规划编制资政建言，加强提案督办，参与媒体问政，出版《宣恩抗战》文史专辑，不断深化团结联谊，开展“守纪律、讲规矩”主题教育、“三严三实”专题教育活动和党的群众路线教育实践活动整改落实工作，加强自身建设，发挥协商民主重要渠道作用和协调关系、汇聚力量、建言建策、服务大局的重要职能作用，全力促进全县经济、政治、文化、社会及生态文明建设。

【全体委员会议】1月13～15日，中国人民政治协商会议宣恩县第八届委员会第五次会议在县城召开，177名县政协委员出席大会。曾德权、习覃、朱鹏程、杨安明、吴卫平、朱瑾、范涌、黄同元、岳东、雷天兵、龙志刚、李海涛、李明山、唐斌、覃正彪、史红珍、乾维德、向建强、向子明、周志斌、李世祥、张友刚、尹建华、郭建华、胡炜，郭大国、赖以健、刘友权、郑向东、李美福、覃国锋，担任过县人大、县政协主要领导的离退休老同志熊真、魏洁若、唐松林、熊中行出席开幕式和闭幕式，在宣恩工作的州政协委员，县委工作部门及人民团体主要负责人，县政府工作部门及部门管理机构主要负责人，正科级事业单位负责人，各乡镇党委书记、乡镇长(常务副乡长)、政协联络组长等应邀列席会议。王仕高主持开幕会，曾德权致辞，张频作常委会工作报告，陈浩作提案工作情况报告，会议书面听取县政府关于提案办理情况的通报。王此权主持第二次全体大会，习覃、朱鹏程出席会议，政协联络组长覃丰收、县政协委员奚泽登等8人分别结合全县农村环境整治、文化遗产保护、农村公益事业、基本公共卫生服务及特色产业发展等方面进行发言；习覃代表县政府向县政协和全体政协委员表示衷心的感谢，并表示县政府将一如既往地支持县政协更好地履行职能，加强沟通和联系，坚持重大决策政治协商，主动接受政协民主监督，全力支持政协参政议政，扎实办理政协委员提案，创造条件支持政协工作，齐心协力推进宣恩经济社会更好更快发展；会议通报表彰了县政协成立30周年“政协情·中国梦”书画摄影展获奖单位和个人。委员们列席县十七届人大五次会议，听取习覃所作的政府工作报告和县人民法院、县人民检察院工作报告，书面听取了计划、财政报告。截至1月15日12：00，大会提案组共收到政协委员提案86件。钟昌泽主持闭幕会，通过常委会工作报告决议、提案工作报告决议、提案审察情况报告和大会政治决议，张频致闭幕词。

【常务委员会议】2015年，政协宣恩县第八届委员会常务委员会共召开5次会议。

1月6日，张频主持召开县政

协八届十六次常务委员会议，王仕高、王此权、黄玉贤、钟昌泽、陈浩等常委会其他组成人员出席会议。县政府办公室、县教育局、县中等职业技术学校主要负责人及各乡镇政协联络组长列席会议。听取县政府办公室主任胡晓洪代表县人民政府所作的关于县政协八届四次会议以来提案办理情况的通报，县政协提案委员会关于重点提案督办情况的通报，审议通过县政协视察组关于中等职业教育的视察报告，协商通过关于撤销向波（恒顺驾校）、田光明县政协委员资格的决定。会议决定县政协八届五次会议于1月13至15日在县城召开，审议通过县政协八届五次会议议程（草案）和日程等相关文件、县政协常委会工作报告和提案工作报告，并推举报告人，书面听取县政协各专门委员会2014年工作情况报告及2015年工作计划。

1月15日，张频主持召开县政协八届十七次常务委员会议，王仕高、王此权、黄玉贤、钟昌泽、陈浩等常委会其他组成人员出席。县政协八届五次会议各组第一召集人、县政协提案委负责人列席会议。会议听取县政协八届五次会议分组讨论和有关决议（草案）酝酿情况情况的汇报，审议通过《县政协提案委员会关于八届五次会议提案审查情况的报告（草案）》和有关决议草案。

3月13日，张频主席主持召开县政协八届十八次常务委员会议。副主席王仕高、王此权、黄玉贤、钟昌泽、陈浩，秘书长、办公室主任屈代金等常委会其他组成人员出席会议。各乡镇政协联络组长列席会议。会议邀请州政协办公室副主任张华和县委党校副校长娄佰才分别作社情民意信息知识专题辅导讲座与“守纪律、讲规矩”廉政专题讲座，审议通过《县政协常务委员会2015年工作要点》。

7月22日，张频主席主持召开县政协八届十九次常务委员会议。县委副书记、常务副县长朱鹏程应邀出席会议。县政协副主席王仕高、王此权、黄玉贤、钟昌泽，秘书长、办公室主任屈代金等常委会其他组成人员出席会议。县政府办公室、县交通局、县城管局、县财政局、县住建局、县规划局等单位主要负责人及各乡镇政协联络组长列席会议。会议听取县政府关于全县上半年经济社会发展情况的通报。协商通过《关于撤销游洁县政协委员资格的决定》和《关于任免部分专委会主任的决定》，任命杨介明为经济委员会主任，免去田长锐经济委员会主任职务；审议通过《关于全县农村公路养护管理工作的视察报告》和《关于县城生活垃圾处理工作的视察报告》。

10月14日，张频主席主持召开县政协八届二十次常务委员会议。副主席王仕高、王此权、黄玉贤、钟昌泽、陈浩，秘书长、办公室主任屈代金等常委会其他组成人员出席会议。县食药监局、县文体新广局负责人及各乡镇政协联络组长列席会议。传达学习省委政协工作会议精神，审议通过县政协调研组《关于食品安全监管的调研报告》和《关于非物质文化遗产保护和传承的调研报告》。

【民主监督】县政协八届五次会议共收到委员提案88件，其中大会提案86件，平时提案2件。经提案委员会审查，立案79件，对内容相同的22件并为10件处理，并案后交办67件，转交来信处理8件。按内容分类：经济建设类23件，占29%；人口资源环境类40件，占50%；科教文卫体类13件，占17%；综合类3件，占4%。提案办复率100%，委员满意率和基本满意率达到96%。提案所提问题已经解决的26件，占34.7%；正在解决或列入计划逐步解决的48件，占64%；因受条件限制一时难以解决的1件，占1.3%。县政协主席会议多次听取相关汇报、研究提案工作，采取调研、视察、走访、座谈等方式，对《关于推进宣恩县乡村旅游及休闲观光农业发展的建议》等5件重点提案实行主席、副主席领衔督办，对《关于珠山镇仔猪交易市场亟待解决的建议》等5件提案实行政协专委会协商督办，通过宣恩网《提案追踪》栏目对《加强停车场建设，为城市建设“助跑”》等7件提案进行媒体督办，对《关于珠山镇仔猪交易市场亟待解决的建议》等4件提案“回头看”跟踪督办。加强提案办理宣传报道，县电视台《贡水视界》栏目推出《千年古树的保护之路》和《守护“舌尖”上的安全》两期节目；其中《千年古树的保护之路》在恩施电视台《今晚九点半》播出，《恩施日报》、湖北省林业厅网站、国家林业局网站、和新华社武汉分社同期报道。

不断拓展民主监督渠道，阳平、李忠梅等10名党外政协委员和工商界人士受聘担任全州住建系统政风督察员、县纠风办政风督察员，参加全县政府部门履职尽责工作测评和“聚焦民生民利，强化履职尽责”媒体问政。畅通社情民意传递渠道，积极主动向上级政协和县委政府反映群众的呼声愿望，民宗法联委撰写的《关于开通恩施至宣恩城际公交的建议》由州政协批转州交通局，刘红梅委员向州政协报送的《我州乡镇农村电商及关联产业链建设亟须加强》被州委办《每日要情》采用，刘建中委员报送的《宣恩不能没有“红茶航母”》、满金山委员报送的《关于加快改造原物资局至廉租房小区道路的紧急建议》得到县委政府主要领导批示落实。针对校园周边流动摊点食品安全问题，科教文卫体委以图文并茂形式编报《学校周边占道经营流动餐点何时休》的社情民意信息，得到县委、县政府领导批示，转发相关职能部门研究解决。

【参政议政】各专委会精选课题，开展调查思考，对县委提出解决的六个突出民生问题之一的农村道路养护管理进行视察。

4～6月，民宗法联委组织20余名政协常委、委员开展视察活动，通过看现场、查资金、集中座谈和民意测评，重点视察“政府监督、行业管理、主体负责、群众参与”管养体系、“乡镇为主、分工负责，因地制宜、注重实效，全面养护、保障畅通”管养原则、专业养护与群众养护、日常养护与养护工程、政府投入与社会参与“三结合”机制运行情况，视察9个乡镇农村公路400余千米。将县城生活垃圾处理作为助推“六城”同创的重点视察课题。

6月12日，县政协组织部分政协委员对县城生活垃圾处理工作进行专题视察，张频、黄玉贤参加。视察组先后到龙门大桥垃圾中转站、民族路集贤小区、红岩卡生活垃圾处理场以及和平废品收购站，了解各地生活垃圾处理情况，听取相关情况介绍。座谈会上，县城管局、县住建局相关负责人就各自的职能对县城区生活垃圾处理工作的基本情况、基础设施建设、运行管理情况进行汇报；参加视察的政协委员针对城区生活垃圾处理工作提出建设性意见和建议。

7～8月，科教文卫体委组织开展非物质文化遗产保护和传承调研，到李家河镇、椿木营乡等地详细解滚龙连厢、三棒鼓、十姊妹歌、高腔山歌等非物质文化遗产的保护和传承状况，走访座谈省、州、县三级非物质文化遗产传承人，考察湖南省龙山县里耶镇、苗儿滩镇非物质文化遗产的保护和传承经验。

9月15～17日，王此权带部分县政协常委、委员组成调研组，调研全县食品安全工作。到李家河镇民族中学、椒园镇中心小学、县民族幼儿园等7所中小学学生食堂，查看学生用餐环境、餐具清洗消毒、样品留存、原材料贮存和产品陈列室，并就从业人员健康状况、食品购进渠道、进货查验以及食品安全责任落实情况进行询问和了解；到恩施州亚麦食品有限责任公司、湖北土家爱食品开发有限公司等食品加工企业，部分宾馆酒店及五把车集贸市场，察看企业的原材料仓库、生产加工车间、成品库，了解食品、农产品、饮料、调味品的生产经营销售状况等。座谈会上，县食药监局、县农业局、县畜牧局、县教育局、县城管局等县食安办成员单位汇报食品安全监管工作情况。全县持证食品生产经营主体2428家，其中：食品生产加工企业43家，食品生产小作坊20家，食品经营1676家，餐饮服务571家，学校、幼托机构食堂等118家。无证待规范小作坊、小餐饮465家。调研组认为，食品安全管理要突出食品质量安全监管重点和关键环节，强化重点区域监管责任，加强对食品生产、加工、销售人员和消费者的宣传教育，提高从业人员健康素质和卫生水平；要继续深入开展食品安全专项整治，保持食品安全监管高压态势，并不断加快食品质量诚信体系建设和农产品质量标准化体系建设；要加大食品质量失信惩戒力度，构建食品质量安全监管大格局，着力提升食品安全监管水平，有效预防食品安全事故发生，确保全县人民群众吃上放心、健康的食品。

10月15日，县政协召开全县“十三五”规划编制协商座谈会。王仕高、王此权、黄玉贤、钟昌泽、陈浩与全县各行业各领域的40余名县政协常委、委员出席会议。会上，县发改局负责人通报全县“十三五”规划编制工作情况以及677个重大项目谋划情况，政协委员建言献策，就有机创建与现代农业、农副产品精深加工、新能源与资源型新型工业、生态文化旅游业、精准扶贫、电商物流、城乡统筹与区域协调发展、公共文化服务体系建设、学前教育与职业教育培训等方面提出意见和建议。

照县委统一分工要求，县政协领导班子成员参加旅游、工业、城镇、农业农村和社会事业等重点工作领导小组分工，直接参与指导高速公路建设、钟楼至一桥旧城区改造、有机农业创建和茶叶产业链建设等重大项目实施和重点工程建设。围绕“村村通客车”目标，县政协领导和政协机关开展“三万”活动，为珠山镇土鱼河村、晓关乡沙水田村等13个驻点村送温暖、办实事、解难事。积极参与“六城”同创等重大活动，县政协机关投入13万元实施绿化亮化美化工程，拆除宿舍大院门面11间250平方米，修建公共停车场和老年健身场所。广大政协委员切实做到完成岗位工作和履行委员职责“两不误”“两促进”，伍忠立委员荣获“湖北省返乡创业先进个人”荣誉称号，廖世勇委员、侯令谦委员被评为全县劳动模范，肖俊委员荣获“宣恩五一劳动奖章”。

县政协主席张频先后参加湖北武陵山试验区政协主席座谈会、全州政协主席座谈会，分别作《坚持绿色发展建设美丽宣恩》《充分发挥政协优势服务改革发展大局》的发言，提出的政协委员向基层和专业技术人才队伍倾斜、加强乡镇政协联络组建设、重视政协干部和政协委员队伍培训等意见建议得到有效落实。加强与各地政协和党派团体的联系往来，先后接待湖北省台盟调研组和云南省昭通市政协、湖南省靖州县政协、贵州省锦屏县政协、湖北省兴山县政协考察组，参加湖南省隆回县、湖北省来凤县承办的湘鄂黔渝边区政协工作联系会第三十二、三十三次会议，围绕“发展特色产业，壮大区域经济”“推进武陵山片区区域发展与扶贫攻坚”持续建言。利用团结各界、联系广泛的政协优势，突出抗战胜利70周年主题，编辑出版宣恩文史资料第21辑《宣恩抗战》专辑，约46万字。在省、州政协发表文史13篇，约4.8万字。

【自身建设】贯彻落实党的路线方针政策。开展“守纪律、讲规矩”主题教育、“三严三实”专题教育活动，邀请县委党校教师作《严守政治纪律和政治规矩，切实履行参政议政职责》的政协常委会专题辅导讲座，不断巩固和扩大教育实践活动成果。县政协党组接受省委巡视，县政协主席会议深入学习《中共中央关于加强社会主义协商民主建设的意见》《中共湖北省委关于加强社会主义协商民主建设的实施意见》，县政协常委会传达学习省委、州委政协工作会议精神和省委《关于进一步加强人民政协工作的决定》、州委《关于进一步加强人民政协工作的实施意见》，牢牢把握新形势下人民政协工作的基本原则和主要任务，切实增强政治意识、责任意识、担当意识。

健全委员联络机构，设立委员工作委员会，明确为正科级工作机构。核定领导职数1名（11月5日，宣编发〔2015〕24号文件）。

开展县政协领导走访委员活动，走访了万寨、椿木、晓关、珠山、长潭、李家河、椒园7个乡镇政协委员，征求乡镇政协联络组和政协委员对县政协常委会工作报告和提案工作报告的意见建议。帮助委员知情明政、提升履职能力，县政协常委会邀请州政协办公室副主任张华进行社情民意信息专题培训讲座，邀请县委副书记、常务副县长朱鹏程向委员通报全县2015年上半年经济社会发展情况。抓好委员履职服务和管理工作，实行委员进退出机制动态管理，撤销委员资格3名，2015年末实有委员176名。

以提升工作能力、提高服务水平为着力点，开展学习、服务、创新、和谐、节约、廉洁“六型”机关建设，加强机关干部的政治理论和业务知识学习，政协领导带头讲党课和廉政教育课，机关干部积极参加州、县党校专题培训，提振精神、转变作风、提升能力。加强党建工会、综治计生、政务宣传、保密档案等机关日常工作，做好“办文、办会、办事”等服务保障工作。

【调研与交流】3月12日，湖南省龙山县政协副主席张建民一行14人到宣恩考察县城区生态建设情况，张频、黄玉贤陪同。

3月19日，省人大常委、省台盟副主委刘江东带省台盟调研组一行6人到宣恩调研“发展乡村旅游，促进农民增收致富”，张频、陈浩陪同。

4月14日，恩施市政协副主席崔显琦一行10人到宣恩考察彭家寨古民居建设，钟昌泽、调研员郭大国等陪同。

4月22日，州政协主席甘方谦等一行10人到宣恩椒园镇龙潭溪村调研整村推进工作，张频、陈浩等陪同。

4月22至23日，州政协副主

席王继刚一行15人县宣恩视察森林资源保护工作，黄玉贤陪同。

5月26至27日，湖南省隆回县政协副主席、县科协副主席范吉权一行8人到宣恩县政协联谊走访，座谈交流举办湘鄂黔渝边区县(市、区)政协工作联系会事宜，陈浩等全程接待和座谈交流，并安排和陪同考察伍家台贡茶产业园。

6月23至26日，县政协副主席王此权、经济委主任杨介明、办公室副主任赵林参加在湖南省隆回县承办的湘鄂黔渝边区县(市、区)政协工作联系会第三十二次会议。

7月6日，州政协副主席肖谏成等一行4人到椿木营乡调研综合扶贫开发工作，张频陪同。

8月4日，州政协副主席郑开国到椿木营乡调研综合扶贫开发工作，张频、周志斌、王此权陪同；云南省昭通市政协文史委主任周富强等一行5人到宣恩考察小茅坡营苗寨，恩施州政协委员工作委员会主任罗英波、县政协副主席黄玉贤等陪同考察。

8月11日，来凤县政协副主席向家林一行4人到宣恩联络湘鄂黔渝边区县(市、区)政协工作联系会第33次会议事宜，黄玉贤陪同座谈。

9月17日，州政协副主席刘晓冰到宣恩开展“两调研一走访”活动(贯彻落实2010年州委政协工作会议精神情况、政协宣传和反映社情民意信息工作情况调研，走访县市籍州政协委员)，与张频、黄玉贤、陈浩及部分州政协委员和乡镇政协联络组长座谈。

10月10日，湖北省兴山县政协副主席王克品到宣恩县政协考察学习贯彻落实省委政协工作会议精神的经验做法，钟昌泽、陈浩等陪同。

11月11至13日，县政协副主席钟昌泽、科教文卫体委主任卢阳、办公室主任科员满金山参加湖北省来凤县承办的湘鄂黔渝边区县(市、区)政协工作联系会第三十三次会议。

11月13日，湖南省靖州县政协主席尹翠华、常务副主席禹容娥等一行7人到宣恩考察文史及古典建筑保护工作，张频、钟昌泽陪同考察。

11月25日，贵州省锦屏县政协副主席王明相、陈元瑞等一行8人到宣恩考察非物质文化遗产保护工作，陈浩陪同考察彭家寨吊脚楼、野椒园古侗寨。

12月12日，省政协常委、台盟湖北省委主委江利平一行6人到宣恩调研并看望盟员陈浩。张频、黄玉贤陪同调研。

(赵林)

采莲船

采莲船是恩施地区人民在岁时节令开展的娱乐活动之一，又叫划彩船、跑旱船。清·《燕京岁时记》载：“跑旱船者，乃村童扮成女子，手驾布船，口唱俚歌，意在学游湖而采莲者”。“船”用竹篾扎成，上有美丽的轿顶式亭子，下用布围子，并用游鱼、水纹等图案装饰，船头、船尾用荷叶、荷花、莲蓬点缀，形似在湖中采莲的一只游船。过去“坐”船的小旦多为男扮女装，随撑船的艄公(小丑)来回旋转，作游湖状。有的地方还配有“打鱼郎”“叫化子”等角色，增加趣味性。在锣鼓的伴奏下玩耍，打一番锣鼓唱一番歌，一领众和，触景生情，随口便答，热闹非凡，曲调优美，多为民间小调。

中国共产党宣恩县纪律检查委员会

【概况】2015 年，全县纪检监察系统深入贯彻党的十八大、十八届三中、四中、五中全会精神，坚决落实中央、省、州纪委五次全会精神，坚持党要管党、从严治党，聚焦党风廉政建设和反腐败斗争中心任务，坚持转职能、转方式、转作风，突出监督执纪问责主责主业，协助县委落实党风廉政建设主体责任，正风肃纪，惩治贪腐，推进全县党风廉政建设和反腐败斗争。强化组织领导，1 名副书记分管纪律审查工作，3 名纪委常委分别主管一个纪检监察室、联系一个纪工委和一个乡镇办案协作区；县纪委机关 80%的干部在监督执纪问责一线，每个室达到 2 人以上；每个室配齐办案设备，增加 3 辆办案用车。

2015 年共查处违反中央八项规定精神问题 81 个，处理 113 人，其中纪律处分 31 人。对党政主要负责人执行“三重一大”事项和“四个不直接分管”制度、以及党员干部执行政治纪律和组织纪律等情况进行监督检查，对 6 名党员干部进行诫勉谈话。执行《恩施州精准扶贫、“六城”同创、重点项目建设工作问责暂行办法》，对 2 起安全责任事故问责处理党员干部 2 人，对违规涉农涉企收费的 3 名主要负责人进行诫勉谈话，对 16 所学校虚报、挤占营养餐专项资金问题诫勉谈话 18 人。

【县纪委第十四届五次全体会议】2 月 26 日，中共宣恩县第十四届纪委第五次全体(扩大)会议召开，学习贯彻中央、省、州纪委全会精神，总结 2014 年全县党风廉政建设和反腐败工作，安排部署 2015 年任务。县委常委、县纪委书记吴卫平主持会议，县委书记曾德权出席会议并讲话，会议以电视电话会议形式召开，县级设主会场，9 个乡镇分别设立分会场，习罩、朱鹏程、杨安明、张频等四大家领导，县法院、县检察院、县工业园区主要负责人，县纪委委员，县纪委监察局班子成员，各乡镇党委书记、乡镇长(常务副乡长)、纪委书记，县直部门主要负责人、纪检组长(纪委书记)以及派出纪工委书记在主会场参加会议；各乡镇党委、政府领导班子成员，乡镇内设机构、部门、驻村工作队、各村(社区)主要负责人在各分会场参加会议；县直部门领导班子成员、县纪委监察局各部室负责人在珠山镇分会场参加会议。吴卫平代表第十四届县纪委常委会作《聚焦中心任务，突出主责主业，坚定不移推进党风廉政建设和反腐败斗争》的工作报告。会上，李家河镇、椿木营乡、县畜牧兽医局党委(党组)书记，沙道沟镇、高罗乡乡(镇)长和县国土资源局纪检组长分别就落实主体责任和监督责任作述责述廉报告，并接受纪委委员的现场提问和测评；晓关侗族乡、县财政局党委(党组)书记就 2015 年如何落实主体责任作公开承诺。当天下午，各乡镇纪委书记、派出纪工委书记、县直部门纪检组长(纪委书记)、县纪委监察局机关干部对工作报告进行讨论。

【县政府第四次廉政工作会议召开】3 月 2 日，县第十七届人民政府第四次全体(扩大)会议暨廉政工作会议在宣恩礼堂召开。习罩、朱鹏程、吴卫平、向建强、向子明、周志斌、李世祥、张友刚、匡汉晖、覃国锋出席会议。习覃就“严”“实”二字在宣恩如何得到贯彻落实，提出相关要求。州委党校副校长、副教授覃章梁应邀对全体参会人员开展题为《做忠诚、干净、担当的干部》的专题讲座。县政府党组成员、办公室主任胡晓洪及各乡(镇)长、常务副乡长、县直各单位副科级以上干部、从事行政审批的直接责任人、县政府办公室副主任、班子成员及科室人员参加会议。

【省委巡视组巡视宣恩】9月1日，省委第三巡视组进驻宣恩县，进行为期30天左右的全面巡视。

巡视对象主要为县委“四大家”领导班子成员和下一级党政主要负责人，巡视组通过与被巡视党组织领导班子成员和其他干部群众个别谈话，受理反映被巡视党组织领导班子及其成员问题的来信、来电、来访，调阅、复制有关文件资料，召开座谈会，听取有关工作汇报，列席有关会议、走访调研等方式开展工作，对重大问题进行深入了解。

9月1日，宣恩县召开省委第三巡视组巡视宣恩工作动员大会，全面部署安排巡视工作。省委第三巡视组全体成员，县委常委、县人大、县政府、县政协班子成员，在职县管干部及县法院院长、县检察院检察长参加会议，有关方面人员列席会议。省委第三巡视组组长樊仁富作动员讲话，省委第三巡视组副组长张家林、蔡方胜出席会议，州委常委、州纪委书记陈江龙代表州委就宣恩县如何配合巡视工作提出要求，曾德权主持会议并作表态发言。樊仁富强调，围绕党风廉政建设和反腐败工作中心，以“发现问题”为导向，紧扣“四个着力”“两个责任”的落实开展巡视工作。即着力发现领导干部是否存在权钱交易、以权谋私、贪污贿赂、腐化堕落等违纪违法问题；着力发现领导班子或领导干部是否存在形式主义、官僚主义、享乐主义和奢靡之风等方面的突出问题，是否存在打折扣、搞变通等问题；着力发现领导干部是否存在对涉及党的理论和路线方针政策等重大政治问题公开发表反对意见、对中央和省委方针政策和重大部署阳奉阴违，目无组织纪律等问题；着力发现领导班子或领导干部是否存在独断专行、软弱涣散、严重不团结等问题，是否存在买官卖官、拉票贿选、突击提拔干部、违规用人，搞团团伙伙等选人用人上的不正之风和腐败行为。同时对县委落实主体责任、纪委落实监督责任，执行组织纪律及党员领导干部在严守政治纪律和政治规矩方面的情况进行检查。

经过巡视发现的主要问题有：在履行主体责任和监督责任方面，表现为落实两个责任的自觉性不强，存在认识不到位、责任不上肩、措施不落地的问题；在党风廉政建设和反腐败方面，一些重点领域、重要部门存在窝案串案。少数领导干部利用职务之便插手项目谋取利益，工程领域围标、串标严重；项目建设缺乏监管，部分项目合同鉴定不规范，调整项目规划后未及时补缴土地出让金；基层“小五长”腐败案件易发多发，其中村干部问题较为突出；在落实中央八项规定精神和加强作风建设方面，存在严重违反财经纪律、“四风”刹而未止、干部乱作为、慢作为等现象；在执行党的政治纪律和政治规矩方面，少数干部对组织不忠诚，搞非组织活动；执行政策变通走样；在干部选拔任用和管理方面，学习贯彻《干部任用条例》不严肃，有违反干部人事工作纪律的行为，领导班子和基层组织建设薄弱。

【媒体问政】12月28日，由宣恩县纪委、县委宣传部主办，县电视台、县新闻中心承办的2015年媒体问政于19时40分在县行政办公中心大楼二楼举行。朱鹏程、吴卫平、朱瑾、黄同元、岳东、雷天兵、郭晖及其他“四大家”在家领导出席活动。问政活动以“聚焦民生民利 强化履职尽责”为主题，围绕城区环境、食品安全、农村环境卫生等问题问政于民，督促职能部门解决好群众反映强烈的突出民生问题，深入推进干部作风建设，提高行政效能，改善民生民利，优化发展环境。9个乡镇、县食药监局、质监局、水利局、住建局、环保局、城管局、交警大队等单位主要负责人面对质询，进行详细解答，针对工作中存在作风不实、管理不规范等问题，真诚地道歉，并提出具体的整改措施，明确了整改的时间节点。由县人大代表、政协委员、社区代表以及通过多方征集报名的群众代表组成的评议团对各问题的处理现场进行亮牌表决和评议。对于本次问政的问题，县纪委监察局将根据现场承诺的时限进行督查，督查情况予以公开通报。

·党风廉政建设·

【协助县委落实“主体责任”】2015年1月对全县9个乡镇、75个县直部门2014年度的党风廉政建设责任制落实情况进行检查考核。根据县委县政府的综合目标考核的工作安排，县纪委负责对落实党风廉政建设“两个责任”的检查考核。对2014年度各乡镇、县直各单位党风廉政建设、作风建设、干部选拔任用状况进行民意调查，共组成三个调查专班，采取人大代表和政协委员测评、电话抽访、走访调查的方式进行，利用县人大、政协“两会”召开之际，在人大、政协委员中发放测评表300多份，对每个乡镇电话抽访50人、走访调查50人，对县直单位走访调查100人，电话抽访和走访调查的对象主要是企业主、个体工商户、村民和县城居民，调查对象具有代表性和广泛性，对调查和汇总的全过程，纪委实行全程监督。在各检查考核组检查考核工作开展前，专门开展培训，对述责述廉、民主测评、座谈、查阅资料、现场检查等各环节进行统一，对评分细则的指标进行解释，统一口径和标准，减少自由裁量权。考评检查情况报县委办、政府办，纳入全县综合目标考核结果，提出表彰建议名单，提交县委表彰3个乡镇、5个县直单位和10名优秀责任人。

在2014年制定出台的落实党风廉政建设“两个责任”的“50条”具体措施的基础上，进一步落实“两个责任”，3月在全县开展“两清单一承诺”活动。县“四大家”带头，各级各部门领导班子及成员按照“50条”要求，对照职责、任务，认真分析讨论，建立主体责任清单、廉政风险防控清单。并对各级各部门如何落实主体责任，采取在县内的电视和网络媒体、公开栏、干部职工会等形式进行公开承诺。县委落实主体责任办公室成立后，县纪委将落实主体责任的相关任务向主责办进行移交。对各单位“两清单一承诺”逐单位、逐项审核，提出修改建议，特别是对守纪律讲规矩、抓早抓小开展约谈、作风建设、廉政风险防控、维护群众利益、支持执纪执法工作等方面对各地各单位提出了数量、质量、措施等要求。县纪委与电视台、宣恩网站开辟专栏，开展主体责任承诺活动。

【宣传教育】2015年，县纪委与县委党校联合对新任公务员、重点岗位负责人及科级干部、村主职干部实施了廉政教育培训，对全县科级干部开展了严明政治纪律严守政治规矩以及新《条例》的专题培训。全县9个乡镇、75个县直单位和部门全部组织开展了严明政治纪律严守政治规矩专题培训，印发学习资料2000余本，2039党员干部参加培训；县人社局开展初任公务员廉政教育活动，组织80名新录用公务员学习党章，上好岗前廉政“第一课”；开展“党风廉政宣教月”活动，组织宣恩县第十六个党风廉政建设宣传教育月主题征文比赛，共收到征文稿件147篇，评选产生一等奖2名，二等奖5名，三等奖10名，优胜奖5名。另评出组织奖单位6个。组织“守纪律、讲规矩、树形象”主题演讲比赛，124名选手参赛，其中在职职工111名、离退休老干部13名。抓好宣传工作，以新闻宣传阵地为依托，丰富宣传内容，拓展宣传渠道，不断反映全县纪检监察工作亮点，形成“电视有声画、报纸杂志有文字、网络有画面”的廉政宣传格局。强化对外宣传，围绕廉政工作宣传重点，县纪委（监察局）机关积极组织稿件向省、州以上媒体投稿，2015年，在州级以上媒体发稿176条，省级媒体发稿21条、国家级媒体发稿2条。

【信访工作】按照把纪律挺在前面的要求，综合运用监督执纪“四种形态”，积极创新体制机制，全县纪检监察信访举报工作呈现出实名举报率上升、信访成案率上升、群众满意率上升，信访举报总量下降、重复信访率下降，没有赴省进京越级访的成效。2015年全县接受各类信访举报290件，较上年减少14.2%，实名举报率达52.4%。编发信访简报9期，信访专报4期。全年信访办理及时率92.8%、办结率97.3%。全年信访函询32人次、约谈提醒18人次、诫勉谈话5人次。全年信访转立案73件，贡献率45.1%。全年重复信访率13.5%，同比下降55%，实名举报满意率73%。在全州纪检监察系统信访工作年度考核中，宣恩在八个县市排名第一，县纪委书记吴卫平在全州信访举报工作交流会上作了典型发言。

【查办案件】2015 年围绕减少存量、遏制增量目标，坚持有腐必反、有贪必肃，始终保持惩治腐败的高压态势，重点查处十八大后不收敛、不收手，问题线索集中、群众反映强烈、现在重要岗位且可能还要提拔使用的党员领导干部，严肃查处群众身边侵害群众利益的腐败问题。全县纪检监察机关初核问题线索 300 件，同比增长 257.1%；立案 162 件，同比增长 84.1%；结案 124 件，同比增长 51.2%；处分 116 人，同比增长 41.5%；查处科级干部 43 人，同比增长 168.8%；查处基层“小五长”61 人，同比增长 38.6%。改进监督执纪方式，把纪律挺在前面，探索实践“四种形态”，坚持抓早抓小，对违反纪律规矩的党员干部早提醒、早纠正。全年函询 52 人次，公开通报 78 人次，警示性约谈 35 人次，诫勉性约谈 21 人次，防止“小问题”养成“大错误”。对 3 个乡镇和 3 个县直部门组织开展巡查监督工作，发现问题 154 个，纳入问题线索管理 53 个，一批违纪违规问题得到及时处理。优先查办省委第三巡视组交办问题线索，立案审查 16 人，作了结处理 10 人，年末其他问题线索处于调查核实之中。加大反腐败协调力度，建立资源共享、信息互送、协同作战工作机制，相关单位向纪检监察机关移交问题线索 51 件 51 人，纪检监察机关向司法机关移送案件线索 5 件 5 人。县检察机关立案侦查贪污贿赂、渎职侵权等职务犯罪 43 人，县法院系统审结一审贪污贿赂案件 4 件 5 人。

【自身建设】坚持“三转”不动摇，聚焦主责主业，委局机关 85%的人员力量充实到监督执纪问责第一线，乡镇和县直部门纪检干部专司执纪监督问责工作。在全县纪检监察系统深入开展“严明政治纪律、严守政治规矩”集中教育活动和“三严三实”专题教育，切实转变工作作风。通过以会代训、以案代训、挂职培训等方式，大力提升纪检监察干部的能力素质。乡镇纪委书记、副书记和县直部门纪检组长纳入全县纪检监察系统统一管理，建立健全重要事项交办、监督工作记录、每日工作报告、外出请示报备等管理制度，对纪检监察干部提出“十不准”要求，向全县党员干部作出“向我看齐”承诺，坚决用铁的纪律锤炼反腐“铁军”。坚决防止“灯下黑”，调整不胜任工作的纪检干部 1 名，对 4 名有反映的基层纪检干部坚持从严从快调查处理，工作约谈 1 名、通报批评 1 名，切实维护纪检监察队伍的纯洁性。

·行政监察·

【监督检查反四风】组织开展监督检查，加大反“四风”工作力度。围绕重要时间节点开展监督检查的要求，对各乡镇、县直各单位元旦、春节、清明、五一、端午、中秋、国庆期间作风建设监督检查，重点是针对公款吃喝、公款送礼、公款娱乐消费、滥发奖金津补贴、公车私驾私用、遵守工作纪律和治理“整酒风”的明察暗访，针对发现的问题下发问题通报，要求各地各单位进行处理并上报处理情况。对处理不及时不到位的进行督办，并在此基础上下发处理情况通报。转变过去县纪委单打独斗的方式为县纪委统一组织协调，下发监察建议书 5 份，督促相关监管部门履行职责。综合协调财政、审计、人社、机关事务管理局、地税、国税、公安、发改等部门，组成检查组，采取明察与暗访、查账和实地查看等相结合的方式开展 3 轮全县范围的监督检查，实现全覆盖，特别是对全县所有二级单位实现监督检查全覆盖，补上了以前对二级单位监督检查偏弱的一课，通过发现问题、责令整改、问责追究，倒逼各级各单位（特别是二级单位）认真落实中央八项规定精神，建立落实管理制度；倒逼主管部门落实主体责任，加强对所属单位监管。开展巡查反“四风”，4 月制定巡查工作台方案，组成 6 个巡查组（每个组 5 至 7 人），5 月初开始启动巡查工作，把“四风”方面的问题作为巡查的工作重点。

组织协调“四项专项整治”和“三项专项治理”工作。召开全县的工作会议，制订工作方案；协调各相关部门成立工作专班，进行相关的检查；组建专班对 3 个乡镇 6 个县直部门的机关食堂、培训中心进行抽查；对各牵头部门进行督办检查，组织公安、机关事务局、人社、审计、财政对党员干部带彩娱乐、机关食堂、违规发放津补贴或福利、财务票据等问题进行检查清理。

【专项检查和专项清理】开展部门履职尽责督促检查。制定《县纠风办关于2015年度加强政府部门履职尽责督促检查工作实施方案》，明确工作内容、时间进度，细化工作措施。各个部门相应成立领导小组和工作机构，建立工作机制。聘请责任心强、关心和支持全县事业发展的县人大代表、政协委员、企业业主、社区管理人员、新闻媒体工作者等12名同志为全县政府部门履职尽责督促检查工作的监督员，全程参与和监督部门履职尽责督促检查工作。7月6日召开全县政府部门履职尽责督促检查工作会，学习传达文件精神，对8个部门（系统）履职尽责督促检查工作进行安排部署。各部门、行业依据部门职能，作出具体承诺，并向社会公开。县纠风办组织12名部门履职督查员在8至10月期间每月开展一次明察暗访，并通过座谈会的形式向各部门进行结果反馈。各部门、行业采取采取个人自查和征求意见表、征求意见箱、问卷调查表等形式广泛征求服务对象意见，梳理分析本部门本行业履职尽责方面存在问题，共梳理分析出各类问题和建议259条。县纪委与州纠风办、州广播电台举办《政风热线》节目，在宣恩网、宣恩电视台进行预告，各单位按时按要求参与，对热线反映的问题督促整改落实。梳理服务对象名册，统计部门按每个部门50户进行电话访问，开展第三方评估。协调经信局、工商联开展服务对象测评，测评150户企业、个体工商户。组织开展检查考评、集中评议工作。开展“红顶中介”专项检查。一是上报自查报告。召开两次专题会议。召集民政、财政、审计、工商、发改、国税、地税等监管部门召开专项检查的工作会议，明确各部门在专项检查上的职责任务。召集“红顶中介”专项检查的住建、国土、农业、环保、安监、消防等六大重点行业主管部门负责人专题会议，安排部署自查自纠工作。由县纪委牵头，从财政、民政、物价、工商等部门抽调人员，组成专项对六大行业进行检查。检查共发现县农业局、县住建局、县国土局3个单位的4个问题，全部下发整改通知书，督促相关主责部门进行整改到位。按照州专项检查的要求，六大行业主管部门对照专项检查六个方面的内容开展自查，并要求上报自查情况报告。

【问责】对2014年度落实党风廉政建设“两个责任”检查考核结果进行排名通报，县纪委对排名靠后的1个乡镇和4个部门主要负责人进行警示约谈，对2014年度落实主体责任不力的2个县直部门和受到党纪政纪处分的8名领导干部实行“一票否决”。对落实主体责任不力的4名领导干部进行诫勉谈话，对1名领导干部进行警示性约谈。对州检查发现的四个部门主体责任落实不到位的问题，逐一下发督办函并督办整改到位。

2015年县纪委共发作风建设通报13期。对因遵守和执行工作纪律不严37个单位的84名当事人、责任人进行问责处理，督办两个乡镇对因治理“整酒风”不力的17名乡、村干部进行问责追究。对2014年媒体问政的6个问题发问责通报，对35人进行点名道姓通报（其中科级干部10人）；对明察暗访检查中发现的81个违反中央八项规定精神问题进行问责追究，采取通报批评、约谈、诫勉谈话等方式处理82人，给予党纪政纪处分31人。

（杨亨祥）

群团组织

工会组织

【概况】2015 年全县有 2 人被评为全国先进工作者，1 人被评为全省先进工作者，15 人被评为县级劳动模范，14 人获县“五一”劳动奖章。2015 年末，全县有工会组织 596 个，其中，机关事业单位 210 个，产业非公企业、联合组织工会 5 个，工会会员 20952 人。

【组织建设】2015 年以非公有制企业为重点，以分散灵活就业的职工和农民工为主要对象，加强工会组织建设，全县企事业单位及新社会组织新建工会组织 8 家，新增会员 2105 人，15 家机关基层工会组织依进行改选，全县工会建会率达到 90%，入会率达到 85%。在基层工会开展“三亮”（工会组织亮牌子、工会主席亮身份、工会工作亮作为）活动，落实工会会员知情权、参与权、选举权和监督权。

【维权】开展《中华人民共和国劳动法》《中华人民共和国劳动合同法》《湖北省企业工会条例》《湖北省集体合同条例》为重点的普法宣传活动，全年共开展送法活动 6 次，发放维权宣传资料 4000 余份。在非公企业中普遍开展签订集体合同及工资专项合同、劳动安全合同、女职工合同工作，签约率达到 80%以上。不断规范厂务公开民主管理工作，推动企业建立职代会制度，推进和谐劳动关系建设。创建全国模范职工之家 1 家（县人民医院），省级模范职工之家 1 家（湖北西部现代农业有限公司），省厂务公开民主管理示范单位 1 家（湖北土家爱食品开发有限公司），州先进职工之家 2 家（县粮食局，上湖塘居委会）。县总工会参与全县安全生产重大责任事故的调查和处理，开展劳动争议调解，与人社部门调解劳动争议仲裁 5 件；与县安监局组织开展“安康杯”竞赛，全县共有 55 个单位、2410 名职工参加；接待职工群众信访，倾听职工群众呼声，全年共接收信件和到访 22 人次，均获得满意答复和解决。

【帮困解难】2015 年县总工会坚持日常帮扶与集中帮扶相结合，将帮扶范围不断向农民工拓展。帮扶 103 名困难职工，发放帮扶资金 20.2 万元；金秋助学 43 人，发放帮扶资金 12.5 万元；为全县 16 名省部级困难劳模申请困难补助，发放困难补助金 9 万元。盛夏时节，对部分建设工地、企业、环卫工人开展一年一度的“送清凉”活动，同时还为全县 80 名女职工进行免费两癌普查。建基层工会服务站 1 家（湖北巴楚风印务有限公司），职工书屋 3 家（湖北土家爱食品开发有限公司、湖北巴楚风印务有限公司、湖北绿可生态茶叶有限公司）。

【劳模工作】2015 年 2 月 6 日，县委常委、县委办公室主任、县总工会主席朱瑾主持召开县劳模评选委员会成员单位第一次会议，讨论修改《县劳模评选活动方案》。2 月 12 日，县长习罩主持召开县十七届人民政府第 26 次会议，审议《宣恩县县级劳模评选活动方案》。4 月 8 日，朱瑾主持召开县劳模评选委员会成员单位第二次会议，安排部署督办劳模评选工作。4 月 30 日，县委、县政府在河滨广场举行劳模表彰大会，授予王斌（县人民医院副主任医师)、朱学杰(长潭河侗族乡洗马坪村村委会主任)、高洪胜(县政府办公室工勤人员)、廖世勇(湖北绿可生态茶业有限公司总经理)、易军(晓关侗族乡初级中学高级教师、校长)、覃章银(县民族实验中学高级教师、副校长)、石宝言(高罗镇福利院院长)、李才志(湖北省鹏博生态农业有限公司总经理)、侯令谦(湖北土家爱食品开发有限公司总经理)、宋文(县委宣传部副部长、县新闻中心主任)、谭秀华(女,县工商局注册分局副局长)、王真友(椒园镇庆阳坝村村民)、彭五星(县烟叶分公司农艺师、技术服务站站长)、邵琴(女,国家电网宣恩县供电公司会计员、财务资产部主任)、刘菊萍(女,县检察院专职检察委员、公诉科科长)“宣恩县劳动模范”称号,杨慧(宣恩县地税局政策法规科科长)、肖厚龙(宣恩县一中教师)、张显政(椿木营民族中小学教师)、郭世德(沙道镇政府纪委副书记)、洪志伟(恩施州亚麦食品有限责任公司总经理)、姚新梅(机关事务局食堂厨师助理)、杨年红(宣恩县农业局农艺师农业技术推广中心主任)、罗家琼(宣恩县林业局工程师林权登记管理中心主任)肖俊(宣恩县民族医院副主任医师)、张青山(沙道镇龙潭村委会副主任)、万东山(宣恩县农商行助理会计师)、段海洋(李家河镇城建办副主任)、周德争(中国电信股份有限公司宣恩分公司工程师)、王绍祥(珠山镇财经所副所长)荣获“五一”劳动奖章。并将2015年6月定为“中国梦·劳动美”主题教育活动宣传月,通过新闻媒体对劳模先进事迹进行广泛宣传,在全县范围内积极营造崇尚劳动、尊重劳模的良好氛围。

4月28日,县人民法院陈升霄、椿木营中小学教师姜海燕到北京参加全国劳模表彰大会,被中共中央、国务院表彰为“全国先进工作者”。4月30日,县林业局刘发松到武汉参加全省表彰大会,被湖北省委、省人民政府表彰为“全省先进工作者”。

【职工技能培训】2015年全县企业基层工会共组织职工开展各种技能培训71场次,培训职工4500余人;各种技能竞赛活动63场次,参与职工3000余人。县人民医院、土家爱公司、巴楚风印务公司等单位开展以争创“工人先锋号”“职工之家”为主题的劳动竞赛活动,县供电公司、西部农业食品公司等单位开展岗位练兵和技能比武活动,联华科技、亚麦食品公司、立翔工艺、洞坪公司等单位开展合理化建议、技术攻关、发明创造、节能减排等活动。

【职工活动】以庆祝“五一”劳动节为契机,县总工会举办全县“工会杯”羽毛球赛、排球赛、珠山环城长跑赛企业专场,“宣恩国际商贸城杯”拔河赛等系列活动。成立“三送”活动小组,开展为农民工“送清凉、送健康、送文化”活动。连续5年在车站开展“欢迎农民工回家过年”活动,连续4年举办全县“工会杯”职工象棋赛,与洞坪公司组织职工开展羽毛球、乒乓球比赛,与安监局等单位在全县范围内组织开展“安全生产月”宣传活动,与司法局等单位联合举办“12·4全国宪法宣传日”活动。以此带动了各基层工会各项活动的开展,全县机关、企事业单位基层工会组织职工开展各类活动156场次。

【上级工会调研】8月7日,州总工会副主席王贤忠到宣恩县工业园区调研厂务公开民主管理,县总工会李华生、石玖云陪同。10月26至27日,省总工会民管部部长陆军由州总工会副主席王贤忠、县总工会常务副主席李华生陪同,到宣恩工业园区检查指导厂务公开民主管理工作,并对省厂务公开民主管理示范单位土家爱公司进行验收。11月17日,中华全国总工会信息中心任关明等到宣恩调研信息理论和信息化建设工作,习覃、朱瑾陪同。

(李华生)

共青团组织

【概况】2015年末,全县共有32个基层团委,27个团总支,590个团支部,21445名团员,58名专职团干部,553名兼职团干部。

【服务中心】学习党的十八届五中全会、州委六届七次全会、全国第七次少代会等重要会议精神,通过进村(社区)、进学校、进机关、进企业、进家庭,宣讲会议精神,让党和政府的声音及时地传递到广大青年中去。

推进生态文明建设。3月12日前后,在全县各级团组织和少先队开展“为家乡添绿”活动,栽种树苗1万余株；团县委在晓关乡黄河村发动群众栽种树苗1.5万株、清理河道和垃圾清运工作。在“六城同创”行动中，青年团员走上街头、沿河栈道开展义务清扫。

多渠道招募青年志愿者，组建志愿者服务队，在全民健身长跑、水上运动会、“六城同创”等重大活动赛事、消防安全、文明交通、留守儿童、普法及进城务工农民工子女结对帮扶等领域，开展志愿服务活动30余次，充分发挥志愿者在传播文明、塑造城市形象等方面的积极作用。号召广大青年积极加入义工协会、党员义工服务队、青年志愿者队伍等组织，开展助学、助残、关爱留守儿童等志愿服务活动120余次。

建立宣恩县未成年人保护委员会，加强预防青少年违法犯罪工作，推进重点青少年服务管理工作，实现流浪青少年、闲散青少年、不良行为青少年、留守儿童、服刑人员子女五类重点人群基本信息进入综治网格化管理服务平台，在情况清、底数明的基础上有针对性地开展重点青少年服务管理工作。

【思想引领】在六一前夕，团县委号召县内各小学开展“红领巾相约中国梦”活动；与沙道沟镇团委、沙道沟中心小学举办“红领巾相约中国梦”暨六一文艺演出，并为沙道沟中心小学留守儿童们捐赠价值5000元的文具、书包等学习用具。五四期间联合椒园中学开展“传承书香文明、践行核心价值”文艺展演活动，团州委副书记赖于明、副县长向建强和椒园镇党委、县教育局领导出席，全县各级团干部和椒园中学2000余名学生参加活动。组织一系列弘扬主旋律的书法、绘画、征文、演讲比赛及丰富多彩的文艺晚会，通过活动吸引、教育、引导、凝聚青年，传播社会主义核心价值体系。利用元旦、中秋、重阳、国庆、抗日战争胜利日等节日节点开展敬老爱老、文艺会演、关爱留守儿童、自愿服务、革命传统教育、爱国教育等活动。

向上级推荐优秀团员、团干、五四奖章等先进个人5人，先进单位3个。五四期间在全县表彰五四红旗团委2个（李家河镇团委、椒园中学团委）、五四红旗团支部4个（湖北省苗仙聚酒业有限公司团支部、万寨乡党政综合办公室团支部、晓关中学团支部、宣恩县劳动就业管理局团支部）、优秀团干18人（喻传武，宣恩县中等职业技术学校团委书记；黄丽，宣恩县民族实验中学团支部书记；何恒，珠山镇团委常务副书记；曾旖旎，长潭河乡民族中学团支部书记；刘柄均，万寨乡人民政府党政办干事；黎春花，高罗乡民族中学团支部书记；杨嫱，宣恩县劳动就业管理局团支部书记；王敏，宣恩县沙道沟镇民族中学团支部书记；康美玉，宣恩县第一中学团委副书记；温琼鹏，宣恩县城管执法大队团支部书记；黄潇，宣恩县法院团支部委员；曾召奎，椿木营乡中小学团委书记；石金红，宣恩县民族实验小学团支部宣传委员；刑怡，晓关乡初级中学团支部书记；张伟，晓关乡桐子营中学团支部书记；于小艺，椒园镇中学902班团支部书记；陈慧琳，椒园镇中学802班团支部书记；肖潇，李家河镇中学团支部书记）、优秀团员25人（李琴，湖北土家爱食品开发有限公司仓库管理员；雷晓嵩，宣恩县民族实验中学901班学生；高洪斌，宣恩县民族实验中学902班学生；梁阿羚，珠山镇甘溪村主任助理；杨华，宣恩县沙道沟镇民族中学团支部宣传委员；王子文，国网宣恩县供电公司职工；谭韩，宣恩县中等职业技术学校英语教师；杨光金，宣恩县中等职业技术学校教师；覃娟，长潭河乡民族中学教师；蒋丽，长潭河乡民族中学教师；邱阳，万寨乡民族中学803班学生；杨惠宇，高罗乡民族中学803班学生；童丹，高罗乡民族中学902班学生；李炜，宣恩县第一中学高二(12)班学生；刘群芳，宣恩县第一中学206班学生；谢梦婷，宣恩县第一中学高一(6)班学生；李爽，中国联通宣恩分公司集团营销中心资料员；张杰，宣恩县荧屏特殊教育学校教师；黎榕，椿木营乡中小学802班学生；滕春草，晓关乡桐子营小学少先队辅导员；王萍，晓关乡中心小学教师；唐端阳，李家河民族初级中学学生；王炽盛，李家河镇民族初级中学学生；贺小兰，椒园镇初级中学学生；李汀，椒园镇初级中学学生）。联合县委宣传部、县电视台、县教育局进行“留守童星”评选，成功推荐高罗镇刘倩为全国最美孝心少年。

团县委与县公安局、县科协、县教育局等单位联合开展法律知识进校园活动，以法制讲座、法律知识竞赛、设立法律宣传栏、发放法律书籍等形式，引导广大青少年学法、用法、守法、护法。12月4日参加依法治县领导小组办公室组织的以“弘扬宪法精神，建设法治宣恩”为主题的“宣恩县2015年12·4法制宣传日暨第二个国家宪法日宣传活动”，组织20名志愿者到街头开展主题为“增强宪法意识，繁荣法治文化”的普法活动，发放《青少年维权》《中华人民共和国未成年人保护法》《中华人民共和国预防未成年人犯罪法》《儿童安全自护手册》等普法、宣传材料5000余份，进一步扩大法治宣传的覆盖面和影响力。

【服务青少年】2015年团县委“贡水爱心助学基金”继续面向企业、社会人士筹集到慈善助学资金5万元，资助考上大学的应届高中毕业生22人，每人2000元。基金自2012年建立以来，共筹集助学资金50万元，资助学生200余人。对因病因灾、突发变故致贫返贫家庭困难学生实施资助，救助困难学生11人，落实资助资金15000元。

利用青年志愿者和宣恩义工协会平台，组织爱心爸爸、爱心妈妈等志愿者队伍与乡村留守儿童进行结对帮扶；乡镇团委建立本禹志愿服务队，统筹包括大团委经费在内的可用资金，大力筹集慈善款项，开展关爱留守儿童工作。团县委与县机关工委、县妇联联合组织“圆梦微心愿”活动，征集留守儿童小心愿，为全县8所小学共计312名留守儿童募集节日小礼品。暑假期间，每个乡镇团委都建立2个以上“希望家园”，为600余名留守儿童进行课业辅导和素质拓展训练。

严格执行《宣恩县团委口大学生志愿者管理制度》，对“三支一扶”志愿者和西部计划志愿者在用人单位的工作进行跟踪管理，不定期到服务单位了解志愿者工作生活情况，关注志愿者思想动态，为他们排忧解难，并引导他们立足本职工作、加强自身学习，为二次就业打基础；联合县劳动就业局，通过网站、志愿者群、微博、微信等渠道，为志愿者提供广泛了创业就业信息。2015年推荐3名志愿者、2名“三支一扶”人员参加省州县各级评选表彰。

【促进青年创业就业】发挥宣恩县青年就业创业服务中心平台作用，以网络、电视、报纸、电子屏等渠道广泛为青年就业创业提供政策咨询、就业信息、创业指导等服务。联合县工业园区管委会和人社局、邮储银行，以县就业创业服务中心为纽带，以椒园工业园区、和平工业园区、宣南产业园区为基地，筹备建立青年创业孵化器。

与人社部门联合，加强与县内外民营企业、用人单位联系，探清用人需求，组织青年专场招聘会；举办青年创业培训班，邀请恩施州创业导师和创业专家为创业青年进行授课和创业指导，先后培训创业青年120余人；实施创业贷款贴息项目，共计发放青年创业贴息贷款800余万元，缓解青年创业资金压力；争取青年创业扶持项目，申报省级大学生创业项目3个、县级青年创业项目6个、“精准扶贫，田园小康”项目1个，申报3名创业青年加入湖北省大学生返乡创业计划。

【团组织建设】在县委的领导下，推进党建带团建，各级党组织把团建工作与党建工作同安排、同部署，完善团的基层组织，关心、支持青年成长建功。开展“百县千乡”区域化团建工作竞赛活动，促进县乡两级团组织更加规范化，提升团县委、巩固乡镇团委、活跃基层团组织，推动全县共青团农村工作整体水平再上新台阶，扩大农村基层团的组织覆盖和工作覆盖，促进农村基层团组织活跃度、吸引力、凝聚力明显提升。推荐优秀青年向党靠齐，推荐县直单位、国有企业优秀团员16人加入中国共产党。

建立联系制度，团县委领导班子联系乡镇，乡镇团建指导员包点，加强对乡镇182个直属支部建设的督办指导，确保工作有序开展，覆盖的基层青年数稳步增加；严格乡镇2万元大团委经费管理，强化与乡镇党委政府联络协调经费使用，力争使好钢用在刀刃上，团内活动进一步丰富，基层团组织的影响力和凝聚力显著增强。

利用网络专栏扩大团的影响力，在宣恩论坛“青年之家”专版、共青团业务QQ群、团县委官方微博、微信等网络渠道发布创业就业信息，招募征集志愿者参与社会服务，传达党委、政府重要工作部署，引导树立文明新风。与网友进行广泛而深入的交流，集思广益，探讨解决全县共青团工作面临的困难和问题。建立一支由县直单位、国有企业、学校、乡镇团干部为骨干的网络宣传员队伍，传播共青团的正能量。

举办“团干部如何健康成长”大讨论活动培训班，乡镇团委、县内企业、县直单位团组织负责人参与培训，参训人员撰写心得体会；同时号召乡镇团委举办“团干部如何健康成长”大讨论。筹备县少先队辅导员培训班，传达学习全国第七次少代会精神，进行少先队辅导员业务培训，提升少先队辅导员理论水平和业务素质。举办“学习贯彻习近平总书记系列重要讲话精神”专题培训班，邀请党校副校长娄佰才进行《掌握工作制胜的看家本领》等专题讲座；开展“从严治党”专题学习活动，组织机关干部学习《廉政准则》和《中国共产党党员纪律处分条例》；开展“学习团的历史，传承优良作风”主题团课。组织机关干部到乡镇、学校、企业、乡村与青少年面对面，开展调研12次、走访对象142人，围绕促进成长、服务青年形成了一篇综合性调研报告。

（张新欣）

妇联组织

【概况】2015年末，全县有9个乡镇妇联，279个行政村妇代会，5个社区妇联，52个机关事业单位妇委会，11个企业妇委会、9个商会妇委会和1个社团妇委会。

2月25日，全国妇女联合会授予宣恩县电力公司客户服务中心“全国巾帼文明岗”称号（妇字〔2015〕17号）。3月，长潭河乡中坝村卫生室医生文庆华获省“三八红旗手”荣誉称号。10月，对《宣恩县妇女儿童发展规划（2011—2020）》进行自查，实施中期评估。

【最美家庭评选】3至5月，县妇联按州妇女联合会要求在全县城乡家庭开展以“最美家庭”建设为主题的家庭创建和评选活动，以“最美家庭”创建评选活动带动和影响全县广大家庭树立和谐、勤劳、廉洁、节俭等良好风尚。2015年7月28日，州妇联授予珠山镇兴隆社区金源小区张远明家庭恩施州“最美家庭”称号和兴隆社区惠民小区覃红艳家庭恩施州“最美家庭”提名称号。

【支持妇女创业就业】3月4至11日，县妇联、县人社局联合开展宣恩县第二届“巾帼创业技能培训班”，150名妇女参加。县妇联、人社局、商务局联合行文开展家政服务实操技能提升活动。9月选送金源国际酒店的陈艳和张媛2名选手参加全州首届家政服务技能大赛，陈艳获恩施州居家保洁金奖、省居家保洁铜奖。组织高罗黄琴绿康源农庄、李家河尹玉平萍萍农家乐、沙道沟李艳林森商贸有限公司、工业园区何秀丽巅峰茶叶有限公司、长潭河黄桃元梦圆农家乐5家妇女创办企业向人社局组织材料申报巾帼创业扶持项目，经实地考察评估，最终3家企业获扶持资金14万元，其中，高罗黄琴绿康源农庄2万元，工业园区何秀丽巅峰茶叶有限公司10万元，长潭河黄桃元梦圆农家乐2万元。9月，选派3名农家女到北京昌平学校免费参加3个月幼师培训班学习。11月9至16日，选派6名优秀村级妇代会主任参加北京昌平学校举办为期一周的村级妇代会主任能力建设培训班。

【妇女儿童维权】2015年县妇联共接待妇女儿童信访16起，调成率达到100%。3月3日，县妇联为县电力公司40多名女职工讲授妇女权益保障知识，提高女职工权益保护意识。6月1日，县妇联、县公安局在河滨广场举办“关爱儿童·反对拐卖”法制宣传咨询活动，向广大群众宣传妇女儿童维权、防拐、禁毒等相关法律知识，发放宣传材料1000余份。

【关注女性】3月8日至4月8日，县妇联、县妇保院联合开展为期一个月的妇科病普查活动，免费进行妇科检查，其他检查项目全部实行优惠价。10月8日，县妇联主席向莲花到县一中开展“女生保护课堂”讲座，内容包括如何防止早孕、如何防止失联、如何调适青春期心态等，全校45个班级的女生委员参加。

【关爱帮扶困难妇女儿童群体】3月7至20日，县妇联参加民政局牵头的“三留守”人员大调研活动，全面掌握留守妇女、留守儿童、留守老人的生存生活状况，对全县9个乡镇27个村810名“三留守”人员进行走访座谈，并形成调研报告。5月15日，流动家长学校邀请专家江霞在晓关乡大山村开展“传授隔代家庭学前教育策略”培训，让隔代教育家长懂得现代的、科学的育儿知识和掌握科学育儿技能。7月，县妇联在长潭河乡两溪河、杨柳池、杉木树3个留守妇女较多的村进行调研并形成调研报告。省、州妇联继续开展金凤助学活动，8月，长潭河乡九坝村6

组覃瑶、高罗镇龙河村5组杨君、椒园镇石马村9组杨梦、珠山镇岩堡村4组刘婷、珠山镇兴隆街惠民小区王陈、长潭河乡大湾村8组杨露露6名优秀贫困女大学生获资助1.95万元。

【王兰英到宣恩调研】12月21日，州妇联主席王兰英到宣恩调研基层妇联工作，走访慰问贫困妇女儿童。县妇联负责人向调研组汇报全县妇联工作开展情况。调研组到珠山镇天井堡村、白鹤井社区调研，了解村和社区基础设施建设、精准扶贫等工作开展情况，看望村小学儿童，慰问贫困妇女。各乡镇妇联主任参加座谈会并汇报工作，珠山镇相关负责人陪同调研。

（刘敏　朱忠梅）

工商联组织

【概况】2015年末，宣恩县工商联(总商会)会员2210个，其中个人会员2005个，企业会员199个，团体会员6个。

【参政议政】2015年县工商联通过召开工商界政协委员、人大代表座谈会、发放问卷调查等形式了解情况，组织相关人员到30多家企业调查企业发展存在的困难，有针对性地写出全县民营经济发展现状和存在的困难报告提交到县委、县政府。以政协提案、人大议案的方式，撰写《关于规范红绿灯十字路口行人过马路的建议》《关于农民看病进城忙的建议——乡镇卫生院基本医疗服务被弱化成因及防止对策》《关于加强县城车辆停放管理的建议》等14篇提案。根据县纪委的要求，在工商界推荐履职尽责评议代表5人(吴乐坤、刘金、张安英、邱恩、崔江华)，参与全县的履职尽责评议工作，发挥企业参与监督作用。组织民营企业代表开展百家企业评机关活动，对35个行政执法和行政审批部门、6个垂直管理部门、8个公共服务行业进行政风行风测评，通过满意测评评出满意、基本满意、不满意、不了解四类情况。收集意见和建议30余条，反馈到相关单位。

【商会活动】贯彻落实党的十八届三、四、五中全会精神，组织非公非经济代表人士学习十八届五中全会精神和恩施州委六届八次全会精神和全省统一战线大讲堂讲座学习共4次，300人次。组织各非公企业中共党支部，总结2014年党建工作，研究讨论签订2015年党建工作责任状，到相关非公企业支部调查了解预备党员一年的各方面情况，9名预备党员按期转正。县工商联会同县人社局、县工业园区、团县委、县妇联到企业了解开展就业创业促进工程实施情况，共走访企业26家，通过联合评审，对解决就业创业工作做得好的企业14家给予1万元至10万元不等(根据规模)的无偿资金扶持共125万元。

【维权服务】5月19日，举办全县工商联系统第三期电商创业培训，参训人员达170人余，为相关企业输送10名电商业务工作人员。帮助会员企业上下联系有关项目申报，企业特种作业人员培训上岗等工作，全年协助企业申报项目3个，协调特种作业人员培训上岗12人次。在全县范围内开展政银集合贷业务，为会员企业解决融资难问题，县工商银行统计，已申报审核的企业23家，受益企业10家，贷款额4720万元。县邮政银行与县小额贷款促进会签订合作协议，全年15家企业融资7000万元。

【民营企业扶贫】开展“千企帮千村、脱贫奔小康”活动，10家民营企业重点结对帮扶13个行政村，投入帮扶资金59万元，其中，捐资助学13.6万元(用于学生学习用具6万元，用于学生学费、生活费7.6万元)，产业发展、基础设施建设及扶弱济残45.4万元。10家民营企业主要帮扶以下项目：重点围绕茶叶、蔬菜、药材等产业的规划与发展，实施科技培训、田间技术指导，并配送了一定肥料、种子、农药、农具，开展产业扶贫；投入资金建设农村公路、村委会办公场所、村卫生室、农村中小学校，改善农村基础设施；扶弱济残，帮助老弱病残人员，改善居住、生活条件；为农村富余劳动力提供一定数量的就业岗位，增加农民收入。宣恩县伍家台昌臣茶叶有限公司流转山林新建茶叶基地40公顷，宣恩县七姊妹山茶叶有限公司培训茶叶、木瓜技术人员7期400余人次。

（夏丘）

残联组织

【概况】全年办残疾证728人件。其中一级163人、二级185人、三级156人、四级224人。全县历年累计办证人数7799人。全年征收残疾人就业保障金205万元。

【残疾人就业】开展职业培训和实用技术培训，选送2名盲人到省培训中心盲人按摩培训班学习。发挥各部门的职能培训作用，以乡镇残联为主，联合乡镇农技、畜牧、水产中心，开展以柑橘、白柚、茶叶等种植，生猪养殖，烤烟等农村实用技术培训，完成实用技术培训100人，完成新增三、四级办证残疾人就业实名制录入380名，做到应录尽录。县残联与县人力资源部门联合开展就业援助月活动，利用春节期间返乡人流高峰时机，在车站设立政策咨询点，发放相关资料，重点开展登记失业残疾人、困难家庭和一户多残家庭中提供就业援助工作。

【双百工程】2015年继续实施“双百”工程(省残联、省人社厅、省商务厅决定在“十二五”期间，重点扶持培育一批残疾人农家小店主和集镇小老板创业就业。每年计划扶持残疾人农家小店主和集镇小老板各100人〔户〕)。申报集镇小老板2家(宣恩县高罗镇团结村3组龙章兵〔肉牛养殖〕、宣恩县沙道沟镇上洞坪村11组阳斌〔肉羊养殖〕)，农家小店主4家(宣恩县凌云路廉租房孟星星〔个体经营〕、宣恩县凌云路74号彭泽政〔个体经营〕、宣恩县椿木营乡勾腰坝村陈金云〈保健按摩〉、宣恩县李家河镇二虎寨村12组瞿章华〈个体经营〉)集镇小老板项目，采取以奖代补的形式，各奖励资金5000元予以扶持。

【残保金征收】全县财政拨款单位的残疾人就业保障金全部纳入县级财政部门预算。企业及垂直管理部门的残保金仍由地税部门代征，纳入了与税收同征同管的范围，全年征收残疾人就业保障金205万元。

【残疾人创业扶持】利用项目扶持残疾人创业，县残联从扶持残疾人发展牛羊等养殖基地入手，扶持沙道沟镇南江黄羊养殖大户阳斌，建现代化标准化羊圈750平方米，一期养羊260只，县残联从本级残保金中给予阳斌3万元以奖代补扶持，州残联给予1万元奖励。对高罗镇团结村茂源天然养牛合作社龙章兵创业扶持5万元，其中县残联4万元，州残联给予1万元奖励；畜牧部门给予技术上的支持，县能源局安排一个12万元的沼气工程项目，县扶贫办将其合作社纳入宣恩县金融扶贫互助社申请贷款100万元，合作社总投资55万元，已建成标准化牛圈800平方米，沼气工程300平方米，办公用房100平方米，养殖肉牛50头，收购草料125吨。合作社有员工16名，其中6名是本村残疾人。沼气工程的建成，在解决养牛排污问题的同时，使当地的村小学、村卫生室、村委会和附近12户人家免费用上沼气清洁能源。

县残联在扶持基地发展的同时，积极探索直接扶持残疾人家庭养羊的可行办法，对新建、改建羊圈2间，总面积不少于20平方米的残疾人家庭，县残联从残保金中通过以奖代补的形式对残疾人养羊户一次性扶持2000元的鼓励。

【残疾人康复】2015年继续实施0至6岁残疾儿童抢救性康复项目，选送14名符合条件的脑瘫、智障、孤独症儿童到州民大医院进行康复训练和相关手术治疗；为104名重度精神病患者提供全年免费服药和6名精神病患者免费住院治疗；为16名肢体残疾人安装假肢；免费发放轮椅180辆；完成成人助听器适配2例；免费发放拐杖、便盆等其他辅具130余件。康复培训工作采取发放资料的形式，对培训对象和家庭邮寄资料220份。其中肢体残疾人康复训练50人、智力残疾人社区康复训练20人、低视力家长培训100人、盲人定向行走培训50人；与州慧益眼科医院在全县范围内开展白内障手术筛查，义务免费为近1000名眼病患者体检，对符合条件治疗的患者，由州慧益眼科医院免费手术，手术费、生活费、往返车费全部由新农合、省残疾人福利基金会、慧益眼科医院承担，全年全县有685名眼病患者成功手术。进一步完善社区康复站点，建设康复室11个，建立康复工作站9个，培训社区康复协调员20人。

【残疾证办理】2015年继续抓好残疾人证换发工作，按照农民办事不出村的总体要求，县残联将办证向乡镇便民服务大厅延伸设窗口，成全州唯一一个在乡镇开通残疾人办证网络平台的县，方便残疾人办证。全年办证728人。其中一级163人、二级185人、三级156人、四级224人。

【助残日活动】5月13日，县残联分别在沙道沟镇、李家河镇，高罗镇、万寨乡开展辅助器具下乡活动，共送轮椅、拐杖、盲杖、坐便器等100余件辅助用品。与州残联、县特校在县特校联合举办关爱孤独症儿童主题活动、“点亮智慧·传递爱心”赠书活动和宣恩特校第十五届特殊奥林匹克运动会，州残联为特校的孤独症学生送去2000元慰问金，县残联为特校捐赠5000元的图书和文体器材。州、县残联干部职工在参加宣恩特校第十五届特殊奥林匹克运动会开幕式上，与县特校孤独症儿童进行亲密互动，开展拔河等游戏，把党和政府的关爱送进校园。

【残疾人助学】2015年利用国家福彩项目和“通向明天——交通银行残疾青少年助学计划”（本科2000元、专科1500元），资助1名本科、5名专科残疾人大学新生入学。还资助8名专科、9名本科残疾家庭子女大学新生（本科生1000元/人、专科生500元/人）入学。支持特校办学，在单位节约经费中解决8万元，弥补教学经费的不足。

【惠残助残】2015年落实1900人困难残疾人生活补助政策（300元/人·年），完成居家托养150人（600元/人·年），集中托养25人（3600元/人·年）。发放残疾人机动轮椅燃油补贴55人（260元/人·年）。重度残疾人社会养老保险实现全覆盖，参保率达100%。全年共发放救助金近4万元帮助52人困难残疾人渡过难关，其中助学2人，助困43人，助医7人。

【行业扶贫】对纳入扶贫台账的2520户、2638名残疾人建档立卡，全部按照“1+1”结对帮扶的模式落实帮扶责任人。按照《宣恩县精准脱贫实施意见》和州残联系统精准脱贫工作会议精神要求，制订《宣恩县残联实施行业精准扶贫推进整体脱贫实施方案》，支持自强创业，对残疾人种养大户，从本级残疾人就业保障金中给予2万至5万元创业扶持资金，实行以奖代补。鼓励以从事种植业和养殖业为主要业务的企业、合作社、种养大户，采取“企业负责投入、农户负责种养、利润比例分成”的模式，扶持带动贫困残疾人家庭发展种养业致富。按照每扶持1户奖励500元的标准从本级残疾人就业保障金中给予奖励。对集中安置20名以上的残疾人就业的工业企业、农村生产合作组织每年扶持项目资金10万元；对集中安置10名以上的残疾人就业的工业企业、农村生产合作组织每年扶持项目资金5万元。县残联从扶持残疾人发展牛羊鸡等养殖基地入手，支持基地与农户建立“基地在发挥带动作用的同时还能盈利壮大，农户在没有本钱投入时也能创业致富”的“基地投入、农户养殖、协议管理、利益分成”精准扶贫新模式，推动促成基地与农户实现“双赢”。

9月18至20日，湖北省残疾人联合会残疾人就业培训中心总支书记、副主任任杰忠、副主任许祖斌等一行4人，由州残联劳服中心主任邓介元、县残联理事长郑大好、副理事长刘厚贤陪同，到宣恩沙道沟镇栏杆坪村15组刘志文、高罗镇苗寨村5组杨通文、椒园镇店子坪村2组田艳琼3户残疾人家庭开展精准扶贫工作，为3户制订三年帮扶计划，并将3户纳入省残联培训中心长期帮扶对象。

【省残联调研全县残疾人事业“十二五”规划执行情况】10月28日，省残联副理事长熊新发带调研组到宣恩，专题调研全县残疾人事业“十二五”规划执行情况，郭建华陪同。调研组先后到沙道沟镇阳斌南江黄羊养殖基地、高罗镇龙章兵茂源天然养牛合作社等残疾人就业示范基地，详细了解残疾人创业、就业等方面情况。宣恩县贯彻落实国家和省、州残疾人事业“十二五”发展纲要的各项工作任务，全面落实中央、省、州、县关于促进残疾人事业发展的一系列文件精神，健全残疾人社会保障体系和服务体系，解决残疾人“康复、就业、教育”三大难题，狠抓“惠残政策的落实、惠残项目的实施、‘三基工程’的建设（即基层组织、基本队伍、基础设施）、社会风尚的营造”四个重点，充分发挥残联“代表、管理、服务”职能作用，团结拼搏，务实创新，不断提高为残疾人服务的能力和水平，不断推动残疾人医疗康复、培训就业、扶贫救助、宣传文体等各项事业发展上台阶上水平，残疾人状况明显改善，基本生活水平不断提高，全面完成了“十二五”规划的各项目标任务。调研组对宣恩残疾人事业“十二五”规划执行情况给予高度评价，并希望宣恩进一步推进残疾人社会保障和服务体系建设，加强残疾人保障，促进残疾人增收，为“十三五”期间残疾人事业发展打下坚实基础。

（刘厚贤）

科协组织

【概况】全县9个乡（镇）全部建立科协机构，配齐了乡（镇）科协主席。建立了社区科协5个、企业科协6个、县级学会（协会、研究会）15个、农村专业技术协会10个，基本形成组织健全、职能明确、覆盖宽广的组织服务网络。

【全民科学素质】县科协担负起全民科学素质工作领导小组办公室的职责，持续推进“党委领导、政府主导、科协协调、部门协作、齐抓共管”的模式，《全民科学素质行动计划纲要》工作达到州委、州政府考评要求，受到省科协充分肯定，实现“十二五”目标。

结合与科技相关的节点、活动日，尤其是“科技活动周”“全国科普日·恩施科普月·宣恩科普季”，全县各级党委、政府、村委会、居委会、企事业单位和社区的全民科学素质工作领导小组，组织未成年人、农民、城镇劳动者、领导干部和公务员、社区居民等“五大重点人群”参加科普学习、教育、宣传和实践活动，提高科学素质，促进科技与经济、文化的融合。4月10日，省科协普及部调研员陈革，省科技馆馆长王汉祥，州科协副主席梁家治，副调研员、秘书长、普及部部长李宜恩，副县长向建强、郭建华，县科协主席高应坤、副主席尹绍亮，县教育局副局长刘红梅及各乡镇中心学校校长、城区各学校校长，县中等职业技术学校全体师生员工，珠山镇各社区干部、居民、企业代表，宣恩县少数民族科普工作队队员，共1000余人参加“体验式”科普活动。5月16至24日，宣恩县举办“创新创业科技惠民”为主题的科技活动周。8月26至27日，科技副县长、县全民科学素质工作领导小组副组长郭建华，带县科协主席、县全民科学素质工作领导小组成员到县教育局、县中等职业技术学校、县一中、珠山镇各社区和部分企业，调研、指导、督办公民科学素养科普知识竞赛。7至9月，结合“全国科普日·恩施科普月·宣恩科普季”活动，组织未成年人、农民、城镇劳动者、领导干部和公务员、社区居民等“五大重点人群”参加全省公民科学素养科普知识竞赛活动。

【全国科普日活动】 2015年“全国科普日”主题是“万众创新·拥抱智慧生活”活动，从9月1日起至12月31日结束。全县各级各单位结合实际，采用灵活多样的形式，开展科普“六进”（进社区、进校园、进企业、进农村、进机关、进军营）活动。9月22日，县科协到利川市参加2015年“全国科普日·恩施科普月”暨“中国流动科技馆”利川巡展和浪潮集团恩施州云计算中心观摩启动大会，获公民科学素养科普知识竞赛优秀组织奖。9月25日，县科协在珠山镇上湖塘社区举行“恩施州社区科普大学宣恩分校上湖塘教学点开学典礼”。高应坤为社区科普大学宣恩分校上湖塘教学点授牌并做科普报告。县科协干部职工、社区负责人、科普大学教师、科普志愿者、学员共40余人参加开学典礼。12月11日，县民族科技馆张浩然获2015年湖北省全国科普日先进个人奖。

【科普奖励项目】 2015年，县科协、县财政局等部门，向上争取新的竞争性奖励项目。其中，宣恩县玉露有机茶叶协会，获中国科协、财政部“科普惠农兴村行动计划”先进单位奖；湖北绿可生态茶业有限公司（宣恩县），宣恩县珠山镇上湖塘社区，分别获省科协、省财政厅“科普示范企业”“科普示范社区”先进单位奖；湖北华弘矿业有限公司院士专家工作站（宣恩县），获省科协、省委组织部、省财政厅先进单位奖。湖北联华科技集团公司（宣恩县）、宣恩县珠山镇工农街社区、宣浙生态农业公司院士专家工作站（宣恩县）通过州、省的评审，被省科协、省财政厅分别列为2016年奖励的“科普示范企业”“科普示范社区”“院士专家工作站”奖励名单并通过公示。

【青少年科技创新大赛】 2015年1月28日，第十届恩施州青少年科技创新大赛落幕，宣恩县有46个项目获奖。其中，科技创新成果12件，少儿科学幻想绘画20件，科技实践活动 6 件，优秀科技教师 4 名，优秀组织奖 3 名，优秀组织工作者 1 名。高应坤获州级优秀组织奖，张浩然获州级优秀组织工作者奖。

4 月 9 日，《县人民政府关于表彰宣恩县第二届青少年科技创新大赛县长奖获奖人员的通报》(宣政函〔2015〕17 号)印发，对 10 项“县长奖”予以通报表彰(具体获奖项目见表 9)，并给每个获奖奖项奖励人民币 2000 元。4 月 10 日，宣恩县第二届青少年科技创新大赛县长奖颁奖仪式在县中等职业技术学校举行。省科协普及部调研员陈革，省科技馆馆长王汉祥，州科协副主席梁家治，秘书长、普及部部长李宜恩，县长、县全民科学素质工作领导小组组长习覃，县委副书记朱鹏程，副县长向建强、郭建华参加。

宣恩县青少年科技创新大赛第二届县长奖(科技创新成果)统计表

表 9

类　别	项目名称	所在学校	作者(申报者)	辅导老师
科技创新成果(小学组)	折叠式高楼逃生梯	高罗中心小学	冯诚谦	冯大文
科技创新成果(初中组)	简易快速夹蛋器	高罗民族中学	成真	陈开毅
	捕蟑器	椿木营中小学	裴才华	汤　勇
优秀科技实践活动	橘子为什么有酸有甜	珠山镇宝塔小学	4、6 年级部分学生	李红利　彭熹文　吴菊珍　王莲春　王　珍
	雾霾污染的调查	县民族实验中学	809 班	覃翠瑛
	种向日葵	椒园镇龙井小学	科技实践活动小组	黄坤宏
科技辅导员创新成果	一种香肠自动注浆机	县民族实验小学	韩秀园	
少年儿童科幻绘画	情绪调节器	县民族实验中学	张丹力	孙晓琳
	未来的汽车	珠山镇幼儿园	刘德志	张晓琴
优秀科技教师	雾霾污染的调查	县民族实验中学	覃翠瑛	

宣恩县第九届青少年科技创新大赛，设科技创新项目、少儿科幻绘画、优秀科技实践活动等 8 个项目，收到 388 件参赛作品。评选出优秀科技实践活动 4 件、青少年科技创新成果 12 个、优秀辅导员

创新项目2个、优秀科普征文29篇、优秀少儿科学幻想作品40件(具体获奖情况见表10、表11)、优秀组织奖4个(长潭河侗族乡洗马坪小学、县民族实验小学、高罗镇中心小学、李家河镇中心小学),优秀组织工作者2名(县科学技术协会张浩然、县民族实验小学黄碧凤),优秀教师5名(宝塔小学李红利、民族实验小学朱凤娇、李家河镇中心小学王雪芬)。在获得一等奖和部分二等奖奖项中,择优向恩施州、湖北省及国家青少年科技创新大赛推荐参赛,再从上级获奖项目择优评选出第三届"县长奖"。

第九届青少年科技创新大赛获奖情况统计表

表10

类　别	活动名称	申报者(作者)	所在学校	辅导教师
优秀科技实践活动(4个)	变废为宝	覃俊驰	珠山镇宝塔小学	李红利　吴菊珍　王　珍　杨　茜　雷光杰　罗　帅　胡永佣　彭喜雯　吴秋玲
	我们身边的科学	李涵颖、王怡然	县民族实验小学	左碧凤、朱凤娇
	考察小白鹭栖息地——贡水河湿地	刘倬君、李秋禹	县民族实验小学	朱凤娇、朱　红
	我和植物交朋友	刘晨璐、孙　航、郑若晴	县民族实验小学	刘红平、左碧凤
青少年科技创新成果类(12个)	自然醒枕头套生态钟	余　磊	县第一中学	罗云峰
	吸尘式黑扳擦	魏　婷　张　蕾	县第一中学	罗云峰
	坡度感应改变鞋	杨　丽	县第一中学	罗云峰
	可组装、拆解、试卷夹	杨　佳	县第一中学	罗云峰
	可变度数眼镜	杨　福、姚本文　林晓铭	县第一中学	罗云峰
	感温变色仪	段宛妮、陈　鸿	县第一中学	罗云峰
	多用途的修改液	周　锦	县第一中学	罗云峰
	冲气式搅拌杯	喻　洋、张艳科	县第一中学	罗云峰
	friend坐姿校正防近视仪	余　磊、田　盟	县第一中学	罗云峰
	用不完的笔芯	庞　宇	县第一中学	罗云峰
	"夜视"发光笔	覃正澜、高明泽	县第一中学	罗云峰
	"不用急"手机APP	张艳科、余　磊	县第一中学	罗云峰

续表 10

类　别	活动名称	申报者(作者)	所在学校	辅导教师
科技辅导员类(2 项)	红绿灯感应汽车	左碧凤	县民族实验小学	——
	安全毛衣针帽	朱凤娇	县民族实验小学	——
中学组科普征文类(19 篇)	天上的街市	罗语嫣	椒园镇初级中学	蔡章用
	谈科技论创新	田　瑞	椒园镇初级中学	黄正红
	畅想世界的未来	段晓萱	椒园镇初级中学	彭建章
	不在孤单	李鑫毓	椒园镇初级中学	蔡涛洪
	穿越虫洞	覃仕然	椒园镇初级中学	蔡章用
	“阿尔法”计划	向　婷	椒园镇初级中学	吴明红
	畅想未来科学	朱赐沼	椒园镇初级中学	彭建章
	我的科学梦	张　洁	晓关侗族乡初级中学	徐宗鲲
	未来的交通工具	余非普	万寨乡民族中学	向秀碧
	未来的生活	夏　宇	万寨乡民族中学	向秀碧
	月球医院	刘孟秋	椒园镇初级中学	蔡涛洪
	未来的学校	郭秀婷	椒园镇初级中学	蔡章用
	地球的未来	王鑫康	椒园镇初级中学	王久香
	液罐车圆形车厢的秘密	吴金箐	椒园镇初级中学	蔡章用
	美丽的未来畅想	谢金晏	椒园镇初级中学	黄正红
	气候变化——科技的“债务”	刘　棱	椒园镇初级中学	黄正红
	你好,钻石星的朋友	张荣	椒园镇初级中学	吴明红
	我的科学梦	唐诗琪	晓关侗族乡初级中学	徐宗鲲
	穿越时光机	廖晓晗	万寨乡民族中学	宋理培
小学组科普征文类(10 篇)	我的科学梦	杨鹲	高罗镇中心小学	刘丽华
	未来的汽车	欧阳宇航	李家河镇中心小学	张晓玲
	我梦中发明了“环保大鸟”	田佩鑫	李家河镇中心小学	肖春梅
	猕猴桃早熟之谜	朱平宇	李家河镇中心小学	胡连英
	酸的不会甜,甜的不会酸	冯诚谦	高罗镇中心小学	冯大文
	我的科学梦	周晓丽	高罗镇中心小学	吴官秀

续表 10

类　别	活动名称	申报者(作者)	所在学校	辅导教师
小学组科普征文类(10 篇)	我的科学梦	张宣	高罗镇中心小学	王彬
	我的科学梦	杨如意	万寨乡向家小学	廖永丰
	我的科学梦	龙　蔓	高罗镇中心小学	米　芳
	我的科学梦	龙道坤	宣恩县高罗镇中心小学	刘丽华

第九届青少年科技创新大赛少儿科幻绘画类获奖作品统计表

表 11

作品名称	姓　名	所在学校	年　级	辅导老师
遨游海地	段茜茜	李家河镇中心小学	五年级	任宝
生命之家	尹　娜	李家河镇中心小学	五年级	骆林
苹果喷雾器	林嘉琎	高罗镇中心小学	四年级	黄友连
未来的鞋子房	张　洁	高罗镇中心小学	四年级	阙道成
特殊消防队	童博栀	高罗镇中心小学	三年级	焦珍
多功能环保车	黄冰冰	高罗镇中心小学	六年级	焦珍
彩云制造机	孙天赐	高罗镇中心小学	四年级	王彬
未来由我做主	张馨逸	民族实验中学	七年级	杜玢璃
太空清理站	秦思源	高罗镇中心小学	五年级	吴雪琴
神奇的画布	刘京华	民族实验中学	七年级	杜玢璃
未来的家园	黄坤鹏	高罗镇中心小学	五年级	赵碧玉
会盖房子的机器人	刘天翔	高罗镇中心小学	五年级	赵碧玉
未来的饮用水	王乐庆	民族实验中学	七年级	杜玢璃
清洁治病机	涂立为	高罗镇中心小学	五年级	赵碧玉
多功能太空垃圾清理机	邹淑彤	民族实验小学	四年级	阳亚红
未来的家乡	欧阳诗炫	高罗镇中心小学	三年级	龚友云
太空漂浮城	侯宇涵	高罗镇中心小学	五年级	赵碧玉
拖地鞋	覃钶怡	民族实验小学	四年级	阳亚红
未来世界	阙伊漫	高罗镇中心小学	二年级	李白平
太空移民	尹明华	李家河镇中心小学	五年级	余波
未来废气收集转化器	段锦秋	李家河镇中心小学	六年级	侯金菊
街道清洁工	刘斌杰	李家河镇中心小学	六年级	黄红英

续表 11

作品名称	姓　名	所在学校	年　级	辅导老师
害虫清理机器	张雯娅	李家河镇中心小学	四年级	罗玉琼
磁悬浮树屋	许　倩	椒园镇初级中学	九年级	黄正红
植物造油机	李佳璐	高罗镇中心小学	二年级	李白平
食品安全检测器	石祖航	高罗镇中心小学	二年级	黄洋
植物提油机	石雨晴	高罗镇中心小学	二年级	周秀菊
未来潜水艇	李　航	高罗镇中心小学	一年级	谭娅
太空旅游船	邓云美	高罗镇中心小学	二年级	周秀菊
吸尘降雨器	余政君	高罗镇中心小学	一年级	王志香
海上巡逻	黄雪雯	高罗镇中心小学	一年级	张艳
漂浮球	黄祖义	高罗镇中心小学	六年级	焦　珍
能源转化器	卢泓秀	县民族实验小学	六年级	李大梅
吸尘鞋	柳雨琪	高罗镇中心小学	四年级	张艳
五彩水果原味机	王　珊	高罗镇中心小学	四年级	刘娟
美丽的银河系	卢　雪	高罗镇中心小学	五年级	张阳
废物利用机	饶可欣	县民族实验中学	七年级	杜玢璃
天空的世界	李睿希	高罗镇中心小学	四年级	黄友连
小鸭彩色船	李恩熳	高罗镇中心小学	一年级	文荣
农庄好帮手——生态机器虫	颜李行凌	晓关侗族乡中心小学	六年级	孙小红

宣恩县在参加第十一届恩施州青少年科技创新大赛中有70个项目获奖(见表12、表13、表14、表15)。其中,一等奖13个(项),二等奖19个(项),三等奖32个(项),优秀科技教师5名(长潭河侗族乡洗马坪小学张宁、长潭河侗族乡洗马坪小学向明超、珠山镇宝塔小学李红利、民族实验小学、朱凤娇、李家河镇中心小学王雪芬),李家河镇中心小学获优秀组织奖。

宣恩县李家河镇中心小学获第十一届恩施州青少年科技创新大赛优秀组织奖。

恩施州第十一届青少年科技创新大赛“我的科学梦”科普征文宣恩县获奖情况统计表

表 12

类　别	作文名称	所在学校	作　者	指导老师
初中组一等奖(5名)	“阿尔法”计划	椒园镇初级中学	向婷	吴明红
	畅想未来科学	椒园镇初级中学	朱赐沼	彭建章

续表 12

类　别	作文名称	所在学校	作　者	指导老师
初中组一等奖(5 名)	未来的交通工具	万寨乡民族中学	余非普	向秀碧
	液罐车圆形车厢的秘密	椒园镇初级中学	吴金箐	蔡章用
	气候变化——科技的“债务”	椒园镇初级中学	刘棱	黄正红
初中组二等奖(3 名)	天上的街市	椒园镇初级中学	罗语嫣	蔡章用
	穿越虫洞	椒园镇初级中学	覃仕然	蔡章用
	美丽的未来畅想	椒园镇初级中学	谢金晏	黄正红
初中组三等奖(5 名)	未来的生活	万寨乡民族中学	夏宇	向秀碧
	月球医院	椒园镇初级中学	刘孟秋	蔡涛洪
	未来的学校	椒园镇初级中学	郭秀婷	蔡章用
	你好,钻石星的朋友	椒园镇初级中学	张荣	吴明红
	我的科学梦	晓关侗族乡初级中学	唐诗琪	徐宗鲲
小学组一等奖(3 名)	高罗镇中心小学	酸的不会甜,甜的不会酸	冯诚谦	冯大文
	高罗镇中心小学	我的科学梦	龙蔓	米芳
	高罗镇中心小学	我的科学梦	龙道坤	刘丽华
小学组二等奖(5 名)	高罗镇中心小学	我的科学梦	杨虊	刘丽华
	李家河镇中心小学	未来的汽车	欧阳宇航	张晓玲
	李家河镇中心小学	我梦中发明了“环保大鸟”	田佩鑫	肖春梅
	李家河镇中心小学	猕猴桃早熟之谜	朱平宇	胡连英
	高罗镇中心小学	我的科学梦	周晓丽	吴官秀

恩施州第十一届青少年科技创新大赛科技创新成果宣恩县获奖情况统计表

表 13

类　别	项目名称	姓　名	所在学校	辅导老师
小学组二等奖(1 项)	新型竹猫	冯诚谦	高罗镇中心小学	冯大文
小学组三等奖(2 项)	光沿直线传播演示器	杨姝晗	李家河镇中心小学	杨琼
	竹口琴	杨晓霞	高罗镇中心小学	彭熹雯
高中组一等奖(1 项)	可变度数眼镜	杨佳	县第一中学	罗云峰
高中组二等奖(2 项)	感温变色仪	杨福	县第一中学	罗云峰
	friend 坐姿校正防近视仪	段宛妮	县第一中学	罗云峰

续表 13

类　别	项目名称	姓　名	所在学校	辅导老师
高中组三等奖(9 项)	自然醒枕头套生态钟	余磊	县第一中学	罗云峰
	吸尘式黑板擦	魏婷	县第一中学	罗云峰
	坡度感应改变鞋	张蕾	县第一中学	罗云峰
	可组装、拆解、试卷夹	杨丽	县第一中学	罗云峰
	多用途的修改液	姚本文	县第一中学	罗云峰
	充气式搅拌杯	林晓铭	县第一中学	罗云峰
	用不完的笔芯	陈鸿	县第一中学	罗云峰
	“夜视”发光笔	周锦	县第一中学	罗云峰
	“不用急”手机 APP	喻洋	县第一中学	罗云峰
科技辅导员创新成果二等奖(1 项)	红绿灯感应汽车	左碧凤	县民族实验小学	——

恩施州第十一届青少年科技创新大赛少年儿童科学幻想绘画宣恩获奖情况统计表

表 14

类　别	作品名称	姓　名	学　校	辅导老师
一等奖(3 名)	生命之家	尹娜	李家河镇中心小学	骆　林
	未来由我做主	张馨逸	民族实验中学	杜玢璃
	吸尘降雨器	余政君	高罗镇中心小学	王志香
二等奖(5 名)	苹果喷雾器	林嘉琎	高罗镇中心小学	黄友连
	会盖房子的机器人	刘天翔	高罗镇中心小学	赵碧玉
	拖地鞋	覃钶怡	民族实验小学	阳亚红
	能源转化器	卢泓秀	民族实验小学	李大梅
	小鸭彩色船	李恩熳	高罗镇中心小学	文荣
三等奖(15 名)	遨游海地	段茜茜	李家河镇中心小学	任宝
	多功能环保车	黄冰冰	高罗镇中心小学	焦珍
	太空清理站	秦思源	高罗镇中心小学	吴雪琴
	神奇的画布	刘京华	民族实验中学	杜玢璃
	未来的饮用水	王乐庆	民族实验中学	杜玢璃
	多功能太空垃圾清理机	邹淑彤	县民族实验小学	阳亚红

续表 14

类 别	作品名称	姓 名	学 校	辅导老师
三等奖(15 名)	太空移民	尹明华	李家河镇中心小学	余波
	害虫清理机器	张雯娅	李家河镇中心小学	罗玉琼
	农庄好帮手—生态机器虫	颜李行凌	晓关侗乡中心小这	孙小红
	吸尘鞋	柳雨琪	高罗镇中心小学	张艳
	植物造油机	李佳璐	高罗镇中心小学	李白平
	食品安全检测器	石祖航	高罗镇中心小学	黄洋
	植物提油机	石雨晴	高罗镇中心小学	周秀菊
	漂浮球	黄祖义	高罗镇中心小学	焦珍
	废物利用机	饶可欣	县民族实验中学	杜玢璃

恩施州第十一届青少年科技创新大赛优秀科技实践活动宣恩县获奖情况统计表

表 15

类 别	活动名称	申报者	所在学校	辅导教师
一等奖(1 项)	我和植物交朋友	刘晨璐 孙 航 郑若晴	县民族实验小学	刘红平 左碧凤
二等奖(2 项)	变废为宝	覃俊驰	珠山镇宝塔小学	李红利 吴菊珍 王珍杨 茜罗帅 雷光杰 胡永佣 彭喜雯 吴秋玲
	考察小白鹭栖息地——贡水河湿地	刘倬君 李秋禹	县民族实验小学	朱凤娇 朱 红
三等奖(1 项)	我们身边的科学	李涵颖 王怡然	县民族实验小学	左碧凤 朱凤娇

（高应坤）

【第十届青少年科技创新大赛】8 月 26 日，成立第十届宣恩县青少年科技创新大赛暨第四届宣恩县青少年科技创新大赛县长奖活动领导小组，并向各乡镇科协，各乡镇中心学校，县直各学校，县青少年校外活动中心发出大赛通知。大赛由县科协、县教育局等单位承办，设置县长奖和一、二、三等奖，设青少年科技创新成果竞赛、青少年优秀科技实践活动、少年儿童科学幻想绘画、中小学生“我的科学梦”科普征文、科技辅导员创新成果、优秀科技教师奖、优秀组织工作者奖、优秀组织奖共七个奖项，前四项各设一、二、三等奖。大赛共收到科技创新项目、少儿科幻绘画、优秀科技实践活动等 8 个项目 388 件参赛作品，98 个项目、作品获得表彰，其中，优秀科技创新成果是 19 个，优秀科学幻想作品 40 件，优秀科普征文 29 篇，优秀科技实践活动 4 件，优秀组织奖 4 个，优秀辅导员创新项目 2 个；优秀组织工作者2名,优秀教师5名。

（高应坤）

老促会组织

【上洞坪中心卫生室及文化广场建设】2015年,县老促会重点扶持李家河镇上洞坪、田幺坪2个村,解决群众看病就医难问题,共计扶持资金80余万元,其中县老促会扶持5万元、州老促会6万元、州烟草公司5万元、县卫生局5万元、李家河镇政府20万元、田幺坪、上洞坪村委会各自筹20万元,修建一栋集群众看病就医、村委会办公及群众文化娱乐的中心卫生室及文化广场。工程于2015年10月动工,共占地1000平方米,其中房屋占地227.36平方米,房屋建筑面积682.08平方米,文化广场占地500平方米,广场前停车场200余平方米。广场四周建1.5米高的围墙。广场用青石板铺面,停车场建水泥坝。文化广场可供100多人唱歌跳舞娱乐。中心卫生室内设诊断室、观察室、治疗室、药房、卫生间等,村委办公楼内设群众办事大厅、支部书记办公室、村委会主任办公室、会议室、接待室、资料室。

（刘需群）

猴儿鼓

猴儿鼓,亦称为苗鼓,是高罗镇小茅坡营苗族人民在还大牛愿(也叫椎牛会或椎牛节)时,进行"踩鼓"仪式中的一种古老的祭祀舞蹈。关于猴儿鼓的起源,一直流传着苗家先辈传下来的说法:很久以前,由于苗民住在森林茂密的深山里,经常出没在周围的豺狼虎豹等野兽,对他们的生命财产构成极大的威胁,特别是山上的猴子成群结队,种在地里的庄稼常被它们糟蹋得一塌糊涂,有时甚至闹得颗粒无收。为了防止猴子糟蹋庄稼,苗家人便在茂密的树林里用茅草、树枝搭起窝棚,把铜锣、牛皮鼓等器具搬进茅棚里,晚上烧起篝火,鸣锣击鼓恐吓和驱赶野兽和猴子。有一天,苗民们都上山劳动去了。一群猴子竟趁机闯进了茅草棚,打打闹闹,击鼓欢跳。人们听到鼓声觉得非常奇怪,跑回一看,原来是一群猴子围着一面大鼓上蹿下跳,你逗我耍,好不热闹。它们纵、跳、腾、挪,身体极为灵巧敏捷,看得人们眼花缭乱。其中一个年轻人禁不住拍手叫好:"妙!妙!"后来他便模仿猴子击鼓而跳的动作,编了十多套动作,教给左邻右舍。苗民们称之为"猴儿鼓",并作为他们在还大牛愿时,进行"踩鼓"仪式中的一种祭祀舞蹈。猴儿鼓舞姿动作轻快、敏捷、矫健、活泼、滑稽,跳跃犹如猴子之状,可单人表演、亦可双人或集体表演。苗族人常选择在庭院前的大树下挂一面直径1米的特制大鼓,一人扮猴子拿一对小鼓槌敲击鼓边,另一人则拿一对大鼓槌打击鼓面,二人相互配合边击鼓边绕鼓而舞,其余的人,随鼓点节奏的变化群体而舞,动作轻快、敏捷、活泼,又有滑稽、幽默之趣,深受观众喜爱。

法　　治

【法治宣恩建设】2015年4月27日，成立县委法治建设领导小组办公室，与县委政法委合署办公。加强普法宣传教育，推进依法治县、法治宣恩建设，普遍建立法律顾问制度。制定《宣恩县普遍建立法律顾问制度实施意见》，建立全县法律顾问人才库。律师入户提供"点对点"的法律服务。采取群众"点菜"、法律顾问"下厨"、政府"埋单"模式，以村居委会为依托，建立"法律诊所"，聘请法律顾问，通过政府购买服务的方式，由法律顾问免费为百姓提供法律咨询、调处纠纷矛盾，让群众在家门口享受法律服务。深入走访调查、对全县普遍建立法律顾问制度落实情况进行督查。问卷调查律师入户提供法律服务的现状。全县累计聘任法律顾问单位396家，其中2015年完成188家。党群部门8个，政府部门6个，事业单位5个，非公经济组织8个，村(居)委会161个，全面完成计划任务的100%。全省在宣恩设立试点，将涉法涉讼信访问题化解纳入网格化管理。

以法治文化建设为抓手，推进法治文化阵地建设，开展好法律进喜堂、进孝堂、进学堂活动。推进多层次多领域依法治理，开展法治创建活动，加强指导检查管理工作，提高法治创建工作质量。全县共开展大型普法宣传活动15次，发放普法书籍、普法资料等15万余份，直接受教育干部、群众10万余人次。全县共开展大型普法宣传活动15次，发放普法书籍、普法资料等15万余份，直接受教育干部、群众10万余人次。全县的"六五"普法工作通过了上级的检查验收，获得了较高的评价。宣恩县被全国普法办表彰为全国第三批法治建设先进县(市)，椒园镇水田坝村被司法部、民政部表彰为第六批民主法治示范村。长潭河司法所被司法部表彰为"全国先进司法所"。

县公证处共公证员2名，全年办理传统业务公证事项425件(其中办理法律援助公证195件)，另办理重点项目施工前民房现状保全证据公证261件，办理被征收房屋室内单项设施登记35件，现场监督"两违"拆除6件、"僵尸"车辆清理近40辆、土地征收141件、送达相关法律文书143件。全县有律师事务所3家(湖北洪渊律师事务所、湖北宣明律师事务所、湖北夷水律师事务所宣恩分所)，共有注册律师9名，共担任机关、企事业单位法律顾问共137家，办理刑事辩护及诉讼代理19件，办理民事诉讼代理60件，行政诉讼代理7件，办理非诉讼法律事务31件，调解纠纷24件，参与仲裁8件，接待信访、解答法律咨询337人次。全县共有法律服务所3个(其中歇业1个所)。全县有法律服务所2个，共有基层法律服务工作者11人，各所共担任法律顾问9家，代理诉讼事务150件，代理非诉讼事务35件，调解各类民事纠纷50件，解答法律咨询480人次，办理法律援助事务21件，为农民工挽回经济损失300万元。宇平司法鉴定中心目前共有人员4名，2015年度司法鉴定52件。

完善审判公开、检务公开、警务公开制度，广泛实行人民监督员、人民陪审员制度，推行"阳光司法"，促进司法公正。落实法官、检察官、人民警察办案质量终身负责制，建立健全错案防止、纠正、责任追究机制。让人民群众切实感受到公平正义就在身边。

全年减、免、缓交当事人诉讼费用17.31万元；为符合条件申请人发放司法救助资金30.85元。县司法局完成法律援助案件332件，为州司法局下达的250件/年任务数的132.8%。共完成法律援助事项3411件，为州司法局下达的2500件任务数的136.44%。

【法治政府建设】2015年进一步完善重大行政决策集体决定制度，对于涉及全县国民经济、社会发展计划、重大项目建设、重大投资等重大决策，必须经县政府常务会议研究决定，特别重大的决策必须按程序提交县委常委会或县人大常委会决定，实现政府重大行政决策的民主化。全年共召开政府常务会议9次，研究讨论涉及教育发展、生态环保、医疗保险、城市建设等重大问题。完善重大行政决策听取意见制度，在做出重大决策前，通过多种形式，听取人大代表、政协委员及各民主党派、群众团体等各方面的意见和建议，做到决策上的集思广益。进一步强化重大行政决策的合法性审查制度。对于政府重大决策事项，在做出决策前必须先由政府法制机构就决策涉及的法律问题进行研究论证，在此基础上提出重大决策事项合法性审查意见，保证政府决策的合法适当。进一步加强领导干部和执法工作人员学法用法工作，强化领导干部、执法人员法律意识，提高运用法治思维和法治方式深化改革、推动发展、化解矛盾、维护稳定能力。全年1629名机关、事业单位人员参加学法用法并参加考试，考试通过率达99%。推行法律顾问制度，法律顾问除参与合同起草和审查、行政诉讼案件的处理外，在重大行政决策、政府重大投资项目的协商、谈判以及突发应急事件、重大安全事故的处理等方面都积极参与，逐步形成“事前防范、事中控制、事后补救”的政府法制风险防控体系。自建立法律顾问制度以来，顾问律师为各单位累计提供法律咨询2021次，起草、审查合同489件，化解信访积案120案，参与涉法决策123件，讲授法治课56次，顾问单位的工作满意率达99.97%。

2015年以宣恩县人民政府为被告的行政应诉案件28件，其中一审案件20件，已审结的16件中原告主动撤诉的5件，法院判决依法履行法定职责的3件，判决驳回原告诉讼请求的5件，判决撤销具体行政行为的1件，裁定驳回原告起诉的1件，裁定驳回管理权异议的1件。办理行政复议案件11件，审结8件，中止3件，已审结的案件中维持的4件，因申请人自愿撤回复议申请而终止审理的2件，撤销的2件。办理信访复查案件4件，其中3件维持，1件不属于复查范围已向信访人指明途径。

（覃亚玲）

公　　安

【概况】2015年，全县共接处警3123起，立刑事案件822起，破272起，移送起诉156人；抓获网上逃犯32名。受理查处各类行政案件778起，行政拘留315人；强制隔离戒毒13人。成功处置86起(89人)非正常死亡事故。全县没有发生有影响的群体性案事件，未发生较大以上安全责任事故，没有形成群体性赴省进京非访，未引发网上大炒作，公安队伍没有出现大丑恶。履职尽责督促检查工作在县内排名并列第一。2015年度全省103个县市区“一感两度两率”测评：宣恩县治安状况满意度第五、平安创建知晓率第五、平安创建参与率第七、公正执法满意度第二十、群众安全感第四十二，全州综合排名第二。

【公安队伍管理】县公安局党委担负组织领导、维护党纪、作风建设、防治腐败、教育管理、支持保障、正己正人之责。组建县公安局纪委和纪检监察室，加强督查工作力度，狠抓作风建设，强化案件办理，规范日常监督，深化廉政教育。拟定13个规范性制度和文件，明确63个风险点，制定56条防控措施。党委成员落实“一岗双责”，严格执行“分片负责、联系督导”“分级负责、督办落实”、每月“五访”(暗访、突访、走访、接访、回访)工作机制及副科级以上民警每日工作报告制；通过第一综合党支部的形式，组织县公安局副科级以上民警开展集中学习、规划工作思路、解决突出问题，强化队伍教育管理。4月，黄兴祥撰写的《司法体制改革对公安执法的影响和对策》获省公安厅组织的“创新法治警务，建设法治公安”征文活动优秀奖，被省公安厅通报表彰。7月中旬，《湖北警察》杂志2015年第3

期“学习思考”栏目全文刊发副县长、公安局局长张友刚撰写的《加强作风建设，提升队伍形象》。开展“三严三实”“秉公执法、人民公安为人民”等主题教育活动，组织各种学习活动15场受教育361人次，轮训轮值4期培训民警120人次，民主推荐13名民警成为所队主职，考试选拔9名民警走上中层副职岗位。

制定和修订一系列管理制度，坚持用制度管人，用纪律和规矩约束人。全年开展现场督查、专项督查、视频督查89次，发现问题督促整改70起，制发督查通报8份，提出督查建议60条；查办控警案件12起，办理维权案件4起；共对39名民警、6个单位进行通报批评，工作性约谈民警25人，诫勉谈话12人，追究执法过错2人，离岗培训1人，停止执行职务2人。

7月25日，抓获东门关“7·20”杀人抢劫案嫌疑人 （摄影：孙少尘）

【规范执法】进行每月案件评查，通报批评12名不合格卷宗主办人，约谈执法质量整体靠后的所队主要负责人，对13名优秀卷宗主办人给予嘉奖。开展立案突出问题专项治理、执法“三整治、三规范”活动、违规处置涉案财物专项整改活动，全面推进执法规范化建设。明确“五个落实”作为2015年全县执法工作的重点。组织全警学习《刑法》第九修正案，组织旁听法院审理案件，提升民警法治素养和能力。推进看守所“五化”（执法行为规范化、监管手段信息化、勤务模式科学化、设施保障标准化、管理工作精细化）建设，规范收押、提讯、接见、收物、值班、管教、巡视等各项监管工作，从整改问题入手狠抓措施落实和责任落实。全年未出现冤、假、错案，未发生监管安全事故，无行政复议被撤销，无行政诉讼败诉，无国家赔偿案件。

【化解矛盾】对各类重点工程、各种利益诉求引发的矛盾纠纷，成立专班，到各重点工程工地调研，了解施工环境和治安形势。全年共成功化解各类矛盾纠纷697起，其中涉及重点工程、房地产开发的矛盾纠纷、群体讨薪96起，均未引发群体性事件。通过“全警三员”（全警都是情报员、信息员、战斗员）工作采录信息5560条，州公安局录用数排名全州第三。

【社会管控】2015年完成352个A类探头、5个治安卡口升级改造，在全州率先实现平安监控高清数字化。

重点人员管理，采取定人定专班，一天一点名，及时掌握动向，开展主动防控。全年共受理信访案件49起，全部办结；成功化解信访积案3起，成功劝返3人、息诉1起，打击处理违法信访人5名。无一人进京非访。完成抗战胜利70周年庆典、省委巡视组巡视宣恩等各项重大安全保卫活动。

开展民爆管理安全检查32次，发现整改隐患56处；加强户籍管理，清理核查16周岁以上无照片人员7990人，完成总任务的99%；清理超配公务用枪30支，收缴各类枪支22支，破涉枪刑案7起；破涉赌刑案3起，办理首起利用互联网传播淫秽信息案，协助办理2起制假售假案。12月17日，省国防科工办副主任刘兆雄率检查组到宣恩，检查全县危爆物品寄递物流清理整顿及矛盾纠纷排查化解专项行动情况。检查组到新宇烟花爆竹有限公司、恒祥爆破有限公司、珠山镇中通快递公司、椒园镇综治办、珠山镇综治办等地，实地查看危爆物品进货、储存，寄递物流管理各项措施及安全责任落实情况，了解矛盾纠纷排查化解工作。黄同元、张友刚，县公安局、交通局等单位相关负责人陪同检查。

强化涉校交通安全教育，加大城区智能交通系统建设，实施“文明交通”行动，开展“酒驾”专项整治、“打非治违”集中整治、城区摩托车交通违法整治和“四查四治”(查企业安全管理、查车辆安全状态、查从业人员资质、查交通安全宣传，整治车辆严重违法行为、整治长途客车夜间违规运输、整治车辆不落实动态监控、整治农村客运非法经营)行动，落实《湖北省公安机关便民利民十九条》。处理交通事故1064起，查处交通违法行为1.93万起；交通事故死亡人数同比下降10%。全年未发生较大以上交通事故，办理的交通类案件无一起有效上访、投诉情况发生。春运期间，实现交通事故“零死亡”的目标。

开展福利救助机构消防安全治理、违规使用彩钢板整治、夏季消防安全大检查、易燃易爆及化危品场所整治等专项行动。每个乡镇招聘2名合同制消防员，全县8个农村乡镇及279个行政村全部建成政府专职消防队和农村义务消防队。检查发现整改火灾隐患1182处，临时查封16处，责令“三停”(指停产停业、停止施工、停止使用)13处，整改销案2处重大火灾隐患，辖区消防形势总体稳定。

确定县级治安保卫重点单位255家，上报州级重点单位3家，督促落实安全保卫机构设置和专(兼)职治安保卫人员配置。开展为期3个月的安全检查和隐患排查工作，确保了校园和水电油气等重点部位安全。

【精确打击】2015年发生6起命案全破；八类重大案件破案率91.3%；侦办案值1600余万元的李某非法集资案；谭某等涉黑案二审判决共10人获刑；5起恶势力案件有3起15人已判决；系列社保卡诈骗案及沙道沟“10·23”制毒案被列为部督案件。打掉侵财类犯罪团伙10个32人。其中椒园打掉一恩施籍入室盗窃团伙，刑拘3人，沙道沟打掉一盗窃蜂蜜团伙、刑拘3人，刑侦破系列丢包诈骗案5起、刑拘5人，破系列盗窃移动基站电缆案17起、刑拘2人，破系列盗取社保卡内资金案、刑拘3人，抓获网上逃犯32名。创新破案与追赃并重的理念，有效提升群众满意度。8月，刑侦大队破获一起信用卡诈骗案，积极劝导嫌疑人家属将8.2万元赃款退还受害人；9月，椒园所破获系列入室盗窃案件，协调三名嫌疑人家属将2万余元赃款退还到被盗农户手中；12月，沙道沟所和检察院一道将系列盗窃蜂蜜案赃款2万元退还给受害人。

【服务发展】整治企业周边环境，严防扰乱企业正常生产经营秩序；加大对企业的帮扶力度，完善内保措施，维护企业稳定；县公安局副科级以上民警与52家重点企业结对联姻，通过“走出去、请进来”了解企业的需求和意见。

落实便民利民举措，在接受履职尽责督促检查活动中，面向社会公开20条承诺。从加强窗口管理入手，落实首问责任，规范文明用语，实行微笑服务，严格执行预约服务制，提高单位整体工作效能。

细化管理制度、加大科技投入、强化专项治理、提高服务意识，交警和各派出所实施城区、乡镇集镇保畅工程，增加停车位，整治乱停乱放，开展黄标车治理，实施文明交通行动计划，推进“六城同创”工作，交通环境明显改善。

严格执行县政府《关于调整城区禁止燃放烟花爆竹范围的决定》，提前策划，源头管控，广泛宣传，联合执法，在重点时段开展城区24小时巡逻。城区全年鞭炮声绝迹，禁鞭工作取得阶段性胜利。

继续开展城区夜间护学活动，县公安局机关和珠山所民警每晚按时到岗，“三见”(白天校园内见民警、学生上学和放学途经的重点路段见警车、夜间校园周边见警灯)保平安；乡镇中小学集中放学离校时段，派出所安排警力护学。加强对外宣传，在各类媒体刊播稿件257篇，推出《百姓卫士朱宗明》《“微笑大姐”郑奉英》等先进典型，充分展示民警锐意进取、奋发有为的精神风貌。

【警务保障】2015年投资1100余万元建成晓关派出所及交警大队业务技术用房，投资70万元进行珠山、沙道沟两所改造，投资54万元建成解剖室，投资31万元对县公安局机关大院和大楼进行美化亮化，李家河、高罗、椿木营三所完成迁建选址，DNA实验室处于建设之中，启动公租房建设项目。7月1日，晓关派出所业务技术用房建设全部完工并正式投入使用。

科学编制“十三五”规划，上报项目40个、概算投资7000余万元。投资32万元新增电脑80台，27万元配备执法记录仪120台，22万元装备对讲机50台，45万元购买其他装备、警械，极大地提高了民警执法执勤、办公办案效率。

【“3＋2”工作模式】2015年2月，为加强春运及春节安保工作，推出“3＋2”工作模式（捆绑派出所的机关大队在本单位工作三天，在乡镇协助派出所工作两天，恶劣天气随时在派出所跟班工作）。该模式最初服务于道路交通安全管理，逐渐延伸至各类安保活动及治安、消防等公共安全管理领域，随后全方位覆盖公安各项工作。2015年县公安局到乡镇工作人员全年共开展交通检查792次，消防安全检查201次，协助派出所其他工作602次，维护全县社会大局稳定。“3＋2”工作模式实施后，全县未发生一起一次死亡2人以上的交通事故，未发生群死群伤安全责任事故。

【捣毁流动赌博窝点】4月21日，县公安局调集近60名警力，在椒园镇龙洞村三组一民宅内成功捣毁一流动赌博窝点，抓获违法犯罪嫌疑人33名，缴获赌资15万余元，暂扣涉案车辆7台。

【湘鄂警方联手擒凶】6月4日，宣恩、来凤警方与湖南龙山警方通力配合，在案发后5小时成功抓获涉嫌持刀抢劫的犯罪嫌疑人李某某（男，17岁，宣恩县椒园镇水田坝村人）、邹某某（男，18岁，宣恩县椒园镇黄坪村人），破获当日凌晨发生在珠山城区的两起恶性案件。

【“7·20”专案】7月20日，珠山镇东门关村7组发生一起抢劫杀人案，长期租住在当地农户家中的浙江丽水籍人曾某被人残忍杀害，抛尸荒野，并抢走金丝楠木雕刻工艺品4件，总价值60余万元。案发后，县公安局成立东门关“7·20”抢劫杀人案侦查专班，开展现场勘查、调查走访、视频侦查、重点人排查等工作，历时4天，在州公安局等相关部门的支持下，在湖北黄梅警方的大力协助下，25日凌晨3时，成功将两名犯罪嫌疑人抓获。7月31日，宣恩县召开总结表彰大会，对侦破“7·20”专案的有功集体和个人予以表彰奖励。朱鹏程、黄同元、张友刚出席，并对受表彰的专案组及民警颁奖。给予“7·20”抢劫杀人案专班集体三等功一次，奖励人民币10万元；给予在侦办该案件中表现突出，发挥关键作用的民警向曦、廖玮、凌万强分别记个人三等功一次，颁发奖章证书，并各奖励人民币2000元。

【捣毁沙道沟小河口制毒窝点】10月22日，沙道沟镇政府根据群众反映，组织公安、环保、工商、质检等部门对位于小河口原林木检查站办公用房的一家化工厂进行检查，发现若干化学物品。10月23日凌晨，沙道沟派出所民警在该地段巡逻时，发现有人欲开车转移部分物品，即果断控制4名嫌疑人。又顺藤摸瓜，抓获该厂负责人陈某某（男，41岁，湖南汉寿人）。经确认，该厂系加工溴代苯丙酮的制毒窝点。该案被列为公安部督办案件，共查获制毒设备1套、制毒原材料2吨、溴代苯丙酮0.8吨，抓获4名犯罪嫌疑人。

【系列社保卡资金被盗案】珠山镇铁厂坡村多位村民反映农村养老保险金农业银行卡内资金于6月上旬多次被人通过“蘑菇街快”等方式以购物的方式盗刷，金额大部分为355元，另有少数为99.5元、47.5元。民警通过第三方支付“蘑菇街”网上购物平台作为侦查突破口，于8月17日锁定并抓获在江苏扬州的嫌疑人袁某（江西宜春人）。9月11日，民警在湖北天门南站将正从家中返回武汉的上线钟某（湖北仙桃人）抓获。9月17日，民警远赴河北省石家庄市将另一上线于某（内蒙古乌兰察布人）抓获。9月21日，州委书记王海涛，州委副书记、代理州长刘芳震在阅宣恩县公安局上报的《宣恩县系列社保卡内资金被盗案首战告捷》后作出批示。王海涛批示：祝贺！辛苦啦。刘芳震批示：继续发扬敢打硬仗、专班攻坚精神，深挖细查、严惩网络信息犯罪，维护人民群众财产安全。

（孙少尘）

检　察

【概况】2015年县人民检察院依法履行法律监督职责，推进检察改革，加强检察队伍建设，被州人民检察院评为全州先进基层检察院。全年立案查处贪污贿赂案件27件34人，查办基层群众身边“小五长”(站长、所长、校长、院长、村支部书记及村主任)职务犯罪案件6件9人;受理公安机关提请批准逮捕案件91件146人,批准逮捕86件135人,受理移送审查起诉案件147件206人,依法提起公诉88件131人;不批捕4件9人,不起诉14件16人。

【职务犯罪查办和预防】2015年推行“前紧后松,精细化初查”的侦查模式,推进侦查工作进度,保障办案安全和办案力度。全年共立案查办贪污贿赂等职务犯罪案件27件34人,其中大案26件,实职正科级干部3人,副科级干部1人;对“9·27”特大滑坡地质灾害进行侦查,并进入审查起诉阶段。查处发生在群众身边的职务犯罪,全年共立案查办基层群众身边“小五长”职务犯罪案件6件9人。

坚持打防结合,构建“侦防一体化”工作机制,采取个案预防、行业预防、系统预防、专项预防等多种形式,开展预防调查5次,案例剖析25次,发出检察建议19份,开展行贿犯罪记录档案查询747次。针对“雨露计划”培训扶贫资金管理问题发出检察建议,引起县委、县政府高度重视,并组织与教育培训相关的10个单位开展职务犯罪预防专题座谈会,在干部教育、制度建设方面提出意见,推进惠农扶贫领域职务犯罪预防工作。针对城管系统窝串案,以打促防,其中田某挪用公款案,被湖北省人民检察院评为2015年度“全省十大精品案件”之一。

【刑事犯罪惩治】围绕“平安宣恩”建设,严厉打击各类刑事犯罪,全年共受理公安机关提请批准逮捕案件91件146人,批准逮捕86件135人,受理移送审查起诉案件147件206人,审查后,依法提起公诉88件131人。正确贯彻宽严相济刑事政策,不批捕4件9人,不起诉14件16人。对重大案件提前介入,引导取证,对严重刑事犯罪依法快捕快诉,确保打击力度。同时注重办案质量,严把事实、证据、程序关口,保证打击效果。

【诉讼监督】全年共立案监督9件10人,其中监督立案6件7人,监督撤案3件3人。纠正漏捕漏诉16人,追诉漏罪13起。依法对1件民事案件提请抗诉,对9件刑事案件提出抗诉。依法发出书面纠正违法306件,发出各类检察建议127件。强化刑罚执行和监管活动监督,依法对刑罚执行机关提请的4名特赦人员刑罚免除申请和1名立功人员减刑申请进行审查,保证刑罚执行公正进行。依法进行羁押必要性审查,监督办案机关对21名犯罪嫌疑人变更强制措施。

【社会管理综合治理】落实检察环节社会管理综合治理措施,依法妥善处理各种矛盾纠纷和社会治安隐患,消除不安定因素,协助、支持党委、政府抓好社会管理规范化建设和制度建设。落实全国“两会”及党的十八届五中全会期间稳控措施,全年无涉检赴省进京上访事件发生。深化涉法涉诉信访工作机制改革,共受理举报线索33件,受理控告申诉信访68件110人次,涉法涉诉信访23件次,所有信访案件均做到案结事了,没出现一例赴省进京事件。注重人文关怀,探索恢复性司法模式。拓展检察环节的司法救助工作,协调相关部门开展联合救助活动,形成以检察机关提供司法救助为主体,其他社会团体和单位提供社会救助为辅的救助模式。全年办理司法救助案件8件,办结国家赔偿案件3件。坚持帮扶挽救为原则,落实未成年人司法保护制度,定期开展未成年人案件回访,对未成年犯罪人员帮扶教育。建立心理咨询室,聘请心理咨询师对未成年被害人进行心理辅导,帮助其尽快走出心理阴影。

【执法规范化建设】坚持将司法规范化工作放在突出位置,干警严格执行高检院“十个严禁”规定和省检察院“四个绝对禁止、一个必须实行”的办案纪律。不间断地通过LED大屏幕、短信平台、微信平台向干警强调规范司法行为的相关要求,将其内化到每位干警内心深处。推进规范司法行为专项活动,健全相关制度。集中解决司法活动中存在的12个方面突出问题。落实执行“侦押分离”“审录分离”“一案三卡”等制度。严格执行办案区相关工作规定,严禁超时讯问、变相羁押、刑讯逼供等行为。严格执行讯问职务犯罪嫌疑人全程同步录音录像制度,全年共进行同步录音录像180次。建立“管督合一”案件监管机制,形成多维度案件质量评查体系,实行轻微案件质量问题通报及问责制度,对案件质量评查和人民监督员监督中发现的问题，均实行严格的公开通报和责任追究。共评查各类案件160件，发现有瑕疵、错误等问题93件次，对所有问题全部督促整改到位。组织人民监督员对8件案件进行监督，对发生的问题现场指正督促整改，强化办案人员的责任心，提升案件质量。

【检察队伍建设】抓党风廉政建设，认真落实“两个责任”。切实强化“一岗双责”意识，明确两个责任担当。把主体责任向分管检察长、专职检委会委员压实，向内设机构延伸，向科室负责人下沉。形成党组统一领导、班子成员齐抓共管、纪检组织协调、部门各负其责的责任体系。加大督查问责力度，将督察的重点放在严明政治纪律和政治规矩、规范司法行为、车辆管理、纪律作风、落实中心工作、干警八小时以外管理等方面，将检务督查结果纳入干警个人年度评先表模、绩效考核，发布督察通报4期。

从严治检，检察队伍建设面貌一新。开展“守纪律、讲规矩、树形象”、“严明政治纪律，严守政治规矩”和“三严三实”专项活动。县检察院班子成员率先垂范，普通干警积极参与。强化制度建设，制定《强化纪律作风建设七条意见》《宣恩县人民检察院干警严守纪律、规范言行的通知》两项制度。提升活动实效，推出10项作风整改措施，全年发文办会数同比减少9%，“三公经费”同比略有下降。继续推进“青年干警成长工程”，深入开展培训提能和岗位学练赛等活动。全年干警共参加培训31期729人次，参与岗位练兵19期577人次；坚持文化育检，组织开展演讲比赛、道德讲堂、健康文体活动，丰富干警文化生活、陶冶情操。

【检务保障】将检察信息、调研、新闻宣传整合推进，形成大宣传格局，共编发信息15篇，省院采用3篇，其中《宣恩县院强化“互联网＋”思维模式＝提升职务犯罪侦查工作成效》分别被湖北省检察院敬大力检察长、郑青副检察长和省检察院反贪局彭胜坤局长批示；发表宣传报道341篇，省级以上57篇；组织撰写调研文章23篇，在省级期刊公开发表15篇，其中《浅谈基层检察院如何运用“互联网＋”思维推动职务犯罪侦查工作》转化为检察信息被省院采用；宣恩县人民检察院“今日头条”客户端在中央网信办传播局、移动局组织的评选活动中被评为最具影响力“检务头条号”，是全国唯一上榜的两个县级院之一，互联网门户网站被省院评为“十佳门户网站”。投入120万元建设电子证据检验室，投入足额资金采购办案办公科技设备。组织干警参加专项业务培训6期85人次。配备法医1名，建立刑事案件文证审查常态工作机制，共开展文证审查16件。投资70万元完成案管中心、人民监督员评议厅建设和技侦大楼电梯安装，改善办公办案环境。

【检察改革】贯彻中央、省委和最高人民检察院关于深化司法体制改革的战略部署，落实上级检察机关对试点工作的具体要求，坚持从“党的领导、集中统一，把握目标、遵循规律，统筹兼顾、突出重点，程序到位、民主集中，多做加法、少做减法，各尽其能、各得其所，用人所长、扬长避短，群策群力、众志成城”等八个方面推进司法体制改革试点工作。2015年，县检察队伍思想稳定，各项工作正在有条不紊地推进。经费保障标准体系和经费统一管理机制已经建立。编制统一上划省级管理准备工作已经完成。检察人员分类管理改革进展顺利，首批19名检察官计入员额工作完成。在推进改革过程中，宣恩县人民检察院始终坚持检察机关法律监督的本质属性，探索建立司法责任制，推进检察长、副检察长到一线亲自办案。合理配置检察权，构建以检察官为核心的办案团队，明确检察官和检察辅助人员的职能定位，形成整体合力；统筹安排，各司其职，充分发挥团队作用，更加有效地履行各项法律监督职能。落实司法亲历性、判断性要求，检察长、副检察长参与办案27件34人，检察委员会研究决定重大、疑难、复杂案件28件。

（郑来品）

法　院

【概况】2015年，县人民法院共受理各类案件2149件（含旧存495件），审（执）结各类案件1895件，结案率为88.18%，同比上升10.83%。其中，刑事案件138件（含旧存16件），审结121件；民商事案件1277件（含旧存244件），审结1073件；行政案件53件（含旧存6件），审结46件；非诉行政案件7件，结案7件；执行案件681件(含旧存229件)，执结655件。

【刑事审判】全年共受理刑事案件138件(含旧存16件)，审结121件。依法惩处故意伤害、寻衅滋事、盗窃等严重危害社会治安的犯罪83件111人，切实增强人民群众安全感。依法惩处非法采伐、毁坏国家重点保护植物、滥伐林木等破坏环境资源的犯罪17件30人，助力宣恩生态文明建设。积极参与反腐败斗争，判处贪污、贿赂等职务犯罪5件6人，其中原为科级以上干部2人。注重加强刑事附带民事赔偿工作，依法保护被害人合法权益。

【民商事审判】把婚姻家庭案件的审理作为工作重心，把侵权、权属案件的审理作为工作重点，把合同类案件的审理作为服务经济发展的核心，切实保障群众合法权益。全年共受理民商事案件1277件(含旧存244件)，审结1073件。积极回应人民群众对基本权益的关切，审结工伤、医疗、交通事故等人身权纠纷119件，财产权属、相邻关系等所有权纠纷55件。妥善审理婚姻家庭纠纷案件426件，促进家庭关系稳定和睦。依法审理合同纠纷案件385件，维护诚实信用的市场交易秩序。注重全程调解和判后答疑，全力做好服判息诉工作，以调解方式结案295件，撤诉方式结案245件，调撤率为50.42%。

【行政审判、审判监督】全年共受理行政案件53件(含旧存6件)，审结46件。坚持保护行政相对人合法权益与支持行政机关依法行政并重，把握好行政审判监督和支持的平衡点，一方面充分发挥行政审判职能作用，保护行政相对人的合法权益，判决撤销、确认行政行为违法11件；另一方面认真履行司法审查职能，依法对涉及土地、城管、治安等行政管理领域的行政非诉执行案件进行合法性审查，支持行政机关依法履职7件。认真贯彻新修改的《行政诉讼法》，高度重视行政争议的实质性化解，通过督促、协调行政机关完善、变更行政决定或履行法定职责等方式，促成行政相对人自愿撤诉11件。

【执行工作】全年共受理执行案件681件(含旧存229件)，执结655件，执行到位标的额5637.07万元。采取加大个案执行力度与搞好集中执行活动相结合的方式，利用执行查控系统高效反馈和执行法官迅速行动相配合，及时实现胜诉权益，全年共计查询152件232人次，查询被执行人银行存款2864.57万元。充分发挥“失信人黑名单”、限制高消费等强制手段，促使被执行人自觉履行债务，全年共计公开曝光293名失信被执行人。积极运用执行威慑机制，对有执行能力而拒不履行生效法律文书义务的28名“老赖”依法采取罚款、拘留等强制措施。

【信访工作】严格实行诉访分离制度，把解决涉法涉诉信访问题纳入法治轨道，实现维护人民群众合法权益与维护司法权威的有机统一。坚持院领导值周、周三坐班制度和包案制度，全年共处理群众访信27件，接待群众到访211人次，其中，领导接访88人次，妥善化解信访积案1件。落实涉诉信访终结机制，依法处理信访活动中的违法犯罪行为。建立多元化的纠纷解决机制，积极争取党委、政府的支持以及社会各界的帮助。加强信访案件回访工作，增进上访人对法院工作的理解，巩固化解成果。

【司法救济】进一步加强司法救助措施，认真落实司法救助制度，维护弱势群体的平等诉权，共为经济困难当事人减、免、缓交诉讼费用9.34万元，为16名生活确有困难的申请人申报、发放司法救助资金206589.35元，为7名刑事被告人指定辩护律师，有效缓解当事人的实际困难。

【法院队伍建设】2015年开展“三严三实”“守纪律、讲规矩、树形象”“抓学习、抓作风、抓党建、促改革发展”等专题学习教育活动，举行“守纪律、讲规矩、树形象”演讲比赛、“12·4”国家宪法日、送法进校园、送法下乡等一系列活动，以党建工作为原动力，促进队伍建设，推动审判工作。2月4日，周颖获全省法院第二十四届学术讨论会论文优秀奖(鄂高法〔2015〕71号)；2月7日，范韬被省高级人民法院记二等功(立功证书1402050号)；2月，恩施州中级人民法院表彰宣恩县人民法院刑庭为“2014年度先进内设机构”，沙道法庭为“2014年度先进人民法庭”；县人民法院民一庭被州委政法委、州人社局表彰为“2014年度全州十佳政法单位”，范韬、李辉祥2名干警被州中级人民法院表彰为“2014年度先进个人”。4月28日，陈升霄获2015年“全国先进工作者”称号（中委〔2015〕246号）。8月14日，王祥获“2015年全州法院信息化应用大比武活动二等奖”（恩中法〔2015〕64号）。

全面落实“两个责任”，履行“一岗双责”，构建符合审判规律与特点的廉政风险防范体系。开展“严明政治纪律、严守政治规矩”集中教育、廉洁司法教育和《准则》《条例》学习活动，引导全院干警做遵规守纪、公正司法的表率。及时对《机关事务管理办法》等相关制度进行修改，通过建章立制进一步明确行为标准，严格工作程序，约束干警行为。不断加大正风肃纪力度，坚持对干警队伍中的违纪违法行为保持“零容忍”。全年共对考勤管理、车辆管理、庭审规范等情况开展了181次督查，发出13期督查通报，开展诫勉谈话10次，廉政谈话51次。

（杨琳）

司法行政

【概况】2015年全县有各级人民调解委员会294个，人民调解员1024人，开展大排查672次，预防纠纷181件，调解纠纷1613件，调解成功1591件。2015年共接收、帮教刑释解教人员180人。2014年11月1日动工修建的“市民之家”司法业务用房主体工程竣工，晓关司法所已投入使用。

【普法依法治县】2015年继续推进法治文化阵地建设，开展法律进喜堂、进孝堂、进学堂活动。推进多层次多领域依法治理，开展法治创建活动。全县共开展大型普法宣传活动15次，发放普法书籍、普法资料等15万余份，直接受教育干部、群众10万余人次。3月10日，宣恩县被全国普法办表彰为全国第三批法治建设先进县（市），椒园镇水田坝村被司法部、民政部表彰为第六批民主法治示范村。8月26日，州政协副主任王继刚带州“六五”普法依法治理考核验收组对宣恩县“六五”普法依法治理工作进行检查验收，宣恩通过验收。

【“12·4”法制宣传日】2015年12月4日为全国法治宣传日暨第二个国家宪法日，宣恩县在珠山镇开展主题为“弘扬宪法精神，建设法治宣恩”的国家宪法日暨2015年“12·4”全国法制宣传日活动，举行全县法治文艺汇演，各单位学法、用法、执法等风采图片展板展示，并开展法律咨询活动。其后安排一个月时间在全县范围内开展宣传，从11月10日开始，到12月10日结束。各乡镇普法依法治理工作领导小组组织综治办、司法所、派出所、中心学校等职能部门开展一次法律“六进”活动，组织2015年年度学法用法及无纸化普法考试，共84家单位1629人参加。

【人民调解】2015年全县有县、乡、片区、村、组五级调解网络，有调委会294个，共有人民调解员1024人，一个横向到边，纵向到底的人民调解网络基本形成。全年全县各级人民调解委员会开展大排查672次，预防纠纷181件。调解纠纷1613件，调解成功1591件，成功率98.63%，协议金额达1154.73万元。防止民间纠纷引起的自杀4件4人，防止民间纠纷转化为刑事案件3件3人，防止群体性上访13件114人，防止群体性械斗1件6人。

【社区矫正】2015年全县接收社区矫正人员110人，累计接收723人；到期解除矫正127人，暂予监外执行刑满释放2人，累计解除496人；撤销缓刑2人，累计撤销9人；暂予监外执行情形消失，累计执行收监4人；执行网上追逃罪犯收监1人；变更居住地迁出4人，累计办理43人。至2015年末全县实有社区矫正人员169人，其中缓刑126人，假释37人，暂予监外执行6人。漏管率、脱管率、重新犯罪率均控制在指标范围内。

【律师】全县有律师事务所3家（湖北洪渊律师事务所、湖北宣明律师事务所、湖北夷水律师事务所宣恩分所），共有注册律师9名，共为137家机关、企事业单位担任法律顾问，办理刑事辩护及诉讼代理19件，办理民事诉讼代理60件，行政诉讼代理7件，办理非诉讼法律事务31件，调解纠纷24件，参与仲裁8件，接待信访、解答法律咨询337人次。

【公证】县公证处共有公证员2名，共办理各类公证事项425件。其中合同公证102件、继承公证165

件、委托书公证124件、声明公证7件、保全证据公证12件、其他公证15件。

【基层法律服务】全县有法律服务所2个，共有基层法律服务工作者11人，各所共为9个单位担任法律顾问，代理诉讼事务150件，代理非诉讼事务35件，调解各类民事纠纷50件，解答法律咨询480人次，办理法律援助事务21件，为农民工挽回经济损失300万元。

【法律援助】全县共受理指派各类法律援助案件332件，按州司法局下达的250件/年任务数，完成全年任务的132.8%。共完成法律援助事项3411件，按州司法局下达的2500件/年任务数，完成全年任务的136.44%。1月16日，椒园司法所陶享念被湖北省司法厅表彰为法律援助工作先进个人。

【普遍建立法律顾问制度】全县累计聘任法律顾问单位396家，其中今年完成188家。党群部门8个，政府部门6个，事业单位5个，非公经济组织8个，村(居)委会161个，完成年度任务计划的100%。

【司法鉴定】全县有1家司法鉴定机构——宇平法医司法鉴定所，办公地点位于县中医院。共有人员4名，2015年度司法鉴定52件。

【全国先进司法所建设】2015年6月20日，县司法局党组研究，拟申报长潭河司法所为省级规范化司法所，由县司法局副局长李先军牵头，组成工作专班准备申报迎检工作。7月20日，州司法机关研究决定，拟申报长潭河司法所为全国先进司法所。7月24日，州司法局副局长王敬东一行到宣恩检查督办拟申报长潭河司法所为全国先进司法所及省级规范化司法所进展情况。9月21日，省司法厅基层处邱彦斐一行3人在州司法局基层科科长陈德刚的陪同下，检查验收长潭河司法所申报的省级规范化司法所。11月30日，长潭河司法所被司法部表彰为全国先进司法所(司发通〔2015〕106号)。12月，长潭河司法所被省司法厅命名为“省级规范化司法所”(鄂司发〔2015〕128号)。

【沙道沟福利院建立社区矫正公益劳动基地】5月21日，宣恩县首个社区矫正公益劳动基地在沙道沟福利院正式建立，沙道沟镇社区服刑人员公益劳动由此进入基地化、制度化运转。这是沙道沟镇在社区矫正工作实践中，逐步摸索出爱心引导、心理引导、社会引导的矫正模式，并拓展载体，为社区服刑人员修复社会关系，注重寓教于劳，劳教结合，将组织矫正对象参加公益劳动作为促进其回归社会、强化矫正效果的有效途径，为社区矫正人员提供特定劳动场所，改变社区服刑人员的公益劳动分散、难以集中的状况。

(张海勇)

驻　　军

中国人民解放军湖北省宣恩县人民武装部

【正规化建设】2015年，根据湖北省政府鄂发〔2014〕3号湖北省军区鄂司〔2014〕19号文件精神，坚持标准、细化措施、协调配合、整体联动，抓好正规化建设。成立以县政府常务副县长朱鹏程任组长，县人武部政委雷天兵、县人武部部长杨晓东、副县长周志斌任副组长，县政府办公室主任胡晓洪、县人武部副部长兼军事科长刘友权、县人武部政工科廖中才、后勤科长赵新民为成员的领导小组。县委、县政府负责组织领导县人武部正规化建设，研究正规化建设方案和具体措施，解决正规化建设经费、土地征用和审批等问题，检查督办正规化建设情况。县人武部负责拟订正规化建设方案，在正规化建设中，按照标准和时间点抓好各项工作落实，定期召开形势分析会，找原因、查问题，确保每项任务落到实处。共投入资金163万元，完成作战值班系统、“三室两库”（值作战值班室、作战室、战备资料室，战备图库、战备器材库）、民兵应急器材库、文体活动室、网络学习室、文印室及战备物资携带运行等14个项目的建设，新建门卫室，对营院的基础设施进行修缮。2015年12月20日，省军区参谋长杨万军少将带工作组对县人武部正规化建设进行检查验收，并给予肯定。

【思想政治建设】开展“四个带头”（带头提升素质、带头发扬民主、带头艰苦创业、带头勤政廉政）活动，加强党委班子建设。党委率先垂范，科室负责人带头亮观点、表态度、作承诺。狠抓“三严三实”专题教育整顿，通过教育整顿，全体党员干部职工把“三严三实”要求内化于心、外化于行、固化于制，给党员干部“补钙质”、立规矩、严纪律，促成党风政风的持续转变，带动干部职工作风的不断向好。开展新一代“四有”革命军人主题教育，通过参加上级辅导授课、领导带头宣讲、个人自学和交流、制作展板宣传，以及重走红军道路，参观革命遗址等多种方式，增强教育实效。结合教育活动，进行各类专项清理，肃清徐才厚、郭伯雄对部队建设的影响，进一步提振人武部干部职工的新一代“四有”革命军人精神。引导干部职工正确处理国防和军队改革的关系，教育干部职工积极支持军队改革，扎实做好本职工作，正确对待“进、退、去、留”，听从组织安排，始终保持工作积极性和创造性。

【军事斗争准备】牢记“能打仗、打胜仗”的使命要求，加大战备训练和国防动员力度。完善“三室两库”配套建设，按“三分四定”的要求，配齐野营器材、指挥作业器材和器材箱架等战备设施、物资。开展轮岗锻炼和岗位练兵活动，使干部能力素质更上一个台阶。加强应急力量建设，组织民兵应急连开展15天基础科目和专业训练，对乡镇应急排逐个进行拉动点验，基本达到组织、政治、军事“三落实”，队伍遂行任务的能力明显增强。2015年6月30日，县城黄河沟因暴雨发生严重内涝，县人武部在第一时间出动民兵应急队伍70余人参与排险和清淤，帮助人民群众恢复生产生活，受到党委、政府的充分肯定。坚持一季征兵、四季准备，抓好一年一度的征兵工作。突出兵役登记、宣传发动的检查督办，严把体检、政审关口，强化兵员思想教育和廉洁征兵，报名参军人数、进站体检人数、双合格人数进一步提高，圆满完成兵员征集任务。

【民兵组织整顿】2015 年，根据恩施军分区关于民兵的指示，本着建用一致、组装配套的原则，优化组织结构，科学布局编组，全面完成民兵整组任务。做好民兵组织整顿宣传工作，共悬挂宣传标语 1578 幅，办国防知识宣传栏 297 期，民兵科技致富宣传栏 296 期。在县电视台、网站发表民兵整组宣传稿件 26 篇，印发民兵整组知识宣传册 1600 份，发放民兵整组通知书 767 份。根据省军区、军分区的指示要求，结合县情，注重优化结构。在基干民兵储备任务总数不变的情况下，撤销合并一批不便于指挥的基干民兵组织向经济发展迅速、道路交通较好的地区转移，优化基干民兵队伍分组。注意统筹编组，按照“模块化编组”的模式，结合县直部门和企事业单位的性质任务，相对划定区域，采取抽编的形式，在水利、林业、电力、城管、国土、交通运输、畜牧、自来水公司、广电、人民医院、押运公司等部门和企事业单位组建应急连，防止和杜绝了遂行任务无人员的现象。在调查摸底的基础上，按照《中华人民共和国兵役法》要求，注重科学建队，将基干民兵分队的编兵年龄调整为 18 至 35 岁，对一些有专业技能的人适当放宽年龄，突出基干民兵自身的专业素质和政治素质。全县编建的基干民兵年龄最大的 45 岁，最小的 18 岁，平均年龄 35 岁。注重干部编配，将年龄较轻、学历较高、发展势头较好的干部选配到乡人武部任职。同时狠抓村民兵连干部的配备，坚持从优秀退伍军人和业务素质较强的人员中选配，夯实基层队伍。

【上级领导检查工作】1 月 13 日，恩施军分区副司令员刘志海带工作组到县人武部检查安全管理暨保密工作。

2 月 11 日，恩施军分区司令员江明辉到县人武部组织召开主官交接会议及民兵预备役工作会议。

3 月 4 日，恩施军分区参谋长向代祥到县人武部机关和晓关乡检查指导民兵整组工作；3 月 19 日，军分区政治部主任李家华到县人武部检查指导工作。

6 月 4 日，恩施军分区司令员江明辉到沙道沟镇、李家河镇、高罗镇进行检查指导工作；6 月 11 日，恩施军分区副司令员刘志海到县人武部检查调研安全保密工作。

12 月 7 日，恩施军分区司令员江明辉、参谋长向代祥带工作组到县人武部检查正规化建设情况。

12 月 17 日，恩施军分区参谋长向代祥带工作组到县人武部检查正规化建设情况。

12 月 20 日，湖北省军区参谋长杨万军少将带正规化验收工作小组到县人武检查验收，恩施军分区司令员江明辉、副司令员刘志海陪同。

（张继）

中国人民武装警察部队宣恩县中队

【概况】武警宣恩县中队隶属湖北省总队恩施自治州支队，中队常年驻守宣恩县城，担负宣恩县看守所外围武装警戒和维护驻地社会稳定任务。2015 年，县武警中队以习近平主席“强军目标”重要思想、重要论述为指导，贯彻武警总部、省总队、州支队党委扩大会议精神，以“抓经常打基础、强能力保中心、抓安全促稳定”为重点，完成以执勤、处突为中心的各项任务，被武警湖北省总队表彰为 2015 年度“基层建设先进中队”，中队一班立集体三等功。

【学习教育】武警宣恩县中队按“四自”要求，注重提高中队党支部统筹谋划的能力，发现和解决问题的能力，抓好末端落实的能力。全年党支部开展理论学习日 26 次，学习习主席关于部队建设的一系列重要指示精神。在班子内部，坚持靠正确的是非标准统一认识，靠共同的奋斗目标凝聚人心。2015 年 3 名战士入党，6 人参加预提指挥士官培训。开展“学习践行强军目标，做新一代革命军人”主题教育，着眼官兵实际和任务需要认真进行抢险救灾精神教育、形势任务教育、密切内部关系教育、法纪教育和安全常识教育等,保证官兵思想统一和内部纯洁。

【警民共建】2015 年,武警宣恩县中队与县民政局、县公路局、县文体局、农行县支行、县电力公司、县移动公司、县联通公司、县老年书法协会等单位开展共建活动,通过警民联欢晚会、警营生活体验等活动,展示武警部队的风采,丰富部队和人民群众的文化生活,密切警政警民关系。

【执勤】2015 年,武警宣恩县中队共出动兵力 240 人余次,主要完成春节期间城市武装巡逻,宣恩县“两会”的警卫任务、捣毁沙道沟制毒现场警戒任务、国庆节期间城市武装巡逻任务,完成看守所押解犯人任务 12 次。6 月 29 日,宣恩县芋头沟发生淤泥堵塞居民区,武警宣恩县中队出动 12 名官兵开展清淤工作。

【训练】武警宣恩县中队以能打胜仗为目标,坚持开展实战化训练,突出专勤专哨训练,解决执勤人员的三个不熟悉,哨兵执勤能力显著提高。坚持按照训练大纲施训,扎实抓擒敌、处突和体能训练,在恩施州支队统一组织下,实施射击、摔擒等高难科目及腰带术等新科目的训练,重点抓好 10 人应急班及 3 人应急小组建设,做好应急和“反恐”准备,增强官兵“上一线、打头阵”的本领。

(高丹君)

中国人民武装警察部队宣恩县消防大队

【概况】中国人民武装警察部队宣恩县消防大队(简称县消防大队)担负着全县火灾扑救和各类灾害事故抢险救援及消防监督管理工作的正规化、专业化部队,是公安机关的职能部门之一,也是政府对消防工作的行政管理部门,是担负消防安全保卫任务的武装力量。大队共有官兵 22 人,其中干部 7 人,战士 15 人,合同制消防员和文职雇员 30 人。有消防执勤车 6 辆,其中泡沫水罐车 1 辆、抢险救援车 1 辆、举高喷射消防车 1 辆、普通水罐车 2 辆、云梯消防车 1 辆,行政车 2 辆。

全年共接处警 52 起,出动车辆 84 辆,出动警力 551 人次,抢救被困人员 22 人,疏散被困人员 920 人。特别是在“6·30”城市内涝救灾上,大队共出动 6 次,抢救被困群众 4 人,疏散 300 余人,冲洗街道 6000 多米,得到县委、县政府和驻地群众的高度肯定。

2015 年县消防中队被评为省级“青年文明号”,1 人被支队表彰为“优秀共产党员”,1 人作为支队代表队成员参加全省政工比武取得团体第四名,1 人参加全省羽毛球比赛获得男子单打第四名。

【政治建警】2015 年,政治工作落实组织生活制度规范化、思想政治教育标准化、人才培育达人化、警民共建和谐化、廉政教育常态化的“五化”措施,开展“牢记强军目标,做新一代革命军人”“三严三实”“争创先进政治机关,争当优秀政工干部”等专题教育。县消防大队共组织官兵参加视频授课 6 次,集中学习 92 次,撰写心得体会 66 篇,召开党委会 12 次,民主生活会 2 次。将支队年度 8 项重点工作、党风廉政建设两个责任落实进行分解,分解工作任务,细化 8 项具体工作,采取逐条、逐项、定时、定人完成的模式实行每月考评,促进干部工作的主动性和责任心。适应廉政教育新常态的要求,定期举办廉政专题讲座,开展廉政谈话;依托驻地看守所创建警示教育基地,组织官兵实地参观,接受教育;实行执法评议制度,严格落实事先告知,廉政承诺、廉情回访、执法回访、述廉评议等工作措施,确保廉洁执法。

【消防队伍建设】按照单兵等级达标训练、班组协同作战训练和整建制中队训练的要求,深化战术研讨,落实“每战一评”,做到以练为战、以战促训。在恩施州支队实战化练兵半年考核暨第一阶段比武竞赛中,县消防大队排名第二,中队排名第五,整建制中队实考核中队排名第四,条令知识竞赛和队列竞赛两项第一。

县消防大队到辖区消防安全重点单位开展熟悉演练 88 次,其中大队主官组织演练 22 次,完善灭火救援预案 163 份,并在年初组织对全县139具消火栓进行一次维护保养。整理战训工作文件资料、基础资料、执勤实力、业务训练、灭火救援、专项工作等6类台账。全年共接处警52起，出动车辆84车次，出动警力551人次，抢救被困人员22人，疏散被困人员920人。特别是在“6·30”城市内涝救灾上，大队共出动6次，抢救被困群众4人，疏散300余人，冲洗街道6000多米，得到驻地人民群众的赞赏。

开展“五无”创建活动，严格落实安全工作每日一提示，每周一会议、每月一分析“三个一”制度，全年未发生一起安全事故和违纪行为，官兵士气高昂，行为规范。

【基本保障】2015年，县消防大队争取经费670万元，同比增长46.6%，其中业务经费198万元，应急救援中心运行经费60万元，物资储备购置经费60万元，城市多功能主战消防车购置款109万元，专职消防队专项经费183万元，羽毛球馆维修经费60万元。8个乡镇政府专职消防队运行经费从2015年开始纳入每年财政预算。投入40余万元对厨房、餐厅、晾衣场、洗衣房进行改造升级，投入7万余元对营房所有损坏的门进行更换，拟投入60万元对羽毛球馆进行维修、改造。完成营区全景监控系统、3G无线图像传输系统、营区安全管控系统、海事卫星电话等信息化设备安装应用。全体官兵和合同制消防员全部落实休假及体检，提高工作积极性。开展爱心扶贫帮困活动，为困难战士徐超家庭争取慰问金7.8万元。

【隐患整治】县消防大队先后组织开展福利救助机构消防安全治理、违规使用彩钢板整治、夏季消防安全大检查、易燃易爆及化危品场所整治等专项行动，净化辖区消防安全环境。1至11月，大队共检查单位809家，发现隐患1291处，整改1182处，办理处罚案件39起，罚款41.88万元，拘留7人，临时查封16处，责令“三停”13处，整改销案2处重大火灾隐患。全年辖区共发生火灾事故26起，死亡1人(农村木质房屋)，直接财产损失31.27万余元。

制定《湖北省消防安全责任规定》实施意见，县委书记、县长、常务副县长及分管住建、教育、工业的副县长均听取了大队的工作汇报；各部门严格落实消防工作责任，县消防大队先后联合县安监局、商务局、质监局、教育局、文体局、民政局、工商局、工业园区管委会等部门对相关行业系统进行大检查；对日常检查中发现的整改时限较长的问题，大队均函告相关主管部门，极大地推动了隐患整改工作进度；8月，县政府督查室对全县消防工作开展专项督查，并根据督查情况下发督查通报，进一步推动了各项工作落实。

县消防大队为每个派出所招聘2名合同制消防员，经培训上岗，协助开展专职队管理和消防监督工作。7月，借助公安局民警轮训的时机，县消防大队派员授课，对所有民警进行一次消防业务培训；将派出所指导工作责任落实到每名监督干部，定期上门对消防民警、消防文员进行培训指导；县公安局将消防工作纳入派出所目标考核范围，大队提请公安局印发《派出所消防工作考评办法》，实行每月考评制度，进一步强化了工作落实力度。

贯彻落实首问负责、一次告知、严格程序、热情服务的理念，全年办理审核验收业务7起，开业前检查4起，备案抽查21起，未发生一起行政复议和行政诉讼案件。

按照“一乡(镇)一队一车”“一村一队一泵”及“六有”(有防火安全公约、有宣传标识牌、有志愿消防队、有消防水源、有简易消防器材、有消防管理人员)标准，8个农村乡镇及279个行政村全部建成政府专职消防队和农村义务消防队，依托工业园区西部农业公司建立宣恩县首支保安消防队。城区新建18具消火栓，农村集镇补建5具消火栓，珠山、椒园、沙道沟三个镇的消防专项规划编制已经县政府同意，并确定设计单位。

开展消防宣传工作，县消防大队与县电视台合作，在县电视台滚动播放消防公益短片，联合拍摄2期隐患曝光节目，通过微信平台每天发布1条宣传信息，每月发送1条手机短信，并借助开学第一课、科普宣传周、安全生产月等时机，通过开放消防站、消防宣传走进党校、进社会单位等形式，普及消防安全常识，累计发放宣传资料5000余份，培训3000余人。

(罗俊峰)

文

化

243/254

精神文明建设

【概况】2015年7月17日，县委县政府命名表彰2013－2014年度全县文明创建工作先进单位，授予47个单位“2013－2014年度县级最佳文明单位”称号，102个单位“2013－2014年度县级文明单位”称号（宣文〔2015〕18号）。2015末，全县有省级省级文明单位12个，州级最佳文明单位26个、州级文明单位35个、州级文明乡镇3个、州级文明村10个、州级文明社区1个，县级最佳文明单位47个、县级文明单位102个。

【精神文明创建】2015年继续推进农村“两创”（创文明新村、创十星级文明户）工作，按照突出重点、全面覆盖的原则，在扩大群众参与面、打造创建品牌、提升创建影响力等方面下功夫，进一步促进农村社会风气明显好转和文明程度明显提高。县文明办组织3个工作组，对全县2014—2015年度“文明新村”和“十星级文明户”创建工作情况进行检查验收。2015年度全县新评选“十星级文明户”839户，并兑现考上二本以上的十星级农户子女每户奖励3000元，“十星级文明户”家庭成员免费体检一次等奖励政策，调动广大群众参与“两创”的积极性。8月25日，宣恩县举行“十星级文明户”示范户优秀学子奖励仪式，35名考上二本及以上院校的高考考生每人获得3000元助学金。

制定《宣恩县全民素质提升工程实施方案》，明确2015年及2016年任务清单。按照全民素质提升工程的具体任务，定期开展交通安全、城区环境卫生、噪声污染等集中整治行动。印发2万册《文明礼仪知识伴我行手册》，发放到乡镇、社区和居民手中，引导全社会人人参与“六城”同创。从6月开始，县文明办、县公安局联合开展“文明交通志愿服务”活动。县直单位、义工协会的文明交通志愿者，每天早、中、晚在城区主要交通路口“上岗执勤”，引导市民文明安全出行。截至12月底，共有50多个文明单位的干部职工及社区居民参与到文明交通志愿者活动中，累计参与人数达到2000余人次。

以开展“六城”同创活动为契机，落实好“门前五包”。各单位除负责自身院落的环境卫生外，还要负责县里统一划定的背街小巷区域的环境卫生，每月开展一次大清扫，并将清扫评比结果计入年度考核。对照省、州、县级文明单位考核验收细则，县文明办组织专班对各级文明单位进行检查验收，全县共有13个单位符合省级文明单位申报条件、61个单位符合州级文明单位申报条件，148个单位符合县级文明单位申报条件。

由县文明办牵头，开展城乡垃圾专项治理工作，共清理河道、公路两边、校园周边、集镇、重点村庄的垃圾400余吨，基本消灭公共部位的存量垃圾。全县100个重点村选聘保洁员800名，实现重点区域的常态化保洁。完善农村垃圾处理设施设备，新增垃圾池99口，双桶式垃圾桶650个、钩臂式垃圾箱80个、垃圾清运车16台、木质垃圾箱50个。

【思想道德教育】加强公民思想道德建设，树先进典型，发挥引导示范作用，开展第五届全国、全省、州级道德模范申报推荐工作。“全国孝心少年”熊丰财荣登“中国好人榜”，万寨乡铁场沟村82岁植树老人王星阳荣登“湖北好人榜”，椿木营乡民族中学教师姜海燕、高罗乡马家寨村12岁少年刘倩获评荆楚楷模。曝光不文明行为，反思不文明举止，县电视台和新闻中心设立“曝光台”，对市民的不文明行为和部门“不作为”的情况予以曝光，倒逼各职能部门履行职责。同时，设立微信平台，畅通举报渠道，广纳群众意见建议，发动市民“随手拍”，引导广大市民自觉规范文明行为，推动社会主义核心价值观落实。

加强未成年人思想道德建设，正确引导广大青少年学生感受汉字之美，倡导爱汉字、爱汉语、爱中国文化的价值观。5月中旬，各乡镇23支代表队138名中小学生参加以“感悟汉字之蕴、书写汉字之美”为主题的全县首届中小学生中国汉字听写大赛。9月中旬，全县中小学、幼儿园通过开展评选“文明学生、文明寝室、文明教室、文明办公室、创建活动优秀志愿者”等活动，引导学生养成文明生活习惯，达到教育一个学生，带动一个家庭，影响整个社会的目的。

【党风廉政论文暨诗词楹联大赛】9月30日，党风廉政论文评选暨诗词楹联大赛颁奖大会及《心向红旗坪》首发式暨文化工作者座谈会召开，岳东参加会议并讲话，活动获奖者、县内部分作家、文化艺术工作者以及县直相关单位负责人参加会议。

活动共收到征文稿件147篇，评出一等奖2名，二等奖5名，三等奖10名，优胜奖5名，6个单位获组织奖。在纪念中国人民抗日战争暨世界反法西斯战争胜利70周年“凌云杯”诗词楹联大赛中，共收到州内外诗词楹联1012份。按成人组和少儿组评选出成人组诗词一、二、三等奖18首(阕)，优秀奖19首(阕)，成人组楹联二、三等奖10副，优秀奖25副。少儿组诗词楹联优秀奖19首(阕、副)。

在《心向红旗坪》首发式中，作者蔡章武为在场所有人赠书，并发表著书感言。《心向红旗坪》为章回体小说，共六十回。小说摄取19世纪末叶至20世纪初期鄂西南大山乡村生活的背景，描写半封建社会状态下山区农民的深重苦难，并写出土地革命战争时期农民群众的觉醒与反抗，对中国工农红军的板栗园大捷，从底层角度进行热情讴歌。在文化工作座谈会中，县内部分作家和艺术工作者对《心向红旗坪》进行简要评价，并就全县文化工作进行热烈探讨，大家各抒己见，提出不少具有创造性的意见、建议。

【模范人物】熊丰财，“中国好人榜”孝老爱亲好人、荆楚楷模。12岁，就读于长潭河侗族乡中心小学。2002年，一场意外让熊丰财失去了爸爸，从此，他与先天性双目失明的妈妈和不满7岁的弟弟相依为命，让这个看起来瘦弱的男孩成为家里唯一劳动力。对妈妈，他形影不离守护左右，生怕眼睛不好的妈妈有任何闪失；对弟弟，他亲手做玩具，还背着弟弟走2个小时的山路到医院看病，只要弟弟好，所有的苦他都咽下；对家里，从9岁起他就拖着比自己高的锄头下田种地，冒着碰到野猪、黑熊的危险上山采药，只为能贴补家用；而对自己，在田里割破了手他从来不说、在山上摔跤迷了路他从来不顾、脚下踩的凉鞋破了烂了他从不告诉妈妈。尽管他也觉得苦、也觉得累，但他从未放手过妈妈，也从未丢下过弟弟，一切默言于心，一切独自承担。他是妈妈的眼、他是弟弟如父的兄，他用瘦小的身躯独自撑起了七姊妹山里的那个家。2月5日，省委宣传部、省文明办主办的“荆楚楷模”致敬礼在湖北广播电视台彩电中心举行，12人(群体)当选2014年度“荆楚楷模”，长潭河侗族乡后河村少年熊丰财获此殊荣。3月3日，中央文明办发布“中国好人榜”2月入选名单，熊丰财入围“孝老爱亲好人”。

姜海燕(女)，全国先进工作者、荆楚楷模。2006年8月，姜海燕离开荆门老家，到椿木营乡民族中小学支教。椿木营乡平均海拔1680米，交通落后，自然环境恶劣。3年支教期满，姜海燕与同届支教生王跃华选择了坚守，并组建了自己的小家庭。2010年，家乡传来噩耗。一手将自己带大的奶奶病逝，但姜海燕怕请假回家耽误毕业班的教学，毅然坚守岗位，用泪水遥寄哀思；学生小英父亲失明、母亲智障，家庭贫困，姜海燕对她付出更多的关爱，鼓励她坚强面对困境；学生晓苇成绩优异但性格孤僻，姜海燕采用书信方式与他沟通……2015年4月28日，党中央、国务院决定，授予宣恩县椿木营乡民族中小学副校长姜海燕“全国先进工作者”荣誉称号。9月24日，椿木营乡民族中小学教师姜海燕的先进事迹在湖北电视台综合频道《荆楚楷模榜中榜》栏目中播出。9年来，姜海燕的故事感动着许多人，她先后获“全国模范教师”“湖北省‘五一’劳动奖章”等荣誉。

刘倩，全国最美孝心少年、荆楚楷模。家住高罗镇马家寨村，12岁的刘倩是一名留守儿童。母亲因病去世，父亲常年疾病缠身，经常在外务工，自己被寄养在大伯家里。从小经历过失去母亲的伤痛，让刚刚10岁出头的她却有着超出年龄的成熟，小小年纪就懂得理解父亲的艰辛，在没有妈妈的日子里她学会了坚强独立，学会了微笑面对人生，对她来说，最重要的就是用自己的努力，去实现父亲的愿望——将来考上一个好大学，能够照顾好年迈的奶奶，帮爸爸撑起这个家。10月20日，刘倩到首都北京，参加录制2015年度“全国最美孝心少年”颁奖晚会。11月25日，省委宣传部、省文明办公布刘倩等为11月荆楚楷模，省楹联学会郭省非作对联称赞她“最美少年，稚嫩双肩挑重担；上佳孝女，真诚二字敬亲人”。

（罗贤友）

椎牛节

椎牛，亦称“吃牛”，汉语叫“还牛愿”，苗语叫“囊泥”，是苗族祭祀活动中最盛大、最隆重的一项还愿仪式。古时苗家人患重病或中年无子，认为是牛鬼作祟，便许椎牛大愿，祈求神灵保佑消灾灭病、生活安康、家道兴旺，一旦愿望实现，就择黄道吉日，准备水牯牛、黄牯牛和猪各一头，公鸡一只，然后请苗老司还大牛愿。宣恩小茅坡营苗寨还大牛愿，始于清乾嘉时期，盛行于清末民初。还大牛愿前后要进行7天，后三天便是“椎牛”期间。首先举行拦门对歌。一苗族歌手站在大门口，等待前去参加椎牛会的亲朋好友中的歌手对歌，如果遇到唱歌高手，往往要对唱很长时间。歌对完后，四面八方的亲朋好友和左邻右舍乡亲蜂拥到椎牛会现场参加各种活动。场内摆八仙桌数张，上置煮熟的猪肉、牛肉、烧汤等饮食。另悬大锣和大鼓各一面，人们鸣锣击鼓，跳起猴儿鼓舞。能歌善舞的亲朋好友，也雀跃参加。他们一边吃肉喝酒，一边踩着鼓点，高歌劲舞，直到一醉方休，整个椎牛节（会）才圆满地落下帷幕。

还大牛愿要有雄厚的物质基础，一般人家是办不到的。宣恩苗寨小茅坡营自1931年冯达远得子还大牛愿后，直至2003年12月3日，恩施自治州成立20周年之际，才举办传统的庆典活动——椎牛，再现苗族人民坚强、勇敢、团结、拼搏的民族精神。

文化体育广播事业

【概况】2015 年，全县共组织送戏下乡演出 321 场，累计观众达 18.7 万人次。全县共送科普图书资料下乡 1.2 万册，义务书写春联 5000 余副，送电影下乡 3385 场，培训农村文化骨干 800 余人。县图书馆捐赠价值 60 余万元图书进学校、机关、企业、部队、社区，8.5 万群众走进“两馆一站”享受公共文化服务。滚龙连厢《土家幺妹闹金秋》代表恩施州参加全省第二届广场舞展演大赛获得全省乡镇组第一名。宣恩县李家河镇凤山村滚龙连厢艺术表演队出演的节目《凤山连厢》，在第一届中华老年体育舞蹈（香港）国际艺术节上获金奖。蔡章武章回小说《心向红旗坪》、李青云歌曲集《天下你最美》正式出版发行。

2015 年 6 月 5 日，县委印发《宣恩县政府职能转变和机构改革方案》，由原宣恩县文化体育局、宣恩县广播电影电视局新组建的宣恩县文化体育新闻出版广电局，挂宣恩县版权局、宣恩县文学艺术界联合会牌子，为县人民政府工作部门（宣发〔2015〕2 号）。7 月 22 日，文体广电机构改革合并会议在县文体局三楼会议室召开，宣恩县文化体育新闻出版广电局正式成立，岳东、向建强，政府办、组织部、宣传部、人社局、编办相关人员到会指导。且文体局机关全体人员、局属二级单位主要负责人、县广电局机关人员、乡镇广电服务中心全体人员、地面卫星接收站人员、广电离退休人员、县电视台班子中层干部参会。10 月 21 日，县人民政府办公室印发《宣恩县文化体育新闻出版广电局主要职责内设机构和人员编制规定》（宣政办发〔2015〕44 号），设立县文化体育新闻出版广电局，挂县版权局、县文学艺术界联合会牌子，为县政府工作部门。将原县文化体育局和原县广播电影电视局的职能划入县文化体育新闻出版广电局。

【文化艺术】1 月 1 日，举办“我的梦里水乡”人文风光摄影大赛作品展。共有 150 幅作品参展，内容涵盖人文、风景、民俗等。组织编排以“精准扶贫 · 文化惠民”为主题的文艺节目，在全县精准扶贫村巡回演出，丰富村民文化生活。9 月 8 日，举办全州第二届广场舞展演活动。9 月 20 日晚，2015 年“秋之韵 · 东湖”音乐会开幕式暨田野芬芳——全省基层群众文艺专场演出在武汉举行，宣恩县沙道沟镇文体协会表演的《八宝铜铃舞》得到省委领导及观众的肯定。9 月 23 日，创编滚龙连厢《土家幺妹闹金秋》代表恩施州参加全省第二届广场舞展演大赛获得全省乡镇组第一名。继续开展文化下乡活动，文化下乡活动由重点放在节庆之时，变为时限扩展至全年，由以前主要靠“送”，改为重点在“种”，将“文化下乡”的工作重点放在农村文化骨干的培养和促进上，使文化在农村真正生根、成长，真正融入农民的生活之中。1 至 12 月，全县共组织送戏下乡演出 321 场，累计观众达 18.7 万人次。其中：县非物质文化遗产保护中心送戏下乡演出 176 场，观众 13.8 万人次。长潭河侗族乡鸽子花艺术团小分队，在红白喜事中演出 20 场，观众 4600 多人次，2015 年 12 月，长潭河侗族乡鸽子花民间艺术团被省文化厅授予全省百佳社会文艺团队。万寨乡白果坝村宣传队连续多年举办迎新春农民文艺会演。沙道沟镇7个灯班，仅春节期间，演出120场次，观众达1.8万人次。晓关、珠山、椿木营、椒园、高罗、李家河等乡镇充分利用元旦、春节等节假日，开展形式多样且内容丰富多彩的节庆文体活动。据不完全统计，全县共送科普图书资料下乡1.2万册，义务书写春联5000多幅，送电影下乡3385场，培训农村文化骨干800余人。7月17日，《宣恩民歌集萃》MV拍摄工作在万寨乡伍家台村开机。由宣恩县文化体育新闻出版广电局组织专业公司拍摄制作的《宣恩民歌集萃》MV，包括《什样锦》《十姊妹歌》等12首歌曲，涵盖高腔山歌、五句子山歌、花灯调、号子、风俗歌等音乐类型。拍摄选址在伍家台、彭家寨、水田坝、清水塘、酉水河等地，拍摄采用航拍，器材用大小摇臂、轨道和4K专业摄像机，全高清成片制作，将原生态民歌制作成MV，通过广播、电视、网络等媒体进行传播，促进活态传承。

【体育工作】贯彻落实《全民健身条例》，围绕“全民健身”主题，开展系列大型群众体育活动。打造宣恩县全民健身品牌，开展环贡水河全民健身长跑活动，全年共举办8期环贡水河全民健身长跑活动。举办“工会杯”排球赛、“宣恩国际商贸城杯”拔河赛、“体彩杯”老年气排球赛、“工会杯”羽毛球赛等庆五一、五四系列全民健身活动。举办宣恩县第七届恩施州第三届水运会和第三届全国山地自行车赛；发挥各协会组织参与全民健身活动的主体作用，力促气排球、太极拳、广场舞、慢步跑、连厢等全民健身特色项目，引领全民建设新风尚。全县共有老体协分会26个，会员总数达2000多人，各协会工作基本形成“党政主导、社会参与、全民关怀”的良好局面，随着体育健身的保障条件不断改善，逐步成为组织健全、群众广泛参与、活动开展频繁、社会效果显著的群众体育社团。12月5日，县老体协组队代表恩施州参加湖北省第二届气排球赛获体育道德风尚奖和银奖。截至2015年12月，全县城乡健身活动点11处，常年参加锻炼的人数达到15万人以上，占全县总人口的40%以上，全民健身生活化、社会化进程不断加快。2015年完成体彩销售任务1052.9万元。

【州第三届水上运动会】8月14至16日，恩施州第三届·宣恩县第七届水上运动会在珠山镇贡水河举行，重庆市黔江区、湖南省张家界市桑植县、湖南省湘西州龙山县、湖北省宜昌市、湖北省恩施州三省五地12县市45支代表队共计1200余名运动员参加划龙舟、游泳、水上排球、水上拔河等比赛项目。岳东、向建强、恩施州文化体育新闻出版广电局副局长朱华松、吴军，龙山县委常委、副县长张卫华出席开幕式，向建强、朱华松致辞，岳东宣布水上运动会开幕。利川市代表队、宜都市代表队分别获龙舟赛500米成年组、老将组第一名；宜都市代表队、龙山县代表队分别获龙舟赛800米成年组、老将组第一名；沙道沟代表队获水上拔河比赛第一名；排协立翔代表队、兴隆街社区代表队分别获水上排球女子组、男子组第一名；万和广场代表队、力海俱乐部分别获游泳赛成人组4×70米接力女子组、男子组第一名；陶天天、张州、冉佳一、杨金霖等8人在游泳单项比赛中获冠军。

【第三届环“千户土家”山地自行车邀请赛】8月30日，宣恩县第三届环“千户土家”山地自行车邀请赛在椒园镇水田坝村举行，安徽、河南、湖南、深圳等10省市39支代表队近300名选手参加比赛。向建强致开幕词，岳东宣布开幕。环“千户土家”全国山地自行车邀请赛由宣恩县人民政府主办，县文体新广局、旅游局、椒园镇政府和宣恩自行车协会承办，县公安局、安监局、交通局、卫计局、城管局、食药监局、电视台、新闻中心、供电公司协办，全国10省市39个车队的山地自行车爱好者参加比赛。比赛设有女子组、男子青年组、男子壮年组。赛程32千米，由水泥路、柏油路、草原湿地、河床、羊肠小道等组成。贵州UCC中国车队的陆正虎，以1小时10分32秒的成绩获男子青年组冠军；湖南道卡斯中国的陈湘源，以1小时15分的成绩获男子壮年组冠军；深圳雷克斯车队的何冲，以1小时22分13秒的获女子组冠军。

【文化遗产保护】进一步加强对文物保护、旅游开发法律法规的学习，不断增强文物保护和旅游开发业务水平，使文物资源在旅游开发中得到更好的保护和利用，有效推动全县文化旅游事业健康稳步发展。1月13日，宣恩县文物保护暨旅游开发培训会在县文体局三楼会议室举行，副县长向建强出席，椒园镇、沙道沟镇分管领导、文体局、旅游局主要负责人参会，椒园镇、沙道沟镇文体中心主任、文物管理专班，县文物局、执法队全体工作人员参加为期一天的培训。州文物局文物科科长杨善文、县旅游局副局长康彦芳分别授课。2月28日，伍家台昌臣茶业有限公司(绿茶制作技艺)被省文化厅命名为湖北省非物质文化遗产传承示范基地。9月11日，湖北省文化厅副厅长严荣利到宣恩县非物质文化遗产传承展演中心调研专业文艺院团，向建强陪同。严荣利到排练场、剧场、艺术档案室、办公室、服装及舞美设备库房，了解展演中心情况，听取发展建议。

2015年12月，采取地方自筹、向上争取等办法，投资259万元的观音堂维修工程已全面完工。向省文物局争取的博物馆项目建设和布展经费500万元，已到位资金140万元。国家级文物保护单位彭家寨已纳入全国10处古城古村落文物消防规划编制试点单位，已到位资金1036万元，其消防安全专项规划编制工作已完成。

开展第一次全国可移动文物普查工作，对国有文物收藏单位及县民族博物馆馆藏文物进行文物登录、建档、测量及专家鉴定，建立可移动文物普查数据库，已完成国保单位档案编制工作。共拍摄文物照片5600余张，修改命名照片5000余张，离线登录文物600余件，采集文物信息3894件(套)。

加强对全县各级文物保护单位和博物馆馆藏文物的安全隐患进行大排查，切实加大文物执法工作力度。抢抓民族文化的保护、传承和利用，推进非物质文化遗产保护工作，申报第四批省级非物质文化遗产名录项目代表性传承人，充分发挥代表性传承人的积极性和主动性，利用民俗文化传习所，以民间文艺团体为骨干，经常性开展传承授艺。启动三棒鼓和《宣恩县文化志》的编纂工作。开展第十个“文化遗产日”系列宣传活动，不断增强了全社会文化遗产保护意识。

【新闻出版、文化市场管理】开展“清源2015”“净网2015”“秋风2015”“固边2015”“护苗2015”“护苗2015·双进”等专项行动，重点对少儿出版物市场、校园周边出版物市场、中小学教辅材料的专项整治工作，打击侵犯知识产权和制售传播假冒出版物等系列工作，共收缴侵权盗版出版物800余件，检查出版物经营场所和网吧281家次，取缔非法游商及无证摊点9处。集中销毁侵权盗版及非法出版物1000余件。

开展文物执法，加大执法力度。县文物部门、乡镇文体中心、文物管理所，对椒园镇和晓关乡、沙道沟镇等乡镇的省级、国家级文物保护单位的检查，制止和责令当事人改正违规行为8起。对省级文物保护单位庆阳亭街居民故意损毁文物一案，及时向公安机关进行成功移送。

【基础设施建设】县文体中心项目建设为2015年文体工作的重中之重，确保县文体中心项目5个单体建筑主体工程建设，县文体中心项目一期主体工程建设已完成2100万元货币工程量，县民族体育馆项目拟采用PPP模式，规划设计方案已经县规划评审委员会审核通过，进入土地招牌挂进程。相继完成新建的10个乡村文化广场和15个农民体育健身工程，并配齐价值近10万元的广场舞音响等器材。筹资20多万元为9个乡镇文体中心和彭家寨、庆阳坝2个文物管理所、珠山广电中心添置办公设备以及对晓关、万寨、沙道、高罗、李家河等文体中心设施设备进行改造和维修。对全县298家农家书屋的图书进行更新和补充，仅2015年，全县新增农家书屋图书、光碟、报刊价值103万元，涵盖政经、文化、科技、少儿等6大类，并配齐农家书屋兼职管理员，确保书屋管理和图书免费对公众开放。组建专班，落实资金，全力实施广播电视“村村响、户户通”工程。完成沙道沟两河口村传统村落、庆阳坝老街、野椒园、观音堂地形地貌测绘工作，完成了彭家寨保护规划立项和消防规划申报工作，已争取到观音堂维修经费30万元，庆阳凉亭街消防经费20万元，彭家寨消防工程项目资金1000万元。

【群众广场舞展演赛】6月29日，由中共宣恩县委、县人民政府主办，县委宣传部、县文体局、县广电局承办的“文化力量·民间精彩”全县第二届群众广场舞大赛暨“打起连厢颂党恩”千人滚龙连厢展演活动在珠山镇人民广场举行，全县各乡镇、社区、机关团体等40支队伍参赛。县民族实验小学获最佳创作奖,三文幼儿园获最佳服装奖;椒园镇中心小学获最佳上镜奖。

9月8日,“文化力量·民间精彩”“宣恩商贸城杯”恩施州第二届群众广场舞展演活动在珠山镇兴隆大道人民广场举行,全州8县市16支队伍近600名广场舞爱好者参加展演。省群众艺术馆馆长、省非物质文化遗产保护中心主任、词作家黄念清,岳东、向建强、陈浩及州文化体育新闻出版广电局、恩施电视台、州委宣传部文艺科、恩施东阳集团相关负责人参加开幕式并观看展演。展演前,县民族实验小学的1200名师生表演千人连厢。随后共展演《黑山姑娘唱山歌》《黑盖头》《山丹丹花开》等16个节目,宣恩县珠山镇幺妹艺术团表演的《土家幺妹闹金秋》和恩施市六角亭街道办事处乐老艺术团表演的《乐嘎乐》分获青年组、老年组一等奖。活动除等次奖之外还设置网络票选,宣恩、巴东、恩施3个团队分获“最佳人气奖”团队前3名;黄丽莉、刘艳、安莉3人分获“广场舞之星”个人前3名。

9月23日晚,由省委宣传部、省文化厅、省体育局和省广播电视台联合举办的“文化力量·民间精彩”湖北省第二届群众广场舞大赛在武汉体育学院体育馆结束,共31支表演队参加,其中乡镇组队伍14支,街道组队伍17支。宣恩县珠山镇幺妹艺术团表演的滚龙连厢《土家幺妹闹金秋》代表恩施州参加演出,获得全省乡镇组一等奖。

【文联】2015年县文学艺术界联合会(简称县文联)有县作家协会、县音乐家协会、县舞蹈家协会、县摄影家协会、县书法家协会、县美术家协、县诗联学会7个团体会员,共有各级会员901人,其中,国家级会员10人、省级67人,州级199人,县级625人。纪念抗日战争暨世界反法西斯战争胜利70周年,向县内州外征集参赛作品465幅,其中,参赛诗306首,参赛词31首,参赛楹联128副。举办“记住乡愁”图片展,共展出13块展板76幅作品。李青云歌曲集《天下你最美》、蔡章武章回小说《心向红旗坪》正式出版发行。

(张子家)

宣恩道情

宣恩道情源于宣恩民间小调,是清代至民国初期时期民间流传下来的曲种,为道教中的一种说唱艺术,初始时没有音乐记载,是一种传教式的流传。在宣恩已两百多年的历史,其道具为渔鼓和课尺。宣恩道情具有和其它曲种“一人多角”的共性,通过说、唱把不同人物和各种故事表演出来。唱词内容以反映事物或人物故事为主,生活气息浓厚,方言语音、口语化特征较为突出,为表达故事情节需要,中间也夹有少量的说白,句式结构多以七言句为主的上下句体结构,注重上下句押韵,讲究风趣幽默,追求寓教于乐的艺术效果,并且还倚重夸张、比喻、排比等修辞手法。但是在实际运用中并不那么苛求,为表达需要,字数可增可减,句子可长可短,句式自由灵活。唱腔既有舒缓、细腻的倾诉,又有粗犷激越的发泄,极具当地民歌歌唱风格,给人一种如闻其声、如见其人、如入其境的艺术美感。从二十世纪六十年代初期开始,宣恩文艺工作者对宣恩道情进行整理、改编,形成独特的风格。

电　视

【概况】2015 年县电视台有 3 套自办节目，未出现播出事故。2015 年共播发《宣恩新闻》298 期，用稿 1867 条，发布字幕信息 1000 余条，广告类字幕、视频 535 条。播出《贡水视界》45 期，《话里贡乡》49 期。在湖北省电视台用稿 32 条，在恩施电视台用稿 1069 条。

办好《宣恩新闻》《话里贡乡》《贡水视界》《记者驻乡村》《民生 110》等栏目，反映群众呼声和经济发展成果。制作《你好 2015》《劳模风采》《决战贫困》等新闻片头，《全县重点项目建设持续发力》《开放活州和精准扶贫》《"四县四链"》等 30 个新闻数据比例视频。成立评审委员会，监审电视节目，严格把好电视台播出的新闻、专题、广告、影视等节目的政治关、质量关，抓，同时认真抓好节目编排工作和播控机房值班工作，确保节目播出不出事故。进一步严格广告管理，规范广告播出时段、播出数量，严格审核商业广告内容，杜绝虚假广告和违法广告在县视台播发，实现经济效益和社会效益双赢。做好网络电视台与微信、微博等新媒体平台，将网络电视台作为外界了解宣恩的窗口，做到与有线电视台同步，准时上传每日新闻，对大型活动开辟专栏，让公众参与其中。利用游走字幕功能，在电视屏幕上实时播发国内重要时讯、生活服务资讯等内容，通过微信公众号和微博实时播发新闻动态。

围绕全县的中心工作，开辟新闻专栏，进行重点宣传。8 月 7 日，在《宣恩新闻》开辟《践行三严三实，讲好宣恩故事》专栏，讲述身边人的身边事，宣传基层优秀典型，共播出新闻 6 篇。8 月 13 日，推出《六城同创共建美丽宣恩》专栏，宣传如何立足实际，出真招，谋实效，推动"六城"同创工作，共用稿 63 篇。8 月 14 日，推出《决战贫困》专栏，宣传全县如何推进精准扶贫，推动经济社会发展，共播发 27 期。10 月 20 日，开办"六城同创"曝光台，对全县范围内不文明的行为习惯及时曝光，督促相关部门整改，营造良好的舆论宣传氛围。

关注民生民利、传播风土风情，用专题栏目故事丰富节目内容。重点做好民生类栏目《贡水视界》、社教类栏目《话里贡乡》。《贡水视界》栏目定位于关注民生、听民意、解民忧搭建群众与政府、部门沟通的桥梁。全年本台共播发 41 期，在恩施电视台《今晚九点半》栏目播发 14 期。例如《河滨广场是休闲广场还是停车场》对县城河滨广场车辆随意停放、管理秩序混乱进行曝光，不久，相关部门就进行整改。《11 年欠款一朝被"唤醒"》介绍自开展集中打击拒不执行判决、裁定等犯罪行为专项行动以来，首例因拒不执行法院判决、裁定而受到刑事处罚的案件。《劳动监察解民忧》讲述宣恩县劳动监察大队春节前为 216 名农民工追讨工资的故事。《话里贡乡》是一档定位于人文风情类的栏目，涵盖民风民俗、旖旎风光、传统故事、传奇故事、典型人物等，全年共播发 25 期，在恩施电视台《今晚九点半》栏目共播发 12 期。如《骡马古道行》探访椿木营境内的一条人工开凿的古栈道，展现古代劳动人民的智慧，再现"骡马成群，商贾云集"的盛景。《宣恩味道——清水塘豆筋》介绍高罗乡清水塘村的传统食品——豆筋的制作过程。

挖掘身边典型，传递社会正

能，举办大型活动为社会发展添力。宣恩电视台与国家级媒体沟通，在中央电视台寻找全国最美孝心活动中，宣恩电视台在全县范围内广泛收集最美孝心候选人，并主动参与刘倩的短片拍摄，最终高罗镇马家寨村12岁少年刘倩入选全国前十名，获“全国守望最美孝心少年”称号。10月30日，中央电视台综合频道播出“寻找最美孝心少年”颁奖晚会盛况，这是宣恩电视台连续3年推出的第四个全国“最美孝心少年”典型。弘扬社会主义核心价值观，大力宣传“老有所为”先进典型，县文明办主办、宣恩电视台承办“最美夕阳红”寻找“老有所为”先进典型大型公益活动。活动包括前期寻找、拍摄展播、评选等，历经半年多时间，从全县挖掘候选人20名，并对每个人物事迹进行报道，通过组委会评选及网络投票，最终确定10名入选人员名单。开展2015年度“媒体问政”活动，抽调2名记者组成媒体问政暗访小组，历时6个月，到各乡镇各行政村，筛选近30条问政线索，拍摄短片20多条，最终制作出11个短片。12月28日，2015年媒体问政在县行政办公中心大楼二楼举行。

建立《安全管理制度》《广播电视安全播出突发事件应急预案》《机务人员值班制度》《安全防范及防火制度》等制度，完善安全播出工作方案、播出措施、保障信息安全、广播电视安全播出规范无差错。开展设备维修检修、值机人员教育培训，强化广播电视安全播出工作。在召开全县“两会”“十八届五中全会”及重大节日期间提前做好设备和传输线路的检查维修，查找薄弱环节，发现问题迅速处理，及时解决安全播出隐患；坚持双岗24小时值班，明确领导带班，确保播出工作有序开展，全年实现零错播、零事故。

【农村广播电视工程建设】2015年按照《湖北省农村智能广播网工程建设规范（试行）》制定技术方案，方案分为一期基于有线电视网络传输方案150个村和二期基于无线地面数字电视DTMB－T的无线传输方案129个村。完成省新闻出版广电局关于“村村响”的相关培训，组织相关技术人员到考察恩施市“村村响”试点，联系相关专家到宣恩进行实地勘察，进一步完善资料，并报省新闻出版广电局。

2015年10月，省、州明确由县电视台负责制定“村村响”智能广播项目技术方案及设备采购任务，结合周边已完成项目招标或者实施县市的实际经验，以省“村村响”智能广播技术规范为指导，对技术方案进行重新设计，项目采购着重于基础设施建设，同时尽可能保障项目的实施灵活可控。为推进工程建设，电视台分别于2015年11月、2015年12月进行二次招标，均因投标厂家数不足而失败。

【广电改革】2015年7月实施文化体制改革，将原广电局与文体局进行机构整合，组建文体新广局。原广电局的职能划归文体新广局，将下属的乡镇广电中心、电影管理站、音像制品站、卫星地面接收站划转县文体新广局管理，并完成相关人、财、物的移交工作。2015年11月5日，县编委同意县广播电视台更名为县电视台（宣编发〔2015〕23号），明确为隶属县委宣传部管理的正科级事业单位，核定县电视台事业编制25名（其中全额拨款事业编制22名，自收自支事业编制3名）

（郝莹）

湖北省楚天视讯网络有限公司

【概况】宣恩广电网络公司从2014年1月正式从县广播电视局剥离，2014年8月4日正式注册为湖北省楚天视讯网络有限公司恩施分公司宣恩支公司（简称宣恩广电网络公司），是集媒体、文化、科技、服务于一体的信息综合服务商。负责全县广播电视信息网络规划、设计、建设、管理、运营和广告经营等业务。加强网络双向改造和平台建设，完成机房前端的BOSS系统、客户服务系统、信息化综合管理系统等建设，开通标清电视、高清电视、互动电视、时移回看、广电宽带等业务；科学制定网络发展和改造计划，积极推进网络向村级延伸，加快分配接入网络HTTH升级改造，入户带宽可达100M，满足数字家庭建设的需要。至2015年底，广电网络已建成干线网800千米，光纤网络覆盖全县9个乡镇，135个行政村。数字电视用户3万余户，宽带业务用户6000余户，实现经营收入1330万元，广电网络总资产达5000万元。

【广电网络建设】2015年7月，县人民政府办公室《2015年度宣恩县信息产业链建设实施方案》（〔2015〕23号），将广电网络纳入“智慧宣恩”建设的实施单位之一。宣恩广电网络公司完成2015年度信息产业链建设6个“幸福新农村”、10个“宽带乡村”、9个信息化示范村共25个村建设任务。

2015年全县广电网络建设项目总投资793万元，支撑类项目投入446万元，发展类项目投入347万元。完成26个村的双向网络改造和28个村的网络发展。建设骨干光交箱6个，光交平台172个，光缆主支干线架设达到150千米，实现光纤入户5500户。

完成万寨、椿木营、高罗、晓关、李家河等5个乡镇的地埋管道建设，管道建设里程总长20千米；启动椒园、沙道沟集镇的地埋管网建设。全县9个乡镇农村全部实现广播电视、宽带光纤入户，沙道、万寨、高罗、李家河、长潭5个乡镇的光纤入户；县城区及乡镇集镇范围内仍采用EPON＋EOC模式。

2015年9月7日，广电网络公司与李家河镇商谈光纤通村计划

根据全县的地理分布情况，全县分南北两大片，北以县城机房为中心，南以高罗机房为中心，以中心覆盖乡镇，15千米左右建设一个骨干交接箱，全县共计建设骨干22个，覆盖80％的村。为确保线路稳定，南北两个中心机房之间，中心机房到各个乡镇核心机房建设环网，一段时间内，全县干线网络不会成为发展的瓶颈，重要机房都有两路电视信号到达，确保信号安全稳定的传输。

（徐锦旺）

社会

255/288

黄金梨·白柚采摘节

2015年10月31日，第三届白柚采摘节在高罗镇九间店村举行

2015年8月8日，首届黄金梨采摘节在椒园镇黄坪村举行

千人连厢大赛

2015年6月29日，人民广场举行千人滚龙连厢表演　　（吴明清 摄）

县民族实验小学教师表演滚龙连厢　　（吴明清 摄）

水上运动会

SHUISHANGYUNDONGHUI

2015年8月14至16日，在宣恩贡水河举行水上运动会。重庆市黔江区、湖南省张家界市桑植县、湖南省湘西州龙山县、湖北省宜昌市、湖北省恩施州等地共12个县市45支代表队1200余名运动员参加划龙舟、游泳、水上排球、水上拔河等项目竞赛。

龙舟赛　（吴明清 摄）

水上运动会入场式

（吴明清 摄）

游泳比赛 （吴明清 摄）

水上排球赛 （宋文 摄）

龙舟争霸赛

6月30日 洪涝

民族路（县财政局路段）

贡水路（电信公司路段）

贡水路（工商局院内）

黄河巷

民族路（农业发展银行路段）

省级生态村

高罗镇黄家河村

椒园镇香树林村

沙道沟镇当阳坪村

晓关乡中村坝村

2015年2月5日，湖北省环委办授予珠山镇卸甲坝村、沙道沟镇当阳坪村、高罗镇黄家河村、李家河镇二虎寨村、椒园镇香树林村、晓关乡中村坝村为省级生态村。

珠山镇卸甲坝村

李家河镇二虎寨村

宜居村庄

YIJUCUNZHUANG

长潭河乡两溪河村　　（吴明清 摄）

2015年4月17日，湖北省推进新型城镇化工作领导小组办公室命名长潭河乡两溪河村、洗马坪村为第四批“宜居村庄”。

长潭河乡洗马坪村　　（吴明清 摄）

伍家台

隆恩亭茶园

昌臣茶园

远眺伍家台游客中心

神龟山茶园

游客漫步茶园

锣圈岩景区

LUO QUAN YAN JING QU

锣圈岩天坑

锣圈岩天坑井底动物

锣圈岩天坑井底

锣圈岩石林

锣圈岩游步道

狮子关

天坑瀑布

一线天

狮子关浮桥

依山傍水的猕猴楼

狮子关猕猴

清水塘之夜

清水塘景区

QING SHUI TANGJINGQU

涓涓细流清水塘

洗草坝景区

XI CAO BA JINGQU

放养牧场洗草坝

河水弯弯洗草坝

深山隐居洗草坝

野椒园古寨

野椒园张家院子

红豆树

卢家院子

乡村旅游点

卢家院子特写

彭家寨

彭家寨钢丝软桥

远眺彭家寨

卫生和计划生育

【概况】全县有医疗卫生机构 266 家，其中医院 6 家，卫生院 9 家，疾病预防控制中心 1 家，妇幼保健院 1 家，社区卫生服务中心(站)1 家。有医疗卫生计生单位 275 个，其中，县直医疗卫生计生单位 6 个(县人民医院、县民族医院、县妇幼保健计划生育服务中心、县疾病预防控制中心、县卫生计生综合监督执法局、县新型农村合作医疗管理委员会办公室)，纳入县卫生和计生局机关统一管理二级单位 4 个(县卫生财务管理中心、县红十字会办公室、县流动人口计划生育管理站、县计划生育协会)；乡镇卫生院 9 个，村卫生室 216 个，伸点门诊 3 个，个体诊所 31 个，民营医院 4 个，医务室 1 个，社区卫生服务中心 1 个。卫生机构床位数 1560 张，其中医院 800 张，卫生院 505 张，每千人口医院卫生院床位数 4.67 张，病床使用率达到 91.35%。卫生工作人员 1462 人，其中卫生技术人员 1376 人(注册执业医师〔含助理〕528 人，注册护士 858 人)，每千人口卫生技术人员 8.38 人。新生儿死亡率 3.32‰；婴儿死亡率 6.38‰；5 岁以下儿童死亡率 8.68‰。

全县医疗卫生支出 27844 万元，同比增长 15%。万元以上医疗设备 761 台(件)，其中 100 万元以上设备 14 台(件)，50 万元至 99 万元设备 16 台(件)，10 万元至 49 万元设备 132 台(件)，10 万元以下设备 599 台(件)。救护车 30 辆。

2015 年 1 月 10 日，湖北省爱卫会命名沙道沟镇人民政府、宣恩县档案局、宣恩县环保局、宣恩县畜牧兽医局、宣恩县旅游局、宣恩县农业局、宣恩县电力公司、宣恩县水利水产局、宣恩县人力资源和社会保障局、宣恩县科技局、宣恩县质量技术监督局为湖北省卫生先进单位；命名沙道沟镇水田坝村、龙潭村、松坪村、桃子岔村、上洞坪村、栏杆坪村、当阳坪村、班大湖村、响龙村、街上村，李家河镇二虎寨村、凤山村、高罗乡九间店村、光荣桥村，珠山镇双龙湖社区，长潭河侗族乡诺西村、猫子庄村、中间河村，椿木营乡沙坨村、长槽村，万寨乡大河坝村、罗针田村，椒园镇红岩卡村，晓关侗族乡黄河村、古路槽村、倒洞塘村、大岩坝村为湖北省卫生村(鄂爱卫会〔2015〕4 号)。

·医药卫生体制改革·

【新型农村合作医疗制度】2015 年全县新型农村合作医疗参合人数为 295585 人，参合率 99.01%，全年新农合累计补偿 70 余万人次，1.2 亿余元，政策范围内住院补偿比例为 75%。县域内住院费用平均实际补偿比达到 65%以上，门诊统筹补偿比达到 50%以上，26 种门诊重症补偿比例达到 60%。落实重大疾病保障政策，22 种重大疾病实际补偿比例达到 70%；大病保险工作推进顺利，为第一批 82 名大病患者兑现 26 万元，全年理论可获得大病保险理赔 1200 余人、700 余万元。大病医疗救助政策稳步实施，初步统计全年可以享受大病救助政策近 400 人，救助资金约 400 万元。

【国家基本药物制度】全县基层医疗卫生机构推进基本药物规范采购、控制价格、组织配送以及落实零差率销售等政策。开展基本药物临床应用指南和基本药物处方培训，确保临床合理安全使用。基层医疗机构共采购基药品规1249种，全年提交订单金额1800余万元，配送金额1300余万元，配送率达到72%以上。

【基层医疗卫生服务体系建设】 2015年开工建设及前期工作基本完成项目109个（含村卫生室102个），建筑总面积25191平方米，计划投资3827万元，累计完成投资2500万元。其中宣恩县人民医院医技楼及县急救中心建设项目6月竣工验收并投入使用；万寨乡卫生院医技楼建设项目已竣工并投入使用；高罗镇卫生院医技楼建设项目已完成主体工程；椒园镇卫生院医技楼及整体搬迁建设项目已完成征地、总体规划编制工作；李家河镇卫生院医技楼建设项目完成招投标工作；万寨乡卫生院周转宿舍建设项目已竣工并投入使用；高罗镇卫生院周转宿舍建设项目正在进行招投标。全面完成纳入“十大民生工程”的30个村卫生室建设任务。2015年度完成卫生计生人才招聘33人，全年组织开展乡村医生培训800余人次，选送优秀医务人员到上级医院进修50余人次，组织开展全县卫生计生系统大型技能竞赛活动3次，椒园镇新茶园村乡村医生黎祖爱在2015年在湖北省卫生计生系统基本公共卫生服务项目执业技能竞赛活动中表现突出，被评为“湖北省优秀乡村医生”。

【公共卫生服务】 全县累计建立完善居民健康档案28万份，建档率达到93%。开展健康教育活动，设置宣传栏240个，更换948期，群众健康意识不断加强，参与公共卫生服务主动性得到提高，单种疫苗接种率达95%以上。不断加强传染病防治力度，2015年全县各医疗机构报告传染病2719例，报告率100%；新发现艾滋病患者33例，艾滋病患者“四免一关怀”政策落实率100%；新发现结核病患者227例。进一步规范特殊对象健康服务和管理工作，65岁以上老年人、高血压患者、II型糖尿病患者、重性精神疾病患者的管理均达到省州要求。认真开展重大公共卫生服务项目。落实免费增补叶酸预防神经管缺陷项目，全县农村准备怀孕妇女新增服用数3964人，新增依从人数3125人，依从率79%；落实住院分娩补助项目5005人、244.12万元；落实儿童营养改善项目，累计发放营养包4108人，规律服用3112人，发放营养包31940盒，规律服用率75.75%；开展农村妇女“宫颈癌”免费检查2000人，可疑阳性25人，确诊宫颈癌病例3例并落实正规治疗。公共卫生服务项目的落实，群众健康意识不断得到加强，人口健康素质不断得到提升。

【县级公立医院改革】 制定《宣恩县县级公立医院综合改革实施方案》，全面启动县级公立医院综合改革工作，县人民医院于2015年10月30日零时正式实施药品零差价销售，11月14日8：30正式执行新调整服务价格，按时完成相关时间节点应完成的工作任务。

【医疗护理质量管理】 加强医疗护理质量管理，大力发展民族中医药事业。实施“改善医疗服务行动”计划，继续开展“三好一满意”、“医疗质量荆楚行”活动，县人民医院积极开展抗菌药物临床应用专项整治工作，创新管理办法，探索出一套嫁接交通法规扣分考核机制的管理模式，通过严格限定处方权限、严格三级考核等举措，严控抗菌药物使用。发展民族中医药事业，除社区卫生服务中心外，全县9个乡镇卫生院建设标准化中医科、中药房以及中医诊疗设备（国医堂）建设率达到100%，全县75%的村卫生室能开展中医药服务，乡镇卫生院中医师比例达25%。

【日常卫生监督】 全年组织开展对辖区125所教学场所（其中学校90所，托幼机构35所）传染病防控、饮用水安全、教学和生活环境的监督检查；对全县9个乡镇水厂和县自来水总公司进行监督检查，共监测水样120份，检测率84.5%，对不合格的均下达卫生监督意见书，按时进行督促整改；开展打击非法行医专项工作，对全县25家个体诊所、9所乡镇卫生院、4家民营医院的资质及执业人员的资质进行专项执法检查；加强传染病防治、医疗废物管理监督工作，对全县266家医疗机构进行整治，下达监督意见书60份，与医疗机构签订医疗废物规范管理承诺书106份；依法对辖区违法从事医疗活动的行为进行打击，立案查处11起，结案8起，3起在办理中。

【陈晓燕调研乡镇卫生院工作】12月25日，副州长陈晓燕带州卫计委、州编办、州人社局、州财政局相关负责人到宣恩，调研乡镇卫生院工作，习覃、向建强参加调研。座谈会上，向建强汇报全县乡镇卫生院相关情况；各乡镇卫生院负责人汇报卫生院运行的困难和现状；州直、县直相关职能部门结合自身职能进行发言。

宣恩县辖5镇4乡，每个乡镇均设立1所乡镇卫生院，全县9所乡镇卫生院编制床位数为490张，现有在职职工559人，其中：在编人员265人（县编办核定编制人员422人），以钱养事30人，聘用人员264人。卫生专业技术人才共有489人，其中：执业医师87人，执业助理医师56人，执业护士242人，执业药师14人，高级职称3人，中级职称121人，初级及以下366人。

全县9个乡镇卫生院总资产8100余万元，其中净资产2100余万元，固定资产4200余万元，实际负债500余万元；配有救护车11台，所有卫生院都配备了全自动生化分析仪、X线、B超等诊断设备，部分卫生院还配备了DR、CR、彩超等先进的医疗设备。

·人口与计划生育·

【概况】2015年全县婚育妇女8.2万人，流动人口11万人。计划生育管理系统统计全县共计出生4055人；政策内生育3826人，政策外多孩148人；男孩2107人，女孩1948人；当年出生政策符合率为94.35%，政策外多孩率3.65%。2015年度补报2013年度以来出生403人，其中政策外生育91人，政策外多孩67人。按考核口径修正后，全县出生政策符合率为92.82%，高于州定责任指标1.82个百分点；政策外多孩率为4.82%，超出州定责任指标0.82个百分点。考核年度出生人口性别比为108.16，加上前两年补报后性别比为108.81，在州定109的责任目标之内。

【完善计生工作机制】进一步规范计划生育工作制度，建立完善工作新机制。按照新时期计划生育工作的要求，修订新的计生利益导向机制实施办法和村级专干配备管理办法。制定全县基层基础工作精准管理年实施方案；修改提高全县“两非”案件线索有奖举报制度的奖金额度，由2万元提高到3万元。继续落实党政“一把手”亲自抓、负总责、层层实行目标管理责任制的工作机制，严格执行“一票否决”制度，创新“重奖重惩”干部管理模式，县卫计局实行按月暗访并通报的工作方式，提高基层干部开展计划生育工作的积极性和主动性。

不断加在保障力度，落实服务项目。全县284个村（居）选齐配强村级计生女专干，城区增加47个公益性岗位人员，从事流动人口计划生育管理与服务。充实乡镇计生队伍力量，优先选拔年轻有为的同志担任乡镇计生办主任和工作人员，9个乡镇计生办均配备专职流动人口管理人员和统计员，全年新增计生办工作人员8人。计划生育协会参公入序工作完成县级相关工作，进入向上级申报程序。2015年人口计划生育工作经费预算764.6万元，增长比例为10.61%。增加村级专干待遇经费70万元，村级专干报酬在上年的基础上有所增加，安排财政资金12万元解决村级计生专干网络通讯补助；解决利益导向经费30.77万元用于提标扩面。

【计生综合治理】综合治理出生人口性别比，制定《宣恩县综合治理出生人口性别比工作实施方案》，通过孕情消失责任倒查、人口基础信息共享平台、落实有奖举报制度、健全乡村信息网络、开展区域合作、查看卫生医疗机构和妇幼保健计生服务机构终止妊娠记录、核查药品购销记录等形式广泛搜索“两非”案件线索。全年共查处“两非”案件2起，其中典型案件1起，罚款及没收违法所得1.8万元。落实国家、省、州法定奖励政策，实现计生利益导向机制提标扩面。采集财政设立计生困难家庭救助专项基金10万元、关爱女孩基金20万元，对计生特殊家庭实行特别关怀措施，全面实施就医绿色通道。县民政部门对15名独生子女死亡的失独家庭给予重点救助，救助金额4.3万元，全年用于解决计生困难家庭的资金达到213.5万元。严格控制政策外生育。孕前以长效节育措施为抓手，按月清理49岁以下无措施人员名单，将措施任务数责任到人，包保落实，尽力做好孕前管理，全年落实长效节育措施2523例。孕中以孕情跟踪管理为突破口，发现孕情的第一时间村专干必须电话上报计生办录入数据库，例会日再以纸质报表上报计生办的方式，这样既有利于提高孕情上报及时率，又便于留有充裕的时间去做好不符合政策怀孕对象的补救措施，全年共计处理不符合政策怀孕1563例，较上年同期增加394例。产后以加大违法生育查处为惩戒，震慑教育一方群众。制定《宣恩县征收社会抚养费强制执行工作实施方案》，2014年以来，全县共征收社会抚养费216.9万元。2015年拟申请法院强制执行16人，其中，申请行政复议2人，提起行政诉讼2人。在征收过程中，对确有能力履行而拒不履行法定义务的被执行人实行"失信被执行人黑名单"制度。

综合运用部门信息共享平台、村居在线平台、公安部门月信息交换等各种渠道，促使数据库信息更新及时、准确。开展计划生育"春风行动"，共清理2015年度及以前出生补报99例，落实上环措施208例，落实免费孕检844例，免费婚检142例，清理流动人口信息2.1万条。围绕"五好"工作目标，开展妇幼健康优质服务示范县创建活动，一方面充分整合卫计资源，从机构融合着手，做到机构、职能、管理、经费、人员、工作"六整合""挂好一块牌子"(乡镇卫生院加挂"乡镇妇幼保健计划生育服务站"机构牌)，"建好一支队伍"，使妇幼计生业务"双加强"，服务能力"双提升"。另一方面进一步加强计划生育技术服务指导，规范免费孕前优生健康检查、免费婚前医学婚检等14个服务项目管理，全面落实计划生育基本技术免费服务政策，按期完成创建工作任务，并于8月通过州卫生计生委的评估检查，9月22日接受省卫生计生委专家评审组评审，得到充分肯定。

【流动人口管理】强化流动人口服务管理，按月核查、及时登记流出、流入人口基本情况，流动人口登记准确，流动人口跟踪管理到位率99.89%。不断强化流动人口区域协作，与16个外省流动人口相对集中的县市签订《流动人口计划生育服务管理双向协作书》，与50多个县市有相关流动人口的函件联系，依托流动人口信息交换平台和电话、信件等，不断加强两地的信息沟通和工作配合，实现流动人口双向管理，诚信协作。推进流动人口卫生和计划生育基本公共服务均等化，全县流入人口基本公共服务均等化到位率完成97.88%。关心关注流动人口家庭，2015年春节前后，县、乡计生部门购置大米、植物油，筹措专项资金，慰问留守儿童、留守妇女达912户、共发放慰问金15.92万元，兑现奖励资金56210元；慰问空巢老人74户，发放慰问金1.3万元，发放物资折合现金5775元；为计生家庭发放计生宣传实用农历2万本。

(全昌龙)

·疾病预防与控制·

【概况】2015年县疾病预防控制中心开展主题咨询9次，印制科学就医海报500套，各乡镇卫生院(社区)更换宣传栏6期次，各村卫生室更换6期次，开展各种健康主题宣传活动9次，开展健康知识讲座12次(1次/月)，开展健康知识讲座6次(1次/2月)。

【免疫规划与预防接种】全县预防接种单位194个，接种人员343人。7岁以下儿童28557人，建卡儿童28557人，流出省外儿童6828人，流入儿童731人，2015年出生儿童2820人。全县产科接种点9个，接种门诊10个，信息系统覆盖率100%，安装疫苗管理远程温控系统，儿童预防接种信息管理系统都加入VPN专用通道。产科接种点出生儿童2335人，建证建卡2335人，建证建卡率100%，及时建档2321人，乙肝疫苗首针接种2051人，及时接种2032人，乙肝疫苗首针及时接种率87.02%，卡介苗实种1909人。一类疫苗共计接种了65973剂次。入托入学儿童接种证查验10783人，补种疫苗4530剂次，接种证查验率100%，疫苗补种率100%。共报告AFP6例，风疹1例，麻疹1例。报告AEFI一般反应6例，开展伤寒疫苗接种18536人。启动了IPV第1剂次免费接种32人。完成麻疹疫苗的接种707人。

【传染病管理】2015年全县各医疗机构报告传染病2719例，其中乙类传染病1193例、丙类传染病865例、其他传染性疾病453例、订正排除传染病病例208例，无迟报、迟审卡片，全县无甲类传染病报告。处置流感暴发事件3起，其他聚集性乙丙类及中毒事件等传染病疫情52起。开展传染病散发疫点个案流行病学调查535例，随访595人次，追踪密切接触者2184人次，疫点消毒处置336次。按照霍乱监测要求，共登记腹泻病例263例，开展检索59例。发现、报告细菌性痢疾7例，分离出痢疾1型志贺氏菌1株。报告伤寒/副伤寒13例，并监测病例的密切接触者及发热、腹泻等重点人群115人。报告手足口病临床诊断病例及实验室诊断病例396例，无重症病例和死亡病例，处置手足口病聚集性/暴发疫情6起。报告疑似斑疹伤寒病例3例、疑似恙虫病病例3例。报告并监测钩体病5例、流行性出血热1例、布病1例、狂犬病1例(死亡)、猩红热9例、流感71例。对5年内3例新复发病例疫源村开展调查，累计普查人数970人，普查率达98%。全年完成"三热"病人血检237份，完成3名自非洲务工返乡人员疟疾预检筛查，筛查出1例恶性疟阳性患者、1例三日疟患者，并对2例镜检阳性患者进行非活动性疫点调查及处置。

【慢病管理】全县65岁及以上常住居民数34002人，全年完成健康体检24444人，参检率为71.89%；共管理高血压患者为22973例，管理率为50.95%，规范管理20412例，规范管理率为88.85%，接受管理高血压患者21187例，血压达标人数为12781例，血压控制率为60.32%；II型糖尿病患病总人数为23262例，在管4458例，管理率为19.16%，规范管理3998例，规范管理率89.68%；接受管理糖尿病患者4122例，血糖达标人数为2769例，血糖达标率为67.18%；累计录入国家严重精神障碍信息系统591例，检出率1.96‰，管理549例，管理率92.89%，规范管理93.44%；死因监测按现住地址及死亡时间共报告死亡病例2005例，人口粗死亡率为6.65‰。

【艾滋病、结核病防治】全年按现住址统计2015年新发现艾滋病病毒感染者23例。按现住址统计累计建档感染者人数79例(按户籍地址统计105例，累计死亡32例)。存活在管患者48例。接受抗病毒治疗47人，其中死亡14人，退出治疗7人，在治26人。做HIV筛查VCT：506人、羁押人员64人、母婴阻断3183人、主动监测9799人、性病门诊筛查198人、娱乐场所241人次。100%安全套项目工作覆盖娱乐场所29家，涉性娱乐场所及提供住宿的大中型宾馆的安全套的摆放率95%。

结核病全年初诊患者就诊1060人，完成率107.61%，共发现肺结核病人227例。截至11月30日，非结防机构网络报告肺结核病人/疑似肺结核病人331例，转诊331例，转诊率100%；转诊到位230例，转诊到位率69.49%；需追踪101例，到位率87.01%。与学校建立结核病联防机制，对确诊的15例学生下达隔离治疗通知，无聚集性疫情发生。

【卫生检验检测】全年抽检水样165份，食品样5份，医消样769份。公共场所监测117份，土壤20份，结核抗体IgG联合检测3227人。健康从业人员体检3942份(戊肝IgM4份)。职业病健康体检180份。HIV抗体筛查3976份。HBsAg检测797份，梅毒抗体检测887份，风疹监测8份，麻疹8份。伤寒与副伤寒及细菌性痢疾监测，外环境监测60份，血培养10份，大便及肛拭4008份，疟原虫镜检5份，血尿常规及生化等检测8794人次。结核抗体、PPD试验757人次。痰培养128人次，痰涂片1894人次，碘监测680份。处理5起学生不明原因呕吐事件，大便分离出痢疾Ⅰ型志贺志菌。

【卫生监测】全年受理从业人员健康证申请4200人次，司机体检5300人次，职业健康检查181人次，职业健康监护档案的建立企业31户，特种行业检查20人次，洞坪库区水质采样监测4次，自来水公司水样28份，水务服务中心水样48份，其他水样5份、农村饮用水监测64份、县环保局委托检测42份，学生体检3662人，学生营养监测21所学校，23个重点公共场所卫生监测采集样品118份，公共洗浴场所水源水抽检样品2次，医消采样769份。土壤监测未发现活卵，阳性检出率15%，勾腰坝村土壤镉含量严重超标；全年共参与处理6起学生不明原因呕吐事件。

（刘常军）

·卫生计生综合监督·

【概况】2015年县卫生计生综合监督执法局主要开展学校卫生监督、生活饮用水卫生监督检测、医疗卫生监督、环境卫生监督和计划生育监督。

【学校卫生监督】县卫生计生综合

监督执法局参与并指导辖区各卫生监督协管员完成4次学校及托幼机构的卫生监督协管，开展2次全县90所学校中小学传染病防控、饮用水安全、教学和生活环境的监督检查，并建立监督档案。

【生活饮用水卫生监督监测】对全县水务中心负责人和技术人员进行生活饮用水卫生法律、法规及业务知识培训。对全县9个乡镇水厂和县自来水总公司进行了日常监督2次，共监测水样120份，合格率84.5%，对不合格单位均下达卫生监督意见书，相关单位按时进行整改。

【医疗卫生监督】开展日常监督执法检查，打击非法行医专项工作，对全县25家个体诊所、9家乡镇卫生院、4家民营医院的资质及执业人员的资质进行专项执法检查，对不符合国家规定的5家下达监督意见书。对167个医疗机构进行消毒效果监测，对于达不到消毒标准的26家医疗机构下发监督意见，责令限期整改。

严格传染病防治、医疗废物管理监督。县卫生计生综合监督执法局、县环保局等多家单位联合开展医疗废物管理专项整治行动，依据相关卫生法律法规及技术规范，对全县开展诊疗活动医疗机构进行专项检查，共检查76家医疗机构，均不同程度存在一些问题，针对检查中发现的问题，检查人员当场下达监督意见书57份，责令限期整改，并按照整改时间检查人员按时跟踪回访，确保整改到位。

对全县265家医疗机构进行日常卫生监督，下达监督意见书60份；对辖区190家医疗机构的传染病疫情及传染病报告与管理工作、医院感染管理与控制工作实施现场监督检查。对辖区的医疗违法行为进行打击，全年共立案查处非法行医案件11起，结案8起，罚款金额2.78万元，申请法院强制执行1起，移送公安机关2起。

【环境卫生监督】对辖区的公共场所进行重点监督检查，全县共有营业性住宿场所70个，其中城区38个、乡镇32个；美容理发场所共有46个，影剧院有1个。全年公共场所卫生监督检查共出动监督人员362人次，做到县乡所有公共场所全覆盖，公共场所建档率达到100%，新办证7家，对城区23个重点公共场所的用品、用具和室内空气进行抽检，采集样品118份，合格率100%，对城区贡水河公共洗浴场所水源水抽检样品2次，水源水达到相应卫生学标准。全年开展公共场所安全监管信息公示栏公示4次，按时完成国家卫生监督系统信息录入工作。

【计划生育监督】2015年6月23日，成立计划生育监督股（宣编发〔2015〕17号），县卫生计生综合监督执法局内设机构增到8个，分别是办公室、财务后勤股、医疗卫生股、环境卫生股、学校卫生股、计划生育监督股、稽查股、公共卫生均等化监督协管办公室，核定内设机构负责人职数8名。负责对医疗卫生机构服务内容和从业人员的行为规范进行监督，依法打击“两非”（非医学需要的胎儿性别鉴定、非医学需要的人工终止妊娠）行为，做好计划生育违法违纪案件的督查督办。2015年对全县各级医疗卫生计生服务机构及其相关人员资质进行全面清理、核查不具备相应资质的，对“两非”案进行调查处理，全年办案1起，结案1起。

（覃海燕）

·妇幼保健·

【概况】2015年妇幼健康项目考核年度全县区域内产妇3899人，系统管理3606人，宣恩县机构内出生活产3915人，5岁以下儿童死亡34人，死亡率为8.67‰（考核指标13‰以下），婴儿死亡25人，死亡率6.38‰（考核指标10‰以下），全年无孕产妇死亡和新生儿破伤风发生。

全县医疗单位共开展节育手术1427例，无感染和死亡病例发生。加强避孕药具管理工作，药品调拨、发放、随访、宣传、指导、管理副反应监测、质量控制等符合规定，流程清晰。

县妇幼保健计划生育服务中心有业务用房面积5200余平方米，编制床位60张，设办公室、妇女保健科、儿童保健科、内科、外科、妇产科、儿科、中医科、医学影像科、医学检验科等22个科室，有DR、彩超、多功能麻醉机、LEEP刀、电子宫腔镜、电子阴道镜、高频乳腺钼钯X光机、儿童视力筛查仪、骨强度测定仪、超导可视人工流产仪等60余种医疗设备，开展妇幼健康技术服务、婚前医学检查、儿童保健、产前筛查、生殖健康检查、妇产科等综合医疗业务。

2015年5月通过“爱婴医院”的复核评审，8月获省级“群众满意的妇幼保健和计划生育服务机构”称号。

开展健康优质服务示范县创建活动，制订创建方案和工作措施，逐步建立健全县、乡、村三级妇幼健康服务网络，强化人员配备、硬件建设，实现妇幼健康优质服务工作全覆盖。举办“全县妇幼健康知识竞赛”，提升妇幼健康服务人员理论知识水平及服务热情；为各乡镇卫生院配备“计划生育药具免费自取机”，提高适龄群众参与避孕节育的积极性与主动性；在各医疗卫生保健服务机构规范使用“计划生育基本技术免费专用章”，简化服务对象就诊流程。县妇幼保健计划生育服务中心组建流动宣传车，在全县巡回宣传妇幼健康知识；推行“避孕药具服务包”进产房，进人流室，零距离为育龄人群提供宣传服务，利用“免费服务周”及“每周一免费”的惠民政策为广大群众提供优质服务。加强县人民医院产科急救中心服务能力建设，畅通孕产妇绿色通道，为辖区孕产妇生命安全提供有力保障。在村级实行服务预约制度，将村级工作人员的姓名、联系方式以服务公开卡的形式公之于众，分发给育龄群众。截至2015年9月，全县落实农村免费孕前优生健康检查2300余人；农村以长效为主的避孕节育措施落实率达到76%以上；婚育妇女综合节育率达到87%以上；落实住院分娩补助项目4500余人，发放补助资金220余万元；落实贫困地区儿童营养改善项目，免费发放儿童营养包23000余盒。9月22日，省妇幼健康优质服务示范工程评审组到宣恩，对2015年“省级妇幼健康优质服务示范县”创建工作进行检查评审。州卫生计生委副主任冯国慧，县委常委、宣传部长、统战部长岳东，县人大常委会副主任史红珍陪同参加评审活动。评审组在集中听取宣恩县关于“妇幼健康优质服务示范工程”创建工作汇报后，查阅创建活动相关资料，随意抽选10名服务对象进行满意度调查，随后到县妇幼保健计划生育服务中心、县人民医院、晓关侗族乡中心卫生院、晓关大岩坝村卫生室进行现场查看。

【妇幼卫生】2015年全县产妇总数3899人，孕产妇系统管理3606人，系统管理率为92.49%。住院分娩活产3915人，住院分娩率99.9%，高危住院分娩率为100%。年度无孕产妇死亡，无新生儿破伤风发生。全县7岁以下儿童29599人，保健覆盖27377人，保健覆盖率92.49%，系统管理11343人，系统管理率90.56%。5岁以下儿童死亡34人，死亡率为8.67‰，婴儿死亡25人，死亡率6.38‰，新生儿死亡13人，死亡率3.32‰，占5岁以下儿童死亡的38.24%。

【妇幼项目】2015年农村妇女免费“宫颈癌”检查2095人，完成任务的104.75%，确诊宫颈癌3例。

7月27日至8月11日，县妇幼保健计划生育服务中心与县扶贫办对全县的11个儿童减贫村的0至17岁儿童及儿童家长进行健康知识宣教、儿童营养知识培训和儿童健康体检等项目。

新增服用叶酸人数3964人，新增依从人数3125人，依从率79%。全年住院分娩补助5005人（含县外住院分娩）、总金额达244.12万元。新生儿疾病筛查2336例，筛查率96.77%。母婴阻断检测3415人，检测率87.58%，未发现HIV阳性孕产妇，梅毒阳性7例、乙肝抗原阳性107例。发放“营养包”31940盒，规律服用率75.75%。参加免费孕前优生健康检查2356人，完成目标任务数的107%。婚前医学检查1094人，查出患有生殖系统疾病83人，不适宜结婚0人，不适宜生育0人。

【恩施州中心医院武陵山医疗集团宣恩妇女儿童医院挂牌】1月28日，宣恩县妇幼保健计划生育服务中心正式与恩施州中心医院武陵山医疗集团签订合作协议并挂牌，县妇幼保健计划生育服务中心成为恩施州中心医院武陵山医疗集团的成员医院。挂牌后，武陵山医疗集团陆续对县妇幼保健计划生育服务中心从人才培养、技术支持、设备投入等各方面进行扶持，促使该院医务人员技术水平不断提高，医院服务水平不断增强。集团成员包括全州8县市及重庆、湖南等毗邻地区近150所县医院、县中医院、妇幼保健院、乡镇卫生院、村卫生室及社区卫生服务中心。

（刘羽）

·新型农村合作医疗·

【概况】2015年全县共有295585

人参加新型农村合作医疗，参合率为99.01%。新农合筹资标准为494元/人，其中，中央和地方各级财政对新农合的补助标准为404元/人，参合农民个人缴费标准为90元/年。实际筹集到新农合基金14808.9975万元，其中，中央财政补助7922万元，省级财政补助2767万元，县级财政1253.2804万元，参合农民个人缴费2660.301万元(含民政部门为救助对象参合缴费278.964万元)，利息收入206.4161万元；上年结转6605.2541万元(含风险基金1102.1556万元)。

【基金补偿与参合农民受益情况】2015年全县共有752372人次参合农民得到新农合补偿，参合农民补偿受益面为254.5%，实际补偿医药费用12106.84万元。其中，住院补偿情况：一般住院补偿45480人次，实际发生住院医疗费用18094.74万元，实际补偿医药费用9832.48万元，核定补偿额为9694.12万元，实际补助比例为58.4%(含大病保险)；门诊补偿情况：门诊统筹共补偿702388人次，实际发生医药费用2430.74万元，实际补偿医药费用1916.16万元，核定补偿为1916.16万元，实际补偿比为78.8%；其他补偿：住院分娩定额补偿2175人，补偿基金43.5万元；意外伤害补偿1684人次，补偿基金280.86万元；门诊慢性病补偿645人，共计补偿医疗费用33.84万元。

【调整优化统筹补偿方案】根据《2015年宣恩县新型农村合作医疗统筹补偿实施方案》(宣政办发〔2015〕13号)，严格按照“以收定支、收支平衡、略有节余”的原则进行新农合基金分配与管理。科学设置封顶线和各级定点医疗机构住院起付线，个人住院治疗费用补偿年封顶线为10万元。门诊医疗费用补偿实行门诊统筹管理模式，分为一般疾病门诊医疗费用补偿和门诊重症补偿。重大疾病医疗保障水平工作试点病种为22种，门诊重症慢性病保障病种扩大到26种。新农合保障实行“普通门诊与住院统筹＋门诊与住院重大疾病保障＋大病保险＋大病医疗救助”的补偿模式。

【重大疾病保障】2015年根据国家、省、州相关文件精神，将0至14岁(含14岁)儿童白血病、先心病，妇女乳腺癌、宫颈癌等22种病种纳入重大疾病医疗保障水平工作试点范围。对符合保障范围的重大疾病救治，实行按病种定额或限额付费。新农合补偿取消起付线及药品目录限制，对实行定额或限额付费的病种根据定额标准，县级按75%进行定额补助、县以上级按70%实行定额补助。2015年全县纳入重大疾病保障共补偿316人，累计发生医疗费用514.14万元，新农合补偿359.94万元，实际补偿比例达到70%以上。提高门诊重症医疗保障水平，将需长期门诊就医、医药费用负担较重的各类恶性肿瘤(含白血病)、器官移植术后门诊抗排异治疗、重症肌无力等26种疾病纳入新农合门诊重症保障病种范围，实行门诊重症医疗费用(检查、药品、治疗费用)按60%的比例补偿，年度按病种分类限额，补偿资金通过“惠农一本通”存折转账支付。

【大病保险】2015年根据省、州统一安排部署，全县按参合人均25元的标准，及时足额的将738.96万元上划至州级统筹，保证大病保险工作正常开展。2014年度根据中国人寿保险公司恩施分公司报表反映，宣恩县共有1303人获得大病保险报销补偿，患者总费用4473.65万元，大病保险合规费用3572.3万元，新农合按政策补偿2118.31万元，大病保险报销633.49万元。2015年大病保险补偿情况(承保公司报表数据)：截至2016年2月底大病保险报销为2141人，患者总费用5889.51万元，大病保险合规费用5216.63万元，新农合按政策补偿2825.07万元，大病保险报销647.78元。

【大病医疗救助】2014年10月18日，县委十四届四次全体会议通过《中共宣恩县委关于集中解决教育实践活动中事关民生的六个突出问题的决定》(宣发〔2014〕7号)，制定《宣恩县新型农村合作医疗大病医疗救助实施细则(试行)》，从新农合基金中提取700万元作为大病医疗救助基金，对参加当年度新农合的大病患者，在报销新农合、大病保险及其他医疗救助后自付合规住院医疗费用5000元(剔除每次住院起付线及大病保险起付线后)以上的部分进行救助。5001至10000元按照50%救助，10001至30000元部分按照60%救助，30001元以上部分按照70%

救助。全年救助封顶线不超过10万元。特殊困难的大病患者救助由大病医疗救助工作领导小组研究确定。

【新农合信息化建设】宣恩县2011年全面推行居民健康“一卡通”，实行参合农民一人一卡。实现参合农民在定点医疗机构刷卡就医和即时结报。2015年根据《州卫生计生委关于进一步加强全州新农合信息化建设和管理的通知》(恩施州卫生计生办发〔2015〕60号)及湖北省卫生和计划生育委员会《关于规范村卫生室门诊刷卡就医结算的通知》，按要求完成定点住院医疗机构医院管理系统(HIS系统)改造升级，县内定点诊所、药店在规定时间内完成新农合专网线路的布设，新农合定点运行的185个村卫生室，全部实现光纤接入。

(郭宏)

·宣恩县人民医院·

【概况】宣恩县人民医院创建于1949年，位于贡水河畔，是一所集医疗、科研、教学、康复和急救为一体的县级综合性非营利性二级甲等综合医院。全院占地1.9公顷，医疗业务用房2.40万平方米，总资产1.3亿元。设置病床600张，实际开放病床450张，内设21个行政职能科室和24个临床医技科室。

2015年全年门诊诊疗21.5万人次，同比增长0.24%；入院1.9961万人次(农合14095人次、医保3333人)，同比增长0.81%；出院1.9949万人次，同比增长0.47%；住院患者三日确诊率99.12%，治愈率35.45%，好转率60.20%，死亡率0.43%，病床使用率103.84%，平均日住院病人416人次，出院者平均住院日7.63天。全院总收入1.0677亿元，同比增长9%。医疗业务收入1.0149亿元(首次过亿元)，同比增长7%。业务收入中服务收入6940万元，占医疗业务收入的68%，药品收入3209万元，占医疗业务收入的32%。针对残疾人、低保户人群等弱势群体，医院实施医疗费用优惠政策，合计减免医疗费用5.9万元。医技楼、1.5T核磁、16排CT、全自动模块式生化分析仪、数字胃肠等大型设备及标准化的消毒供应中心正式投入使用。共建15个州级临床重点专科，1个省级临床重点专科(临床护理)。在省新华医院、荆州市中心医院等其他上级医院的支持下，全年开展新业务新技术23项，发表专业论文13篇(其中核心期刊4篇)，撰写论著2本。普外科能开展全胃切除术，肝叶、胰腺、十二指肠部分切除术，胆管成型胆总管空肠吻合术，结肠、直肠、乳腺癌根治术等；脑外科能开展脑肿瘤(脑膜)切除术、脑外伤颅内及脑内血肿清除术、高血压脑出血微创清除血肿术、脑积水脑室腹腔分流术、颅颈交界畸形后路减压术等；胸外科能开展肺、食管、纵膈肿瘤切除，肺大泡、自发性气胸胸腔镜手术，脓胸纤维板剥离术，漏斗胸NUSS钢板固定术等；骨外科能开展骨盆骨折前后路切开复位内固定、全髋置换术、颈椎前路手术、胸椎后路手术等；泌尿外科能开展后腹腔镜肾上腺肿瘤切除、肾或肾部分切除、后腹腔镜肾盂输尿管连接部狭窄整形术、腹腔镜精索静脉高位结扎术、后腹腔镜输尿管切开取石、经尿道前列腺汽化电切术，经尿道膀胱肿瘤电切术等、经皮肾镜气压弹道碎石取石术、输尿管镜气压弹道碎石术、尿道损伤腔内会师术、其他传统开放手术；妇产科能开展腹腔镜下子宫肌瘤切除术和全子宫切除术、宫颈癌根治术、阴式子宫切除、宫腔镜电切、宫腔镜检查、产后康复治疗等；五官科能开展小切口白内障囊外切除＋人工晶体植入、翼状胬肉切除联合角膜缘干细胞移植术、泪囊鼻腔吻合术、功能性鼻内窥手术、白内障超声乳手术、折叠人工晶体植入术等；内科能开展心脏临时起搏器、消化内镜下治疗、脑梗死及心肌梗死的溶栓治疗等业务。

【重大项目建设】2015年5月，县人民医院医技楼验收合格并投入使用，完成消毒供应室、检验科、体检中心、血液透析、放射科、行政办公等改造项目。全年投资2092万余元购置6台大型设备并投入使用。分别是：全身X线计算机断层扫描系统(16排CT)，型号BrightspeedEliteSelect；核磁共振成像系统，型号OptimaMR360；多功能数字胃肠系统，型号PrecisionTHUNIS－800＋；彩色多普勒超声诊断仪，型号阿洛卡阿尔法7；全自动模块式血液体液分析仪，型号XN－10(B3)；全自动生化分析仪，型号AU5811。上线远程医疗会诊系统，实现网络信息中心机房搬迁，全院网络架构改造。

【公立医院改革】2015 年县人民医院被确定为县级公立医院改革医院。10 月 29 日 22：00 起执行药品（中药饮片除外）零差价销售；11 月 13 日 22：00 时，按照省、州、县政府及主管部门相关要求，对全院所有医疗服务项目进行调整，检验、放射、B 超等检查项目平均降价达 20%。

【人才建设】全年共组织医疗、护理、院感、传染病等院内业务学习讲座 84 次，培训医生 1493 人次，培训护士 6793 人次。对 30 余名年轻医生进行系统“三基三严临床培训及基本技能训练”，共计培训 1122 人次。选送 24 名医生、20 名护理人员进修学习。医务人员外出参加各级学术会议共 102 人次。新招聘 71 名专业技术人员，其中医生 18 名，医技人员 5 名，护士 37 名，财务人员 3 名，办公室人员 1 名，计算机人员 1 名，保安 4 名，总务科工作人员 1 名，基建科工作人员 1 名。通过州人社局报考县人民医院进编 5 人，2 人为高校专项招聘进编人员，3 人为公开招考进编。

【公共卫生事件应急处理】2015 年县人民医院上报和处置突发公共卫生事件 25 起。其中，食物中毒 21 起，一氧化碳中毒 4 起（共 44 人次，死亡 2 人）。

【《围术期血液动力学监测进展》学术会】5 月 30 日，国家级继续教育项目《围术期血液动力学监测进展》学术会在宣恩举行。学术会由荆州市中心医院主办、宣恩县人民医院承办、恩施州麻醉医学会协办，邀请华中科技大学同济医学院附属协和医院陈向东教授、湖北省人民医院夏中元教授、荆州市中心医院王力甚教授等全省 10 名麻醉科专家讲学，荆州市 6 县（市）的 11 家医院及恩施州 7 县市 15 家医院以及宣恩县 5 镇 4 乡共 13 家医院、卫生院、私立医院近 300 余名麻醉科医务人员听课。学术会是荆州市中心医院履行 2014 年承诺支援宣恩县人民医院医疗建设的八件实事之一，也是宣恩县人民医院第一次承办“国家级继续教育项目”学术会议。对口支援以来，荆州市中心医院多次到县人民医院调研，共选派麻醉、消化、ICU 等 12 个专科专家 109 人次来院工作，其中先后有 4 人长期派驻；开展学术讲座 16 次，手术 96 次，开展新业务新技术 6 项；培训进修县医院医生 2000 余人次。

【省消化疾病、消化内镜高峰论坛】8 月 15 日，省消化疾病、消化内镜高峰论坛暨基层医院消化内镜诊治新进展学习班在宣恩县举办，向建强出席。学习班由荆州市中心医院主办、宣恩县人民医院协办，邀请武汉大学人民医院内科教研室主任、省医学会副会长罗和生教授，华中科技大学同济医学院附属同济医院内科常务副主任田德安教授，武汉协和医院内镜中心副主任刘俊教授，荆州市中心医院党委书记李云文教授授课。4 位专家分别进行题为《难治性消化道出血的诊治》《大肠息肉与大肠癌》《卫星会》及《ESD 和 POEM 技术在消化道疾病中的应用》《中医药治疗消化系统疾病的临床疗效观察及实验研究》的讲座。武汉、荆州、恩施三地区共 100 余名医务人员参加学习。

（魏耀秀）

·宣恩县民族医院·

【概况】宣恩县民族医院位于珠山镇民族一路 6 号，是一所集医疗、急救、科研、教学、预防为一体的二级甲等中医医院，属国家非营利性公立医院。编制床位 200 张，实际开放床位 160 张。拥有国家重点专科骨伤一科、骨伤二科、针灸理疗康复科，湖北省重点专科老年病科。

医院先后引进美国史塞克腹腔镜、等离子双极电切系统、乳腺摄片系统和飞利浦双排螺旋 CT、高频 X 线摄片机、日本富士 CR、DR、飞利浦 C 型臂、GE 和西门子高端彩超、进口麻醉机、飞利浦呼吸机、碎石机、德国美普康除颤仪、日本东芝 800 全自动生化分析仪、美国贝克曼免疫分析仪、美国贝克曼全自动五分类血球仪，德国贝朗血透仪、飞利浦 24 小时动态血压、24 小时心电监测仪、心脑血管病治疗仪、智能四肢康复治疗机、四维牵引床、多功能全身熏蒸机、重症监护设备、日本奥林巴斯胃镜等大型医疗设备 120 台件。能相应开展腹腔镜下胆囊摘除、阑尾切除及妇科微创手术，前列腺等离子刀切除术、血液透析治疗、乳腺癌根治术、宫颈癌根治术，脊柱、大关节等复杂骨折修复手术，急性心肌梗塞静脉溶栓治疗、蛛网膜下腔出血脑积液等渗置换治疗等高精尖技术。

2015 年完成业务收入 3366 万元，其中药品收入 942 万元，占业务收入 28.2%。中草药收入 260 万元余，占药品收入的 27.5%，辅检收入 810 万元余，占业务收入的 23.5%，服务收入 1626 万元余，占业务收入的 48.3%。完成门急诊诊疗人数 75000，乡镇转诊 320 人次。出院人数 6637 人次；患者治愈、好转率 98%，手术 1363 例；出院者平均住院日 9.3 天；出入院诊断符合率 99%；病床使用率 116%。医院整体搬迁工程投入资金 1200 万元，完成在和平 12.13 公顷的土地征用工作。

【医疗服务质量管理】落实质量安全问责制、科主任负责制、首诊负责制、重大医疗事故责任追究制、医疗安全一票否决制；完善三级查房制度、坚持急、危、重病例会诊讨论制、重大手术审批制、护士长值班制；建立院科二级质量管理组织，每月进行一次质量管理工作检查、考核、评价，对医院规章制度、技术操作规范、医疗核心制度的落实情况进行实时监控管理；一季度开展一次全院临床医生、护士“三基三严”、院感操作技能考试考核；执行《湖北省病历书写基本规范》，加强对护理记录的环节质控；执行《湖北省病历书写基本规范》，加强对护理记录的环节质控，提高护理文书的内涵质量；坚持护理质量考评，采取随机与定期相结合，每季度组织全院护理质量交叉检查，对检查结果进行分析点评，发现问题及时整改，开展“优质护理服务示范工程”活动，加强临床护理工作。

公示各类项目及药品价格，执行“一日清单制”，方便患者了解自己的花费情况；坚持“合理检查、合理用药、合理治疗、合理收费”的原则，贯彻基本药物制度，提高报付率；落实病人知情同意制度，要求医务人员履行告知义务，对自费药品和自费检查项目必须经病员签字确认方可运用，实行“病人授权委托书”，由受委托的病人家属和医生进行病情沟通，实行病情提前告知，让病人及家属知晓病情、发展及预后；制定和完善院务公开制度，将医疗服务、医疗价格、政风行风建设等向社会公开；执行有关招标采购法规，药品、设备、耗材全部实行招标采购；开展医疗服务价格大检查活动，加大督查力度，规范医生用药，杜绝“开单提成”和“大处方”现象的发生。

执行院感管理规范，按时做好院感监测工作，并按规定上报传染病疫情，全年共报告疫情 70 人次，完善院感监测制度，院感监测 385 件次。加强用药监管及医疗废物、消毒药械及一次性医疗用品的全程管理，对住院部重点单元进行细菌学监测，降低医院感染率、传染病漏报率。

【医护专技队伍建设】全年派出 13 名业务骨干到省、州级医院深造学习，为医护人员吸收新知识、新理论、掌握新技术、新方法创造了良好的条件；组织院内业务讲课 20 个课题，授课 80 次，邀请上级医院专家、教授来院查房、讲课、指导手术 10 余次，参加学历教育 10 人；积极开展“西学中”教学，50 岁以下的西医医护人员均必须参加学习，鼓励各科室开展中医中药业务；全年招聘了 8 名中医、中西医结合、中药相关专业的业务人员，提高了中医药业务人员的比例；鼓励业务骨干开展各种形式的学术交流，积极钻研新业务、新技术，全年共撰写并发表论文 10 篇，开展新技术、新业务 12 项。

【县民族医院两个国家级重点专科通过评估】1 月 6 日，县民族医院土家医骨伤科、土家医康复科两个国家级重点专科通过国家中医药管理局专家组中期评估。土家医骨伤科于 2007 年向国家中医药管理局申报，被列为“十一五”重点专科，从 2008 年开始进入项目建设周期，为评估的培育项目；土家医康复科于 2011 年被列为“十二五”重点专科，项目建设历时三年，为评估的重点建设项目。评估主要对专科建设的基本情况、阶段性成效、资金使用情况和人才队伍建设等方面开展综合评估。专家组认为，县民族医院高度重视中医重点专科建设，优势病种诊疗技术严谨，诊疗方案的诊断标准明确，诊疗方法独具民族医药特色，疑难病例、门诊病例管理有序，中医药文化宣传措施得力，人员结构配备合理，达到国家中医药管理局重点专科建设的目标和要求，一致同意通过评估。

【医院感染知识竞赛】4月28日，县卫计局主办、县民族医院承办的以“感控之路，你我同行”为主题的医院感染知识竞赛举行，县民族医院各科室、各乡镇卫生院的12支代表队参加，近300名医护人员观摩。竞赛分必答题、抢答题和风险题三个环节，个人答题和团队合作答题依次进行，内容主要围绕医院感染管理知识、抗菌药物合理使用、医院感染应知应会等相关内容。竞赛中，各代表队选手有序答题，现场气氛活跃，观众互动环节将活动推起高潮。知识竞赛是“医院感染控制宣传月”活动的重要组成部分，各代表队所在单位还通过制作展板、开展院感知识培训以及组织院感知识考试等方式丰富感控月活动内容。县民族医院一号代表队获得第一名，县民族医院二号代表队、万寨卫生院代表队获得第二名，晓关卫生院代表队、椒园卫生院代表队、沙道沟卫生院代表队获得第三名。

（张勤）

宣恩南戏

南戏，是流行于湘鄂土家族地区的一个颇具影响的有地方民族特色的剧种。传入宣恩以后，宣恩人称其为“人大戏”，这种在高台上演出的“阳春白雪”的戏深受老百姓的喜爱。明末清初，人大戏班受施南土司之邀，到宣恩水田坝土司王宫演出，专供土官土吏享受。民国初期，人大戏开始改成南戏，常于戏楼演出，一般平民百姓也可以欣赏。

宣恩南戏，一般认为是取“施南”之南，故南戏又叫“施南调”。南戏与其他戏剧一样，是文学、武术、音乐、舞蹈、美术等综合表演艺术，南戏的角色，通常为生、旦、净、丑、末、外、贴等七种。其中以生、旦为主展开剧情，其他角色皆为配角。宣恩南戏大多流传在椒园镇庆阳坝村、沙道沟镇、李家河镇、万寨乡、晓关侗族乡、高罗镇，各集镇也有“本家”（戏班的负责人）和南戏衣箱。

教　育

【概况】全县共有各类学校103所，其中小学87所，普通中学14所，职业高中1所，特校1所。在校学生总数35749，其中小学生21287人，初级中学学生9777人，高级中学3397人，职业高中学生1196人，特校92人。幼儿园39所（不包括附设幼儿班小学校数42所），在园儿童7359人。专任教师总数2176人，其中幼儿园225人，小学1019人，初级中学668人，高级中学181人，职业高中69人，特校14人。

全县各级各类学校（园）共140所，其中普通高中2所，职业高中1所，初中12所，小学78所（含31个教学点），特校1所，幼儿园46所。

全县共有在校学生46647人，其中普通高中3363人，职业高中1064人，初中9666人，小学21404人，特校87人，幼儿园11063人。

全县共有在职教职工2048人，其中中学教师867人，小学教师1026人，幼儿园教师20人，其他135(特校14，职高72，局机关及二级单位49)人。离退休教师1344人。

【教师队伍】2015年全县招聘教师79人，改善教师队伍结构，缓解师资不足的压力。

组织中小学教师144人参加省级以上中小学（幼儿园）教师培训，其中，教育局长培训1人，校长（园长）培训14人，理化生实验能力培训21人，足球专项培训2人，特殊教育教师培训8人，乡村教师访名校4人以及新机制教师岗前培训等。州县及学校教研培训达1000余人。

【教学教研】坚持教学教研工作阵地前移，重心下移，围绕课堂做文章。全年教研员带着常规视导、备考指导、专题教研、课改调研等不同任务进课堂听课1100余节次。进课堂进行直接的教学教研指导覆盖县实验小学、全县12所初中、9个乡镇中心小学及15个村点小学。小学各学科低分率有所降低，初中各乡镇综合评价各指标差距进一步缩小，特别是中考整体成绩、录取分数线、总分最高分、上恩施高中公费线人数、各校五率一分、各初中在全州综合排名位次、学科在全州综合排名位次等指标均有不同程度上升。

各学校根据各校实际，围绕文化建设、合作小组建设、学案教学实施、评价改革等核心因素引导学校开展高效课堂教学行动研究，探索适应各校特点的高效课堂模式。持续跟踪调研李家河镇“535教学模式”及沙道中学“学教练一体导学”模式，不断总结成功经验。

3月23至26日，县教研室邀请州教科院“问诊”中小学课程改革工作。活动分初中、小学两个学段分别在椒园中学、县民中和沙道中心小学、晓关中心小学开展。为优化“问诊”活动实效，根据视导学校及学科教学需求，选定县级学科骨干教师同步送课，指定以上4所学校相关学科教师上汇报课，安排说课评课、师生座谈、州教科院专家“诊断”及课程改革专题讲座等内容，全县500余名教师参与活动的学习观摩。

落实“一师一优课，一课一名师”要求，发挥名师的教学引领作用，促进校际交流与合作。11月17至26日，县教研室组织全县初中“区域联片”及小学的“名师送教”活动。中小学12大学科分别在沙道中学、高罗中学、李家河中学、椒园中学、县民中5所初中及椒园小学、万寨小学、高罗小学、沙道小学4所小学举行同课异构专题教研活动。名师、骨干教师或中青年教师一课同上，随后安排说课、与会教师评课、活动承办学校教研组教学教研经验分享、教研员讲座（小结）、互动交流等活动，全县600余教师到会学习观摩。

做好教学教研的常规视导，强化对备、教、辅、改、考、评、研等工作的督导检查，保障教学教研工作的有序正常开展。4月下旬至5月中旬组织中考备考“校校行”、小学合格检测“乡镇行”活动。对12所初中实行菜单式备考指导服务，先由各校梳理学科备考问题，并制定学校视导具体实施方案，视导时根据学校问题及方案有针对性地解决疑难、各个击破，确保学科备考指导落到实处。对各乡镇小学合格检测的指导则以中心小学为基地，集中开展辐射全乡镇的复习工作。

开展课堂教学展评活动，交流小学品德课程改革的经验，推动全县小学品德课程发展。4月27至29日，全县品德与生活（社会）课堂教学展评活动在县民族实验小学举行，全县各乡镇及县实验小学的10名中青年教师参加授课，48名小学品德课程教师学习观摩。沙道中心小学谭俊、县实小高淑芬、晓关中心小学杨华3位教师获一等奖，其他7名教师分获二、三等奖。

12月18至30日，全省小学英语单元整体教学以网络研修形式开展教研活动，县教研室组织全县小学英语教师进入多多研修网页，观看小学英语单元整体教学比赛的10个单元教学优胜团队的教学设计、课堂实录、专家点评，并发表评论，上传图片资料，撰写反思与总结，对提高小学英语教师教学理论水平和实际教学操作的能力都起到积极的作用。

利用中央电教馆资源平台开展网络教研、集体备课、课例点评、视频研讨、主题研讨等，组织教师晒课，2015年共晒课576节。做好晒课推优工作，5月选送69节“优课”到州、省评选，其中7人获得省级“优课”表彰（小学语文：夏彩梅执教《日月潭》；成诗咏执教《我不是最弱小的》；夏芳执教《去年的树》；陈高执教《口语交际·习作八》。初中化学：李斌然执教《金属材料》。初中历史：易军执教《美国南北战争》。初中品德：单红雷执教《我的老师很特别》）。

利用互联网教学和手机信息服务，整合优秀教育资源，搭建同步课堂平台，通过网络技术将课堂教学、课外学习、课后辅导有机结合的方式，为学生、家长、老师提供丰富的辅助学习资料，帮助学生提升学习兴趣和学习质量，协助老师、家长、学生三方减负增效，实现不同学校、班级的同步授课，实现教育的均衡发展。2015年实现县民族实验小学与青龙嘴小学、宝塔小学与庆阳小学的同步课堂结对。

2015年组织优质课、录像课、论文、课例评选工作，刘和清获省初中物理优质课二等奖，蔡涛洪获第四届全国初中语文教师教学基本功展评组织委员会一等奖（光盘课例），上交参评论文34篇（初中历史6篇、初中生物9篇、中小学德育19篇），学术会议交流论文1篇，教研员发表论文2篇。

组织开展“孝心·爱”主题作文竞赛活动，各乡镇认真三年级以上学生全员参与作文竞赛，实行班级、学校、乡镇三级评选推荐工作，送县评审共299篇，共评出一等奖20篇，二等奖40篇，三等奖60篇。

【研训活动】4月27至29日，县教研室、县电教站在县民族实验中学举行理科以赛代训活动，加强理科教学工作，推动实验教学“三开”工作，促进“班班通”设备及数字资源在理科实验教学中的应用。

2月2日至3日，举办2015年全县幼儿园园长专任教师寒假培训工作，培训内容为：幼儿园教师专业标准、学前教育政策法规与师德修养、幼儿身心发展与学习的基本特点、幼儿教育和幼儿保育的专业知识等，全县44所民办幼儿园的校长及专任教师90人参加。

2015年全县教师参与州及以上学习培训达300余人次，主要培训项目有：国培计划省外高端研修，国培计划省内研修，4月9至17日全国小学数学示范课观摩交流会（云南昆明），12月15至17日湖北省德育学术年会（湖北黄石），11月27至30日第六届全国小学语文教师素养大赛（江苏南京），11月25至27日湖北省初中语文青年教师优质课竞赛（湖北武汉），11月1至9日湖北省小学数学“综合与实践”学与教的研究课题研讨会暨第三届小学数学青研中心成员大会（湖北宜昌），暑期恩施州小学数学、英语、科学初中英语、地理教材培训，7 月 7 日全州教育信息化专题培训，9 月 11 至 12 日恩施州小学书法教材培训，12 月 9 至 12 日湖北省初中生物学科竞赛（湖北襄阳）；11 月 16 至 20 日湖北省初中物理优质课竞赛（湖北荆州），11 月 3 至 6 日全国初中历史学科会议（山西太原），4 月 7 至 10 日全国初中化学学科会议（浙江杭州）等。

【教育装备】2015 年，全县电化教育教育技术装备工作围绕“全面改薄”（全面改善贫困地区义务教育薄弱学校基本办学条件）工程，推进中小学理科实验教学及“班班通”数字教育资源应用，制定全面“改薄”教学装备类项目的实施方案。组织举办 1 期全县小学科学实验教学及数字资源期应用“以赛代训”活动、1 期全县中学理化生实验教学及数字教育资源应用“以赛代训”活动。

4 月 27 至 29 日，在县民族实验小学举办全县小学科学实验教学及数字教学资源应用“以赛代训”活动，9 个乡镇及县民族实验小学推荐的 10 位教师参加赛课，其中，3 位获一等奖，4 位获二等奖，3 位获三等奖。10 月 20 至 22 日，在县民族实验中学举办全县中学理化生实验教学（以课代训）赛课活动，全县各初级中学推选的 12 名教师参加赛课，评选出县民族实验中学、县民族实验小学、珠山镇中心学校、椒园镇中心学校、沙道沟镇中心学校、李家河镇中心学校等 6 个组织奖。

完成 2015 年中考实验操作考试，全县 12 所初中学校共有考生 3173 人，实际参考人数 2652 人，缺考 521 人。在参加理科实验操作考试的考生中，1 至 11 分 0 人，12 分 1 人，占参加考试人数的 0.03%，13 分 0 人，14 分 2 人，占参加考试人数的 0.07%，15 分 5 人，占参加考试人数的 0.88%，16 分至 19 分 418 人，占参加考试人数的 15.77%，20 分 2226 人，占参加考试人数的 83.9%。

8 月 28 日，全县秋季开学工作会议安排 2015 年教学点数字教育资源全覆盖秋季开学检查工作。全县按照乡镇组成 9 个检查组，采取看（看教室电路、看防盗设施、看设备是否完好）、查（查资料、查课表看使用情况）、访（问教师、问学生）等形式，于 8 月 29 日至 9 月 2 日对全县 2013 年安装的 58 套教学点全覆盖设备进行检查。根据乡镇 2013 年秋季学期教学点全覆盖设备安装情况，对照教学点布局调整的实际，到教学点查验设备是否完好、布局调整后的设备去向、是否实现全覆盖，检查设备是否能够正常开机，配备的硬盘资源是否能够使用。与教师、学生座谈，询问平时教学是否使用，查验教师备课本是否记载使用设备和资源的情况，检查“教学点数字教学资源全覆盖”项目设备的防盗措施。通过检查，全县设备完好率达到 90%。

10 月 13 至 22 日，由县人民政府教育督导室牵头，会同教育股、县装备站、教研室组成评估工作组，深入县民族实验中学、县民族实验小学，参照《恩施自治州教育信息化试点学校评估标准（试行）》认真开展了自查评估工作。一查组织机构、专业人员配备、规划与决策落实情况；二查教育信息化基础条件建设、应用能力建设、信息技术课程教学及课外活动、教学应用、教育管理、科学研究情况；三查综合达标，即宣传推广、资源开发情况。评估小组一致认为，县民中、实小近年来教育信息化发展较快，两所学校试点工作成绩突出。评估结果为县民中 96 分，县实小 95 分。

10 月 26 日，全县推荐 46 件作品（教师作品 22 件，学生作品 24 件）参加湖北省装备处组织的中小学实验教学优秀论文和中小学生“五小”成果活动，其中教师作品一等奖 4 件，二等奖 8 件，三等奖 10 件。学生作品一等奖 5 件，二等奖 9 件，三等奖 10 件。

【县教育中心】县教育中心位于椒园镇三河沟，规划面积 48 公顷，其中高中部 18.87 公顷，初中部9.8 公顷，公共部及绿化区 19.33 公顷。总建筑面积约 16 万平方米，总投资约 4 亿元人民币。县教育中心建设项目包括整体迁建 60 班规模的高中一所（宣恩县第一中学），在校学生 3600～4000 人；新建 60 班初中一所，在校学生 3000 人；扩建 1000 人规模的小学一所并附设幼儿园。

截至 2015 年底，高中部已完成 10 幢校舍主体建设工程，总计建筑面积达 5 万平方米，4 幢校舍进行基础施工，1 幢校舍进行主体施工，建筑面积 7000 平方米，附属工程道路、围墙已开工建设，运动场完成合同签订，水电工程处于招标阶段。宣恩县清江外国语学校主体工程尚未开工建设，场地回填工作已完工，在进行河道治理。

【思源实验学校】项目选址位于宣恩县宣南产业新城(李家河镇二虎寨村)，新建校舍建筑总面积32775平方米。其中：教学办公楼12000平方米，风雨操场及报告厅2000平方米，特别教室500平方米，图书馆500平方米，学生食堂2500平方米，学生宿舍11500平方米，教师周转宿舍2075平方米，连廊300平方米，运动场看台600平方米，配套用房800平方米。2015年8月25日，前期附属工程土石方开挖及涵管建设开工，2015年12月底完工，同时项目主体工程于2015年12月正式按程序挂网招标。

【“全面改薄”项目】“全面改薄”即全面改善贫困地区义务教育薄弱学校基本办学条件。从2014年起，经过5年左右的努力，使全县义务教育学校教室、桌椅、图书、实验仪器、运动场地等教学设施满足基本教学需要，村级小学与教学点能够正常运转。学校宿舍、床位、厕所、食堂(伙房)、饮水、洗浴等生活设施满足基本生活需要。留守儿童学习与寄宿需要得到基本满足。县镇超级大班现象得到基本消除，逐步做到小学班额45人、初级中学班额50人。教师配置趋于合理，数量、素质和结构基本达到教育教学的需要。2014年9月全面启动2014—2015年“全面改薄”项目。2015年底完成情况为：

校舍建设类情况：2014—2015年全县共实施全面改薄项目179个，实施建筑面积72508平方米，投资5370万元，其中：中央资金4529万元、省资金1468万元、县级资金427万元。具体完成情况为：未开工项目5个，面积6128平方米，金额205万元；在建项目17个，面积12086平方米，金额2102万元；完工项目157个，面积52494平方米，金额3063万元，建筑面积完工率达到75%；

设备购置类情况。2014—2015年规划69所学校购置生活设施、教学设备、教育信息化等设施设备1461(台、件、套)，计划投资1461.13万元。所有项目均已完成采购。生活设备及安保设备完成投资1132.01万元，涉及项目7个，其中，饮水设备216.28万元，采暖洗浴设备486.13万元，食堂设备45.59万元，安全保卫设备336万元，宿舍设备48万元。教学设备及信息化设备完成投资329.13万元，其中，课桌椅10万元，计算机109万元，多媒体远程教学设备92.13万元，实验实习设备28万元。

【学校后勤管理】2015年全县实施营养改善计划的学校有87所，学生26035人，其中小学生17904人，初中生8131人。全县统一采取每周一、三、五课间餐饮用牛奶、每周二、三、四供应完整的免费营养午餐的供餐模式，营养改善计划安全、有序实施，没有发生食品安全问题。

义务教育学校“洁净温暖工程”项目总投资2076.36万元。其中，厕所项目61个，建筑面积6163平方米，投资895.04万元；浴室项目41个，建筑面积2874平方米，投资425.56万元；规划采购洗浴饮水及采暖设备569套，金额755.76万元。其中：饮水设备采购61套，金额198.64万元。采暖洗浴设备采购508套，金额557.12万元。10月，“洁净温暖”工程项目中的厕所、浴室全部完工，洗浴采暖设备采购全部完成。11至12月完成全部扫尾工作，12月底全部投入使用。

2015年纳入“十有八配套”建设的洗马坪小学、椿木营中小学、两河小学3所学校，投资400余万元对学校进行配套设施标准化建设，洗马坪小学的食堂操作间，两河小学、椿木营中小学的水冲式厕所改建等工程均全面完工。

【教育管理】通过不定时检查和随堂听课等方式落实《宣恩县教育教学条例(试行)》《宣恩县教育局进一步加强教育教学质量管理的规定》要求，依据《宣恩县中小学教学常规评价细则》对学校的常规教学进行评估和指导，规范教学行为，落实教学常规工作。学校校长必须代课，深入课堂听课，狠抓教学常规工作，进行“深入开展新课程改革，着力提高课堂教学效率”探究，结合“课内比教学活动”，提高单位时间内的课堂教学效果。

2015年全县1339人报名参加高考(比上年增加7人)，一本上线84人，二本上线174人，三本上线295人。全县中考报名3173人，参加中考2717人，县第一中学录取控制分数线492分。普通高考、中考成立以向建强为组长的考试领导小组，教育、公安、保密、纪检监察、人事、工商、卫生、交通、电力、通讯、城建等19个部门负责人为成员，并明确各相关部门工作职责。普通高考还成立以教育局长刘军为主考的考点领导小组，下设考务组、试卷保管组、宣传组、安全保卫组、督察纪检组、英语听力组、考生联络组、后勤医疗组等8个工作小组。各乡镇中考也成立相应组织。考区负责人与主考签订责任状，教育局与各高中、各中心学校校长签订责任状，主考与监考人员签订责任状，教育局与各巡视员签订责任状，考生与学校签订承诺书。做到宣传教育到位，强化培训到位，试卷保密措施到位，职责落实到位，高、中考安全、平稳、顺利。

县委、县政府高度重视学校公共卫生安全，2015年5月19日，政府领导及相关部门现场办公，组织召开安全专题会议。6月1日至3日，县教育局与相关部门组建专班督查指导。通过各级自查、职能部门督导抽查、县领导督查，全县各级各类学校整改行动迅速，实施效果明显。安全大检查按照"地毯式、菜单式、全覆盖"的要求，重点完成学校安保、消防器械及监控视频等"三防"设备的采购预算，加大校园及周边隐患排查与整改，在安全平台上做好自然灾害的防控等工作。同时，在义务教育学校实施"洁净温暖工程"项目。

【第六届"校长论坛"】10月22日，宣恩县第六届"校长论坛"在县民族实验中学举行。全县中小学校长、分管德育的副校长及部分学生家长代表共128人参加，论坛内容紧扣山区教育实际，针对宣恩县打工经济造成的留守学生现状，结合全县各级各类学校在教育教学中心理健康教育的实践，以"重视中小学生心理健康问题，探索学校心理健康教育的实施途径和方法"为主题进行。部分学校就学生人际关系、"学困生""贫困生"、单亲家庭学生、留守学生心理干预与引导等方面进行交流发言，通过以案说法、以例引证的方式为与会者普及基础心理健康教育知识，交流先进经验，共同思考学校德育教育、心理健康教育等。

（向广敏）

重点学校

·宣恩县第一中学·

【概况】2015年，宣恩县第一中学（简称宣恩一中）开设高中一、二、三年级，开设教学班45个，招收高一新生900人，在校学生2720人。在编教职工166人，在146名专职教师中有高级教师35人，中级教师56人。学校有县教学精英人才20人，省、州、县学科带头人、骨干教师40人。自2012年秋季学期开始，学校开设日语班，并与日本富士国际语学院合作办学，设6个日语班，日语教师5名（含日本外教1名）。

2015届高考，宣恩一中应届考生820人参加高考，应届文化生原始分上一本线76人（不含艺术、体育、传媒），为宣恩一中建校以来的最好成绩，较2014年一本增长率为137.5%；原始分上省本科线537人，本科上线率达65.5%。算少数民族优录加分，上一本线99人（不含艺术、体育、传媒），上省本科线为551人，本科上线率达67.2%。

加上往届生，宣恩一中858人参加高考，原始分上一本线人数84人（不含艺术、体育、传媒），原始分上省本科线人数为570人，本科上线率达66.43%。算少数民族优录加分，上一本线人数110人（不含艺术、体育、传媒），上省本科线人数为584人，本科上线率达68.07%。

【教师队伍建设】2015年，宣恩一中公开招聘10名教师，充实教学队伍，并组织新进教师培训，提高教师业务素质。除学校组织的常规培训外，将老师"送出去"学习。5月10至14日，组织高二年级11名老师到山东昌乐二中参加为期3天的高效课堂培训，学习昌乐二中在学习小组建设、导学案编制以及集体备课方面的先进经验。8月10至15日，易宗孝、严辉、龙少华、夏金奎、罗家兴、龚慧、李荣6名教师参加湖北省"名师优课工程"——高中学校青年骨干教师高级研修班特训营，围绕"高效课堂、高效训练、高效备考"三大"有效实操"的课题进行封闭式深度研训。继续加强师德师风建设，学校全体教师签署《师风师德承诺书》，为每位教师建立师德档案，并将师风师德纳入年度考核。

【高效课堂优质课竞赛】开展汇报课、优质课竞赛活动。2015年12月9至10日，宣恩一中组织新进教师汇报课活动。12月11至12

日，举办2015年度青年教师优质课竞赛，在活动中，老师们的授课充分落实学校的教改思想、熟练运用高效课堂模式，展示学校教师较高的教学素质和课堂教学改革的丰硕成果，促进青年教师的成长。文科组王勉、王江，理科组罗泽义、王金岚4名老师获一等奖。

【纪念五四运动96周年暨宣恩一中第十一届文化艺术节】6月15日，举办“纪念五四运动96周年暨宣恩一中第十一届文化艺术节”活动。活动以校园主持人的方式开展，高一年级的15名选手经过选拔，最后进入决赛。决赛分自我展示、才艺表演、意外考验三个环节。自我介绍环节，选手们用自己独特的方式介绍自己，力争让每一位观众记住自己；才艺表演环节，选手们多才多艺，发挥特长向评委和观众展现自己优雅自信的一面；意外考验环节，选手们灵活多变，面对不一样的意外考验依旧处变不惊，妙语连珠。经过两个小时的较量，106班选手杨宇航获得“金话筒”奖。

【宣恩一中第49届秋季田径运动会】2015年11月13日至14日，宣恩一中举办第49届田径运动会。运动会共设以下项目：径赛包括100米、200米、400预决赛，4×100米预决赛，4×300米预决赛，女子800米、男子1000米，30×50迎面接力；田赛包括跳高、三级跳远、立定跳远、铅球。有4人打破学校运动会纪录，他们分别是：贺译乐以24秒21的成绩破男子200米纪录，以55秒89的成绩破男子400米纪录；涂正彬以3分3秒48的成绩破男子1000米纪录；叶璐以2米92成绩破女子立定跳远纪录；段云虎以12米25的成绩破男子铅球纪录。312班？以3分39秒19的成绩破女子4×300米接力纪录，以48秒13的成绩破男子4×100米接力纪录；以2分41秒02的成绩破男子4×300米接力纪录

【2016“迎新年展风采创六城”元旦晚会】2015年12月30日，宣恩一中2016“迎新年展风采创六城”元旦晚会在学校礼堂举行。晚会以“六城”同创为主题，在212班的舞蹈《摆手风情》中拉开帷幕，影子舞、连厢、太极剑等创意节目，宣传“六城”同创知识，领会“六城”同创精神，鼓励师生进一步践行“六城”同创的各项内容。晚会历时2个小时，《影子舞》在文艺节目评选中获一等奖，《幸福的味道》《一世长安》获二等奖，《BreakingNews》《时代大爆炸》《Shakeit》《风情连厢》获三等奖，《摆手风情》《舞动连厢迎新年》获特别贡献奖。

（向艳红）

·宣恩县中等职业技术学校·

【概况】宣恩县中等职业技术学校是“湖北省重点中等职业技术学校”“湖北省中职示范学校”。占地面积7.93公顷，校舍建筑面积2.132万平方米。2015年在校中职学生1204人，26个教学班，技能高考本科上线率达28%，专科上线率71%；电大远程教育本、专科学员473人。开设电子电器应用与维修、计算机应用、旅游服务与管理、社会文化艺术、现代农艺技术、会计和物流管理与服务7个专业；建有各类实训室26个，计算机总量达480余台，图书藏量达10万多册。

【教学管理改革与专业建设】贯彻执行《湖北省中等职业学校教学管理规程》，推行精细化管理。改革办学模式，创新教学内容，制订和完善《专业人才方案》，强化实训实践教学和过程管理；改革评价模式，完善多元评价体系；建立学校教育教学信息化平台，实现网络教学班班通；新增会计和物流管理两个专业。推行“3＋2”中高职衔接分段培养模式，加大与高职院校的合作力度，分别与江汉艺术职业学院、襄阳职业技术学院、恩施职院、湖北生物科技职业学院签订合作办学协议，促进中高职教育协调发展。服务县域经济发展，县中等职业技术学校与长三角、珠三角发达地区合作企业保持订单培养关系，与伍家台贡茶公司等县内规模企业、恩施民艺幼儿园及县内各幼儿园等建立合作关系，保障就业渠道的畅通，学生专业对口就业率达96%。利用国家实训基地的辐射功能，通过“雨露计划”项目为培训近千名转岗就业人员，服务经济社会发展。

【教育科研与技能大赛】2115年11月30日，县中等职业技术学校承担的省级职教科研课题《中等职业学校数学课程建设与教学改革研究》结题，完成研究任务13项，获

三项成果奖。2015年县中等职业技术学校24篇论文参加全国论文评选，其中5篇获一等奖，10篇获二等奖，9篇获三等奖。5月，数学教师卢瑞瑰在湖北省中职数学课程“创新杯”教师信息化教学设计和说课大赛中获一等奖。11月17日，宣恩职校教师卢瑞瑰代表湖北省参加全国中职学校数学课程“创新杯”教师信息化教学设计和说课大赛，获二等奖。参赛课题为《等比数列》。14名学生参加全州中职学生技能大赛，获一等奖3人，二等奖6人，三等奖5人。3名学生参加全省中职学生技能大赛，2人获二等奖。

【项目建设与财务管理】县中等职业技术学校严格遵守财务管理制度，增强理财公开透明度，做好学生资助工作。2015年落实国家资助719人，共发放资金143.8万元，国家免学费1068人，资金256.32万元；争取项目资金2000万元，启动学校南岸的学生宿舍A、B栋、河堤和桥梁、教师经济适用房及高边坡支护工程项目。争取到中央财政支持的质量提升计划项目资金700万元，新增计算机云教室2间，计算机127台，完成学校网络中心的改造升级和LED显示屏的安装与调试，新建现代农艺专业实训基地和4个专业实训室。

（曾凡富）

车车灯

车车灯，因表演时以竹竿、纸花、彩绸或布扎制的道具手推小车而得名。流传在高罗、沙道沟、珠山、万寨等乡镇，属于一种岁时节令的民间舞蹈。

车车灯集舞、歌、乐于一体，系生、旦、丑组成的三人舞，一般坐车的为花旦，推车的扮丑角，老生或小生在前面领舞引路。丑角主要突出推车的各种动作，如上坡推车、下坡刹车、平路急进或慢行、起步、停车等；旦角表演难度大，而且要与丑角配合默契，给人始终一种稳坐在车上、只见车在行、不见人在走的感觉；生旦在前，起着领舞指挥的作用，用肢体语言传达路况信息，如上坡、下坡、起步、暂停等。丑角表演者没有固定步式，跑来窜去，扭前扭后与乘车的人嬉逗调笑。车车灯唱词多为恭贺新年，道出人们对人寿年丰、太平盛世的期盼与向往，也即兴编唱各种与节庆、农事、民俗有关的诙谐有趣之词，以幽默逗乐为主。音乐由声乐和器乐两部分组成，伴奏乐器一般有鼓、锣、钹和马锣。

劳动与就业

【概况】2015年全县城镇新增就业5853人，比上年增加52人，完成全年目标任务3500人的167.2%。1月，沙道沟镇、椒园镇被省人社厅授予“湖北省农村劳动力转移就业工作示范乡镇”称号。城镇登记失业人员1115人，城镇登记失业率控制在3.8%以内。帮助城镇失业人员再就业1434人，完成全年目标任务500人的286.8%。引导和帮助486名就业困难人员成功就业，完成全年目标任务200人的243%。对2443名城乡劳动者进行就业创业培训，完成全年目标任务1250人的195.4%。其中创业培训811人，完成任务(300人)的270.3%，成功创业和自谋职业458人。全县农村劳动力新增外出就业2709人，其中出省1521人，人社部门组织外出就业701人。全县发放小额担保贷款368笔3245万元，完成任务(1200万元)的270.4%；新增创业722户，完成任务(300户)的270.4%；带动就业3268人，完成任务(750人)的435.7%。全年就业专项资金支出697万元，其中职业培训补贴72.5万元，创业培训补贴30.04万元，灵活就业人员社保补贴170万元，公益性岗位补贴130.13万元，创业扶持补助9.5万元，公共就业服务支出203.2万元。县公安局、县一中等24个单位，开发公益性岗位139个，全县公益性岗位在岗人员258人，城镇“零就业家庭”动态继续保持为零。

【城乡就业及劳动力资源开发】2015年县人力资源和社会保障部门直接管理的培训机构开展职工技能培训0.12万人。城镇新增就业人员5853人，完成任务的167.2%，其中城镇失业人员再就业1434人，就业困难人员再就业486人。城镇登记失业人员1115人，城镇登记失业率控制在3.8%以内。全县实有农村劳动力转移94050人，主要集中在长三角、珠三角，其中省外就业76380人；11420名农民工返乡就业创业，其中返乡创业990人。全县城乡劳动者就业创业培训2443人，完成

2015年2月28日，春风行动招聘现场

任务的195.4%；其中创业培训811人。通过培训，实现成功创业和自谋职业458人。全县小额担保贷款资金扶持创业368户，发放小额担保贷款3245万元，新增创业722户，带动就业3268人。征收失业保险金387万元，发放失业保险金28万元，发放失业人员医疗保险金9万元。发挥失业保险“促进就业”的功能作用，发放职工培训稳定就业岗位补贴，支持用人单位开展职工培训，对符合政策要求的珠山镇粮食购销公司等12家单位给予稳岗援助，落实稳岗补贴72.3万元，稳定岗位917人。

进一步推动全县农村劳动力转移就业，促进民营企业的发展，引导广大学生正确认识就业形势，转变就业观念，促进就业创业，开展“就业援助月”“春风行动”活动，民营企业招聘活动、“两后生”专场招聘会等大小招聘会18次。11月14日，响应州委号召，推进“大众创业，万众创新”，组织49家企业参加州人民政府举办的“大众创业，万众创新”大型现场招聘会。

掌握全县劳动力资源基本情况，挖掘返乡农民工中起示范性的优秀代表，对全县返乡农民工开展走访调查，宣传就业创业积极政策，引导、鼓励返乡务工人员节后就近就地就业、自主创业。在全县范围内开展农民工参加失业保险情况调查活动，针对全县农民工参保情况，着重解决农民工失业保险参保率低的问题，保障农民工的切身利益。结合县域经济发展、特色农业产业链建设，对全县具有代表性的产业白柚和茶叶开展产业用工及劳务品牌建设情况调查，实地调查伍家台、昌臣等典型企业，发现其在发展过程中存在的问题并提出解决建议。

规范化落实优惠政策，将全年度的灵活就业人员补贴、公益性岗位管理和补贴等所有就业专项资金的登记、申请、审核、复核、拨付进入了湖北省就业管理系统，做到线上线下同步。全年为521人办理全年灵活就业的就业困难人员的社保补贴，为27个单位共计285人办理公益性岗位社保补贴和岗位补贴申报、审核及兑现。对全县的公益性岗位人员进行在岗情况的实地调查工作，在岗情况良好，无空挂现象。及时为符合条件的失业人员发放失业保险金，保障失业人员基本生活。

强化园区服务，替企业排忧解难。2月28日，组织召开“服务园区用工暨春风行动招聘会”，共吸引近两千人求职应聘，园区企业通过招聘会共录用103名新员工。促进校企合作，搭建校企合作共赢平台。6月12日组织县工业园区企业与恩施职业技术学院进行校企对接洽谈会。全年为企业组织大小专场就业活动招聘会18次，专设工业园区就业服务绿色窗口，在湖北公共招聘网、宣恩县门户网就业专栏、微信公众平台上定期更新园区企业用工信息。联合园区企业开展泡菜加工、陶瓷加工等多种岗前技能培训。10月16日，县劳动就业局牵头组织县人社系统开展“走进园区、学习园区、服务园区”活动，到企业了解实际困难及生产工人工作情况，调整业务工作方向。

2015年启动就业创业促进工程，共设立就业创业扶持项目、青年创业项目、返乡创业项目、巾帼创业项目、自强创业项目、就业创业扶持人才建设项目六大扶持项目，共为368名自主创业人员成功办理申请创业担保贷款共计3245万元，带动3268人就业。扶持创业项目，搭建创业平台，万寨乡返乡创业园主体工程已基本完工，进入招商建厂阶段，联动财政、工商税务等部门，完善返乡创业政策扶持及服务体系，为创业园企业实现创业奖励、场租补贴、创业担保贷款、税收减免等相关政策。

构筑信息服务平台，做好就业创业宣传。“616”对口帮扶工程援助的宣恩人民广场公共就业服务电子显示屏已投入使用。2015年，利用宣恩县电视台、门户网站、人社局信息网站以及人力资源市场电子屏等发布企业用工信息，并根据企业用工需求及时更新信息，共发布供求信息万余条。推行湖北省公共就业人才服务信息网络，完善“就业地图”服务功能。加强全县9个乡镇和城内5个社区基层就业服务平台建设，使就业信息局域网覆盖全县。

【职业技能培训】坚持以“三个结合”（即长期培训和短期培训相结合、用人单位和培训机构相结合、减免费用与培训补贴相结合）为培训着力点，依托三大平台（即企业平台、培训基地平台、就业服务平台），围绕三大产业，创新化培训内容，适应发展新形势。2015年，城乡劳动者就业培训2443人，完成目标任务的195.4%，其中创业培训811人，完成目标任务的

270.3%，成功创业和自谋职业458人。加强县域特色经济产业与“互联网+”与相结合，对全县部分电子商务企业经营情况和电子商务发展状况进行一次调查，了解全县电商存在的问题和困难。联合企业举办了两届电商培训和“村友”电商服务平台相关知识培训，并在创业培训课程中增加“互联网+”新思维的课程。二是精准培训，开展创业扶贫。把就业培训作为促进劳动者体面就业和实施精准扶贫的有效抓手，按照县域实情，组织了一期被征地农民创业培训和两期“精准扶贫”创业培训。积极引导失去土地的农村劳动者开展自主创业，帮助全县各贫困村有创业愿望、具备一定创业条件的劳动者以及处于创业初期的创业者，通过创业促进就业，实现“培训一人、致富一家、带动一片”的综合效益。

（杨嫱）

劳动关系调整

【劳动监察】2015年采取电视媒体、张贴标语、印发资料，到企业、工业园区等多种形式宣传《中华人民共和国劳动法》《中华人民共和国劳动合同法》《中华人民共和国社会保险法》《中华人民共和国劳动保障监察条例》等劳动保障法律法规，共发送各种宣传资料3000份（其中人力资源社会保障法律法规知识宣传手册1500份，印制劳动合同文本1500份）。全年劳动监察大队共接待群众来访咨询192人次，监察检查用人单位115家，涉及劳动者3858人，责令支付拖欠工资29.79万元。全县企业劳动合同签订率96%，集体合同签订率达到85%。接受投诉案件数18件，投诉立案数18件，投诉案件结案率100%。补签劳动合同516份。为971名农民工追讨工资1828.19万元，收取欠薪保障金299.41万元。劳动用工备案系统应用情况稳步推进，全县共完成用工单位备案376家，用工单位备案8687人。

2015年2月9日，县劳动监察大队为农民工发放追讨工资

开展《清理整顿人力资源市场秩序专项行动》，清理整顿违法违规职业介绍机构，打击以职业介绍为幌子的违法犯罪行为，全县组成以人社、工商为主的3个工作专班，到全县9个乡镇，将全县工商企业密集区、流动人口集散地、职业中介机构和自发形成的人力资源交易场所作为重点检查区域，有针对性地进行一次拉网式检查。全县共参加专项行动检查36人次，共检查职业中介机构2个，用人单位95家，没有发现违反就业管理相关规定的违法案件。

开展2014年度劳动保障年检工作，全面掌握、摸清全县用人单位的用工情况、劳动合同签订情况、社会保险申报缴费情况、遵守劳动保障法律、法规的情况，全县95%以上的用人单位参加劳动保障年检。审查用人单位报送的书面材料55户，涉及劳动者1041人。

进一步加强对企业特别是劳动密集型中小企业劳动用工行为的监督管理，更好地维护劳动者和未成年人的合法权益，根据《关于开展整治非法用工打击违法犯罪专项检查的通知》（恩施州人社函〔2015〕67号）精神及工作实际，制定《宣恩县开展整治非法用工打击违法犯罪专项检查的实施方案》（宣人社文〔2015〕36号），开展整治非法用工打击违法犯罪专项检查。成立开展整治非法用工打击违法犯罪专项检查的领导小组，全县组成以人社、工商、国土、安监、公安为主的3个工作专班，到9个乡镇，将全县劳动密集型中小企业，城乡结合部和乡村企业，特别是乡村小砖窑、小煤矿、小矿山、小作坊等场所作为重点检查区域，有针对性地进行一次拉网检查。全县共参加专项检查27人次，共检查用人单位13户，涉及劳动者99人，查处违法案件2件，补签劳动合同15份，补发工资4.2万元。

开展用人单位遵守劳动用工和社会保险法律法规专项检查，检查用人单位115家，涉及劳动者人3858人，参加执法检查人数35人次，印发宣传资料5000份，责令补签劳动合同人数12人，责令支付拖欠工资29.788万元。

督促用人单位落实《职工带薪年休假条例》，保障职工合法休息休假权，调动职工工作积极性，促进职工身心健康，根据州人力资源和社会保障局、恩施州总工会转发《省人力资源和社会保障厅、省总工会关于开展职工带薪休假落实情况专项检查的通知》（恩州人社函〔2015〕376号）在全县范围内组织开展用人单位带薪休假执行情况的专项检查。检查涉及企业、非民办企业63户，涉及1407人。其中企业51户，涉及1275人；非民办企业12户，涉及132人。未依法安排职工年休假的企业3户，非民办企业1户。责令整改企业3户，非民办企业1户。

根据恩施州人社局等八局、委、会《关于认真做好农民工工资支付情况专项检查的通知》（恩施州人社函〔2015〕424号），做好农民工工资支付情况专项检查，春节前拖欠农民工工资案件基本结案，群体性事件得到妥善处理，维护社会和谐稳定。对县工业园区企业、所有房地产开发施工单位、交通、水利、国土等建设项目进行全面检查，排可能引发重点群体性事件的各种隐患和苗头，送达《劳动保障监察建议书》。

【仲裁调解】2015年县人事劳动争议仲裁院共接待群众来访咨询142起，劳动人事争议案件74件，其中不予受理11件，立案受理63件。受理工伤案件81件，其中调查并办结71件，中止认定5件，处于办理中5件。工伤待遇争议7件，解除劳动合同争议21件，确认劳动关系18件，补缴社会保险11件，履行合同5件，涉案赔偿金额167.91万元，结案率为92.64%。2015年已审结的63件案件中，用人单位完全胜诉的案件3件，劳动者完全胜诉的案件43件。劳动者胜诉率较高的主要原因为证据充分，仲裁请求数额按政策依据计算。已审结的63件案件中，28件案件以双方协商方式结案。3月19日受理一起在高罗乡恩来恩黔高速公路工地受伤的农民工向培成要求确认与湖北路桥集团有限公司的事实劳动关系及先予执行医药费的劳动纠纷案件。为让伤者尽快得到工伤待遇，不耽误治疗，县人事劳动争议仲裁协调双方。为节省伤者家属的精力、时间、费用及伤者能尽快恢复，伤者家属听取建议，让伤者住院的医院做司法鉴定。经宜昌大公法医司法鉴定所鉴定，据最高人民法院《人体损伤残疾程度鉴定标准（试行）》第2.1.3条之规定为伤残一级。湖北路桥得到司法鉴定结论意见书后积极讨论向培成工伤待遇问题，湖北路桥予以认可其事实，同意按其司法鉴定结论给予向培成补偿其工伤待遇。11月18日，伍孝祥在宣恩县同兴建材有限责任公司场区巡查时不幸被作业面上滚落的岩石砸中受伤，送县人民医院抢救无效后于当日去世。伍孝祥亲属于11月23日向县劳动仲裁委员会委申请仲裁。11月26日，在仲裁委主持下，双方当事人就伍孝祥不幸受伤死亡一事，在平等自愿的基础上，依据《中华人民共和国劳动法》《工伤保险条例》等法律法规的规定，就同兴建材公司向伍孝祥亲属的赔偿事宜，经协商达成调解协议，赔偿86万元。

（蒋华云）

社会保障与公益事业

社会保险

【概况】2015年末全县参加城镇职工基本养老保险2.97万人，参加城乡居民基本养老保险14.37万人(其中新型农村社会养老保险参保人数14.16万人)；参加城镇职工基本医疗保险1.73万人；参加城镇居民基本医疗保险1.97万人；参加工伤保险1.02万人；参加生育保险0.42万人；参加失业保险人数0.87万人。

【社会保险费征缴】2015年恩施州下达宣恩县社会保险参保任务85390人，核定征收保险费12517万元。其中，企业养老保险参保22140人，核定征收保费6200万元；机关事业养老保险参保2470人，核定征收保费1062万元；城镇职工基本医疗保险参保17190人，核定征收保费4420万元；失业保险参保6960人，核定征收保费350万元；工伤保险参保10150人，核定征收保费380万元；生育保险参保4180人，核定征收保费105万元；城镇居民医疗保险参保22500人。

2015年不断加大宣传力度，印制宣传单、宣传手册、标语、横幅、宣传专栏、新闻媒体、信息网络、信息报道等多形式宣传社保政策。坚持以企业、城镇居民为重点，提高用人单位和劳动者参加社会保险的法律意识，做好被征地农民、下岗失业人员等群体的参保动员工作，提高群众对社保政策的认知度和参保率。实际完成社会保险参保89294人，完成全年计划参保人数的105.16%，核定征收社保费43319万元，完成全年核定征收任务的346.1%。其中，企业养老保险完成参保27224人，完成全年计划参保人数122.9%，核定征收35071万元，完成全年征收任务565.7%；机关事业养老保险完成参保2471人，完成全年计划参保

2015年6月24日，在县社保大厅审批被征地农民参加养老保险

人数100%，核定征收1810万元，完成全年征收任务170.4%；城镇职工基本医疗保险完成参保17310人，完成全年计划参保人数100.7%，核定征收5319万元，完成全年征收任务120.3%；失业保险完成参保8675人，完成全年计划参保人数124.6%，核定征收372万元，完成全年征收任务106.3%；工伤保险完成参保10200人，完成全年计划参保人数100.5%，核定征收642万元，完成全年征收任务168.9%；生育保险完成参保4222人，完成全年计划参保人数101%，核定征收105万元，完成全年征收任务100%；城镇居民参保人数已达19692人，完成全年计划参保人数87.5%（未完成原因是城区农村户籍学生参加新农合医疗，同时，新取消的3890人低保有部分人员未缴费），核定征收城居医保费262万元。

【社会保险基金支出】2015年在不断完善领取待遇人员的审批、待遇计算及社保待遇发放等各项制度的基础上，坚持严格按照经办流程，把好待遇审核、支付关，认真开展参保人员的待遇审核，生存信息年审、保险待遇发放等各个环节的工作。县社保局加强与地税部门沟通，实现业务信息实时传递，确保医疗、工伤、生育待遇的及时享受。2015年全县共计支出保险基金总额28209万元，惠及参保对象80714人次，其中，企业养老保险支出19070万元，机关事业单位养老保险支出3023万元，基本医疗保险待遇支出5774万元，失业保险支出63万元，工伤保险支出240万元，生育保险支出39万元。

【社保转移接续】按照人社部《城乡养老保险制度衔接暂行办法》（人社部发〔2014〕17号）及湖北省人社厅印发的《城乡养老保险制度衔接经办规程》（人社厅发〔2014〕25号）操作规程，加强与接续单位的沟通与协作，做到数据及时传送、资料完整齐全、转移接续及时办理。以农民工、转业军人等群体为重点，广泛宣传转移接续相关政策，在社保服务大厅专门设置咨询台并安排专人负责答疑解惑，指导参保对象按照规定程序办理相关手续。社保关系跨地区转移接续工作的顺利开展，消除影响劳动力跨地区合理流动的障碍，参保群众的持续性权益得到保障。全年共办理养老保险转移接续327人，其中转入303人，转出24人。

【退休人员服务管理】2015年4至5月，对全县1万余离退休人员的生存信息进行年检工作。为方便退休人员进行年检，县社会保险管理局采用多种方式，大厅年检使用人像识别系统，身份识别准确、快速，异地退休人员可通过远程视频及异地社保经办机构协助的方式进行认证。按照国家的相关政策，连续第十一年对所有企业退休人员的待遇进行调整，涉及全县9801人，人平增资187.52元/月。

【工伤保险管理】工伤保险坚持全覆盖、保基本、多层次、可持续方针，贯彻落实《社会保险法》《工伤保险条例》和新修订《湖北省工伤保险实施办法》，不断扩大覆盖范围，全面提升管理服务水平。通过定期将施工企业未依法依规缴纳建设工程项目工伤保险费额的情况书面函告住建、交通、水利、国土等相关部门，便于相关部门督促企业及时参保。开展建筑业“同舟计划”，即建筑业工伤保险专项扩面行动计划，进一步提高全县建筑业工伤保险参保率。全年工伤保险参保10200人，核定征收工伤保险费642万元。

（袁磊）

医疗保障

【医疗保险征缴】2015年恩施州下达宣恩县城镇职工基本医疗保险参保任务17190人，核定征收保费4420万元；城镇居民医疗保险参保22500人。县社保局在城镇居民医疗保险参保收费、严重慢性疾病评审、大额医疗补偿实施、医保定点零售药店突出问题专项整治等阶段开展相应的医保政策宣传，不断增强用人单位和群众主动参保意识，规范“两定”医疗机构和参保人员的行为。城镇职工基本医疗保险实际参保17310人，完成全年计划参保人数100.7%，核定征收保费5319万元，完成全年征收任务120.3%；城镇居民参保19692人，完成全年计划参保人数87.5%，核定征收城镇居民医保费262万元，城镇居民医保中央和省级补助747万元。

【医疗保险支出】医疗保险基金纳入财政专户，实行收支两条线管理。坚持严格按照经办流程,把好待遇审核、支付关,财务印鉴、票据、空白凭证实行登记领用制度,每出一份票据财务人员都要认真审核财务入账原始凭证的真实性和记账凭证的正确性,做到账账、账证、账表、账实相符,确保医保基金收支安全。截至2015年12月底,全县基本医疗保险待遇累计支出5774万元。其中,统筹基金支付2580万元,城镇职工个人账户支付1841万元,城镇居民统筹和个人账户医疗总支出1124万元,其他医疗支出229万元。

【大额医疗费用补偿】按照《恩施自治州城乡居民大病保险实施细则》(恩施州人社发〔2013〕195号)、《恩施州城镇医疗保险大额医疗费用补偿办法》(恩施州人社发〔2014〕107号)等文件精神,将参加城镇居民医疗保险和城镇职工医疗保险的参保对象纳入大病医疗范围,制订实施方案,让参加城镇居民医疗保险和城镇职工医疗保险的参保对象在因重大疾病住院治疗后,能及时享受大病医疗保险待遇补助,既扩大医疗保险对困难群众的定向补偿和救助渠道,又发挥医疗保险的兜底作用,做到让困难群体病有所医。2015年全县共287名参保人员取得大额医疗补偿。大病医疗保险中,报销费用比较高,患者得到实惠的案例:胡某,是大病医疗保险参保对象,患肝癌,2015年度共发生住院费用35万元,基本医疗保险和大病医疗保险报销了20万元,个人自付15万元,通过大额费用补偿政策获得补偿12万元,报销比例提高到90%,个人仅自付10%的医疗费用。

【严重慢性疾病评审】根据《关于加强基本医疗保险门诊特殊慢性病规范管理的意见》(鄂人社发〔2013〕60号)文件规定,可申请严重慢性病门诊报销待遇的病种包括慢性肾功能衰竭、恶性肿瘤、系统性红斑狼疮、糖尿病、重性精神病等14大类。2015年对严重慢性疾病的评审方法进一步进行科学设计,将评审方式改为异地组织专家异地评审,对申请人个人信息进行密封处理,评审活动报县纪委监督部门备案,评审过程全程监督,杜绝暗箱操作和人为因素,保证参保人员公平、公正享有严重慢性病待遇。为保障参保人员的利益,尽量避免因少交、迟交材料而错过严重慢性病评审,县社保局前后开展2次评审。

2015年严重慢性疾病评审在湖北民族学院附属医院进行,评委由5名附属医院医生、1名县人社局分管领导、1名医疗保险经办机构负责人、1名医疗保险经办机构分管负责人、医疗保险管理股人员共10人组成,其中医疗保险经办机构负责人任评审主任,医生为评审专家,其他人员为评委成员。医疗保险经办机构负责人对现场的评审工作负总责。医生负责结合病人所提交的诊断证明、检查报告单、住院记录等资料,按照《恩施州人社发〔2012〕151号》《恩施州人社发〔2013〕21号》文件要求和省、州基本医疗保险门诊特殊慢性病准入标准进行严格评审,提出初步评审意见。县人社局分管领导负责对盲评过程进行全程监督,重点监督评审过程中是否严格做到公正公平,是否始终坚持客观的评审标准,有无明显提高或降低评审标准的问题。全体评委参与评审,结合医疗专家初步评审意见采取无记名投票方式实行民主决策。评审结果将由县社保局进行为期7天以上的公示,公示期满无异议的由社保局签署通过评审意见并加盖公章,作为基本医疗保险严重慢性病门诊费用报销根本依据。评审通过者可享受范围内的严重慢性疾病门诊报销,最高报销比例达70%。经过两次评审,2015年度共计有648人符合待遇享受条件。

【"两定"机构管理】2015年,县社保局围绕医保问题点题监督,通过加大稽核力度,加强对全县医疗保险"两定"机构的管理,维护医疗保险基金的有效使用,保证社保基金的安全。实施总额付费控制,有效遏制医疗机构医疗费用的不合理增长,同时通过适当调整,使总额付费控制制度适应诊疗技术和医疗服务需求的不断提高。加强协议管理,与全县70家"两定"医疗机构签订2015年度"两定"机构服务协议。建立医保部门工作职责,包含病历抽查审核、慢性病和重症疾病管理、处方管理、奖惩等医保管理制度。对定点机构履行协议、参保缴费情况进行专项稽核,检查发现部分医疗机构在申报医疗保险是提供的工资总额不实,有意调低工资总额,导致基金未能应收尽收,稽核检查后,相关医疗机构已经整改。开展打击医保欺诈骗保专项行动,重点查处挂床住院、过度检查、过度医疗行为，经分析审核，纠正违规资金4.8万元，对相关定点医院进行通报，并要求全县70家“两定”机构进行自查自纠。开展医保定点零售药店突出问题专项整治行动，重点查找摆放或销售超出“国药准字”“国药食字”“卫食健字”“卫消字”等个人账户支付范围外商品行为，采取明察暗访等形式对定点零售药店进行督促检查，在加强日常监督检查的基础上，设立举报电话，完善医保监管体系。建立准入退出机制，按照州人民政府《关于印发〈恩施州城镇基本医疗保险定点医疗机构管理办法和恩施州城镇基本医疗保险定点零售药店管理办法〉的通知》（恩施州政规〔2013〕4号）文件精神，建立两定医疗机构准入退出机制。

（袁磊）

【城乡贫困群众医疗救助】根据《恩施土家族苗族自治州城乡贫困群众医疗救助办法》（恩施州政规〔2011〕4号）及《宣恩县城乡贫困群众医疗救助实施细则》等政策规定，对医疗救助对象实行住院救助，按当年个人实际发生住院的医疗费在城镇居民医疗保险、新型农村合作医疗按比例报销后，剩余部分凭医疗发票（复印件）由民政部门给予救助，共救助9039人次，金额达653.58万元。

根据《恩施州提高农村居民重大疾病医疗保障水平试点工作实施方案（试行）的通知》（恩施州卫发〔2012〕24号）精神，对小儿先天性心脏病、白血病、妇女宫颈癌、乳腺癌、终末期肾病血液透析五种重特大疾病开展“一站式”结算救助，共救助135人次，金额达36.93万元。

（郑海艳）

城乡居民社会养老保险

【概况】2015年，城乡居民养老保险参保人数143732人，参保率100%，缴费97427人，征缴保险费1099.67万元，参保缴费率100%，人均缴费额增长8.5元，较上年提高7.44%；享受养老保险待遇45360人，月待遇提高到70元/月，待遇发放率100%。办理城乡居民社会养老保险信访事项5件，回复办理网络问政信件12件，办结率100%，满意率100%。

【政策宣传】加大完善城乡居民基本保险制度宣传力度，在国省道干线制作10余幅200余平方米宣传标语、宣传漫画60余幅，印制城乡居民社会养老保险工作笔记本1000本，印制6万册政策宣传手册和3万份温情服务卡发放到服务对象。通过网络等其他宣传方式对城乡居民养老保险政策进行广泛宣传，确保群众对政策的知晓率和认可度。

【养老金发放】养老金待遇发放实行月审制，规范待遇审批流程，按月对符合待遇领取条件的人员进行认真审查，保障参保群众的切身利益。2015年发放城乡居民社会养老保险金4265.65万元，被征地农民养老保障金83.90万元。

【基金管理】执行社会保险基金管理有关要求，基金管理实行收支两条线，财政专户储存，专款专用，封闭运行。2015年城乡居民基本养老保险基金收入5691.82万元，基金支出4265.65万元，基金滚存结余8594.68万元。

【享受待遇人员资格认证】2015年5至7月，组织开展城乡居民社会养老保险领取待遇人员生存资格认证，防止和杜绝虚报冒领城乡居民养老保险待遇的。以村为单位，对领取城乡居民养老保险待遇情况进行公示，对享受待遇的4.54万人生存状况进行核对。

【城乡养老保险制度衔接】保障参保人员合法权益，做好城乡基本养老保险转移衔接，全年办理城乡养老保险制度衔接3076人，结算个人账户基金121.01万元。

（杨海清）

【住房保障】2015年全县公租房、棚户区改造任务共2500套（户），实际开工1826套（户），开工率73.04%。基本建成任务700套，已建成708套，基本建成率101.145，竣工240套。分配入住任务700套，已入住514套，完成率73.43%。棚改货币化安置任务666套，实际安置666套，完成率100%。住房租赁补贴计划新增100户，实际新增19户，完成率19%。

（汪盛华）

社会福利与社会救济

【概况】2015年全县城镇居民最低生活保障对象700人，农村居民最低生活保障人数1.64万人。各种社会福利收养性单位床位数1294个。年末全县城镇社区服务中心、站共计67个。县民政局接访45批次(75人次)、办理信访32件次，实现到期查办率、息诉罢访率、信访办结率均为100%。认真做好大代表建议、政协议案办结工作，共承办、会办9件，满意率达到100%。

【城乡居民最低生活保障】2015年提高城乡居民最低生活保障标准，将城市居民低保标准提高到了370元/人·月；农村低保标准提高到2300元/人·年。3月10日起，集中20天时间，在全县范围内开展农村低保按标施保专项整治，清理"关系保、人情保、错保"现象，全县农村低保达到11835户16701人，人月均补助水平为112元，增长了37元；共清理退出低保8406户15784人，新增低保2520户2731人，总人数比原来减少43.8%，达到省民政厅提出的"缩面提标"目标。根据《县政府办公室关于开展农村低保按标施保工作实施方案》，按照"精、准、细、严"的要求，进行城乡低保按标施保工作，制定宣恩县农村居民家庭收入评估办法、家庭纯收入评估标准，按照恩施州政府统一制定的保障标准(上年度恩施州农村居民人均生活消费支出的40%)确定全县农村低保保障标准为2300元，对收入在2300元以下的分五档进行补助。城乡低保按标施保工作按照"个人申请、入户核查、收入核算、民主评议、公开公示、乡镇审核、县级(民政)审批"的工作流程实行应保尽保，接收群众监督，抵制不正之风，规范低保运行，自城乡低保进行清理整治和按标施保工作完成后，按照省民政厅、州民政局要求，民政局统一制作了公示栏，在全县各行政村、社区进行公开公示。2015年末享受城乡居民最低生活保障的12422户17406人，比同期减少50.2%。

2015年2月5日省民政厅副厅长赵显富(左三)到县光荣院慰问

(摄影：郑海燕)

根据《恩施州瞄准特殊困难对象实施精准扶贫实施方案(试行)》《宣恩县瞄准特殊困难对象实施精准扶贫实施方案(试行)》，并结合县扶贫办识别特殊困难群众的情况，对全县农村居民最低保中一、二类特殊困难群众实施精准扶贫补助，共发放补助资金200.69万元。

【临时救助】2015年将突发性事件造成的生活困难的群众及时纳入临时救助范畴，共实施临时救助520人次，救助资金43.4万元。

【福利院建设和管理】进一步强化城乡"三无"老人服务管理体制，加强农村福利院及县福利中心规范化管理及消防、卫生安全检查，按照城乡福利院管理问题专项整治的要求，不断强化改善农村福利院基础设施建设，改善五保对象居住条件，提高生活水平，拨付206万元资金对各乡镇农村福利院及县福利中心进行消防隐患整改，投资400万元搬迁椿木营乡农村福利院、120万元扩建长潭河侗族乡农村福利院二期项目、150万元改造沙道沟镇农村福利院危房。提高五保老人的生活保障标准，分散供养现达到2580元/年，集中供养达到3864元/年，五保户分散供养811人、集中供养279人，发放资金317万元。

【防灾减灾】5月12日是第七个全国“防灾减灾日”，县减灾委员会在县城人民广场举行以“科学减灾，依法应对”为主题的防灾减灾宣传活动，发放宣传资料10000份，宣传防灾减灾知识，增强群众防灾减灾意识，提高自救互救能力。提高农户抵御自然灾害的能力，投入25万元为全县所有农户农房统一参加保险。加强救灾应急准备，将价值30多万元的救灾物资分发到全县9个乡镇，确保受灾群众灾后12小时内衣、食、住、医等基本生活能得到初步救助。11月20日，县应急办组织的易燃易爆危化品灾害事故处置暨战勤保障综合应急演练，提高事故的应急处置救援水平。推进综合减灾示范社区建设，指导社区按照综合减灾示范社区建设要求，做好省级和国家级的减灾示范社区创建，组织双龙湖社区申报省级减灾示范社区，兴隆街社区申报国家级减灾示范社区，双龙湖社区被命名为省级减灾示范社区。

建立健全自然灾害救助应急预案，建立灾情日报制度、24小时值班制度、领导带班制度、重大灾情2小时必报制度等，应对突发性自然灾害，成功应对6月30日城区的山洪灾害等各种自然灾害，共争取发放自然灾害资金514.3万元，救助12312户25024人，发放救灾棉被741床，救助612户1830人。

【冬春困难群众生产生活安排】2015年把冬春困难群众生活安排通过摸清底数，制订方案，组织县、乡(镇)反复摸排核实，及时落实救灾资金，下拨春荒生活救灾资金58万元、临时生活困难救灾资金120万元。按照“突出重点、分类指导、统筹安排、分步实施”的原则，给予公开、公平、公正的区别救助，接受群众和社会舆论监督，确保灾民的基本生活得到保障。2015年7月5至25日，县民政、财政部门对各乡镇民政办拨款文件、资料以及台账进行清理，到9个乡镇18个村100余户受助对象家中进行救灾救助资金发放情况进行核查，及时发现并纠正违反救助资金管理规定的做法。

【倒房恢复重建】2015年全县计划恢复重建倒损民房106户，年末全县倒房恢复重建工作全部完成。

【优抚保障】2015年提高义务兵家庭优待金标准，农村户口义务兵家庭优待金标准提高到7049元/年，城镇户口义务兵家庭优待金标准提高到9436元/年，全年共发放义务兵家庭优待金368.06万元。

落实重点优抚对象医疗保障政策，一至六级伤残军人实行医疗费实报实销，其他重点优抚对象每年发放一定的门诊医疗补助费，住院费用按照政策进行报销和减免。严格优抚资金的管理使用，按照省民政厅要求调标并足额及时发放优抚对象抚恤、生活补助，共发放605万元。

【“关爱革命功臣，情系基层官兵”活动】在春节、“八一”期间对驻宣部队、县光荣院及特困优抚对象、新兵军属走访慰问。开展重点优抚对象走访调查活动，生活有困难的优先纳入最低生活保障，住房困难的纳入倒房恢复重建、移民搬迁和“解三难”项目，身体条件较差的送到省、州优抚医院进行疗养，全年帮扶重点优抚对象92人次，帮扶资金12万元。在抗日战争暨世界反法西斯战争胜利70周年期间，通过调查和核实，为12名抗战老兵颁发抗战纪念章并按5000元/人的标准发放一次性经济补助。经常到驻军部队了解官兵精神、物质上的需求，解决驻军官兵实际困难，对反映的问题积极协调。9月，为县消防大队一名士兵解决医疗救助资金3000元。10月19日，县委宣传部、县人武部主办，县文化体育新闻出版广电局县人武部驻地举办举办以“弘扬伟大抗战精神、同心共筑中国梦”为主题的国防教育月活动文艺演出。

【退役士兵安置】2015年共接收退役士兵90人，发放自谋职业补助费、自主就业补助费、待安排工作期间生活补助费共106.74万元；拟定符合政府安排工作条件10名退役士兵的安置方案；对62名退役士兵进行汽车驾驶与维修技能培训。

【烈士褒扬】清明节、烈士纪念日期间组织驻军、机关、学校到县烈士陵园、板栗园大捷纪念牌、椿木营烈士纪念亭等爱国主义教育基地开展“缅怀革命先烈、发扬光荣传统”活动，投资48万元对板栗园大捷及椿木营烈士纪念设施进行维修改造。4月15日，湖北省民政厅副厅长杨昌斌带调研组，在州民政局局长姚茂易的陪同下，到宣恩县调研民政重点工作开展情况，到县殡仪馆、烈士陵园，了解民政公共服务设施和烈士纪念设施建设情况。

【社会养老服务】2015年全面促进全县养老事业发展，逐步完善以居家养老为主体、社区养老为依托、机构养老为补充的养老服务体系，加快公办养老服务设施和农村老年人互助照料活动中心建设。规范公办养老机构的服务管理，提升管理水平。到各乡镇行政村进行实地调查了解，拨付资金18万元建立5个农村老年人互助照料中心（椒园庆阳坝村老年人互助照料活动中心、高罗麻阳寨村老年人互助照料活动中心、长潭河中坝村老年人互助照料活动中心、万寨梭龙坝村老年人互助照料活动中心）和1个城市社区居家养老服务中心（双龙湖社区居家养老服务中心）；争取中央福彩公益金及其他资金184万元，在全县范围内选择44个条件相对成熟的自然村，以村委会为中心，利用农村闲置的房屋，建成44个农村幸福院。通过成立基层老年协会，组织老年人开展各项文体娱乐活动，丰富文化生活，关爱留守老人。全年有432名老年人办理老年优待证。县十七届人民政府第三十次常务会议同意将全县80—89周岁老人纳入高龄津贴补贴范围。7月1日，全县9个乡镇正式启动津贴发放工作，按80至89岁20元/月、90至99岁50元/月、100岁以上400元/月的标准发放老人高龄津贴70.97万元。

【第二次地名普查】2014年9月25日成立宣恩县第二次全国地名普查领导小组（宣政办函〔2014〕72号）。制定出台《宣恩县第二次全国地名普查实施方案》《宣恩县第二次全国地名普查责任清单》，明确目标任务、普查范围和内容、时间节点、阶段性工作任务、组织实施及工作要求等事项，落实专项普查经费及抽调专人开展普查工作，做到组织、人员、经费、办公场所、设备五个方面落实。建立普查单元考评办法和质量监理制度，确保工作有序开展。5月11日，召开第二次全国地名普查工作推进会，对全县地名普查工作进行安排部署，正式启动第二次全国地名普查工作。7月31日上午，全州第二次全国地名普查现场推进会在宣恩召开。8月28日，宣恩县第二次全国地名普查办在县福利中心八楼会议室召开地名普查实地踏勘业务培训会。县直25个单位的普查联络员以及业务合作单位、县普查办工作人员共计40余人参加培训。2015年7月6日，开展以地名信息资料搜集、地名调查目录填写为主要内容的系统培训，进一步规范地名目录信息资料的搜集与地名调查目录的填写，统一口径和注意事项，明确职责范围、完成时限和质量标准。以乡镇召开地名调查目录评审座谈会，针对上交地名信息的“不完整、不准确、不规范、不一致、不平衡”的“五不”问题，利用15天时间到各乡镇，集中进行甄别校正、梳理和沟通，进一步推进地名目录形成的准确性、完整性，为实施踏勘和地理信息采集奠定基础。涉及地图标绘、经纬度测量、矢量地图修改整饰等专业技术上的工作，与具有资质的专业公司签订合同，在10月底完成地名外业踏勘工作，进入地名标准化处理、地名数据录入、地名文化挖掘、整理及地名设标阶段。

【社会组织管理】截至2015年10月，全县共登记社会组织211家。对20家开展中介服务的社会团体进行清理，进一步规范社会团体和民办非企业的登记办理工作，精简办事流程、优化办事程序、提高办事效率，严格实行“一周办结制”。推进社会组织反腐倡廉工作，完成对宣恩县大鲵协会等5家社会团体反腐倡廉的试点工作。

【基层社会管理】2015年进一步加强基层民主政治建设，提升基层群众自治水平，实现村级事务民主决策、民主管理、民主监督。按照标准和要求建设珠山镇岩堡社区、沙道沟镇街上社区、李家河镇凤山社区3个社区公共服务站。对照“难点村”验收标准，按照省、州要求指导乡镇、村扎实开展椒园白泥坝等5个“难点村”的治理工作。进一步强化村务公开工作，按照村务公开民主管理专项整治的要求，将2015年作为“村务公开年”，制定《关于开展“村务公开年”活动的通知》(宣村发〔2015〕1号),对村务公开栏进一步规范,统一村务公开形式。加强基层干部队伍建设,提升基层干部服务管理水平,对全县所有村主职干部进行理论和业务培训;社区进行居委会换届选举,11月22日完成珠山镇工农街、上湖塘、兴隆街、白鹤井四个社区居委会的换届选举工作,双龙湖社区的选举工作正有序推进。

【殡葬服务管理】推进殡葬服务管理,整顿殡葬秩序,倡导殡葬新风,实现惠民殡葬。在清明节前后开展殡葬宣传月活动,倡导移风易俗,文明祭祀的新风。对常住户籍的城乡最低生活保障对象、农村"五保"供养对象、城镇"三无"人员和享受抚恤(补助)金的重点优抚对象落实基本殡葬服务费用的相关政策,免除基本殡葬费用标准1200元。2015年县殡仪馆共办理丧事73起,免除、优惠基本殡葬服务费用5.65万元。结合殡葬行业管理服务专项整治工作,进一步推行精细管理、优化服务流程、规范服务行为,完善各项管理规章制度,明确收费标准,并进行公开公示,实行阳光服务,完善服务配套设施,以丧属满意为标准,落实惠民殡葬政策,通过测评满意率达到100%。

【孤儿及流浪救助】2015年开展城镇"三无"和孤儿核查工作,全县有孤儿216人,其中集中供养15人、社会散居201人,按照标准发放基本生活费81.36万元。进一步规范流浪乞讨救助管理,共接待救助人员487人次,救助支出28.3万元,基本实现城乡街面无流浪乞讨人员的目标。

【婚姻收养登记】严格规范婚姻收养登记程序,2015年共办理婚姻登记手续3603对(办理结婚登记2265对,办理离婚登记646对,补领结婚登记692对),办理收养登记4件,登记合格率100%。

【慈善福彩事业】2015年开展慈善助学、小儿先天性心脏病筛查及救助、"慈善亮眼行动"、定向捐赠等慈善活动,共资助107人次,资金40万元。11月5日,由县民政局、县慈善总会主办的创维电器、万泉来净水机宣恩慈善捐赠会在宣恩县福利中心举行。创维电器荆州分公司为全县9个乡镇福利院捐赠价值2.6万元的电器产品,为困难户和优抚群体捐赠价值200万元的惠民折。结合福彩专项整治工作,进一步规范发行销售、市场管理、营销宣传、队伍建设、资金管理,确保福彩发行安全运行,无安全事故发生,共销售彩票2300万元,完成全年任务的96%。

【法治民政建设】强化民政审批事项的清理,按要求进一步调整和规范审批事项。2014年7月9日,县机构编制委员会印发《关于部分县直单位内设行政审批机构的通知》(宣编发〔2014〕15号),明确县民政局设立行政审批股为内设机构,增核内设机构负责人职数1名。其主要职责:负责民办非企业成立、变更、注销登记;社会福利企业审批;社会团体成立、变更、注销登记;收养登记审批;养老机构设立许可;婚姻登记;婚姻状况证明;老年优待证办理;殡葬服务收费;社会团体章程核准;民办非企业单位年度检查;社会团体年检;社会团体延期换届。行政审批股集中办理审批事项,明确专人负责,提高审批程序的统一性和规范性。组织干部职工学法用法,加强对民政业务各项法律法规的学习,大力推行民政业务标准化建设,进一步规范管理、优化服务,建设法治民政。10月26日,县人大常委会评议全县民政工作动员大会在县民政局召开。县人大常委会副主任史红珍及评议调查组成员,县民政局班子成员、局机关干部、局属二级单位及乡民政办负责人参会。11月26日,宣恩县十七届人大常委会第二十八次会议召开。会议对县民政局、县环保局、县工商局开展工作评议。经县人大常委会组成人员、人大代表测评,县民政局综合测评满意率为99.42%。

(郑海燕)

宣恩义工

【义工协会活动】5月27日,武汉珞珈传媒艺术学校成立的珞珈爱心教育基金联合FM107.8大家帮节目组、宣恩义工协会到万寨乡长沙河小学,与小朋友们共同庆祝六一儿童节,为每一位小朋友送上文具盒、水彩笔、美术本等学习用品,为学校赠送课桌椅、音箱、旗杆及课外读物等价值近万元的物资,并捐赠资金帮助学校解决用水问题。

人民生活

【概况】 2015年，全县全体居民人均可支配收入11151元，同比增加1072元，增长10.6%，城镇常住居民人均可支配收入20606元，同比增加1736元，增长9.2%，农村常住居民人均可支配收入7805元，同比增加757元，增长10.7%。全体居民人均消费支出8283元，同比增加807元，增长10.8%，城镇常住居民人均生活消费支出14183元，同比增加1687元，增长9.6%，农村常住居民人均生活消费支出6194元，同比增加603元，增长10.8%，

2015年居民生活消费呈现三大特点：一是可支配收入保持平稳增长，增速略微放缓。全体居民人均可支配收入增速同比下降1.2个百分点；镇常住居民人均可支配收入增速同比下降0.7个百分点；农村常住居民人均可支配收入增速同比下降1.7个百分点。二是生活消费支出增速与收入基本同步。2015年全体居民、城镇常住居民、农村常住居民人均可支配收入分别增长10.6%、9.2%、10.7%，生活消费支出分别比上年增长10.8%、9.6%、10.8%，增速与可支配收入基本保持同步增长。三是农村居民人均可支配收入和生活消费支出增速均高于城镇。2015年农村常住居民人均可支配收入增长10.7%高于城镇1.5个百分点；农村常住居民人均生活消费支出增长10.8%，高于城镇1.2个百分点。主要是因为近年来农村城镇化速度加快，精准扶贫各项举措取得较好成效，农村基础设施不断完善，农村居民消费条件得到改善，生活水平与收入水平同步提高。

（刘小城）

乡镇概况

289/316

珠山镇

【概况】珠山，1983年全国规范县城名称时，取因“宣恩八景”中“珠山晓翠”的明珠山而名。本施南土司故基地，自设立宣恩县治始建县署，或称县邑、城关等。

元至正二年(1342)，属施南宣抚司覃氏土司辖。明末，施南宣抚司治所迁入城关镇城区文庙所在地。清雍正十三年(1735)改土归流设宣恩县，属东乡里(治所设长潭河)和施南里(治所设县城)。乾隆元年(1736)在施南土司故基设县署，次年新建。民国30年(1941)，实行新县制，全县设13个乡，县城区属城关乡。1949年11月10日宣恩县城解放，1950年1月，全县划为5个区13个乡，城关乡属城关区。1951年3月，全县地名区改数字区，城关区属第一区。1961年10月11日，城关镇从城关区划出，属县辖镇。1968年6月，属城关区革命委员会。1975年10月，撤销城关区，建立椒园公社与和平公社，椒园公社辖桂花、庆阳坝、水田坝、椒园、中坝、双龙、宝塔等7个片，公社驻城关；和平公社辖茅坝塘、干沟塘、狮子关等3个片，公社驻干沟塘集镇。1983年6月，城关镇更名为珠山镇。1984年5月，撤销椒园、和平公社，合并设椒园区，辖桂花、庆阳坝、水田、椒园、中坝、和平、铁厂坡、茅坝塘、狮子关等9个乡。1987年6月，撤销铁厂坡乡，并入和平乡。1995年10月，椒园区分为椒园区(辖椒园、中坝、庆阳坝、桂花4个乡)、和平区(辖和平、茅坝塘、狮子关3乡)。1996年11月，撤和平区建和平乡。2001年3月18日，和平乡并入珠山镇。

珠山镇地处鄂西南边陲，位于宣恩县北部贡水河中游，为中共宣恩县委、宣恩县人民政府驻地。东连长潭河侗族乡，南与高罗乡毗邻，西与椒园镇、晓关侗族乡接壤，东北接万寨乡。地处北纬29°49′06″～30°03′49″，东经109°25′39″～109°35′23″。东西最大横距9.145千米，南北最大纵距17.405千米。北距恩施州府45千米，距省府武汉市729千米，南距湖南张家界火车站329千米，西至重庆万州港292千米。

全镇国土总面积163.77平方千米，年末常用耕地3175.6公顷。辖工农街、白鹤井、上湖塘、兴隆街、双龙湖5个社区居民委员会，莲花坝、猫儿堡、宝塔、七里桥、岩堡、干溪、大坝沟、芭蕉坨、封口坝、卸甲坝、咸池沟、铁厂坡、东门关、土鱼河、茅坝塘、界直岭、狮子关、五里牌、天井堡等19个村民委员会，193个村(居)民小组，17050户，46035人，其中乡村人口22357人。

2015年全镇农村经济总收入达到5.81亿元，同比增长15%；农民人均纯收入达到7851元，同比增长18%；城镇居民人均可支配收入20822元，同比增长17%。

【产业建设】2015年全镇种植烟叶322.33公顷，收购烟叶503吨，完成县下达任务100.6%，烟农收入1550万元，实现烟叶税收302万元；新造茶园33.33公顷，管理幼龄茶园面积800公顷，新增有机认证基地面积13.33公顷，茶叶生产综合效益达7000万元；创建农业养殖专业合作社，推进畜牧产业“退城进村”，推广发展“4450”生猪养殖大户10户，生猪出栏达5.53万头；扶持城郊蔬菜产业发展，建设城郊“菜篮子”工程，落实城郊蔬菜种植面积233.33公顷，实现经济收入800万元。

依托和平制造产业园，利用区位、劳动力优势，发展劳动密集型精深加工业。全年新增工业企业13家，新增规模以上工业企业1家，工业企业总数达到242家。实现全口径工业总产值预计达1.76亿元，其中规模以上工业总产值达2300万元。加强企业协调服务工作，开展招商引资，全年完成招商储备项目3个，到位资金7400万元，完成全年计划的267%。

全年新增各类商贸流通服务企业及个体工商户979家，总数达5225家，行业经营收入达11.35亿元。依托狮子关4A旅游景区创建，建设打造土鱼河、白果树等农村旅游景点，仅茅坝塘“九子抱母”景点日接待量就曾达300余人。全年接待游客30万人次，实现综合经济效益2.3亿元。

【城镇建设】加强“六城”同创宣传力度，强化基础设施投入，城区“老旧小区”和“背街小巷”的“脏、乱、差”问题得到整治，城区环境得到改善。全年新成立兴隆街、四季天城业主委员会，完成“老旧小区”及“背街小巷”整治15处，发放“六城”同创宣传资料12000余份。全年完成征地24公顷，拆迁房屋24

栋，搬迁坟墓46座，调处各类建设矛盾纠纷230余起，向县“两违”办报告“两违”情况183起，查处违搭乱建37起，处理违建纠纷35起。实施黄河沟治理工程、宝塔山森林公园、菜堡山安置小区、“干（沟塘）长（潭河）”公路加宽、封口坝“玉龙湾”小区、宝塔小学教学楼、和平大道改扩建、凌云路及兴隆大道改造、物流园建设等17个县、镇重点项目建设。

【民生保障】2015年珠山镇强力推进民生保障体系建设，落实贫困户脱贫“兜底”保障。全年完成839名失地农民养老保险认定工作，实现城乡居民养老保险覆盖面达100%、参保率达95%；新型农村合作医疗收缴率达95%，实现全镇所有贫困户纳入医疗保障范围；对城乡低保户进行全面清理，实现“按标施保、应保尽保”，加大临时救济力度，发放各类救助资金1041.63万元，进一步完善城乡居民最低生活保障制度；从镇财政收入烟叶分成奖金中列支资金，对全镇2114户7295人贫困对象、1168名“三留守”人员家庭、71名重症精神病人所属家庭购买户均一份平安保险，增强贫困户脱贫致富的保障和信心。

【精准扶贫】开展“精准”扶贫、“精准”识别、“精准”帮扶、“精准”管理工作。完成对辖区内2114户7295人贫困人口按照“有收入来源、有饭吃、有衣穿、有学上、有房住、有基本医疗保障、有养老保障”的“七有”标准进行“精准”识别，并进行建档立卡。同时落实县人社局、县人民医院、珠山工商所、镇农业服务中心、镇综治办等37个县、镇相关单位对贫困户“一对一”结对帮扶工作。

按照“精准”扶贫任务要求，制定减贫时间表，计划2016年实现全镇整体脱贫“摘帽”。成立珠山镇“精准”扶贫作战指挥部，划分七大战区、二十四支纵队，制定脱贫“作战图”，层层签订“军令状”，建立健全贫困户“一户一档”。开展金融扶贫，成立扶贫互助社9个。实施东门关村整村推进扶贫，改扩建公路3.8千米，建成烟叶田间路2千米，以奖代补硬化到户公路2.3千米，危房改造30户，完成村委会整修工作。完善农村公益事业建设“以奖代补”制度，完成各村项目规划编制及镇“十三五”项目规划编制，落实芭蕉坨村村级公路扩建工程，发展茶叶产业面积33.33公顷，落实五里牌村30万元项目资金解决水、电、路基础设施建设，完成大坝沟村公路硬化项目申报。

启动实施19个项目建设，总投资1300余万元，改善水、电、路等农村基础设施，天井堡、茅坝塘、土鱼河、咸池沟、七里桥、宝塔、莲花坝、猫儿堡和五个社区4620名建档立卡贫困人口2015年全部脱贫。全年实施维修和新建沼气池303口，发放气化炉180台，安装太阳能108台，改造特色民居8户，实施扶贫搬迁20户，生态搬迁16户，危房改造146户。

【社会事业】继续推进“1234”工作法，即认真落实安全生产一票否决，高度重视二个责任（安全生产日常管理、监管责任，企业的安全生产主体责任），严格落实三种制度（镇直单位发生行业审批行为实行安全生产责任告知制度，日常安全生产检查隐患整改书及告知制度，镇安全生产工作督查制度），全力抓好四项工作（安全生专项治理工作、安全生产隐患排查整治工作、安全生产应急救援体系建设工作、安全生产教育培训工作）。全面落实“五个必查”制度，对全镇516名农村驾驶员进行道路安全知识培训，签订“四方一责”道路交通安全责任书2478份，开展安全生产检查243次，排查一般安全隐患1134起，下发隐患整改通知书1269份；建立健全珠山“大安全”管理机制，全年出动联合执法61次，联合县安监局、食药监局、消防大队开展专项整治活动12次；重点督促“两化”建设，全年辖区生产经营单位上报一般安全隐患1587起，标准检查1409次，未发生安全生产责任事故。

落实全员抓、全面抓、全方位抓的“三全”工作机制，流动人口和育龄妇女等情况底数清、情况明。2015年考核年度出生584人，其中女孩287人，性别比103.48；政策外生育人数39人，出生政策符合率93.32%；二孩及以上妊娠对象孕情监测到位率49.63%；国家免费孕前优生健康检查人群已参检327人，完成县下达目标人群的102%；农村婚育妇女长效节育措施落实率75%。已婚育龄群众综合避孕率达到91.49%；全年流出婚育妇女2101人，电话联系率98.57%，有效联系率75.09%；流出人口信息核查反馈率100%；流入婚育妇女258人，已建健康档案人数239人。

探索社会管理创新模式，建设集党务、政务、法务、商务、农务、医务、教务等“多务合一”的社会管理综合信息化平台，不断提高人民群众的“安全感”“幸福感”“满意度”。2015年信息化平台录入、更新楼栋信息8986条，房屋信息24263条，人口信息58682条，车辆信息2600辆，矛盾纠纷、问题隐患和气象灾害499起，重点人员202人，重大不稳定因素40条，上传工作日志5527条，更新人楼房信息26262次；全面推行“矛盾层级化解”新机制，上传并受理调解矛盾纠纷259起，有效化解256起，排查消除问题隐患238起。推进“阳光信访”工作机制，全年共接信128件，办结123件，办理上级转办件104件，办结99件，其中办理网上“阳光信访”件82件，办理省委巡视组反馈件57件。组织摸排精神障碍患者108人，对其中的严重精神障碍患者71人签订“五方一责”责任书。发放反邪教知识读本300本，发放反邪教宣传册112份。

加强科普知识宣传，发放宣传资料2000余份，建设科普画廊5处。加大教育投入力度，落实校园“洁净温暖”工程项目，适龄儿童入学率达100%，在校学生巩固率100%。开展文化活动，举办和参与“我爱贡水河”健身长跑、“庆五一”活动共8次。有村、社区群众文化表演队伍10支。加强全镇卫生事业发展，建设和整修村级卫生室3个(咸池沟村、岩堡村、封口坝村)。完善工会会员登记工作，为23名女会员组织专项体检；强化维护妇女合法权益机制，完善“三留守”人员信息台账，登记信息数达1171人；开展共青团建设工作，举办“青年讲堂”交流活动10次，扶持青年创业企业家2人(李才智、何秀丽)。

【珠山镇社区“两委”换届选举】7月10日，珠山镇启动社区“两委”换届选举工作。建立“一把手”负总责、班子成员具体抓、镇社区干部包社区责任制的联动机制，按照先整顿后换届、先审计后换届、先考察后换届、先研判后换届的“四先四后”规定进行。成立由镇领导班子成员带队的5个工作组，分别到5个社区指导开展换届选举工作。

经过党员代表会议提名、党员大会选举等程序，工农街社区党员张秀林、卓凤娇入选社区党(总)支部。宣恩此次社区党(总)支部换届选举工作，5个社区共有25人当选，党组织成员均有调整。

10月28日，珠山镇工农街、上湖塘等5个社区党(总)支部换届选举工作顺利完成。

(董秀琼)

沙道沟镇

【概况】沙道沟原名畲刀沟，谐音取嘉义为沙道沟，旧时属忠峒土司，设有集场。清雍正十三年(1735)改土归流为宣恩县忠峒里(治所设沙道沟)。民国时名沙道乡。1949年11月解放后，1951年1月，更名沙道区，辖沙道乡、乐坪乡、凤山乡3个乡，区人民政府驻沙道沟。1951年3月，全县地名区改数字区，属第四区，辖双坪、当阳坪、乐坪、两河、二坪、龙潭、茶园、黄泥塘、沙坪、槽铺、寮叶、官庄、药铺、白水河。1958年10月，建立红旗(沙道)、红色(沙坪)、高照(八大公山)3个人民公社。1959年1月，合并为沙道人民公社。1961年5月，更名为沙道区。1968年3月，成立沙道区革命委员会。1975年10月，撤沙道区建沙道、龙潭、沙坪3个人民公社。沙道公社辖乐坪、当阳坪、黄泥塘、上洞坪、松坪5个管理区；龙潭公社辖茶园、龙潭、二坪、两河4个管理区；沙坪公社辖沙坪、药铺、白水河、老岔、槽铺、官庄6个管理区。1984年5月，撤沙道、龙潭、沙坪公社，建沙道区、沙坪区和县辖沙道沟镇。1984年9月，沙道沟镇由县辖镇降为区辖镇，划归沙道区管辖。1995年5月，沙道区划归来凤县代管。1996年12月，沙道区更名为沙道沟镇，并将雪落寨乡撤销并入沙道沟镇；沙坪区更名为沙坪乡。1998年2月，划回宣恩管辖。2001年3月，撤销沙坪乡，并入沙道沟镇。

沙道沟镇地处宣恩县东南部，国道209、省道325恩来高速公路入境而过，位于北纬29°35′36″～29°59′05″，东经109°29′35″～109°49′45″，东与鹤峰县接壤，东南与湖南省龙山县交界，西及西南与李家河镇、高罗乡相邻，北与椿木营乡接壤，镇人民政府驻地为建设路74号，归松坪村委会管辖。沿325省道东行距鹤峰县城63千米，沿209国道向西行至来凤县城30千米，北行距宣恩县城 68 千米。

沙道沟是国家 500 个小城镇试点镇、湖北省 100 个重点镇和恩施州 30 个重点建设镇之一，也是宣南经济中心及宣恩、鹤峰、来凤、龙山、桑植 5 县边邻的物资集散地。集镇面积 3.5 平方千米，常住人口 1.8 万人。集镇有老司街、四道坝街、平安路、建设路、响龙大街 5 条主要街道，街道总长度为 6.5 千米。

境内大部为二高山，地势为北高南低，最高点八大公山主峰，海拔 1890.4 米，最低点龚家桥海拔 530 米。镇内属亚热带季风气候，四季分明，地理、地貌奇特，森林覆盖率达 70%，气候形态多样化。境内属酉水河流域，共有大小河流 6 条。主要河流酉水河自北部马桑溪村入境，由北而南，与车洞河在栏杆坪村交汇，经来凤、龙山等县，流进沅江，汇入洞庭湖。全镇矿物资源分布广泛，硅、铜、煤、紫砂陶土、灰质页岩、生物化石等矿产资源丰富。

沙道沟镇民族文化活跃，民族风情浓郁。当地流传着薅草锣鼓、八宝铜铃舞、摆手舞等原生态民间舞蹈，其中薅草锣鼓被列为国家级非物质文化遗产。彭家寨被誉为“土家吊脚楼的典藏”，中国古建筑专家张良皋先生曾歌咏赞叹彭家寨：“未了武陵今世缘，贫年策杖觅桃源，人间幸有彭家寨，楼阁峥嵘住地仙。”两河口县苏维埃政府旧址于 1986 年 5 月被列为县级文物保护单位。2009 年，两河村被国家确定为第四批“中国历史文化名村”。2013 年 3 月 5 日，国务院公布彭家寨古建筑群为全国第七批重点文物保护单位（国发〔2013〕13 号）。2014 年 9 月 23 日，国家民委命名沙道沟彭家寨为首批“中国少数民族特色村寨（民委发〔2014〕190 号）”。2015 年 1 月，沙道沟镇被省人社厅授予“湖北省农村劳动力转移就业工作示范乡镇”称号。

全镇国土面积 649.95 平方千米，其中东西最大距离 25.8 千米，南北最大距离 25.1 千米。年末常用耕地 4324 公顷。辖水田坝、松坪、苦溪、上洞、补溪、咸池、响龙、桃子岔、街上、乐坪、核桃湾、中坝坪、洗白溪、沙河溪、当阳坪、栏杆坪、班大湖、黄泥塘、麻柳、小白溪、龙潭、布袋溪、鱼泉、野溪、茶园、林业（含林场、药材场）、四道、红旗坪、两河、玛瑙、红石、二坪、金盆、庙垭、大白溪、芦茅塆、官庄、白水、棕溪、马桑溪、高荒坪、药铺、潭子洞、赵家坝、木笼寨、二台坪、老岔、辽叶、大垭 49 个村，522 个村民小组，22936 户，67017 人，其中乡村人口 63641 人，以土家族、苗族为主的少数民族占 52%。

全镇国土面积 649.95 平方千米，辖水田坝、松坪、苦溪、上洞、补其中乡村人口 62825 人，以土家族、苗族为主的少数民族占 52%。

2015 年，全镇农村经济总收入 6.6 亿元，同比增长 9%，全地域工业企业总产值 2.8 亿元，社会固定资产投资 8410 万元，社会消费品零售总额 2.51 亿元，农村常住居民人均可支配收入 7316 元。

【农业经济】2015 年，全镇粮食作物总播种 6510.27 公顷，粮食总产量 277765 吨；油料总面积1102.73 公顷，总产量 1518 吨；种植烟叶 325.67 公顷，产量 484 吨；以白柚为主的水果种植面积 3115.33 公顷，产量 15600 吨；以百合、白术为主的药材种植面积 2652.67 公顷，产量 119337 吨；蔬菜面积 1548.8 公顷，总产量 14954 吨；生猪养殖户 25000 余户，生猪年饲养量达 28 万头以上。各类专业合作社组织达到 27 家。

【工业经济】2015 年沙道沟镇规模以上工业企业共 2 家（沙道粮油收储公司、德和新型能源有限公司），双溪电站、鱼泉电站、金滩电站等水电龙头企业运行稳定，观音坪电站、二坪电站正在抓紧建设，沙道粮食、彭师傅菜油、梅子湾茶厂、苗仙聚生物科技等工业企业实施转型升级，全镇规模以上企业总产值达到 37650 万元，同比增长 8%。招商引资达到 3000 万元，同比增长 15%。

【旅游、服务业】2015 年沙道沟镇有限上商贸企业 2 家（梦达商贸有限公司、金泰建材有限公司）。新增农家乐 19 家，共达到 32 家。彭家寨被评为湖北省“十佳民族特色村寨”，被列为全国第七批重点文物保护单位，彭家寨内的张良皋纪念馆于 2015 年 7 月开馆。与恩施硒泉度假村旅游开发有限公司签订响龙大道南端硒泉开发意向性协议，与宝石花旅游开发有限公司签订白水河生态旅游开发意向性协议，白水河片区旅游概念性总规编制完成。

【集镇建设】2015 年 5 月 25 日，沙道沟镇二级客运站动工建设，开工仪式在响龙大道举行。客运站位于响龙大道南端，占地1.67公顷，由恩施州金昌投资有限公司投资4亿元，其中，三级客运站拟投资3000多万元，建设包括三级客运站在内的集镇市政设施。9月14日，沙道沟镇临时农贸市场正式营业，临时农贸市场建筑面积1200平方米，涵盖水产品、蔬菜类、肉类、干副等经营类型。10月18日，沙道沟老街片区棚户区改造工程正式启动，项目共计投资831.5万元，主要包括改扩建道路1.6千米，黑色化道路1.216千米，步行道铺装青石板0.384千米，铺设给排水管道2.828千米。10月23日，沙道沟镇四道坝、响龙两条街道整修动工，整修内容包括街道两侧开挖排水沟、街面硬化、绿化以及人行道上铺装青石板等。投资120万元的集镇标准化自来水厂投入运营，集镇管网延伸工作已经收尾，12千米的集镇污水管网设计完工。开工建设325省道绕集镇线和四道坝街、响龙大道路面硬化工程、老街棚户区改造工程，重新划定集镇交通标识标线，开通2条集镇公交线路，启用智能违停抓拍系统。

【乡村建设】编制完成龙潭片区复古集镇规划，彭家寨文化广场征地工作完毕，二坪、林业、龙潭、两河等4个村农村环境整治基本完成，桃子岔至两河旅游公路建设已完成工程量60%，全镇21个村通过“绿满荆楚”活动先后开展宜林地造林和村庄绿化工作，完成造林总面积1016.4公顷。3月4日，湖北省环委办授予沙道沟镇当阳坪村湖北省“省级生态村”称号。

【基础设施建设】2015年1月28日，鸦来公路沙道沟绕集镇线动工，全长2.8千米、路基宽8.5米，包括新建一座全长113米、宽12米的西水河大桥，预计总投资2800多万元。5月，投资1000万元的雪落寨水厂开工建设，年底主体工程已全部完成。全镇49个行政村农村电网改造顺利结束，新建台区项目11个，台区升级改造工程4个。6月11日，沙道沟镇彭家寨景区的桃（子岔）两（河口）道路改建工程动工。桃两公路全长4.91千米，是通往彭家寨景区的交通咽喉。整修后的桃两公路路基宽6.5米，路面宽6米，路面全部铺筑沥青混凝土，计划工期为8个月，至2015年末已完成工程量的60%。10月20日，全长24.5千米，宽4.5米，总投资844万元的二坪村至红旗坪村片区经济循环公路全面建成通车，解决二坪村至红旗坪村共30个村民小组、2700多人通路不通车的难题。通车后，从二坪村到沙道沟集镇只需一个半小时的时间，可在原来的基础上节约三小时左右。11月15日，沙道沟镇沙坪村35千伏输变电工程动工建设，工程总投资2176.86万元，设计主变终期2台，容量12.6兆伏安。本期1台，容量6.3兆伏安；35千伏出线2回，本期1回，线路长18.9千米；10千伏出线8回，本期6回。

投入资金50余万元，在“两河两路”沿线区域购买垃圾桶35个，在集镇段沿街店铺添置垃圾收集箱180个，新建小型焚烧炉2座，建垃圾中转站2座，新购垃圾转运车1辆。农村家庭宽带普及率达20%，光纤到村覆盖率达100%。

【精准扶贫】2015年实行“挂图作战”，制定精准扶贫精准脱贫时间表、路线图，通过精准扶贫“回头看”，完成全镇5536户、17068人贫困对象的建档立卡和3101户、9979人易地扶贫搬迁对象的精准识别，初步选定易地扶贫搬迁集中安置点。12个村，1507户，7082人实现脱贫。全年组织劳务输出2800人，发展核桃基地220公顷，黄柏266.67公顷，药材266.67公顷，新建水池20口，铺设管网62千米，改善电力设施1个村，硬化村组公路37千米，维修、新修公路40千米，易地扶贫搬迁200户。6月9日，州精准扶贫督查组在副县长周志斌及县开发办、发改局相关负责人的陪同下，到沙道沟镇二坪村，专项督查精准扶贫工作开展情况。督查组通过实地察看、听取汇报、查看资料、走访农户等方式，就建档立卡工作、项目资金的运行情况以及驻村工作情况进行了详细的督导检查，对沙道沟实施精准扶贫工作所取得的成效给予肯定。8月26日，周志斌陪同州精准扶贫精准脱贫驻村帮扶工作督查组到沙道沟镇二坪村，督查全县精准扶贫驻村帮扶工作情况。10月15日，刁覃、史红珍到沙道沟镇二坪村就精准扶贫工作进行调研。县林业局、扶贫办、发改局、审计局及县委党校等单位相关负责人参加调研。11月3日，省人大常委会副主任王建鸣一行由州人大常委会副主任邓正平陪同，到沙道沟镇二坪村了解基础设施建设、贫困户建档立卡、主要产业建设等工作情况。

【社会事业】实施农村薄弱学校改造等教育建设项目，"班班通"覆盖率达95%，校车覆盖率达50%，教师队伍结构进一步优化，九年义务教育普及率100%，中考上重点线人数达131人。补充农村医疗卫生人员3名，新型农村合作医疗参合率达到92%，2015年城镇医疗保险参保人数达555人。

全年发放救济救助、农村低保、农村五保及大病医疗等各类救助资金900万元。有农家书屋49家，各类民间文艺团队达到6支。6月29日，沙道沟龙潭村举办了以"乡土韵·农家欢"为主题的土家民俗风情文艺会演活动，让现场群众目睹了一台原汁原味的土家民俗风情大餐。9月20日晚，2015年"秋之韵·东湖"音乐会开幕式暨田野芬芳——全省基层群众文艺专场演出在武汉举行，沙道沟镇文体协会表演的《八宝铜铃舞》获观众好评。10月21日，首届土家族文化艺术节在彭家寨举办。活动在具有土家族民族特色的舞蹈《八宝铜铃》中开始，两河口村、龙潭村等11支表演代表队逐一登台表演。节目形式多样，既有极富民族特色的传统表演《薅草锣鼓》《采莲船》《耍耍》《三棒鼓》，也有节奏活泼的舞蹈《舞动民幼》《叭一口》，由两河口村村民带来的民间表演《牛灯对山歌》《迎亲》《龙灯》，再现土家族文化独特的艺术魅力。

人口与计划生育工作考核年度内出生人口755人，出生率10.9‰，出生人口性别比为119.48。农村婚育妇女长效节育落实率76.37%，综合避孕率88.62%，兑现独生子女保健费32人，18250元。助学奖励3人，6000元。

【综治维稳】2015年全镇共排查矛盾307起，成功调解298起，9起正在调查调解过程中，调解成功率97.06%。其中调解成功山林土地纠纷176起，婚姻家庭纠纷19起，邻里纠纷49起，其他纠纷54起。没有一起矛盾因为排查化解不及时而激化。共受理来信来访46人次，化解信访积案6起，沙道沟司法所共接受法律咨询218人次，为经济困难群众和农民工办理法律援助16件，其他法律援助事项106件，受理矛盾纠纷38起，化解33起。为留守人员提供法律咨询125人(次)，开展法律进乡村、法律进学校等活动21次。

【党建工作】始终把纪律挺在前面，严守政治纪律和政治规矩，认真贯彻落实中央"八项规定"、省委"六条意见"和州委实施细则，全面落实党风廉政建设和"两个责任"，惩治和预防腐败体系进一步完善。全镇49个村共计确立49名书记后备培养人选、98名村两委成员后备培养人选，145名入党积极分子，发展党员17名，其中大专文化以上10人，35岁以下13人。落实州委组织部带头人队伍"千人双培"计划18名(其中参加学历培训的5人，技能培训的13人)，130名村干部参加州、县两级党校组织的业务培训。4月，沙道沟镇党委对全镇村定补干部进行为期2天的业务培训。全年共开展党员义工活动4次，慰问留守儿童、义务植树、参与"六城"同创，清理河道垃圾。新修党员群众服务中心18个，整修党员群众服务中心3个。

【领导到沙道沟镇调研】3月18日，州委常委、副州长马尚云到沙道沟镇绕镇公路建设现场，了解全县交通运输情况以及"村村通客车"基础设施建设情况进行详细。朱鹏程、向子明陪同。

4月29日，湖北省林业厅副厅长董祚华、恩施州林业局局长李敏克到宣恩检查督办"绿满荆楚"行动，到沙道沟镇龙潭河流域的河道绿化现场，两河村的村庄绿化、通道绿化现场及贡水白柚规模化种植基地，周志斌、曾凡忠陪同。

6月1日，州人大常委会党组书记、常务副主任瞿赫之一行，县人大常委会杨安明、史红珍到沙道沟镇进行《酉水河保护条例》起草立法调研。到酉水河上游观音坪电站项目建设工地、沙坪集镇及红旗电站坝址等地，了解酉水河流域沙道沟白水河段水生态环境安全保护情况，并听取高罗镇、沙道沟镇、李家镇部分州县人大代表就酉水河生态保护方面提出的意见和建议。

6月24日，刁覃、向建强、覃国锋到沙道沟调研上半年度工作完成情况及全县重点项目推进情况。

10月12日，刁覃到沙道沟镇调研鹤宣高速公路建设情况及"六城"同创活动开展情况，查看鹤宣高速苦李坳连接线(即鹤宣高速与恩来高速枢纽现场),跨越209国道走向、沙道互通、出口等地及两河口旅游公路建设现场,了解鹤宣高速公路在宣恩段的基本走向。

【张良皋纪念馆】张良皋纪念馆位于沙道沟镇两河村彭家寨古脚楼群右侧,面临叉几沟,背靠观音山,为一栋三开间木质瓦屋。纪念馆收录张良皋学生的追忆文章9篇,展出照片及图片42张。2013年5月3日彭家寨古吊脚楼群公布为全国重点文物保护单位后,宣恩县政府便计划在彭家寨建设张良皋纪念馆。2014年12月9日,县政府委托副县长郭建华电话征询张良皋教授意见,先生表示,恩施是他胜过自己故乡的第二故乡,全力支持建馆。此后,县政府、华中科技大学相关人员全力筹建张良皋纪念馆。2015年7月10日,张良皋纪念馆在沙道沟镇两河口村彭家寨建成并开馆。国际古迹遗址理事会武汉站负责人丁援,向建强、郭建华出席开馆仪式。华中科技大学建筑规划学院副院长李晓峰、张良皋学生万敏教授讲话,并为纪念馆赠书。当天,华中科技大学古建筑测绘实习基地也在彭家寨挂牌,并启动为期5天的全国中学生古建筑社团和国际古迹遗址理事会古建筑测绘夏令营活动。

张良皋是著名建筑学家、建筑教育家、巴楚建筑文化缔造者、红学家、诗人。1938年10月27日,日军占领武汉,国民政府决定湖北省政府由宜昌迁往恩施办公,大批军政机关、学校等随省政府西迁。当年11月,就读武汉26中、年仅15岁的张良皋和同学们一起,日行30千米,徒步15天,到宣恩县城读初中,直到1939年9月,再次转到建始读高中。张良皋于20世纪80年代后,30余次到恩施。他在《武陵土家》中,把宣恩彭家寨定为湖北省土家吊脚楼群的"头号种子选手",并致信恩施州政府,建议保护彭家寨。由此,彭家寨成为全国重点文物保护单位,土家人田园生活的"活标本"。

(胡静)

椒 园 镇

【概况】椒园,因地势而名。楚辞注,土高四堕曰椒丘,又山顶亦曰椒。古汉语中,园即某事物聚集,丛生之地,释义为山堡丛生聚集的地方。清朝在椒园设有集场、塘汛、铺递。

改土归流前属施南土司地,清雍正十三年(1735)置宣恩县后,属施南里。1950年1月,全县划为5个区,属城关区。1951年3月,全县地名区改数字后属第一区。1958年10月,属城关人民公社。1961年5月,属城关区。1968年6月,属城关区革命委员会。1975年10月,撤销城关区,建立椒园公社与和平公社,椒园公社辖桂花、庆阳坝、水田坝、椒园、中坝、双龙、宝塔等7个片,公社驻城关。1984年5月,撤销椒园、和平公社,合并设椒园区,辖桂花、庆阳坝、水田、椒园、中坝、和平、铁厂坡、茅坝塘、狮子关等9个乡。1995年10月,椒园区分为椒园区(辖桂花、庆阳坝、椒园、中坝4个乡)、和平区(辖和平、铁厂坡、茅坝塘3个乡),椒园区公所由县城迁至椒园集镇(椒石路58号)。1996年11月,撤销椒园区建制设椒园镇。

椒园镇位于宣恩县西北部,209国道、232省道穿境而过,地处北纬29°55′29″~30°05′24″,东经109°17′29″~109°31′37″,西北与恩施市毗邻,西南与晓关侗族乡相连,东北与万寨乡接壤,东南与珠山镇交界。镇人民政府驻地位于省道232椒石线东端起点与209国道交会处椒石路58号,紧靠恩来恩黔高速公路宣恩入口,归椒园村委会管辖。距县城7千米,恩施州府38千米。椒园镇先后获得"全国生态建设示范乡镇""全国重点镇""全国第二批标准化气象为农服务乡镇"等国家级荣誉称号。2015年1月,椒园镇被省人社厅授予"湖北省农村劳动力转移就业工作示范乡镇"称号。

全镇国土面积175.97平方千米,年末耕地2722.5公顷。辖椒园、黄坪、白泥坝、龙洞、锣圈岩、凉风洞、水井坳、荆竹坪、龙潭溪、洗草坝、水田坝、庆阳坝、老寨溪、店子坪、红岩卡、香树林、三河沟、新茶园、石马、石家沟、土皇坪21个村,188个村民小组,8537户,25677人,其中乡村人口24463人。

2015年全镇实现农村经济总收入4.57亿元,同比增长9.59%,其中农业收入3.77亿元。工业总产值3.33亿元,同比增长7.2%。其中,规模以上工业产值2.3亿元,同比增长5.9%。工业增加值1.03亿元,同比增长4.7%。完成招商引资3769.3万元，占全年任务3000万元的125.6%。农村居民人均可支配收入7828元，同比增长18.88%。公共财政收入1426万元。龙潭溪、石马等8个村实现整村脱贫。

【农业经济】2015年椒园镇340户烟农种植烟叶480.2公顷，收购烟叶648吨，均价26.52元/千克，烟农收入1718万元，烟叶税收394万元。

全镇有茶叶面积2533.33公顷，有机茶示范基地236.67公顷。龙潭溪等村新造茶园133.33公顷，建样板园26.67公顷。

黄金梨120公顷，新创建33.33公顷黄金梨示范基地。2013年12月4日成立黄坪扶贫互助社后，创新销售方式，实现"传统销售+网上销售"相结合方式，黄金梨产量超过1500吨，产值达到600万元。举办以"生态采摘季·美丽乡村游"为主题的黄金梨采摘节，探索出众筹新模式，黄金梨销售实现产销两旺。

生猪存栏3.2万头，出栏4.28万头，耕牛存栏6330头，山羊存栏1702只。新增"4450"模式养殖户15户，至2015年底畜牧养殖专业合作社5个，养猪大户3个，家庭牧场9个。

【"四化同步"示范乡镇试点】党的十八大明确提出"促进工业化、信息化、城镇化和农业现代化同步发展"(简称"四化同步")。椒园镇被确定为全省市州级"四化"同步示范乡镇后，不断创新模式，整合资金，统筹推进，初步形成农工旅互动、点线面结合、区镇村共进的新型城镇化格局。

紧扣城乡统筹、产城互动、集约节约、生态宜居、和谐发展等新型城镇化内涵，聘请亚泰都会(北京)城市规划建筑园林设计研究院股份有限公司修订完善椒园镇全域规划、集镇建设、产业发展等规划。支持建设椒园生态产业园，坚持把优质项目向园区引进，培育花卉种植、农产品加工等产业集群，建设以工业园区为支撑的工业聚集区。探索"公司+合作社+农户"的模式，扶植发展一批农业产业化龙头企业；发展观光农业、生态旅游等特色旅游，促进农业与工业相接，与第三产业相连。

坚持新型城镇化道路，伸集镇骨架，推进集镇综合改造工程，(时间)将集贸市场整体搬迁至上好硒博园，结束以路为市的历史。坚持产业兴镇，大力发展黄金梨、茶叶等特色产业，借"互联网+"新势头，在黄坪村搭建黄金梨网络销售平台，以众筹模式为依托，让感兴趣的顾客自己认购梨树，委托村民全程采取有机方式种植，取得良好的效果。坚持旅游兴村，鼓励水田坝村、庆阳坝村等区位优势明显的村发展现代观光农业，提升居民幸福指数。坚持统筹建设，加强供水、供电、通信网络、农田水利等基础设施建设，大力改善居民生产生活条件，实现重大基础设施建设全覆盖。

交通运输网络逐渐完善。恩来、恩黔高速穿境而过，初步形成西抵黔江、东达宜昌的对外高速大通道。209国道、232省道全面完成改造升级，全镇公路通车里程达338千米，实现所有行政村通水泥路的目标，95%的行政村通客运班车。

"三坝一坪一洞一天坑"(水田坝，洗草坝，庆阳坝，黄坪，白玉洞，锣圈岩天坑)等旅游景区一线串珠，教育中心、工业园区等县级重点项目建设加速推进，水井窝坨开挖、农贸市场搬迁、新苑城房地产开发、石马至锣圈岩龙井至洗草坝公路改扩建、集镇改造、锣圈岩旅游开发、卫生院整体搬迁、农网改造二期工程等8个千万元以上镇级重点项目稳步实施。8月30日，咸丰县委副书记、代理县长郑东来带考察团到椒园镇水田坝村，考察新农村建设、乡村旅游等工作，朱鹏程、周志斌、袁永灿陪同。

集镇供水排水、路灯、停车场、公厕等配套项目不断完善。生态文明建设不断加强。全年完成造林任务96.2公顷，完成绿满荆楚造林288.4公顷，动员广大群众开展四旁植树12.5万株，落实专职管护人员8人，对全镇4726.67公顷公益林进行有效管护。

【垃圾分类试点】抓好生活垃圾分类收集环节，对农村生活垃圾的分类以农户自行分类为主，村组专业队伍分类收集为辅，引导农村居民利用旧筐、旧桶等垃圾收集容器，实现生活垃圾从源头减量；试点村建垃圾池20个，发放分类垃圾箱100个，配备垃圾清运车2辆，洒水车1辆，保洁人员16名全天侯清扫保洁，产生的生活垃圾由垃圾清运车装载运输到县垃圾处理厂进行处理。

【"六城"同创】集镇建设有序推进。新建和开发利用停车场5个,划定停车位150个,三岔口路段设立自动抓拍系统。实施集镇改造一期工程,集镇排水系统、弱电入地、绿化、人行道护栏、供水管网等全面改造。集镇管理常抓不懈:新建垃圾池8个,维修垃圾池14个;购买垃圾桶100个、垃圾分类编织袋6000个和挂垃圾分类编织袋的铁架2000个;聘请保洁人员16名,对集镇和重点村进行24小时保洁;聘请卫生协管员9名对重点院落进行管理。

【精准扶贫】推进精准扶贫精准脱贫,开展建档立卡扶贫对象"回头看",完成1882户建档立卡贫困对象、602户易地扶贫搬迁对象的精准识别。实施"五个一批",投入专项扶贫资金500万元,整合其他资金2000万元,实施龙潭溪、石马2个整村推进重点村建设。创新金融扶贫,累计发放扶贫互助担保贷款228万元。开展结对帮扶,全镇300余名党员干部、10余家企业结对帮扶贫困户,实现帮扶全覆盖,减少贫困人口3695人。

8月27至28日,州精准扶贫精准脱贫驻村帮扶工作督查组到椒园镇龙潭溪村,督查全县精准扶贫驻村帮扶工作。省农业厅直属机关党委专职副书记易正平及驻村工作队工作人员,县人大常委会副主任覃正彪、副县长周志斌及县扶贫办、农业局、椒园镇等相关单位负责人参加活动。周志斌陪同。10月17日,省农业厅扶贫捐赠暨宣恩县"扶贫日"活动在椒园镇庆阳坝村党员活动中心广场正式启动,为村里捐赠20吨有机茶叶专用肥。

【法治建设】2015年政府自觉接受人大、政协监督,定期向人大报告工作,向政协通报情况。办理11件人大代表建议、政协委员提案,办结率100%,满意率98%以上。安全生产保持平稳态势,全年无重大安全生产事故和群体性事件发生。社会大局和谐稳定,普遍建立法律顾问制度,与湖北百嘉律师事务所签订协议,常年聘请4名律师担任法律顾问,全年有28人次电话咨询,参与调处3起较大矛盾纠纷。成立基层民间调解组织"帮理郎",受理各类矛盾纠纷11起,调解成功10起。开展预防和打击各种违法犯罪活动,信访责任全面落实,网格化管理更加精细,应急处突能力增强。2015年全镇共排查矛盾纠纷113件,化解108件,不稳定因素8件,化解5件,安全隐患36件,化解36件,来信来访43件,已办结42件,办结率98%。全镇无非访、无赴省进京上访现象。

7月14至15日,华中师范大学中国农村研究院博士研究生张利明到宣恩椒园镇黄坪村开展基层法治与社会治理创新研究调研,了解宣恩普遍建立法律顾问制度、律师参与社会矛盾化解、基层法治宣传、基层法治队伍建设、村医村教进班子等工作开展情况。

【民生改善】2015年全面落实各项惠民政策,发放最低生活保障金116.58万元,冬令资金20万元,春荒资金6万元,高龄津贴5.4万,大病救助资金18.18万元,临时救助资金6.32万元。23055人参加农村合作医疗,参合率达94.42%,12073人参加农村居民养老保险,参保率达100%。

实施"洁净温暖"工程,全面维修椒园中学、椒园小学厕所、龙井小学、洗草坝小学厕所,椒园小学、龙井小学、洗草坝小学浴室全部投入使用。

2015年10月椒园卫生院破土动工,新建标准化卫生室2个(龙潭溪、荆竹坪),改建店子坪、新茶园卫生室。累计建成卫生室19个,其中标准化卫生室15个。

2015年计划生育考核年度全镇出生290人,人口自然增长率为4.69‰,符合政策生育率97.24%。

加强食品药品监管,所有人员全都分批次进行2次培训,提高专业水平和业务能力,服务和执法能力得到大幅度提升。

完善城乡公共文化服务体系,全镇21个村建有16个文体小广场,有业余文艺宣传队15支,且配齐相应器材与服装。

【首届黄金梨采摘节】8月8日,椒园镇黄坪村举办首届"生态采摘季·美丽乡村行"黄金梨采摘节。活动以观乡村风光、摘生态水果、品农家美食、购乡土特产为主要内容,展示黄金梨园风光、人文特色、生态果园,活动分为黄金梨知识竞赛、黄金梨产品分级大赛、黄金梨管理知识竞赛、梨园寻宝赛等专业类比赛,活动过程中还穿插进行梨子对对碰、拉梨赛、愤怒的鸭梨、大胃王等趣味游戏,游客主动参与。据统计,活动共吸引县内外游客近4000人,实现梨园销售产值近13

万元，农家乐营业额达6.6万元。

【各级领导到椒园检查工作】1月29日，省农业厅执法总队副总队长李峰带工作队到椒园镇开展新一轮“三万”活动，检查椒园镇庆阳坝新建特色民居示范点建设情况。

2月5日，省民政厅副厅长杨昌斌及省优抚处、安置处负责人到椒园镇开展走访慰问活动。州民政局局长姚茂易、县人大常委会副主任史红珍、椒园镇主要负责人陪同。

3月28日，州委书记、州人大常委会主任王海涛到椒园镇庆阳坝村检查工作，与当地茶农及小学生一起采摘春茶。

4月17日，省农业厅党组副书记、副厅长徐能海，办公室副主任邱大振到椒园镇石马村、庆阳坝村等地，检查指导霜冻灾害抗灾救灾工作。州委常委、副州长冯忠泽，州农委办主任、州农业局局长黎华辉，副县长周志斌及县农业局相关负责人陪同检查，椒园镇主要负责人陪同。

5月6日，州委常委、常务副州长刘芳震到椒园生态产业园部分企业、椒园镇水田坝村、锣圈岩天坑在建景区调研。朱鹏程、覃国锋及椒园镇主要负责人陪同。

6月4日，省委常委、统战部长梁惠玲带省国土厅、省水利厅负责人，由州委副书记、州长杨天然，州委常委、统战部长谭文骄陪同，到椒园镇庆阳坝村检查防汛抗旱工作。岳东、周志斌及县水利水产局、县国土局、椒园镇主要负责人陪同。

6月25日，恩施州国家级茶叶出口基地建设动员会在宣恩召开。参会人员由朱鹏程、李世祥及椒园镇主要负责人陪同，到椒园镇水田坝茶叶示范基地，了解椒园县茶叶产业发展及质量安全相关情况。

6月24至25日，习覃、向建强、覃国锋到椒园镇听取上半年工作汇报及下半年工作部署。

9月10日，州人大常委会副主任刘青带视察组，到椒园镇水田坝村，查看土壤酸化治理、测土配方施肥和饮用水水源保护等实施情况，了解当前存在的困难和问题。李明山、周志斌及椒园镇主要负责人陪同视察。

12月10日，省人大常委会副主任张岱梨及调研组，由州委书记、州人大常委会主任王海涛，州委常委、统战部长谭文骄，州人大常委会副主任陈学明陪同到宣恩椒园镇，考察土家爱食品、上好硒博园，调研民族地区建设与发展情况，习覃、杨安明、岳东、李明山、覃国锋及椒园镇主要负责人陪同。

12月24日，州委常委、副州长马尚云，副州长高云正到椒园镇黄坪村，调研金融扶贫工作，了解黄坪村金融扶贫、资金互助合作社运行等方面情况，习覃、周志斌陪同调研。

（黄媛媛）

李家河镇

【概况】清朝时期，有一外地李姓富商来此经商，后又设庄园，有一条小河流经李家庄园，故名李家河。集镇亦因河得名，沿用至今。

改土归流前分置忠建土司和木册土司，清雍正十三年(1735)改设忠建里（治所设凤山）、木册里（治所设板栗园）。民国时期为凤山乡、板栗园乡。解放初属沙道区辖。1950年1月，全县划5个区，其中凤山乡属沙道区管辖，板栗园乡属高罗区管辖。1951年3月，沙道区分出凤山乡、高罗区分出板栗园乡，两乡合并组建李家河区，地名区改数字区，李家河区改为第五区，辖上洞坪、司城、板栗园、冉大河、幺店、青龙觜、二虎寨、金陵寨，区公所设李家河凤山村。1958年10月，设乐园（李家河）、五星（板栗园）人民公社。1959年1月，乐园和五星公社合并为李家河人民公社。1961年5月，撤李家河人民公社建李家河区，辖上洞坪、司城、板栗园、冉大河、幺店、青龙觜、二虎寨、金陵寨8个人民公社。1975年10月，撤李家河区建李家河人民公社（辖二虎寨、幺店、青龙觜、金陵寨4个管理区）、板栗园人民公社（辖上洞坪、回龙、司城、板栗园、冉大河5个管理区）。1984年5月，撤李家河、板栗园人民公社，建李家河区，辖李家河、上洞坪、板栗园、冉大河、金陵寨、青龙嘴6个乡（镇）。1995年5月，李家河区划为来凤县代管。1996年12月，撤李家河区建李家河乡，原乡镇改称为管理区。1998年2月，李家河乡划回宣恩县管辖，辖李家河、上洞坪、板栗园、冉大河、金陵寨、青龙嘴6个管理区。2013年11月25日，经省人民政府批准撤销李家河乡，设立李家河镇，以原李家河乡的行政区域为李家河镇的行政区域，镇人民政府驻凤山。

全镇国土面积216.79平方千米，地处北纬29°32′46″～29°47′0″，东经109°17′52″～109°31′16″。年末常用耕地面积3226公顷。全镇辖凤山、二虎寨、老司城、八洲坝、波螺河、塘坊、川大河、车子口、贾家沟、金陵寨、烂泥沟、燕子溪、青龙嘴、麻阳、茅坝、干坝、歪尖坡、汤塆、冉大河、高桥、老师沟、茅坡、箭竹坪、中大塆、板栗园、利福田、司城、头庄坪、楠木园、车道塆、长塆、柏子坳、郭家坡、上洞坪、下洞坪、关洞坪、田幺坪、黄柏园、回龙、冷草沟40个村，352个村民小组，14948户，52381人，其中乡村人口48198人。

李家河镇位于宣恩县最南部，处于两省（湖南、湖北）四县（宣恩、咸丰、来凤、湖南龙山）的交界之地，有“一脚踏两省、鸡鸣闻四县”之说。镇政府驻地为李家河集镇龙虎路279号，归凤山村委会管辖，距宣恩县城80千米。距世界自然遗产风景区张家界90千米。“恩来高速”由东北向西南穿过李家河镇11个村。李家河镇是“塘坊早”蜜橘和宣恩“贡水白柚”的原产地和主产区。

2015年，全镇经济总收入4.29亿元，公共财政收入692万元，农村人均纯收入6671元。

【农业农村工作】2015年继续开展烟叶生产，李家河镇种植烟叶333.33公顷，收购500吨，烟农收入1350万元，实现税收282万元。建管并重，发展白柚产业，新建白柚200公顷，高标准完成干坝等8个村50块小斑共计333.33公顷示范样板点的管护。新建核桃基地200公顷，李家河镇核桃面积达到333.33公顷。发展畜牧业，新发展规模养殖户2户，新增箭竹坪姚老军、田幺坪生态养殖专业合作社2个；建成投产生猪“4450”养殖模式54户。开展“绿满荆楚”行动，完成巩固退耕还林成果249.87公顷，成片造林313.33公顷，庭院绿化苗木16万株，新建花卉苗圃基地53.33公顷。

【精准扶贫】坚持以精准扶贫工作统揽经济社会发展全局，实行挂图作战，明确作战指挥、作战目标、作战举措、作战实效，绘制了路线图、时间表。按照“规划到村、帮扶到户、责任到人”的总体思路，编制《李家河镇扶贫攻坚精准扶贫实施方案》，确立贫困村主导产业，制订贫困户脱贫计划。按照“政府主导，部门联动，社会参与，自力更生，开发扶贫”原则，全体干部与40个贫困村贫困人口建立联系帮扶制度，落实帮扶责任人。李家河镇班子成员带头，通过召开党员会、代表会、群众会、院落会、联组会等形式，到村到户宣讲政策，实现政策知晓全覆盖，领导班子成员到村到组召开会议不少于6场，一般干部职工不少于3场。截至2015年12月，共召开各种大小会议509场次，精准扶贫政策宣传到农户做到全覆盖。开展精准识别“回头看”，全镇共剔除“硬伤”户726户2550人，新增贫困户823户260人，2015年末有贫困户3608户12048人。所有贫困户全部纳入“五个一批”进行精准帮扶。实施回龙、冷草沟、田幺坪等村扶贫规划。回龙、冷草沟村党员群众服务中心已完工，田幺坪正在建设中，三个村共硬化公路11千米，建安全饮水池400立方米，建文化广场2200平方米，建“4450”28户，扶贫搬迁37户，危房改造10户，新成立专业合作社2家，发展烟叶208.53公顷，建苗圃基地53.33公顷，发展蔬菜10公顷，安装路灯50盏建垃圾池20个，安装健身器材2套，土地酸化治理20公顷，国土整治13.33公顷。

【“六城”同创】2015年7月，成立李家河镇“六城”同创活动指挥部，由镇党委书记唐刚任指挥长，镇长明官祝任常务副指挥长，其他各班子成员任副指挥长，镇相关职能部门负责人、镇直各单位负责人任成员。设立“六城”同创办，负责创建工作协调、指导、督促、考评等日常工作。

根据实际，将李家河集镇划分为4个责任区域，由8名班子成员带队，所有干部职工参与，负责本责任区域内的环境卫生、车辆停靠、交通劝导、规范出店占道经营等现象。明确“七大工程”由各块的分管领导具体牵头负责，相关职能部门具体抓办落实。

2015年分别召开李家河党委班子专题会议、镇直部门负责人会议、集镇精细化管理推进会、集镇居民大会、规范集镇餐饮业专题会、整顿肉类行业专题会等不同形式的会议，统一全镇上下的思想和行动。组织200余名干部职工签订《“六城”同创承诺书》，开展小手拉大手“六城”同创千人签名活动；

制定“六城”同创作战图，设置“六城”同创活动宣传栏、温馨提示牌、集镇不文明行为曝光台，在卫生院门前制作大型公益广告文化墙；利用李家河镇所有单位和商户的电子显示屏滚动播放六城同创宣传标语；组织干部开展“义务执勤3小时，我为‘六城’同创添光彩”志愿者活动。

围绕“扫干净、摆整齐、保畅通”的总体目标开展工作。投资28万元购买压缩式环卫车一辆、投资15万元购买垃圾桶170个。创新集镇保洁管理模式，投资38万元实行以“以钱养事”捆绑打包的形式承包给宣恩嘉盛物业管理公司，确保集镇范围内及209国道沿线日常保洁全覆盖。不定期开展“大兵团作战”15次，疏导群众到临时集贸市场赶集，引导车辆有序停靠，严禁店外经营和占道经营，规范流动商贩划行归市。组建集镇义务管理队伍，协助集镇秩序维护、车辆有序停放、劝导行人走人行道等工作。由派出所牵头，组建保畅通专班，加大巡查广度、密度，规范车辆停靠在指定停车位，严禁随意调头；所有客运车辆一律进站上下客，沿路揽客、争客现象基本杜绝；公交车实现到站点下车；免费向社会开放李家河镇政府、林站、财政所、车站4个单位停车场，缓解集镇交通压力；加强对运砂石车辆进行监管。发宣传资料200余份，联合执法5次，处理违规托运车辆4起，随意抛洒、遗漏砂石得到有效遏制。结合集李家河镇老街实施棚户区改造，将老街所有交易市场一次性整体搬迁至上城大道。开展农村环境卫生整治工作，制定《李家河镇农村环境卫生整治实施方案》，确定二虎寨、塘坊、金陵寨、川大河、老司城、青龙嘴、茅坝、八洲坝、冉大河、板栗园、上洞坪、田幺坪等12个村为农村环境卫生整治重点村，新修垃圾池30个。在209国道沿线所有村选定青龙嘴和二虎寨两个院落集中整治，打造整治示范院落。加强河道、水库周边的生活垃圾收集设施建设，组织对冉大河至李家河河面水体漂浮垃圾、岸线散落垃圾的彻底清理。

投入10万元实施李家河桥头美化、亮化工程，栽种绿化草皮，竖立大型公益广告牌，安装景观灯。启动老街棚户区改造项目，工程内容包括下水管道1千米、路面升级改造2.5千米、所有弱电管线全部入地，对李家河集镇主街道店面门头进行统一设计制作，总投资280万元，涉及住户300户。投资50万元，在板栗园集镇新安装路灯45盏，对上洞坪集镇路灯更换升级37盏，田幺坪村、下洞坪村安装路灯共100盏。设置道路交通标识标牌30块、划定小车临时停车位100个、摩托车停车位150个、人行横道斑马线6处。投资12万元在集镇主街道安装车辆违停自动抓拍系统5处。做好集镇绿化维护工作，及时更新已损坏、死亡的草皮；对行道树进行包裹保护。

【项目工作】2015年一批关系到李家河长远发展的项目落地落实，投资4.5亿元的创美物流园建设项目、750万元的上洞坪(关洞坪)与司城两片区国土治理项目、6400万元的民族中学整体搬迁项目、1200万元的农贸市场综合开发、814万元的学校薄改和洁净温暖工程、250万元的整村推进和老区建设扶贫开发项目、120万元的“村村通客车”项目、300万元的塘坊村石漠化治理项目、1000万元的备用水源建设项目、1000万元的金陵寨生态旅游观光农业项目、650万元的二虎寨—贾家沟—波螺河白柚长廊建设项目、集镇老街300万元的棚户区改造项目、77万元的农村公益事业以奖代补项目等落户李家河。创美物流园建设已完成征地13.1公顷，并完成实物锁定，安置区选址。民族中学整体搬迁完成征地12公顷。到12月底，投资750万元的上洞坪(关洞坪)与司城两片区国土整治项目已完成60%工程量；2015年6月14日，总投资3000万元的集镇二期开发动工，截至12月底，基础开挖全部完成；投资822万元的白柚长廊综合开发，在李家河镇二虎寨村、波螺河村、塘坊村、老司城村、川大河村、凤山村等6个老区贫困村新建及改扩建公路总里程16.65千米，项目完成招投标；投资300万元的集镇棚户区改造工程已于12月14日开工，目前已进入下水道开挖阶段。

【平安建设】2015年共接待群众来信来访169件次，涉及210人次，其中5人以上群体性来访1批次。共排查矛盾纠纷217起，化解198起；法律援助5件，办结5件；受理各类执行案件83件，结案27件；破获刑事案件3起，移送起诉2人；办理行政案件20件，行政拘留5人；查处、纠正交通违法506人次,行政拘留 1 人;清理清查易肇事肇祸精神病人 49 人;排查参与邪教骨干分子 12 人。

全年共开展安全大检查 24 次,排查安全隐患 753 处,现场整改 562 处,限期整改 191 处,无安全责任事故发生,无人员伤亡事件。李家河镇便民中心 13 个窗口单位入驻,群众办事更加便捷,共受理审批服务事项 20931 件,办结 20637 件,办结率为 98.6%;加强网格化管理,23 个村实现了"农民办事不出村"。

【社会事业】2015 年计划生育考核年度共出生 600 人,出生政策符合率 92.67%,政策外多孩率 3.67%,落实措施率 36.42%,综合避孕率 85.17%,孕前优生健康检查参检 397 人,参检率 99.25%,流动人口有效联系率 91.65%;违法生育立案 1 例。

改善办学条件,投入 814.42 万元实施改薄和洁净温暖工程,投资 6400 万元新建思源学校。开展非物质文化遗产传承,推广"千人滚龙连厢操"和三棒鼓传承项目进校园活动。为 7 个村添置乡村文化广场器材。

征收农村居民养老保险费 155 万元,完成县下达任务的 101%;征收农村新型合作医疗保险费 540 万元,征收率 93.5%。

全年发放农村"两补"274 万元,实施一事一议财政奖补资金兑现 79.5 万元;为 2484 户 4263 人发放民政低保救助资金 216 万元,发放春荒救助资金 7 万元,发放优抚补助资金 46 万元,民政分散供养 135 人,集中供养 42 人;发放养老金 200 余万元,完成失地农民保险审定 722 人,协助征收保费 3000 余万元。

【凤山连厢】滚龙连厢是宣恩县"一县一品"文化品牌,发源于李家河镇凤山村。《凤山连厢》是省级非物质文化遗产传承人、恩施州民间艺术大师侯安星编导的民族民间文艺精品节目,2007 年参加湖北省首届舞蹈金凤奖获得第二名,2014 参加宣恩县、恩施州、湖北省首届广场舞大赛,分别获得第一名、最佳表演奖、二等奖,2015 年 6 月在全县第二届广场舞大赛中,获得二等奖和最佳服装奖。7 月 14 至 15 日,参加在香港举办的第一届老年体育舞蹈国际艺术节第二十一阶段、舞艺专场比赛,李家河镇凤山村滚龙连厢艺术表演队《凤山连厢》获金奖。7 月 28 日,获中国梦第五届全国文化艺术展演活动全国总决赛金奖。12 月 5 日,全州首届幼师文化艺术节在华龙城举行,李家河镇三文幼儿园滚龙连厢表演队表演的《凤山连厢》获比赛第一名。

(熊新宇)

高罗镇

【概况】高罗,史称歌乐、歌罗,清朝时设有塘汛、铺递。元置石溪洞长官司,后改为高罗寨长官司,寻升宣抚司,明玉珍改安抚司,明仍为安抚司,清雍正十三年(1735)改土归流为宣恩县高罗里(治所设高罗)。民国时期为高罗乡、新安乡。1935 年夏建立高罗苏维埃区政府。

1950 年 1 月,设高罗区,辖高罗乡、新安乡、板栗园乡 3 个乡,区人民政府驻高罗。1951 年 3 月,全县改地名区为数字区,高罗区为第七区,辖龙潭河、马家寨、下坝、光荣、干溪、龙河、九间店、蜡树园、团结、板寮 10 个乡。1958 年 10 月,实行人民公社建制,改高歌人民公社。1959 年 1 月,改高罗人民公社。1961 年 5 月,撤高罗人民公社建高罗区,辖龙潭河、马家寨、下坝、光荣、龙河、干溪、蜡树园、团结、板寮、九间店 10 个人民公社。1975 年 10 月,撤高罗区建高罗公社,辖龙潭河、马家寨、下坝、光荣、龙河、干溪、蜡树园、团结、板寮、九间店 10 个管理区。1984 年 5 月,撤高罗公社建高罗区,辖高罗、马家寨、麻阳寨、团结、板寮 5 个乡(镇)。1995 年 5 月,高罗区由来凤县代管。1996 年 12 月,撤高罗区建高罗乡,原乡镇改称为管理区。1998 年 2 月,取消来凤县代管,划宣恩县管辖。2015 年 3 月 12 日,省民政厅鄂民政函〔2015〕86 号:"经省人民政府批准,同意宣恩县撤销高罗乡,设立高罗镇,以原高罗乡的行政区域为高罗镇行政区域,镇人民政府驻龙河村。"

高罗镇是全省文明乡镇,全省特色乡镇,荆楚诗词之乡,是中国贡水白柚之乡。地处宣恩县中南部,地处北纬 29°38′13″~30°38′13″,东经 109°20′52″~109°36′47″,北毗邻珠山镇、长潭河侗族乡,西北接晓关侗族乡,西及西南与李家河镇接壤,东、南与沙道沟镇相邻,是宣恩县唯一乡界和县界无重叠的乡。距宣恩县城54千米。高罗地处武陵山区，乡域地势平坦，土地肥沃，气候温和，雨量充沛，物产丰富，平均海拔在700米左右，属于亚热带气候，是发展水果的最佳地区。高罗境内物产丰饶，资源丰富，已探明的铅锌矿、硅铁矿、生物大理石、白云石、紫砂陶等矿产多达30余种。高罗民风淳朴，民族文化风情十分浓郁。土家族和苗族人民在这里世代集居、劳作和生活，留下众多的历史文化遗产，素有“苗文化活化石”之称的小茅坡营民俗村，是湖北省唯一一座保存苗族语言的苗族集居村；省级文物保护单位观音堂，可谓土家族天井式建筑的瑰宝。宣恩古八景中高罗有“东关飞瀑”“李溪层石”。清水塘曲径通幽，山水如画，5千米长廊上镶嵌着18座石拱桥。

全镇国土面积287.18平方千米，年末常用耕地2652公顷。辖龙河、苗寨、马料坡、干溪、麻柳塘、盘古庙、蜡树园、九间店、埃山、黄家河、熊洞、大坪、光荣桥、七把刀、龙潭河、麻阳寨、下坝、磨子沟、小河、马家寨、清水塘、车道湖、水塘、板寮、倒流水、岩缝溪、向家坪、火烧营、团结、小茅坡营、大茅坡营、漫牯牛32个村，313个村民小组，14970户，45665人，其中乡村人口42553人。

2015年实现农村经济总收入4.6亿元，农民人均可支配收入7188元，比上年增加940元。公共财政收入802万元，实现烟叶税收88万元。新补植白柚66.67公顷，种造茶园100公顷。工业招商引资完成3300万元，计划生育考核年度出生493人，出生政策符合率96.15%，死亡人数240人，人口自然增长率0.547%。安全生产重点监管行业“零事故”“零死亡”，社会平安和谐。

【农业农村】持续发展白柚产业，在埃山、黄家河村完成白柚补植、新造共66.67公顷，实现白柚区域连片开发。对柚园实行网格化管理，建立666.67公顷管理样板，33.33公顷核心示范基地，发放贡水白柚生物有机肥60吨，菜枯20吨，果袋100万个，新安装大型太阳能杀虫灯25盏，扑食螨2.1万袋，累计开展各类培训300余次（含有机农产品基地培训），共计4000余人次，发放技术资料3500余份。以贡水白柚为主的集收储、交易、批发、转运为一体的湖北亦和生态农业有限公司暨白柚深加工企业于2000年10月投入运营使用。

试点推进茶叶产业，利用麻阳寨片区地势平坦优势以及自然土壤条件，在麻阳寨、磨子沟、光荣桥3个村试点新造茶园100公顷，推进柚茶协同发展。

2015年全镇共10个村种植烟叶，82户烟农签订种植面积100.53公顷、产量200吨的烟叶生产合同。实际收购烟叶200吨，均价26.7元/千克，烟农收入达到407万元，实现税收88万元。

继续加大禽畜养殖，推广生猪“4450”环保养殖模式。新增年出栏生猪50头以上的“4450”养殖户69户，总数达到427户。培植年出栏生猪300头的规模养殖大户2户（熊洞向阳养殖专业合作社、苗寨小耳猪养殖合作社），新增家庭牧场9个（秋旺家庭农场、高罗牧丰泉农场宣恩野山谷开心家庭牧场、宣恩县沙道鱼泉百羊家庭牧场、宣恩县高罗简遥家庭牧场、青山泉水家庭牧场、华峰家庭牧场、高罗豪哥家庭牧场、宏扬家庭牧场、高罗微微农场），全镇畜牧养殖专业合作社发展到6个（宣恩县核桃香玲专业合作社、宣恩县成林大鲵养殖专业合作社、宣恩县黄家河发胜白柚合作社、黄家河有机白柚专业合作社、红豆杉专业合作社、时代农业专业合作社），年出栏生猪50头以上的452户，出栏大牲畜10头以上的8户，出栏羊30只以上的9户，出笼肉禽1000羽以上的9户，存笼蛋禽2000羽以上的5户。

【工业发展】2015年完成招商引资3300万元。签约落地招商引资项目2个（兴发水泥有限公司、瑾丰纸业）。2015年5月，兴发水泥有限公司在甘溪六组（原恩来高速公路T梁场）生产加工电杆预制品，累计投资将达到8000万元以上，6月已投产使用。原恩来高速公路第三合同段（湖北路桥）在黄家河村7、8、9组临时租用8公顷土地用于T梁场，2015年8月到期。高罗镇结合实际，经报请县政府同意，拟将该片土地征收用于创业园建设。

2015年高罗镇个体工商户新增156户，共有市场主体1869户，同比增长34%，发展企业11户，同比增长20%，取缔无照经营4户。

【乡村旅游】通过开展“五个一”活动（一首歌、一个节、一本书、一辑册、一张碟），为旅游摇旗、为开发呐喊。通过举办白柚采摘节，南三镇文艺汇演，越野E族汽车赛等活动，宣传高罗，提升人气。2015年7月，恩施州巴文化研究会一行深入高罗，对高罗的土司文化、夜郎文化进行深入挖掘，为高罗发展旅游建言献策，奠定基础。近年来，来镇自驾游、团体游的游客从无到有，从星星点点到络绎不绝。积极申报板寮和清水塘为3A级生态旅游区。共新增农家乐15家。

【村镇建设】整合资金9000万元，整修河道、加固堤坝、改造民居、整治环境、绿化“四旁”（宅旁、村旁、路旁、水旁）、美化家园。投资400多万元维修省级文物观音堂。申报传统村落（大茅坡营、小茅坡营），保护一批原生态河流（清水塘）。采取政府主导、村民主体的办法，建垃圾收集池，购垃圾清运车，评最美清洁户，做好“五边”（路边、街边、河边、沟边、屋边）等区域环境卫生工作。继2014年获得“全省卫生乡镇”称号后，2015年3月湖北省环委办授予高罗镇“省级生态乡镇”称号。

开展“六城”同创，加强集镇建管理，配备一辆城管车，实行12人24小时巡逻，明确部门职责，实施集镇范围内禁鞭，开展占道经营、乱停滥靠、乱搭滥建、街道保洁等专项治理，基本达到“扫干净、摆整齐、保畅通”目标。重点开展硬化、绿化、美化、亮化工程，对集镇背街小巷，镇街供排水、管网、路灯、人行道等进行全面建设。通过招商引资，建设停车场、集贸市场。通过移民建镇项目，建设集镇绕镇线和群众文化活动广场，征收储备土地，积攒发展后劲。

【社会事业】新型农村合作医疗参合2015年提高到99%。城乡居民养老保险参保11920人，2590人购买失地农民养老保险和企业保险。累计发放财政惠农补贴1900万元，发放民政惠民资金2200万元。

2015年新增农村部分计划生育家庭奖励扶助4人，发放独生子女保健费24人，金额9750元。落实中考加分117人，落实高考加分1人。落实大病救助、绝育措施等政策。镇计生办每月28日前对村进行抽查暗访，并对抽查情况进行通报，全年共发计划生育督查通报8期，处罚39人次，金额10220元，奖励85人次，金额46500元。计划生育考核年度出生493人，出生政策符合率96.15%，政策外出生20人，政策外多孩率3.65%。死亡人数240人，人口自然增长率0.547%。二孩及以上孕情及时率达37.93%。孕前优生健康检查应参检346人。发放宣传资料5000份，依法征收社会抚养费15.1万元，无“两非”案件。

参加全县组织的“五一、五四”全民健身活动和第七届水上运动会，并取得了很好的成绩，猴儿鼓有了稳定的演出队伍，板寮百家宴逐步产生影响力，成功举办第三届白柚节。板寮村、麻阳寨村举行多种形式的文艺晚会，内容丰富，农村文化广场和农家书屋在群众生活中日益扮演着重要角色，广场舞的普及和全民阅读习惯逐渐步入老百姓的业余生活。

扎实开展维稳工作，层级化解社会矛盾。对矛盾化解及时的实行三个等级以奖代补（简易矛盾100元、一般矛盾300元、重大矛盾500元）。创新工作理念和方法。高罗镇政府聘请3名律师，组成律师团，为村民免费提供法律咨询和服务。2015年律师团队共进村184次，培训2300余人次，化解纠纷75起，提供咨询817人次，代理案件8件。推进农村网格化管理，实行“定格、定员、定责、定岗”，对全镇共59名网格管理员，313名网格信息员先后进行6次培训。通过手机信息平台排查矛盾纠纷304件，成功调处248件，信息更新19550条，新增8351条。强化打击手段，提高“严打”整治实效，2015年共立刑事案件44起，破案8起，刑事拘留8人，治安案件67起，行政拘留20人。列管十小场所（内保单位）31家，排查精神病人73人，列管肇事肇祸精神病人19人。

【党的基层组织建设】按照每月一自学、每周一集中、每月一研讨、每季一调研、每半年一总结的要求，继续巩固群众路线教育实践活动成果，提高党委履职能力，确保整改落实工作不打折扣、取得实效。建立健全《党委会议制度》《党委议事规则》等相关制度，规范党委工作，推进党委制度化规范化。切实履行民主集中制，按照集体领导、分工负责的原则，重大问题集体研究，充分发扬民主，自觉维护班子团结。推行党员“政治生日”制度，2015年7月开始，高罗镇在全镇1025名党员中启动“党员政治生日”活动，为每位党员建立“政治生日”台账，通过党员手机短信平台，在党员入党“生日”时以短信的方式送上励志祝福。严格第一书记和村干部管理，制定《第一书记管理办法》《高罗镇村干部管理办法》，切实加强农村干部规范化管理，增强其组织性、纪律性、积极性和创造性，切实转变工作作风，提高工作效率。组织开展“光墙”行动，对支部召开党员大会制度落实情况进行定期督查，严格把好支部发展党员工作的各个环节，新发展党员 14 名。筹资 200 万元，新修马料坡、马家寨、麻阳寨、光荣桥、熊洞 5 个村的党员群众服务中心，维修下坝村党员群众服务中心。2015 年底，马料坡、光荣桥、下坝村 3 个党员群众服务中心已完工；熊洞、马家寨党员群众服务中心主体工程即将完工。

适应党风廉政建设和反腐败工作新常态，切实增强责任感和使命感。落实“五个必须、五个决不允许”的要求，做到有令则行、有禁必止。落实党风廉政建设主体责任，加强组织领导，勇担主体责任，严抓作风建设，构筑廉政防线。开展党风廉政建设教育月活动，党员干部廉洁自律的意识不断增强。加大对重点领域、关键岗位和重要环节的风险防控，深化权力监督，落实“三重一大”制度。定期听取纪委工作汇报，支持纪委查办案件，做到发现一起，查处一起，不瞒案不报，不压案不查。受理群众来信来访 11 件，办结 10 件，1 件正在办理中，查办违纪违法案件 20 件。认真运用大数据开展惠民政策落实情况监督检查，立案 10 件。

加强宣传思想工作，成功推出孝心少年刘倩，获央视 2015 年全国最美孝心少年荣誉称号，选推“老有所为”个人和群体，用身边鲜活的人物事迹感染人、教育人、激励人。按照“创精品、显亮点、求实效、讲创新”的思路，在外宣结构和层次上实现突破，确保重点突出县级媒体宣传的基础上，州级媒体发稿持续上升，省级媒体发稿取得突破。2015 年高罗镇在《人民日报》刊登新闻 1 条，《农村新报》《恩施日报》84 条，恩施电视台 23 条，宣恩网 150 条，宣恩电视台 105 条。扩大对外宣传力度，打造“美丽苗乡·特色高罗”品牌形象，举办第三届贡水白柚采摘节，并在湖北电视台垄上频道播出。

【埃山发现一贞节牌】7 月 30 日《恩施晚报》A10 版载《高罗埃山发现一贞节牌》：宣恩县高罗镇埃山村石家院子石保念家，有一块近两百年历史的贞节牌，正中刻有“皇恩旌表节孝”楷体字，右边写有“三院核会题请”，落款为“道光庚子（1840）穀旦”。“皇恩旌表节孝”，就是民间俗称的贞节牌。据当地村民介绍，石家高祖石母孙老太君年轻丧夫未再嫁，抚养孤子并为夫供奉双亲直到寿终，被地方官员奏请朝廷，后经内国史院、内秘书院、内弘文院核实，朝廷赐牌表彰。

【第三届贡水白柚采摘节】10 月 31 日，以“苗乡欢歌唱高罗·宣恩贡水白柚香”为主题的宣恩县第三届贡水白柚采摘节在高罗镇举行，采摘节主题为以“丰收·同庆·联欢”为基调，由省农业厅、省文化厅、省人社厅、宣恩县委县政府、湖北长江垄上传媒集团共同主办，由宣恩县委宣传部、高罗镇党委镇政府、湖北广播电视台垄上频道承办。采摘节活动分为集市区和文艺表演区两个活动区，分别设在高罗集镇和九间店村贡水白柚种植基地。在集市区，客人可免费品尝摘自基地的贡水白柚。省农业厅、人社厅，县农业局、县人社局相关人员，现场为村民解答白柚种植技术和扶持政策，发放实用技术资料。天香熏腊制品、火烧营土鸡蛋等土特产品在现场展示，客人可品尝蕨粑粑、荞子粑粑等传统美食，欣赏手工布鞋、竹编等手工艺品。

在九间店村贡水白柚示范基地里举行“送文化、送服务、送温暖”大型文艺演出，同时，有现场签约、吃柚子比赛、留守人员慰问等活动。10 家企业与正兴、亦禾等白柚专业合作社和加工企业现场签订产销合同，金额 3.2 亿元。活动吸引《湖北日报》《湖北农村新报》《恩施日报》等媒体关注。

【高罗集镇禁鞭】7 月高罗镇第一届人民代表大会第一次会议通过决议，决定对集镇界定范围内实行全面禁鞭。禁鞭范围为：北至高速公路出口匝道高架桥，南至卡门，西至鸡公坡、菜园子、泥巴塘，东至周家堡、大洪山。在界定范围内，任何单位及个人不得生产、储存、销售及燃放烟花爆竹。重大节庆活动确需燃放烟花爆竹的，在申请公安机关批准后，可在规定时间和指定地点燃放。对于违反规定的单位和个人，将由相关主管部门进行处罚。8 月 12 日，高罗镇召开高罗集镇禁鞭工作动员会，决定从9月10日起在集镇界定范围内全面禁止燃放鞭炮。

（王勇）

晓关侗族乡

【概况】晓关，古称筱关，原名小关，清同治版《宣恩县志》载，因有小关山得名。清朝乾隆年间，为石虎里治所，设有关隘、集场。抗日战争时期，湖北省政府由宜昌迁至恩施，改称晓关，取光明吉祥之意。

改土归流前属施南土司，清雍正十三年（1735）改土归流建县后属宣恩县石虎里。民国为晓关乡和西坪乡。1950年1月，设晓关区，辖晓关乡、卧西坪乡，区公所驻黄河村。1951年3月，全县地名区改数字区，晓关为第六区，辖晓关、高桥、坪地、张官、草坝、猫山、倒洞塘、覃家坪、桐子营、八台、卧西坪、大山坪。1958年10月，实行人民公社建制，成立东风（晓关）、钢火（大山坪）人民公社。1968年3月，成立晓关区革命委员会。1975年10月，撤区并社，建晓关公社（辖晓关、高桥、坪地、张官、草坝、猫山6个管理区）和桐子营公社（辖倒洞塘、覃家坪、桐子营、八台、卧西坪、大山坪6个管理区）。1984年5月，撤晓关、桐子营公社，建晓关区，辖晓关、草坝、猫山、张官、大岩坝、坪地、高桥、桐子营、倒洞塘、覃家坪、八台、大山坪、西坪13个乡（镇）。1986年7月，设立晓关、猫山、张官、桐子营、八台5个侗族乡（镇）。1987年6月，撤销大岩坝、坪地、高桥3个乡，并入晓关侗族镇；撤销倒洞塘乡，并入桐子营乡。1995年10月，晓关区分为晓关区和桐子营区，晓关区下辖晓关侗族镇、张官侗族乡、猫山侗族乡；桐子营区下辖桐子营侗族乡、覃家坪乡、西坪乡、八台侗族乡、大山坪乡。1996年11月，撤销晓关区、桐子营区，建立晓关侗族乡、桐子营侗族乡，原乡镇改称管理区。2001年3月，撤销桐子营侗族乡，并入晓关侗族乡。至此，晓关侗族乡下辖晓关、张官、猫山、桐子营、覃家坪、西坪、八台、大山坪8个片区工作队。

晓关侗族乡位于宣恩县西南部，地处北纬29°45′07″～29°58′21″，东经109°10′50″～109°30′29″。是湖北省12个少数民族乡镇之一，也是全州3个侗族乡镇之一。东邻珠山镇，南与咸丰县高乐山镇、宣恩县高罗乡、李家河镇交界，西与恩施市盛家坝乡毗邻，北连宣恩县椒园镇。乡政府驻地为晓关集镇，位于晓关侗族乡黄河村55号，距县城29千米。

全乡国土面积421.38平方千米，其中林地2.6万公顷，森林覆盖率为64.7%；年末常用耕地4206公顷。辖黄河、岩狮、古路槽、大岩坝、宋家沟、蚂蚁洞、野椒园、高桥、坪地坝、白沙溪、张官、黄草坝、猫山、牛场、草坝、小溪、覃家坪、马泥光、茅坡田、山尖坳、七将营、沙水田、大咸、八台、匠科、桐子营、中村坝、干家坝、桥塘、长坳、倒洞塘、堰塘坪、卧西坪、铜锣坪、杉木岭、骡马洞、大山坪、尖山坪、姚家坪、小高锣40个村民委员会，441个村民小组，15274户，40587人，其中乡村人口34272人；侗族人口约占75%。

2015年全乡农业总产值5.53亿元，同比增长18.4%；农村常住居民人均可支配收入8817元，人均纯收入达到7854元，同比增长18.9%。公共财政收入905万元。

【支柱产业】2015年全乡烟叶种植面积1300公顷，全年收购烟叶1707.5吨，实现烟叶收入4546万元，税收1004万元。到2015年末全乡种植茶叶2866.67公顷，完成有机茶创建200.65公顷，实现茶叶收入2亿元以上。全年出栏生猪6.7万头，发展“4450”模式养殖户86户。

【工业经济】2015年全乡培育市场主体，新增规模以上企业1家（宣恩县峰润茶业有限公司），累计达到5家（湖北维民实业有限公司、宣恩县硅宝矿业有限公司、宣恩县汉海矿业有限公司、宣恩县鸿源矿业有限公司、宣恩县峰润茶业有限公司），新增注册资金2000万元以上的工业企业2家（宣恩县钧尧建材有限公司、宣恩县硒浪饮品有限公司），新增注册资金1000～2000万元的企业1家（宣恩县利丰农业有限公司），新增注册资金500万～1000万元的企业2家（宣恩县茗品茶业有限公司、宣恩县茗华茶业有限公司），新增注册资金200万元的企业1家（宣恩县山禾茶叶有限公司），升级为国家级农民专业合作社示范社1家（宣恩县晓关侗族乡维民茶叶专业合作社），建成县级“521”农民专业合作社示范社1家（宣恩县欣馨有机茶叶专业合作社），“521”示范社累计达到5家（宣恩县晓关茂发茶叶专业合作社、宣恩县欣馨有机茶叶专业合作社、宣恩县晓关侗族乡维民油茶专业合作社、宣恩县创丰专业合作社、宣恩县王勇水苔专业合作社），新发展家庭农场22家，累计达到139家。不断加大招商引资工作力度，2015年到位资金2916万元。发展限上商贸企业1家（宣恩县林家商贸有限责任公司）。

【旅游开发】按全县的旅游布局，结合特色观光农业，发展侗乡特色民居的乡村休闲旅游，2015年完成野椒园古侗寨民俗旅游度假区总体规划、详细规划评审和杨家院子的保护维修工作。

【基础设施建设】2015年集镇建设投入建设资金近300万元，完善集镇基础设施配套建设，完成综合便民服务中心、排水（污）沟渠、弱电入地、路灯亮化、农贸市场、新街建设、停车场、集镇公厕、集镇绿化等基础设施建设，并投入使用。

完成农村道路“十三五”规划数据采集，新采集村组主干道246千米，新测算安保工程2700多万元。完成高速公路施工便道复建、草坝公路改扩建路面加宽和软基换填，硬化桥塘通畅公路、蚂蚁洞、山尖坳、干家坝等公路，维修干家坝、大山、覃家坪、牛场、杉木岭等65千米村级主干道，改造铜锣坪至西坪河道。实施“村村通客车”工程，投入专项资金52万元，实现“村村通客车”目标，群众出行更加便捷。完成猫山村、坪地坝村、黄草坝村国土治理项目扫尾工程。投资120万元实施8个村安全饮水工程，新修水池12口750立方米，铺设管网4.98万米，解决1200户4000余人的安全饮水问题。投资120万元，对榨房沟病险水库进行除险加固。实施干家坝村、山尖坳村整村推进扶贫开发工作，维修公路25千米，硬化公路14.2千米，硬化旅游停车场坝、群众文化活动广场1000平方米，新建茶叶基地沟渠1千米。

【社会事业】全乡有建档立卡贫困户3645户，10605人，全乡党员干部256人对贫困户实行结对帮扶，进村入户对开展调查走访，因户施策，制定具体帮扶措施，按照年度减贫计划，2015年完成减贫任务1986人。新建村委会办公楼5个、整修3个，新建标准化村卫生室3个、村级老年活动室6个。

适龄儿童入学率和义务教育阶段初中入学率达100%，2015年中考晓关乡上恩施高中线2人，上宣恩县第一中学公费线60人，晓关中学在办学条件上成为全州的示范中学。9月10日，晓关侗族乡党委乡政府举行庆祝第31个教师节座谈会，表彰2个教学质量管理先进单位、2个小学合格检测先进单位、10名优秀班主任、20名优秀教师和3名先进教育工作者。

城乡居民养老保险完成县定任务107.6%，新型农村合作医疗参合率达到93%。农村低保资金规范管理使用，年末全乡农村低保人口1006户，1313人，全年累计发放民政资金540万元。

制定《关于进一步加强人口与计划生育工作的工作方案》，明确各级干部责任，建立党政领导齐抓共管、队村干部协力推进的工作机制。计划生育考核年度出生人口506人，符合政策生育率94.86%，政策外多孩率3.75 %，两年长效节育措施落实率56%。

支持扶持农村文艺队组织开展各类有益的文体活动，中村坝村和黄河村文艺队得到社会好评。集镇管理由粗放转向精细化，全年晓关、桐子营两个集镇管理经费投入超过40万元，两支队伍的人员配备和设备配备到位，集镇实现“扫干净、摆整齐、保畅通”的目标。农村环境得到改善，脏乱差现象得到扭转。

各项惠农政策得到全面落实，退耕还林补助资金、粮食直补、综合直补、良种补贴等各类惠农资金及时直达农户。2015年兑付惠农补贴资金732.7968万元。

【社会管理综合治理】2015年全乡没有发生重特大治安刑事案件、重特大安全责任事故、群体性上访和个体缠访，全乡社会稳定，人民安居乐业，群众对安全的满意度达到95%以上。

全年共接待群众来访125次，上级交办信访案件51件，办结51件，执行信访接待、登记处理制度，接待礼貌周到，做到件件有登记，事事有回音，结案率达到100%。

开展“平安创建”活动，共排查出不稳定因素312起，化解298起；刑事案件61起，打击处理移送起诉10起；治安案件78起，行政处罚50人，治安拘留32人，抓获网上逃犯2人。群众对安全的满意度达到95%以上。落实安全生产重大隐患月查月报制，开展各种形式的安全生产宣传教育活动，开展道路交通、校园安全、食品安全及烟花爆竹、危险化学品、非煤矿山等专项整治行动，累计开展专项检查13次，排查安全隐患169处，下达检查整改通知198份，有效预防了重特大安全事故的发生。

【晓关侗族乡第三届党代会第二次会议及第五届人民代表大会第四次会议】12月5日，晓关侗族乡第三届党代会第二次会议及第五届人民代表大会第四次会议。学习贯彻习近平总书记系列重要讲话精神，总结2012年以来的工作，大会批准姚金超代表中共晓关侗族乡第三届委员会所作的工作报告，提出坚持"兴产业、强基础、惠民生、促和谐"的发展思路，以精准扶贫和"六城同创"为抓手，着力稳增长、调结构、强基础、惠民生，建设富裕晓关、宜居晓关、魅力晓关、和谐晓关。

【上级领导到晓关检查工作】1月21日，县委常委、县政法委书记黄同元到张官村开展带案下访、上门回访工作。

1月23日，黄同元、王仕高到桥塘村看望慰问困难群众。

2月6日，朱瑾到草坝村看望慰问困难群众。

3月12日，岳东到中村坝维民茶叶基地查看茶叶长势。

3月31日，杨安明到干家坝村调研整村推进工作。

4月2日，朱鹏程到晓关乡检查烟叶生产。

4月9日，黄同元到山尖坳村调研整村推进工作。

7月8日，黄同元在山尖坳村开展精准扶贫入户工作。

8月18日，习覃到晓关乡调研烟叶和集镇建设工作。

12月7日，习覃到山尖坳村调研精准扶贫工作。

12月10日，省人大常委会副主任张岱梨带领调研组到晓关，就民族地区建设与发展和精准扶贫工作相关情况进行调研。州委书记、州人大常委会主任王海涛，州委常委、统战部长谭文骄，州人大常委会副主任陈学明，县领导习覃、杨安明、岳东、李明山及县工业园区管委会主任覃国锋先后陪同调研。

12月11日，习覃到岩狮村、黄草坝村、骡马洞村调研精准扶贫工作。

（张新欣）

万寨乡

【概况】万寨，明清时期，白莲教抗暴发展迅速，在本地安营扎寨，设有千师营、大营、小营、暗营、新营、二寨、大公寨、罗家寨、马家寨等多个营寨，号称"万寨"，以其虚实不定吓阻清兵。"万寨"就此得名，设有集场、塘汛。

清雍正十三年（1735）建县前属东乡土司。1950年1月，万寨属城关区管辖。1951年1月，万寨乡属城关区；1951年3月，万寨乡从城关区分出，建立第二区，辖白果坝、板马、凉风、大河坝、向家、中间河、中间坪、大卧龙8个乡，区公所设万寨。1958年10月，设东升公社。1959年1月，改万寨公社。1961年5月，改万寨区，辖白果坝、板马、凉风、大河坝、向家、中间河、中间坪、大卧龙8个人民公社。1975年10月，撤万寨区建板场公社（辖板场管理区）、万寨公社（辖白果坝、向家、大河坝3个管理区）、中间河公社（辖中间河、中间坪、大卧龙3个管理区）。1984年5月，撤万寨公社，建万寨区，辖大河坝、板场、白果、向家4个乡。1996年12月，撤区建乡，万寨区更名贡茶乡。2001年3月，贡茶乡更名为万寨乡。

万寨乡位于宣恩县域东北角，宣恩与恩施交界处。地处北纬29°59′25″～30°13′36″，东经109°29′51″～109°38′59″。东及东南与长潭河侗族乡和恩施市双河乡相毗邻，西南与椒园镇、珠山镇接壤，西连恩施市芭蕉侗族乡，北抵石心河与恩施市三岔乡隔河相望。乡人民政府驻万寨集镇和平路132号，距宣恩县城29千米。

万寨乡属典型的亚热带季风气候，地形起伏、气候温和、雨量充沛，山水奇特秀丽，群山云雾缭绕，生物资源丰富，粮食作物以水稻、玉米、小麦、薯类为主，经济作物有茶叶、烟叶、油菜、柑橘、花生等。土壤以酸性紫砂泥为主，富含硒等稀有微量元素，pH值在4.5～6.5之间，适宜茶叶生长发育。清朝伍昌臣在种植蓝靛开垦花栎树时，发现有几十棵野生茶苗，便将这些野生茶苗精心培育发展成茶园。这块茶园制出的茶叶非同一般，独具特色：味甘，汤色清绿明亮，有熟栗香味。泡头杯茶，汤清色绿，甘醇初露;泡二杯茶,茶色于深绿中透淡黄,熟栗香郁;泡三杯茶,汤碧泛青,芳馥横溢。饮此茶后,气爽神清,香味久长。他在加工此茶时,将鲜叶摘下入锅杀青,取出用手搓揉成条状,再放回锅中,进行炒制,反复炒制三四回直至呈灰白色,称之"白尖子"或白茶。在储藏茶叶上,他将春茶密封在陶坛内,等次年取出饮用,其色、香、味、形不变,仍具新茶一切特点。于是伍家台之茶逐渐远近闻名,人称"伍家台茶"。乾隆四十九年(1784),"伍家台茶"被地方官员作为贡品进献,得到乾隆皇帝赞赏,御赐"皇恩宠锡"牌匾。万寨乡是湖北省十大茶叶名乡之一,伍家台贡茶的发源地,是恩施州茶叶主产区,所产干茶其色青翠绿润,其香清幽淡雅,其味甘醇可口,富含硒、铁、钙、维生素C等微量元素,有清肺止涩、抗癌阻痈、防病健身的功效。茶叶品种多样,境内拥有鄂茶10号、龙井43号、乌牛早、福鼎大白和浙农117号等优良品种。所采鲜叶可加工制作绿茶、红茶、乌龙茶、砖茶等各大类茶叶产品。

万寨乡旅游景点有:中国贡茶第一村(伍家台村)、清江画廊西入口(石心河深水港)、地下发电厂房(洞坪水电站)、中华第一油麻藤(常青油麻藤)。

全乡国土面积183.58平方千米,辖千师营、石心河、小姑珠、后坪、芷药坪、白果坝、长沙河、六堰塘、长堰沟、梭龙坝、向家村、大河坝、铁厂沟、大明山、网台、罗针田、中台、芋荷坪、凉风、伍家台、板场、马鞍山、白虎山、金龙坪24个村,244个村民小组,10073户,30433人,其中乡村人口29113人。总耕地面积3332.7公顷,林地面积3475公顷。

2015年全乡实现农村经济总收入4.89亿元,同比增长7.24%;工业总产值7.14亿元,同比增长21%,农民人均纯收入达到7791元,同比增长18%。公共财政收入541万元。

【特色产业】2015年万寨乡特色产业主要以茶叶、烟叶、家庭畜牧业为主。

全乡实现农村经济总收入4.89亿元,同比增长7.23%;新造茶园200公顷,茶叶基地达到3433.33公顷,其中,有机茶叶基地达到900公顷。绿可绿针荣获第8届中国国际有机食品博览会茶叶佳味奖、第11届中国·武汉农业博览会金奖,伍家台贡茶成为中国驰名商标。

推行"4450"生猪养殖模式,新增"4450"养殖户12户,达到133户。全乡出栏生猪63810头。

全乡烟叶种植面积233.33公顷,收购烟叶350吨,烟叶均价28元/千克,实现烟叶收入1148.96万元,烟叶税收252万元。

【工业经济】2015年万寨乡全口径工业总产值达到7.14亿元,同比增长21%。全乡茶叶加工企业达到78家,年产值2000万元以上规模企业达到9家,其中新增规模以上工业企业1家(御茶府茶叶公司)。

【项目建设】 以大河坝集镇建设为中心,投资20万元完成集镇和24个村庄的规划编制,投资1亿元建成贡茶苑,投资1200万元完成老集镇改造。以S232省道建设为中心,完成宣万公路建设、石心河大桥项目建设,共新建、改扩建、维修村、组公路95千米,实现"村村通客车"目标,农村公路通达率达到100%。

【社会事业发展】扶贫开发深入推进。按照"六个精准""五个一批"对全乡2681户贫困户按致贫原因分类建档,因户施策,实行"挂图作战",1957户,6230人成功脱贫。教育事业优先发展。深入实施洁净温暖工程,大力推进义务教育学校标准化建设,全乡小学适龄儿童入学率达到100%、小学适龄女童入学率达到100%、初中阶段入学率达到95%以上,适龄残疾儿童、少年入学率达到85%以上。

全乡符合政策生育率达95%,全乡全年初婚晚婚数93,初婚晚婚率69%,全年合计生育295人。

新农保、新农合参保率达到95%以上。新农保2015年完成资料审核和参保缴费565人,从6月开始享受养老金待遇256人。另外2015年符合条件的新征地农民养老保险金补偿手续正在办理中。实行城乡居保参保缴费与待遇办理的常态化工作,全乡完成8233人的参保缴费,征收城乡居民社会养老保险费92.68万元,完成任务的106%。

2015年度合作医疗个人收费标准为90元/人,全乡共26443人参加2015年度新型农村合作医疗,共上缴新农合基金2379870

元,完成比例90.88%。

2015年乡村两级共摸排各类矛盾纠纷155起,较上年增加62起,同比增长66%,调处成功149起,调处成功率96%。村一级调解成功75%,工作队一级调解成功4%,乡综治办调解成功21%,初步实现"小事不出村、大事不出工作队、重大疑难矛盾纠纷不出乡"的总体目标。全年共收到群众来信22件,接待群众来访53批62人次,电话举报3件,信访总量较上年同期下降39%。上级交办、转办的信访事项49件,按时办结49件,办结率100%。湖北省阳光信访工作平台运转正常,录入信访事项登记办理信息98件次,录入率100%。群众安全感和社会治安状况满意率均达95%以上。

【第二届伍家台贡茶开园节暨伍家台旅游区体验游启动仪式】伍家台生态旅游区位于万寨乡伍家台村,国家AA级景区,核心景区面积8.5平方千米。2008年开始建设,利用伍家台茶园景观资源和人文历史资源,建成集茶叶加工、游客参观体验、茶艺展演、贡茶文化展示等于一体的贡茶科技产业园,修建茶山栈道、贡茶文化广场、尖峰亭、乾坤壶、贡茶宾馆等旅游配套服务项目和景点,实施核心区域特色民居改造250户,培植农家乐20余户,2014年举办伍家台首届贡茶开园节。

2015年3月28日,第二届伍家台贡茶开园节暨伍家台贡茶生态游首场旅游专场,在万寨乡伍家台村启动。恩施传媒国际旅行社、恩施州逛氧吧乡村旅游开发有限公司等17家旅行社(公司)负责人,到景区对接休闲观光体验游进行座谈,并考察旅游线路。上午9时30分,举行旅游区开园仪式。州旅游委副主任胡福先宣读关于"批准宣恩贡茶生态休闲旅游区为国家2A级旅游景区的决定",副县长向建强宣布伍家台旅游区开园。游客游览景区,体验乡村休闲旅游。在伍家台贡茶科技产业园的茶文化展厅召开旅游资源推介(座谈)会,相关人员就伍家台旅游资源及开发进行宣传推介。随后参观伍家台贡茶园、椒园生态产业园的旅游集散中心和部分企业、椒园水田坝景区。

举行机制名优茶鉴评,13家茶叶加工企业选送机制名优茶茶样进行参评,鉴评会邀请杨胜伟(恩施州职业技术学院高级讲师)、张强(恩施州农科院副所长、高级农艺师)、杨长勇(恩施州农业局经作科科长、高级农艺师)、梁金波(恩施州农科院茶科所副所长、高级农艺师)、吴建群(恩施州职业技术学院讲师)担任评委,对各参评茶样的外形、汤色、香气、滋味、叶底进行认真细致地品评,综合评分。宣恩伍台昌臣茶叶公司所选送的茶样"茶叶色翠绿、汤色嫩绿明亮、气味幽香、滋味酸爽、叶底嫩绿明亮"获得专家们的一致好评,被评为第一名。恩施州伍家台富硒贡茶有限公司、湖北施南茗茶制造有限公司分别获第二、三名。

3月29日,手工制茶比赛在伍家台贡茶广场上举行,宣恩伍贡茶叶有限公司、恩施州伍家台富硒贡茶有限公司、宣恩县伍台昌臣茶叶有限公司等7家企业14位茶艺师参赛。恩施州伍家台富硒贡茶有限公司的茶艺师张双、覃正春获得本次比赛第一名。

3月30日,湖北·宣恩第二届伍家台贡茶开园节商务签约暨颁奖典礼在县行政办公大楼二楼会议室举行。周志斌、尹建华、钟昌泽参加签约仪式并为相关获奖企业颁奖。开园节活动共67家客商参加,现场签约2.17亿元,签约总金额达到5.5亿元。

(朱占海)

长潭河侗族乡

【概况】长潭河,原名长滩河,以河滩名演化为地名,清朝时期设有集场。

清朝改土归流前属东乡宣抚司,雍正十三年(1735)改土归流建县后属东乡里(治所设长潭河)。民国属长潭河乡。1949年11月,属狮长区。1951年3月,撤销狮长区,设一区和第二区,长潭河为第二区,辖苦草坪、万岭山、施铁坪、龙马山、洗马坪、细沙、兴隆、会口,区公所设长潭河。1958年10月,实行人民公社制,设东方红公社。1959年1月,改为长潭河公社。1961年5月,恢复区建制,将管理区改称人民公社,长潭河人民公社更名为长潭河区,辖苦草坪、大湾、东乡、施铁坪、龙马山、洗马坪、细沙、兴隆、会口9个人民公社。1975年10月,撤区并社,撤销长潭河区,将8个小公社合并为长潭河、会口2个大公社,原万寨区所辖的中间河、中间坪、大卧龙等3个小公社合并组建中间河人民公社。1978年12月，在小公社的基础上建管理区，长潭河公社辖细沙、兴隆、芭叶槽、东乡4个管理区；中间河公社辖中间河、中间坪、大卧龙3个管理区；会口公社辖苦草坪、洗马坪、马虎坪3个管理区。1984年5月，撤销长潭河、会口、中间河3个人民公社，合并设立长潭河区，原管理区改为乡(镇)，辖长潭镇、兴隆乡、龙马山乡、中间河乡、大卧龙乡、诺西乡、施铁坪乡、东乡乡、会口乡、苦草坪乡、洗马坪乡等11个乡镇。1986年7月，设立会口侗族乡(原会口乡管辖范围)。1987年6月，撤销细沙乡、兴隆乡、龙马山乡，并入长潭河镇；撤销苦草坪乡，并入会口侗族乡；撤销施铁坪乡，并入诺西乡。1995年10月，长潭河区分为长潭河区、会口区。长潭河区辖长潭河镇、中间河乡、大卧龙乡、诺西乡、东乡乡。会口区辖会口侗族乡、洗马坪乡。1996年12月，撤区建乡，原来的区辖乡(镇)改称为管埋区，属乡管辖。会口区更名为会口侗族乡，辖会口、洗马坪2个管理区，长潭河区更名为长潭河乡，辖长潭河、东乡、诺西、中间河、大卧龙5个管理区。1997年1月，长潭河乡的中间河、大卧龙、诺西3个管理区划出，设置中间河镇。2001年3月，长潭河乡、会口侗族乡、中间河镇合并，成立长潭河侗族乡，辖长潭河、东乡、诺西、中间河、大卧龙、会口、洗马等7个管理区。

长潭河侗族乡位于宣恩县东北部，地处北纬29°50′15″～30°09′53″，东经109°32′28″～109°47′45″，东与椿木营乡、沙道沟镇交界，南与高罗乡相连，西与珠山镇、万寨乡相望，北与恩施市新塘乡毗邻。乡政府驻地为长潭河集镇，属甘露村，沿王椿线西行，距县城34千米。

长潭河侗族乡有植物1500余种，境内的七姊妹山国家级自然保护区内有珙桐、马铃光等国家一、二级保护植物20余种和大鲵、黑熊、麝獐、水獭等国家珍稀保护动物10余种。可供开发的水能资源装机容量达5万千瓦。境内有煤、铁、天然气、高能土等矿产资源20余种，其中铁矿蕴藏较为丰富，贮藏量达1.6亿吨。全乡有七姊妹山、仙女池、仙人洞、中武当等风景名胜，有“十姊妹陪新人”“拉船号子”等独具民族特色的侗乡文化。

全乡国土面积432.71平方千米，2015年末常用耕地面积3639公顷。辖甘露、小卧龙、细沙坝、后河、兴隆、两溪河(两河)、龙潭、龙马山、中坝、小坝、万岭山、易家坪、马虎坪、大坨、会口、黄田、陈家台、苦草坪、田坪、土鱼河、洗马坪、九坝、大湾、白果、中间河、杨柳池、中间坪、猫村子、大卧龙、王家山、猫子庄、客家营、诺西、杉木树、芭叶槽、施铁坪、律侣坝、涌洞河、梨子坪39个村，361个村民小组，14076户，37940人，其中乡村人口36426人。居住着侗族、土家族、苗族、壮族等6个少数民族，侗族人口1.9万人，占51.3%。

2015年全乡农村经济总收入达46397.19万元，农民人均纯收入达6658元，信用社贷款余额达2094万元，存款余额达到5100万元。公共财政收入764万元。

【农业经济】长潭河侗族乡立足资源优势，狠抓特色产业发展，形成以烟叶、茶叶、畜牧业为主的特色产业。2015年全乡烟叶种植面积46公顷，全年收购烟叶800吨，烟农收入212.27万元。新建卧式密集烤房7处45座，普改密烤房35栋，维修烤房10栋，硬化烟叶产业路10千米。

新造茶园200公顷，达到2333.33公顷，其中可采摘面积1533.33公顷，有机茶认证面积85.33公顷，新增茶叶加工企业4家(中武当宜红茶叶合作社、诺两仙女塘云雾茶厂、宣恩县茗鼎茶叶有限公司、怡春茶叶有限公司)，达到26家，其中年产值达2000万元的有2家(七姊妹山茶厂、调阳茶厂)。

新发展“4450”养殖模式的养殖户15户，累计达576户，2015年出栏生猪10.23万头，新注册各类农业合作社27家，累计达到34家。

【第二、三产业】全乡工业经济收入14994.6万元，第三产业产值1786.85万元。全面推进“十三五”规划编制，共谋划项目116个，总投资约170亿元。立足独有的生态优势，文化资源，打造乡村生态休闲旅游品牌。按照“点上精品打造、带上串点连线，面上整体推进”的思路，初步形成“点、带、面”乡村旅游创建的基本框架。巩固两溪河、诺西两个乡村旅游示范点，加快乡村旅游相关基础设施建设。整合开发以中间河集镇—卢家院子—七姊妹山自然保护区—线为核心的旅游资源。

【基础设施建设】全乡39个行政村全部通水泥(沥青)路,硬化率达100%,投资1175万元,硬化道路58千米,硬化总里程276.3千米。投资2500余万元,延伸钢护栏126.9千米,安保工程总里程达226.1千米。投资30余万元,新修组级到户路30千米。实现村村通客车。农村安全饮水普及率达86%。累计投资3744万元,完成1560公顷低产农田改造,农田水利基础设施不断改善。累计完成24个台区的电网升级改造,启动中间河35千伏变电站建设,供电保障能力不断提升。35个行政村开通光纤网络,15个村1244户安装有线电视,行政村通信覆盖面达100%。

【社会管理】2015年全乡社会大局稳定,全年共处理群众来信来访、民生通道等信访件157件280人次,办结县交办信访件15件,省委巡视组交办件27件,信访积案2件。受理和调处各类矛盾纠纷155宗,调处成功率98%。全年网格管理更新人口信息7890条、楼栋信息1085条、房屋信息1360条。全乡现有社区矫正对象14人,均在有效监管之下。

【民生工程】统筹推进学前教育、义务教育、民办教育协调发展,建成公办幼儿园8所,民办幼儿园1所。共投资2000余万元,改造和新建校舍1.46万平方米,完成全乡所有学校的"洁净温暖工程"。全面推行公共卫生服务,新建和改造标准化村卫生室5个,达到28个,缓解群众看病贵、看病难问题。

【乡村文化】两溪河村和马虎坪文化活动广场建成投入使用,农村书屋普及率达100%,2015年12月,鸽子花艺术团,被省文化厅授予"百佳社会文艺团队"称号。《看到太阳要落山》《螃蟹歌》入选《宣恩民歌集》。为5个村配送了广场音箱,7个村配置体育健身器材,12个村配篮球架,19个村配乒乓球台。

【医疗卫生】2015全乡有医务人员52人,村级医生31人,副主任医师或副高职称以上医护人员1名,医院全年门诊17265人次。医院病床55张,未设卫生室村11个。农村合作医疗参合人数33262人,占96%;全年累计为农民报销医疗费用987.48万元。新建健康档案740人,累计建档25180份,建档合格率97%,65岁以上重点人群免费体检2626人。

【社会保障】2015年全乡五保供养对象共157人,其中分散供养35人,集中供养122人。父母双亡的孤儿12人,事实上父母一方死亡而另一方失踪造成无人抚养的孤儿32人,全乡农村低保户共1839户,2286人;城镇低保46户,52人。落实优抚对象抚恤补助相关政策,共发放抚恤补助金57.36万元。全乡有伤残军人4人,带病退伍人员6人,老复员军人15人,参战人员6人,以满60岁以上的退伍士兵领补助的128人,年满80岁以上的586人,民工伤残人员6人,遗属1人。春荒期间,全乡解决生活困难群众695户,1913人,救助资金11万元。在自然灾害期间,全乡共救助212户,673人,发放救助金15万元。共解决大病救助对象128人,解决资金13.8万元。为110户,349人,发放临时救助金7.41万元。

城乡居民养老保险参保10566人,参保率达到100%,收缴保费119.26万元。享受基础养老待遇5783人,待遇发放率100%。全年新增城镇就业人员318人,农村劳动办转移就业7000多人。组织38人参加创业培训,其中21人参加农家乐创业培训。

【人口与计划生育】全乡有已婚育龄妇女8875人,计划生育考核年度死亡239人,出生389人,人口出生率9.8‰,符合政策生育率94.04%,比上年上升0.8个百分点,人口自然增长率4.26‰,出生人口性别比为109流动人口登记率达到99%,新婚对象免费婚检率100%,优质服务比例96%,奖励政策落实到位率100%。

【精准扶贫】围绕产业发展,增强贫困户"造血功能",创新产业发展模式,推行两溪河村的"公司+合作社+农家乐+电商"旅游产业助推脱贫模式和诺西村、杨柳池村返乡创业人员的"合作社+基地+贫困户+电商"农业产业助推脱贫模式。因地制宜分类推进,增强贫困群众"造血功能",实现村出列、户脱贫、人销号"的目标。开展精准识别"回头看"工作,采取扶贫专干到乡扶贫办挂职的方式,加快建档立卡系统信息录入和调整。精准识别"回头看"剔除不符合条件对象722户2581人,纳入符合对象

829户2541人。至2015年底，全乡有建档立卡贫困户3201户10422人。推进易地扶贫搬迁工作，成立易地搬迁工作领导小组，具体指导、协调、督办易地扶贫搬迁工作。2015年有搬迁意愿并填写申请书的贫困户1848户，共计5997人，共规划洗马坪村、大坨村、大湾村、甘露村、诺西村、两溪河村、杨柳池村7个集中安置点，其他各村分散安置点25个。

做好2015年脱贫验收工作，全乡完成524户，1919人贫困对象销号工作。

【“六城”同创】投入2000万元，完善集镇服务功能，巩固集中整治成果。在集中整治的基础上，探索建立集镇管理长效机制，促成集镇管理规范化、常态化。注重精细管理，建设“侗乡门楼—政府大楼”一线清洁卫生示范街，每两周组织机关干部对示范街进行大扫除。电信局、移动公司、联通公司、电力、广电等部门，对集镇街道网线、电杆进行集中清理，有效保障集镇街道畅通和网络安全。完善集镇保洁管理模式，由原来的公益性岗位管理模式改变为公司化承包模式，将集镇保洁统一承包给“富民保洁公司”负责。污水处理厂和垃圾中转站项目完成项目征地补偿支付，进入进场公路施工阶段。启动乡村旅游，2014年两溪河村与“逛氧吧旅游开发公司”联合在卢家院子成立旅游专业合作社，成立7户家庭旅馆；诺西村旅游项目完成规划设计。

（张毅）

椿木营乡

【概况】清雍正十三年（1735）改土归流时，椿木营地域部分属宣恩县东乡里，部分属恩施县，部分属鹤峰县。

1950年1月，属狮长区（第三区）管辖。1953年10月，经恩施行政专署批准，将恩施县双河（济安）区管辖的粟谷湾、挖断山、头棚、长坪，鹤峰县中营区管辖的川东（椿木营后坝）等地划归宣恩县管辖；椿木营从第三区分出，建立第八区，下辖椿木营、后坝、粟谷、长坪，区公所设椿木营。1955年4月，第八区撤销，并入第三区。1956年7月，又从第三区划出，恢复第八区。1958年10月，实行人民公社建制，撤第八区，建立高原人民公社，下辖乡为管理区。1959年1月，改称椿木营人民公社。1961年5月，撤椿木营人民公社建椿木营区，原管辖范围不变，下辖管理区改为人民公社。1968年5月，成立椿木营区革命委员会，下辖椿木营、后坝、粟谷、长坪4个公社革命委员会。1975年10月，撤椿木营区建椿木营人民公社，其管辖范围不变。1978年12月，公社所辖片改为管理区，辖椿木营、后坝、粟谷、长坪4个管理区。1984年5月，撤椿木营人民公社建椿木营区，下辖椿木营、后坝、粟谷、长坪4个乡。1996年12月，撤椿木营区建椿木营乡，下设椿木营、后坝、粟谷、长坪4个管理区。2001年8月，撤销管理区。2003年10月，巴山坪村并入长槽村。

椿木营乡位于宣（恩）、恩（施）、鹤（峰）三县交界处，位于宣恩县东北高山地带，地处北纬29°56′19″～30°08′20″，东经109°42′19″～109°55′52″，乡人民政府驻地位于集镇国知街29号，属长槽村委会管辖，距宣恩县城80千米，鹤峰县城76千米，恩施州城110千米。椿木营是贺龙领导的红二军团创建恩（施）宣（恩）鹤（峰）边防司令部、建立苏维埃政府之地，是全国优秀基层干部、“为民模范”周国知和省级劳动模范王贵清的故乡。

全乡国土面积205.84平方千米，年末常用耕地面积1775.1公顷。辖白果坪、长槽（含巴山坪）、干竹坪、黄家坪、勾腰坝、木营、十家坪、杨柳坨（含晒坪林药厂）、锣鼓圈、范家坪、挖断山、杉坨、深湾、莲花台、白岩溪15个村，84个村民小组，4685户，12586人，其中乡村人口12091人。

全乡林地面积16121公顷，森林覆盖率为73%。境内有煤矿、铁矿、硫矿等矿产资源，特别是硒资源十分丰富，尤以杉坨村为最高，矿层含量高达109～188PPm，硒含量超出工业规定品位100～150倍。椿木营地处武陵山区椿木营高原（指宣恩椿木营、恩施石灰窑、鹤峰中营毗邻地区大高原一部分），平均海拔1680米，被称为“恩施屋脊”“宣恩之巅”。最高点长槽村火烧堡海拔2014.5米，最低处杉坨村5组海拔1100米。属夏凉冬寒的典型高山气候，夏短冬长，气候凉爽，易涝少旱。年平均气温8.9℃，无霜期189天。鸡笼洞河发源于椿木营乡长槽村，向北流入恩施市，属清江支流马尾沟水系。酉水河源头位于杨柳坨村以南约1.5千米处的山坳上（北纬30°01′02″，东经109°45′20″），海拔1892米。

2015年椿木营乡实现农村经济总收入1.25亿元，同比增长5.9%；农村人均可支配收入6960元，同比增长11.5%；居民储蓄存款余额达到1.1亿元，公共财政收入802万元。

【支柱产业】2015年全乡种植烤烟1013.87公顷，收购烟叶1325吨，同比增长59.6%；实现烟叶税收745万元，同比增长92%。

依托蔬菜专业合作社，采取"公司+基地"的模式，新发展日本长腰白菜26.67公顷、西园4号甘蓝菜33.33公顷绿色无公害蔬菜样板基地。全年农残抽样检测256个样品，合格率达到99.2%，农产品质量安全得到进一步提高。

培育乡村旅游，继续支持以"五子岩"旅游区为龙头的乡村旅游发展。举办宣恩椿木营第3届露营节暨越野e族2015年"人保财险杯"全国汽车场地越野公开赛湖北分站赛，吸引周边22个省市2万余名游客以及多家有影响力的新闻媒体和企业参与，创造椿木营节庆活动历史，实现旅游收入300万元以上。

整合现有资源，采取以奖代补等措施，发展黄连、牛膝等中药材，完成深湾村28.67公顷药材示范基地建设。以"4450"为支撑，加快专业合作社建设，扩大生猪养殖规模，新发展15户养殖大户；新发展家庭农场8户（椿木营山羊养殖牧场、政光养殖牧场、金富养殖牧场、四季旺养殖牧场、晒坪养殖牧场、鑫鑫养殖牧场、盛昌养殖牧场、青山养殖牧场），成立养鸡专业合作社1户（锣鼓圈村谭发金）。结合退耕还林二期工程，种植厚朴、黄柏、杉木等经济林木，完成66.67公顷基地造林任务。鸡笼洞电站开发完成前期工作，州人民政府已下达封库令。

【基础设施建设】按照"发展小集镇、带动大农村"的思路，加大"水、电、路、池"等基础设施建设力度，改善基础条件，建设美丽宜居乡村。

改善农村基础设施，投资1482万元新建的会椿线35千伏输变电线路工程、投资1064万元的农村配网改造工程、投资210万元的农村智能电表安装工程相继完工，用电瓶颈得到改善。投资310万元的集镇至黄家坪通畅工程交付使用。投资80万元，修建错车台，安装钢护栏和防撞墙等，完成88.5千米农村公路养护。投资100万元的农村分散饮水工程投入使用，新建蓄水池13口、提水工程2处，维修拦水坝2处，饮水困难得到缓解。投资298万元的勾腰坝国土整治二期工程完工。完成农村危房改造155户。

加速推进集镇建设，翠谷嘉园新区开发完成三栋楼主体框架和外墙粉刷，取得商品房预售许可证。投资550万元的集镇农网整改暨弱电入地工程全面完工，新建两处临时停车场、一处生猪交易市场、一处垃圾处理场并相继投入使用。加强集镇管理，新配置洒水车及垃圾车各一台，安装视频抓拍系统一套，明确专人专职专责常年保洁，确保集镇管理规范有序。

以"绿满荆楚"活动为契机，完成荒山造林53.33公顷，四旁植树23万株。以优化农村能源结构为目标，完成180户"一建三改"提档升级，新建沼气池30口、安装太阳能热水器90台、发放生物质炉100台。以农村环境整治为重点，加强烂泥坝、火烧棚等示范点和示范户建设，在集中院落、中心村新建垃圾池15个，自筹资金10万元，每村聘用1至2名保洁员。

【精准扶贫】按照"六个精准""五个一批"的要求，开展精准扶贫工作。

加强组织领导，成立乡扶贫工作领导小组和工作专班，层层签订脱贫责任状，明确了脱贫任务、时间、要求及责任。把精准扶贫工作纳入年度综合考核体系，作为对单位和个人的重要考核内容。对全乡贫困人口逐一摸底登记，建档立卡，共剔除"五个硬伤"户329户，新增429户。全乡共建档立卡贫困户1300户3656人。其中，农村低保374户、707人，五保户52户、57人。

对"住房最危险、经济最贫困"农户，实施以危房改造，对象经村民代表会议初步审定、公示，乡驻村扶贫工作队和乡政府逐级审核确认。补助标准为每户不低于120平方米，由乡扶贫办从财政扶贫资金中给予补助15000元，不足部分由贫困户自筹解决。共确定实施整村推进村和老区建设村的20户扶贫建房户，2015年6月全面开工建设。10月9日，竣工14

户。11月，其余6户完工。12月24日，椿木营乡召开异地扶贫搬迁工作动员会，落实党政班子包片、部门包村、干部包户的扶贫工作机制，将异地扶贫搬迁工作纳入目标责任考评，层层签订《异地扶贫搬迁工作承诺书》。要求全体干部职工集中利用一个周时间，完成全乡1203户贫困户的异地扶贫搬迁建房摸底任务。对照《椿木营乡异地扶贫搬迁调查问卷》，实地开展住房困难人口的精准识别，按户申请后拟定名单，通过“四议一公开”（村党支部会议提议、村支两委会议商议、党员大会审议、村民代表会议决议，决议公开）程序落实帮扶政策。同时，在落实异地扶贫搬迁建房中，推行“1＋3＋X”模式（在集镇中心和后坝、长坪、粟谷3个中心村的乡村旅游集中安置点建房，借助异地扶贫搬迁项目推动城镇化和生态旅游发展；X是在集中的村组院落建房，围绕有机蔬菜、道地药材、优质烤烟打造高山生态旅游观光农业）。

加强样板带动，将深湾村及其他村部分贫困户作为脱贫摘帽的样板，按照“全覆盖、一对一结对帮扶”的要求，由工作专班针对贫困户实际情况，到户进行指导，一户一规划，户户张贴明白卡，分户拟定帮扶规划并组织实施。以“四个到村六个到户”（规划实施到村，政策整合到村，部门帮扶到村，精准考评到村，产业扶持到户，技能培训到户，项目直补到户，基础设施到户，金融扶贫到户，公共服务到户）为载体，以“问需式”扶贫为抓手，帮助群众找“穷根”，开“药方”，通过前期调查摸底，深入论证，各村均编制完成扶贫发展规划，确保每村有1至2个主导产业，每户有1至2个增收项目，逐户明确具体帮扶项目。在产业建设方面，深湾村以“专业合作社＋基地＋农户＋市场”的形式，带动贫困户发展牛膝、川乌等道地中药材。杨柳坨村引导和扶持群众发展药材及养殖产业。在基础设施建设方面，不断加大对“水、电、路”等项目的投入，着力改进各村落后面貌，改善群众生产生活环境。全乡2015年已减贫445户1307人，深湾实现整村脱贫，干竹坪、勾腰坝、黄家坪、白岩溪四个村贫困户全部销号。

【社会事业】继续实行教育优先发展战略，2015年椿木营乡上宣恩县第一中学录取分数线27人；投资220万元的乡中心幼儿园、投资210万的中小学食堂、投资145万元的标准化操场相继投入使用。投资136万元的医技楼投入使用，完成卫生院场地硬化工程。群众文化娱乐生活不断丰富，滚龙连厢队在全县获得三等奖和优秀组织奖的良好成绩。加强人口和计划生育基层基础和经常性工作，计生年度内共出生123人，符合政策生育率93.5%。

完善以最低生活保障为基础，以临时救助、五保供养、大病医疗救助等为重要内容，覆盖全体居民的社会救助体系。完成低保评审395户、733人。农村新型合作医疗参合10963人，收合作医疗基金13.15560万元，参合率89.74%。实施大病医疗救助，51户获大病医疗救助资金18.5万。组织城乡居民参加社会养老保险，享受养老金人员发放率达到100%。2015年4月正式启动乡福利院搬迁工程，完成大楼一层主体修建。

【社会管理】2015年继续巩固“整酒风”治理成果，全乡整酒备案75起，劝退违规整酒42起。推行层级化解新机制，狠抓社会矛盾纠纷排查调解，新聘用3名律师作为全乡的法律顾问，排查矛盾纠纷90件，有效化解89件。全年接到上级交办信访件14件，乡内自办信访件7件，均全部办结。

稳妥推进农村网格化建设，配齐86名网格信息员，16名网格信息管理员，配备器材20余件（套）。加大平安建设力度，保持对违法犯罪和聚众赌博的高压态势。发生刑事案件及治安案件55件，刑事打击3人，治安拘留21人。加大安全隐患排查和整改力度，强化食品药品安全和森林防火工作，排查出安全隐患133起，整改完成126起，7起在整改之中。全乡无重大刑事治安案件、“民转刑”事件和群体性事件，无安全生产事故。

【基层组织建设】牢固树立主业意识，推动乡村两级党组织知责明责、担责负责、履责尽责、问责追责。党委班子成员安排工作、下村调研、检查督办必讲党建。及时召开党委会传达学习各级党建会议精神，全年召开10次专题会议研究部署党建工作。建立健全无缝隙责任体系，乡党委与班子成员、各支部签订31份党建工作责任书。全面实行党建工作目标清单制和要点制。

强化保障，落实党建工作经费101万元，同比增长155.4%。足额落实村干部待遇，村主职干部报酬达到38760元以上，并适当提高副职干部待遇。整合资金120万元，新建3个村委会，维修2个村委会，提升村级服务能力。将村示范创建和软弱涣散党组织整顿工作纳入“书记破难点”项目，打造以药材、蔬菜、烟叶等产业的党建示范点3个(深湾村党支部、干竹坪村党支部、范家坪村党支部)，整顿1个后进党组织(十家坪村党支部)。

按团结、廉洁、务实、高效、创新、有为的要求，严管干部队伍，健全完善“四位一体”岗位目标考核办法，制定椿木营乡干部“八讲八严禁”行为规范等各项制度，使管理干部有章可循。实行党委班子成员定期与干部交心谈心制度。多渠道、多角度加大年轻干部培养，年内对年轻干部组织3次培训、2次闭卷考试、2次座谈会，加大“土专家”“村医村教”等乡土人才的培养。念好“紧箍咒”。以精准扶贫为契机，抓干部作风建设，推行“六必到四熟悉”(召开村党员大会、村班子会议、村民会议或村民代表会议时必到，党务、村务公开时必到，重大项目实施过程中必到，村里开展重要活动必到，重大矛盾纠纷调解必到及突发性事件必到；熟悉村里基本情况、熟悉产业大户带头人、熟悉困难群众家庭情况及熟悉重点计生对象家庭情况)一线工作法，对工作实行一月一检查一督办一通报。全面落实党风廉政建设“两个责任”，组织开展全乡严明政治规矩、严守政治纪律培训，切实将纪律挺在前面。为党员干部讲廉政党课5次，班子成员约谈干部50人次。开展反腐败斗争，全年共收到案件线索8件，初核了结3件，立案5件，结案5件，处分5人。

【上级领导到椿木营调研】7月26日，向建强陪州外事侨务局局长汪敏到深湾村开展结对帮扶工作。

9月10日，州扶贫办党组书记、主任梁公章一行到椿木营乡，开展《恩宣建鹤高山片区综合扶贫开发规划》编制工作前期综合调研。钟昌泽及县扶贫、水利、林业、发改、旅游等部门相关负责人陪同。调研组到深湾村、勾腰坝村，了解交通、饮水、供电、医疗等基础设施建设，农村产业结构调整、产业发展，主要企业、农民专业合作社发展，有开发潜力的旅游、农业、矿产等资源和开发利用等方面的情况。

9月16日，李明山陪州人大常委会副主任陈学明及州水利局、司法局、交通局、外事侨务局、人寿保险公司等部门负责人，到椿木营乡调研精准扶贫工作。

(黄海星)

人物

317/354

宣恩县组织机构及负责人

(一)党政军县处级领导机关

中国共产党宣恩县委员会

中国共产党宣恩县委员会，规范简称中共宣恩县委或县委，是中共宣恩地方组织，县(处)级。县委下设县委办、组织部、宣传部、统战部、政法委，直接领导和管理的机构：信访局、县直机关工委、编办、党校、档案局、史志办等单位，下辖9个乡镇党委、1个县非公经济和社会组织党工委，及工业园区、县公安局、县一中、县医院4个党组性质党委。

书　记：曾德权(2015.1～11)
副书记：习　覃(女　2015.1～12)
　　　　朱鹏程(2015.1～12)
常　委：吴卫平(2015.1～12)
　　　　朱　瑾(女　2015.1～12)
　　　　朱鹏程(2015.1～12)
　　　　范　涌(2015.1～12)
　　　　黄同元(2015.1～12)
　　　　龙志刚(2015.1～12)
　　　　岳　东(2015.1～12)
　　　　雷天兵(2015.1～12)
　　　　李海涛(挂职　2015.1～2)
　　　　郭　晖(挂职　2015.2～12)
　　　　牟来举(挂职　2015.3～12)

宣恩县人民代表大会常务委员会

中共宣恩县人民代表大会常务委员会党组

书　记：杨安明(2015.1～12)
成　员：李明山(2015.1～12)
　　　　姚元文(2015.1～12)
　　　　唐　斌(2015.1～12)
　　　　覃正彪(2015.1～12)
　　　　史红珍(女 2015.1～12)
　　　　乾维德(2015.1～12)
　　　　周　斌(2015.1～12)

宣恩县人民代表大会是宣恩地方国家权力机关，宣恩县人民代表大会常务委员会是其常设机关，县(处)级，设办公室1个办事机构；设内务司法工作委员会、财政经济工作委员会、环境资源保护工作委员会、农村农业民族工作委员会、教育科学文化卫生工作委员会、代表选举人事任免工作委员会等6个工作机构。

核定宣恩县人大常委会机关行政编制21名，工勤编制3名。2015年12月底，常委会机关在职行政人员18人，工勤人员2人，合同用工4人。

主　任：杨安明(2015.1～12)
副主任：李明山(2015.1～12)
　　　　姚元文(2015.1～12)
　　　　唐　斌(2015.1～12)
　　　　覃正彪(2015.1～12)
　　　　史红珍(女　2015.1～12)
　　　　乾维德(2015.1～12)

宣恩县人民政府

中共宣恩县人民政府党组

书　记：习　覃(女　2015.1～12)
副书记：朱鹏程(2015.1～12)
成　员：李海涛(挂职　2015.1～2)
　　　　郭　晖(国家民委选派挂职　2015.5～12)
　　　　匡汉晖(2015.3～12)
　　　　向子明(2015.1～12)
　　　　周志斌(2015.1～12)
　　　　李世祥(2015.1～11)
　　　　张友刚(2015.1～12)
　　　　尹建华(女　挂职　2015.1～4)
　　　　郭建华(2015.1～12)

宣恩县人民政府是宣恩县级地方行政机关，县(处)级。县人民政府设置工作部门24个(宣发〔2015〕2号)：政府办公室、发展和改革局、经济和信息化局、教育局、民族宗教事务局、公安局、监察局、民政局、司法局、财政局、人力资源和社会保障局、国土资源局、环境保护局、住房和城乡建设局、交通运输局、水利水产局、农业局、林业局、商务局、文体体育新闻出版广电局、卫生和计划生育局、审计局、统计局、安全生产监督管理局、扶贫开发办公室、食品药品监督管理局。民族宗教事务局与统战部合署办公、监察局与纪律检查委员会机关合署办公，均列入工作部门序列，不计入政府机构个数。政府办公室挂政府法制办公室牌子；发展和改革局挂物价局牌子；教育局挂科学技术局牌子；财政局挂国有资产监督管理局牌子；人力资源和社会保障局挂公务员局牌子；国土资源局挂地震局牌子；住房和城乡建设局挂人民防空委员会办公室牌子；水利水产局挂防汛抗旱指挥办公室牌子；县委农村工作领导小组办公室与农业局合署办公；商务局挂招商局牌子；文化体育新闻出版广电局挂版权局、文学艺术界联合会牌子；食品药品监督管理局挂食品药品安全委员会办公室牌子。

县政府设置直属事业单位6个(宣编发〔2015〕16号)：旅游局、粮食局、畜牧兽医局、移民局、城市管理局、公共检验检测中心)。

县　　长：习　覃(女 2015.1～12)
常务副县长：朱鹏程(2015.1～12)
副 县 长：李海涛(挂职　2015.1～2)
郭　晖(2015.5～12，国家民委选派挂职干部，挂职时间两年)
匡汉晖(2015.3～12)
向建强(2015.1～12)
向子明(2015.1～12)
周志斌(2015.1～12)
李世祥(2015.1～11)
张友刚(2015.1～12)
尹建华(女　挂职　2015.1～4)
郭建华(2015.1～12)
牟来举(挂职　2015.7～12)

中国人民政治协商会议宣恩县委员会

中共宣恩县政协委员会党组
书　记：张　频(2015.1～12)
副书记：王仕高(2015.1～12)
岳　东(2015.1～12)
成　员：王此权(2015.1～12)
黄玉贤(2015.1～12)
钟昌泽(2015.1～12)
屈代金(2015.1～12)

中国人民政治协商会议宣恩县委员会，简称政协宣恩县委会或宣恩县政协，2015年3月26日，县编委同意县政协办公室加挂县政协设立委员工作委员会牌子，不增核编制和领导职数(宣编发〔2015〕9号)。2015年11月5日，县编委同意设立政协宣恩县委员会委员工作委员会，为政协宣恩县委员会工作机构(正科级)，核定领导职数一名：主任1名(宣编发〔2015〕24号)

2015年末共有办公室和提案、经济、人口资源环境、民族宗教法制联谊、科教文卫体、文史资料、委员工作7个专门委员会。办公室内设秘书科、行政科。县政协机关行政编制17名，工勤编制2名。2015年底，机关实有在职人员19人。

主　席：张　频(2015.1～12)
副主席：王仕高(2015.1～12)
王此权(2015.1～12)
黄玉贤(2015.1～12)
钟昌泽(2015.1～12)
陈　浩(女　2015.1～12)
秘书长：屈代金(2015.1～12)

县人武部

中共宣恩县人民武装部党委
第一书记：曾德权(2015.1～11)
书　　记：雷天兵(2015.1～12)
副 书 记：赖以健(2015.1～01)
杨晓东(2015.2～12)
委　　员：刘友权(2015.1～12)
廖中才(2015.1～12)
向裕华(2015.1～12)

中国人民解放军湖北省宣恩县人民武装部，简称县人武部，内设置内设军事科、政工科、后勤科，兼管国防动员办公室。核定编制21名(其中现役干部8名，县编干部10名，省编职工3名)。2015年实有干部职工17人。全县设9个乡镇武装部，应配专武干部18人，实配18人，其中部长9人，副部长6人，干事3人。
部　　长：赖以健(2015.1～01)
　　　　　杨晓东(2015.2～12)
政治委员：雷天兵(2015.1～12)
副 部 长：刘友权(兼军事科长2015.1～12)

政工科

科　　长：廖中才(2015.1～12)

后勤科

科　长：赵新民(2015.1～12)

国防动员综合办公室

常务副主任：向裕华(2015.1～12)
副　主　任：刘永红(2015.1～12)
　　　　　　张富亮(2015.1～12)

㈡县直各职能机构

县纪委(监察局)

2015年8月13日，县编委同意县纪委(监察局)设立县纪委(监察局)信息中心，为县纪委(监察局)管理的全额拨款事业单位，核定全额拨款事业编制5名，其中领导职数2名：主任1名，副主任1名(宣编发〔2015〕18号)。

县纪委(监察局)内设办公室、组织部、宣传部、党风政风监督室、信访室、纪检监察一室、纪检监察二室、纪检监察三室、案件审理室、案件监督管理室。

派出机构：中共宣恩县纪委(宣恩县监察局)派出第一纪工委(监察分局)、中共宣恩县纪委(宣恩县监察局)派出第二纪工委(监察分局)、中共宣恩县纪委(宣恩县监察局)派出第三纪工委(监察分局)。

核定县纪委(监察局)编制26名(行政编制23名，工勤编制3名)；派出机构编制21名。2015年实有31人，其中县纪委(监察局)机关实有20人，派出纪工委(监察分局)10人。

书　记：吴卫平(2015.1～12)
副书记：谭建军(2015.1～12)
　　　　谢昌勇(2015.1～12)
常　委：龙昌明(2015.1～8)
　　　　刘　敏(女　2015.1～5)
　　　　李华登(2015.1～12)
　　　　杨丽中(女　2015.1～12)
　　　　魏代军(2015.11～12)
　　　　曹绪文(2015.11～12)

县监察局

局　长：谭建军(2015.1～12)
副局长：李华登(2015.1～12)
　　　　杨丽中(女　2015.1～12)
　　　　赵海燕(女　2015.1～12)

派出第一纪工委(监察分局)

书　记(局　长)：魏代军(2015.1～12)
副书记(副局长)：杨亨祥(2015.1～3)
　　　　　　　　谢秉武(2015.3～12)
　　　　　　　　李　原(女2015.1～2)
　　　　　　　　郑小玲(女　2015.5～12)

派出第二纪工委(监察分局)

书　记(局　长)：曹绪文(2015.1～12)
副书记(副局长)：晏大鹏(2015.1～12)
　　　　　　　　谢金花(2015.1～3)
　　　　　　　　廖光华(2015.3～12)

派出第三纪工委(监察分局)

书　记(局　长)：段立新(2015.1～12)
副书记(副局长)：李昌荣(2015.1～12)
　　　　　　　　张　婵(女　2015.1～12)

县委办公室

2014年12月18日，在县密码管理局(县委机要局)加挂县委信息化工作办公室牌子，实行合署办公。设立县电子政务内网管理中心，为隶属县密码管理局管理的副科级全额拨款事业单位，增设县密码管理局副局长1名(兼任电子政务内网管理中心主任)。增核后，县密码管理局核定领导职数4名：局长1名，副局长2名(其中1名兼任总工程师、1名兼任电子政务内网管理中心主任),专职密码督查员1名。核定县电子政务内网管理中心全额拨款事业单位编制3名(宣编发〔2014〕26号)。

2015年3月2日,县编委在县委办公室设立县委落实党风廉政建设主体责任办公室,主任由县委常委、县委办公室主任兼任,增核专职副主任(副科级)领导职数1名。增设综合科,承担县委落实主体党风廉政建设主体责任办公室日常工作。增设后,县委办公室共有内设机构11个。不另增核人员编制,所需人员编制在县委办公室内部调剂(宣编发〔2015〕1号)。

2015年11月5日,县编委同意设立宣恩县全面深化改革领导小组办公室(简称"县改革办"),县改革办与县委政策研究室一个机构,两块牌子。县改革办主任由县委政策研究室主任兼任(正科级),增核县改革办专职副主任(副科级)1名(宣编发〔2015〕20号)。

2015年末,县委办公室设11个内设机构:县委政研室(县改革办)、县委督查室、县密码管理局(县委机要局)、县委保密办公室(国家保密局)、县委防范和处理邪教问题办公室(挂靠)、县委总值班室(秘书科)、文书科、信息科、政工科、行政科、综合科。行政编制29名(含县委领导专项编制3名),工勤编制9名。2015年末实有公务员28人,工勤人员7人。

隶属县密码管理局管理的事业单位:县电子政务内网管理中心,核定事业编制3名。

主　　任:朱　瑾(女　2015.1~12)
常务副主任:陈　涛(2015.3~12)
副 主 任:陈　涛(2015.1~2)
　　　　喻以锋(2015.4~12)
　　　　熊茂平(2015.1~12)
　　　　吕桂花(女　2015.1~12)
　　　　彭家安(兼　2015.1~12)
　　　　黄新枝(兼　女　2015.1~12)

县委组织部

县委组织部内设办公室、组织科(加挂县委组织员办公室牌子)、干部科、干部监督科(加挂干部监督举报中心牌子)、调研科、信息管理科、人才科(加挂干部教育科牌子)、党建办公室、党代表联系办公室、党员电化教育中心、远程教育办公室。核定县委组织部行政编制13名,后勤事业编制1名,事业编制5名。2015年末实有在职公务员14人,工勤人员1人,事业人员3人。

部　　长:范　涌(2015.1~12)
常务副部长:钟仁义(2015.1~12)
副 部 长:陈　勇(兼　2015.1~12)
　　　　张金龙(2015.1~12)
　　　　向海艳(女　2015.1~12)
　　　　贵用奎(兼　2015.1~6)

县委老干部局

县老干部局核定行政编制3名,2015年末实有2人。县老干部活动中心和县老年大学与宣恩县休干所合署办公,属县老干部局管理的事业单位,核定事业编制3名,2015年末实有1人。

局　长:贵用奎(2015.1~6)
　　　徐兆纯(2015.7~12)
副局长:田海云(女　2015.1~12)

县委宣传部

县委宣传部内设办公室、新闻宣传科、理论教育科、文化艺术科、精神文明建设委员会办公室、县委对外宣传领导小组办公室。隶属管理的事业单位:宣恩县新闻信息中心(《恩施日报》社驻宣恩记者站)、中共宣恩县委理论信息中心。核定县委宣传部行政编制11名,2015年末实有7人。

部　长:岳　东(2015.1~12)
副部长:黄世平(2015.1~12)
　　　卢昌群(2015.1~12)
　　　王　燕(女　县精神文明办公室主任　2015.1~12)
　　　宋　文(兼　2015.1~12)
县委外宣办主任:戴　虎(2015.1~12)

县新闻信息中心

核定县新闻信息中心编制11名,2015年末实有

11 人。

主　任：宋　文(2015.1～12)

副主任：阳　平(2015.1～12)

　　　　李以国(2015.1～12)

县委统战部(县台办)

县委统战部(县台办)内设办公室、干部科(民族宗教科)、工商科(台湾工作科),县台办与县委统战部合署办公,核定行政编制 6 名;工勤编制 1 名,2015 年末实有职工 9 人,在编公务员 7 人,行政工勤人员 1 人,“三支一扶”人员 1 人。

部　　长：岳　东(2015.1～12)

常务副部长：罗　宣(2015.1～3)

　　　　　周和军(2015.3～12)

副　部　长：周和军(2015.1～3)

　　　　　田代国(2015.1～12)

　　　　　赵厚勇(兼　2015.1～12)

县台办副主任：汤月如(2015.1～12)

县委政法委

2015 年 4 月 22 日,县编委同意在县委政法委设立县委法治宣恩建设领导小组办公室,增核县委法治宣恩建设领导小组办公室专职副主任(副科级)领导职数 1 名;不另增设人员编制,所需人员在政法委内部调剂(宣编发〔2015〕13 号)。

2015 年末,县委政法委内设办公室、政工科、县社会治安综合治理委员会办公室、县维护社会稳定领导小组办公室、法治宣恩建设领导小组办公室。核定行政编制 8 名,工勤编制 1 名,2015 年末实有公务员 10 人;管理的事业单位:县社会管理应急调度指挥中心,核定编制 2 名,2015 年末实有 2 人。

书　　记：黄同元(2015.1～12)

常务副书记：刘应县(2015.1～12)

副　书　记：夏国斌(2015.1～12)

委　　员：张友刚(2015.1～12)

　　　　　郑向东(2015.1～12)

　　　　　李美福(2015.1～12)

　　　　　肖　鸿(2015.1～12)

县社会治安综合管理委员会办公室

主　任：夏国斌(兼　2015.1～12)

副主任：杨尔智(2015.1～4)

　　　　龚伦志(2015.1～12)

县维护社会稳定领导小组办公室

主　任：卢　曙(2015.1～12)

法治宣恩建设领导小组办公室

主　任：刘应县(2015.1～12)

副主任：杨尔智(2015.4～12)

县委群众工作部(县信访局)

县委群众工作部(县信访局)内设办公室、群众接访中心(接访科)、办信(网上信访)科、督查科。核定行政编制 7 名,机关后勤编制 1 名,2015 年末实有在编公务员 9 人,行政工勤 1 人;挂职干部 3 人,公益性岗位人员 1 人。

部　　长：朱　瑾(女　兼　2015.1～12)

常务副部长：彭家安(县信访局局长　2015.1～12)

副　部　长：胡启刚(县信访局副局长　2015.1～12)

　　　　　曾本友(县信访局副局长　2015.4～12)

县信访局副局长：张　勇(挂职　2015.4～12)

县法院

中共宣恩县人民法院党组

书　　记：郑向东(2015.1～12)

纪检组长：段绍罡(2015.1～12)

成　　员：喻家安(2015.1～12)

　　　　　罗　军(2015.1～12)

　　　　　林宏宇(2015.1～12)

　　　　　丁　梅(女　2015.1～12)

　　　　　刘永红(2015.1～12)

1998 年 4 月,县委批准宣恩县人民法院机构改革“三定方案”,同意内设机构 13 个,下设人民法庭 9 个。2000 年 3 月,宣恩县人民法院决定实行法庭合署办公,保留沙道沟、李家河、长潭河、晓关、椒园 5 个法庭。202 年 2 月,县委批准宣恩县人民法院调整后的“三定方案”。2012年1月，县委批准宣恩县人民法院增设审判管理办公室为内设机构。2014年12月16日，县委批准县人民法院增设信息化办公室为内设机构。2015年县人民法院15个内设机构：办公室、政治处、立案庭、刑事审判庭、民事审判第一庭、民事审判第二庭、行政审判庭、审判监督庭、执行局（加挂执行庭牌子）、监察室、司法警察大队、司法行政科、司法鉴定科、审判管理办公室、信息化办公室；派出沙道沟、长潭河、李家河、高罗、椒园、晓关6个人民法庭。核定中央行政编制85名，2015年实有在职在编干警73人。

院　长：郑向东（2015.1～12）
副院长：喻家安（2015.1～12）
　　　　罗　军（2015.1～12）
　　　　林宏宇（2015.1～12）
政治处主任：丁　梅（女　2015.1～12）
执行局局长：刘永红（2015.1～12）

县检察院

中共宣恩县人民检察院党组

书　　记：李美福（2015.1～12）
纪检组长：杨秀军（2015.1～12）
成　　员：苏伍云（2015.1～12）
　　　　　陈　杰（2015.1～12）
　　　　　李维汉（2015.1～12）
　　　　　黄正华（2015.1～12）
　　　　　向晓东（女　2015.1～12）

县检察院内设办公室、政治处、反贪污贿赂局、反渎职侵权局、侦查监督科、公诉科、监所检察科、民事行政检察科、控告申诉检察科、行政装备检察科、检察技术科、司法警察大队、人民监督员办公室、案件管理办公室；核定县检察院政法专项编制53名，2015年底实有干警48人。

检察长：李美福（2015.1～12）
副检察长：苏伍云（2015.1～12）
　　　　　陈　杰（2015.1～12）
　　　　　李维汉（2015.1～12）
反渎职侵权局局长：黄正华（2015.1～12）
政治处主任：向晓东（女　2015.1～12）
专职检察委员会委员：刘菊平（女　2015.1～12）
　　　　　　　　　　李华秋（女　2015.1～12）

湖北七姊妹山国家级自然保护区管理局

湖北七姊妹山国家级自然保护区管理局为州林业局所属正县级财政拨款事业单位，内设办公室、计划财务科、保护管理科、科研宣教科、社区事务科5个正科级职能科室和恩施自治州森林公安局七姊妹山自然保护区分局（加挂保护区护林防火办公室牌子），下设长潭、椿木、沙坪、龙谭、雪落寨5个管理站和8个管护点。核定省财政拨款事业编制49名，州财政拨款事业编制10名。2015年末湖北七姊妹山国家级自然保护区管理局有正式职工29人。

局　长：熊坤赤（2015.1～12）
副局长：宋春禄（2015.1～12）
　　　　曾凡忠（2015.1～12）

湖北宣恩工业园区管理委员会

中共湖北宣恩工业园区党委

2012年12月21日，县委决定设立中共宣恩工业园区委员会（宣文〔2012〕33号）。

书　　记：覃国锋（2015.1～12）
纪委书记：汪红兵（2015.1～12）
党委委员：石　刚（2015.1～12）
　　　　　康纪全（2015.1～12）
　　　　　舒　蓉（女　2015.1～12）
　　　　　李　宏（2015.1～7）
　　　　　田长锐（2015.7～12）

湖北宣恩工业园区管委会为隶属县人民政府管理的副县级行政机构，内设办公室、财政分局（加挂统计分局牌子）、国土建设分局三个正科级机构以及正科级全额拨款事业单位“宣恩县招商引资服务中心”。核定行政编制11名，事业编制8名。2015年末实有在职在编行政人员11人（其中县招商局1人），事业编制人员8人（其中县招商局1人）。

主　任：覃国锋（2015.1～12）
副主任：杨介明（2015.1～3）
　　　　石　刚（2015.1～12）

康纪全(2015.1～12)
舒　蓉(女　县招商局长　县招商引资服务中心主任　2015.1～12)
纪委书记：汪红兵(2015.1～12)
财政分局局长：李　宏(兼　2015.1～3)
田长锐(2015.3～12)
办公室副主任：吴　兵(2015.1～12)
县招商引资服务中心副主任：
杨　胜(女　2015.1～12)

县人大常委会办公室及各工委

县人大办公室

主　任：周　斌(2015.1～12)
副主任：黄　俊(2015.1～12)
徐成艳(女　2015.3～12)

内务司法工作委员会

主　任：杨月轩(2015.1～12)

财政经济工作委员会

主　任：匡运吉(2015.1～12)

环境资源保护工作委员会

主　任：莫代富(2015.1～12)

农村农业民族工作委员会

主　任：谭柏生(2015.1～12)

教育科学文化卫生工作委员会

主　任：谭元照(2015.1～4)
王明刚(2015.4～12)

代表选举人事任免工作委员会

主　任：覃国瑜(女　2015.1～12)

县政府办公室

中共宣恩县人民政府办公室党组
书　记：胡晓洪(2015.1～12)
成　员：郭长卿(2015.1～12)
赵诗学(2015.1～12)
徐　忠(2015.1～12)
谭大定(2015.1～12)
张亚丹(2015.1～12)
郭祥林(2015.1～12)
吴　波(2015.1～12)
罗文政(2015.1～12)
田明贵(2015.1～12)
谭元照(2015.7～12)
黄燎原(2015.1～12)
杨世军(2015.1～12)
马　忠(2015.1～4)

2015年11月5日，县编委同意设立县硒资源保护与开发局为县政府办公室专设副科级行政机构，所需编制内部调剂，核定领导职数1名：局长1名(宣编发〔2015〕25号)。

县政府办公室内设机构县政府应急管理办公室、总值班室、秘书一科、秘书二科、、秘书三科、秘书四科、秘书五科、秘书六科、文书科、县政府政务督查室、县政府法制办公室、县政府研究室、县政府电子政务办公室、人事科、行政科、机关车队等16个科室；专设县政务服务中心、县政府外事侨务办公室、县硒资源保护与开发局。核定行政编制37名、工勤编制10名。2015年末实有在编在册人员37名，其中公务员29名、工勤人员8名。

主　任：胡晓洪(2015.1～12)
副主任：郭长卿(2015.1～12)
徐　忠(2015.1～12)
张亚丹(2015.1～12)
郭祥林(2015.1～12)
吴　波(2015.1～12)
罗文政(2015.1～12)
田明贵(法制办公室主任　2015.1～12)
谭元照(2015.7～12)
黄燎原(2015.1～12)
杨世军(2015.1～2015.12)
马　忠(2015.1～2015.3)

县政协办公室及专委

县政协办公室

主　任：屈代金(兼　2015.1～12)

副主任：赵　林(2015.1～12)

提案委员会

主　任：尹　红(女　2015.1～12)

经济委员会

主　任：田长锐(2015.1～7)

杨介明(2015.7～12)

人口资源环境委员会

主　任：田　松(女　2015.1～12)

科教文卫体委员会

主　任：卢　阳(2015.1～12)

民族宗教法制联谊委员会

主　任：汪盛轩(2015.1～12)

文史资料委员会

主　任：刘建中(2015.1～12)

委员工作委员会(2015 年 11 月成立,主任未配备)

县政务服务中心管理办公室

2014 年 6 月 29 日,县人民政府办公室印发《宣恩县政务服务中心管理办公室主要职责内设机构和人员编制规定》(宣政办发〔2014〕30 号),设立宣恩县政务服务中心管理办公室,为县政府正科级行政派出机构。县政务服务中心管理办公室设综合科、业务科 2 个内设机构,核定行政编制 4 名,领导职数:主任 1 名,副主任 1 名;内设机构负责人职数 2 名。2015 年实有在编人员 4 人,借调 1 人,公益性岗位 3 人。

主　任：赵诗学(2015.1～12)

副主任：明官宇(2015.1～12)

县公共资源交易管理委员会

2015 年 3 月 9 日,县人民政府决定将"县综合招标投标管理委员会"更名为"县公共资源交易管理委员会",县公共资源交易管理委员会办公室(县公共资源交易管理局)是公共资源交易管理委员会的日常办事机构、县政府负责全县公共资源交易综合监督管理的机构(宣政办函〔2015〕12 号)。

2015 年 6 月 23 日,设立宣恩县公共资源交易中心,为县公共资源交易管理委员会办公室管理的副科级全额拨款事业单位,核定全额拨款事业编制 8 名,其中主任 1 名、副主任 1 名(宣编发〔2015〕15 号)。

主　任：朱鹏程(2015.1～12)

副主任：黄燎原(2015.1～12)

卓贤文(2015.1～12)

县直机关工委

县委县直机关工作委员会内设县直机关纪工委、办公室(宣传调研科)、组织科,核定编制 4 名,2015 年末实有 3 人。

书　　记：范　涌(兼　2015.1～12)

常务副书记：尹超文(2015.1～12)

副　书　记：聂蜀露(女　2015.1～2)

县机构编制委员会办公室

县机构编制委员会办公室(简称县编办)内设综合科、机构编制科和监督检查科(县机构编制委员会督查室),管理县事业单位登记管理局(事业单位)。核定县编办行政编制 5 名、工勤编制 1 名,2015 年末实有 5 人。核定县事业单位登记管理局全额拨款事业编制 3 名,2015 年末实有 2 人。

主　任：杨岱书(2015.1～12)

副主任：雷　斌(2015.1～12)

事业单位登记管理局

局　长：杨立新(2015.1～12)

县委党校(行政学校)

县委党校与行政学校合署办公,内设办公室、政工科、组教科、公务员培训办公室、社会培训科、科研室、行政科等7个科室,核定编制30名,2015年末实有在岗教职工18人(其中参照公务员管理8人,专技人员9,工勤人员1人)。

校　　长:朱鹏程(2015.1～12)
常务副校长:周玉和(2015.1～01)
颜学龙(2015.3～12)
副 校 长:娄佰才(2015.1～6)
宋理俊(2015.4～12)
胡　红(女　2015.4～12)

县党史县志征集编纂委员会办公室

县党史县志征集编纂委员会办公室(简称县史志办公室)内设综合科、总编室,核定编制4名,2015年末实有4人;退休职工5人。

主　任:杨和平(2015.1～12)
副主任:江安鸣(女　2015.1～12)

县档案局(馆)

县档案局(馆)内设办公室、档案管理编研股、档案教育法规股、行政审批股、档案业务指导股、现行文件服务中心、爱国主义教育基地。核定编制13名,2015年末实有11人。

局(馆)长:颜学龙(2015.1～3)
马　忠(2015.4～12)
副局(馆)长:张华蓉(女　2015.1～12)
彭泽华(2015.1～12)

县工商联(总商会)

中共宣恩县工商联(总商会)党组
书　记:周和军(2015.1～3)
成　员:田世进(非工经济党工委副书记 2015.1～12)

县工商业联合会(总商会)挂"中共宣恩县非公有制经济工作委员会"牌子,内设综合办公室,下辖宣恩县非公有制企业服务中心。核定行政编制5名,2015年末实有6人。

主　　席:王　维(2015.1～12)
第一副主席:周和军(2015.1～12)
副 主 席:陈开梅(女　2015.1～12)
田世进(2015.1～12)
李红光(2015.1～12)
王和清(2015.1～12)
蔡昌和(2015.1～12)
段　辉(2015.1～12)
奚泽登(2015.1～12)
崔江华(2015.1～12)
张安英(女　2015.1～12)
王会雄(女　2015.1～12)
黄　平(2015.1～12)
吴乐坤(2015.1～12)
谢文林(2015.1～12)
杨胜超(2015.1～12)
熊金华(2015.1～12)
邱　恩(2015.1～12)
李忠梅(女　2015.1～12)
雷志恩(2015.1～12)
苏世武(2015.21～12)
陈国林(2015.1～12)

县总工会

中共宣恩县总工会党组
书　记:李华生(2015.1～12)
成　员:王银平(女 2015.1～12)

县总工会内设办公室、组宣部、生产生活部、女工部、财务部,下设困难职工帮扶中心。核定县总工会行政编制6名(其中工勤编制1名),困难职工帮扶中心全额拨款事业编制1名,2015年末实有7人(其中工勤人员1人,事业人员1人)。

主　　席:朱　瑾(女　兼　2015.1～12)
常务副主席:李华生(2015.1～12)
副 主 席:王银平(女　2015.1～12)
向隆章(不驻会　2015.1～12)

团县委

团县委内设综合办公室，核定机关行政编制 3 名，2015 年底实有 3 人（含西部计划志愿者 1 人）。

书　记：徐兆海（2015.1～12）

副书记：陈祥恩（2015.1～12）

　　　　杨胜涛（不占编制　2015.1～12）

　　　　莫长锐（不占编制　2015.1～12）

县妇联

县妇联内设综合办公室。核定编制 3 名，2015 年末实有 3 人。

主　席：向莲花（女　2015.1～12）

副主席：刘　敏（女　2015.5～12）

县科学技术协会

中共宣恩县科学技术协会党组

书　记：高应坤（2015.1～12）

县科学技术协会承担“宣恩县全民科学素质工作领导小组办公室”职责，内设综合办公室，核定行政编制 4 名，2015 年末实有在编人员 4 人，西部计划志愿者 1 人。

主　席：高应坤（2015.1～12）

副主席：尹绍亮（2015.1～12）

　　　　胡昌高（不驻会　2015.1～12）

　　　　商克超（不驻会　2015.1～12）

　　　　李森权（不驻会　2015.1～12）

　　　　张　婵（不驻会　2015.1～12）

县残疾人联合会

中共县残疾人联合会党组

书　记：郑大好（2015.1～12）

成　员：刘厚贤（2015.1～12）

县残疾人联合会（简称县残联）内设综合办公室，下设残疾人康复中心和残疾人劳动就业服务所 2 个二级单位。核定县残联机关编制 5 名，2015 年末实有人员 6 人（其中聘用人员 1 人）；县残疾人劳动就业所编制 3 名，实有人员 3 人；残疾人康复中心编制 2 名，实有人员 2 人。

理 事 长：郑大好（2015.1～12）

副理事长：刘厚贤（2015.1～12）

县老区建设促进会

会　　长：唐松林（2015.1～12）

常务副会长：张儒前（2015.1～12）

副 会 长：刘红武（2015.1～12）

　　　　　程忠禄（2015.1～12）

　　　　　夏珍香（女 2015.1～12）

秘 书 长：刘需群（2015.1～12）

县人民政府机关事务局

县机关事务管理局内设办公室、技术保障股、综合服务股、安全保卫股、节能办公室。核定事业编制 15 名。2015 年末实有 11 人（其中县政府办占编 1 人，县档案局占编 1 人），聘用服务人员 43 人。

局　长：徐　忠（2015.1～12）

副局长：蔡　平（2015.1～12）

县接待办公室

县接待办公室内设综合科，核定编制 4 名，2015 年末实有 4 人。

主　任：黄新枝（女　2015.1～12）

副主任：樊友艺（2015.1～12）

县扶贫开发办公室

中共宣恩县扶贫开发办公室党组

书　记：夏珍香（女　2015.1～12）

成　员：李　新（2015.1～12）

　　　　阳　源（2015.1～12）

2015 年 3 月 26 日，县编委撤销县老区贫困地区经济开发服务中心，收回 2 名自收自支事业编制（宣编发〔2015〕10 号）。2015 年 3 月 26 日，县编委同意设立县扶贫发展中心，为县扶贫开发办管理的全额拨款事业单位，核定全额拨款事业编制2名，其中领导职数1名：主任1名（宣编发〔2015〕11号）。

2015年10月21日，县人民政府办公室印发《宣恩县扶贫开发办公室主要职责内设机构和人员编制规定》（宣政办发〔2015〕43号），设立县扶贫开发办公室，为县政府工作部门。县扶贫开发办公室设7个内设机构：综合股、扶贫股、老区建设股、财务股、培训股、社会扶贫股、政策法规股。核定行政编制10名，工勤编制1名，2015年末实有11人；另有“三支一扶”人员2人，聘请人员2人，借调人员2人。

管理的全额拨款事业单位1个：县扶贫开发中心，核定全额拨款事业编制2名。

主　任：夏珍香（女　2015.1～12）
副主任：李　新（2015.1～12）
　　　　阳　源（2015.1～12）

县人力资源和社会保障局（县公务员局）

中共宣恩县人力资源和社会保障局党组

书　记：陈　勇（男　2015.1～12）
成　员：王家金（2015.1～12）
　　　　向隆章（2015.1～12）
　　　　黄珍华（2015.1～12）
　　　　郭宪立（2015.1～12）
　　　　胡昌高（2015.1～12）
　　　　梅世万（2015.1～12）
　　　　许建军（2015.1～12）
　　　　曹国强（2015.1～12）
　　　　刘　耀（2015.1～12）
　　　　曾　莉（2015.1～12）

县人力资源和社会保障局内设办公室、公务员管理与人才流动调配股（挂军队转业干部安置办公室牌子）、工资福利与退休管理股、社会保险管理股、就业促进股、国家职业技能鉴定所、事业单位人事管理股、政策法规股、基金监督与规划财务股、信息统计股等9个股室。

隶属管理的二级单位8个：县社会保险管理局、县劳动就业管理局、县城乡居民社会养老保险管理局、县劳动监察大队、劳动人事争议仲裁院、县人才交流中心、县自主择业军队转业干部管理办公室、县人社局信息中心；另辖9个乡镇劳动和社会保障服务中心。

核定县人力资源和社会保障局机关行政编制16名，2015年末实有19人；参照公务员法管理编制13名，实有9人；事业单位编制10名，实有10人；工勤编制1名，实有1人；临时人员2人。

局　　长：陈　勇（2015.1～12）
副 局 长：向隆章（2015.1～12）
　　　　　黄珍华（2015.1～12）
　　　　　郭宪立（2015.1～12）
　　　　　胡昌高（2015.1～12）
总会计师：张　琰（女　2015.1～12）
军转办主任：王胜维（2015.1～12）
人才交流中心主任：肖桂琼（女　2015.1～12）
人事争议仲裁院院长：谭忠林（2015.1～12）
劳动监察大队大队长：吴立德（2015.1～12）

县城乡居民社会养老保险管理局

县城乡居民社会养老保险管理局是县人力资源和社会保障局下属的副科级全额拨款事业单位，内设办公室、统筹股、稽核股、退管服务股、基金财务股、信息统计股。

核定全额拨款事业编制11名，2015年末实有在编9人；“三支一扶”人员2人；临时聘用人员3人。

局　长：曾　莉（女　2015.1～12）

县社会保险管理局

县社会保险管理局是县人力资源和社会保障局下属的正科级参照公务员法管理事业单位，内设办公室、登记核定股、基金财务股、信息统计股、离退休人员管理服务股、基金结算股、稽核股、医疗工伤生育保险管理股等8个职能股室。

核定编制29名，2015年末实有在编人员26人，“三支一扶”人员3人，临时人员10人。

局　长：王家金（2015.1～12）
副局长：黄祥林（2015.1～12）
　　　　胡　勇（2015.1～12）
　　　　乐春山（2015.7～12）

县劳动就业管理局

县劳动就业管理局是隶属于县人力资源和社会保障局的副科级事业单位，内设办公室、财务股、职工失业保险股、信息统计股。与县再就业服务指导中心、县人力资源服务中心、县培训中心和县创业指导服务中心合署办公。

核定全额拨款事业编制17名，2015年末实有18人，其中管理岗位7人，专业技术岗位7人（人力资源经济师5人），试用期人员1人。

局　长：刘　耀（2015.1～12）

县发展和改革局（县物价局）

中共宣恩县发展和改革局党组

书　记：胡美玉（女　2015.1～12）
副书记：陆祥忠（2015.1～12）
成　员：尹进华（2015.1～12）
　　　　姜绍义（2015.1～12）
　　　　刘　川（2015.1～12）
　　　　朱宗熙（2015.1～12）

县发展和改革局（县物价局）内设办公室（人事股）、国民经济综合股（发展规划股、资源节约和环境保护股、县国民经济动员办公室、政策法规股）、固定资产投资股、农村经济股（地区经济股、农业区划办）、工业交通能源股（县交通战备办公室、高新技术产业股、开发区管理股）、经济体制综合改革股（服务业发展股、对外经济股、财金贸易股）、社会发展股（就业和收入分配股）、价格股、收费股等股室，专设县西部开发领导小组办公室、县重点项目建设领导小组办公室、县生态文化旅游圈建设领导小组办公室，管理县价格监督检查分局（县成本调查监审分局），下辖县价格认证中心（全额拨款）、县计划投资管理中心（自收自支）2个部门管理的事业单位。

核定县发展和改革局机关行政编制16名，工勤编制1名，2015年末实有公务员16人；核定县价格监督检查分局行政编制6名，工勤1名，实有公务员3人；核定县价格认证中心编制10名，实有10人；县计划投资管理中心编制5名，实有人员3人。

局　长：陆祥忠（2015.1～12）
副局长：尹进华（物价局长　2015.1～12）
　　　　姜绍义（2015.1～12）
　　　　刘　川（2015.1～12）

县重点项目建设领导小组办公室

主　任：贺声映（2015.1～12）

县生态文化旅游圈建设领导小组办公室

主　任：夏吉政（2015.1～12）

县教育局（县科学技术局）

中共宣恩县教育局党组

书　记：刘　军（2015.1～12）
副书记：喻　明（2015.1～12）
　　　　杨秀权（2015.7～12）
成　员：杨仕荣（2015.1～12）
　　　　商克超（2015.1～12）
　　　　郭秀红（2015.7～12）
　　　　黄文清（2015.1～12）

2015年10月21日，县人民政府办公室印发《宣恩县教育局主要职责内设机构和人员编制规定》（宣政办发〔2015〕41号），设立县教育局，挂县科学技术局牌子，为县政府工作部门，将原县教育局、原县科学技术局的职能划入县教育局。县教育局设10个内设机构：办公室（信访办公室）、教育股（成职教育股、行政审批股）、人事股（教师管理股、监察室、语委办）、计划财务股（项目办、审计股）、科技计划管理股、学校安全管理股、科技成果股（县国防动员委员会科技动员办公室）、知识产权股、招生考试办公室、县人民政府教育督导室办公室。核定县教育局机关行政编制16名，其中工勤编制1名。领导职数：局长1名（兼任县科学技术局长、县人民政府教育督导室主任），副局长3名（兼任县科学技术局副局长，其中1名副局长兼任县人民政府督导室副主任），县人民政府教育督导室副科级督学2名；内设机构负责人职数10名。2015年末实有18人。

下辖县教研室、县学校后勤管理办公室、县教育经费管理中心、县青少年校外活动中心、县电教装备站、县学生资助管理中心、县第一中学、县中等职业技术学校、县民族实验中学、县民族实验小学、县第二民族实验小学、县荧屏特殊教育学校、县直机关幼儿园、县民族幼儿园。

局　长：刘　军(县政府教育督导室主任
　　　　2015.1～12)

副局长：喻　明(正科级督学　2015.1～12)
　　　　杨仕荣(2015.1～12)
　　　　刘红梅(2015.2～12)
　　　　商克超(副科级督学　2015.1～2)
　　　　吴　渊(2015.9～12)

县政府教育督导室副科级督学：
　　　　商克超(2015.2～12)

县科学技术局

中共宣恩县科学技术局党组

2012年12月21日,县委决定设立中共宣恩县科学技术局党组(宣文〔2012〕33号)。

书　记：杨秀权(2015.1～7)

成　员：满金山(2015.1～3)
　　　　郭秀红(2015.1～7)

县科学技术局内设办公室(人事股、监察室)、科技成果与计划股(行政审批股)、高新技术股(县国防动员委员会科技动员办公室)、农村科技与社会发展股、知识产权局。2015年6月5日,将县教育局、县科学技术局职能整合,组建县教育局,挂县科学技术局牌子(宣发〔2015〕2号)。

局　长：杨秀权(2015.1～7)

副局长：满金山(2015.1～3)
　　　　郭秀红(2015.1～7)

县第一中学

中共宣恩县第一中学党委

书　记：龚光太(2015.1～12)

委　员：王海燕(女 2015.1～12)

县第一中学内设机构8个,分别是:党政办公室、教务处、教研处、德育处、信息技术处、后勤处、校工会、校团委。核定事业编制193名,其中全额拨款事业编制181名,自收自支事业编制12名,2015年末实有在编在岗教职工166人(其中自收自支10人)。

校　长：龚光太(2015.1～12)

副校长：刘世兵(2015.1～12)
　　　　李绍璜(2015.1～12)
　　　　王海燕(女　2015.1～12)
　　　　张　强(2015.1～12)

县中等职业技术学校

县中等职业技术学校设12个内设机构:办公室、教务处、教研处、政教处、安全处、总务处、培训部、电大分校办公室、招生及生产实习和就业指导办公室、资助中心、心理咨询室、实训处。核定编制85名,2015年末实有74人。

校　长：黄文清(2015.1～01)
　　　　谭德浩(2015.3～12)

副校长：易继勇(2015.1～12)
　　　　李　顺(2015.1～12)
　　　　吴　渊(2015.1～12)

县民族宗教事务局

中共宣恩县民族宗教事务局党组

书　记：赵厚勇(2015.1～12)

成　员：王　恒(2015.1～12)
　　　　杨　华(女　2015.1～12)

县民族宗教事务局内设办公室、政策法规宣传与社会发展股(监督检查股)、经济发展股(电脑农业办公室)和宗教股。录属1个事业单位:县民族研究所。核定机关行政编制6名,工勤编制1名。2015年末机关实有职工15人(公务员9人,机关工勤人员2人,事业单位职工2人,公益性岗位1人)。

局　长：赵厚勇(2015.1～12)

副局长：王　恒(2015.1～12)
　　　　张　瑾(女　2015.1～12)

县民政局

中共宣恩县民政局党组

书　记：甘清朗(2015.1～12)

成　员：郑大庆(2015.1～12)
周国友(2015.1～12)
王顺钊(2015.1～12)
李德平(2015.1～12)

县民政局设办公室、优抚安置股、救灾股、基政区划和民间组织股、社会福利和社会事务股、计划财务内审股、老龄委办公室、社会救助局(副科级)9个内设机构。

直属8个事业单位:县光荣院、县福利院、县殡葬管理所、县烈士陵园管理所、县军队离退休干部服务管理办公室、县殡葬执法大队、县婚姻登记处、县流浪乞讨救助站。

核定县民政局机关行政编制14名,2015年末实有12人;核定8个事业单位编制29名,年末实有在编职工24人。

局　长：甘清朗(2015.1～12)
副局长：郑大庆(2015.1～12)
周国友(2015.1～12)
王顺钊(2015.1～12)

县社会救助局
局　长：李德平(2015.1～12)

县财政局(县国有资产监督管理局)

中共宣恩县财政局党组
书　记：李　川(2015.1～12)
副书记：黄长德(2015.1～12)
成　员：李　宏(2015.1～12)
孙宏洲(2015.1～12)

2015年3月26日,县编委批准县财政局金融股加挂县道路交通事故救助基金管理中心牌子,不增核编制(宣编发〔2015〕6号)。

2015年4月7日,县编委同意县财政局各财政所(农村经营管理站)加挂农村集体“三资”监管代理中收和农村集体经济产权交易中心牌子(宣编发〔2015〕12号)。

2015年末县财政局(县政府国有资产管理局)设12个内设机构:办公室(法规税政股、财政信息中心、行政审批股)、综合股、预算股(预算绩效管理股)、国库股、行政政法股、教科文股、经济建设股、农财股、社会保障股、企业股(商贸股、国有资产管理股)、债务金融股(世行办公室、县道路交通事故救助基金管理中心)、人事股。

隶属副科级事业单位6个。其中参照公务员法管理的事业单位5个:县非税收入征收管理局、县会计事务管理局、县农业综合开发办公室、县政府采购办公室、县农村财政管理局;全额拨款的事业单位1个:县财政监督局。

核定县财政局机关编制17名,其中行政编制16名,2015年末实有13人;工勤编制1名,年末实有1人。核定5个参照公务员法管理事业单位编制52名,年末实有36人,有占编不具参管身份的5人。核定财政监督局编制15名,年末实有12人。局机关有未进编制的合同工4人,借用人员6人。核定派出财政所(加挂农村经营管理站、农村集体“三资”监管代理中收、农村集体经济产权交易中心牌子)事业编制153名,2015年末实有129人。

局　　长：李　川(2015.1～12)
副 局 长：黄长德(2015.1～12)
李　宏(2015.1～12)
孙宏洲(兼会计事务管理局局长
2015.1～12)
总会计师：成　涛(2015.1～12)
县政府采购办公室主任：卓贤文(2015.1～12)
县农业综合开发办公室主任：康　伟(2015.1～12)
县非税收入征收管理局局长：蔡章辉(2015.1～12)
县农村财政管理局局长：叶元华(2015.1～12)
县财政监督局局长：刘申法(2015.1～12)

县农业局(县委农村工作领导小组办公室)

中共宣恩县农业局党组
书　记：龚家邦(2015.1～12)
成　员：杨炳南(2015.1～12)
陈文金(2015.1～12)
黄红林(2015.1～12)
向　奋 2015.1～12)
田凤文(2015.1～12)
杨年红(2015.1～12)

县农业局与中共宣恩县委农办合署办公,内设10个职能股室,分别是:办公室、人事股(老干部工作股)、发展计划与财务股、科技与教育股、新农村建设办公室(调研股、经济发展指导股)、种植业股、经济作物股(县果茶生产办公室)、农业产业化股、法规股(农产品质量监督管理办公室、县农业行政执法支队)、县农机化管理办公室。

直管13个事业单位:县土肥站、县植物保护站、县蔬菜技术推广站、湖北省农业广播电视学校宣恩分校、县种子管理局、县农产品质量安全监督检验站、县劳动力转移培训阳光工程办公室、县生态能源局、县农机安全监理站、县农业机械学校、县农业技术推广中心、县特产技术推广服务中心、县"宣恩早"蜜柑无病毒苗木繁育中心站。

归口管理正科级事业单位2个:县农业利用外资办公室、县农村经济管理局。

核定县农业局机关行政编制16名,工勤编制1名,2015年末实有19人;二级单位事业编制75名,2015年末实有55人。

局长(主任):龚家邦(2015.1~12)
副　局　长:杨炳南(2015.1~12)
　　陈文金(2015.1~12)
　　黄红林(县委农办副主任
　　　2015.1~12)
　　向　奋(2015.1~12)
　　向小飞(2015.3~12)

县公安局

中共宣恩县公安局党委
书　记:张友刚(2015.1~12)
副书记:陈鲜艳(2015.1~12)
　　朱宗明(纪委书记　2015.3~12)
委　员:朱宗明(2015.1~2)
　　刘　瑜(2015.1~12)
　　黄兴祥(2015.1~12)
　　徐远安(2015.2~12)
　　成祖红(2015.3~12)
　　张　勇(2015.1~12)
　　吴德芳(2015.1~2)
　　贺旭峰(2015.1~12)

2015年3月26日,县编委同意县公安局增设内设机构纪检监察室,加挂审计室牌子,不增设编制,增核主任1名,为副科级领导职物(宣编发〔2015〕5号)。2015年末县公安局内设指挥中心、政治处、警务保障室、警务督察大队、纪检监察室(审计室)、法制控申大队、经济犯罪侦察大队、刑事侦察大队、国内安全保卫大队、公共信息网络安全监察大队、缉毒大队、治安管理大队、交通警察大队、看守所、出入境管理大队、内保大队16个机构,公安派出所10个:珠山派出所、椒园派出所、沙道沟派出所、晓关派出所、长潭河派出所、万寨派出所、椿木营派出所、高罗派出所、李家河派出所、龙洞派出所。

核定县公安局政法专项编制218名,2015年末实有人员197人(其中工人1名)。

局　　长:张友刚(2015.1~12)
政　　委:陈鲜艳(2015.1~12)
副　局　长:朱宗明(2015.1~3)
　　刘　瑜(2015.1~12)
　　黄兴祥(2015.1~12)
　　向守成(2015.1~12)
　　王海涛(2015.2~12)
　　吴德芳(2015.3~12)
　　陈文清(2015.1~2)
　　舒国胜(2015.1~12)
副　政　委:王海涛(2015.1~2)
　　徐远安(2015.2~12)
政治处主任:成祖红(2015.3~12)

县司法局

中共宣恩县司法局党组
书　记:肖　鸿(2015.1~12)
成　员:谭云书(2015.1~12)
　　谭　斌(2015.1~12)
　　何树蓝(2015.1~12)
　　杨长远(2015.1~12)

县司法局内设办公室、人事股、法制宣传股、基层工作股、律师公证管理股(司法鉴定管理股)、法律援助中心、法规股、社区矫正工作办公室。

派出机构9个:珠山司法所、椒园司法所、晓关司法所、万寨司法所、长潭河司法所、椿木营司法所、高罗司法所、李家河司法所、沙道沟司法所。

直属公证机关：县公证处。

隶属管理的直属事业单位：湖北洪渊律师事务所。

核定全县司法行政系统政法专项编制41名，其中，县司法局机关21名(含县公证处3名)，9个派出基层司法所20名；湖北洪渊律师事务所全额拨款事业编制5名。2015年末实有40人，其中局机关19人，9个基层司法所18人，湖北洪渊律师事务所3人。

局　长：肖　鸿(2015.1～12)
副局长：李先军(2015.1～12)
　　谭云书(2015.1～12)
　　谭　斌(2015.1～12)
　　刘　嫔(女　2015.1～12)
县依法治县工作领导小组办公室副主任：
　　杨长远(2015.1～12)

县国土资源局(县地震局)

中共宣恩县国土资源局管理局党组
书　　记：戴恩高(2015.1～12)
成　　员：吴长安(2015.1～12)
　　杨德志(2015.1～12)
　　杨少雄(2015.1～12)
纪检组长：张善明(2015.1～12)

2015年8月15日，县编委整合不动产登记职责及设立不动产登记机构，组建县不动产登记管理局，在县国土资源局地籍管理股加挂县不动产登记局牌子；组建县不动产登记中心，为县国土资源局管理的财政全额拨款事业单位，核定全额拨款事业编制11名，其中主任1名，副主任2名(宣编发〔2015〕19号)。2015年11月5日，县编委明确县不动产登记中心为县国土资源局管理的副科级全额拨款事业单位，核定领导职数3名，其中主任1名，副主任2名。原核定编制、主要职责不变(宣编发〔2015〕21号)。

2015年末，县国土资源局内设办公室(人事股、财务股)、征地利用股、耕保股、地籍股(县不动产登记管理局)、地质环境股(地震股)、矿管股、法规监察股、国土资源信息中心。

直属事业单位15个：县国土资源执法监察大队、县国土资源收购储备交易中心、县土地整理开发中心、县地质灾害监测防治中心、县土地利用规划队、县不动产登记中心和9个派出国土资源所。

核定县国土资源局机关行政编制12名，事业编制47名，派驻乡镇国土资源所事业编制36名，2015年末，全县国土资源系统实有在职职工95人。

局　长：戴恩高(2015.1～12)
副局长：吴长安(2015.1～12)
　　杨德志(2015.1～12)
　　杨少雄(2015.1～12)
县地质灾害监测防治中心主任：
　　向　明(2015.01～12)
县国土资源收购储备中心主任：
　　王　坤(2015.1～12)
县国土资源土地整理开发中心主任：
　　李绍伟(2015.1～12)

县住房和城乡建设局
(县人民防空委员会办公室)

中共宣恩县住房和城乡建设局党组
书　记：张文孟(2015.1～11)
副书记：黄明仕(2015.1～12)
成　员：张能珏(2015.1～12)
　　邓正斌(2015.1～12)
　　张海波(2015.1～12)
　　熊丰祝(2015.1～12)
　　黄文重(2015.1～12)

县住房和城乡建设局加挂县人民防空委员会办公室、县测绘局牌子，内设办公室(人事财务股、人防管理股)、住房保障股、房产管理股、建筑工程管理股、村镇建设股、装饰装修(建材行业)管理股、燃气办。核定县住房和城乡建设局行政编制12名，工勤编制1名，2015年末实有行政人员14人，工勤人员1人。

隶属管理的事业单位10个：县城市规划管理局(副科级，定编7名，年末实有6人)、县燃气执法大队(定编3名，年末实有3人)、县建设工程安全生产监督管理站(定编3名，年末实有3人)、县建设工程劳动造价定额管理站(定编2名，年末实有1人)、县建设工程质量监督站(定编5名，年末实有4人)、县房产登记中心(由县房产交易中心更名,定编8名,年末实有7人)、县房屋安全鉴定办公室(白蚁防治中心,定编3名,年末实有2人)、县国有土地上房屋征收管理办公室(定编4名,实有2人)、县城乡规划设计室(自收自支,定编3名)、县建筑设计室(自收自支,定编8名,实有4人)。

局　　长:张文孟(2015.1～11)
副 局 长:黄明仕(2015.1～12)
　　　　　张能珏(2015.1～12)
　　　　　邓正斌(2015.1～12)
总工程师:张海波(2015.1～12)

县交通运输局

中共宣恩县交通运输局党组
书　记:洪学文(2015.1～12)
副书记:姚　敏(2015.1～12)
成　员:杨友国(2015.1～12)
　　　　余志成(2015.1～12)
　　　　孙京保(2015.1～11)
　　　　谭家庆(2015.1～12)
　　　　谢应富(2015.1～12)
　　　　李立发(2015.1～12)
　　　　屈代慧(女　2015.1～12)

县交通运输局内设办公室(人事股)、工程计划股(交通战备办公室)、财务审计股和运输安全股(应急办公室、法制监督股)。

直属二级事业单位10个:县公路管理局(正科级)、县高速公路办公室(正科级)、县道路运输管理所(副科级)、县交通物流发展局(副科级)、县地方海事处、县城市公共客运管理办公室、县交通测量设计室、县交通基本建设工程质量监督站、椒园交通管理站、当阳坪交通管理站。

核定县交通运输局机关行政编制11名,工勤编制1名,2015年末实有干部职工13人;县公路管理局编制18名,年末实有在岗人数116名(在编55人,编外61人);县高速公路管理办公室编制5名,年末实有在岗6人;县道路运输管理所编制26名,年末实有在编在岗23人;县物流发展局编制8名,年末实有在编3人;县地方海事处编制4名,实有在编在岗4人;县城市客运管理办公室编制3名,实有在编在岗1人;县交通基本建设工程质量监督站编制4名,实有在编在岗4人;县交通测量设计室编制2名,实有在编在岗1人;椒园交通管理站和当阳坪交通管理站为自收自支的事业单位,核定编制16名,实有在编在岗0人。

局　　长:姚　敏(2015.1～12)
副 局 长:杨友国(2015.1～12)
　　　　　余志成(2015.1～12)
　　　　　孙京保(2015.1～11)
　　　　　谭家庆(2015.1～12)
　　　　　谢应富(2015.1～12)
总工程师:李艳生(2015.1～12)

县公路局

县公路管理局内设行政办公室、政工股、财务内审股、工程股、养护股(养护中心)、路政股(路政大队),下辖1个二级法人单位(恒通路桥公司)、3个公路(中心)管理站(哪三个?)、1个治超站(名称?)。县公路养护中心(自收自支二级事业法人)、宣恩县恒通路桥公司(企业法人)。核定编制18名,年末实有干部职工114人,其中,在编人员54人,劳动合同用工60人(59人签订劳动用工合同,1人签订劳务派遣合同)。

局　　长:孙京保(2015.1～11)
副 局 长:李纪德(2015.1～12)
　　　　　陈　峰(2015.1～12)
　　　　　侯龙江(2015.1～12)
总工程师:张云山(2015.1～12)

县高速公路建设办公室

县高速公路办公室为县交通运输局管理的正科级事业单位,内设建设管理综合科、征迁科、财务科,核定编制5名,2015年末实有7人。

主　任:谢应富(2015.1～12)
副主任:张　斌(2015.1～6)

县交通物流发展局

县交通物流发展局为全额拨款的事业单位，隶属县交通运输局，业务由恩施州交通物流发展局归口管理。内设办公室、财审股、物流发展股、规划建设股和科技信息股。核定编制 8 名，2015 年末实有 6 人，其中在编人员 3 人。

局　长：谭家庆（2015.1～12）

副局长：王文学（2015.1～12）

县水利水产局（县防汛抗旱指挥部办公室）

中共宣恩县水利水产局党组

书　记：朱清华（2015.1～12）

成　员：倪衡山（2015.1～12）

　　　　查良军（2015.1～12）

　　　　张　斌（2015.7～12）

　　　　田光胜（2015.1～12）

县水利水产局内设股室 7 个：办公室（人事股）、规划计划与财务股、水利股、水政水资源股、安全生产监督股、农电股、水产股。

二级事业单位 5 个：县水土保持局（副科级）、县水利电力勘察设计室、县水利规费征收管理站、县水政监察大队（副科级）、县水能资源开发办公室。

乡镇水利水产管理站 9 个（隶属县水务服务中心管理）：珠山镇、椒园镇、李家河镇、沙道沟镇、高罗镇、晓关侗族乡、长潭河侗族乡、椿木营乡、万寨乡。

核定县水利水产局机关行政编制 13 名，2015 年末实有 10 人；公益一类事业单位编制 32 名，设置岗位 23 名，实际在岗 16 人；乡镇编制数 32 名，设置岗位 28 名，实际在岗 27 人。

局　　长：朱清华（2015.1～12）

副 局 长：倪衡山（2015.1～12）

　　　　　查良军（2015.1～12）

　　　　　张　斌（2015.7～12）

总工程师：田光胜（2015.1～12）

水土保持局局长：卓发东（2015.1～12）

县商务局（县招商局）

中共宣恩县商务局党组

书　记：杨仕祥（2015.1～12）

成　员：杨秋生（2015.1～12）

　　　　宋　波（2015.1～12）

　　　　刘元喜（2015.1～12）

　　　　舒　蓉（女　2015.1～12）

　　　　姜绍勇（2015.1～12）

县商务局内设办公室（政工股）、政策法规股、行业管理股、市场体系和外经外贸股、招商股。核定行政编制 11 名，2015 年末实有在职职工 14 人（含招商局 2 人）。

局　长：杨仕祥（2015.1～12）

副局长：杨秋生（2015.1～12）

　　　　宋　波（2015.1～12）

县文化体育局

中共县文化体育局党组

书　记：谢庆慧（2015.1～7）

成　员：袁红亚（2015.1～7）

　　　　季建华（女　2015.1～7）

　　　　田　词（2015.1～7）

　　　　孙建荣（2015.1～7）

县文化体育局

局　长：谢庆慧（新闻出版局局长　2015.1～7）

副局长：袁红亚（2015.1～7）

　　　　季建华（女　2015.1～7）

文联专职副主席：田　词（2015.1～7）

县文化体育新闻出版广电局（县版权局、县文学艺术界联合会）

中共宣恩县文化体育新闻出版广电局党组

书　记：谢庆慧（2015.7～12）

成　员：袁红亚（2015.7～12）

　　　　康彦芳（女　2015.7～12）

　　　　田　词（2015.7～12）

　　　　孙建荣（2015.7～12）

2015 年 10 月 21 日，县人民政府办公室印发《宣恩县文化体育新闻出版广电局主要职责内设机构和人员编制规定》(宣政办发〔2015〕44 号),设立县文化体育新闻出版广电局,挂县版权局、县文学艺术界联合会牌子,为县政府工作部门。将原县文化体育局和原县广播电影电视局的职能划入县文化体育新闻出版广电局。县文化体育新闻出版广电局设 7 个内设机构:办公室(财务股、政工人事股)、文化艺术股(非遗管理股、文联工作股)、体育事业股(产业发展股)、新闻出版管理股(版权股)、广播影视管理股(事业技术股)、文化市场管理股(行政审批股、"扫黄打非"领导小组办公室)、文物管理股。核定县文化体育新闻出版广电局行政编制 11 名,工勤编制 1 名。领导职数:局长 1 名,副局长 2 名,文联专职副主席 1 名,内设机构负责人职数 7 名。2015 年末实有 9 人。

隶属管理的事业单位 7 个:县群众文化馆(核定编制 8 名)、县图书馆(核定编制 7 名)、县文物事业管理局(县民族博物馆)(核定编制 5 名)、县非物质文化遗产传承展演中心(核定编制 20 名)、县民族体育学校(核定编制 4 名)、县文化市场综合执法大队(核定编制 8 名),县卫星地面接收站(核定编制 3 名);直管全县 9 个乡镇文化体育服务中心、9 个乡镇广电服务中心;监管沙道沟传统体育项目学校。2015 年末全系统共有在职在编人员 80 人。

局　长:谢庆慧(版权局长文联主席　2015.7～12)
副局长:袁红亚(2015.7～12)
　　　　康彦芳(女　2015.7～12)
文联专职副主席:田　词(2015.7～12)

县卫生和计划生育局

中共宣恩县卫生和计划生育局党组
书　记:潘言培(2015.1～12)
成　员:向远杰(2015.1～12)
　　　　符　俊(2015.1～12)
　　　　陈　恩(2015.1～12)
　　　　聂　耘(2015.1～12)
　　　　李昌田(2015.1～12)
　　　　孟贤才(2015.1～12)
　　　　吴　彦(女　2015.1～12)
　　　　黄　腾(2015.1～12)
　　　　罗光清(2015.1～12)

县卫生和计划生育局设 12 个内设机构:办公室、人事股(监察室)、财务股(审计股)、政策法规股(行政审批股)、疾病预防控制股(县委、县政府地方病防治工作领导小组办公室,县爱国卫生运动委员会办公室)、医政与中医药管理股(县国防动员委员会医疗卫生办公室、县深化医药卫生体制改革工作领导小组办公室)、规划与信息股、应急办公室、基层卫生与妇幼保健股、计划生育指导股、宣传科教股、计划生育家庭发展股。

二级单位 20 个,其中,县直二级单位 10 个(全额拨款事业单位 8 个:县妇幼保健计划生育服务中心、县卫生计生综合监督执法局、县疾病预防控制中心、县新型农村合作医疗管理委员会办公室、县红十字会办公室、县卫生财务管理中心、县计划生育协会、县计划生育流动人口管理站;差额拨款事业单位 2 个:县人民医院、县民族医院);乡镇卫生院 9 所(中心卫生院 3 所:长潭河侗族乡中心卫生院、沙道沟镇中心卫生院、晓关侗族乡中心卫生院;一般卫生院 6 所:椒园镇卫生院、万寨乡卫生院、椿木营乡卫生院、李家河乡卫生院、高罗乡卫生院、珠山镇卫生院),均为差额拨款事业单位;社区卫生服务中心 1 个:珠山镇工农街社区卫生服务中心。2015 年 6 月 26 日,县编委同意各乡镇卫生院(妇幼保健计划生育服务站)分别核定领导职数 4 名:院长 1 名、副院长 3 名;设置基本公共卫生科、计划生育科、妇产科、药剂药具科、办公室、院感办、医务科、护理部、内儿科、外科、门诊部、辅检科、中医科、农合医保科、口腔科、财务后期科、乡村一体化管理办公室 17 个内设科室;核定内设机构负责人职数 17 名(宣编发〔2015〕17 号)。

2015 年末,全县卫生系统总编制 106 名,其中局机关行政编制 17 名,工勤人员 1 名),全额拨款事业单位编制 133 名,差额拨款事业单位制 853 名,自收自支 2 名;2015 年末实有 1520 人(其中局机关有公务员 18 人,工勤员 1 人)。

局　长:潘言培(2015.1～12)
副局长:向远杰(2015.1～12)
　　　　符　俊(2015.1～12)
　　　　陈　恩(2015.1～12)
　　　　聂　耘(2015.1～12)
　　　　李昌田(2015.1～12)

孟贤才（2015.1～12）
吴　彦（女　2015.1～12）

县卫生计生综合监督执法局

县卫生计生综合监督执法局为县卫生计生局管理的副科级全额拨款事业单位。2015年6月26日，县编委同意县卫生计生综合监督执法局设置办公室、财务室后勤股、医疗卫生股、环境卫生股、学校卫生股、计划生育监督股、稽查股、公共卫生均等化监督协管办公室8个内设机构；核定内设机构负责人职数8名（宣编发〔2015〕17号）。核定县卫生计生综合监督执法局事业编制22名，2015年末实有17人（其中2人下派到乡镇卫生院、2人到县卫计局挂职）。

局　长：王　俊（2015.1～12）
副局长：饶　俊（2015.1～12）
　　　　李传弘（2015.1～12）

县人民医院

县人民医院有一级科室39个，二级科室6个。设外一科、外二科、外三科、五官科、内一科、内二科、内三科、中医康复科、妇产科、儿科、重症医学科（ICU）、手术麻醉科、门、急诊科、口腔科、感染科、医学检验科、放射科、功能科、药剂科、输血科、保健科、病理科、供应室、血液透析室、院行政办公室、党务办公室、医务科、公共卫生科、人事科、纪检监察室、护理部、院感办、宣传信息科、审计科、招标采购办、财务科、医合科、科教科、基建科、总务科、设备科、医疗器械科、保卫科、支助中心等45个行政职能和临床医技科室。

核定编制310名，实际使用编制200名，2015年末实有在岗职工398人（在编职工187人，聘用职工221人）。

院　长：乾维德（2015.1～12）
副院长：李森权（2015.1～12）
　　　　张发林（2015.1～12）
　　　　杨　骏（2015.1～12）
　　　　黄向东（2015.1～12）

县民族医院

内设办公室、人事科、总务科、设备科、财务科、医务科、护理部、院感办、基建科、医管科、药剂科、内儿科、骨伤一科、骨伤二科、外科、五官科、妇产科、门诊科、麻醉科、针灸理疗康复科、血液透析科、检验科、彩超室、放射科、CT室、碎石科等26个科室。

核定事业编制70名，2015年末实有在岗职工180人，其中，专业技术人员160人，高级职称18人，中级职称62人。

院　长：李劲松（2015.1～12）
副院长：周兴明（2015.1～12）
　　　　胡世培（2015.1～12）
　　　　裴达进（2015.1～12）

县妇幼保健计划生育服务中心（县妇幼保健院）

2015年6月26日，县编委同意县妇幼保健计划生育服务中心（县妇幼保健院）设置办公室、财务科、政工科、医务科、护理部、院感办、妇幼健康项目办、妇女保健科、儿童保健科、计划生育技术科、妇产科、儿科、内科、外科、麻醉科、医学检验科、医学影像科、药剂药具科18个内设科室。核定内设机构负责人职数18名（宣编发〔2015〕17号）。核定县妇幼保健计划生育服务中心全额拨款事业编制32名，2015年末有职工95人，专业技术人员81人，其中卫生专业技术人员76人，副高级以上职称8人，中级职称25人。

主　任（院　长）：黄　腾（2015.1～12）
副主任（副院长）：刘清明（女　2015.1～12）
　　　　　　　　　李世念（2015.1～12）
　　　　　　　　　蔡文菊（女　2015.1～12）
　　　　　　　　　谭家鹏（2015.1～12）
　　　　　　　　　郭孝红（2015.1～12）
　　　　　　　　　孟才忠（2015.1～12）
　　　　　　　　　冯本周（2015.1～12）

县疾病预防控制中心

县疾病预防控制中心内设办公室、检验科、财务科、慢病科、健康教育促进科、免疫规划科、预防接种门诊、艾滋病防治科、急传科、质管科、信息与网络管理科、总务科、结核病防治科、结核病专科门诊、麻风病防治科、皮肤病专科门诊及卫生监测科等 17 个职能科室。核定编制 38 名，2015 年末实有专业技术人员 54 人。

主　任：易继宽(2015.1～12)

副主任：陈　朴(2015.1～12)

　　　　文建华(2015.1～12)

　　　　黄泽康(2015.1～12)

县新型农村合作医疗管理委员会办公室

县新型农村合作医疗管理委员会办公室(简称县合管办)内设财务股、综合股、网络信息股、审核股、就医管理股、稽查监督股、参合管理股，下辖 9 个乡镇合管站；核定编制 24 名，2015 年末实有 24 人(其中“三支一扶”人员 2 人，借用人员 1 人)。

主　任：江红英(女　2015.1～12)

副主任：郭　宏(2015.1～12)

　　　　卢秀斌(2015.1～12)

县统计局

中共宣恩县统计局党组

书　记：黄启华(2015.1～12)

成　员：王绍文(2015.1～8)

　　　　付吉绪(2015.1～12)

　　　　覃正辉(2015.1～12)

　　　　向家义(2015.1～12)

2015 年 3 月 26 日，县编委同意在湖北工业园区管理委员会财政分局、珠山镇经济发展办公室、沙道沟镇经济发展办公室加挂统计分局牌子，不增设编制，具体负责辖区内的统计工作(宣编发〔2015〕8 号)。

2015 年 10 月 21 日，县人民政府办公室印发《宣恩县统计局主要职责内设机构和人员编制规定》(宣政办发〔2015〕4 号)，设立县统计局，为县政府工作部门(宣政办发。县统计局设 7 个内设机构：办公室(人事股)、政策法规股、国民经济综合和核算统计股(农村统计股)、企业统计股、人口与社会科技统计股、能源统计股(服务业统计股)、固定资产投资统计股。核定县统计局机关行政编制 11 名，工勤编制 1 名。领导职数：局长 1 名，副局长 2 名，总统计师 1 名；内设机构负责人职数 7 名。年末实有 9 人。

管理省属事业单位县经济社会调查队和县属事业单位县城镇抽样调查队及普查中心。农村社会经济调查队，核定编制 5 名，年末实有 3 人；县城镇抽样调查队，核定编制 3 名，年末实有 2 人；普查中心，核定编制 2 人，年末实有 2 人。

局　　长：黄启华(2015.1～12)

副 局 长：王绍文(2015.1～8)

　　　　　付吉绪(2015.1～12)

总统计师：覃正辉(2015.1～12)

县审计局

中共宣恩县审计局党组

书　记：杨洪明(2015.1～12)

成　员：黄光华(2015.1～12)

　　　　阮春庭(2015.1～12)

　　　　向厚勇(2015.1～12)

　　　　杨长安(2015.1～12)

县审计局内设办公室、综合与法规股、财政金融审计股、行政事业与社会保障审计股、经贸农林与资源环保审计股、固定资产投资审计股等 6 个股室。专设机构 1 个：县经济责任审计局；直属管理全额拨款事业单位 1 个：县国家建设项目审计中心。核定县审计局行政编制 16 名，工勤编制 1 名，事业编制 3 名。2015 年末实有人员 17 人(公务员 13 人，工勤人员 1 人，事业人员 3 人)。

局　长：黄光华(2015.1～12)

副局长：覃道斌(2015.1～12)

　　　　阮春庭(2015.1～12)

　　　　向厚勇(2015.1～12)

经济责任审计局局长：杨长安(2015.1～12)

县林业局

中共宣恩县林业局党组

书　记：曾凡忠(2015.1～12)
成　员：陈业洲(2015.1～12)
　　　　杨　峻(2015.1～12)
　　　　舒国胜(2015.1～12)
　　　　熊龙享(2015.1～12)
　　　　刘发松(2015.1～12)

县林业局设6个内设机构：办公室、发展规划与资金管理股、行政审批股、森林资源管理股(政策法规股)、造林绿化管理股(县绿化委员会办公室、科技股)、天然林资源保护工程实施办公室(林业产业股)。核定县林业局机关行政编制10名，2015年末实有6人。

管理事业单位12个，核定编制49名，2015年末实有41人(其中全额拨款事业单位10个，核定编制43名，2015年末实有36人；自收自支事业单位2个，核定编制6名，实有人员5人)；延伸派驻机构(林业管理站)9个，核定编制54名，实有人员52人；部门管理的行政机构1个(县森林公安局)，核定公安编制17名，实有公安民警14人。

2015年全县林业系统实有职工271人，其中在职人员167人(在编职工114人，聘用人员53名)、离退休人员19人。林业综合行政执法人员86人；专业技术人员81人，其中高级职称1人，中级职称(含会计专业)29人，初级职称(含其他专业)49人，技术员2人。

局　　长：曾凡忠(2015.1～12)
副 局 长：陈业洲(2015.1～12)
　　　　　杨　峻(2015.1～12)
总工程师：刘发松(2015.1～12)

县森林公安局

局　长：舒国胜(2015.1～12)
政　委：熊龙享(2015.1～12)

县贡水河国家湿地公园管理局

2015年11月5日，县编委同意设立嗯嗯过程贡水河国家湿地公园管理局，为县人民政府办公室管理的正科组事业单位，内设综合股、资源股、项目股、计财股、法制股、宣教股6个内设机构；核定全额拨款事业编制11名，其中领导职数4名：局长1名、副局长2名、总工程师1名；内设机构职数6名(宣编发〔2015〕26号)。

县贸易促进委员会

中共宣恩县贸易促进委员会党组
书　记：叶元新(2015.1～12)
成　员：赵子成(2015.1～12)
　　　　谢远成(2015.1～12)

县贸易促进委员会内设办公室、政工财务部，对外联络部、企业服务部、会务信息部。核定编制19名，2015年末实有在职人员15人。

会　长：叶元新(2015.1～12)
副会长：赵子成(2015.1～12)
　　　　谢远成(2015.1～12)

县农业利用外资办公室

县农业利用外资办公室(简称县外资办)内设综合科、外资项目科、蔬菜产业科，核定县外资办编制11名，2015年末实有9人。

主　任：田粤兵(2015.1～12)

县粮食局

中共宣恩县粮食局党组
书　记：黄前胜(2015.1～12)
成　员：谭云峰(2015.1～12)
　　　　葛立森(2015.1～12)

县粮食局内设办公室、财务审计股、调控股、产业发展股、仓储股。核定县粮食局编制11名，2015年末在职在编人员11人(其中工勤人员3人)。直属事业单位县粮食执法大队，核定编制3名，2015年末实有3人；粮食局国有资产管理中心，编制1名；下辖沙道、珠山两个国有粮食购销企业，聘用员工38人。

局　长：黄前胜(2015.1～12)
副局长：谭云峰(2015.1～12)
　　　　葛立森(2015.1～12)

县广播电影电视局(县广播电视台)

中共宣恩县广播电视局党组

书　记：蒋照国(2015.1～7)

成　员：汤　俊(女　2015.1～7)

　　　　孟希承(2015.1～7)

中共宣恩县广播电视台(县电视台)党组

书　记：蒋照国(2015.7～12)

成　员：汤　俊(女　2015.7～12)

　　　　孟希承(2015.7～12)

县广播电影电视局(县广播电视台)

2015年7月,内设办公室、政工股、宣传音像股、事业技术股、电影管理股、计划财务股,隶属管理事业单位4个:县广播电视台、县地面接收站、县音像制品管理发行站、县广播电视服务公司,管辖9个乡镇广播电视网络服务中心,在岗服务人员35人。县广播电影电视局编制15名,2015年7月实有8人。县广播电视台编制25名,实有在编人员12人,另有劳务派遣人员20人;县卫星地面接收站编制4名,实有2人;县音像制品管理发行站编制2名,县广播电视服务公司编制2名。

局　长：蒋照国(2015.1～7)

副局长：汤　俊(女　2015.1～7)

总编辑：孟希承(2015.1～7)

县电视台

2015年11月5日,县编委同意县广播电视台更名为县电视台(宣编发〔2015〕23号),明确为隶属县委宣传部管理的正科级事业单位,核定县电视台事业编制25名(其中全额拨款事业编制22名,自收自支事业编制3名),2015年末,县电视台实有17人。

台　长：蒋照国(2015.7～12)

副台长：汤　俊(女　2015.7～12)

总编辑：孟希承(2015.7～12)

湖北省楚天视讯网络有限公司恩施分公司宣恩支公司

湖北省楚天视讯网络有限公司恩施分公司宣恩支公司设综合办公室、计划财务部、工程技术部、市场营销部、运行维护部等5个内设机构和是城区(珠山镇)、椒园、晓关、万寨、长潭河、椿木营、高罗、沙道沟、李家河等9个乡镇经营部,2015年末公司实有员工50人。

经　　理：杨钧(2015.1～12)

副 经 理：向邦文(2015.1～7)

　　　　　朱德华(2015.2～12)

财务总监：胡晓月(女　2015.1～12)

县畜牧兽医局

中共宣恩县畜牧兽医局党组

书　记：邓友富(2015.1～10)

成　员：李章鸣(2015.1～12)

　　　　夏国志(2015.1～12)

县畜牧兽医局加挂县防治重大动物疫病指挥部办公室牌子,内设6个股室:办公室、人事股、畜牧股、医政药政股、重大动物疫病防控股、生猪定点屠宰管理办公室,核定县畜牧兽医局机关编制16名,2015年末实有10人。

隶属管理的二级事业单位3个:县动物卫生监督所(加挂县动物检疫站牌子和县畜牧兽医综合执法大队牌子),核定编制33名,2015年末实有29人;县畜牧技术推广站(加挂县草原监督管理站牌子),核定编制5名,实有5人;县动物疫病预防控制中心,核定编制6名,实有4人。3个二级事业单位共核定编制44名,实有38人。

局　　长：邓友富(2015.1～11)

副 局 长：李章鸣(2015.1～12)

　　　　　夏国志(2015.1～12)

　　　　　胡庆松(2015.3～12)

总畜牧师：姚良明(2015.1～12)

县经济和信息化局

中共宣恩县经济和信息化局党组

书　记：万才能(2015.1～12)

成　员：万成凤(2015.1～12)

杨　林(2015.1～12)

张秀军(2015.1～12)

县经济和信息化局内设办公室(人事股)、政策法规股(县治理“三乱”减轻企业负担领导小组办公室)、经济运行股(县域经济股、中小企业股)、科技技改股(规划投资股)、行业管理股(信息产业股),核定行政编制9名,2015年末实有在编在职人员11人。下辖县中小企业培训中心(事业单位,编制2名,实有2人)。

局　长：万才能(2015.1～12)

副局长：万成凤(2015.1～12)

杨　林(2015.1～12)

张秀军(2015.1～12)

县食品药品监督管理局(县食品药品安全委员会办公室)

中共宣恩县食品药品监督管理局党组

书　记：黄舜卿(2015.1～12)

成　员：周世宪(2015.1～12)

蒙　玲(女　2015.1～12)

周　刚(2015.7～12)

杨成刚(2015.1～12)

2015年4月30日,县人民政府办公室印发《宣恩县食品药品监督管理局主要职责内设机构和人员编制规定》(宣政办发〔2015〕19号),设立县食品药品监督管理局,加挂县食品安全委员会办公室、县酒类流通管理局牌子,为县政府工作部门。县食品药品监督管理局设7个内设机构:办公室、综合股(应急管理办公室、食品药品投诉举报中心)、行政审批股、食品监管股、药品化妆品监管股、人事教育财务股、法制宣传股。核定县食品药品监督管理局(县食品安全委员会办公室、县酒类流通管理局)机关行政编制12名,工勤编制1名。领导职数5名,其中局长1名,副局长3名,(其中1名兼任县食安办副主任),总工程师1名。2015年末实有公务员11人,长期合同工(司机)1人。

在全县9个乡镇设食品药品监督管理所,为县食品药品监督管理局的副科级派出行政机构:珠山镇食品药品监督管理所、晓关侗族乡食品药品监督管理所、椒园镇食品药品监督管理所、万寨乡食品药品监督管理所、长潭河侗族乡食品药品监督管理所、椿木营乡食品药品监督管理所、高罗镇食品药品监督管理所、沙道沟食品药品监督管理所、李家河镇食品药品监督管理所。9个乡镇食品药品监督管理所共核定行政编制45名,2015年末实有40人。

直属事业单位2个:县食品药品稽查大队,核定编制11名,实有10人;县药品与医疗器械不良反应监测中心,核定编制3名,2015年末实有3人。

局　　长：黄舜卿(2015.8～12)

副 局 长：周世宪(2015.1～12)

蒙　玲(女　2015.1～12)

周　刚(2015.7～12)

总工程师：杨成刚(2015.1～12)

县安全生产监督管理局

中共宣恩县安全生产监督管理局党组

书　记：李明然(2015.1～12)

成　员：张家义(2015.1～12)

段　勇(2015.1～12)

张祖强(2015.1～12)

乐三宝(2015.1～12)

县安全生产监督管理局内设办公室、政策法规宣传教育股(行政审批股)、综合安全监督管理股、危险化学品安全监督管理股、矿山安全监督管理股(矿山应急救援小队)、职业卫生监督管理股等6个股室。内设二级事业单位1个(宣恩县安全生产执法监察大队)。核定安全生产监督管理局行政编制11名,工勤编制1名;核定县安全生产执法监察大队事业编制3名。2015年末实有16人,其中,行政在编人员12人,事业在编人员2人,工勤在编人员1人,临时聘用人员1人。

局　　长：李明然(2015.1～12)

副 局 长：张家义(2015.1～12)
段　勇(2015.1～12)
张祖强(2015.1～12)
总工程师：乐三宝(2015.1～12)

县环境保护局

中共宣恩县环境保护局党组
书　记：周　平(2015.1～12)
成　员：张宗宪(2015.1～12)
向广华(2015.1～12)

县环境保护局内设办公室(法规宣教股)、自然生态与农村环保股(科技与环评股)、污染物排放总量控制股(污染防治股)、辐射环境管理股(环境监测管理股)。隶属二级事业单位2个：县环境监察大队、县环境监测站。核定县环保局机关行政编制6名，工勤编制1名，事业编制20名。2015年末实有25人，其中行政人员7人，工勤人员1人，事业人员14人，临时工3人。

局　长：周平(2015.1～12)
副局长：张宗宪(2015.1～12)
向广华(2015.1～12)

县移民局

县移民局内设办公室、规划安置股、计划财务股、信访接待股、后期扶持股。核定编制11名，2015年末实有7人。

局　长：唐辉树(2015.1～12)
副局长：田长柱(2015.1～12)
黄长喜(2015.1～12)
任雪琴(女　2015.1～12)

县旅游局

2015年3月26日，县编委批准县旅游局增设市场执法股，增设全额拨款事业编制2名。调整后，县旅游局全额拨款事业编制为13名(宣编发〔2015〕7号)。

2015年末县旅游局内设机构有：办公室、发展规划与财务股、质量规范与管理股、市场促进与联络股、市场执法股。核定县旅游局事业编制13名，2015年末实有在编人员9人。

局　长：罗文恒(2015.1～12)
副局长：孙　弘(2015.1～12)
康彦芳(女　2015.1～7)
季建华(女　2015.7～12)

县城市管理局

中共宣恩县城市管理局党组

2012年12月21日，县委决定设立中共宣恩县城市管理局党组(宣文〔2012〕33号)。

书　记：谭大定(2015.1～12)
成　员：唐　勇(2015.1～12)
赵　涛(2015.1～12)

县城市管理局设6个内设机构：办公室、财务股、法制股、人事股、公共管理股、行政许可股。下设二级单位3个：县城市管理执法大队、县环境卫生管理局、县园林局。核定县城市管理局全额拨款事业编制21名，实有19人；县城管执法大队编制15名，实有12人，聘用协管员36人；园林局编制7名，实有3人，聘用协管员6人；县环卫局编制7名，实有4人，聘用协管员30人(含环卫监察岗位9人)，环卫工人22人。

局　长：谭大定(2015.1～12)
副局长：唐　勇(2015.1～12)
赵　涛(2015.1～12)

县农村经济管理局(农村经济审计局)

县农村经济管理局(农村经济审计局)内设办公室、农民负担监督管理股、农村土地承包经营管理股(行政审批股)、农村财务监督管理股、农经统计调研股、农民专业合作社管理办公室。专设机构4个：县农民负担监督管理领导小组办公室、县培育和发展农村专业合作经济领导小组办公室、县农村土地承包仲裁委员会办公室、县李家河镇川大河村全国农村固定观察点工作领导小组办公室。核定全额拨款事业编制11名，2015年末实有9人。

局　长：郑　强(2015.1～12)

副局长：黄泽林（2015.1～12）
　　　　陈艳平（女　2015.1～12）

县供销社

中共宣恩县供销合作社党组
书　记：华青山（2015.1～12）
成　员：向继平（2015.1～12）

县供销合作社联合社（简称县供销社）内设办公室、合作指导股、财务政工股。直属企业3个（新宇烟花爆竹有限公司、兴华商贸公司、资产管理中心），股份制企业1个（宣恩县宜红贡茶有限公司）。核定县供销社编制6名，2015年末实有17人（财政编制人员5人，机关其他人员4人，新宇烟花爆竹有限公司8人）。

主　任：华青山（2015.1～12）
副主任：向继平（2015.1～12）

县工商行政管理局

中共宣恩县工商行政管理局党组
书　　记：田远波（2015.1～6）
　　　　　赵明金（2015.6～12）
纪检组长：王和清（2015.1～12）
成　　员：熊　琼（2015.1～12）
　　　　　欧阳文平（2015.1～12）

县工商行政管理局（简称县工商局）内设机构11个：办公室、人事股、法规股、市场（合同）规范管理股、商标广告监督管理股、财务审计股、网络交易监督管理股、机关党办、工商工会、监察室、离退休干部股；直属机构5个（副科级）：登记注册分局、消费者权益保护分局（"12315"申诉举报指挥中心）、督察队、稽查分局、市场主体信用监督管理分局；派出机构（副科级）5个：珠山工商所、沙道工商所、晓关工商所、李家河工商所、长潭河工商所，工商所都加挂经济检查中队牌子。核定工商系统行政编制67名，2015年末实有64人；工勤编制名，实有7人；核定事业编制名，实有6人。

局　长：田远波（2015.1～6）
　　　　赵明金（2015.6～12）
副局长：熊　琼（2015.1～12）

县国税局

中共宣恩县国家税务局党委
书　记：陈　杰（2015.1～12）
委　员：杨建平（2015.1～12）
　　　　胡晓波（2015.1～12）
　　　　张光明（2015.1～12）
　　　　郑景军（2015.1～12）
　　　　彭运华（2015.1～12）
　　　　于　恩（2015.1～12）

县国税局内设办公室、人事教育科、监察室、计划统计科、征收管理科、税政管理科、纳税评估科、政策法规科、机关党办、纳税服务科；直属机构：稽查局；事业机构：信息中心；派出管理机构2个：珠山国税分局、沙道国税分局。核定县国税局编制125名，2015年末实有在职职工87人，另有退休人员50人。

局　长：陈　杰（2015.1～12）
副局长：杨建平（2015.1～12）
　　　　胡晓波（2015.1～12）
　　　　张光明（2015.1～12）

县地税局

中共宣恩县地方税务局党委
书　　记：刘兴铸（2015.1～12）
纪委书记：高荣华（2015.1～12）
委　　员：刘　杰（2015.1～12）
　　　　　左成竹（2015.1～12）

县地税局内设4个科（室）：办公室、政策法规科、人事教育科、监察室；辖4个副科级直属机构：规划财务局、征管信息局、稽查局、税费服务局；2个副科级派出机构：税源管理一分局、税源管理二分局。核定行政编制67名（其中工勤编制2名），2015年末有在职职工70人（其中工勤人员2人），劳务派遣人员2人，因残退岗1人。

局　长：刘兴铸（2015.1～12）
副局长：刘　杰（2015.1～12）
　　　　左成竹（2015.1～12）

县质量技术监督管理局

中共宣恩县质量技术监督管理局党组

书　记：龙昌明(2015.1～12)
副书记：郭旭(纪检组长　2015.1～12)
成　　员：谭代威(2015.1～12)
　　　　　熊国庆(2015.1～12)
　　　　　张　阳(2015.1～12)

县质量技术监督管理局(简称质监局)内设办公室、质量管理科、产品质量监督科、标准化科、计量科、特种设备安全监察科、人事科；下设直属二级事业单位2个：县质量监督技术检测中心、县质量技术监督局稽查分局。核定编制26名，其中行政编制11名，机关工勤编制1名，参照公务员法管理事业编制8名，事业编制6名；2015年末实有在编20人，其中公务员11人，参公事业人员6人，事业人员3人；另有劳务派遣人员1人。

局　长：龙昌明(2015.1～12)
副局长：谭代威(2015.1～12)
　　　　熊国庆(2015.1～12)
　　　　张　阳(2015.1～12)

县气象局

中共宣恩县气象局党组

2012年12月21日，县委决定设立中共宣恩县气象局党组(宣文〔2012〕33号)

书　记：骆亚军(2015.1～12)
成　员：向晓琴(女　2015.1～12)
　　　　张宏伟(2015.1～12)

县气象局内设机构：综合办公室、气象台、气象服务中心、人工影响天气办公室、防雷中心，核定编制8名，2015年末实有10人。

局　长：骆亚军(2015.1～12)
副局长：向晓琴(女　2015.1～12)
　　　　张宏伟(2015.1～12)

中国邮政集团公司湖北省宣恩县分公司

2015年7月宣恩县邮政局更名为中国邮政集团公司湖北省宣恩县分公司。2015年末内设2个职能部室：综合办公室、市场经营部；4个专业分局：金融保险局、分销电商局、函件集邮分局、分拣转运分局；下辖1个城区支局和8个农村支局：建设路支局，椒园、万寨、长潭、晓关、椿木营、高罗、沙道、李家河支局。实有职工174人(其中在职111人、离退休、退养63人)。

局　　　　长：谭莉(女 2015.1～4)
总经理(局长)：谢永干(2015.4～12)
副　　局　　长：胡　斌(2015.1～4)

国网宣恩县供电公司

中共国网宣恩县供电公司党委

书　　记：潘宗俊(2015.1～12)
副 书 记：郑传斌(2015.1～12)
纪委书记：崔安明(2015.1～12)
委　　员：文丕锋(2015.1～12)
　　　　　韩仕富(2015.1～12)

国网宣恩县供电公司机关部室设置7个部门：办公室、人力资源部、党群工作部、发展建设部、财务资产部、安全监察质量(保卫)部和电力调度控制分中心。业务支撑和实施机构(简称“支撑实施机构”)设置2个：运维检修部(检修＜建设＞工区)、营销部(客户服务中心)。运维检修部与检修＜建设＞工区合署。下辖8个供电所(椒园供电所、晓关供电所、万寨供电所、长潭河供电所、椿木营供电所、高罗供电所、沙道沟供电所、李家河供电所)。2015年末在册职工365人，其中正式工278人，农电工87人。

总 经 理：郑传斌(2015.1～12)
副总经理：潘宗俊(2015.1～12)
　　　　　文丕锋(2015.1～12)
　　　　　韩仕富(2015.1～12)
总工程师：施照军(2015.1～12)

国电恩施水电开发有限公司宣恩县管理处

国电恩施水电开发有限公司宣恩县管理处下设4室1组3站共8个二级单位，分别是安全生产办公室、综合办公室、财务室、多产业办公室、水工电气检修组、河源电站、龙头沟电站、岩底河电站。2015年末实有职工69人。

副经理：燕维常(主持工作　2015.1～12)

中国电信股份有限公司宣恩分公司

中国电信股份有限公司宣恩分公司(简称中国电信宣恩分公司)2015年1月—8月内设办公室、宽带电视事业部、移动业务销售部、政企客户部4个内部管理机构，在沙道沟、李家河、高罗、沙坪、长潭河、椿木营、和平、晓关、椒园、万寨、桐子营等地共设11个乡镇电信营业厅，在县城贡水路设1个中心营业厅。2015年9月，公司对管理机构(乡镇营业厅未变)优化调整为：综合部(下设设备维护中心、线路维护中心)、业务部(下设营销中心、综合服务支撑中心)、政企客户部(下设大客户中心、商客及校园中心、项目及技术支撑中心)。2015年末有在编合同制员工39人，内部退养员工13人。

副总经理：任　锋(主持工作　2015.1～12)
　　　　　陈光来(2015.1～12)
　　　　　石　忆(2015.1～12)
　　　　　吴　攀(2015.6～12)

宣恩移动公司

宣恩移动分公司设有综合部、市场部、政企客户中心、技术支持中心及一个中心营业厅；下辖一个珠山城区区域和七个乡镇区域：椒园区域、万寨区域、晓关区域、长潭椿木营区域、高罗区域、沙道区域、李家河区域。

2015年末有员工53人(其中正式员工24人，劳务派遣人员29人)。

总经理：丁孝武(2015.1～12)

宣恩联通公司

中国联合通信公司宣恩分公司内设综合财务部、市场营销中心、集团营销中心、宽带营销中心、客户服务营销中心、建维中心，2015年末实有员工34人。

总经理：刘　镠(2015.1～12)

县石油公司

县石油分公司内设综合办公室、财务股、数质量管理部，机关编制6名。2015年末公司实有在岗员工48人(正式工3人，劳务派遣人员45人)。

经　理：张胜元(2015.1～12)

副经理：伍　玮(2015.1～12)

县烟叶分公司

中共宣恩县烟叶分公司党组

书　记：陈培华(2015.1～12)

成　员：孟建刚(2015.1～12)
　　　　李占杰(2015.1～12)
　　　　王兴斌(2015.1～12)
　　　　田于利(2015.1～12)

县烟叶分公司内设7个机关科室：综合办公室、财务管理办公室、纪检监察审计办公室、生产管理办公室、技术质检办公室、现代烟草农业办公室、烟叶技术服务站，下设晓关、椒园、椿木营、沙道4个基地单元，9个烟草站(晓关基地单元含晓关烟草站，椒园基地单元含椒园、珠山、万寨3个烟草站，椿木营基地单元含椿木营、长潭站2个烟草站，沙道基地单元含沙道、高罗、李家河3个烟草站)，27个收购组。2015年末共有职工248人，其中在岗职工28人，内退6人，离退休34人。

经　理：陈培华(2015.1～12)

副经理：孟建刚(2015.1～12)
　　　　李占杰(2015.1～12)
　　　　王兴斌(2015.1～12)
　　　　田于利(2015.1～12)

县烟草专卖局

中共县烟草专卖局党组

书　　记：潘年冬(2015.1～12)

成　　员：张昱辉(2015.1～12)
　　　　　刘登武(2015.1～12)

纪检组长：申志华(2015.1～12)

县烟草专卖局(卷烟营销部)下设城区(辖珠山、长潭、椿木营)、椒园(辖椒园、万寨、晓关)、李家河(辖李家河、高罗、沙道)3个专卖所和市场部,1个稽查大队,共计7个基层部门;内设综合办、客户中心、财务办、专卖办4个机关科室,2015年末实有在岗职工45人,内退、退休职工15人。

局　长(经　理):潘年冬(2015.1～12)

副局长(副经理):张昱辉(2015.1～12)

刘登武(2015.1～12)

申志华(2015.1～12)

盐业公司

经　理:孟　涛(2015.1～12)

恩施土家族苗族自治州住房公积金管理中心宣恩县办事处

恩施土家族苗族自治州住房公积金管理中心宣恩县办事处核定编制8名,2015年实有8人。

主　任:吴言初(2015.1～12)

中国人民武装警察部队宣恩县中队

中　队　长:秦光平(2015.1～12)

政治指导员:高丹君(2015.1～12)

县消防大队

中国人民武装警察部队宣恩县消防大队(简称县消防大队)内设消防业务受理中心、消防监督办公室和一个中队。

副大队长:罗俊峰(2015.1～12)

教 导 员:贺旭峰(2015.1～12)

人民银行宣恩支行

中共中国人民银行宣恩县支行党组

书　　记:易继滨(2015.1～12)

纪检组长:张孝忠(2015.1～12)

成　　员:覃志宪(2015.1～12)

中国人民银行宣恩县支行内设综合业务办公室、监督管理股、会计国库股。核定编制19名,2015年末实有18人,其中聘请人员4人。

行　长:易继滨(2015.1～12)

副行长:张孝忠(2015.1～12)

覃志宪(2015.1～12)

中国建设银行股份有限公司宣恩支行

中国建设银行股份有限公司宣恩支行内设办公室、业务部、营业室,2015年末实有在编合同制员工20人。

行　长:黎　伟(2015.1～4)

吕　波(2015.5～12)

副行长:熊志勇(2015.1～12)

中国工商银行股份有限公司宣恩支行

中国工商银行宣恩支行内设综合办公室、营业室、业务部及贵宾理财中心。2015年末实有员工15人。

行　长:赵明宏(2015.1～12)

副行长:方　勇(2015.1～12)

中国农业银行股份有限公司宣恩县支行

中共中国农业银行股份有限公司宣恩县支行党委

书　记:穆世科(2015.1～2)

张　涛(2015.3～12)

委　员:张　涛(2015.1～2)

潘思渠(2015.3～12)

黄万平(2015.3～12)

中国农业银行宣恩支行内设综合管理部、支行客户部,下设营业网点2个(支行营业部、贡水支行),2015年末在岗正式员工46人。

行　长:穆世科(2015.1～3)

张　涛(2015.3～12)

副行长:张　涛(2015.1～3)

潘思渠(2015.3～12)

黄万平(2015.3～12)

中国农业发展银行宣恩支行

中国农业发展银行宣恩支行内设客户业务部、会计结算部、综合办公室。2015 年末在岗正式职工 8 人。

行　长：侯玉魁(2015.1～12)
副行长：覃　磊(2015.1～12)

宣恩农村商业银行

中共湖北宣恩农村商业银行股份有限公司党委

书　　记：杨万元(2015.1～12)
纪委书记：田启华(2015.1～12)
委　　员：魏斌武(2015.7～12)
　　　　　龚文军(2015.1～12)
　　　　　代　勋(2015.1～12)

湖北宣恩农村商业银行股份有限公司(简称宣恩农村商业银行)内设综合人教部、信贷管理部、合规风险部、不良资产事业部、财会统计部、稽核监审部、安全保卫部、清算中心、电子银行部、营业部,下辖珠山、和平、椒园、晓关、桐子营、万寨、长潭河、椿木营、沙道沟、高罗、李家河 11 家支行。2015 年末全行共有职工 251 人,其中在岗职工 162 人,退休职工 89 人。

董事长：杨万元(2015.1～12)
行　长：魏斌武(2015.7～12)
监事长：田启华(2015.1～12)
副行长：龚文军(2015.1～12)
　　　　代　勋(2015.1～12)

中国邮政储蓄银行股份有限公司宣恩县支行

中国邮政储蓄银行股份有限公司宣恩县支行(简称邮储银行宣恩县支行)内设综合管理部、综合业务部 2 个职能部室,下设 10 个营业网点,其中,一类支行 2 个,邮储银行宣恩县支行营业部(贡水路)、长潭河支行;代理营业网点 8 个:建设路、沙道沟、高罗、李家河、椿木营、万寨、椒园、晓关营业所。一类支行为邮储银行宣恩县支行自有网点,开办所有银行业务,人财物归口邮储银行。代理网点由邮储银行宣恩县支行授权委托宣恩县邮政局代为办理储蓄存款业务及其授权业务,人财物归口宣恩县邮政局,邮储银行宣恩县支行只负责其资金风险和内部控制等管理工作。2015 年末,邮储银行宣恩县支行实有在岗员工 43 人,其中在岗合同工 34 人,劳务工 9 人;离退职工 3 人。

行　长：黄良啸(2015.1～12)
副行长：陈永红(2015.1～12)

恩施村镇银行宣恩支行

恩施州常农商村镇银行股份有限公司宣恩支行(简称恩施村镇银行宣恩支行)内设营业部、客户经理部、小额贷款中心。下辖高罗支行,2015 年末实有职工 23 人。

行　长：田远泽(2015.1～12)
副行长：马　琨(女　2015.1～12)

中国人民财产保险股份有限公司宣恩支公司

中国人民财产保险股份有限公司宣恩支公司(简称人保财险宣恩支公司)。内设经理室、综合服务部、理赔服务部。2015 年末,有正式员工 6 人,劳务派遣人员 10 人。

经　理：秦　川(2015.1～12)
副经理：许　玲(女　2015.1～12)
　　　　尹　磊(2015.1～12)

中国人寿保险股份有限公司宣恩县支公司

中国人寿保险股份有限公司宣恩县支公司(简称中国人寿宣恩县支公司)内设经理室、个险销售部(下设城区营销部和 8 个农村营销服务部)、团体业务部、银行保险部、综合管理部、客户服务中心。农村营销服务部下辖沙道沟、李家河、高罗、长潭河、万寨、椒园、晓关、椿木营等 8 个营销部。2015 年末,实有保险营销员 240 人。

经　理：张世弟(2015.1～2015.12)
副经理：向光辉(2015.1～2015.12)

中华联合财产保险公司宣恩支公司

中华联合财产保险公司宣恩支公司内设经理室、理赔科、综合科。2015 年末有合同制员工 6 人。

经　理：张美玲(女 2015.1～12)

副经理：田仁刚(2015.1～12)

㈢乡镇党委和政府

206 年 3 月 17 日，中共恩施州委、恩施州政府《关于推进乡镇综合配套改革的实施意见》(恩施州发〔206〕4 号)要求：乡镇机关设党政综合办公室(加挂社会治安综合治理委员会办公室牌子)、经济发展办公室(加挂防汛抗旱指挥部办公室牌子)、社会事务办公室(加挂计划生育办公室牌子)。209 年 9 月 21 日，在乡镇单独设立社会治安综合治理委员会办公室(宣编发〔209〕31 号)，2012 年更名为社会管理综合治理委员会办公室)。2010 年 5 月 13 日，在乡镇设立村镇建设管理办公室(宣编发〔2010〕17 号)。2015 年 11 月 5 日，在各乡镇内设机构经济发展办公室加挂扶贫开发办公室牌子，明确 1 名副书记(或副乡长)兼任扶贫开发办公室主任，明确人员专职从事扶贫开发工作，其中：辖区人口 2 万人以下的 3～5 人；人口 2～5 万人的 4～5 人；人口 5 万人以上的 6～8 人，所需人员在乡镇工作人员内调剂解决(宣编发〔2015〕22 号)。

珠山镇

珠山镇党委、珠山镇政府内设机构 5 个：党政综合办公室(加挂防汛抗旱指挥部牌子)、经济发展办公室(加挂统计分局、扶贫开发办公室牌子)、社会事务办公室(加挂计划生育办公室牌子)、社会管理综合治理委员会办公室、村镇建设管理办公室。核定编制 51 名，2015 年末实有 46 人。

珠山镇党委

书　记：向重臣(2015.1～12)

副书记：戴　青(女　2015.1～12)

王明刚(政协联络组长　2015.1～4)

吴祖文(挂职　2015.1～6)

高云涛(2015.1～01)

秦正才(政协联络组长　2015.4～12)

委　员：刘学宇(2015.5～12)

秦正才(2015.1～4)

江正月(2015.1～12)

杨昌龙(组织委员　2015.1～12)

周朝顺(宣传统战委员　2015.1～12)

杨晓英(女　人武部部长　2015.1～12)

中共珠山镇纪律检查委员会

书　记：秦正才(2015.1～4)

刘学宇(2015.5～12)

珠山镇人大主席团

主　　席：向重臣(2015.1～12)

专职副主席：王明刚(2015.1～4)

珠山镇人民政府

镇　长：戴　青(女　2015.1～12)

副镇长：江正月(2015.1～12)

黄　伟(2015.1～12)

椒园镇

椒园镇党委、椒园镇政府内设机构 5 个：党政综合办公室(加挂防汛抗旱指挥部牌子)、经济发展办公室(加挂扶贫开发办公室牌子)、社会事务办公室(加挂计划生育办公室牌子)、社会管理综合治理委员会办公室、村镇建设管理办公室。核定编制 38 名，2015 年末实有 38 人。

椒园镇党委

书　记：黄　敏(女　2015.1～12)

副书记：袁永灿(2015.1～12)

廖　锋(2015.1～12)

谭德浩(政协联络组长　2015.1～3)

王绍文(政协联络组长　2015.6～12)

委　员：刘书翰(2015.1～12)

李　晶(女　组织委员　2015.1～5)

瞿尚坤(组织委员　2015.5～12)
罗兴文(宣传统战委员　2015.1～12)
刘太文(2015.1～12)
陈延会(人武部长　2015.1～5)
田　波(人武部长　2015.5～12)

椒园镇纪律检查委员会

书　记：刘书翰(2015.1～12)

椒园镇人大主席团

主　　　席：黄　敏(女　2015.1～12)
专职副主席：廖　锋(2015.1～12)

椒园镇人民政府

镇　长：袁永灿(2015.1～12)
副镇长：罗兴文(2015.1～12)
　　　　刘太文(2015.1～12)

沙道沟镇

沙道沟镇党委、沙道沟镇政府内设机构5个：党政综合办公室(加挂防汛抗旱指挥部牌子)、经济发展办公室(加挂统计分局、扶贫开发办公室牌子)、社会事务办公室(加挂计划生育办公室牌子)、社会管理综合治理委员会办公室、村镇建设管理办公室。核定行政编制81名,2015年末实有73人。

沙道沟镇党委

书　记：奚泽辉(2015.1～12)
副书记：朱朝春(2015.1～12)
　　　　周国茂(2015.1～12)
　　　　宋隆权(政协联络组长　2015.1～12)
委　员：刘学宇(2015.1～5)
　　　　黄　义(2015.5～12)
　　　　王开发(组织委员　2015.1～12)
　　　　杨明海(2015.1～12)
　　　　罗　军(人武部部长　2015.1～12)
　　　　肖光辉(宣传统战委员　2015.1～12)

沙道沟镇纪律检查委员会

书　记：刘学宇(2015.1～5)
　　　　黄　义(2015.5～12)

沙道沟镇人大主席团

主　　　席：奚泽辉(2015.1～12)
专职副主席：周国茂(2015.1～12)

沙道沟镇政府

镇　长：朱朝春(2015.1～12)
副镇长：杨明海(2015.1～12)
　　　　刘红梅(女　2015.1～2)
　　　　肖光辉(2015.1～12)
　　　　胡　静(2015.5～12)
　　　　秦志刚(挂职)(2015.1～12)

万寨乡

万寨乡党委、万寨乡政府内设机构5个：党政综合办公室(加挂防汛抗旱指挥部牌子)、经济发展办公室(加挂扶贫开发办公室牌子)、社会事务办公室(加挂计划生育办公室牌子)、社会管理综合治理委员会办公室、村镇建设管理办公室。核定行政编制40名,2015年末实有公务员34人,工勤人员4人。

万寨乡党委

书　记：肖赋生(2015.1～12)
副书记：张艳丽(女　2015.1～12)
　　　　张继选(2015.1～12)
　　　　黄泽涛(政协联络组长　2015.1～12)
委　员：黄德凌(2015.7～12)
　　　　詹德永(2015.1～6)
　　　　杨　彦(组织委员　2015.1～12)
　　　　许安萍(女　宣传统战委员　2015.1～12)
　　　　刘　军(人武部部长　2015.1～7)
　　　　孙友亮(2015.1～12)
　　　　覃正祥(人武部部长　2015.7～12)

中共万寨乡纪律检查委员会

书　记：詹德永(2015.1～6)

黄德凌(2015.7～12)

万寨乡人大主席团

主　　席：肖赋生(2015.1～12)
专职副主席：张继选(2015.11～12)

万寨乡政府

乡　长：张艳丽(女　2015.1～12)
副乡长：许安萍(女　2015.1～12)
　　　　刘　军(2015.1～7)
　　　　孙友亮(2015.1～12)

长潭河侗族乡

长潭河侗族乡党委、长潭河侗族乡政府内设机构5个:党政综合办公室(加挂防汛抗旱指挥部牌子)、经济发展办公室(加挂扶贫开发办公室牌子)、社会事务办公室(加挂计划生育办公室牌子)、社会管理综合治理委员会办公室、村镇建设管理办公室。核定编制62名,2015年末实有在编人员56人;另有大学生村官3人,西部计划志愿者1人。

长潭河侗族乡党委

书　记：涂先绪(2015.1～12)
副书记：谢迭胜(2015.1～12)
　　　　宋　赟(2015.1～12)
　　　　滕召强(政协联络组长　2015.1～6)
　　　　侯宏开(政协联络组长　人武部长
　　　　　　2015.7～12)
委　员：黄德凌(2015.1～6)
　　　　刘　军(2015.7～12)
　　　　谭友弟(2015.1～12)
　　　　乐春山(组织委员　2015.1～12)
　　　　侯宏开(人武部部长　2015.1～7)
　　　　梁　杰(女　宣传统战委员　2015.1～12)
　　　　侯宏开(人武部部长　2015.1～7)

长潭河侗族乡纪律检查委员会

书　记：黄德凌(2015.1～6)
　　　　刘　军(2015.6～12)

长潭河侗族乡人大主席团

主　　席：涂先绪(2015.3～12)
专职副主席：宋　赟(2015.1～12)

长潭河侗族乡人民政府

乡　长：谢迭胜(2015.3～12)
副乡长：谭友弟(2015.1～12)
　　　　梁　杰(女　2015.1～12)

李家河镇

李家河镇党委、李家河镇政府内设机构5个:党政综合办公室(加挂防汛抗旱指挥部牌子)、经济发展办公室(加挂扶贫开发办公室牌子)、社会事务办公室(加挂计划生育办公室牌子)、社会管理综合治理委员会办公室、村镇建设管理办公室。社会事务办公室(下设计生办、综治维稳信访办、安监办、民政办、福利院)、经济发展办(下设李家河、板栗园、上洞坪3个工作队,新街办、交通办、统计办、农办、扶贫开发办)。核定编制41名,2015年末实有39人。

李家河镇党委

书　记：唐　刚(2015.1～12)
副书记：明关祝(2015.1～12)
　　　　滕召强(2015.7～12)
委　员：高　武(2015.1～12)
　　　　覃　兵(组织委员　2015.1～12)
　　　　刘正坤(宣传统战委员　政协联络组长
　　　　　　2015.1～12)
　　　　张　勇(人武部部长　2015.1～12)
　　　　张　英(女　2015.1～12)

李家河镇纪律检查委员会

书　记：高　武(2015.01～12)

李家河镇人大主席团

主　　席：唐　刚(2015.1～12)
专职副主席：滕召强(2015.7～12)

李家河镇政府

镇　长：明关祝(2015.1～12)

副镇长：刘正坤(2015.1～12)

　　　　张　英(女　2015.1～12)

晓关侗族乡

晓关侗族乡党委、晓关侗族乡政府内设机构5个:党政综合办公室(加挂防汛抗旱指挥部牌子)、经济发展办公室(加挂扶贫开发办公室牌子)、社会事务办公室(加挂计划生育办公室牌子)、社会管理综合治理委员会办公室、村镇建设管理办公室。核定编制54名,2015年末实有50人。

中共晓关侗族乡委员会

书　记：姚金超(2015.1～12)

副书记：唐　猛(2015.1～12)

　　　　田　忠(2015.1～12)

　　　　朱昌顺(政协联络组长　2015.1～12)

委　员：田　波(人武部长　2015.1～6)

　　　　谢炳军(2015.1～6)

　　　　詹德永(2015.6～12)

　　　　朱永华(宣传统战委员　2015.1～12)

　　　　涂珍云(女　组织委员　2015.1～12)

　　　　姜绍来(2015.1～12)

　　　　陈邦立(2015.6～12)

中共晓关侗族乡纪律检查委员会

书　记：谢炳军(2015.1～6)

　　　　詹德永(2015.6～12)

晓关侗族乡人大主席团

主　席：田　忠(2015.1～12)

晓关侗族乡人民政府

乡　　长：姚金超(2015.1～12)

常务副乡长：唐　猛(2015.1～12)

副　乡　长：朱永华(2015.1～12)

　　　　　　廖祖蜻(2015.1～6)

　　　　　　陈邦立(2015.12～12)

　　　　　　姜绍来(2015.1～12)

　　　　　　胡章禹(2015.12～12)

　　　　　　李家忠(2015.12～12)

高罗镇

高罗镇党委、高罗镇政府内设机构5个:党政综合办公室(加挂防汛抗旱指挥部牌子)、经济发展办公室(加挂扶贫开发办公室牌子)、社会事务办公室(加挂计划生育办公室牌子)、社会管理综合治理委员会办公室、村镇建设管理办公室。核定行政编制46名,2015年末实有公务员39人。

高罗镇党委

书　记：曾　伟(2015.1～12)

副书记：彭　超(2015.1～12)

　　　　孟友顺(2015.0～12)

　　　　覃丰收(政协联络组长　2015.1～12)

委　员：王代富(2015.1～12)

　　　　吴远高(组织委员　2015.1～5)

　　　　曾　毅(女　宣传统战委员　2015.1～12)

　　　　田远海(2015.1～12)

　　　　罗爱国(人武部部长　2015.7～12)

　　　　叶　坚(组织委员　2015.5～12)

高罗镇纪律检查委员会

书　记：王代富(2015.1～12)

高罗镇人大主席团

主　　席：曾　伟(2015.1～12)

专职副主席：孟友顺(2015.1～12)

高罗镇政府

镇　长：彭　超(2015.1～12)

副镇长：曾　毅(女　2015.1～12)

　　　　田远海(2015.1～12)

　　　　覃丰收(2015.1～12)

椿木营乡

椿木营乡党委、椿木营乡政府内设机构5个:党政综合办公室(加挂防汛抗旱指挥部牌子)、经济发展办公室(加挂扶贫开发办公室牌子)、社会事务办公室(加挂计划生育办公室牌子)、社会管理综合治理委员会办公室、村镇建设管理办公室。核定编制32名,2015年末实有机关干部职工30人,其中公务员27人(2人分别被抽调至县委办及县扶贫办,州水利局到椿木营乡挂职1人),工勤人员2人,大学生村官1人;

椿木营乡党委

书　记:邓正军(2015.1～12)
副书记:尤　浩(2015.1～12)
田永成(2015.1～12)
王绍兵(政协联络组长　2015.1～12)
委　员:郑小玲(女　组织委员　2015.1～5)
黄　义(2015.1～5)
汪鼎昱(人武部部长　2015.1～12)
成　勤(2015.1～12)
姚　罡(宣传统战委员　2015.1～12)
杨祝奎(2015.6～12)

椿木营乡纪律检查委员会

书　记:黄　义(2015.1～5)
成　勤(2015.6～12)

椿木营乡人大主席团

主　　席:邓正军(2015.1～12)
专职副主席:田永成(2015.1～12)

椿木营乡政府

乡　长:尤　浩(2015.1～12)
副乡长:成　勤(2015.1～5)
姚　罡(2015.4～12)
杨祝奎(2015.6～12)

先进模范人物

获“中国人民抗日战争胜利70周年纪念章”抗战老兵统计表

表16

姓　名	性　别	出生年月	离退休工作单位或回乡地点	纪念章登记号
李怀印	男	1919.10	宣恩县干休所	2015176637
李　思	男	1931.6	宣恩县干休所	2015176632
王敦才	男	1928.5	宣恩县服务公司	2015176628
陈开桂	男	1924.2	宣恩县晓关乡黄河村	201517667
肖春山	男	1921.5	宣恩县椒园乡金竹坪村	2015176612
文昌斗	男	1926.7	宣恩县晓关乡黄草坝村	2015176627
刘升前	男	1926.7	宣恩县晓关乡倒洞村	201517666
苏学才	男	1925.6	宣恩县椒园乡红岩卡村	2015176622
陆立根	男	1922.7	宣恩县沙道沟镇苦溪河村	2015176617
田代贵	男	1922.9	宣恩县沙道镇乐坪村	2015176631
姚贵明	男	1924.12	宣恩县沙道沟镇响龙村	2015176601

续表 16

姓　名	性　别	出生年月	离退休工作单位或回乡地点	纪念章登记号
莫义生	男	1923.8	宣恩县沙道沟镇响龙村	201517662
肖柏林	男	1921.1	宣恩县椒园镇龙潭溪村 8 组	2015174350
向汝茂	男	1922.5	宣恩县椒园镇水田坝村	2015174330
孙一清	男	1922.7	宣恩县椒园镇水田坝村	2015175896
朱奎成	男	1922	宣恩县长潭河大湾村 6 组	2015174340
滕代品	男	1924.11	宣恩县晓关乡七将营村 2 组	2015176636
范淑贞	女	1929.11	城关镇(珠山镇)	201517381
熊德雨	男	1925.3	0513 部队	201517386

全国先进工作者

姜海燕(女)　椿木营乡民族中小学副校长
陈升霄　县人民法院行政审判庭庭长

2014 年度湖北省政府专项津贴人员

郑时兵　万寨乡伍家台村党支部书记、伍台昌臣茶叶有限公司总经理

湖北省先进工作者

刘发松　县林业局总工程师

湖北省三八红旗手

文庆华(女)　长潭河侗族乡中坝村卫生室医生

宣恩县劳动模范

王　斌　县人民医院副主任医师
朱学杰　长潭河侗族乡洗马坪村村委会主任
高洪胜　县政府办公室工勤人员
廖世勇　湖北绿可生态茶业有限公司总经理
易　军　晓关侗族乡初级中学高级教师、校长
覃章银　县民族实验中学高级教师、副校长
石宝言　高罗乡福利院院长
李才志　湖北省鹏博生态农业有限公司总经理
侯令谦　湖北土家爱食品开发有限公司总经理
宋　文　县委宣传部副部长、县新闻中心主任
谭秀华(女)　县工商局注册分局副局长
王真友　椒园镇庆阳坝村村民
彭五星　县烟叶分公司农艺师、技术服务站站长
邵　琴(女)　国网宣恩县供电公司会计员、财务资产部主任
刘菊萍(女)　县人民检察院检委会专职委员、公诉科科长

宣恩县“五一劳动奖章”获得者

杨　慧　县地税局政策法规科科长
肖厚龙　县一中教师
张显政　椿木营民族中小学教师
郭世德　沙道沟镇纪委副书记
洪志伟　恩施州亚麦食品有限责任公司总经理
姚新梅　机关事务局食堂厨师助理
杨年红　县农业局农艺师农业技术推广中心主任
罗家琼　县林业局工程师林权登记管理中心主任
肖　俊　县民族医院副主任医师
张青山　沙道沟镇龙潭村委会副主任
万东山　宣恩农村商业银行助理会计师
段海洋　李家河镇城建办副主任
周德争　中国电信股份有限公司宣恩分公司工程师
王绍祥　珠山镇财经所副所长

新闻人物

2015年“全国最美孝心少年”

刘　倩(女)　高罗镇马家寨小学学生

中国好人榜

熊丰财　长潭河侗族乡中心小学学生

湖北好人榜

王星阳　万寨乡政府退休职工

荆楚楷模

姜海燕(女)　椿木营乡民族中小学副校长
刘　倩(女)　高罗镇马家寨小学学生

百岁老人

汤友姐,女,土家族,生于1909年8月8日,居住沙道沟镇棕溪村9组。

潘青云,女,土家族,生于1909年9月11日,居住沙道沟镇乐坪村4组。

陈正朝,男,汉族,生于1912年12月25日,居住珠山镇兴隆大道198号。

安国政,男,苗族,生于1913年6月5日,居住高罗镇苗寨村3组。

刘先凤,女,汉族,生于1914年3月16日,居住万寨乡芋荷坪村9组。

陈凤连,男,土家族,生于1914年11月22日,居住高罗镇倒流水村1组。

田珍云,女,土家族,生于1915年2月22日,居住李家河镇二虎寨村5组。

苏妹姐,女,土家族,生于1915年3月4日,居住椿木营乡白岩溪5组。

龙平阶,男,侗族,生于1915年11月7日,居住椿木营乡黄家坪村3组。

姚玉梅,女,侗族,生于1915年11月27日,居住晓关乡中村坝村9组。

(郑海燕)

附录

355/393

统 计 资 料

宣恩县 2015 年国民经济主要指标(一)

表 17

指　　　　标	单　位	2015 年	2014 年	±%
全县生产总值(现价)	万元	550108	500584	9.4
第一产业增加值	万元	146492	139313	5.3
第二产业增加值	万元	158505	144031	10.4
其中:工业增加值	万元	121018	111557	8.6
第三产业	万元	245111	217240	11.6
地方财政总收入	万元	41961	36896	13.7
地方公共财政预算收入	万元	29755	25856	15.1
地方公共财政预算支出	万元	261983	201808	29.8
全社会固定资产投资额	万元	457675	375078	22.0
500 万元以上项目	万元	330298	284193	16.2
房地产投资	万元	74793	47930	56.0
农村私人投资	万元	52584	42955	22.4
本年新增固定资产	万元	252701	182292	38.6
本年施工项目	个	74	68	8.8
其中:新开工项目	个	23	41	-43.9
招商引资到位资金	万元	213200	171300	24.5
实际利用外资	万美元	432	500	-13.6

注:生产总值、增加值增幅按可比价格计算

宣恩县2015年国民经济主要指标(二)

续表17

指　　标	单　位	2015年	2014年	±%
农林牧渔业总产值(现价)	万元	259814	247118	5.3
农林牧渔业增加值(现价)	万元	147511	140298	5.3
年末生猪存栏头数	万头	36.06	37.64	−4.2
生猪出栏头数	万头	58.65	60.01	−2.3
猪肉产量	万吨	4.72	4.92	−4.1
粮食总产量	万吨	13.70	13.20	3.8
工业总产值	万元	288728	256225	12.7
工业销售产值	万元	284443	251750	13.0
工业产品销售率	%	98.52	98.25	0.3
社会消费品零售总额	万元	338657	302497	12.0
外贸出口总额	万美元	3219.2	2779.3	15.8
金融机构各项存款余额	万元	734506	597154	23.0
城乡居民储蓄存款	万元	428450	386469	10.9
金融机构贷款余额	万元	348065	246901	41.0
城镇常住居民人均可支配收入	元	20606	18870.38	9.2
农村常住居民人均可支配收入	元	7805	7048.43	10.7

注：1.工业指标为年主营业务收入2000万元以上企业快报数

2.工业农业增加值、农林牧渔业总产值增长速度按可比价计算

宣恩县2015年全社会固定资产投资完成情况

表18 单位:万元

指　　标	2015年	2014年	±%
全社会固定资产投资完成额	457675	375078	22.0
城镇500万元以上项目完成投资	246964	205300	20.3
农村500万元以上项目完成投资	83334	78893	5.6
房地产开发投资	74793	47930	56.0
农村私人完成投资	52584	42955	22.4
本年新增固定资产	252701	182292	38.6
本年施工项目个数(个)	74	68	8.8
其中:新开工项目(个)	23	41	—43.9
本年投产项目个数(个)	46	26	76.9
房屋施工面积(平方米)	188623	639310	—70.5
房屋竣工面积(平方米)	88053	61600	42.9
商品房销售面积(平方米)	145094	50557	187.0
商品房销售总额	58855	14506	305.7

宣恩县2015年按行业分500万元以上项目投资情况

表19 单位:万元

指　　标	总　计	城镇500万元以上	农村500万元以上
投资完成额合计	330298	246964	83334
1.农、林、牧、渔业	7540	1840	5700
2.制造业	94470	63950	30520
3.电力、燃气及水的生产和供应业	15723	15723	0
4.批发和零售业	4050	4050	0
5.交通运输、仓储和邮政业	97269	79534	17735
6.住宿和餐饮业	3730	3730	0
7.租赁和商务服务业	18200	0	18200
8.水利、环境和公共设施管理业	50693	45975	4718
9.居民服务和其他服务业	409	409	
10.教　育	12011	12011	
11.卫生和社会工作	100	100	
12.文化、体育和娱乐业	6380	6380	
13.公共管理和社会组织	19723	13262	6461

宣恩县2015年重点项目建设完成情况

表20　　　　单位:万元

项目名称	计划总投资	截至2014年底累计投资	2015年计划	2015年实际完成	截至2015年底累计投资
1.宣恩县玩具零配件加工项目	5000	0	5000	5020	5020
2.宣恩县年产100万口保健铁砂锅加工项目	5000	1790	3210	3820	5610
3.宣恩县铝塑复合板加工项目	12000	2000	10000	10230	12230
4.宣恩县施南府旅游区	68000		15000	15700	15700
5.宣恩县万和广场开发项目	60000	10000	10000	8408	18408
6.宣恩县沙道沟镇三级客运站综合配套设施开发	20000	3000	10000	5970	8970
7.宣恩县晓关、高罗绕镇线	5000		5000		
8.宣恩县209国道绕城线	79500		15000		
9.宣恩县贡水南岸管网改造工程	20000		6000	5000	5000
10.宣恩县黄河沟流域治理	7500	872	7500	4252	5124
11.沅江流域主要支流宣恩段流域治理	8000		8000		
12.宣恩县伍家台贡茶文化产业园	10000		5000		
13.宣恩县中药材仓储加工项目	15000	5200	5000	4850	10050
14.宣恩县茶叶香菇箬叶农产品加工项目	6000		6000		
15.宣恩县白柚深加工项目	6500		6500		
16.宣恩县民族综合厂棚户区改造项目(贡水明珠)	6180	2681	6180	3500	6181
17.宣恩县文体中心	24000	500	10000	7380	7880
合计	357680	28043	133390	74130	102173

宣恩县2015年社会消费品零售总额

表21　　单位:万元

指　　　标	2015年	2014年	±%
社会消费品零售总额	338657	302497	12.0
按销售单位所在地分			
城　镇	254337	227226	11.9
乡　村	84320	75271	12.0
按行业分			
批发零售贸易业	300669	268372	12.0
住宿和餐饮业	37988	34125	11.3
按规模分			
限额以上	30545.5	26624.8	14.7
限额以下	308111.5	275872.2	11.7

宣恩县2015年财政收支情况

表22　　单位:万元

	2015年	2014年	±%
一、地方公共财政预算收入	29755	25856	15.1
税收收入	24771	22117	12.0
非税收入	4984	3739	33.3
分部门	—	—	—
国　税	4208	3868	8.8
地　税	20563	18249	12.7
财　政	4984	3739	33.3
二、地方财政总收入	41961	36896	13.7
国　税	12756	11737	8.7
地　税	24221	21420	13.1
财　政	4984	3739	33.3
三、地方公共财政预算支出	261983	201808	29.8
民生支出	226986	170884	32.8
其中:1.农林水事务	40389	42243	−4.4
2.教　育	39262	32320	21.5
3.社会保障和就业	33287	22493	48.0
4.医疗卫生与计划生育	23936	18114	32.1
其他支出	34997	30924	13.2

宣恩县2015年金融机构各项存贷款余额

表23 单位:万元

	2015年	2014年	±%
金融机构存款余额	734506	597154	23.0
#居民储蓄存款余额	428450	386469	10.9
金融机构贷款余额	348065	246901	41.0
短期贷款	81877	76100	7.6
中长期贷款	77177	60375	27.8
#个人消费贷款	47121	35184	33.9

宣恩县2015年住户调查主要指标

表24 单位:元

指 标 名 称	2015年	2014年	±%
一、人均可支配收入	—	—	—
全体居民人均可支配收入	11151	10079	10.6
城镇常住居民人均可支配收入	20606	18870	9.2
农村常住居民人均可支配收入	7805	7048	10.7
二、人均生活消费支出	—	—	—
全体居民人均生活消费支出	8283	7476	10.8
城镇常住居民人均生活消费支出	14183	12946	9.6
农村常住居民人均生活消费支出	6194	5591	10.8

宣恩县2015年规模以上工业生产完成情况

表25　　　　单位:千元

指 标 名 称	2015年	2014年	±%
一、工业总产值(现价)	2887283	2562251	12.7
#轻工业	2195922	1947981	12.7
重工业	691360	614270	12.5
#国有企业	104048	99292	4.8
股份制企业	2541147	2236332	13.6
二、工业增加值增速			9.1
三、工业销售产值(现价)	2844429	2517498	13.0
#轻工业	2166662	1922887	12.7
重工业	677766	594611	14.0
#国有企业	104048	99292	4.8
股份制企业	2498293	2191579	14.0
四、工业产品销售率(%)	98.52	98.25	0.27
五、工业主要产品产量			
精制茶(吨)	19291	16126	19.6
果汁果菜汁饮料(吨)		7450	—
混合饲料(吨)	6608	6755	−2.2
鲜、冷藏肉(吨)	12370	8922	38.6
商品混凝土(立方米)	213510	174545	22.3
大米(吨)	28134	25510	10.3
砖(万块)	630	427	47.5
瓦(万片)	2162	1728	25.1
钢结构(吨)	853	568	50.2
电子元件(万只)	2719		+
石灰石(吨)	296043	281009	5.4
胶合板(立方米)	51148	46979	8.9

宣恩县 2015 年规模以上工业生产分行业完成情况(一)

表 26　　单位:千元

行　业　名　称	工业总产值		±%
	2015 年	2014 年	
一、农产品加工	2152401	1950705	10.4
(一)农副食品加工业	752598	667103	12.8
谷物磨制	136313	126177	8.0
饲料加工	34816	39717	-12.3
屠宰及肉类加工	271500	251000	8.2
蔬菜、水果和坚果加工	114439	103885	10.2
其他农副食品加工	195530	146324	33.6
(二)食品制造业(焙烤食品制造)	63756	53459	19.2
(三)酒、饮料和精制茶制造业	1200922	1071967	12.0
饮料制造	37450	63380	-40.9
精制茶加工	1163472	1008587	15.4
(四)纺织业(棉纺织及印染精加工)	22790	24863	-8.3
(五)木材加工及木、竹、藤、棕、草制品业	85350	82243	3.8
木材加工	27500	28000	-1.8
人造板制造	57850	54243	6.6
(六)造纸和纸制品业(纸制品制造)	26985	51070	-47.2

宣恩县2015年规模以上工业生产分行业完成情况(二)

续表26　　单位:千元

行业名称	工业总产值		±%
	2015年	2014年	
二、水电开发	98276	91910	6.9
三、矿产资源开发及其他	514250	429084	19.8
(一)有色金属矿采选业(常用有色金属矿采选)	26444	28470	−7.1
(二)非金属矿采选业(土砂石开采)	93355	90522	3.1
(三)有色金属冶炼和压延加工业	79535	115303	−31.0
(四)文教、工美、体育和娱乐用品制造业	99681	79519	25.4
工艺美术品制造	54380	44975	20.9
玩具制造	45301	34544	31.1
(五)非金属矿物制品业	177231	147678	20.0
石膏、水泥制品及类似制品制造	77183	59000	30.8
砖瓦、石材等建筑材料制造	53180	48302	10.1
玻璃制造	46868	40376	16.1
(六)金属制品业	70249	58114	20.9
结构性金属品制造	30249	26864	12.6
金属工具制造	40000	31280	27.8
(七)计算机、通信和其他电子设备制造制造制造	32920		
电子元件	32920		
(八)废弃资源综合利用	28000		
非金属废料和碎屑加工处理	28000		
(九)印刷和记录媒介复制业	29190		
印　刷	29190		
一、农产品加工	2152401	1950705	10.4

宣恩县2015年规模以上工业企业主要经济指标

表27　　　　　　　　　　　　　　　　　　　　　　　　　　　单位:千元、人

指标名称	2015年	2014年	±%
年初存货	198585	165600	19.9
流动资产合计	1149673	930557	23.6
其中：应收账款	187246	150334	24.6
存　货	258059	193755	33.2
其中:产成品	68924	61054	12.9
资产总计	3441017	3141784	9.5
负债合计	1777024	1580608	12.4
营业收入	2827562	2523330	12.1
主营业务收入	2827116	2523330	12.0
营业成本	2334577	2091485	11.6
主营业务成本	2334171	2091485	11.6
营业税金及附加	15795	25876	−38.9
主营业务税金及附加	15720	13606	15.5
销售费用	115445	96232	19.9
管理费用	140028	112347	24.6
其中:税金	12300	9669	27.2
财务费用	68597	55140	24.4
其中：利息收入	680	760	−10.5
利息支出	55326	49897	10.9
营业利润	155267	151273	2.6
利润总额	156351	147754	5.8
亏损企业	1	1	
亏损企业亏损总额	17	185	−90.8
税金总额	54370	55286	−1.7
应交增值税	38650	41680	−7.33747
从业人员平均人数	3747	3502	7.0

注:所有指标数据为12月快报数

宣恩县 2015 年农业产值情况

表 28　　　　单位:万元

指标名称	2015 年	2014 年	±%
农林牧渔业总产值(现价)	259814	247118	5.3
农业产值	150192	140352	7.1
#粮食作物产值	36982	35406	3.7
烟叶产值	9800	9138	6.2
蔬菜产值	7503	7310	0.9
水果产值	18215	14955	18.7
茶叶产值	82649	78363	6.7
药材产值	4320	4057	6.1
林业产值	4973	4729	2.6
牧业产值	100501	98044	2.8
#生猪产值	85928	83877	25.9
渔业产值	2859	2742	4.7
农林牧渔服务业产值	1289	1251	2.2
农林牧渔业增加值(现价)	147511	140298	5.3

注:增长速度按可比价计算

宣恩县2015年农业生产情况(一)

表29

指 标 名 称	单 位	2015年	2014年	±%
乡村户数	万户	8.99	8.93	0.7
乡村人口	万人	31.99	31.88	0.3
年末耕地面积	公顷	24800	24729	0.3
农作物播种面积	公顷	72864	70927	2.7
粮食作物面积	公顷	38104	37739	1.0
粮食总产量	吨	137043	132001	3.8
夏收粮食面积	公顷	10100	9820	2.9
夏粮总产量	吨	22000	21385	2.9
#小麦产量	吨	15	90	-83.3
洋芋产量	吨	21620	20952	3.2
秋收粮食面积	公顷	28004	27922	0.3
秋粮总产量	吨	115043	110616	4.0
#稻谷产量	吨	47393	46361	2.2
玉米产量	吨	42524	40104	6.0
大豆产量	吨	3379	3225	4.8
油料作物面积	公顷	3897	3953	-1.4
油料总产量	吨	5631	5536	1.7
油菜籽产量	吨	3760	3651	3.0

宣恩县 2015 年农业生产情况(二)

续表 29

指标名称	单位	2015 年	2014 年	±%
烟叶面积	公顷	4512	4125	9.4
烟叶总产量	吨	7161	6677	7.2
烤烟产量	吨	7011	5849	19.9
蔬菜面积	公顷	11720	11316	3.6
蔬菜总产量	吨	131745	127171	3.6
茶叶总产量	吨	16000	13500	18.5
水果总产量	吨	106100	99929	6.2
当年造林面积	公顷	4298	4618	−6.9
生猪出栏	万头	58.65	60.01	−2.3
生猪存栏	万头	36.06	37.64	−4.2
羊出栏	只	47084	46630	1.0
家禽出笼	万只	116.04	120	−3.3
畜禽肉总产量	吨	53120	54847	−3.1
猪肉产量	吨	47215	49200	−4.0
禽蛋产量	吨	3741	3572	4.7
水产品产量	吨	362	359	0.8

宣恩县 2015 年招商引资、外贸出口及旅游情况

表 30

指标	单位	2015 年	2014 年	±%
外贸出口总额	万美元	3219	2779	15.8
旅游综合收入	亿元	4.80	3.76	27.8
旅游接待人数	万人次	114.65	87.76	30.6
招商引资到位资金	亿元	21.32	17.13	24.5
实际利用外资	万美元	432	500	−13.6

恩施州各县市主要经济指标排序(一)

表 31　　　　单位:平方公里、万人

县　市	国土面积	位次	年末总人口	位次	常住人口	位次	城镇化率%	位次
全　州	24061	—	402.61	—	332.7	—	39.98	—
恩施市	3972	2	80.55	2	76.87	1	51.72	1
利川市	4603	1	91.63	1	66.2	2	39.27	2
建始县	2666	6	51.38	3	41.64	4	36	5
巴东县	3354	3	49.26	4	42.5	3	34.45	6
宣恩县	2730	5	36.04	6	30.26	6	33.01	8
咸丰县	2520	7	38.57	5	30.46	5	38.12	3
来凤县	1344	8	33.11	7	24.55	7	37.96	4
鹤峰县	2872	4	22.08	8	20.2	8	33.07	7

恩施州各县市主要经济指标排序(二)

续表 31　　　　单位:亿元

县　市	生产总值	位次	增长速度%	位次	第一产业增加值	位次	增长速度%	位次
全　州	670.81	—	9.1	—	143.86	—	5.3	—
恩施市	171.39	1	9.4	1	26.36	2	5.3	2
利川市	98.86	2	9.3	3	30.89	1	5.3	2
建始县	77.78	4	9.1	5	18.18	3	5.3	2
巴东县	88.85	3	9	8	17.3	4	5.3	2
宣恩县	55.01	7	9.4	1	14.65	6	5.3	2
咸丰县	66.2	5	9.2	4	14.9	5	5.3	2
来凤县	57.86	6	9.1	5	11.78	7	5.4	1
鹤峰县	47.72	8	9.1	5	9.8	8	5.3	2

注:因是分级核算,县(市)汇总数不等于恩施州核算数。GDP 相关数据为县市初步核算数,若有出入,以州统计局反馈数为准

恩施州各县市主要经济指标排序(三)

续表 31　　单位:亿元

县市	第二产业增加值	位次	增长速度%	位次	工业增加值	位次	增长速度%	位次
全州	244.42	—	9.7	—	197.32	—	8.1	—
恩施市	68.52	1	0.3	8	56.25	1	8.6	4
利川市	27.84	3	10.6	4	22.26	3	8.6	4
建始县	26.81	4	11.2	2	19.75	4	8.9	2
巴东县	36.7	2	8.4	7	31.78	2	6.7	8
宣恩县	15.85	8	10.4	5	12.1	8	8.6	4
咸丰县	20.99	5	11.3	1	16.24	6	9.3	1
来凤县	17.52	7	11	3	13.89	7	8.8	3
鹤峰县	20.21	6	9.7	6	17.53	5	8.6	4

恩施州各县市主要经济指标排序(四)

续表 31　　单位:亿元

县市	第二产业增加值	位次	增长速度%	位次	农业总产值	位次	增长速度%	位次
全州	282.52	—	10.8	—	247.39	—	5.3	—
恩施市	76.52	1	11.2	4	44.26	2	5.3	3
利川市	40.13	2	12	1	53.12	1	5.3	3
建始县	32.78	4	9.7	7	31.85	3	5.3	3
巴东县	34.85	3	11.7	2	29.83	4	5.3	3
宣恩县	24.51	7	11.6	3	25.98	5	5.3	3
咸丰县	30.31	5	10	6	24.38	6	5.3	3
来凤县	28.55	6	9.4	8	20.09	7	5.4	1
鹤峰县	17.7	8	10.5	5	17.88	8	5.4	1

恩施州各县市主要经济指标排序(五)

续表 31　　　　单位:万吨

县 市	粮 食 总产量	位次	增长速度 %	位次	油 料 总产量	位次	增长速度 %	位次
全 州	167.41	—	1.6	—	10.5	—	2.3	—
恩施市	23.73	2	1.4	5	1.85	2	2	4
利川市	37.28	1	0.9	8	1.31	5	1.6	6
建始县	23.66	3	1.1	6	1.6	4	0.9	7
巴东县	22.96	5	1.6	4	2.19	1	4.5	2
宣恩县	13.7	6	3.8	1	0.56	7	1.7	5
咸丰县	23.61	4	1	7	1.76	3	3.2	3
来凤县	13.08	7	2.3	3	0.75	6	4.7	1
鹤峰县	9.38	8	2.6	2	0.48	8	−5.4	8

恩施州各县市主要经济指标排序(六)

续表 31　　　　单位:万吨

县 市	茶 叶 总产量	位次	增长速度 %	位次	烟 叶 总产量	位次	增长速度 %	位次
全 州	8.33	—	10.6	—	5.33	—	6.4	—
恩施市	1.88	2	10.8	5	1.01	2	−1.4	6
利川市	1.45	4	3.4	7	1.25	1	9.2	4
建始县	0.1	7	2.5	8	0.49	6	11.7	3
巴东县	0.19	6	36.8	1	0.81	3	31.1	2
宣恩县	1.5	3	11.1	4	0.66	4	−1.7	7
咸丰县	0.73	5	27.1	2	0.49	5	−8.1	8
来凤县	0.06	8	25.2	3	0.21	8	16.8	1
鹤峰县	2.43	1	8.8	6	0.4	7	2	5

恩施州各县市主要经济指标排序(七)

续表 31　　　　单位:万吨、万头

县市	蔬菜总产量	位次	增长速度%	位次	生猪出栏	位次	增长速度%	位次
全州	235.06	—	2.7	—	491.95	—	—3.7	—
恩施市	55	2	—3.4	8	100.01	1	—2	3
利川市	74.51	1	4.6	4	78.03	2	—4.9	7
建始县	19.32	4	4.7	3	67.61	4	—4.6	6
巴东县	28.07	3	5	2	72.63	3	—5.4	8
宣恩县	13.17	7	3.5	6	58.65	6	—2.3	4
咸丰县	14.29	6	9.7	1	62.1	5	—4.5	5
来凤县	13.09	8	1.8	7	30.01	7	—1.9	2
鹤峰县	17.61	5	4.6	4	22.91	8	—1.8	1

恩施州各县市主要经济指标排序(八)

续表 31　　　　单位:万头、吨

县市	生猪存栏	位次	增长速度%	位次	水产品产量	位次	增长速度%	位次
全州	418.03	—	—3.5	—	0.7863	—	4.1	—
恩施市	75.06	1	—3.2	2	0.08	4	11.4	3
利川市	68.75	2	—4.2	4	0.31	1	11.6	2
建始县	48.6	5	—3.8	3	0.05	5	14.9	1
巴东县	67.69	3	—4.2	4	0.11	3	—4.5	7
宣恩县	36.06	6	—4.2	4	0.04	6	0.8	6
咸丰县	63.9	4	—4.3	8	0.03	7	—33.5	8
来凤县	34.59	7	2.2	1	0.15	2	2.5	4
鹤峰县	23.38	8	—4.2	4	0.01	8	2.5	4

恩施州各县市主要经济指标排序(九)

续表 31　　　　单位:个、亿元

县 市	工业企业个数	位次	工业企业增加值增长速度%	位次	工业总产值	位次	增长速度%	位次
全 州	513	—	8	—	394.19	—	7.4	—
恩施市	76	1	8.7	6	49.62	5	—4.7	8
利川市	62	5	8.9	4	52.4	4	5.4	6
建始县	74	2	9	3	54.96	2	17.7	1
巴东县	61	6	6.3	8	45.47	6	—2	7
宣恩县	57	7	9.1	2	28.87	8	12.7	3
咸丰县	66	3	9.3	1	67.22	1	14.6	2
来凤县	65	4	8.9	4	42.71	7	12.3	4
鹤峰县	52	8	8.6	7	52.94	3	6.5	5

注:表九到表十三统计口径为辖区内全部年主营业务收入 2000 万元以上的工业企业

恩施州各县市主要经济指标排序(十)

续表 31　　　　单位:亿元

县 市	工业销售产值	位次	增长速度%	位次	工业产销率%	位次	增长速度%	位次
全 州	385.05	—	7.3	—	97.68	—	—0.14	—
恩施市	47.55	5	—5.1	8	95.83	8	—0.46	7
利川市	51.6	4	5.3	6	98.47	2	—0.12	4
建始县	53.79	2	17.2	1	97.87	5	—0.42	5
巴东县	44.57	6	—2.5	7	98.02	3	—0.51	8
宣恩县	28.44	8	13	3	98.51	1	0.27	2
咸丰县	65.46	1	14.1	2	97.38	7	—0.42	5
来凤县	41.86	7	13	3	98.01	4	0.56	1
鹤峰县	51.78	3	6.7	5	97.81	6	0.16	3

恩施州各县市主要经济指标排序（十一）

续表31　　单位：亿元

县　市	主营业务收入	位次	增长速度%	位次	利润总额	位次	增长速度%	位次
全　州	367.18	—	4.8	—	26.48	—	12.2	—
恩施市	47.21	5	−5.8	8	2.3	6	−19.3	8
利川市	49.21	3	−0.3	7	4.18	3	44.1	1
建始县	50.33	2	17.1	1	2.73	5	7.1	6
巴东县	44.09	6	0.3	6	5.96	1	20.9	2
宣恩县	28.27	8	12	2	1.56	8	5.4	7
咸丰县	62.49	1	9.1	4	4.27	2	8.1	5
来凤县	37.48	7	9.5	3	3.28	4	12.3	3
鹤峰县	48.1	4	1.7	5	2.2	7	8.9	4

恩施州各县市主要经济指标排序（十二）

续表31　　单位：亿元

县　市	税金总额	位次	增长速度%	位次	应收账款	位次	增长速度%	位次
全　州	13.93	—	−6.9	—	30.73	—	11.3	—
恩施市	2.02	3	−11	7	8.68	1	14.5	4
利川市	0.94	7	−8.7	5	3.84	3	17.4	2
建始县	1.94	5	9.6	2	4.57	2	2.7	7
巴东县	3.03	1	−21.1	8	2.88	6	7.5	6
宣恩县	0.54	8	−1.8	4	1.87	8	24.7	1
咸丰县	2.29	2	−10.2	6	2.44	7	0.8	8
来凤县	2.01	4	10.4	1	3.23	4	9.1	5
鹤峰县	1.16	6	2.7	3	3.22	5	17.1	3

恩施州各县市主要经济指标排序（十三）

续表 31 单位:亿元

县 市	产成品资金	位次	高新技术产业增加值	位次	亏损企业亏损额	位次	比上年增减额%	位次
全 州	30.73	—	9.66	—	0.71	—	—0.93	—
恩施市	8.68	1	2.4	2	0.23	1	—0.61	8
利川市	3.84	3	1.44	3	0.1	3	—0.07	5
建始县	4.57	2	2.85	1	0.09	4	0.02	1
巴东县	2.88	6	0.53	7	0.28	2	0	2
宣恩县	1.87	8	0.19	8	0	6	0	2
咸丰县	2.44	7	0.57	6	0.01	5	—0.06	6
来凤县	3.23	4	0.72	5	0	6	—0.03	4
鹤峰县	3.22	5	0.96	4	0	6	—0.18	7

恩施州各县市主要经济指标排序（十四）

续表 31 单位:亿元

县 市	全社会固定资产投资额	位次	增长速度%	位次	地方财政总收入	位次	增长速度%	位次
全 州	726.1	—	18.3	—	132.05	—	11.3	—
恩施市	168.29	1	23.1	6	27.01	1	14.9	2
利川市	114.66	2	24.6	1	15.97	2	5.2	7
建始县	90.47	4	24.3	3	8.9	3	5	8
巴东县	97.45	3	24.1	5	8.17	4	5.8	6
宣恩县	45.77	8	22	7	4.2	8	13.7	3
咸丰县	65.59	5	24.3	3	6.14	6	6.5	5
来凤县	63.88	6	24.4	2	7.35	5	7.2	4
鹤峰县	53.51	7	22	7	4.58	7	28.2	1
州 直	—	—	—	—	49.74	—	13.4	—

恩施州各县市主要经济指标排序(十五)

续表 31

单位:亿元

县 市	地 方 公共财政 预算收入	位 次	增 长 速 度 %	位 次	地 方 税 收 收 入	位 次	增 长 速 度 %	位 次
全 州	67.23	—	16.3	—	51.26	—	10.4	—
恩施市	21.44	1	16.9	3	17.51	1	9.9	5
利川市	9.74	2	11.2	6	7.06	2	6.3	8
建始县	5.15	4	11.5	5	4.01	4	12.3	3
巴东县	5.86	3	8.1	7	4.31	3	6.5	7
宣恩县	2.98	8	15.1	4	2.48	7	12	4
咸丰县	3.68	6	8	8	2.65	6	8.2	6
来凤县	3.73	5	18.7	2	3.01	5	17.6	1
鹤峰县	3.03	7	28.6	1	2.34	8	16.5	2
州 直	11.63	—	26.4	—	7.91	—	12.5	—

恩施州各县市主要经济指标排序(十六)

续表 31

单位:亿元

县 市	地 方 公共财政 预算支出 预算支出	位 次	增 长 速 度 %	位 次	社 会 消 费 品 零售总额	位 次	增 长 速 度 %	位 次
全 州	322.54	—	49.1	—	445.97	—	12	—
恩施市	74.24	1	156.4	1	139	1	12	1
利川市	52.08	2	34.6	3	78.94	2	12	1
建始县	31.77	4	17.7	6	49.49	4	12	1
巴东县	33.15	3	10.7	7	50.61	3	12	1
宣恩县	25.4	5	25.9	5	33.87	6	12	1
咸丰县	23.6	7	62.9	2	36.22	5	12	1
来凤县	20.7	8	5.8	8	31.99	7	12	1
鹤峰县	24.35	6	30.4	4	25.86	8	12	1
州 直	37.24	—	98	—	—	—	—	—

注:财政支出数为州反馈财政快报数

恩施州各县市主要经济指标排序（十七）

续表31　　　　单位:亿元

县　市	批　发 零售业	位次	增长 速度 %	位次	住　宿 餐饮业	位次	增长 速度 %	位次
全　州	390.35	—	12.1	—	55.62	—	10.9	—
恩施市	127.46	1	12.1	3	11.54	2	10.9	5
利川市	70.2	2	12.2	2	8.74	3	10.3	7
建始县	43.86	3	12.5	1	5.63	4	7.9	8
巴东县	36.65	4	11.9	7	13.96	1	12.1	1
宣恩县	30.07	6	12	4	3.8	7	11.3	4
咸丰县	32.9	5	12	4	3.32	8	12	2
来凤县	27.96	7	12	4	4.03	6	11.9	3
鹤峰县	21.25	8	1.2	8	4.61	5	10.8	6

恩施州各县市主要经济指标排序（十八）

续表31　　　　单位:亿元

县　市	社会消费品零售总额按所在地分			社会消费品零售总额按限额企业分		
	总计	城镇	乡村	总计	限额以上	限额以下
全　州	445.97	313.9	132.11	445.97	136.84	309.13
恩施市	139	97.3	41.7	139	73.73	65.27
利川市	78.94	59.2	19.73	78.94	9.42	69.51
建始县	49.49	39.15	10.34	49.49	7.95	41.54
巴东县	50.61	22.29	28.33	50.61	8.58	42.04
宣恩县	33.87	25.4	8.43	33.87	3.05	30.81
咸丰县	36.22	28.97	7.24	36.22	14.2	22.02
来凤县	31.99	22.38	9.61	31.99	6.71	25.28
鹤峰县	25.96	19.13	6.72	25.86	13.2	12.66

恩施州各县市主要经济指标排序(十九)

续表31

单位:元

县市	全体居民人均可支配收入	位次	增长速度%	位次	农村常住居民人均可支配收入	位次	增长速度%	位次
全州	12666	—	10.7	—	7969	—	10.8	—
恩施市	15478	1	10.4	7	8274	2	11	1
利川市	12477	2	10.8	4	7839	6	10.5	7
建始县	11565	6	10.6	5	7920	3	10.8	4
巴东县	11661	5	11	2	7893	4	10.6	6
宣恩县	11151	8	10.6	5	7805	7	10.7	5
咸丰县	11982	3	11	2	7856	5	11	1
来凤县	11299	7	11.9	1	7794	8	10.5	7
鹤峰县	11946	4	10.4	7	8372	1	10.9	3

恩施州各县市主要经济指标排序(二十)

续表31

单位:元、亿元

县市	城镇常住居民人均可支配收入	位次	增长速度%	位次	旅游综合收入	位次	增长速度%	位次
全州	22198	—	9.6	—	249.72	—	24.9	—
恩施市	24226	1	9.4	6	95.1	1	24.9	6
利川市	22108	2	10	3	48.4	2	25.5	5
建始县	20767	7	9.2	7	14.41	5	37.1	1
巴东县	21058	5	10.1	2	37.79	3	20.4	8
宣恩县	20606	8	9.2	7	4.8	8	27.8	3
咸丰县	20775	6	9.8	4	37.07	4	21.8	7
来凤县	21388	3	10.3	1	6.63	6	35.2	2
鹤峰县	21118	4	9.8	4	5.52	7	27.5	4

恩施州各县市主要经济指标排序(二十一)

续表 31　　　　单位:万美元、亿元

县　市	外　贸 出口额	位次	增长 速度 %	位次	招　商 引资到 位资金	位次	增长 速度 %	位次
全　州	52467	—	14.9	—	225.78	—	23.5	—
恩施市	14109	1	12	8	32.30	1	24.8	1
利川市	8475	2	17.7	3	31.97	2	24.4	5
建始县	4819	6	20.7	2	26.94	5	24.7	2
巴东县	7711	3	13.1	6	26.48	6	23.2	7
宣恩县	3219	7	15.8	4	21.32	8	24.5	4
咸丰县	5505	5	14.8	5	29.30	3	24.7	2
来凤县	2696	8	21.4	1	29.20	4	24.4	5
鹤峰县	5933	4	12.7	7	23.06	7	21.2	8

恩施州各县市主要经济指标排序(二十二)

续表 31　　　　单位:万美元、万元

县　市	实际 利用 外资	位次	增长 速度 %	位次	全金融机 构人民币 存款余额	位次	增长 速度 %	位次
全　州	3655	—	18.6	—	1049.54	—	12.4	—
恩施市	676	1	52.3	3	377.98	1	10.1	7
利川市	476	4	20.2	6	179.32	2	14.4	3
建始县	607	2	51	4	95.76	4	18.4	2
巴东县	10	8	−97.3	8	107.69	3	6.1	8
宣恩县	432	6	−13.6	7	73.45	6	23	1
咸丰县	565	3	66.2	1	83.17	5	13.4	5
来凤县	429	7	28.8	5	72.27	7	13.5	4
鹤峰县	460	5	52.8	2	59.9	8	10.9	6

恩施州各县市主要经济指标排序(二十三)

续表 31　　　　单位:亿元、万千瓦时

县　市	全金融机构人民币贷款余额	位 次	增 长 速 度 %	位 次	全社会用电量	位 次	增 长 速 度 %	位 次
全　州	659.42	—	18.8	—	371895	—	4.4	—
恩施市	316.05	1	14	7	113995	1	5.6	1
利川市	90.77	2	23.8	4	50675	2	3	5
建始县	53.99	3	21.5	5	34118	4	0.7	8
巴东县	45.96	5	11.6	8	35609	3	4.8	4
宣恩县	34.81	7	41	1	20086	8	2.3	7
咸丰县	34.87	6	28.3	3	25482	6	5.2	3
来凤县	51.06	4	30.7	2	29211	5	2.5	6
鹤峰县	31.9	8	14.3	6	20749	7	5.3	2

2015 年武陵山片区 71 个县

省 （市）	地 （市、州）	县 （市、区）	土地面积 （平方公里）	总人口（万人） 2015 年	 增长（%）
湖北省（11 个）	宜昌市（3 个）	秭归县	2427		
		长阳县	3430	39.89	−0.90
		五峰县	2347	20.04	−2.10
	恩施州（8 个）	恩施市	3972	402.61	7.00
		利川市	4603		
		建始县	2666		
		巴东县	3354	49.26	
		宣恩县	2730		
		咸丰县	2520		
		来凤县	1344	33.11	
		鹤峰县	2872		
湖南省（37 个）	邵阳市（8 个）	新邵县	1762	82.81	0.56
		邵阳县	2001	104.80	−1.82
		隆回县	2868	123.16	0.75
		洞口县	2179	87.09	0.00
		绥宁县	2917	38.78	0.60
		新宁县	2756	64.97	2.85
		城步县	2588	28.58	1.45
		武冈市	1539	84.13	0.78
	常德市	石门县	3970	66.97	−0.06
	张家界市（4 个）	慈利县	3480		
		桑植县	3464	47.16	−0.56
		武陵源区	397		
		永定区	2174	46.84	
	益阳市	安化县	4945		
	怀化市（12 个）	鹤城区	665.99		
		中方县	1479	28.91	2.08
		沅陵县	5853	67.15	0.22
		辰溪县	1990	53.00	1.05
		溆浦县	3440	93.24	1.92
		会同县	2247	36.58	1.95
		麻阳县	1568.2	40.34	0.10
		新晃县	1508	25.85	0.78
		芷江县	2095.5		
		靖州县	2200.2	27.14	1.04
		通道县	2234.62	24.21	0.17
		洪江市	2215.88	43.33	1.03

（市、区）主要经济指标 （一）

常住人口（万人）		生产总值（亿元）		第一产业（亿元）		第二产业（亿元）		其中：工业增加值（亿元）	
2015 年	增长（%）	2015 年	增长（%）	2015 年	增长（%）	2015 年	增长（%）	2015 年	增长（%）
			10.50			137.50	17.30		12.60
		120.46	9.60	59.57	6.40			97.46	9.60
18.82	0.30	60.23	8.90	19.28	5.30	17.19	10.10	15.43	10.20
332.70		670.81	9.10	143.86	5.30	244.42	9.70	197.32	8.10
42.50		88.85	9.00	17.30	5.30	36.70	8.40	31.78	6.70
		24.55		57.86	9.10	11.75	5.40	17.52	11.00
76.97	1.26	116.64	9.50	29.00	4.00	43.30	8.30		
95.78	0.76	122.77	9.70	32.56	3.60	42.51	9.10	34.83	8.60
110.09	0.80	140.12	10.20	33.24	3.90	39.33	8.90	30.20	9.80
78.45	0.03	137.45	9.70	46.41	4.00	46.24	8.90	34.90	6.80
35.68	0.11	75.04	8.60	17.90	3.80	33.74	8.30		
57.41	0.26	84.14	10.30	23.85	3.80	21.35	9.70	15.85	9.10
26.22	1.21	33.54	9.20	9.68	4.00	11.69	9.80		
76.30	0.49	119.42	9.40	42.20	4.20	23.93	9.50	20.74	9.10
60.11		211.39	9.10	37.34	3.50	87.11	10.40	79.04	11.00
38.85		74.07	8.20	9.33	4.0	16.22	6.80	13.25	6.80
		182.72	8.60	15.99	3.8	38.14	5.6	30.14	6.7
91.20	−0.12	175.02	7.60	40.20	3.8	65.08	4.5	62.00	4.4
60.79	0.26	286.49	8.50	9.54	3.7	80.69	8.1	55.69	9.2
24.28	0.46	91.76	8.30	12.04	3.7	53.92	9.0	50.97	9.6
60.18	1.76	162.98	1.00	19.35	4.1	104.65	−1.9	96.92	−2.5
46.14	0.02	99.41	8.10	15.66	4.0	41.54	3.8	34.58	3.2
75.24	0.27	125.78	8.40	30.24	4.1	42.52	8.8	21.37	9.2
33.05	0.21	60.75	8.60	12.50	4.1	14.57	8.6	13.28	8.7
34.91	0.11	64.00	9.50	15.58	4.0	21.14	8.6		
24.91	0.48	49.45	8.99	6.97	3.6	25.20	9.4	23.50	9.4
34.68	0.23	90.67	8.30	21.30	3.9	38.85	8.4	37.76	8.5
25.30	1.77	68.04	9.20	13.56	4.2	25.12	10.1	23.21	10.0
21.23	1.00	34.02	8.32	7.21	3.8	11.42	7.9	11.71	7.9
42.80	1.90	97.82	8.70	18.78	3.7	35.17	8.3	32.36	8.1

2015 年武陵山片区 71 个县

省（市）	地（市、州）	县（市、区）	土地面积（平方公里）	总人口（万人）	
				2015 年	增长（%）
湖南省（37 个）	娄底市（3 个）	新化县	3619.93	147.11	
		涟源市	1911.79	117.48	0.75
		冷水江市	437.89		
	湘西州（8 个）	吉首市	1077	30.70	0.93
		泸溪县	1566	31.08	−2.02
		凤凰县	1738	42.83	1.56
		花垣县	1108	31.28	0.61
		保靖县	1746	31.12	0.81
		古丈县	1286	14.32	−1.10
		永顺县	3810	53.82	−0.46
		龙山县	3131	60.10	1.10
重庆市（7 个）		丰都县	2896		
		石柱县	3013	54.66	0.40
		秀山县	2450	66.21	0.60
		酉阳县	5173	85.00	
		彭水县	3903		
		黔江区	2402	55.05	
		武隆县	2872	41.43	0.30
贵州省（16 个）	遵义市（6 个）	正安县	2595	65.10	
		道真县	2156	34.86	0.90
		务川县	2773		
		凤冈县	1883	44.10	0.90
		湄潭县	1845		
		余庆县	1630	30.53	
	铜仁市（10 个）	碧江区	1012	31.28	
		万山区	840	15.69	
		江口县	1869	24.68	
		玉屏县	516	15.75	
		石阡县	2172	17.94	
		思南县	2231	68.01	
		印江县	1961	44.97	1.10
		德江县	2072		
		沿河县	2469	67.67	
		松桃县	2861		

(市、区)主要经济指标 (续一)

常住人口(万人)		生产总值(亿元)		第一产业(亿元)		第二产业(亿元)		其中:工业增加值(亿元)	
2015年	增长(%)	2015年	增长(%)	2015年	增长(%)	2015年	增长(%)	2015年	增长(%)
113.15	0.39	202.50	8.40	54.29	3.7	64.76	7.5		
101.73		240.50	8.50	49.30	3.8	110.30	7.8		
34.27		268.20	8.00	9.80	3.9	180.80	6.8	171.80	6.8
31.26	0.41	122.61	10.90	6.62	3.8	36.87	16.7	29.81	18.8
28.95	1.58	53.80	2.70	7.70	3.7	27.30	−2.4		
36.37	1.73	69.48	12.00	8.41	3.7	11.48	8.4		
30.08	2.28	59.49	0.10	6.50	3.7	32.76	−5.3	30.87	−5.3
29.46	2.97	44.56	11.80	8.24	3.9	15.63	13.6		
13.19	2.17	22.07	11.60	4.53	4.0	6.61	11.5	4.95	21.9
44.85	1.61	57.40	10.80	15.69	3.9	14.93	10.8		
49.28	−0.43	67.37	7.00	17.72	3.8	13.69	−3.4	7.50	4.6
		150.20						35.70	11.8
38.65		129.24	10.00	21.90	5.2	64.53	11.5	46.10	12.1
49.13		138.19	10.50	18.65	5.2	66.01	11.4	52.33	10.6
55.65		116.97	10.10	23.97	5.1	51.36	10.7	34.85	11.1
		115.97	10.40						
46.20		202.55	10.00	19.03	4.9	111.77	9.6	93.64	8.7
34.67		131.40	10.50	18.66	5.3	52.68	12.7	24.95	21.6
38.57	0.50	71.10	15.80	41.90	7.4	33.77	48.8	15.90	19.3
24.59	0.70	48.33	15.50	30.89	30.6	27.14	39.3	9.42	29.0
31.11	−0.30	60.15	14.70	21.90	6.8	36.50	16.7	10.16	17.2
		65.65	16.70						
		64.46	16.60	26.53	7.3	52.60	12.2	11.64	16.5
31.16		128.63	14.80	11.64	7.0	49.05	15.5	35.18	14.3
17.37		41.43	12.60	13.10	6.4	11.20	14.8	5.47	10.2
12.03		62.62	13.90	6.58	6.5	34.62	14.0	18.52	12.9
6.90		71.79	15.00	22.96	6.0	11.22	20.0	8.35	14.5
50.01		101.37	13.60	26.55	6.6	24.32	15.5	19.88	14.1
28.48	0.10	74.22	13.60	24.12	7.2	14.81	15.4	10.58	14.2
				27.80	6.4	20.30			
45.08		84.55	12.90	26.60	6.4	15.47	15.2	8.56	12.4
48.98		103.45	13.90	27.67	7.7	33.89	14.8	28.07	14.1

2015 年武陵山片区 71 个县

省（市）	地（市、州）	县（市、区）	第三产业（亿元）		人均 GDP（元）	
			2015 年	增长（%）	2015 年	增长（%）
湖北省	宜昌市（3 个）	秭归县	45.00	11.00		
		长阳县	47.67	10.60	31047	
		五峰县	23.76	10.40	32001	8.70
	恩施州（8 个）	恩施市	282.53	10.80	20191	
		利川市				
		建始县				
		巴东县	34.85	11.70	20905	8.90
		宣恩县				
		咸丰县				
		来凤县	28.55	9.40	23586	9.40
		鹤峰县				
湖南省（37 个）	邵阳市（8 个）	新邵县	44.34	12.80	15249	8.26
		邵阳县	47.69	13.40	12866	9.84
		隆回县	67.54	13.70	12778	11.20
		洞口县	44.79	15.30	17521	9.30
		绥宁县	23.40	12.20	21042	8.30
		新宁县	38.93	13.80	14655	12.00
		城步县	12.16	12.60	11828	10.19
		武冈市	53.29	12.80	15689	11.70
	常德市	石门县	86.94	10.50	35201	9.45
	张家界市（4 个）	慈利县				
		桑植县	48.52	9.40	19075	
		武陵源区				
		永定区	128.59	10.10	36032	7.80
	益阳市	安化县	69.74	12.70	19174	24.51
	怀化市（12 个）	鹤城区	196.26	9.30	47190	
		中方县	25.80	8.50	37878	5.90
		沅陵县	38.98	8.80	27318	−1.73
		辰溪县	42.21	14.20	21550	7.70
		溆浦县	53.02	10.05	16743	9.26
		会同县	33.70	9.80	18401	8.00
		麻阳县	27.28	12.60	18334	10.26
		新晃县	17.28	9.90	19851	8.31
		芷江县	30.52	10.50	26175	8.50
		靖州县	29.36	10.10	27127	8.40
		通道县	15.38	10.28	16106	7.00
		洪江市	43.87	10.70	23072	8.19

(市、区)主要经济指标 (二)

粮食总产量（万吨）		固定资产投资（亿元）		社会消费品零售总额（亿元）		财政总收入（亿元）		一般预算收入（亿元）	
2015 年	增长（%）	2015 年	增长（%）	2015 年	增长（%）	2015 年	增长（%）	2015 年	增长（%）
9.40	3.30								25.60
11.45	3.80	86.24	31.40	43.11	12.80	10.73	18.80	9.11	25.20
8.91	5.60	52.42	20.20	19.33	12.20	4.62	20.90	3.64	25.10
167.41	1.60	726.10	18.30	445.97	12.00	132.05	11.30	67.23	16.30
22.96	1.60	91.74	23.10	50.61	12.00	8.17	5.80	5.86	8.10
		62.02	23.70	31.99	12.00	7.35	7.20	3.73	18.70
32.00	2.60	184.30	21.80	56.60	14.60	10.38	12.60	8.06	21.90
45.76	1.60	159.80	21.00	76.14	12.80	8.37	13.28	6.30	17.89
46.78	2.39	191.84	21.00	78.66	12.40	10.15	12.10	7.26	16.00
43.62	2.60	156.23	21.90	65.32	13.80	8.58	12.10	6.21	17.30
14.26	0.11	79.15	19.20	31.23	12.70	4.64	8.70	3.46	11.90
30.87	0.90	67.53	21.10	41.02	12.80	6.93	12.28	5.18	9.91
7.91	1.70	42.65	24.30	22.01	12.90	3.95	12.14	2.70	3.66
47.22	2.00	143.26	24.20	67.67	12.80	8.52	12.33	6.66	14.01
27.34	3.00	176.78	22.80	96.84	12.30	11.10	9.20	6.67	8.90
14.76	1.40								
14.85	1.30	143.02	20.00	86.01	12.80	9.24	16.70	5.50	13.10
0.80									
5.25									
11.59	1.90	148.00	20.00	16.89	11.20	10.89	13.90	7.63	5.90
22.59	2.20	103.48	19.70	48.26	10.50	10.29	6.10	6.22	11.60
18.73	2.30	92.41	19.90	40.92	11.90	7.22	10.00	4.53	11.70
34.19	−1.60	97.50	20.00	54.44	12.10	6.15	10.53	4.00	9.14
12.13	1.71	46.90	22.00	16.81	11.50	4.41	10.00	3.07	12.00
11.18	2.10	53.96	20.70	25.11	11.50	3.99	10.10	2.73	9.20
8.11	2.70	46.51	21.80	13.92	11.60	3.65		2.33	11.76
21.34	1.80	53.24	20.90	34.00	11.80	6.46	10.00	4.38	9.40
12.63	1.50	40.58	19.40	25.69	11.70	3.73	10.10	2.37	8.10
8.21	1.50	35.68	23.50	11.90	11.50	3.22	11.10	2.11	7.90
16.44	2.40	94.79	15.30	27.78	11.70	6.17	5.80	4.03	2.50

2015年武陵山片区71个县

省（市）	地（市、州）	县（市、区）	第三产业（亿元）		人均GDP（元）	
			2015年	增长（%）	2015年	增长（%）
湖南省（37个）	娄底市（3个）	新化县	83.42	11.60		
		涟源市	80.80	11.90		
		冷水江市	77.60	11.60		
	湘西州（8个）	吉首市	79.12	8.60	39305	10.00
		泸溪县	18.80	11.90	18688	2.36
		凤凰县	49.59	14.30	19267	11.04
		花垣县	20.24	10.00	20003	2.80
		保靖县	20.68	13.20	15344	10.00
		古丈县	10.93	10.70	16733	10.20
		永顺县	26.77	14.80	12797	11.25
		龙山县	35.97	15.30	13428	9.10
重庆市（7个）		丰都县				
		石柱县	42.81	9.80	33199	
		秀山县	52.53	11.20		
		酉阳县	41.64	11.80	20908	10.80
		彭水县				
		黔江区	71.75	11.50		
		武隆县	60.06	9.80	37824	10.90
贵州省（16个）	遵义市（6个）	正安县	30.85	32.40	18530	15.20
		道真县	20.90	14.00	19702	19.00
		务川县				
		凤冈县	24.06	42.00	19335	14.30
		湄潭县				
		余庆县	26.75	17.40	27223	16.10
	铜仁市（10个）	碧江区	67.93	15.30	41433	14.90
		万山区				
		江口县	17.10	14.70	23858	
		玉屏县	21.28	15.90	8729	10.20
		石阡县	37.61	19.00	41330	
		思南县	50.50	16.20	20282	14.80
		印江县	35.30	17.00	26070	
		德江县	51.90	21.30		
		沿河县	42.47	15.30	18766	13.00
		松桃县	41.95	17.10	21132	

(市、区)主要经济指标 (续二)

粮食总产量(万吨)		固定资产投资(亿元)		社会消费品零售总额(亿元)		财政总收入(亿元)		一般预算收入(亿元)	
2015年	增长(%)	2015年	增长(%)	2015年	增长(%)	2015年	增长(%)	2015年	增长(%)
48.59	1.69								
48.30	1.50								
4.65	2.20								
4.90	1.10	99.30	22.90	78.60	8.00	10.50	15.30	7.73	17.20
7.47	1.29	23.60	22.50	12.61	9.00	4.13	5.10	2.88	8.60
12.24	1.40	47.85	23.90	40.27	12.10	8.23	16.61	6.64	21.07
9.20	1.20	21.16	27.80	13.20	10.00	7.66	2.67	4.85	15.30
8.87	1.40	20.47	29.30	10.97	11.20	3.69	16.00	2.35	26.90
3.35	1.80	28.90	27.00	5.17	12.40	3.04	10.00	2.10	13.70
21.26	1.32	60.32	20.20	31.79	10.50	4.70	16.20	3.26	22.60
18.10	0.90	69.25	3.00	34.49	11.50	6.11	23.20	4.37	36.50
				63.80	16.00			14.50	26.60
26.18	1.50	133.07	−7.90	48.24	13.80	25.42	10.10	12.57	13.10
31.10	1.30	169.78	16.20	58.19	14.10			10.73	−24.20
38.31	1.00	151.31	14.90	45.93	13.60	18.43	−1.10	12.04	14.10
		151.92	17.90						
25.10	0.10	267.08	13.10	80.88	13.80			21.23	507.00
				13.00	9.90	26.13	13.70	13.63	13.70
23.00	2.40	145.86	19.10	19.38	18.50	8.44	8.20	4.40	9.90
14.70	1.80	80.22	24.50	12.30	12.20	7.48	13.60	3.80	19.80
20.30	14.60	85.34	32.90	16.85	12.60	6.17	10.80	3.27	10.70
22.10	18.10	169.00	86.00	21.67	13.60	9.04	27.90	4.89	25.00
18.10	9.20	102.30	28.20	15.98	12.50	8.08	21.70	3.87	13.10
8.34	1.00	222.36	5.50	40.71	12.20	30.97	8.50	11.34	2.20
6.67	−0.60	109.75	13.60	8.30	11.90	3.55	22.30	1.80	15.50
4.09	0.20	66.47	12.80	8.97	11.50	7.95	11.90	3.91	9.20
		85.00	25.00	10.84	13.50	6.81	9.00	3.45	13.00
22.84	3.40	96.57	12.00	22.39	14.20	9.48	12.60	4.91	15.90
13.81	1.70	113.10	18.20	12.03	12.10	5.11	3.70	2.69	1.40
		352.80	47.00	15.80	15.00	9.20	32.90	5.20	31.00
18.98	−4.70	13.68	21.40	16.79	11.60	7.64	8.90	3.91	6.60
24.01	1.30	146.25	12.60	21.38	11.40	10.24	0.70	5.93	29.60

2015 年武陵山片区 71 个县

省(市)	地(市、州)	县(市、区)	财政总支出(亿元) 2015 年	财政总支出 增长(%)	城镇居民人均可支配收入(元) 2015 年	城镇居民人均可支配收入 增长(%)
湖北省	宜昌市(3 个)	秭归县				9.40
		长阳县	30.65	7.60	22525	9.50
		五峰县	22.17	—15.50	20508	9.30
	恩施州(8 个)	恩施市	332.50	49.10	22198	9.70
		利川市				
		建始县				
		巴东县	33.15	10.70	21058	10.10
		宣恩县				
		咸丰县				
		来凤县	20.81	6.30	21388	10.30
		鹤峰县				
湖南省(37 个)	邵阳市(8 个)	新邵县	34.79	14.50	20507	8.00
		邵阳县	43.60	8.00	20595	8.00
		隆回县	51.59	30.70	19363	7.20
		洞口县	42.27	31.70	21014	7.30
		绥宁县	27.50	24.40	18751	7.00
		新宁县			18069	9.50
		城步县	18.95	4.75	18125	7.20
		武冈市	34.29	21.56	20593	8.10
	常德市	石门县	35.49	28.30	19596	7.40
	张家界市(4 个)	慈利县				
		桑植县				
		武陵源区				
		永定区	27.31	74.03	21906	7.80
	益阳市	安化县				
	怀化市(12 个)	鹤城区				
		中方县			21671	8.50
		沅陵县	30.85	0.60	17621	7.70
		辰溪县	25.31	13.10	17904	8.70
		溆浦县	39.24	13.19	18272	8.40
		会同县	20.47	19.90	17134	8.30
		麻阳县	21.46	18.60	17924	7.60
		新晃县	22.71	38.09	15865	8.80
		芷江县	23.29	21.70	18502	8.90
		靖州县	18.20	23.10	17151	7.80
		通道县	17.64	15.82	16280	8.50
		洪江市	22.23	15.20	18618	8.00

（市、区）主要经济指标（三）

农村居民人均可支配收入（元）		金融机构存款余额（亿元）		居民存款储蓄（亿元）		金融机构贷款余额（亿元）		城市化率（%）	
2015 年	增长（%）	2015 年	增长（%）	2015 年	增长（%）	2015 年	增长（%）	2015 年	增减（百分点）
	9.90							44.00	
8148	9.40	118.47	18.50	85.21	15.30	76.33	29.00		
7880	10.00	80.01	12.40	43.22	17.80	28.42	23.50		
7669	10.80	1049.54	12.40	598.35	10.30	659.42	18.80	39.98	
7893	10.50	107.71	6.10	62.52	11.00	45.96	11.60	34.45	
7794	10.60	72.27	13.50	49.70	8.80	51.06	30.70	37.96	2.10
8149	12.10	143.70	15.30	107.80	11.50	70.40	3.50	34.03	2.15
7885	12.00	169.12	40.40	126.95	41.77	51.17	29.80	36.50	1.69
7129	12.10	245.55	20.66	186.24	16.40	77.14	27.17	31.34	2.44
7790	12.60	195.70	14.66	147.70	14.50	75.20	21.23	41.05	3.24
7350	11.50	88.89	16.50	66.36	13.40	27.79	15.60	31.50	2.40
6375	11.40	116.10	15.97	92.50	12.40	45.12	21.95	37.50	2.19
5332	13.80	62.80	22.99	41.11	13.89	27.62	46.90		
8540	12.40	176.01	16.71	132.07	13.08	65.52	14.57	40.12	2.44
8778	8.80	165.99	13.80	127.74	11.10	65.97	12.30	39.39	
7370	11.00	242.12	18.00			186.92	8.50		
8433	11.30	46.75	14.40			43.89	39.50	33.36	2.33
7042	10.00	129.22	16.20	102.16	13.00	42.00	36.60	34.35	0.40
7436	11.10	96.34	13.20	73.79	13.00	47.46	15.90	34.35	2.05
8379	10.60	166.27	18.00	140.26	15.00	78.37	7.00		
7407	11.00	84.72	16.10	66.95	10.40	28.83	30.30	33.71	1.42
6158	14.60	66.06	21.90	50.95	12.50	41.02	27.30	32.20	2.20
6003	11.31	49.11	11.30	37.41	13.92	27.12	27.90	12.93	−0.72
6533	11.90	92.52	23.30	68.22	13.50	40.80	35.00	32.55	2.98
7156	11.20	76.55	26.70	52.03	12.90	29.36	53.00	43.32	0.04
5339	11.60	48.57	14.00	35.99	8.34	16.65	13.55	32.03	3.96
8324	10.70	105.78	19.70	79.07	14.10	81.48	24.00	38.40	0.60

2015 年武陵山片区 71 个县

省（市）	地（市、州）	县（市、区）	财政总支出（亿元） 2015 年	财政总支出 增长（%）	城镇居民人均可支配收入（元） 2015 年	城镇居民人均可支配收入 增长（%）
湖南省（37 个）	娄底市（3 个）	新化县				
		涟源市				
		冷水江市				
	湘西州（8 个）	吉首市	29.49	16.90	23510	8.00
		泸溪县	23.41	18.60	18030	7.73
		凤凰县	30.45	22.11	19035	8.40
		花垣县	24.06	26.07	18994	8.30
		保靖县	21.43	21.70	17003	7.70
		古丈县	15.04	19.00	16642	7.50
		永顺县	32.94	24.00	16880	7.60
		龙山县	33.36	26.70	16864	8.10
重庆市（7 个）		丰都县			23902	12.40
		石柱县	55.92	19.30	25116	9.60
		秀山县	40.74	—2.40	25145	9.80
		酉阳县	56.82	12.00	20449	9.90
		彭水县				
		黔江区	54.32	11.00	24672	0.20
		武隆县	47.54	14.10	27003	10.10
贵州省（16 个）	遵义市（6 个）	正安县	36.47	42.60	22092	10.60
		道真县	21.70	20.20	22121	10.90
		务川县				
		凤冈县	21.81	35.30	22360	10.10
		湄潭县			23076	9.70
		余庆县	17.49	19.10	22511	10.40
	铜仁市（10 个）	碧江区			24427	11.30
		万山区			23103	12.10
		江口县	18.04	37.20	22299	11.00
		玉屏县	37.05	90.30	23303	10.20
		石阡县			24394	12.00
		思南县	38.89	18.20	21829	
		印江县			21758	11.40
		德江县			21860	
		沿河县	36.69	23.70	21753	9.90
		松桃县	36.51	16.30	21755	11.70

(市、区)主要经济指标 (续三)

农村居民人均可支配收入(元)		金融机构存款余额(亿元)		居民存款储蓄(亿元)		金融机构贷款余额(亿元)		城市化率(%)	
2015年	增长(%)	2015年	增长(%)	2015年	增长(%)	2015年	增长(%)	2015年	增减(百分点)
7875	12.20	285.70	20.60	137.98	11.40	145.93	26.50	73.26	0.02
5967	13.52	69.00	18.40	49.00	14.00	30.00	30.00	41.44	1.40
7288	13.60	96.79	24.57			49.99	30.73	31.70	0.99
6276	13.90	69.74	9.40	51.09	8.00	35.94	15.60	37.63	0.26
6952	12.70	60.39	21.93	40.57	14.64	26.77	34.40	38.60	1.40
5265	13.80	41.05	12.00			22.72	40.00	36.32	0.92
5579	13.70	105.68	21.20	71.02	14.80	51.79	36.70	35.85	0.96
6869	12.70	123.33	19.80	88.35	14.30	54.67	58.40	37.30	3.18
9729	15.90								
9642	12.30	172.57	11.10	121.75	12.10	77.86	12.80	39.59	
8360	12.50	152.47	19.40	94.12	11.80	107.10	12.40		
7263	12.10	166.64	21.20	116.82	14.20	72.57	13.60	30.91	1.30
8855	12.40	225.53	12.70	113.72	5.60	173.42	10.40	46.13	1.00
9562	12.60	156.89	14.30	94.48	11.20	144.22	13.40	39.86	
7560	11.40	101.63	24.20	67.35	11.90	64.68	59.50		
7572	11.60	81.11	25.30	57.46	10.70	33.86	14.80		
8498	10.20	75.87	17.30	52.09	10.30	52.60	41.80		
9152	12.60	102.50	20.80			62.00	38.00		
8883	10.20	77.10	34.70	50.53	16.10	57.08	27.80		
9410	11.30	314.38	27.40	120.81	7.70	215.20	14.80	66.72	
7001	14.40								
6787	10.20	3.19	24.00	29.44	9.20	44.68	54.60		
8729	10.20	45.94	39.80	25.49	7.20	50.83	20.00	49.22	
7756	13.00	100.53	38.00			70.92	33.00		
6677	11.40	116.22	26.30	73.57	9.20	90.84	15.40		
6650	10.20	79.84	29.50	47.04	11.00	66.73	28.70		
6600		67.30	20.90			60.20	35.30		
6640	11.40	88.49	29.20	57.55	14.30	48.37	19.10		
6593	11.50	103.81	32.80			68.71	18.70		

重点文件选编

中共宣恩县委关于落实党风廉政建设主体责任的指导意见

（2015年3月17日）

为推动全县各级党委（党组）党风廉政建设主体责任全面落实，强力推进党风廉政建设和反腐败斗争，根据《中共湖北省委关于落实党风廉政建设党委主体责任和纪委监督责任的意见》（鄂发〔2014〕18号）、《中共恩施州委关于印发〈恩施州落实党风廉政建设党委主体责任和纪委监督责任实施办法（试行）〉的通知》（恩施州发〔2014〕10号）、《中共宣恩县委关于印发〈宣恩县落实党风廉政建设党委主体责任纪委监督责任“五十条”〉的通知》（宣发〔2014〕6号）精神，结合我县实际，提出如下意见。

一、指导思想

深入贯彻党的十八大，十八届三中、四中全会和中央纪委四次、五次全会及习近平总书记系列重要讲话精神，按照省委十届五次全会、省纪委十届五次全会和州纪委六届五次全会的部署，坚持党要管党、从严治党，把落实党委主体责任作为重大政治任务，厘清责任范围，健全制度保障，强化责任追究，着力构建系统完备、科学规范、运行有效的主体责任落实机制，实现干部清正、政府清廉、政治清明。

二、责任内容

（一）落实组织领导之责。坚持党风廉政建设与经济建设、政治建设、文化建设、社会建设、生态文明建设同部署、同落实、同检查、同考核，做到守土有责、守土负责、守土尽责。

1.党委（党组）领导班子对职责范围内的党风廉政建设负全面领导的集体责任。每年至少召开2次专题会议研究部署党风廉政建设和反腐败工作，结合实际研究制定工作计划、目标任务和具体措施，坚持专门研究、责任分解、检查考核、推动落实，每年向上级党委和纪委报告落实情况。

2.党委（党组）主要负责人落实“第一责任人”的责任。认真履行牵头抓总、统筹协调、组织推动、监督检查职责，坚持重要工作亲自部署、重大问题亲自过问、重点环节亲自协调、重要案件亲自督办。

3.党委（党组）班子其他成员对职责范围内的党风廉政建设承担领导责任。认真履行“一岗双责”，主动承接任务，抓好责任落实。定期听取分管部门单位工作情况汇报，及时向党委（党组）和主要负责人汇报分管领域党风廉政建设情况，及时报告发现的重大问题线索。

（二）落实严明党纪之责。加强党的政治纪律建设，始终在思想上政治上行动上同党中央保持高度一致，坚决维护党的集中统一。

1. 把守纪律讲规矩摆在更加重要的位置，加强党章、党纪、国法、党的优良传统教育，进一步树立纪律意识和规矩意识。

2. 认真贯彻落实中央和省委、州委和县委各项重大决策部署，严肃查处落实不到位、执行不坚决和慢作为、不作为、乱作为行为，做到令行禁止、政令畅通。

3. 严格按照党的组织原则办事，进一步健全和执行民主集中制各项具体制度，严肃党内政治生活，对“三重一大”问题发扬民主、集体决策。

（三）落实选人用人之责。坚持党管干部原则，认真落实《党政领导干部选拔任用工作条例》，坚决防止选人用人上的不正之风和腐败问题。

1. 坚持正确用人导向。认真执行好干部“五条标准”，构建科学的干部考核评价体系，加强对干部“德”的考察，严格按职数配备干部，严把政治关、能力关、程序关、廉政关，防止简单唯分、唯票、唯学历、唯年龄等问题。严格执行干部问责制，对选人用人失察失误的，一经发现，要严肃追责、绝不姑息。

2. 强化选人用人监管。重视领导干部个人有关事项报告、干部档案等干部基础性工作；加强干部监督管理，切实解决“吃空饷”问题；严格落实谈心谈话、诫勉函询、述职述廉等制度，完善选人用人信息公开、专项检查、重点抽查、责任追究等制度。

3. 整治用人不正之风。严肃干部工作纪律，整治跑风漏气问题，严格执行干部选拔任用工作“十不准”规定，加大对选人用人腐败问题的查处力度，对买官卖官、拉票贿选等腐败行为坚决查处，对带病提拔、突击提拔、违规破格提拔等问题实行责任倒查追究。

（四）落实作风建设之责。坚持“作风建设永远在路上”，持续深入推进作风建设，坚持常抓抓出习惯、抓出成效，以好的党风政风促社风、带民风。

1. 严格执行规定。深入贯彻中央“八项规定”、省委“六条意见”和州委实施细则，完善各项配套制度；大力精简会议文件，从严控制“三公”经费支出；加大监督检查力度，开展经常性暗访，严肃查办违纪违规行为，及时通报曝光。

2. 狠抓“四风”整改。以更严格的标准、更严厉的举措，持续用力整治形式主义、官僚主义、享乐主义、奢靡之风“四风”问题，突出抓好县委确定的群众路线教育实践活动7个方面41项整改任务落实，解决好县委十四届四次全会确定的6个突出民生问题，巩固拓展教育实践活动成果，建立健全作风建设常态化、长效化机制。

3. 维护群众利益。建立健全调查研究、基层联系点、定期接待群众来访、经常征集群众意见、与干部群众交心谈心等领导干部直接联系群众制度。高度重视信访工作，对初信初访实行首问负责制，及时回应和帮助解决群众的正当利益诉求和实际困难。深入开展纠正损害群众利益不正之风工作，严肃查处侵害群众利益行为。进一步重视和加强基层组织建设，扎实推行优选村医村教进村级班子、法律顾问进乡村、“农民办事不出村”信息化便民服务“三位一体”基层治理模式，解决联系群众、服务群众“最后一公里”问题。

（五）落实防治腐败之责。加强惩治和预防腐败体系建设，建立健全“不敢腐”的惩戒机制、“不能腐”的防范机制、“不想腐”的教育机制。

1. 坚决惩治腐败。坚持“老虎”、“苍蝇”一起打，以“零容忍”态度惩治腐败。认真履行党委（党组）在查办党员干部违纪违法案件中的职责，紧盯权力集中的领域、部门、岗位和重要审计线索、信访举报线索，严肃查办各类腐败案件和发生在群众身边的腐败问题，做到有案必查、有腐必惩。

2. 规范权力运行。推行权力清单制度，加大廉政风险防控力度。大力开展工程建设领域专项治理，切实规范财政开支、土地出让、招投标管理、规划管理、城市管理。加快推进电子政务和电子监察系统建设，完善反腐倡廉信息发布制度，确保权力公开透明、阳光运行。

3. 加强廉政教育。深入开展“三严三实”、“三纪四德”、“家庭助廉”等主题教育活动，广泛开展廉政文化“六进”活动和各类廉政文化创建活动，利用反面典型案件开展警示教育，形成查处腐败的震慑力量，切实解决党员干部“对反腐败斗争认识模糊”问题。主要负责人和班子成员要加强对管辖范围内领导干部的廉政教育、日常管理、监督约束，发现苗头性、倾向性问题要及时进行谈心谈话、工作约谈、提醒告诫、责令纠错。

（六）落实支持保障之责。加强对党委（党组）落实党风廉政建设主体责任办公室的领导，支持执纪执法机关依纪依法履行职责，及时听取工作情况汇报，协调解决重大问题。

1. 支持纪委执纪办案，严格执行查办腐败案件以上级纪委领导为主的规定，不干涉具体案件的查处，保证查办案件工作的相对独立性和权威性。

2. 研究推动纪检监察机关转职能、转方式、转作风，支持纪检监察机关聚焦主业、强化主责，加强纪检监察干部队伍建设，为纪检监察机关履职尽责创造良好条件。

（七）落实正己范人之责。党委（党组）主要负责人和班子成员要增强责任意识、担当意识，以身作则、以上率下。认真践行“三严三实”要求，严格廉洁自律，模范执行党的各项纪律和作风建设各项规定，切实管好亲属及身边工作人员，自觉接受各方面监督，当好为民务实清廉表率。

三、落实措施

（一）建立主体责任清单。层层分解党风廉政建设和反腐败斗争工作责任，层层签订责任状，建立主体责任传导链条。每年年初，党委（党组）根据上级有关要求和自身实际，明确本年度落实党风廉政建设的有关责任，明晰具体内容、目标要求和主要措施，形成主体责任清单。主体责任清单通过下发文件、公开承诺等形式，向广大党员干部和社会公布，并及时上报上级纪委备案。年中，加强动态管理，跟踪督查。年底对照责任清单，认真总结主体责任落实情况，并接受上级党委（党组）检查考核。

（二）建立评议测评制度。每年选择部分党委（党组）负责人和纪委（纪检组）负责人开展集中述责述廉，现场接受纪委委员评议和质询，并对评议结果进行通报。建立健全社会评价体系，运用媒体问政、民意调查、网上廉政评价等方式对主体责任落实情况进行评价，组织和动员人民群众参与到党风廉政建设和反腐败工作中来。评价情况纳入干部考核评定结果，作为奖惩使用依据。

（三）建立廉政谈话制度。把廉政谈话作为党风廉政建设责任制检查考核、述职述廉、任职前教育的重要内容和必经程序。党政主要负责同志与领导班子成员、下级党政主要负责同志，领导班子成员与分管联系部门主要负责同志，每年廉政谈话不少于一次。

（四）建立报告工作制度。党委（党组）领导班子及其成员每年 12 月底前，以书面形式向上一级党委和纪委报告本年度落实党风廉政建设主体责任的情况。

（五）建立情况通报制度。对落实主体责任考核情况进行排名通报，定期向党外人士通报主体责任落实情况，并将主体责任落实情况在一定范围内公开。

四、责任追究

（一）党委（党组）领导班子及其成员未正确履责，有以下情形的，要追究责任

1. 对上级党委的重大决策部署以及党风廉政建设事项，不传达贯彻、不安排部署、不督促落实的；

2. 各乡镇、各部门、各单位反腐倡廉制度存在明显漏洞，经提醒仍不整改的；

3. 严重违反中央“八项规定”、省委“六条意见”和州委实施细则，作风建设、廉洁从政规定，损害群众利益不正之风没有得到有效遏制的；

4. 各乡镇、各部门、各单位发生重大腐败案件的；

5. 违反选人用人规定，发生严重问题或用人上不正之风的；

6. 对班子成员或直接管理人员犯重大错误、发生严重违纪问题，负有失教、失管、失察责任的；

7. 对违法违纪行为包庇、纵容、袒护的；

8. 对下级党委（党组）不履行或不认真履行党风廉政建设责任没有及时处理，责任追究不力的。

（二）对落实主体责任不力的，可以采用警示提醒、组织处理和纪律处分

1. 对不认真落实主体责任或弄虚作假、应付了事的，予以警示提醒，并由上级纪委主要领导约谈。对问题比较集中并造成一定社会影响的乡镇、部门和单位主要领导进行诫勉谈话。

2. 一年内被纪委诫勉谈话两次以上（含两次）的，由纪委建议党委（党组）对其予以组织调整。

3. 对构成违纪的，依纪依法给予党纪政纪处分；涉嫌违法的，移送司法机关追究法律责任。

（宣发〔2015〕1 号）

宣恩县人民政府职能转变和机构改革方案

根据党的十八大和十八届二中、三中、四中全会及《中共中央、国务院关于地方政府职能转变和机构改革的意见》（中发〔2013〕9 号）、《中共湖北省委、湖北省人民政府关于市县政府职能转变和机构改革的意见》（鄂发〔2014〕7 号）精神，宣恩县人民政府职能转变和机构改革的总体要求是：高举中国特色社会主义伟大旗帜，以邓小平理论、“三个代表”重要思想、科学发展观为指导，适应社会主义市场经济发展需要，围绕建立中国特色社会主义行政体制目标，与国务院、省政府、州政府职能转变和机构改革相衔接，以职能转变为核心，大力简政放权，优化机构设置，严控人员编制，提高行政效能，努力建设人民满意的法治政府和服务型政府。

一、加快政府职能转变

把职能转变放在更加突出的位置，处理好政府与市场、政府与社会、政府层级间的关系，把该放的权力放开放到位，把该管的事情管住管好，大幅度减少政府对资源的直接配置，使市场在资源配置中起决定性作用和更好发挥政府作用，强化对行政权力的制约监督，加强政府公共服务、市场监管、社会管理、环境保护、生态文明建设等职责，推动政府职能向创造良好发展环境、提供优质公共服务、维护社会公平正义转变，切实提高政府管理科学化水平。

（一）推进简政放权，减少行政审批事项。减少政府对微观事务的管理，使市场在资源配置中起决定性作用，更好发挥社会力量在管理社会事务中的作用。

1. 做好省政府、州政府取消和下放行政审批事项的承接工作。省政府、州政府取消的项目，县政府部门相应的审批或审核事项一律取消；转给市场和社会的，任何部门都不得截留或变相实施。州政府下放给县政府的权限，有关部门要认真做好承接落实工作。可下发给基层的，要彻底下放。需要省政府部门进一步取消和下放行政审批事项的，有关部门要认真研究梳理，由县政府报州政府统一向省政府提出调整建议。

2. 减少和下放投资审批事项。深化投资体制改革，确立企业投资主体地位。企业投资项目，除关系

国家安全和生态安全、涉及重大生产力布局、战略性资源开发和重大公共利益等项目外，一律由企业依法依规自主决策，政府不再审批。强化节能节地节水、环境、技术、安全等市场准入标准，建立健全防范和化解产能过剩长效机制。放宽投资项目审批条件，优化用地审批流程，简化项目规划报批手续，改进环评制度，改革各类建设及验收事项管理，简化外商投资项目和企业境外投资项目核准手续，实现重大投资项目网上并联审批。对省级采用补助、贴息等方式扶持的项目，积极争取，主动接收。

3.减少和下放生产经营活动审批事项。最大限度减少对生产经营活动和产品物品的许可，以及对各类机构及其活动的认定等非许可审批。市场机制能有效调节的经济活动，一律取消审批。全面取消不符合法律法规、利用“红头文件”设定的非行政许可审批项目。取消没有法律法规依据的备案、登记、年检、监制、认定、认证、审定等行政审批或管理措施。

4.减少资质资格许可和认定。除按照《中华人民共和国行政许可法》要求具备特殊信誉、特殊条件或特殊技能的职业、行业需要设立的资质资格许可外，其他资质资格许可一律取消。按规定需要对企事业单位和个人进行水平评价的，由有关行业协会、学会具体认定。取消没有法律法规依据和未经党中央、国务院，省委、省政府及州委、州政府批准的评比达标表彰、评估项目和相关检查活动。

5.建立健全政府非税收入管理制度。认真清理各类行政事业性收费和政府性基金项目，取消不合法不合理的收费基金项目。进一步完善收费公示制度，合理确定征收标准，严格征收管理，把所有非税收入全部纳入预算。对保留的收费项目要规范收费标准，由县价格主管部门会同县财政部门审核并向社会公布。严格收费标准审批，健全责任管理制度。重点清理规范行政审批收费项目及标准。

6.改革工商登记制度。推进工商注册制度便利化，削减资质认定项目，按照省、州统一部署，由先证后照改为先照后证，把注册资本实缴登记制改为认缴登记制，充分放宽工商登记条件。加强对市场主体和市场行为的监督管理，落实监管责任，维护市场秩序。

7.规范行政审批运行体系。严格落实《恩施州行政审批事项目录管理办法》，对保留的行政审批事项，建立统一目录，编制办事指南和业务手册，优化审批流程，缩短审批时限。创新审批方式，继续推进县政府部门行政审批“三集中、三到位”改革，大力推行网上审批、并联审批和联合审批。加强对行政审批全过程的监督管理。最大限度减少前置审批环节，法律法规没有明确由县政府部门进行初审或审核的项目，县政府各部门不得进行初审或审核；同一审批事项存在多个审批环节的，取消中间环节，改由终审部门向相关部门征求意见。今后，县政府不得新设行政审批事项，切实防止行政审批事项边减边增、明减暗增。

（二）完善政府管理，加强事中事后监管。推进简政放权、减少和下放行政审批等事项后，各部门要转变管理理念，完善监管制度，加强事中事后监管，有效履行职责，避免管理缺位，防止“一放就乱”。更加注重公共服务，加快形成提供公共服务新机制，促进基本公共服务均等化。

1.转变监管方式。严格执行国家法律法规、发展规划和产业政策，加强对投资活动中土地使用、能源消耗、污染排放等的管理。对取消、调整的行政审批事项，有关部门要依法履行监管责任，制定监管制度和措施并组织实施，防止监管越位和缺位。清理和废除妨碍全县统一市场和公平竞争的各种规定和做法，反对地方保护，反对垄断和不正当竞争。加强对涉及民生和人民群众生命财产安全的食品安全、医疗卫生、教育、环境保护、安全生产等领域的监管。完善各类国有资产管理体制和制度。市场监管原则上实行属地管理，县政府主要负责维护市场统一和公平竞争，组织查处跨区域案件或大案要案。对现有的市级行政执法队伍进行清理规范，采取措施逐步予以消化，促进执法重心下移，切实解决多头执法、多层执法的问题。

2.加快培育发展社会组织。改革社会组织管理制度，推进行业协会商会、中介组织与行政机关脱钩，使其真正成为提供服务、反映诉求、规范行为的主体。探索“一业多会”，引入竞争机制。重点培育、优先发展行业协会商会类、科技类、公益慈善类、城乡社区服务类社会组织。成立这些社会组织，直接向民政部门依法申请登记。积极引导社会组织承接政府转移的职能，适合由社会组织提供的公共服务和解决的事项，交由社会组织承担。健全社会组织监管和自律制度，推动社会组织完善内部治理结构，规范社会组织行为。

3.改进和创新公共服务提供方式。加强基本公共服务保障功能，鼓励和公平对待社会力量提供公共服务。推广政府购买服务，凡属事务性管理服务，都要引入竞争机制，通过合同、委托等方式向社会购买。制定政府购买服务指导性目录，明确政府购买服务的种类、性质和内容。完善政府购买服务的标准、招投标和监督评估等制度，重点在财政、税收、金融等方面建立健全市场和社会主体参与公共服务的支持、激励和保障制度。

4.加强社会信用体系建设。按照省、州统一部署，建立以公民身份证号码和组织机构代码为基础的统一社会信用代码制度，大力推进政务诚信、商务诚信、社会诚信、司法公信等建设；加快建立覆盖全社会的征信系统，完善以奖惩制度为重点的社会信用体系运行机制，营造良好的社会诚信环境和市场经济秩序。推动建立统一的信用信息平台，逐步纳入金融、工商登记、税收缴纳、社保缴费、交通违法等信用信息。

（三）坚持依法行政，规范行政权力运行。加快法治政府建设，依法全面履行政府职能。推进机构、职能、权限、程序、责任法定化。坚持用制度管权管事管人，构建决策科学、执行坚决、监督有力的权力运行体系，增强政府公信力和执行力。

1.完善科学民主依法决策机制。对涉及经济社会发展全局的重大决策和涉及公众切身利益的重大事项，应履行公众参与、专家论证、风险评估、合法性审查和集体讨论等程序，并建立决策后评估和纠错制度。

2.推进行政权力规范运行。深化行政权力清理和规范工作，检测法定职责必须为、法无授权不可为，推行政府部门权力清单制度、责任清单制度，细化和规范行政裁量权，明确责任主体和行政权力运行流程，简化办事环节，压缩办事时限，强化过程监管。在建立完善行政权力和政务服务事项目录的基础上，加快行政权力阳光运行制度建设。对政府规范性文件进行全面清理，建立和完善备案审查制度，对各部门涉及行政审批、行政处罚、行政强制、行政收费、行政备案、行政服务、评比达标表彰等行政权力的规范性文件进行审查梳理，确保政府部门按照法定权限和程序履行职责。

3.建立健全各项监督制度。严格执行《中华人民共和国政府信息公开条例》，推进行政权力行使依据、过程、结果公开。主动、及时、准确公开各部门财政预决算，以及重大建设项目批准和实施、社会公益事业建设等领域的政府信息。拓宽群众监督渠道，让人民监督权力。强化对下级政府的督导督查，完善行政问责制度和绩效管理制度，严格责任追究，做到有令必行、有禁必止。

二、深化政府机构改革

按照精简统一效能原则，结合实际，稳步推进大部门制度改革，强化机构和职责整合，加快形成科学规范、精干高效的政府组织体系和权界清晰、分工合理、权责一致、法治保障的职能体系。

（一）优化组织结构。

1.保留县人民政府办公室（挂县人民政府法制办牌子）、县发展和改革局（挂县物价局牌子）、县经济和信息化局、县公安局、县监察局（不计入政府机构个数）、县民政局、县司法局、县财政局（挂县国有资产监督管理局牌子）、县人力资源和社会保障局（挂县公务员局牌子）、县国土资源局（挂县地震局牌子）、县环境保护局、县住房和城乡建设局（挂县人民防空委员会办公室牌子）、县交通运输局、县水利水产局（挂县防汛抗旱指挥部办公室牌子）、县农业局（与县委农村工作领导小组办公室合署办公）、县林业局、县商务局（挂县招商局牌子）、县审计局、县安全生产监督管理局等政府工作部门。

2.组建县卫生和计划生育局。将县卫生局的职责、县人口和计划生育局的计划生育管理和服务职责整合，组建县卫生和计划生育局，为县政府工作部门。将县人口和计划生育局研究拟定人口发展战略、规划及人口政策职责划入县发展和改革局，将县发展和改革局承担的县深化医药卫生体制改革工作领导小组办公室的职责，划入县卫生和计划生育局。不再保留县卫生局、县人口和计划生育局。

3.组建县文化体育新闻出版广电局。将县文化体育局职责、县广播电影电视局职责整合，组建县文化体育新闻出版广电局，为县政府工作部门，挂县版权局、县文学艺术界联合会牌子。不再保留县文化体育局、县广播电影电视局。

4.重新组建县食品药品监督管理局。将县食品药品监督管理局的职责，原县卫生局综合协调食品安全、组织查处食品安全重大事故等职责，县质量技术监督局生产环节食品安全监督管理职责，县工商行政管理局流通环节食品安全监督管理职责整合，重新组建县食品药品监督管理局，为县政府工作部门，挂县食品药品安全委员会办公室牌子。

5.组建县教育局，挂县科学技术局牌子。将县教育局、县科学技术局职能整合，组建县教育局，挂县科学技术局牌子。

6.将县民族宗教事务局由工作部门调整为与县委统战部合署办公，列入工作部门序列，不计入政府机构个数。

7.将县统计局由部门管理机构调整为县政府工作部门。

8.将县扶贫开发办公室由部门管理机构调整为县政府工作部门。

县政府机构改革后，设置工作部门 24 个(详见附表)

(二)进一步加强职责整合。从实际工作出发，大胆创新，在更大范围、更多领域设置综合机构。实行综合设置机构的部门要总结经验，不断深化改革，探索完善综合设置机构的有效运行机制。

1.依托现有政务服务平台，进一步整合工程建设项目招投标、土地使用权和矿业权出让、国有产权交易、政府采购等平台，完善公共资源交易平台建设。

2.根据省、州统一部署，整合房屋登记、林地登记、草原登记、土地登记职责，建立不动产统一登记制度。

3.根据省、州统一部署，整合人社部门的城镇职工基本医疗保险、城镇居民基本医疗保险和卫计部门的新型农村合作医疗职责，建立城乡统一的社会医疗保险制度。

4.按照同一件事情由一个部门负责的原则，更大限额地解决部门职责交叉和分散问题，理顺有关部门在经济、社会、文化等重点职责任务交叉领域的分工；确需多个部门负责的，要明确牵头部门，建立信息共享和协调配合机制。

(三)规范机构设置。清理议事协调机构和临时机构，对工作任务可交由职能部门承担的，或为临时性、阶段性工作设立，工作任务已完成或即将完成的，予以撤销；对工作任务基本相同或相近的，进行归并整合。从严规范和管理合署办公机构、政府派出机构、开发区管理机构、挂牌机构、议事协调机构和临时机构。挂牌机构不得设为实体机构，议事协调机构不单设办事机构，具体工作由相关职能部门承担。对限额外设立的行政机构进行清理，通过撤并整合等途径进行规范。优化部门内设机构设置、职能配置和工作流程，提高行政效能，完善决策权、执行权、监督权既相互制约又相互协调的行政运行机制。

(四)统筹推进相关改革。政府机构改革要与事业单位分类改革相协调，对承担行政职能的事业单位，逐步将其行政职能划归行政机构或转为行政机构，涉及机构编制调整的，不得突破政府机构限额和行政编制总额；已认定为承担行政职能、但尚未调整到位的事业单位，在过渡期内继续按照现行法律法规和政策规定履行职责，使用事业编制且只减不增，人事、财务、社会保险等按照国家有关政策规定实施管理。按照省即将出台的人事、收入分配、社会保险、财政等事业单位改革配套政策，认真做好与教育、科技、文化、卫生等行业体制改革的衔接。

三、严格控制机构编制

按照财政供养人员只减不增的要求，加强机构编制管理创新，强化制度建设，严肃机构编制纪律，严格控制政府规模，努力降低行政成本，把更多财力用于改善民生。

(一)严格控制人员编制。编制是刚性约束，必须严格遵守。中央核定的各级行政编制总额和各类专项编制员额不得突破，党政机关要在核定的行政编制数额内配备人员。进一步规范事业单位机构编制管理，严格控制人员编制，事业编制总额以 2012 年底统计数为基数实行总量控制，并在总量内有所减少。县政府对本地事业编制总量控制工作负责。今后，事业单位确需增编的，一律在事业编制总量内调剂，并建立年度报告制度。严格控制参照公务员法管理事业单位和经费自筹事业单位的机构编制，严格控制经费自筹事业编制转为财政补助事业编制，不再设立承担行政职能的事业单位和经费自筹事业单位。要制定空编减编的方案和办法，结合实际明确编制精简比例，尽快完成消化超编任务。严格按规定职数配备领导干部，减少领导职数，非领导职务严格按规定配备。各部门要采取切实有效措施清理编外人员，县委和县政府直属事业单位及部门所属事业单位也要妥善处理编外用人问题。

（二）创新机构编制管理。按照严控总量、盘活存量、优化结构、增减平衡的要求，核减职能减少、工作任务不饱和单位的人员编制，加强事关中心工作、全局工作和重大民生保障方面的人员力量。进一步完善机构编制和组织、人力资源社会保障、财政等部门协调配合机制，实现机构编制、人员工资、财政预算信息共享。建立机构编制审批和调整的评估制度，严格控制新设机构，机构的设立应当依据充分，并考虑财政供养能力，切实做到机构精简高效、职责边界清晰。根据职能转变和职责整合情况，对有关机构和编制进行相应调整，职责调整较大的部门，重新制定“三定”规定，提高“三定”规定的时效性和法定效力。创新行政管理方式，严格绩效管理，建立职能履行情况考核评估制度和工作机制，突出责任落实，确保权责一致。推进机构编制管理科学化、规范化、法制化。加大政府购买服务力度，对后勤等辅助性工作以及可由市场提供、社会承担的公共服务，逐步通过政府购买服务或由政府设立公益岗位的方式完成。

（三）严肃机构编制纪律。任何组织、单位和个人都必须严格遵守机构编制各项法律法规和政策。严禁行政编制和事业编制混用。严格执行干部退休制度，不得随意或变相降低退休年龄。切实建立和健全机构编制监督检查协调机制，加大对机构编制违纪违法行为的查处力度，涉嫌犯罪的，移送司法机关依法处理。对超限额设置机构或者变相增设机构，违反规定增加编制或者超出编制限额进人，擅自超领导职数配备领导干部，以及以虚报人数等方式占用编制并冒用财政资金等违规违纪行为的责任人员，要按照有关党纪政纪规定严肃处理，维护机构编制管理的严肃性和权威性。

四、抓好组织实施

政府职能转变和机构改革的关键在落实。各部门要进一步解放思想，敢于担当，将各项改革要求落到实处，圆满完成改革任务，用改革实际成效取信于民。

（一）加强组织领导。各部门要高度重视，把政府职能转变和机构改革作为当前和今后一项重要工作。各级各部门主要领导要切实负起责任，周密安排部署，组建专门工作班子，确保思想认识到位、工作措施到位，逐项抓好落实。

（二）精心制订方案。各部门要从实际出发，制定本部门职能转变具体实施方案，对体制调整、取消和下放权力、职能整合等要有细化方案和严密程序。确保县政府机构改革工作在 2015 年 6 月底前完成。

（三）切实落实责任。将各部门职能转变、机构改革和机构编制管理情况列入县政府年度目标责任制考核。县编办要充分发挥职能作用，加强统筹协调，加大工作推进力度，抓紧制定各部门任务分解方案，适时对各部门职能转变和有关部门机构改革工作进行督查和评估。改革涉及的人员编制划转工作，要做到无缝衔接，确保各项工作正常运转。根据全面深化改革的新要求，进一步加强干部能力建设，完善干部教育培训和实践锻炼制度，不断提高干部队伍推动改革、促进科学发展、依法行政、解决民生突出问题的素质和能力。严肃改革纪律，严禁突击提拔干部、突击进人，严防国有资产流失，确保改革顺利进行。

（宣发〔2015〕2 号）

附件:

宣恩县人民政府机构设置表

政府办公室	发展和改革局	经济和信息化局	教育局	民族宗教事务局	公安局	监察局	民政局	司法局	财政局	人力资源和社会保障局	国土资源局	环境保护局	住房和城乡建设局	交通运输局	水利水产局	农业局	林业局	商务局	文化体育新闻出版广电局	卫生和计划生育局	审计局	统计局	安全生产监督管理局	扶贫开发办公室	食品药品监督管理局

说明:宣恩县人民政府设置工作部门24个。民族宗教事务局与统战部合署办公、监察局与纪律检查委员会机关合署办公,均列入工作部门序列,不计入政府机构个数。政府办公室挂政府法制办公室牌子;发展和改革局挂物价局牌子;教育局挂科学技术局牌子;财政局挂国有资产监督管理局牌子;人力资源和社会保障局挂公务员局牌子;国土资源局挂地震局牌子;住房和城乡建设局挂人民防空委员会办公室牌子;水利水产局挂防汛抗旱指挥部办公室牌子;县委农村工作领导小组办公室与农业局合署办公;商务局挂招商局牌子;文化体育新闻出版广电局挂版权局、文学艺术界联合会牌子;食品药品监督管理局挂食品药品安全委员会办公室牌子。

宣恩县旅游业发展优惠奖励办法

第一条 为认真贯彻落实《国务院关于加快发展旅游业的意见》、《中共湖北省委、湖北省人民政府关于加快培育旅游支柱产业，推进旅游经济强省建设的决定》和《中共宣恩县委关于推进旅游业跨越式发展的决定》等文件精神，切实推进我县旅游业跨越式发展，结合我县实际，特制定本办法。

第二条 完善项目工作机制。凡列入县级以上的重点旅游项目，实行一名县级领导挂帅、一个部门牵头、一套方案实施、一个工作专班服务的“四个一”工作机制，协调相关部门办理项目审批、立项、土地、建设、环评等手续。

第三条 优化土地资源配置。旅游景区公共道路、厕所、停车场等公益设施建设用地，由县人民政府统一征收后划拨到所在乡镇人民政府或县旅游局。鼓励开发业主进行配套设施建设。开发业主若需获得公益设施建设用地土地使用权，实行挂牌出让，若价款超出当年成本价，县人民政府比照超出额度奖励给开发业主用于基础设施建设；景区接待中心、经营性酒店、旅游地产用地实行挂牌出让，其中景区接待中心、经营性酒店建设用地，若价款超出当年成本价，县人民政府比照超出额度奖励给开发业主用于基础设施建设；对不改变土地性质、没有破坏资源环境的景观设施用地，实行租赁、流转、合作等方式取得土地管理权。

第四条 配套基础设施建设。对投资1500万元以上、没有破坏自然资源、没有污染环境的旅游开发项目，县人民政府配套建设景区大门以外的道路、供电、供水、通信等基础设施。

第五条 规范行政事业收费。旅游企业税收按国家有关规定执行；积极争取县以上行政事业性收费和中介组织服务费按最低标准收取；县级行政事业性收费由县人民政府统一清理，出台具体收费项目和标准，县直部门严格按照统一规定执行。

第六条 支持旅游项目升级。由开发业主投资开发的旅游景区被评定为国家5A、4A、3A级旅游景区的，分别奖励开发业主300万元、150万元、20万元；由开发业主投资开发的乡村旅游景点（含工农业示范点），被评定为国家级、省级旅游名村、名街、示范点的，分别奖励开发业主30万元、10万元；由开发业主投资新建旅游宾馆（酒店）被评定为五星级、四星级、三星级宾馆（酒店），且正常经营一年以上的，分别奖励开发业主100万元、50万元、20万元。

第七条 鼓励旅游促销活动。旅行社组织游客来宣恩游览两个及以上景区且住宿一晚，全年组织游客累计达到3000人以上的，对旅行社按6元/人的标准奖励；对一次性组织100人以上的自驾游车队来宣恩旅游且住宿的，对组织者每次奖励5000元；对一次性组团40人以上且在宣恩旅游度假10天以上的，对组织者按30元/人的标准奖励。

第八条 本办法由县旅游局负责解释，自2015年1月1日起施行。以往有关优惠政策与本办法不一致的，按本办法执行。

（宣政发〔2015〕9号）

县人民政府关于进一步健全完善计划生育利益导向机制的通知

（宣政发〔2015〕15号）

各乡镇人民政府，县政府各部门：

为深入贯彻执行《中共中央、国务院关于全面加强人口和计划生育工作统筹解决人口问题的决定》（中发〔2006〕22号）和省、州人口与计划生育条例，全面落实《州人民政府关于进一步健全完善计划生育利益导向机制的意见》（恩施州政发〔2015〕15号）精神，切实解决计划生育家庭生产生活中的实际困难，引导广大群众自觉实行计划生育，转变生育观念，确保低生育水平适度稳定和出生人口性别比平衡，推动全县人口与经济社会资源的协调和可持续发展，现就进一步健全完善我县计划生育利益导向机制有关事项通知如下：

一、主要内容

（一）严格落实国家、省、州、县原有计生奖扶政策

1.根据《国务院办公厅转发人口计生委财政部关于开展对农村部分计划生育家庭实行奖励扶助制度试点工作意见的通知》（国办发〔2004〕21号）有关规定，对农村只生育一个子女或两个女孩的夫妻，在年满60周岁以后，按照每人每年不低于960元的标准发放奖励扶助金，所需资金由国家、省、州、县共同承担。

2.根据《省人民政府办公厅转发省人口计生委等部门关于落实企业退休职工计划生育奖励政策实施方案的通知》（鄂政办发〔2007〕116号）有关规定，对原属国有和县属以上集体企业，领取了《独生子女（父母光荣）证》的企业职工，退休时由企业一次性发放计划生育奖励资金3500元。对长期停产或破产等困难企业，企业自身及主管部门无力支付的，以及企业解聘后又参加养老保险的灵活就业人员，其一次性奖励经费由县财政单列预算统筹解决。

3.根据《恩施州人口与计划生育条例》有关规定，对领取《独生子女（父母光荣证）》的育龄夫妻，自领证之年起至独生子女满14周岁止，按照每年不低于150元标准一次性发给独生子女保健费，夫妻双方均为农村居民的独生女户另一次性发给500元奖金。

独生子女父母属国家机关、事业单位工作人员的，退休后每月享受本人退休前月基本工资5%的计划生育奖励金；独生子女死亡不再生育也未收养子女的，退休后每月发给退休前月基本工资10%的扶助金。

4.根据《省人民政府办公厅关于转发省人口计生委等部门湖北省农村独生女高考加分政策性照顾暂行办法的通知》（鄂政办发〔2009〕32号）有关规定，对农村独生女报考省属高校时，在文化成绩总分基础上增加5分投档。

5.根据《恩施州农村独生女、“双女户”女孩中考加分政策性照顾暂行办法》（恩施州人口委〔2009〕89号）有关规定，对农村独生女或“双女户”女孩报考州内高中的，在文化成绩总分基础上增加5分投档。

6.对普通高校招生中被全日制本科院校录取一本和二本的农村独女、双女，分别发放不低于2000和1000元的“关爱女孩助学奖”。

（二）提标扩面，进一步加大计生奖励扶助力度

1.从2015年起，实施城镇独生子女年老父母计

划生育一次性奖励政策全覆盖。即本州内非农业户籍人口属城镇无业居民的，办理了《独生子女(父母光荣)证》，男性年满60周岁以上(含60周岁)、女性年满55周岁以上(含55周岁)，给予计划生育一次性奖励3500元。奖励经费由县财政解决。

2. 从2015年起，调增农村计划生育特别扶助金发放标准，即统一执行城镇的发放标准，独生子女伤残家庭按照270元/人·月独生子女死亡家庭按照340元/人·月执行。

统一城乡标准所需资金实行“州县共担”，由州、县两级按照各自50%分担比例纳入本级财政预算，不占当年计划生育事业费指标，原有资金配套政策不变。

如果国家实行城乡统一标准，低于现行标准的，按照现行标准执行；高于现行标准的，按照国家标准执行。

3. 对已经领取《独生子女(父母光荣)证》的参合农村独生子女户家庭人员(独生女及其父母)，在州内新农合定点医疗机构住院就医产生的医疗费用，实行“零起付线”，并按各级相应报销比例提高5个百分点予以补偿。

4. 农村居民、城镇无业居民中的已婚育龄夫妇，依法生育第一个子女或两个女孩后，女方自愿在49周岁以前采取绝育措施的，给予2000元的一次性奖励；其他主动落实绝育措施的农村计划生育家庭，一次性给予不低于500元的奖励(含500元，下同)；对农村独女家庭领取《独生子女(父母光荣)证》，并落实了长效节育措施的，一次性给予不低于500元的节育措施奖励。

(三)县内其他计生奖扶政策按照《宣恩县计划生育利益导向政策实施办法》(宣政发〔2013〕16号)继续执行。

二、资金保障

上述各项计生奖扶政策所需资金，除国家、省、州有关文件已经明确来源渠道外，其他均由县级财政纳入预算，给予统筹解决。如果国家和省、州今后提高有关奖扶资金标准，一律按照新的标准执行。

三、工作要求

(一)加强组织领导。各乡镇、县直有关单位要高度重视计划生育利益导向机制建设，县卫计局、县财政局、县公安局、县教育局、县人社局、县民政局等单位，要将其列入惠民工程和履职尽责工作重要内容，采取得力措施，扎实有序推进。各有关单位要成立相应工作专班，明确专人，具体抓好工作落实。

(二)加大宣传力度。要充分运用广播、电视、网络等新闻大众媒体广泛宣传计划生育利益导向政策，让政策家喻户晓，人人皆知。各乡镇每年至少要举行一次奖扶金集中发放仪式，营造良好宣传氛围，充分地发挥计生奖扶政策的导向作用。

(三)规范工作制度。各乡镇、县卫计局要严格执行政策口径，把好各类对象资格审核关，按要求对新增人员逐级予以公示，接受广大群众和社会各界的监督。要建立健全利益导向机制的申报、审核、资金管理、资金发放等长效制度和责任追究体系；县人民政府将计划生育利益导向工作纳入对各乡镇和相关部门的年度目标考核，在工作落实的各个环节上实施跟踪督查，确保对象资格审查准确无误，奖扶资金足额、及时发放到位。

宣恩县人民政府

2015年12月10日

宣恩县学生校外托管机构管理暂行办法

第一章　总　则

第一条　为了加强对学生校外托管机构的规范管理，保障学生安全，根据有关法律法规，结合我县实际，制定本办法。

第二条　学生校外托管机构是指由公民、法人或者其他组织开办的，以方便家长为目的，为学生提供住宿、休息、餐饮等服务的非营利性机构。

第三条　本县行政区域内的学生校外托管机构适用本办法。

第二章　监管职责

第四条　学生校外托管机构实行“属地管理、分工负责”的管理体制。县人民政府建立学生校外托管机构管理联席会议制度，县教育局、县民政局、县卫生和计划生育局、县公安局、县食品药品监督管理局、县工商局和县物价局等部门为成员单位，负责统筹协调部门行动，研究学生校外托管机构管理的政策和措施。下设办公室于县教育局，负责学生校外托管机构管理的日常事务。各乡镇人民政府对辖区内的学生校外托管机构管理负总责，建立学生校外托管机构协调机制，并组织教育、卫生、公安、食品药品监督、工商等部门，对学生校外托管机构进行监督管理。

第五条　乡镇人民政府每年组织相关部门对学生校外托管机构进行不低于4次的监督检查。日常监管工作由各行政主管部门依据各自职能进行监督管理。

第六条　县教育局为学生校外托管机构的业务主管部门，负责其日常业务指导、监督和检查；组织所属学校对被托管的学生开展有针对性的安全教育及防火、防震等逃生演练；禁止在职教职员工开办或兼职学生校外托管机构，教育引导学生和家长拒绝入住未经许可的学生校外托管机构。

第七条　县民政局负责对学生校外托管机构的运行进行规范管理，审核资质，办理注册登记手续。

第八条　县卫生和计划生育局负责对学生校外托管机构的传染病、消毒措施、生活饮用水进行监督管理；负责从业人员的健康体检。

第九条　县公安局负责对学生校外托管机构消防安全、安保设施及人员进行监督管理。

第十条　县食品药品监督管理局负责对学生校外托管机构食品安全进行监督管理，核发餐饮服务许可证。

第十一条　县工商局负责对学生校外托管机构经营活动进行监督管理。

第三章　审批程序

第十二条　开办学生校外托管机构按下列程序进行：

（一）到县食品药品监督管理局办理餐饮服务许可证；

（二）到县卫生和计划生育局办理从业人员体检及健康证；

（三）到县公安局申请消防安全检查；

（四）出具场所为100平方米以上并符合安全标准的三层以下建筑的有效证明；

（五）在居民楼内开办学生校外托管机构的，应当经有利害关系的业主签字同意，并加盖社区居民委员会或村民委员会公章；

（六）出具流动资金不低于3万元人民币的有效证明；

（七）根据开办者申请的经营范围，持法律法规规定的前置审批资料，到县民政局办理注册登记。

自接到开办人书面申请5个工作日内，上述审批或查验单位对符合条件的，予以批准；不符合条件的，书面说明理由。法律法规另有规定的从其规定。

第四章　申办要求

第十三条　公民、法人、社会团体及其他社会力量，符合本办法规定的，可以申请开办学生校外托管机构，但国家机关和事业单位的在职员工除外。

第十四条　学生校外托管机构的服务时间自行设定。服务内容为提供就餐和相应的休息、活动场所，不得开展教育培训活动，不得从事与学生校外托管工作无关的其他业务。

第十五条　学生校外托管机构必须远离污染区和危险源，禁止在厂房、地下(半地下)室、仓库、违法或危险建筑内开办学生校外托管机构。

第十六条　学生校外托管机构应配备主管人员1名，其他照管人员与学生至少按1∶30的比例配备。

第十七条　学生校外托管机构应当按照有关部门的要求，建立健全各项制度，制定突发事件应急预案，按照法律、法规和规章的要求，加强对托管场所的食品卫生安全、消防安全和人身安全的管理。

第十八条　学生校外托管机构应当与学生监护人签订托管服务协议，明确托管期限、时间、收费标准、双方权利义务以及违约责任等。

第十九条　学生校外托管机构应当履行以下安全保障义务：

(一)根据托管服务协议书的条款，保障学生从校门到学生校外托管机构之间的途中安全；

(二)学生未按时到达校外托管机构的，应及时通知学生监护人和学生所在学校，积极查找学生，必要时及时报警；

(三)学生在托管时间内必须始终有工作人员看管；

(四)出现突发事件时，应立即保护、救助学生，并及时通知学生监护人和学生所在学校。

第二十条　学生校外托管机构应当履行以下管理义务：

(一)保证托管环境、生活用品的卫生，预防传染病；

(二)保证食品安全卫生，预防食物中毒；

(三)就餐场所环境卫生状况、餐具消毒保洁设施要符合卫生要求，实行分餐制；

(四)配餐要合理，营养标准应符合国家规定的中小学生营养标准，每周制定食谱并在就餐场所公示；

(五)建立食品留样制度，配备食品留样的专用容器和专用设备；

(六)不得制售凉菜及其他容易导致食品安全事故的食品；

自行配餐的，应当从正规渠道采购食品及其原料，做好采购台账并保留1年，不得购买来源不明的食品和原材料；未自行配餐的，应当与取得餐饮服务许可证的餐饮企业签订配餐协议，为学生提供安全卫生的饮食。

(七)一人一床，床与床之间有一定间距，不得设置通铺；

(八)餐饮器具、洗涤用具、床上用品每人一套，有标识，不得混用，做到每日清洁，灭菌消毒。

第二十一条　学生校外托管机构发生食物中毒、传染病或其他突发卫生事件，应当及时采取处置措施，防止事态扩大，并立即向属地食品药品监督、卫生、教育部门报告，同时通知学生的监护人及其所在学校。

第二十二条　学生校外托管机构应当封闭管理，安装监控设备，配备保安或门卫值班人员，有效预防和避免暴力事件，保护被托管学生安全。

第二十二条　学生校外托管机构必须履行消防安全职责，遵守消防法律法规和有关规定，加强消防安全管理。

第二十四条　学生校外托管机构制定的收费项目及标准应当在服务场所明显位置予以公示；建立财务管理制度，单列餐饮费用，做到专款专用；制定退费制度并告知学生监护人。

第二十五条　学生校外托管机构应当对托管学生登记造册，并将托管学生名册及对应的监护人员等资料报送学生就读的学校。

第五章　违章处理

第二十六条　未经许可擅自开办的学生校外托管机构，或者被撤销许可后仍继续开办的，县教育局会同县民政局、县工商局等部门予以取缔。

第二十七条 学生校外托管机构违反本办法，有下列情形之一的，由县教育局等部门予以查处。

（一）在职教职员工开办或兼职学生校外托管机构的；

（二）开展教育培训的。

第二十八条 学生校外托管机构有下列情形之一的，由县民政局、县工商局等部门依据相关法律、法规进行查处。构成犯罪的，由相关单位依法追究刑事责任：

（一）在学生校外托管机构从事其他活动的；

（二）拒不接受或者不按照规定接受监督检查的。

第二十九条 学生校外托管机构违反本办法第二十一条规定的，由县食品药品监督管理局、县卫生和计划生育局依法予以查处。

第三十条 学生校外托管机构未经消防安全检查或者经检查不符合消防安全要求，擅自投入使用、营业的，由县消防大队依法予以查处。

第三十一条 申请学生校外托管机构开办或登记时提供虚假材料、弄虚作假的，相关部门应当依法撤销其行政许可。

第三十二条 相关部门在学生校外托管机构监管工作中玩忽职守、徇私舞弊，或未依照本办法履行职责的，依法给予行政处分；情节严重涉嫌犯罪的，依法移送司法机关追究其刑事责任。

第六章 附 则

第三十三条 本办法施行前已经开办学生校外托管机构的，应当自本办法施行之日起3个月内，依照本办法的规定取得开办许可。

第三十四条 本办法由县教育局负责解释。

第三十五条 本办法自发布之日起施行。

（宣政规〔2015〕1号）